Mintzberg
Mintzberg über Management

HENRY MINTZBERG

MINTZBERG ÜBER MANAGEMENT

FÜHRUNG UND ORGANISATION MYTHOS UND REALITÄT

GABLER

Aus dem Amerikanischen von Hans-Peter Meyer.
Mit fachwissenschaftlicher Beratung durch Prof. Dr. Wolfgang H. Staehle, Freie Universität Berlin.

Die Deutsche Bibliothek – CIP-Einheitsaufnahme

Mintzberg, Henry:
Mintzberg über Management: Führung und Organisation, Mythos und Realität / Henry Mintzberg. – Wiesbaden: Gabler, 1991
Einheitssacht.: Mintzberg on management (dt.)
ISBN 3-409-13217-1

Der Gabler Verlag ist ein Unternehmen der Verlagsgruppe Bertelsmann International.

Lektorat: Gudrun Böhler

Höchste inhaltliche und technische Qualität unserer Produkte ist unser Ziel. Bei der Produktion und Verbreitung unserer Bücher wollen wir die Umwelt schonen: Dieses Buch ist auf säurefreiem und chlorarm gebleichten Papier gedruckt. Die Einschweißfolie besteht aus Polyäthylen und damit aus organischen Grundstoffen, die weder bei der Herstellung noch bei der Verbrennung Schadstoffe freisetzen.

Satz: Satzstudio REShulz, Dreieich-Buchschlag
Druck: Wilhelm & Adam, Heusenstamm
Bindung: Osswald & Co., Neustadt/Weinstraße
Printed in Germany

ISBN 3-409-13217-1

Dieses Buch ist für diejenigen geschrieben, die ihr öffentliches Leben mit Organisationen verbringen und sich in ihrem privaten Leben davon erholen.

Es ist der Erinnerung an Jim Waters gewidmet, der sich beruflich dafür engagiert hat, Organisationen menschlicher zu machen.

Vorwort zur deutschen Ausgabe

Ich freue mich sehr darüber, daß dieses Buch jetzt in deutscher Übersetzung erscheint – eine Premiere für mich.

Soweit ich sagen kann, gehen die Deutschen die Tätigkeit des Managens ganz anders an als einige ihrer europäischen Partner und vor allem die US-Amerikaner. Die Verwurzelung der Manager in den Geschäftsbereichen, die sie leiten wollen, und die Vermeidung des verbreiteten MBA-Syndroms sind wichtige positive Ansätze in einer Welt, die vom sogenannten „professionellen Management" übermäßig fasziniert ist.

Daher ist zumindestens einiges von meiner harten Kritik im letzten Kapitel des Buches eher als Vorschlag gemeint, was man vermeiden, als was man ändern sollte. Ansonsten hoffe ich, daß meine Ideen bei den Lesern Interesse finden, die sie hier zum ersten Mal in eigener Sprache lesen können.

London HENRY MINTZBERG

Danksagung

Es ist üblich, sich an dieser Stelle bei all denen zu bedanken, die an diesem Buch wesentlich mitgeholfen haben. Da aber ein Großteil dieses Buches auf meinen früheren Arbeiten basiert, in denen ich bereits vielen gedankt habe, werde ich das hier nicht wiederholen. Der Dank war damals ehrlich gemeint, und bleibt es auch. Besonders bedanken möchte ich mich bei meinen Kollegen Danny Miller und Frances Westley, die meinem Denken in vielerlei Hinsicht geholfen haben; bei Jim Waters, einem wunderbaren Freund, dessen implizite Beiträge zu diesem Buch weit mehr wiegen als die vielen formalen Würdigungen im Text, und den ich sehr vermisse; bei meinem Herausgeber Bob Wallace, der eine beachtliche Toleranz aufbrachte, bei Kate Maguire-Devlin und Zinette Khan, die mit meinem furchtbaren Gekritzel elegant umgingen, und bei meinen beiden Dekanen Morty Yalovsky und Wally Crowston, die mir wichtige Unterstützungen zukommen ließen. Meine Dankbarkeit will ich an dieser Stelle aber besonders gegenüber einem Menschen zum Ausdruck bringen.

Bill Litwack ist die Verkörperung des Begriffs Empathie. Nicht der Empathie des Alltagspsychologen, denn Bill ist unhöflich und herausfordernd, zumindest gegenüber seinen guten Freunden. Aber er ist ihnen gegegüber auch verständnisvoll und geht auf ihre persönlichen Bedürfnisse ein, ohne die von ihnen geschriebenen Bücher zu erwähnen.

1968 gab Billy, im nicht mehr so ganz zarten Alter von zwanzig, meine Doktorarbeit heraus. Es war eine grauenhafte Erfahrung für mich. Aber ich lernte zu schreiben. In den zwanzig Jahren, die seitdem vergangen sind, habe ich entweder das Schreiben verlernt oder seine Standards haben sich geändert. Ich muß vergessen haben, was für eine entsetzliche Erfahrung es gewesen war. Auf jeden Fall, nach unserer zweiten derartigen Erfahrung überlebten ich, Billy, das Buch, und vor allem unsere Freundschaft. Billy lebte sozusagen für einige Monate das Buch, versetzte sich in meine Gedanken und machte mich schier verrückt (nicht mit solchen Musterkommentaren wie „Es ist Hypokrisie Hypo-kratie Hippo-kratie auszusprechen"), bis ich, wie ich hoffe, aus einer Ansammlung von Veröffentlichungen das Buch machte, das ich vorhatte. Bill, ich danke Dir, aber nicht in erster Linie dafür.

Der Autor sollte hier für den Fall, daß jemand daran zweifeln sollte, hinzufügen, daß trotz all der wunderbaren Dinge, die alle anderen dazu beigetragen haben, irgendwie er alleine für die folgenden Ausführungen verantwortlich ist. Daran führt kein Weg vorbei (Billy ist aber nicht der Herausgeber!). Ich habe vielleicht an manchen Stellen seine Anweisungen nicht übernommen, und vielleicht in letzter Minute einige Änderungen angebracht, die er nicht mehr zu sehen bekam. Aber ansonsten trägt Litwack die Schuld für alle Fehler und Unangemessenheiten, die in diesem Buch geblieben sind. Auf weitere zwanzig Jahre Frieden.

Inhaltsverzeichnis

Einführung

Unsere Organisationswelt

Unsere Gesellschaft ist, zum Guten oder zum Schlechten, eine Gesellschaft von Organisationen geworden. Wir werden in Organisationen geboren, in ihnen erzogen, so daß wir später in ihnen arbeiten können. Gleichzeitig helfen und unterhalten uns die Organisationen. Sie regieren und schikanieren uns (manchmal gleichzeitig). Und am Ende werden wir von ihnen beigesetzt. Abgesehen von einer kleinen Gruppe von Wissenschaftlern, den „Organisationstheoretikern", die sie erforschen, und den Managern, die ein Interesse an fundierteren Einsichten in ihre Tätigkeit haben, verstehen jedoch nur wenige Menschen diese fremdartigen kollektiven Phänomene, die unser Alltagsleben so stark beeinflussen.

Wenn jemand etwas über seine Psyche wissen will, muß er nur in einen Buchladen gehen, und eines von unzähligen Büchern herausgreifen, die sich damit beschäftigen, wie sein Geist, sein Körper oder sein Verhalten angeblich funktionieren. Wenn man aber seine Organisation verstehen will, dann muß man tatsächlich eine Universitätsbuchhandlung finden und sich dann durch das Dickicht einiger akademischer Lehrbücher kämpfen, wenn man sich nicht auf irgendein Textbuch verlassen will, das alles hübsch ordentlich – und wahrscheinlich zu einfach – zusammenfaßt.

Mindestens das wird man aber im Regal für Managementbücher finden. Unter denen, die den älteren und eher traditionellen Disziplinen verpflichtet sind, findet man welche, die sich irgendwie mit Organisationen beschäftigen. In den Wirtschaftswissenschaften nimmt die Organisation die Form einer „rationalen", aber ansonsten geheimnisvollen Entität an, die es aber irgendwie schafft, den Gewinn zu maximieren. Ich kenne keine einzige derartige Organisation. Die Psychologie lehrt uns das Verhalten von Individuen und Kleingruppen in Organisationen, aber nicht das Verhalten von Organisationen an sich. Die Politikwissenschaft beschäftigt sich mit einer sehr wichtigen Kategorie von Organisationen, nämlich Regierungen. Aber sie sieht darin eher ein legislatives oder politisches System, denn ein Netzwerk von Organisationen, was es in signifikanter Weise auch ist. Soziologie und Anthropologie wenden sich kollektivem menschlichen Verhalten zu, aber normalerweise unter dem Aspekt der größeren informellen Gesellschaft, und nicht unter dem Aspekt kleiner formaler Organisationen.

Die Organisationstheorie greift auf alle diese Disziplinen zurück, fügt aber etwas sehr wichtiges hinzu: das Konzept der „Organisation" an sich. Für mich bedeutet Organisation die kollektive Handlung bei der Verfolgung einer gemeinsamen Mission. Das ist eine vornehme Art zu sagen, daß ein Haufen Leute unter einem erkennbaren Label („General Motors", „Joe's Body Shop") zusammenkommt, um ein Produkt herzustellen oder eine Dienstleistung zu erbringen.

Ich publiziere dieses Buch in dem Glauben, daß in der Realität ein wirklicher Bedarf nach einem Verständnis von Organisationen besteht, und zwar in der Gesellschaft insgesamt nicht weniger als unter Managern, die sie zu führen versuchen (und die, wie wir anderen auch, durch deren merkwürdiges Verhalten irritiert sind). Immer wenn ich mit Menschen unterschiedlichster Couleur über Organisationen diskutiert habe, war ich über das Interesse an diesem Thema erstaunt – handelte es sich dabei nun um selbständige Professionals, Heimarbeiter oder andere, die nur *relativ* wenig Kontakt zu ihnen haben. Einer berichtete von einer merkwürdigen Erfahrung im Krankenhaus, ein anderer von einem Vorfall im Flugzeug oder beim Autohändler. Wir haben es alle dringend nötig, diese fremdartigen Phänomene, die uns so sehr beeinflussen, zu verstehen. Das grundlegende konzeptionelle Verständnis liegt vor. Es ist nur noch nicht richtig zugänglich.

Dieses Buch präsentiert Material über Organisationen, über die ich in den letzten zwanzig Jahren gearbeitet habe. Es enthält nicht nur meine eigenen Ideen, denn ein Teil meiner Arbeit besteht daraus, die Arbeiten anderer zu synthetisieren, besonders die, die auf systematischer Forschung basieren. Über die Jahre hinweg habe ich beobachtet, wie Manager ihre Arbeit verrichten, wie Organisationen funktionieren, Entscheidungen treffen, Strategien entwickeln und sich selbst eine Struktur geben, und wie Machtbeziehungen die Organisationen umgeben und beeinflussen. Dabei habe ich auch die Frage verfolgt, wie Gesellschaften versuchen, mit ihren Organisationen umzugehen.

Ich lege hier eine Reihe von Essays vor, die aus denjenigen Teilen meiner Schriften bestehen, von denen ich meine, daß sie bestens für ein allgemein an Organisationsfragen interessiertes Publikum geeignet sind. Einiges davon war zuerst in der eher populären Wirtschaftspresse veröffentlicht worden. Anderes fand nur eine begrenzte Verbreitung in eher obskuren akademischen Journalen. Zur besseren Lesbarkeit habe ich versucht, das Material einzubauen, das meiner Meinung nach von allgemeinstem Interesse ist. Ursprünglich hatte ich vor, dieses Material lediglich zu komprimieren. Ich landete allerdings beim Umschreiben. In einigen Fällen wurde daraus ein Neuschreiben, was gut die Hälfte dessen ausmacht, was hier gedruckt vorliegt. Deshalb wird das Buch in der Hoffnung vorgelegt, ein größeres Publikum für diese Ideen innerhalb und außerhalb der Managementgemeinde anzusprechen. Wenn man will, kann man das „Pop-Org-Theorie“ nennen, solange damit nicht die Annahme verbunden wird, daß ich die komplizierten Aktivitäten von Organisationen zu trivialisieren versucht hätte.

Ich habe diese Essays in drei Teile gegliedert. Der erste handelt von *Management*, dem Prozeß, in dem die formal Verantwortlichen einer Organisation oder Teile von ihr versuchen, ihrem Tun eine Richtung zu geben oder mindestens anzuleiten. Der zweite betrachtet auf eine Weise Formen von *Organisationen*, die in gewisser Hinsicht der Beobachtung des Biologen vergleichbar ist, der verschiedene Arten in der Natur beobachtet. Ich glaube, unser größter Fehler im Umgang mit Organisationen, den wir durch das ganze Jahrhundert hindurch gemacht haben und jeden Tag wiederholen, liegt in der Annahme, es gäbe einen „one best way“, alle Organisation zu führen. Was aber gut für General Motors ist, ist oft fatal falsch für Joe's Body Shop. Wir können ebensowenig alle Organisationen gleich behandeln, wie Ärzte allen die gleiche Brille verschreiben können. Der dritte Teil blickt auf unsere *Gesellschaft von Organisationen* – wie wir sie zu beeinflussen versuchen und wie sie umgekehrt uns beeinflussen, und dadurch unser Leben glücklicher oder unglücklicher machen.

Man möge das folgende zum Vergnügen lesen. Man soll ruhig aussuchen und auswählen, das Buch nur überfliegen oder intensiver studieren, je nach den eigenen Interessen. Bei allem denke man an die eigene Organisation: die eigene Werkstatt oder an den Autohändler, das Krankenhaus, das einen behandelt und die Schule, die einen verdirbt, die Fluggesellschaft, mit der man fliegt, den Verband, der für Tierbekleidung oder die Verbreitung von Popkorn wirbt. Organisationen helfen uns und beuten uns aus, sie bilden uns und sie quälen uns. Wir alle können ihnen gelegentlich entfliehen. Einige können sogar relativ unabhängig von ihnen leben. Aber die meisten müssen sich selbst aufgeben und einen ziemlich großen Teil des öffentlichen und privaten Lebens in sie investieren. Wir alle müssen sie besser verstehen lernen.

I. Teil

Management

In gewisser Hinsicht kann das zwanzigste Jahrhundert das Jahrhundert des Managements genannt werden. Die ökonomisch entwickelte Welt hatte sich im Laufe dieses Jahrhunderts in den Managementprozeß verliebt. Der französische Industrielle Henri Fayol hat wahrscheinlich einige der wichtigsten frühen Gedanken über Management formuliert. Aber in Wirklichkeit haben eine Reihe amerikanischer Autoren, von Frederick Taylor bis zu Peter Drucker und Herbert Simon, unter vielen anderen, Amerikas Liebe zum Management entwickelt und verstärkt.

Deshalb wirkte die jüngste japanische Herausforderung auf Amerikas wirtschaftliche Überlegenheit wie ein Schock. Hier besiegte eine Nation aus einem ganz andersartigen Kulturkreis Amerika in seinem eigenen Spiel, dem Managementspiel. Aber das war nicht das erste Mal. West-Europa machte den Anfang, wenn auch nicht so dramatisch. (VW brachte die drei Großen von Detroit lange vor Toyota in Verlegenheit). Vor nicht allzu langer Zeit, nämlich 1968, publizierte Jean-Jacques Servan-Schreiber *The American Challenge*[1]. In diesem Buch wird die These vertreten, daß der Schlüssel zum wirtschaftlichen Erfolg Amerikas nicht in seinen Ressourcen oder Technologien liegt, sondern in seiner Beachtung der Managementprozesse. Die Freunde Amerikas lernten die Lektion jedoch so schnell, daß über die *europäische* und später die *japanische Herausforderung* viel geschrieben werden konnte, wenn auch nicht unter diesen Titeln.

Eine vergleichbare kommunistische Herausforderung gab es nicht. Aber Management hat sich auch in Ost-Europa als entscheidender Prozeß entwickelt. Trotz der Prognosen über die Auflösung des Staates ist es tatsächlich nicht möglich, ohne starkes Vertrauen in den Managementprozeß eine kommunistische Gesellschaft zu führen. In dieser Hinsicht unterscheiden sich Amerika und die Sowjet-Union nicht in ihrer Fixierung auf Management, sondern einfach in ihrer Tendenz, wo sie ihre einflußreichsten Manager plazieren. Überall, wo es wirtschaftliche Entwicklung gibt, ist die Aufmerksamkeit auf den Managementprozeß gerichtet.

Natürlich eher auf Organisationen als auf Management. Genauso gilt die Aufmerksamkeit mehr der wirtschaftlichen Entwicklung als dem Management. Man kann in der Tat behaupten (wie ich es in Teil III tun werde), daß der traditionelle Managementansatz heute eher den wirtschaftlichen Fortschritt behindert als fördert. Aber keine Beschäftigung mit Organisationen ist vollständig ohne die sorgfältige Beachtung des Managementprozesses. Deshalb beginnen wir unsere Diskussion mit Management, zumindest mit dem Management, wie es wirklich praktiziert wird, nicht damit, wie die traditionelle Literatur den Managern meint vorschreiben zu können, daß es zu praktizieren sei.

Wir beginnen damit, was meiner Meinung nach am Anfang stehen sollte: mit dem Wesen der Managementtätigkeit, also damit, was die sogenannten „Manager" oder ähnliche Personen den ganzen Tag über im Büro tatsächlich tun. Vielleicht ist man darüber erstaunt, was hier zu lesen ist – nicht so sehr erstaunt aufgrund eigener Erfahrungen als im Licht dessen, was die Literatur jahrzehntelang die Leute glauben machte, was Manager tun sollten. Der erste Beitrag will den in Organisationen verbreiteten und folgen-

1 J.-J. Servan-Schreiber, The American Challenge (New York: Atheneum, 1968).

schweren Unterschied zwischen dem, was tatsächlich abläuft und manchen vagen und oft fehlgeleiteten Ideen darüber, was ablaufen *sollte*, klarmachen.

Unser zweiter Beitrag fährt in derselben Weise fort, jedoch mit einem anderen Managementaspekt. Er wendet sich dem Prozeß der Strategieentwicklung zu. Aber hier wird, im Gegensatz zur traditionellen Auffassung eines Planungsprozesses, der Prozeß als eine Art *Kunsthandwerk* charakterisiert. Das hat eine Reihe von Implikationen für Manager und Organisationen.

Beide Artikel gehen davon aus, daß etwas anderes im Management passiert, etwas anderes als der hochgradig analytische und „rationale" Prozeß, der so lange Zeit favorisiert wurde. Unser dritter Beitrag sucht nach einer Erklärung und greift auf Forschungen über die beiden Hemisphären des menschlichen Gehirns zurück. Hier wird erläutert, daß wir bei unserem hektischen Bemühen, das Licht der Analyse auf das Management zu werfen, den Blick für den dunkleren, aber deshalb nicht weniger wichtigen Prozeß der sogenannten Intuition verloren haben. Der dann folgende Essay bereitet von verschiedenen Seiten her auf das Buch vor. Er untersucht das Thema genauer, indem er sich zunächst der grundsätzlichen Debatte zwischen Analyse und Intuition zuwendet, und dann Vorschläge macht, wie beide verbunden werden können, um komplexe Organisationen zu managen.

Ein abschließender Beitrag dieses Teils über Management, der speziell für das vorliegende Buch geschrieben wurde, bilanziert diese Debatte: die Tendenz unserer Business Schools, MBAs und nicht Manager auszubilden. Ich unterstelle hier, belege das aber genauer im Schlußkapitel des Buches, daß das ernsthafte Auswirkungen auf unsere Organisationen hat und ihre soziale und ökonomische Leistungsfähigkeit unterläuft.

1. Kapitel

Die Arbeit des Managers: Folklore und Tatsachen

Wenn wir an *Organisationen* denken, dann denken wir an *Management*. Natürlich meint Organisation weitaus mehr als Manager und die Managementsysteme, die sie entwickeln. Die formale Organisation unterscheidet sich aber von einer zufälligen Ansammlung von Menschen, einem Mob oder einer informellen Gruppe durch die Existenz eines Autoritäts- und Ordnungssystems, das über einen oder einige Manager in einer Hierarchie personifiziert ist, um die gesamten Bemühungen zusammenzuhalten.

Deshalb und angesichts der Bewunderung, die besonders die Amerikaner über mehr als ein Jahrhundert den Managern von Horatio Alger bis Lee Iacocca entgegenbrachten, ist es überraschend, wie wenige Untersuchungen darüber vorliegen, was Manager tatsächlich tun. Wie Tausende von Studenten damals machte auch ich meinen MBA, einen Abschluß, der offensichtlich zur Ausbildung von Managern geschaffen wurde, ohne je in Zweifel zu ziehen, daß sich niemand ernsthaft darüber Gedanken machte, was Manager wirklich tun. Man stelle sich eine Ausbildung für Mediziner vor, die kein Wort über die Arbeit des Arztes verliert.

Es gab bestimmt keinen Mangel an Vorstellungen darüber, was Manager tun *sollten* (zum Beispiel einem ganzen Set von Vorschriften des sogenannten „Zeitmanagements" zu folgen oder Computer so einzusetzen, wie unbeteiligte Spezialisten es empfahlen). Leider haben sich aufgrund eines fehlenden Verständnisses der Managementtätigkeit viele dieser Empfehlungen als falsch und unwirtschaftlich erwiesen. Wie kann unter Umständen jeder X-beliebige Veränderungen in einem so komplexen Phänomen wie Management vorschreiben, ohne zuerst ein tieferes Verständnis davon zu haben?

Mitte der 60er Jahre wollte James Webb, der Chef der NASA, seine Organisation untersuchen lassen. Die NASA wollte ihre Existenz rechtfertigen, indem sie die praktischen Anwendungsmöglichkeiten ihrer Innovationen hervorhob. Und für Webb zählte das Management zu diesen Innovationen. Webb diskutierte die Idee mit einem meiner Professoren an der MIT Sloan School of Management. Da ich der einzige Doktorand war, der dort *Management* studierte (im Gegensatz zu Computersystemen, oder mathematischen Modellen oder wie man Menschen motiviert usw.), legte dieser mir nahe, die Untersuchung bei Webb als meine Doktorarbeit zu machen. Meine Zustimmung schien eine verrückte Idee zu sein. Es war immerhin das MIT, die Bastion der Wissenschaft. Im Büro eines Managers zu sitzen und aufzuschreiben, was er den ganzen Tag über machte, schien nicht gerade das Richtige zu sein. (Ein anderer Professor hatte mir vorher gesagt, daß eine Dissertation am MIT vor allem „elegant" sein sollte. Er meinte nicht die Ergebnisse). Auf jedem Fall begann ich eine Arbeit darüber, wie ein umfassender strategischer Planungsprozeß für Organisationen zu entwickeln sei. Glücklicherweise, und nicht zum letzten Mal in meinem Leben, beschützten äußere Kräfte mich vor mir selbst.

Das Planungsprojekt funktionierte nicht, weil keine Organisation dazu bereit war, sich einer solchen Erfahrung zu unterziehen (oder mangels energischer Versuche meinerseits, eine zu finden). Dann besuchte ich eine Konferenz am MIT, zu der eine Reihe beeindruckender Teilnehmer kamen, um über die Auswirkungen des Computers auf Manager zu diskutieren. Die Diskussionen verliefen im Sande. Zwei Tage lang wurde in Arbeitsgruppen diskutiert und man kam kaum über die Behauptung hinaus, daß der Einsatz des Computers durch Manager etwas damit zu tun haben müßte, daß ihre Arbeit „unprogrammiert" war (was auch immer das heißen sollte). Den Teilnehmern schien ein Rahmen zum Verständnis von Management zu fehlen. Es mangelte ihnen gewiß nicht an natürlichen Kenntnissen des Prozesses. Sie arbeiteten alle mit Managern und einige waren selbst Manager. Es fehlte ihnen an einer *konzeptionellen* Basis zur Beobachtung dieses Phänomens.

Auf dieser Konferenz lernte ich zwei Dinge. Erstens, daß explizites Wissen etwas anderes als implizites Wissen ist, und daß beide von großer Relevanz für die Führung von Organisationen sind. Zweitens, daß ein dringender Bedarf nach jemandem besteht, der sorgfältig beobachtet, was Manager wirklich tun, und daß sogar an einem Ort wie dem MIT in einer Doktorarbeit nicht die methodische Eleganz, sondern die Relevanz des Themas zählte.

Und so machte ich meine erste Forschungsarbeit über „The Nature of Managerial Work" (der Titel des Buches, das aus meiner Doktorarbeit resultierte). Aber nicht mit James Webb, der nicht mehr länger zur Verfügung stand. Ich beobachtete mit einer Stoppuhr (ähnlich wie es Frederick Taylor Jahre vorher bei Fabrikarbeitern gemacht hatte) im Laufe einer intensiven Woche die Aktivitäten von fünf Managern: in einer großen Beratungsfirma, in einem sehr bekannten Lehrkrankenhaus, in einer Schule, in einem Unternehmen aus der High-Tech-Branche und aus der Konsumgüterbranche. Eine Woche war nicht lange. Aber ich war mehr am Tempo und der Natur der Arbeitsabläufe als an der Entwicklung von langfristigen Themen interessiert. Die Dissertation war 1968 fertig, das Buch 1973. Zwei Jahre später wurde der hier (mit kleinen Änderungen) abgedruckte Artikel im *Harvard Business Review* veröffentlicht.

In Richtung, Ton und zentralem Inhalt war dieser Artikel das Muster meiner zukünftigen Arbeit. Ein Artikel in der *New York Times* (am 29. Oktober 1976)[1] nannte diese Beschreibung des Managements „kalkuliertes Chaos" und „kontrollierte Unordnung". Er zitierte auch eine Passage, die ich inzwischen zur Charakterisierung vieler meiner Schriften bevorzuge: „Intuition zelebrieren".

Wenn man Manager fragt, was sie machen, werden sie sehr wahrscheinlich antworten, daß sie planen, organisieren, koordinieren und kontrollieren. Dann beobachte man, was sie tatsächlich tun. Man sollte nicht überrascht sein, wenn man die Beobachtungen nicht mit diesen vier Begriffen in Verbindung bringen kann.

---

1 F. Andrews, „Management: How a Boss Works in Calculated Chaos", New York Times, 29. Oktober, 1976.

Wenn die Manager durch einen Anruf darüber informiert werden, daß eine ihrer Fabriken abgebrannt ist, und sie dem Anrufer raten festzustellen, ob ein zeitliches Umdisponieren möglich ist, um die Kunden über eine ausländische Firma zu beliefern, ist das dann Planung? Wie verhält es sich, wenn sie einem ausscheidenden Angestellten eine goldene Uhr verleihen? Oder wenn sie an einer Konferenz teilnehmen, um Leute aus der Branche zu treffen? Oder wenn sie nach ihrer Rückkehr von der Konferenz ihren Mitarbeitern über eine interessante Produktidee berichten, die sie dort aufgegriffen haben?

Diese vier Begriffe, die seit ihrer erstmaligen Einführung im Jahre 1916 durch den französischen Industriellen Henri Fayol das Managementvokabular beherrschten, vermitteln uns in Wirklichkeit wenig darüber, was Manager tatsächlich machen. Bestenfalls zeigen sie einige vage Ziele an, die sie in ihrer Arbeit verfolgen.

Meine Absicht hier ist einfach: die Leser von Fayols Begriffen abzubringen und sie in eine vertretbarere und, wie ich glaube, nützlichere Beschreibung der Managementtätigkeit einzuführen. Diese Beschreibung basiert auf meiner eigenen Forschung über fünf Manager sowie auf einigen anderen Untersuchungen darüber, wie Manager ihre Arbeitszeit verbringen.

In einigen wurden Manager intensiv beobachtet („beschatten" ist der Begriff, den manche verwenden). In einigen anderen Untersuchungen wurden detaillierte Tagebücher über ihre Tätigkeiten geführt. Nur in wenigen Studien wurden die Aufzeichnungen analysiert. Es wurden verschiedene Managertypen untersucht: Vorarbeiter, Betriebskontrolleure, Stabsmanager, Gebietsverkaufsleiter, Leiter von Krankenhäusern, Präsidenten von Unternehmen und Nationen, und sogar Führer von Straßenbanden. Diese „Manager" arbeiteten in den Vereinigten Staaten, Kanada, Schweden und Großbritanien.

Eine Synthese dieser Ergebnisse zeichnet ein interessantes Bild, das sich von Fayols klassischer Meinung so sehr unterscheidet wie eine abstrakte kubistische Malerei von einer Renaissancemalerei. In gewisser Hinsicht ist dieses Bild jedem klar, der einmal einen Tag entweder vor oder hinter dem Schreibtisch im Büro eines Managers verbracht hat. Gleichzeitig ist dieses Bild dadurch revolutionär, daß es eine Großteil der Folklore in Zweifel zieht, die wir über Management akzeptiert haben.

Zunächst diskutiere ich einige dieser Folkloren und kontrastiere sie mit einigen Ergebnissen systematischer Forschung – den harten Fakten darüber, wie Manager ihre Arbeitszeit verbringen. Dann synthetisiere ich diese Forschungsergebnisse in einer Beschreibung von zehn Rollen, die den wesentlichen Inhalt aller Managertätigkeit beschreiben. In einem abschließenden Teil diskutiere ich eine Reihe von Implikationen dieser Synthese für diejenigen, die ein effektiveres Management anstreben.

Folklore und Tatsachen über die Arbeit des Managers

Es gibt vier Mythen über die Tätigkeit von Managern, die einer genaueren Prüfung der Tatsachen nicht standhalten.

1. *Folklore: Der Manager ist ein bewußter, systematischer Planer.* Das Beweismaterial für diese Behauptung ist unermeßlich, aber nicht ein Funken davon unterstützt diese Aussage.

Tatsache: Studien über Studien haben gezeigt, daß Manager mit einer ungeheuren Geschwindigkeit arbeiten, daß ihre Tätigkeiten kurz, vielfältig und diskontinuierlich sind. Sie sind sehr am Handeln ausgerichtet und bevorzugen weniger die reflektierenden Tätigkeiten. Man sehe sich den folgenden Nachweis an:

- Die Hälfte der Tätigkeiten, mit denen die fünf Manager meiner Untersuchung beschäftigt waren, dauerte weniger als neun Minuten, und nur zehn Prozent überschritten eine Stunde.[2] Eine Untersuchung von sechsundfünfzig amerikanischen Meistern fand heraus, daß sie im Durchschnitt 583 Tätigkeiten pro Achtstundenschicht verrichteten, also eine alle achtundvierzig Sekunden.[3] Das Arbeitstempo bei den Managern wie bei den Vorarbeitern war enorm. Die Manager erhielten ständig Anrufe und Post, von dem Moment an, wo sie morgens kamen, bis sie abends gingen. Kaffeepausen und Mittagessen waren unvermeidbar arbeitsbezogen, und jeder anwesende Mitarbeiter schien jeden freien Augenblick zu beanspruchen.
- Eine Tagebuchstudie über 160 Manager aus dem mittleren und Topmanagement ergab, daß sie nur einmal alle zwei Tage eine halbe Stunde oder länger ohne Unterbrechung arbeiteten.[4]
- 93 Prozent der verbalen Kontakte der Manager in meiner Untersuchung waren auf einer *ad-hoc* Basis arrangiert. Nur ein Prozent ihrer Zeit wendeten sie für Besichtigungen auf. Nur einer von 368 verbalen Kontakten war nicht auf einen speziellen Aspekt bezogen und könnte allgemeine Planung genannt werden.
- Keine Studie hat zentrale Muster dafür gefunden, nach denen Manager ihre Zeit planen. Sie scheinen von Thema zu Thema zu springen und ständig auf die Anforderungen des Augenblicks zu reagieren.

Ist das der Planer der klassischen Literatur? Wohl kaum. Wie können wir stattdessen dieses Verhalten erklären? Der Manager reagiert einfach auf die Notwendigkeiten seiner Arbeit. Ich fand heraus, daß meine Manager viele ihrer Aktivitäten beendeten, Sitzungen oft vor ihrem Ende verließen und ihre Schreibtischarbeit unterbrachen, um ihre Mitarbei-

2 Die Daten aus meiner Untersuchung sind zu finden in: Henry Mintzberg, The Nature of Managerial Work (New York: Harper & Row, 1973).

3 Robert H. Guest, „Of Time and the Foreman", Personnel, Mai 1956, S. 478.

4 Rosemary Stewart, Managers and their Jobs (New York: McMillan, 1967); siehe auch Sune Carlson, Executive Behaviour (Stockholm: Strömbergs, 1951), als erste Tagebuchstudie.

ter zu sprechen. Ein Präsident stellte nicht nur seinen Schreibtisch so auf, daß er Einblick in den langen Flur hatte, sondern ließ auch, wenn er allein war, die Tür offen – eine Einladung an die Mitarbeiter, hereinzukommen und sich mit ihm zu unterhalten.

Diese Manager wollten natürlich den Informationsfluß positiv beeinflussen. Sie schienen aber deutlicher durch ihre eigene Arbeitsbelastung konditioniert zu sein. Sie schätzten die Opportunitätskosten ihrer eigenen Zeit ein, und waren sich ihrer allgegenwärtigen Verpflichtungen bewußt – die Post mußte beantwortet, Anrufern mußte zugehört werden, etc. Die Manager schienen bei allem unter dem Dilemma zwischen Wollen und Müssen zu leiden.

Manager scheinen den Planungsnotwendigkeiten implizit im Kontext der täglichen Handlungen nachzukommen, nicht in einer Art abstraktem Prozeß während eines Zwei-Wochen-Rückzugs der Planungsgruppe der Organisation ins Gebirge. Die Pläne der von mir untersuchten Manager schienen nur in den Köpfen zu existieren – als flexible, aber oft sehr genaue Absichten. Ungeachtet der traditionellen Literatur bringt managen keine reflektierten Planer hervor. Der Manager reagiert unmittelbar auf Stimuli. Er ist durch seine Arbeit konditioniert, und er zieht das Tun dem Aufschieben vor.

2. *Folklore: Der effiziente Manager hat keine regulären Verpflichtungen zu erfüllen.* Man empfiehlt den Managern ständig, mehr Zeit in die Planung und das Delegieren zu investieren, und weniger Zeit in den Empfang von Kunden und die Beteiligung an Verhandlungen. Das seien schließlich nicht ihre eigentlichen Aufgaben. Wie ein guter Dirigent orchestriert der gute Manager alles im voraus, lehnt sich dann zurück, und erfreut sich an den Früchten seiner Arbeit. Gelegentlich reagiert er auf eine unvorhergesehene Ausnahme.

Aber auch hier erweist sich die angenehme Abstraktion als nicht stichhaltig.

Tatsache: Zusätzlich zum Handling von Ausnahmen schließt die Arbeit des Managers eine Reihe von regulären Pflichten ein: Rituale, Zeremonien und Verhandlungen sowie das Verarbeiten von weichen Informationen, die die Organisation mit ihrer Umwelt verbinden. Sehen wir uns einige Belege dafür aus der Forschung an:

- Eine Untersuchung über die Arbeit von Chefs kleiner Unternehmen ergab, daß sie sehr stark mit Routinehandlungen befaßt waren. Weil sich ihre Unternehmen keine Stabsspezialisten leisten konnten und sie nur wenig Personal hatten, mußte der Chef oft bereits selbst einspringen, wenn nur ein Mitarbeiter fehlte.[5]
- Eine Studie über Gebietsverkaufsleiter und eine andere über das obere Management legen nahe, daß beide vor allem mit Kontakten zu wichtigen Kunden beschäftigt waren, vorausgesetzt, sie wollten diese Kunden gewinnen.[6]

---

5 Irving Choran, unveröffentlichte McGill MBA-Dissertation, erwähnt in Mintzberg, Nature of Managerial Work.

6 Robert T. Davis, Performance and Development of Field Sales Managers (Cambridge: Division of Research, Harvard Business School, 1957), und George H. Copeman, The Role of Managing Director (London: Business Publications, 1963).

- Jemand hat einmal halb im Scherz den Manager als jemanden beschrieben, der die Besucher empfängt, damit alle anderen weiterarbeiten können. In meiner Untersuchung fand ich heraus, daß gewisse zeremonielle Verpflichtungen (das Treffen von Honoratioren, die zu Besuch sind, das Verleihen goldener Uhren, das Vorsitzen bei Tisch anläßlich besonderer Essen) ein elementarer Bestandteil der Arbeit des Managers sind.
- Untersuchungen über das Informationsverhalten von Managern legen es nahe, daß sie eine Schlüsselrolle bei der Sicherung „weicher" externer Information spielen (viele Informationen erhalten sie nur aufgrund ihres Status), die sie an ihre Mitarbeiter weitergeben.

3. *Folklore: Manager in Spitzenpositionen brauchen aggregierte Informationen, die am besten durch ein Management-Informationssystem gewährleistet werden.* Gemäß der klassischen Vorstellung über den Manager, der an der Spitze eines regulierten, hierarchischen Systems sitzt, muß der Manager, wie die Literatur ihn sieht, alle relevanten Informationen aus einem riesigen, übersichtlichen MIS erhalten. Aber ein Blick darauf, wie Manager tatsächlich mit Informationen umgehen, zeichnet ein anderes Bild. Sie verwenden fünf Medien – Unterlagen, Telefongespräche, plan- und außerplanmäßige Termine und Besichtigungen.

Tatsache: Manager bevorzugen sehr stark das sprachliche Medium – also Telefonieren und persönliche Begegnungen. Das belegen alle Untersuchungen über die Arbeit von Managern. Sehen wir uns folgendes an:

- Nach zwei englischen Untersuchungen verwenden Manager durchschnittlich 66 bis 80 Prozent ihrer Zeit für mündliche Kommunikation.[7] In meiner eigenen Untersuchung über fünf amerikanische Manager waren es 78 Prozent.
- Für die fünf Manager meiner Studie war die Erledigung der Post eine Last, auf die sie gerne verzichtet hätten. Einer kam samstags morgens, um 142 Briefe in nur etwas mehr als drei Stunden zu erledigen, „um sich den ganzen Kram vom Hals zu schaffen". Derselbe Manager sah sich die erste Post mit „harten" Daten an, die er jede Woche bekam, nämlich einen Standardkostenbericht, und legte ihn mit der Bemerkung beiseite: „Das seh'ich mir nie an".
- Während der Zeit meiner Untersuchung antworteten dieselben fünf Manager direkt nur auf zwei der vierzig Routineberichte, die sie erhielten sowie auf vier Anfragen der 104 periodischen Berichte. Sie überflogen die meisten periodischen Berichte in Sekunden, fast rituell. Im Laufe der fünfundzwanzig Tage meiner Beobachtungen veranlaßten diese fünf Topmanager ziemlich großer Organisationen von sich aus (d.h. nicht als Reaktion) insgesamt nur fünfundzwanzig Schreiben.

---

7 Stewart, Managers and Their Jobs, und Tom Burns, „The Directions of Activity and Communication in a Departmental Executive Group", in: Human Relations, Februar, 1954, S. 73.

Eine Analyse ihrer Post enthüllt ein interessantes Bild: Nur 13 Prozent war von speziellem und unmittelbaren Nutzen. Damit haben wir ein weiteres Puzzleteil. Nur wenig Post enthält aktuelle, relevante Informationen – über das Verhalten eines Konkurrenten, die Stimmung der Gesetzgeber, die Einschaltquote bei der TV-Show vom Vorabend. Diese Informationen waren jedoch Anlaß dafür, daß sie Sitzungen unterbrachen und ihre Arbeitstage umorganisierten.

Sehen wir uns ein anderes interessantes Ergebnis an. Manager legen scheinbar großen Wert auf „weiche" Informationen, vor allem Klatsch, Gerüchte und Spekulationen. Warum? Der Grund liegt in ihrer Frühwarnfunktion. Der Klatsch von heute kann morgen Wirklichkeit sein. Der Manager, den das Telefonat nicht erreicht, mit dem er darüber informiert werden sollte, daß sein größter Kunde mit dem Hauptkonkurrenten beim Golfspielen gesehen wurde, liest vielleicht im nächsten Vierteljahresbericht von drastischen Umsatzeinbrüchen. Aber dann ist es zu spät.

Richard Neustadt, der das Informationsverhalten von drei U.S.-Präsidenten untersucht hat, schreibt:

> Nicht die allgemeinen Informationen klären den Präsidenten über seine persönliche Situation auf, nicht die Zusammenfassungen, Umfragen oder das *nichts-sagende Amalgam*. Es sind eher die Kleinigkeiten der *greifbaren Details,* die in seinem Kopf zusammengefügt werden, und ihn über die Kehrseite der Themen aufklären, mit denen er zu tun hat. Er muß, soweit er kann, als Selbsthilfe zu jedem Stückchen Tatsache, Meinung und Klatsch greifen, das sich auf seine Interessen und Beziehungen als Präsident bezieht. Er muß zum Leiter seiner eigenen CIA werden.[8]

Die Betonung der Kommunikation durch die Manager macht zwei zentrale Aspekte deutlich: Erstens, die mündliche Information wird in den Köpfen gespeichert. Nur in aufgeschriebener Form können diese Informationen in den Akten der Organisation abgelegt werden – sei es in Aktenschränken oder auf Magnetbändern. Und Manager dokumentieren anscheinend nicht, was sie hören. Deshalb liegt die strategische Datenbank der Organisation weniger in den Computern als in den Köpfen ihrer Manager.

Zweitens kann der sehr starke Gebrauch der Kommunikation erklären, warum sie ungern Aufgaben delegieren. Sie können nicht einfach ein Dossier an jemanden übergeben: sie müssen sich die Zeit nehmen, um „ihr Gedächtnis abzuladen" – um jemandem mitzuteilen, was sie alles über ein Thema wissen. Das kann aber so viel Zeit in Anspruch nehmen, daß die Manager es als einfacher ansehen, die Aufgabe selbst zu erledigen. Deshalb sind sie durch ihr eigenes Informationssystem zu einem „Dilemma der Delegation" verurteilt – entweder zuviel selbst zu übernehmen oder mit unangemessenen Instruktionen an die Mitarbeiter delegieren zu müssen.

8 Richard E. Neustadt, Presidental Power (New York: Wiley, 1960), S. 153-54; Hervorhebungen hinzugefügt.

4. *Folklore: Management ist eine Wissenschaft und eine Profession, bzw. kann sich schnell dazu entwickeln.* Nach fast jeder Definition von Wissenschaft und Profession ist diese Aussage falsch. Eine kurze Beobachtung eines Managers begräbt schnell die Vorstellung, daß Manager eine Wissenschaft praktizieren. Wissenschaft bedeutet systematische, analytisch festgelegte Verfahren oder Programme. Wenn wir nicht einmal wissen, welche Verfahren Manager verwenden, wie können wir ihnen dann aufgrund wissenschaftlicher Analyse welche vorschreiben? Wie können wir Management eine Profession nennen, wenn wir nicht genauer angeben können, was Manager lernen sollten?

Tatsache: Die Programme der Manager (Zeitplanung, Informationsverarbeitung, Entscheiden usw.) bleiben tief in ihren Köpfen verborgen. Wir müssen deshalb zur Beschreibung dieser Programme auf Begriffe wie *Urteilsvermögen* und *Intuition* zurückgreifen. Wir sind uns oft nicht klar darüber, daß es sich dabei nur um den Ausdruck unserer eigenen Unwissenheit handelt.

Ich war während meiner Untersuchung von der Tatsache irritiert, daß die Manager, die alle nach jedem Standard sehr kompetent waren, sich grundsätzlich nicht von ihren Pendants von vor einhundert Jahren unterschieden. Die Informationen, die sie brauchten, waren andere, aber sie suchten sie auf dieselbe Weise: durch Kommunikation. Ihre Entscheidungen betrafen moderne Technologien, aber die Entscheidungsverfahren waren dieselben wie die der Manager im neunzehnten Jahrhundert. Sogar der Computer, der für die spezialisierte Arbeit in Organisationen so wichtig ist, hat scheinbar keinen Einfluß auf die Arbeit der Topmanager. Der Manager befindet sich in der Tat in einer Art Zirkel: unter zunehmendem starken Arbeitsdruck, aber ohne Aussicht auf Hilfe von Seiten der Managementwissenschaft.

Angesichts der Fakten über die Tätigkeit von Managern können wir sehen, daß ihre Arbeit enorm kompliziert und schwierig ist. Der Manager ist mit Verpflichtungen überlastet: er kann jedoch seine Aufgabe nicht einfach delegieren. Deshalb muß er sich überarbeiten und ist dazu gezwungen, vieles oberflächlich zu erledigen. Kürze, Fragmentierung und mündliche Kommunikation kennzeichnen seine Arbeit. Das sind jedoch genau die Merkmale, die eine wissenschaftliche Beschäftigung zur Verbesserung der Managementtätigkeit behindert haben. Deshalb haben die Managementwissenschaftler ihre Anstrengungen auf die spezialisierten Funktionen der Organisation konzentriert,28

:<sie die Verfahren einfacher analysieren und die relevante Information quantifizieren können. Deswegen besteht der erste Schritt zur Bereitstellung einer gewissen Hilfe für Manager in der Untersuchung ihren konkreten Tätigkeit.

Zurück zu einer Basisbeschreibung der Managementtätigkeit

Wir wollen versuchen, einige Puzzleteile zusammenzusetzen. Manager können als diejenigen definiert werden, die die Verantwortung für eine Organisation oder eine ihrer Untereinheiten haben. Diese Definition würde neben den Unternehmensleitern Vizepräsidenten, Bischöfe, Meister, die Coaches einer Hockey-Mannschaft und Premierminister einschließen. Können alle diese Personen irgendetwas gemeinsam haben? Das können sie in der Tat. Ein wichtiger Ausgangspunkt ist, daß alle die formale Autorität über eine organisatorische Einheit besitzen. Aus der formalen Autorität leitet sich der Status ab, der zu verschiedenen interpersonellen Beziehungen führt, die den Zugang zu Informationen ermöglichen. Umgekehrt befähigen Informationen den Manager dazu, für ihre Einheiten Entscheidungen zu treffen und Strategien zu entwickeln.

Die Arbeit des Managers kann in vier verschiedenen „Rollen“ beschrieben werden, oder in organisierten Verhaltenssets, die mit einer Position identifiziert werden können. Meine Beschreibung, die in der Abbildung 1.1 dargestellt ist, faßt zehn Rollen zusammen:

Interpersonelle Rollen

Drei der Rollen der Manager resultieren direkt aus der formalen Autorität und schließen interpersonelle Basisbeziehungen ein.

1. Die Rolle als *Repräsentationsperson.* Aufgrund seiner Position als Kopf einer Organisationseinheit muß jeder Manager bestimmte zeremonielle Verpflichtungen erfüllen. Der Präsident begrüßt den Ehrengast, der Meister denkt an die Hochzeit eines Drehers, und der Verkaufsleiter lädt einen wichtigen Kunden zum Essen ein.

   Die Manager in meiner Untersuchung verwendeten 12 Prozent ihrer Zeit für Kontakte auf zeremonielle Verpflichtungen; 17 Prozent ihrer eingehenden Post waren Danksagungen oder Anfragen, die sich auf ihren Status bezogen. Zum Beispiel wurde der Unternehmensleiter in einem Brief nach kostenlosen Einkaufsmöglichkeiten für einen behinderten Schüler gefragt; oder dem Schuldirektor werden die Zeugnisse zur Unterschrift vorgelegt.

   Verpflichtungen, die interpersonelle Rollen einschließen, können manchmal reine Routineangelegenheiten sein. Sie bestehen weniger aus ernsthafter Kommunikation und betreffen keine wichtigen Entscheidungen. Sie sind dennoch für den reibungslosen Ablauf einer Organisation wichtig und können vom Manager nicht übergangen werden.

2 Aufgrund ihrer Verantwortung für eine Organisationseinheit sind die Manager für die Arbeit der Mitarbeiter dieser Einheit verantwortlich. Diesbezügliche Handlungen konstituieren ihre *Führungsrolle.* Einige dieser Handlungen schließen direkt Führung ein – zum Beispiel ist der Manager normalerweise in den meisten Organisationen für die Einstellung und Ausbildung seiner Mitarbeiter verantwortlich. Darüber hinaus gibt es noch die indirekte Ausübung der Führungsrolle. Jeder Manager muß seine Mitarbeiter motivieren und ermuntern, damit sie ihre persönlichen Bedürfnisse mit den Zielen der Organisation in Einklang bringen. Bei nahezu jedem Kontakt des Managers mit seinen Mitarbeitern versuchen diese, das Führungsverhalten zu deuten: „Stimmt er zu?“, „Wie würde er den Bericht gerne sehen?“, „Ist er mehr an Marktanteilen als an Gewinn interessiert?“

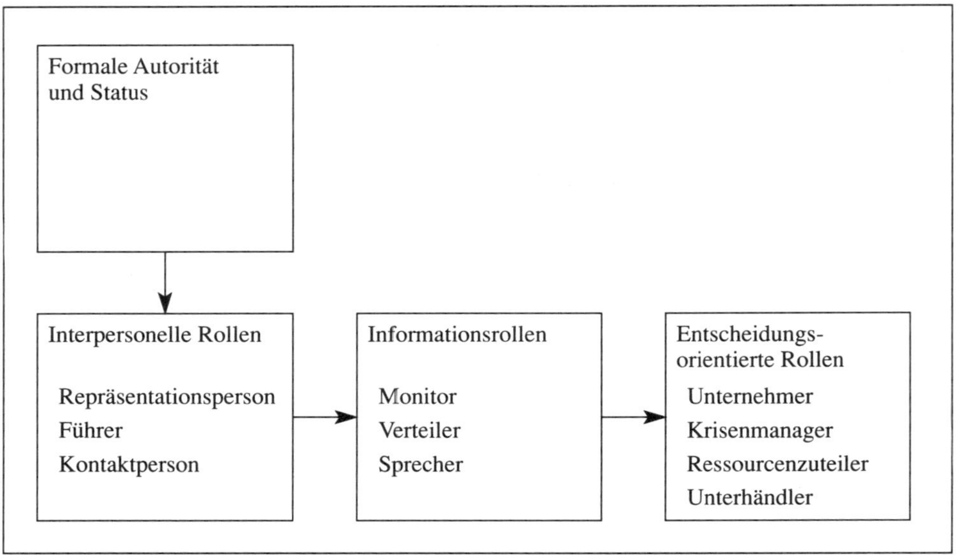

Abbildung 1.1: Die Rollen des Managers

Der Einfluß des Managers kommt am deutlichsten in der Führungsrolle zum Ausdruck. Die formale Autorität stattet ihn mit großer potentieller Macht aus. Der Führungsstil bestimmt zu einem großen Teil, wieviel Macht er tatsächlich einsetzt.

3. Die Managementliteratur hat immer die Rolle der Führung herausgestellt, besonders im Hinblick auf die Frage der Motivation. Im Vergleich dazu wurde die Rolle des Managers als *Kontaktperson, in der er außerhalb der Befehlskette Kontakte knüpft,* bis vor kurzem kaum berücksichtigt. Das ist angesichts der Ergebnisse praktisch jeder Studie über Managementtätigkeiten bemerkenswert. Danach verbringen Manager nämlich mit Kollegen und anderen Personen außerhalb ihrer Abteilungen ebensoviel Zeit wie mit ihren eigenen Mitarbeitern. Überraschenderweise verbringen sie nur wenig Zeit mit ihren Vorgesetzten (im allgemeinen jeweils im Verhältnis 45, 45 und 10 Prozent).

Die fünf Topmanager in meiner Untersuchung hatten Kontakte zu unglaublich verschiedenen Personen: Mitarbeitern, Kunden, Geschäftspartnern und Lieferanten, Managern ähnlicher Organisationen, Vertretern der Regierung und der Gewerkschaft, Direktoren anderer Vorstände usw. Die Untersuchung über Vorarbeiter von Robert Guest zeigt ebenso, daß diese vielfältige und weitläufige Kontakte pflegten, die selten weniger als zwanzig, aber häufig mehr als fünfzig Personen einschlossen.

Manager kultivieren solche Kontakte, um Informationen zu erhalten, wie wir gleich sehen werden. Die Rolle als Kontaktperson dient in Wirklichkeit dem Aufbau eines eigenen externen Informationssystems des Managers, das informell, privat, mündlich, aber dennoch effektiv ist.

Informationsrollen

Aufgrund der Kontakte, sowohl mit den Mitarbeitern als auch im Kontaktnetzwerk, entwickelt sich der Manager zum Nervenzentrum seiner Organisationseinheit. Er weiß vielleicht nicht alles, aber er weiß normalerweise mehr als irgendeiner seiner Mitarbeiter.

Das fanden Untersuchungen für alle Manager heraus, von Anführern von Straßenbanden bis zu U.S.-Präsidenten. George Homans hat in seinem Buch Theorie der sozialen Gruppe erklärt, wie es dazu kommt. Die Anführer von Straßenbanden stehen im Zentrum des Informationsflusses ihrer eigenen Banden. Sie halten auch engen Kontakt zu anderen Bandenfühern; sie sind besser informiert als irgendeiner ihrer Anhänger.[9] Und Richard Neustadt nennt aufgrund seiner Untersuchung über Franklin D. Roosevelt den folgenden Grund:

Das Wesen von Roosevelts Technik der Informationssammlung bestand aus Konkurrenz. „Er bestellte einen zu sich", erzählte mir einmal einer seiner Mitarbeiter, „und beauftragte einen mit der Beschaffung von Informationen über eine komplizierte Sache. Wenn man nach ein paar Tagen harter Arbeit zurückkam und ihm einen saftigen Brocken präsentierte, den man irgendwo ausgegraben hatte, *dann* mußte man feststellen, daß er bereits alles darüber wußte, und zusätzlich noch etwas, wovon man selbst *keine* Ahnung hatte. Er erwähnte normalerweise nie, woher er seine Informationen bezog. Aber wenn er so etwas ein- oder zweimal mit einem gemacht hatte, dann war man verdammt vorsichtig mit der eigenen Information."[10]

Wir können sehen, woher Roosevelt seine Information bekam, wenn wir die Beziehung zwischen der interpersonellen und der Informationsrolle betrachten. Als Führungskräfte haben Manager formalen und einfachen Zugang zu jedem Untergebenen. Von daher wissen sie bereits mehr als alle anderen über ihre Einheiten, wie bereits erwähnt wurde. Ihre Kontakte verschaffen ihnen zusätzliche externe Informationen, zu denen die Untergebenen oft keinen Zugang haben. Viele Kontakte bestehen zu Managern mit gleichem Status, die ihrerseits das Nervenzentrum ihrer Organisationen sind. Auf diese Weise bauen die Manager eine ausgesprochen starke Informationsbasis auf.

Eine Schlüsselfunktion fällt der Informationsverarbeitung in der Arbeit des Managers zu. In meiner Untersuchung verbrachten die Manager 40 Prozent ihrer Kontaktzeit mit Aktivitäten, die ausschließlich der Übertragung von Information gewidmet waren, und 70 Prozent ihrer eingehenden Post hatte rein informativen Charakter (im Gegensatz zu den Anfragen und Bitten). Die Manager verließen keine Sitzung oder beendeten ein Telefonat, um zur Arbeit zurückzukehren. In weiten Teilen besteht ihre Arbeit aus Kommunikation. Drei Rollen beschreiben die Informationsaspekte der Managementtätigkeit:

---

9 George C. Homans, The Human Group (New York: Harcourt Brace & World, 1950), basierend auf einer Untersuchung von W.F. Whyte, Street Corner Society, überarbeitete Auflage (Chicago: University of Chicago Press, 1955).

10 Neustadt, Presidental Power, S. 157.

4. In der Rolle des *Monitors* tastet er dauernd die Umwelt nach Informationen ab, befragt seine Kontaktpersonen und Mitarbeiter, und erhält unaufgefordert Informationen, die zum Großteil das Resultat seines Netzwerkes persönlicher Kontakte sind, das er aufgebaut hat. Man erinnere sich daran, daß ein Großteil der Informationen, die der Manager in der Rolle des Monitors sammelt, in mündlicher Form vorkommt, oft als Klatsch, Gerüchte und Spekulationen. Aufgrund seiner Kontakte hat der Manager einen natürlichen Vorteil bei der Sammlung dieser weichen Informationen für seine Organisation.

5. Die Manager müssen viele Informationen mit anderen teilen und an andere weitergeben. Informationen, die sie über persönliche Kontakte nach außen erhalten, können organisationsintern relevant sein. In ihrer Rolle als *Verteiler* geben die Manager einige ihrer privilegierten Informationen direkt an ihre Mitarbeiter weiter, die ansonsten keinen Zugang dazu hätten. Wenn die Mitarbeiter nicht einfach miteinander Kontakte pflegen können, dann geben die Manager darüber hinaus Informationen von einem zum andern weiter.

6. In ihrer Rolle als *Sprecher* geben Manager einige ihrer Informationen an Personen außerhalb ihrer Einheiten weiter: ein Präsident hält eine Rede, um sich für ein Bedürfnis der Organisation einzusetzen, oder ein Meister schlägt einem Zulieferer eine Produktmodifikation vor. Zusätzlich muß jeder Manager im Rahmen seiner Sprecherrolle die einflußreichen Personen informieren und zufriedenstellen, die seine Organisationseinheit kontrollieren. Vor allem Topmanager müssen sehr viel Zeit für sehr viele Einflußnehmer aufbringen. Die Direktoren und Aktionäre müssen über die Finanzlage unterrichtet werden, Konsumentengruppen müssen darüber versichert werden, daß die Organisation ihren sozialen Verantwortlichkeiten nachkommt, usw.

Entscheidungsorientierte Rollen

Information ist natürlich kein Selbstzweck. Sie ist der Basisinput für Entscheidungen. Eines wird ganz deutlich in der Untersuchung der Managementtätigkeit: Die Manager spielen die Hauptrolle im Entscheidungssystem ihres Bereichs. Als formale Autorität kann nur der Manager die Abteilung auf entscheidende neue Handlungskurse verpflichten. Als ihr Nervenzentrum hat nur er alle gegenwärtig relevanten Informationen, um Entscheidungen treffen zu können, die die Strategie des Bereichs festlegen. Vier Rollen beschreiben den Manager als Entscheider.

7. Als *Unternehmer* versucht der Manager seine Abteilung zu verbessern, und sie an die sich veränderten Umweltbedingungen anzupassen. In der Rolle als Monitor hält er ständig nach neuen Ideen Ausschau. Wenn eine gute Idee auftaucht, dann initiiert er im Kontext der Unternehmerrolle ein Entwicklungsprojekt, das er entweder selbst kontrolliert, oder an einen Mitarbeiter delegiert (vielleicht unter der Bedingung, daß er sich selbst das letzte Vorschlagsrecht vorbehält).

   Es gibt zwei interessante Erscheinungsformen von Entwicklungsprojekten, die auf der Ebene von Topmanagern vorkommen. Erstens kommen diese Projekte nicht auf der Basis von Einzelentscheidungen oder sogar vereinheitlichten Entscheidungsbündeln zustande. Sie entstehen eher nach und nach als Serien von kleinen Entscheidungen und Handlungen. Scheinbar schieben die Topmanager jedes Projekt auf, bis sie es Stück für Stück mit ihrem vollbelegten, zusammenhangslosen Plan vereinbaren können. Wenn es sich um eine komplizierte Angelegenheit handelt, können sie somit nach und nach den Themenkomplex verstehen.

Zweitens kontrollierten die von mir untersuchten Topmanager fünfzig solcher Projekte gleichzeitig. Einige Projekte befaßten sich mit neuen Produkten oder Verfahren, andere bezogen sich auf PR-Kampagnen, auf Lösungen eines moralischen Problems in einer ausländischen Division, auf die Einführung von Computern, auf verschiedene Akquisitionen, usw. Die Topmanager behielten anscheinend über die von ihnen kontrollierten Entwicklungsprojekte den Überblick – über Projekte, die sich in verschiedenen Entwicklungsstufen befanden, von denen einige aktiv verfogt wurden, und andere eher in Vergessenheit geraten waren. Wie ein Jongleur schienen sie eine Reihe von Projekten in Bewegung zu halten. Regelmäßig kam eines herunter, und wurde mit neuem Schwung wieder in Umlauf gebracht. Zu verschiedenen Zeitpunkten setzten sie neue Projekte in die Welt, und stellten alte ein.

8. Während die Rolle als Unternehmer den Manager als freiwilligen Initiator von Wandel beschreibt, zeigt ihn die Rolle als *Krisenmanager* als jemanden, der unfreiwillig auf Zwänge reagieren muß. Die Veränderungen liegen hier außerhalb der Kontrolle des Managers: Ein Streik drohte, ein Hauptkunde machte Pleite, ein Zulieferer hielt einen Vertrag nicht ein.

Wie ich bereits erwähnt habe, war es beliebt, den Manager mit einem Dirigenten eines Orchesters zu vergleichen. Peter Drucker schrieb in *The Practice of Management:*

> Der Manager hat die Aufgabe, ein Ganzes zu erzeugen, das größer als die Summe seiner Teile ist, eine produktive Entität, die sich als mehr als die Summe der eingesetzten Ressourcen erweist. Eine Analogie ist die mit dem Dirigenten eines Symphonieorchesters, durch dessen Bemühen, Vision und Führung die einzelnen instrumentellen Partien, die alleine nur Geräusche darstellen würden, zur lebendigen Musik als Ganzheit werden. Aber der Dirigent hat die Noten des Komponisten; er ist nur der Interpret. Der Manager ist sowohl Komponist wie Interpret.[11]

Leonard R. Sayles, der systematische Forschungen über die Tätigkeit von Managern durchgeführt hat, bemerkt demgegenüber folgendes: Der Manager

> . . . ist wie der Dirigent eines Symphonieorchesters, der sich um die Aufrechterhaltung einer melodischen Leistung bemüht, bei der die verschiedenen Beiträge der unterschiedlichen Instrumente koordiniert und in eine Reihenfolge gebracht, zu einem Muster zusammengefügt und in eine rhythmisch ausgewogene Aufführung gebracht werden, während die Orchestermitglieder die unterschiedlichsten persönlichen Schwierigkeiten haben. Die Bühnenarbeiter verschieben die Notenständer, eine ab-

---

11 Peter F. Drucker, The Practice of Management (New York: Harper & Row, 1954), S. 341-42.

wechselnd übermäßige Hitze und Kälte macht dem Publikum und den Instrumenten zu schaffen, und der Sponsor des Konzerts besteht auf irrationalen Veränderungen im Programm.[12]

Jeder Manager muß in Wirklichkeit viel Zeit damit verbringen, auf gravierende Probleme und Störungen zu reagieren. Keine Organisation kann so gut geleitet werden, so standardisiert sein, daß sie jede Kontingenz im voraus berücksichtigt. Störungen treten nicht nur deshalb auf, weil schlechte Manager den Situationen solange keine Beachtung schenken, bis sie Krisendimensionen annehmen, sondern weil auch gute Manager möglicherweise nicht alle Konsequenzen ihrer Handlungen antizipieren können.

9. Die dritte Rolle als Entscheider ist die des *Ressourcenzuteilers*. Dem Manager fällt die Verantwortung der Entscheidung darüber zu, wer was in der Organisationseinheit erhält. Vielleicht ist seine eigene Zeit die wichtigste Ressource, die der Manager vergibt. Zugang zum Manager bedeutet die Aufnahme ins Nervenzentrum der Abteilung, und in die Entscheidungszentrale. Der Manager trägt außerdem die Verantwortung für die Gestaltung der Struktur des Bereichs, also für das formale Strukturmuster der Beziehungen, das festlegt, wie die Arbeit aufgeteilt und koordiniert wird.

   In der Rolle des Ressourcenzuteilers autorisiert der Manager auch wichtige Entscheidungen der Abteilung, bevor sie implementiert werden. Aufgrund dieser Macht kann er sicherstellen, daß die Entscheidungen aufeinander abgestimmt sind – alles muß durch eine Hand laufen. Die Fragmentierung dieser Macht führt zu diskontinuierlichen Entscheidungen und zu einer unzusammenhängenden Strategie.

   In meiner Untersuchung zeigte sich, daß die Manager mit unglaublich komplexen Entscheidungen konfrontiert waren. Sie mußten den Einfluß der Entscheidungen untereinander und auf die Organisationsstrategie insgesamt berücksichtigen. Sie mußten sicherstellen, daß die Entscheidung von denen akzeptiert wird, die Einfluß auf die Organisation hatten sowie sicherstellen, daß die Ressourcen nicht zu sehr überstrapaziert wurden. Sie mußten die verschiedenen Kosten und Nutzen ebenso kennen wie sie auch die Realisierbarkeit des Vorschlags mitbedenken mußten. Sie mußten auch Zeitfragen einkalkulieren. All das war für die einfache Bewilligung eines Vorschlags irgendeines anderen notwendig. Gleichzeitig kostete eine Verzögerung Zeit, während eine allzu rasche Zustimmung als problematisch angesehen werden konnte. Eine schnelle Ablehnung wiederum konnte einen Mitarbeiter entmutigen, der Monate in die Entwicklung eines Lieblingsprojekts investiert hat. Eine häufige Lösung bei der Bewilligung von Projekten scheint in der Auswahl der Person statt des Vorschlags bestanden zu haben. Das heißt, die Manager autorisierten die Projekte, die ihnen von Personen vorgeschlagen wurden, in deren Urteilsvermögen sie Vertrauen hatten. Aber diesen einfachen Trick können sie nicht immer anwenden.

12 Leonard R. Sayles, Managerial Behavior (New York: McGraw-Hill, 1964), S. 162.

10. Die letzte Rolle als Entscheider ist die des *Unterhändlers*. Untersuchungen über Management haben auf allen Stufen gezeigt, daß Manager sehr viel Zeit mit Verhandlungen verbringen: Der Präsident einer Fußballmannschaft wird hinzugezogen, um einen Vertrag mit einem heimlichen Superstar auszuarbeiten; der Unternehmenspräsident leitet die Gruppe seines Unternehmens bei den Verhandlungen über ein neues Streikthema; der Meister diskutiert ein schwieriges Problem mit dem gewerkschaftlichen Vertrauensmann. Verhandlungen sind ein „Way of Life" für den geschickten Manager, wie Leonard Sayles meint.

    Diese Verhandlungen gehören zu den Pflichten des Managers. Es mag sich dabei um Routine handeln, aber sie können nicht umgangen werden. Sie sind ein integraler Bestandteil der Arbeit, da nur der Manager die Autorität dazu hat, die Ressourcen in der „Echtzeit" zuzuweisen, und nur er über die zentralen Informationen verfügt, die für wichtige Verhandlungen notwendig sind.

Die integrierte Tätigkeit

Es sollte bis jetzt klar geworden sein, daß die beschriebenen zehn Rollen nicht einfach getrennt werden können. Sie bilden eine *Gestalt,* eine integrierte Ganzheit. Keine Rolle kann aus diesem Rahmen entfernt werden und die Arbeit des Managers intakt bleiben. Zum Beispiel mangelt es einem Manager ohne Kontakte an externen Informationen. Er kann dann weder die erforderlichen Informationen an die Mitarbeiter weitergeben, noch Entscheidungen fällen, die die externen Bedingungen angemessen berücksichtigen. (Das ist in der Tat ein Problem für einen Neuen in einer Managementposition, da er keine effektiven Entscheidungen treffen kann, bevor er sein Kontaknetzwerk aufgebaut hat.)

Hier liegt ein Hinweis auf das Problem von Teammanagement. Zwei oder drei Personen können sich nicht eine Managementposition teilen, außer sie handeln wie eine Entität. Das bedeutet, daß sie die zehn Rollen nicht aufteilen können, außer sie können sie sehr vorsichtig reintegrieren. Die eigentliche Schwierigkeit liegt in der Informationsrolle. Das Managementteam bricht zusammen, wenn nicht alle vollständig an der managementrelevanten Information partizipieren – und die ist vorwiegend mündlicher Natur, wie ich vorher erwähnt habe. Die Tätigkeit eines Managers kann nicht willkürlich aufgeteilt werden, etwa in interne und externe Rollen, da Informationen aus beiden Quellen in denselben Entscheidungen berücksichtigt werden müssen.

Daß diese zehn Rollen eine *Gestalt* bilden heißt nicht, daß alle Manager jeder Rolle die gleiche Aufmerksamkeit schenken. Meine Durchsicht der verschiedenen Untersuchungen zeigte, daß

- Vertriebsleiter scheinbar relativ viel Zeit in der interpersonellen Rolle verbringen, was vermutlich die extrovertierte Natur des Marketings widerspiegelt
- Produktionsmanager relativ stark die Entscheidungsrolle beachten, was wahrscheinlich ihre Sorge um einen effizienten Arbeitsablauf widerspiegelt
- Stabsmanager relativ viel Zeit in die Informationsrolle investieren, weil sie als Experten Abteilungen leiten, die andere Teile der Organisation beraten.

Dennoch bleiben in allen Fällen die interpersonellen, die informations- und die entscheidungsorientierten Rollen untrennbar.

In Richtung eines effektiveren Managements

Was ist die Botschaft dieser Beschreibung für das Management? Zuerst und vor allem glaube ich, daß sich diese Beschreibung der faktischen Managementtätigkeit für die Manager als wichtiger erweisen sollte als irgendein Rezept, das sie vielleicht daraus ableiten. Das soll heißen, daß die *Effektivität des Managers entscheidend von seinen Einsichten in seine eigene Arbeit abhängt.* Seine Leistung hängt davon ab, wie gut er die Zwänge und Dilemmata seiner Tätigkeit versteht und darauf reagiert.

Sehen wir uns drei verschiedene Bereiche an. Die Managementprobleme – nämlich das Dilemma der Delegation, das Problem, daß die Daten in einem Kopf zentralisiert sind, und die Probleme der Zusammenarbeit mit dem Managementwissenschaftler – drehen sich zum größten Teil um den mündlichen Charakter der Informationen des Managers. Es liegt eine große Gefahr darin, die Datenbank der Organisation in den Köpfen ihrer Manager zu zentralisieren. Wenn sie gehen, nehmen sie ihr Gedächtnis mit. Und wenn die Mitarbeiter außerhalb der mündlichen Reichweite des Manager stehen, dann haben sie Informationsnachteile.

1. *Der Manager ist dazu herausgefordert, systematische Wege zur Mitteilung seiner privilegierten Information zu finden.* Eine regelmäßige Einsatzbesprechung mit den wichtigsten Mitarbeitern, ein wöchentliches Gedächtnisprotokoll mit dem Diktiergerät, das Führen eines Tagebuches mit den wichtigsten Informationen, die nur für einen begrenzten Umlauf gedacht sind, oder vergleichbare Methoden können die Probleme der Arbeit wesentlich erleichtern. Der Aufwand an Zeit zur Verteilung der Informationen wird mehr als wettgemacht, wenn Entscheidungen getroffen werden müssen. Natürlich werden manche die Frage nach der Vertraulichkeit aufwerfen. Aber Manager tun gut daran, die Risiken der Offenlegung privilegierter Informationen im Vergleich zu effektiv entscheidungsfähigen Mitarbeitern abzuwägen.

Ein Thema zieht sich durch die ganze Beschreibung: daß der Arbeitsdruck den Manager zu oberflächlichem Handeln zwingt – ihn mit Arbeit überflutet, zu Unterbrechungen führt, eine schnelle Reaktion auf Stimuli verlangt, es notwendig macht, das Greifbare zu suchen und das Abstrakte zu vermeiden, Entscheidungen in kleinen Inkrementen zu treffen, und alles rasch zu erledigen.

2. *Der Manager ist dazu herausgefordert, mit den Belastungen, die aus der Oberflächlichkeit resultieren, dadurch bewußt umzugehen, indem er den Problemen die erforderliche ernsthafte Aufmerksamkeit widmet. Er muß sich von den greifbaren Informationen distanzieren, um ein größeres Bild zu sehen. Dabei kann er sich der analytischen Inputs bedienen.* Obwohl effektive Manager dazu in der Lage sein müssen, geschickt und schnell auf zahlreiche und verschiedene Probleme zu reagieren, liegt eine Gefahr darin, daß sie auf jedes Problem in gleicher Weise reagieren (das heißt rasch), und daß sie Informationsinputs nicht in ein umfassenderes Weltbild einbauen.

Manager können für ihren Umgang mit komplexen Problemen viel von einer engen Beziehung zu den Managementexperten ihrer Organisation profitieren. Diese verfügen nämlich über etwas, was ihnen fehlt: Zeit zur Analyse komplexer Probleme. Eine effektive Arbeitsbeziehung hängt von der Lösung dessen ab, was ein Kollege und ich „das Planungsdilemma" genannt haben.[13] Die Manager haben die Information und die Autorität. Die Analytiker haben die Zeit und die Technologie. Eine effektive Arbeitsbeziehung zwischen beiden kann erreicht werden, wenn der Manager seine Information zu teilen lernt, und der Analytiker es lernt, sich an die Bedürfnisse des Managers anzupassen. Anpassung des Analytikers meint, daß er sich weniger Sorgen um die Eleganz der Methode, als vielmehr über ihr Tempo und ihre Flexibilität macht.

3. *Der Manager ist dazu herausgefordert, seine Zeit dadurch zu kontrollieren, daß er seine Verpflichtungen nutzt und die Dinge, die er tun möchte, in Verpflichtungen verwandelt.* Die Topmanager meiner Untersuchung initiierten nur 32 Prozent ihrer Kontakte selbst (und weitere 5 Prozent durch gegenseitige Absprache). Und doch schienen sie ihre Zeit sehr gut unter Kontrolle zu haben. Zwei zentrale Faktoren ermöglichten ihnen das.

Erstens müssen Manager viel Zeit in die Übernahme von Verpflichtungen investieren. Wenn sie darin keine weitere Bedeutung erkennen würden, hätte das kaum irgendeine Wirkung auf die Organisation. Der erfolglose Manager gibt den Verpflichtungen die Schuld am Versagen. Der erfolgreiche Manager wendet sie zu seinem Vorteil. Ein Gespräch ist eine Gelegenheit, ein Anliegen anzusprechen, eine Konferenz bietet die Chance, eine schwache Abteilung zu reorganisieren, ein Besuch bei einem wichtigen Kunden bietet die Möglichkeit, Informationen aus der Branche zu bekommen.

Zweitens machen sie sich dadurch Zeit für Dinge frei, die sie – und vielleicht sonst niemand – für wichtig erachten, indem sie diese Dinge zu Pflichten erklären. Im Management wird freie Zeit gemacht, nicht gefunden. Die Hoffnung, einige Zeit zum Nachdenken und zur allgemeinen Planung freizuhalten, ist gleichbedeutend mit der Hoffnung, daß der Druck der Arbeit irgendwann aufhört. Der Manager, der Innovationen durchführen will, initiiert ein Projekt und verpflichtet andere dazu, ihn auf dem Laufenden zu halten. Derjenige, der bestimmte externe Informationen braucht, richtet Kanäle ein, die ihn automatisch mit Information versorgen. Der Manager, der Einrichtungen besuchen muß, verpflichtet sich dazu öffentlich.

Kein Beruf ist für unsere Gesellschaft ausschlaggebender als der des Managers. Er bestimmt, ob unsere sozialen Institutionen uns dienen, oder ob sie unsere Talente und Ressourcen vergeuden. Es ist an der Zeit, mit der Folklore des Managens aufzuräumen, so daß wir uns der schwierigen Aufgabe zuwenden können, nennenswerte Verbesserungen ihrer Leistungen zu erzielen.

---

13 James S. Hekimian und Henry Mintzberg, „The Planning Dilemma", in: Management Review, Mai 1968, S. 4.

Anmerkung

Mein Buch The Nature of Managerial Work (Harper & Row, 1973; Prentice Hall 1980) enthält eine detaillierte Diskussion aller Merkmale und Rollen, die in diesem Kapitel diskutiert werden; es geht auch auf die Implikationen für Manager und Managementwissenschaftler ein. Ein Kapitel betrachtet auch Variationen in der Managementtätigkeit nach Ebene, Funktion und anderen Faktoren. Ein Anhang in der Ausgabe bei Harper & Row geht auch auf die verwendete Forschungsmethode ein.

2. Kapitel

Strategieentwicklung als Kunsthandwerk

Eine der wichtigeren Tätigkeiten von Managern ist das Entwerfen von Strategien für ihre Organisation, oder daß sie zumindest einen Überblick über den Prozeß haben, in dem sie mit anderen zusammen Strategien entwerfen. Im engeren Sinne befaßt sich Strategiebildung mit der Positionierung eines Unternehmens in einer Marktnische. Das ist mit anderen Worten die Entscheidung darüber, welche Produkte für wen hergestellt werden sollen. Aber in einem weiteren Sinne bezieht sie sich darauf, wie das kollektive System, Organisation genannt, seine Basisorientierung etabliert, und wenn nötig ändert. Strategiebildung hat auch mit dem komplexen Problem kollektiver Intentionen zu tun: wie eine Organisation, die aus vielen Menschen besteht, sozusagen *ihre* Entscheidungen trifft.

Strategiebildung ist ein faszinierender Prozeß, der mehr einschließt als nur den einfachen Satz von Vorschriften, „Planung“ genannt, mit dem sie normalerweise in Verbindung gebracht wird. Während meiner Laufbahn galt mein zentrales Interesse diesem Thema. Mein erster Aufsatz von 1967, den ich als Doktorand schrieb und der den Titel „The Science of Strategy Making“ hatte, kontrastierte die Perspektive eines biblischen „großen Plans“ mit einem darwinistischen Evolutionskonzept. Mein gegenwärtiges Schreiben umfaßt ein zweibändiges Werk mit dem Titel „Strategy Formation“, dessen grundlegendes Thema die Gegenüberstellung von Planungsansätzen und Emergenzansätzen ist.

Meine Vorstellungen über diesen Gegenstand entwickelten sich während eines Forschungsprojekts, das 1971 begonnen wurde. Unter der Mithilfe einiger Doktoranden und Kollegen, besonders von Jim Waters, war es das Forschungsziel dieses Projektes zu untersuchen, welche Rolle Unternehmen in diesem Prozeß dadurch spielen, daß sie über Jahrzehnte ihrer Geschichte ihren Strategien folgen. Ungefähr die nächsten zwölf Jahre lang führten wir eine ganze Reihe von Untersuchungen durch: über eine Supermarktkette, eine große Fluggesellschaft, eine Filmagentur der Regierung, eine kleine Tageszeitung, unsere eigene Universität usw. Als sich das Projekt dem Ende näherte, begann ich nach einem Weg zu suchen, wie ich die Ergebnisse einem allgemeinen Managementpublikum nahebringen konnte.

Die ganze Zeit über töpferte meine Frau im Keller. Eines Tages stellte sie eine Retrospektive ihrer Arbeit zusammen. Ich konnte das Entstehen einer Strategie vor meinen eigenen Augen beobachten. Ein Gedanke schlug bei mir ein, oder zündete vielleicht, als sie eine Ausstellung für eine gemischte Gruppe von Töpfern und Managementstudenten zum Thema Ursprung und Wesen der Kreativität im Kunsthandwerk machte. Ich erkannte, daß ich von ihr ungefähr dasselbe hörte, was ich von kreativen Strategen in der Geschäftswelt gehört hatte (zum Beispiel der glückliche Zufall des „Fehlers“ beim Töpfern und die „Gelegenheiten“ im Geschäftsleben, „ein Gefühl für den Ton“ und „eine Kenntnis der Branche"). Deshalb entschied ich mich dazu, Kunsthandwerk als eine Metapher und Analogie dafür zu verwenden, um die Schwierigkeiten der Entwicklung von Strategien in einer dynamischen Organisation zu beschreiben. „Strategieentwicklung als Kunsthandwerk" erschien 1987 im *Harvard Business Review.*

Meine Ideen haben sich mit den Jahren entwickelt (obwohl man auch hier Schatten des biblischen großen Plans und von Darwins Evolutionstheorie finden wird). Aber man wird hier einen Ton hören, der dem in dem Artikel über die „Arbeit des Managers" ähnlich ist. Dieser Artikel präsentiert eine Beschreibung davon, wie Manager, die in einem „kalkulierten Chaos" arbeiten müssen, mit dem komplexen und notwendigerweise kollektiven Prozeß der Strategiebildung fertig werden.

Man stelle sich jemanden vor, der eine Strategie *plant*. Dabei fällt einem wahrscheinlich am ehesten ein Bild von geordnetem Denken ein: ein leitender Manager oder eine Gruppe von ihnen sitzen in einem Büro und formulieren Handlungsabläufe, die alle übrigen in ein Programm umsetzen. Der Grundgedanke ist Rationalität – rationale Kontrolle, systematische Analyse der Konkurrenten und der Märkte, Stärken und Schwächen des Unternehmens. Die Kombination dieser Analysen führt zu klaren, expliziten und ausgereiften Strategien.

Jetzt stelle man sich jemanden vor, der eine Strategie *kunsthandwerklich* herstellt. Das ergibt wahrscheinlich ein vollkommen anderes Bild, das so verschieden von Planung ist wie das Handwerk von der Mechanisierung. Handwerk ruft traditionelle Fertigkeiten, Hingabe und Perfektion durch Beherrschung des Details hervor. Auffallend dabei sind nicht so sehr Denken und Vernunft als vielmehr Involviertsein, das Gefühl von Vertrautheit und Harmonie mit dem Material, die sich durch lange Erfahrung und Engagement gebildet haben. Formulierung und Implementation gehen in einem fließenden Lernprozeß auf, durch den kreative Strategien entstehen.

Meine These ist einfach: Das Bild des Kunsthandwerks fängt den Prozeß besser ein, durch den effektive Strategien entstehen. Das Bild der Planung, das lange Zeit in der Literatur populär war, verzerrt diese Prozesse und leitet dadurch diejenigen Organisationen fehl, die sich uneingeschränkt darauf verlassen.

Bei der Entwicklung dieser These greife ich auf die Erfahrungen einer einzigen Kunsthandwerkerin, einer Töpferin, zurück und vergleiche dies mit den Ergebnissen eines Forschungsprojekts, das die Strategien einer Reihe von Unternehmen über einige Jahrzehnte hinweg verfolgte. Weil die beiden Kontexte so offensichtlich verschieden sind, scheint meine Metapher wie meine Behauptung zunächst einmal an den Haaren herbeigezogen zu sein. Wenn wir jedoch an einen Kunsthandwerker als eine Ein-Mann-Organisation denken, dann können wir sehen, daß er ebenso eine der großen Herausforderungen lösen muß, mit der auch der Unternehmensstratege konfrontiert ist: die Möglichkeiten der Organisation gut genug zu kennen, um ein tiefes Verständnis für ihre strategische Richtung zu entwickeln. Durch die Betrachtung der Strategiebildung aus der Perspektive einer Person und befreit von allen Utensilien der sogenannten Strategiebranche, können wir etwas über die Strategieformulierung in Unternehmen lernen. Ebenso wie unsere Töpferin ihr Handwerk beherrschen muß, müssen Manager ihre Strategien beherrschen.

Bei der Arbeit sitzt die Töpferin an der Drehscheibe vor einem Klumpen Ton. Ihre Gedanken kreisen um den Ton, aber sie ist sich auch bewußt, daß sie sich zwischen ihren vergangenen Erfahrungen und ihren Zukunftsplänen bewegt. Sie weiß genau, was in der Vergangenheit funktionierte und was nicht. Sie verfügt über ein gründliches Wissen über ihre Arbeit, ihre Fähigkeiten und ihren Markt. Als Kunsthandwerkerin fühlt sie diese Dinge mehr als daß sie sie analysiert. Ihr Wissen ist „latent". Alles ist in ihrem Kopf, wenn die Hände den Ton bearbeiten. Das Produkt, das auf der Scheibe entsteht, steht wahrscheinlich in der Tradition ihrer früheren Arbeit. Aber sie kann mit der Tradition brechen und einen neuen Weg einschlagen. Die Vergangenheit ist nicht weniger präsent, trotzdem wird sie in die Zukunft projiziert.

In meiner Metapher sind Manager Kunsthandwerker und Strategie ist ihr Ton. Wie der Töpfer sitzen sie zwischen unternehmerischen Möglichkeiten und einer Zukunft von Marktchancen. Und wenn sie wirkliche Kunsthandwerker sind, dann bringen sie in ihre Arbeit ein ähnlich vertrautes Wissen über das vorliegende Material ein. Das ist das Wesen des Kunsthandwerks der Strategiebildung.

Wir werden diese Metapher dadurch erklären, daß wir beobachten, wie Strategien tatsächlich gemacht werden, im Gegensatz dazu wie sie angeblich gebildet werden. Überall werde ich auf die beiden erwähnten Erfahrungen rekurrieren. Eine bezieht sich auf ein Forschungsprojekt über Muster der Strategiebildung, das 1971 unter meiner Leitung an der McGill Universität begonnen wurde. Die zweite bezieht sich auf den Arbeitsprozeß einer erfolgreichen Töpferin, meiner Frau, die mit ihrem Handwerk 1967 begann.

Strategien sind Pläne für die Zukunft und Muster aus der Vergangenheit.

Fast jeder definiert, wenn er danach gefragt wird, Strategie als eine spezielle Art Plan, als eine explizite Anleitung für zukünftiges Verhalten. Dann frage man danach, welche Strategien ein Konkurrent oder die Regierung oder sogar sie selbst tatsächlich verfolgt haben: Die Konsistenz der Zufälle im *vergangenen* Verhalten werden sie sagen – ein Handlungsmuster über die Zeit. Es zeigt sich, daß Strategie einer der Begriffe ist, der auf die eine Art definiert und oft in einer anderen benutzt wird, ohne daß der Unterschied bemerkt würde.

Der Grund dafür ist einfach. Ungeachtet der formalen Definition von Strategie und des Ursprungs in der griechischen Militärsprache, brauchen wir den Begriff sowohl zur Erklärung vergangenen Handelns als auch zur Beschreibung zukünftigen Verhaltens. Wenn Strategien geplant und beabsichtigt werden können, dann können sie schließlich auch verfolgt und realisiert werden (oder nicht realisiert werden, was es auch gibt). Und das Muster im vergangenem Tun, oder was ich *realisierte* Strategie nenne, spiegelt die Praxis des Verfolgens einer Strategie wider. Genauso wie ein Plan kein Muster hervorbringen muß (manche Strategien, die beabsichtigt sind, werden einfach nicht realisiert), genauso muß auch ein Muster nicht aus einem Plan resultieren. Eine Organisation kann ein Muster (eine realisierte Strategie) unbemerkt entwickeln, ohne es explizit zu machen.

Muster existieren, wie Schönheit, natürlich im Kopf des Beobachters. Aber jeder, der eine chronologische Ausstellung der Arbeit unserer Handwerkerin begutachtet, wird keine Schwierigkeiten damit haben, zumindest in bestimmten Perioden deutliche Muster zu erkennen. Zum Beispiel machte sie bis 1974 kleine, dekorative Keramiktiere und verschiedene andere Objekte. Dann stoppte diese „Nippesfigur-Strategie" abrupt, und es formierten sich schließlich neue Muster um unglasierte waffelartige Skulpturen und Keramikkugeln von feiner Struktur.

Es ist nicht so schwer, äquivalente Ablaufmuster für Organisationen zu identifizieren. Für so große Unternehmen wie Volkswagen oder Air Canada erwies es sich in unserer Forschung sogar als einfacher! (Je nachdem. Eine Handwerkerin kann schließlich weitaus einfacher das ändern, was sie in ihrer Werkstatt macht als VW seine Fließbänder umstellen). Die Modellpalette bei VW von den späten 40er Jahren bis zum Ende der 70er deckt zum Beispiel ein klares Muster der Konzentration auf den Käfer auf, gefolgt von einer hektischen Suche nach Ersatz durch Aufkäufe und intern entwickelte neue Modelle in den späten 60er Jahren, bis sich eine strategische Umorientierung um einen modernen, wassergekühlten, frontangetriebenen Wagen Mitte der 70er herausbildete.

Aber wie steht es um die *intendierten* Strategien, diese formalen Pläne und Erklärungen, an die wir denken, wenn wir den Begriff *Strategie* verwenden? Ironischerweise geraten wir hier in alle erdenklichen Probleme. Wie können wir sogar im Falle einer einzelnen Kunsthandwerkerin wissen, was ihre intendierten Strategien wirklich waren? Wenn wir zurückgehen könnten, würden wir Anzeichen von Intention finden? Und wenn wir es könnten, könnten wir ihnen trauen? Wir betrügen oft uns selbst und andere durch die Leugnung unserer unbewußten Motive. Man erinnere sich daran, daß die Intentionen einfach so entstehen, zumindest wenn man sie mit der Realisierung vergleicht.

Entziffern der Gedanken der Organisation

Wenn jemand glaubt, daß dies alles mehr mit freudianischen Gedankentiefen einer Kunsthandwerkerin zu tun hat als mit den praktischen Realitäten der Produktion von Autos, der sollte nochmals nachdenken. Wer weiß schon, was die beabsichtigten Strategien von VW wirklich bedeuteten, abgesehen davon, welche es wirklich waren? Können wir in diesem kollektiven Kontext einfach annehmen, daß die beabsichtigten Strategien des Unternehmens durch seine formalen Pläne oder durch andere Statements, die aus der Chefetage kommen, repräsentiert werden? Sind das nur vorgebliche Hoffnungen oder Rationalisierungen, oder eine List, um die Konkurrenz zu täuschen? Und wenn sogar solche ausdrücklichen Intentionen existieren, bis zu welchem Grad werden sie von den anderen in der Organisation geteilt? Wie lesen wir die kollektiven Gedanken? Wer ist überhaupt der Stratege?

Die traditionelle Meinung des strategischen Managements löst diese Probleme ganz einfach durch das, was Organisationstheoretiker Attribution nennen. Man kann es immer wieder in der Wirtschaftspresse lesen. Wenn General Motors aktiv wird, dann weil seine Chefs eine Strategie entwickelt haben. Angesichts der Realisation muß eine Intention vorgelegen haben, und dieser Sachverhalt wird automatisch dem Unternehmensleiter attribuiert.

In einem kurzen Artikel in einem Magazin ist diese Annahme verständlich, sogar wenn sie falsch ist. Journalisten haben nicht die Zeit, die Ursprünge einer Strategie zu entdecken, und GM ist ein großes und kompliziertes Unternehmen. Aber man sehe sich die ganze Komplexität und Konfusion an, die unter diese Annahme subsumiert wird: alle Konferenzen und Debatten, die vielen involvierten Menschen, die Sackgassen, die Entfaltung und Nichtentfaltung von Ideen. Ist es ein Wunder, daß formale strategische Planung oft ein so gewaltiges Scheitern darstellt?

Zur Auflösung einiger Konfusionen, und um uns von der künstlichen Komplexität zu distanzieren, müssen wir uns auf den Strategieentwicklungsprozeß konzentrieren. Wir müssen auf einige grundlegende Konzepte zurückgehen. Das grundlegendste von ihnen ist vor allem die enge Verbindung von Denken und Handeln. Das ist der Schlüssel zum Kunsthandwerk und damit auch zum Kunsthandwerk der Strategie.

Strategien müssen nicht geplant werden – sie können mehr oder weniger auch emergieren.

In praktisch allem, was über Strategiebildung geschrieben wurde, wird sie als ein reflektierter Prozeß charakterisiert. Zuerst denken wir, dann handeln wir. Wir formulieren, dann implementieren wir. Der Ablauf scheint ganz und gar rational zu sein. Warum sollte man anders vorgehen wollen?

Unsere Töpferin ist in ihrer Werkstatt und rollt den Ton, um eine waffelartige Struktur herzustellen. Der Ton liegt auf der Drehscheibe und es entsteht eine runde Form. Warum keine zylindrische Vase machen? Eine Idee führt zu einer anderen, bis sich ein neues Muster bildet. Handeln hat das Denken angeregt: Eine Strategie ist entstanden.

Ein Verkäufer besucht einen Kunden. Das Produkt ist nicht ganz in Ordnung und zusammen arbeiten sie einige Modifikationen aus. Der Verkäufer kehrt in seine Firma zurück und bringt die Veränderungsvorschläge ein. Nach zwei oder drei weiteren Durchläufen klappt es schließlich. Ein neues Produkt entsteht, das schließlich einen neuen Markt eröffnet. Die Firma hat ihren strategischen Kurs geändert.

Die meisten Verkäufer sind in der Tat weniger glücklich dran als der beschriebene oder unsere Kunsthandwerkerin. In einer Ein-Mann-Organisation ist der Implementierer auch der Formulierer, deswegen können Innovationen schnell und einfach in die Strategie eingebaut werden. In einer großen Organisation ist der Innovator vielleicht zehn Stufen von der Führungskraft entfernt, die die Strategien diktieren soll, und diese muß vielleicht die Idee auch an ein Dutzend Gleichgestellter, die die gleiche Arbeit machen, verkaufen.

Einige Verkäufer können natürlich selbständig vorgehen, die Produkte entsprechend den Kundenwünschen verändern und die F&E-Abteilung in der Fabrik davon überzeugen, diese Produkte zu entwickeln. Sie verfolgen dabei ihre eigenen Strategien. Vielleicht nimmt niemand Notiz davon oder kümmert sich darum. Manchmal werden ihre Innovationen jedoch registriert. Das geschieht vielleicht erst Jahre später, wenn die bisherigen Strategien des Unternehmens versagt haben und seine Führungskräfte nach etwas Neuem suchen. Dann kann sich vielleicht die Strategie des Verkäufers durchsetzen und unternehmensbestimmend werden.

Ist diese Geschichte so abwegig? Sicherlich nicht. Wir alle haben von solchen Geschichten gehört. Wir neigen aber dazu nur das zu sehen, was wir glauben. Und wenn wir glauben, daß Strategien geplant werden müssen, werden wir wahrscheinlich nicht die wahre Bedeutung erkennen, die in dieser Geschichte steckt.

Man sehe sich an, wie die National Film Board of Canada (NFB) dazu kam, in das Spielfilmgeschäft einzusteigen. Die NFB ist eine bundesweite staatliche Einrichtung und für ihre Kreativität und Erfahrung in der Herstellung von Kurzdokumentationen bekannt. Vor einigen Jahren unterstützte sie einen Filmemacher bei einem Projekt, das unerwartet lang ausfiel. Zur Vermarktung der Filme wendete sich die NFB an Kinos und machte ungewollt Erfahrungen im Marketing von Spielfilmen. Andere Filmemacher griffen die Idee auf, und NFB verfolgte schließlich eine Spielfilmstrategie – ein Muster zur Herstellung solcher Filme.

Meine These ist einfach, verblüffend einfach: Strategien können *sich* ebenso *formen* wie *formuliert* werden. Eine realisierte Strategie kann als Antwort auf eine sich entwickelnde Situation entstehen, oder sie kann durch einen Formulierungsprozeß geplant hervorgebracht werden, auf den die Implementation folgt. Wenn aber diese geplanten Ziele nicht das gewünschte Resultat erreichen, dann bleiben die Organisationen mit unrealisierten Strategien zurück.

Heute hören wir sehr viel über unrealisierte Strategien. Dabei wird fast immer behauptet, daß die Implementation versagt hat. Das Management war lax, die Kontrolle ging verloren, die Implementierer waren nicht engagiert genug. Entschuldigungen in Hülle und Fülle. Sie treffen gelegentlich vielleicht auch zu. Aber oft erweisen sich diese Erklärungen als zu einfach. Deshalb blicken manche über die Implementation hinaus auf den Formulierungsprozeß. Die Strategen waren nicht geschickt genug.

Sicherlich trifft es zu, daß viele intendierte Strategien schlecht geplant sind. Ich glaube aber, daß das Problem oft eine Ebene darunter liegt, nämlich in unserer primären Unterscheidung von Formulierung und Implementation, also in der allgemeinen Annahme, daß das Denken unabhängig vom Handeln sein muß (und ihm vorausgehen muß). Menschen können sicherlich geschickter sein, aber nicht allein dadurch, daß sie raffinierte Strategien austüfteln. Manchmal verhalten sie sich dadurch klug, daß sie ihren Strategien auf der Grundlage der Handlungen und Erfahrungen der Organisation eine stufenweise Entwicklung zugestehen. Kluge Strategen sind sich bewußt, daß sie nicht immer klug genug sind, um alles vorausbedenken zu können.

Hand und Kopf

Kein Kunsthandwerker denkt an einem Tag und handelt an dem anderen. Der Geist eines Handwerkers arbeitet konstant und im Tandem mit seinen Händen. Große Organisationen versuchen jedoch, die Arbeit von Kopf und Hand zu trennen. Dadurch kappen sie oft das vitale Feedback zwischen beiden. Der Verkäufer, der auf einen Kunden mit einem unbefriedigten Bedürfnis trifft, hat vielleicht die strategierelevanteste Information im ganzen Unternehmen. Aber diese Information ist nutzlos, wenn er keine Gegenstrategie entwickeln oder sie nicht an andere übermitteln kann, die dazu in der Lage sind, weil die Kanäle blockiert sind oder weil die Formulierer einfach schon die Formulierung abgeschlossen haben. Die Vorstellung, daß Strategien Prozesse sind, die von oben nach unten verlaufen und weit entfernt von den Details der Führung eines Unternehmens im Alltag sind, ist einer der größten Irrtümer des konventionellen Managements. Und dies erklärt einen großen Teil der meisten dramatischen Fehler in der heutigen Unternehmenswelt und in öffentlichen Verwaltungen.

Wir an der McGill-Universität nennen Strategien, die ohne klare Absichten auftreten – aber dennoch auftreten – *emergente* Strategien. Handlungen verbinden sich einfach zu Mustern. Sie können natürlich bewußt werden, wenn das Muster erkannt und dann vom Topmanagement abgesegnet wird. Aber das geschieht erst anschließend.

Ich weiß, das hört sich alles eher fremdartig an. Strategien, die emergieren? Manager, die Strategien anerkennen, die sich bereits formiert haben? Über die Jahre hinweg ist unsere Forschungsgruppe an der McGill-Universität auf sehr viel Widerstand bei Menschen gestoßen, die darüber bestürzt waren, was ihrer Meinung nach unsere passive Definition eines Begriffes war, der so eng mit proaktivem Verhalten und freiem Willen verbunden ist. Schließlich bedeutet Strategie Kontrolle – die alten Griechen benutzten diesen Begriff, um die Kunst ihrer Feldherren zu beschreiben.

Strategisches Lernen

Aber wir haben aus einem bestimmten Grund auf dieser Verwendung bestanden: Lernen. Eine rein *geplante* Strategie schließt Lernen aus, wenn die Strategie erst einmal formuliert ist. Eine emergente Strategie verstärkt es. Ein Schritt baut auf dem anderen auf, so daß sich schließlich ein Muster ergibt.

Unsere Kunsthandwerkerin versucht, die Form einer freistehenden Skulptur anzufertigen. Es funktioniert nicht. Deswegen dreht sie hier ein bißchen, flacht dort ein bißchen ab. Das Resultat sieht schon ein wenig besser aus, ist aber immer noch nicht ganz richtig. Sie verändert die Form wieder und wieder. Schließlich, nach Tagen, Monaten oder Jahren hat sie endlich was sie wollte. Sie hat eine neue Strategie.

Natürlich steht alle Strategiebildung in Wirklichkeit auf zwei Beinen, einem geplanten und einem emergierenden. Genauso wie eine rein geplante Strategiebildung Lernen ausschließt, so schließt eine nach dem Emergenzprinzip ablaufende Strategiebildung Kontrolle aus. Keiner der Ansätze ist sehr sinnvoll, wenn er im Extrem verfolgt wird. Lernen muß an Kontrolle gekoppelt sein. Das ist der Grund, warum die McGill Forschungsgruppe den Begriff *Strategie* sowohl für emergentes als auch für geplantes Verhalten anwendet.

Ebenso gibt es sicher so etwas wie rein geplante oder rein emergierende Strategie nicht. Keine Organisation (nicht einmal die, die von den griechischen Feldherren kommandiert wurden) weiß genug, um alles vorausbedenken und auf Lernen verzichten zu können. Und keine – nicht einmal eine einzelne Töpferin – kann flexibel genug sein, alles dem Zufall zu überlassen und alle mentale Kontrolle aufzugeben. Handwerken erfordert genauso Kontrolle wie Aufgeschlossenheit für das verwendete Material. Insofern stellen geplante und emergente Strategien die Endpunkte eines Kontinuums dar, auf dem die Strategien, die in der realen Welt hergestellt werden, zu finden sind. Manche Strategien kommen vielleicht den Endpunkten des Kontinuums nahe, aber weitaus mehr scheitern auf den dazwischenliegenden Punkten.

Effektive Strategien entwickeln sich auf vielen seltsamen Wegen

Effektive Strategien können an den seltsamsten Orten entstehen und sich in ganz unerwarteter Weise entwickeln. Es gibt nicht den „one best way" zur Strategiebildung.

Die Form für eine Katze geht auf der Drehscheibe kaputt und unsere Töpferin sieht, wie im Ton ein Bulldogge Konturen annimmt. Der Ton wird mit einem Modellierstäbchen bearbeitet und eine Reihe von zylindrischen Formen entsteht. Es entstehen waffelartige Muster, weil nur wenig Platz im Brennofen zur Verfügung stand, als die Töpferin zeitweise in einer Werkstatt in Frankreich arbeitete. Insofern werden Fehler zu Gelegenheiten und Einschränkungen stimulieren die Kreativität. Die natürliche Neigung zum Experiment, oder manchmal einfach Langeweile, ermutigen ebenso zum Strategiewandel.

Organisationen, die ihre Strategie im kunsthandwerklichen Verfahren herstellen, haben ähnliche Erfahrungen. Man erinnere sich an den National Film Board mit seinem unbeabsichtigt langen Film, der zu einer Spielfilmstrategie führte. Oder man sehe sich seine Erfahrungen mit experimentellen Filmen an, die einen speziellen Gebrauch von Animation und Sound machten. Zwanzig Jahre lang stellte NFB eine kleine, aber stete Menge solcher Filme her. Alle, außer einem, wurden in der Tat von einer einzigen Person gemacht, von Norman McLaren, dem berühmtesten Filmemacher bei NFB. McLaren verfolgte eine *persönliche Strategie* des Experimentierens, die er sich vielleicht überlegt hatte (beabsichtigte er die ganze Reihe oder hatte er jeweils immer nur einen Film vor Augen?), was aber nicht auf Organisationsniveau zutrifft. Zwanzig Jahre später folgten dann andere seinem Beispiel, und es wurden mehr. Seine persönliche Strategie wurde im größeren Stil für die Organisation relevant.

Als 1952 das Fernsehen nach Kanada kam, entstand eine *Konsensstrategie* bei NFB, was den umgekehrten Fall darstellt. Das Topmanagement war nicht dazu in der Lage, Filme für das neue Medium zu produzieren. Und während noch darüber diskutiert wurde, setzte sich einer ab und produzierte eine einzelne Serie für das Fernsehen. Nach diesem Präzedenzfall schloß sich ein Kollege nach dem anderen an, und nach einem Monat sah sich NFB – und sein Management – für einige Jahre auf eine neue Strategie verpflichtet, mit einer Intensität, die weder vorher noch seitdem erreicht wurde. Diese Konsensstrategie entstand spontan als Resultat vieler unabhängiger Entscheidungen der Filmemacher über die Art Filme, die sie produzieren wollten. Können wir die Strategie geplant nennen? Für die Filmemacher vielleicht; für das Topmanagement bestimmt nicht. Aber vielleicht für die Organisation? Das hängt ganz von der Perspektive ab, von der aus man den Stil der Organisation interpretiert.

NFB ist vielleicht ein extremes Beispiel. Es beleuchtet aber ein Verhalten, das in allen Organisationen vorgefunden werden kann, wenn auch in abgeschwächter Form. Diejenigen, die daran zweifeln, mögen Richard Pascales Darstellung lesen, wie Honda in seinen immensen Erfolg im amerikanischen Motorradgeschäft stolperte. So brillant wie die Strategie von Honda im nachhinein erscheinen mag, die Manager von Honda machten jeden nur möglichen Fehler, bis der Markt sie schließlich mit der richtigen Formel konfrontierte. Die Manager von Honda, die in Amerika ihren Standort hatten, fuhren ihre Maschinen selbst (und nahmen dabei unabsichtlich die Marktreaktionen auf), machten eines richtig: Sie lernten aus erster Hand.[1]

Strategiebildung von unten („grassroots")

Diese Strategien spiegeln insgesamt oder zum Teil wider, was wir einen Strategieansatz „von unten" für strategisches Management nennen wollen. Strategien wachsen wie Unkraut im Garten. Sie schlagen an allen möglichen Stellen Wurzeln, wo immer die Menschen die Fähigkeit zum Lernen haben (weil sie in Kontakt mit der Situation stehen) und die Ressourcen dazu haben, diese Fähigkeiten zu pflegen. Diese Strategien erlangen Organisationsniveau, wenn sie kollektiv werden, das heißt, wenn sie sich vermehren und das Verhalten der Organisation insgesamt beeinflußen.

Diese Sichtweise ist natürlich übertrieben. Aber sie ist nicht weniger extrem als die konventionelle Sicht des strategischen Managements, die man den Treibhausansatz nennen könnte. Keine der beiden ist richtig. Die Wirklichkeit liegt zwischen beiden. Einige der erfolgreichsten Strategien, die wir in unserer Forschung entdeckt haben, kombinierten Überlegung und Kontrolle mit Flexibilität und organisatorischem Lernen.

Man betrachte zuerst, was wir *Schirmstrategie* nennen. Hier gibt das Topmanagement weite Richtlinien vor (z.B. nur ganz gewinnträchtige Produkte an der vordersten Technologiefront oder auf der Grundlage der zur Verfügung stehenden Technologie herzustellen). Die Details (etwa welche Produkte das sein sollen) werden den Mitarbeitern weiter unten in der Organisation überlassen. Diese Strategie ist nicht nur geplant (in ihren Richtlinien) und emergent (in ihren Details), sondern insofern auch geplant emergent, da der Prozeß bewußt so gesteuert wird, daß die Strategien sich entwickeln können. IBM benutzte in den frühen 60er Jahren die Schirmstrategie bei der anstehenden 360er Serie, als das Topmanagement Kriterien zur Gestaltung einer Computerreihe empfahl, die später im ganzen Unternehmen detailliert ausgearbeitet wurden.[2]

Geplante Emergenz ist auch das, was wir *Prozeßstrategie* nennen. Hier kontrolliert das Management den Prozeß der Strategiebildung – es befaßt sich selbst mit der Gestaltung

---

1 Richard T. Pascale, „Perspective on Strategy: The Real Story Behind Honda's Success", in: California Management Review, Frühjahr 1984, S. 47-72.

2 James B. Quinn, „IBM (A): The System/360 Decision", in: J.B. Quinn, H. Mintzberg und R.M. James, The Strategy Process: Concepts, Context, and Cases (Englewood Cliffs, N.J.: Prentice Hall, 1988), S. 189-203.

der Struktur, mit Personalfragen, der Verfahrensentwicklung etc. Der tatsächliche Inhalt wird hingegen anderen überlassen.

Sowohl die Prozeß- als auch die Schirmstrategie scheinen besonders in Unternehmen verbreitet zu sein, die großes Können und Kreativität verlangen – wie bei 3M, Hewlett-Packard, dem National Film Board. Solche Unternehmen sind nur erfolgreich, wenn ihre Implementierer auch die Strategie formulieren können, da sie in der Hierarchie unten sind und Kontakt zur jeweiligen Situation und das nötige technische Know-how haben. In gewisser Hinsicht sind es Unternehmen mit Kunsthandwerkern, die alle Strategen sein müssen.

Strategische Umstellungen verlaufen in kurzen Quantensprüngen.

Die konventionelle Meinung über Strategie in der Planungliteratur geht davon aus, daß Wandel kontinuierlich verlaufen muß: Das Unternehmen sollte sich ständig anpassen. Diese Meinung erweist sich jedoch als paradox, weil das eigentliche Konzept der Strategie in der Stabilität und nicht im Wandel wurzelt. Dieselbe Literatur macht deutlich, daß Unternehmen eine Strategie verfolgen, um eine Richtung und Handlungspläne festzulegen und um ihre Mitglieder zur Kooperation für eine gemeinsame, festgelegte Linie zu motivieren. Vor allem aus der Planungsperspektive gibt eine Strategie der Organisation per definitionem Stabilität. Keine Stabilität heißt keine Strategie (kein Kurs für die Zukunft, kein Muster aus der Vergangenheit). In Wirklichkeit schafft bereits der Besitz einer Strategie, und besonders ihre Explizierung (wozu die konventionelle Literatur die Manager beschwört) Widerstand gegen strategischen Wandel!

Die konventionelle Sichtweise versagt bei der Frage, wie und wann der Wandel zu fördern ist. Die Notwendigkeit, die Kräfte für Stabilität und Wandel in Einklang zu bringen, ist ein fundamentales Dilemma der Strategiebildung – auf der einen Seite die Anstrengungen zu konzentrieren und operative Effizienz zu erreichen, und andererseits dennoch Kontakt zu einer sich verändernden Umwelt zu haben und aufrechtzuerhalten.

Quantensprünge

Unsere eigene Forschung und die von Kollegen legt es nahe, daß Unternehmen diese entgegengesetzten Kräfte dadurch auflösen, daß sie sich zunächst der einen und dann der anderen Kraft zuwenden. In Organisationen können normalerweise getrennte Perioden von Stabilität und Wandel identifiziert werden. Einschneidende Umstellungen in der strategischen Orientierung kommen nur selten vor.

In unserer Studie über Steinberg Inc., eine große Supermarktkette mit Sitz in Montreal, entdeckten wir in den sechzig Jahren seit ihrer Gründung bis zur Mitte der 70er nur zwei wichtige Umorientierungen: eine Umstellung auf Selbstbedienung im Jahr 1933 und die Einführung von Shopping-Zentren sowie öffentlicher Finanzierung 1953. Bei VW sahen wir zwischen den späten 40er und den 70er Jahren nur eine Umstellung: die grundsätzliche Abkehr vom Käfer und die Orientierung an Audi, die ich schon erwähnt habe. Und bei Air Canada fanden wir in den ersten vier Jahrzehnten der Fluggesellschaft keine einzige, die auf die ursprüngliche Linie gefolgt wäre.

Meine Kollegen bei McGill, Danny Miller und Peter Friesen, trafen in ihren Untersuchungen bei vielen Unternehmen so häufig auf dieses Veränderungsmuster (vor allem bei Hochleistungsunternehmen), daß sie eine Theorie darüber aufstellten, die sie *Quantentheorie* des strategischen Wandels nannten.[3] Ihre zentrale These ist, daß Unternehmen zu verschiedenen Zeiten zu zwei deutlich unterschiedlichen Verhaltensweisen greifen.

Die meiste Zeit verfolgen Organisationen eine gegebene strategische Orientierung. Wandel scheint kontinuierlich vorzukommen, geschieht aber im Kontext dieser Orientierung (Perfektionieren einer Verkaufsstrategie zum Beispiel). Das läuft normalerweise darauf hinaus, mehr desselben zu tun, und unter Umständen dies auch besser zu tun. Die meisten Organisationen bevorzugen diese stabilen Phasen, weil sie nicht durch die Veränderung der Strategien Erfolg haben, sondern durch ein Ausnutzen der vorhandenen Strategien. Wie der Kunsthandwerker suchen sie durch den Einsatz ihrer spezifischen Kompetenzen auf etablierten Wegen ständig Verbesserungen.

Währenddessen verändert sich jedoch die Welt, manchmal langsam, gelegentlich in dramatischer Weise. Infolgedessen bewegt sich die strategische Orientierung graduell oder plötzlich aus der Synchronisation mit ihrer Umwelt. Dann muß es dazu kommen, was Miller und Friesen eine strategische Revolution nennen. Diese lange Periode eines evoluierenden Wandels wird plötzlich durch eine kurze Periode grundlegender Veränderungen unterbrochen, in der die Organisation viele ihrer etablierten Muster schnell verändert. In Wirklichkeit versucht sie, schnell eine neue Stabilität zu erlangen, um wieder eine integrierte Position mit einem Satz neuer Strategien, Strukturen und einer neuen Kultur zu erreichen.

Was ist aber mit all den emergenten Strategien, die wie Unkraut um die Organisation sprießen? Die Quantentheorie legt es nahe, daß im allgemeinen die wirklich neuen Strategien in irgendeinem Winkel der Organisation unter Kontrolle gehalten werden, bis eine strategische Revolution notwendig wird. Als Alternative zur Entwicklung einer grundsätzlich neuen Strategie oder zum Import von der Konkurrenz kann das Unternehmen auf seine eigenen emergenten Muster zurückgreifen, um eine neue Orientierung zu finden. Wenn die alte, etablierte Strategie zerfällt, beginnt der Samen der neuen zu sprießen.

Diese Quantentheorie des Wandels scheint besonders auf große, etablierte Unternehmen der Massenproduktion zuzutreffen. Sie sind vor allem auf standardisierte Verfahren angewiesen. Deshalb ist ihr Widerstand gegen strategische Veränderungen besonders stark. Insofern gibt es lange Stabilitätsperioden, die von kurzen und brisanten Perioden revolutionären Wandels unterbrochen sind.

---

3 Siehe Danny Miller und Peter H. Friesen, Organizations: A Quantum View (Englewood Cliffs, N.J.: Prentice Hall, 1984).

VW ist ein typisches Beispiel. Das Unternehmen war lange vom Käfer angetan und verfügte nur über einen begrenzten Satz von zusammenhängenden Strategien. In den späten 50er und 60er Jahren registrierte es nicht die grundlegenden Veränderungen in seinem Markt. Zu der bürokratischen Trägheit seiner Organisation der Massenproduktion kam ein psychologisch unflexibler Firmenchef hinzu, der die meiste Verantwortung für die zu realisierenden Strategien hatte. Als der Wandel schließlich stattfand, verlief er turbulent: Das Unternehmen lavierte sich durch ein Gemenge von Modellen, bevor es sich für eine neue Serie von Autos entschied, für die sich ein neuer Unternehmensleiter engagiert hatte. Strategische Veränderungen sind wirklich kulturelle Revolutionen.

Zyklen des Wandels

In kreativeren Organisationen wie dem National Film Board sehen wir ein irgendwie anderes, ausgewogeneres Muster von Wandel und Stabilität. Unternehmen aus dem Bereich der Produktion neuartiger Produkte müssen sich anscheinend von Zeit zu Zeit in allen Richtungen umsehen, um ihre Kreativität aufrechtzuerhalten. Sie müssen sich aber auch nach solchen Perioden niederlassen, um Ordnung in dem entstandenen Chaos herzustellen.

NFB zeigte eine deutliche Tendenz zur Umstellung in bemerkenswerten Konvergenz- und Divergenzperioden. Eine konzentrierte Filmproduktion zur Unterstützung der Kriegsanstrengungen in den 40er Jahren machte nach dem Krieg den Weg für eine größere Divergenz frei, als die Organisation eine neue raison d'être suchte. Das Aufkommen des Fernsehens brachte dann in den 50er Jahren eine ganz deutliche Orientierung, die bereits erwähnt wurde. Aber in den späten 50ern änderte sich diese Orientierung fast so schnell wie sie begonnen hatte und führte zu einer anderen Erfahrung. Die sozialen Veränderungen in den frühen 60ern evozierten eine neue Periode der Konvergenz um den experimentellen Film und um Filme mit sozialen Themen.

Wir verwenden den Begriff „Adhocratie" für Organisationen wie das National Film Board, die auf einer Projektbasis individuelle, kundenorientierte Produkte oder Konstruktionen auf innovative Weise herstellen.[4] Unsere Kunsthandwerkerin ist in gewisser Weise eine Adhocratie, insofern jede ihrer Keramiken einzigartig ist. Und ihr Muster der Veränderung war dem bei NFB ähnlich, mit deutlichen Zyklen von Konvergenz und Divergenz: eine Konzentration auf Nippesfiguren von 1967 bis 1972, dann die Suchphase bis ungefähr 1976, die in einer Neuorientierung an Skulpturen resultierte und ungefähr bis 1981 dauerte, gefolgt von einer Periode der Suche nach neuen Wegen.

Ob durch Quantensprünge oder Zyklen von Konvergenz und Divergenz, Organisationen scheinen jedoch ein Bedürfnis danach zu haben, rechtzeitig die grundlegenden Kräfte von Wandel und Stabilität zu trennen. Sie versuchen sie dadurch in Einklang zu bringen,

4 Siehe Kapitel 11. Der Begriff Adhocratie wurde von Warren G. Bennis und Philip L. Slater in: The Temporary Society (New York: Harper & Row, 1964) geprägt.

daß sie jeder Kraft der Reihe nach ihre Aufmerksamkeit schenken. Viele der strategischen Fehler können entweder der Vermischung der beiden Kräfte oder der Fixierung auf die eine auf Kosten der anderen zugeschrieben werden.

Die Probleme werden deutlich bei der Arbeit vieler Kunsthandwerker. Auf der einen Seite gibt es diejenigen, die ein einziges Thema perfektionieren wollen und sich niemals verändern. Am Ende versiegt die Kreativität ihrer Arbeit und die Welt geht an ihnen vorbei – genau wie bei VW, bis das Unternehmen durch seine strategische Revolution in Angst versetzt wurde. Dann gibt es diejenigen, die sich ständig verändern, die von einer Idee zur anderen springen und sich niemals niederlassen. Weil in ihrer Arbeit kein Leitmotiv und keine Strategie entsteht, können sie keine besondere Kompetenz ausnutzen oder entwickeln. Weil ihrer Arbeit eine klare Bestimmung fehlt, bilden sich wahrscheinlich Identitätskrisen aus, von denen weder der Kunsthandwerker noch die am Kunsthandwerk Interessierten wissen, wie sie damit fertig werden sollen. Miller und Friesen fanden dieses Verhalten auch im normalen Wirtschaftsleben. „Das impulsive Unternehmen läuft blind“ nannten sie das.[5] Wie oft haben wir dies bei Unternehmen beobachtet, die viel in Firmenkäufe investiert haben?

Strategien managen heißt dann, Denken und Handeln, Kontrolle und Lernen, Stabilität und Wandel kunsthandwerklich zu handhaben.

Die populäre Meinung sieht den Strategen als einen Planer oder als jemanden mit einer Vision, als jemanden, der auf einem Sockel steht und brillante Strategien diktiert, die alle anderen umsetzen. Während ich die Bedeutung des Vorausdenkens und besonders des Bedürfnisses nach einer kreativen Vision in einer prosaischen Welt einsehe, will ich eine zusätzliche Sicht des Strategen vorschlagen: jemand, der Muster erkennt, ein Lernender wenn man so will, der einen Prozeß anleitet, in dem Strategien (und Visionen) ebenso emergent wie auch geplant sein können. Ebenso möchte ich diesen Strategen neu definieren und dieses Individuum durch eine kollektive Einheit ersetzen, die aus vielen Akteuren besteht, deren Zusammenspiel den Charakter einer Organisation prägt. Dieser Stratege *findet* Strategien nicht weniger als daß er sie schafft, oft in Mustern, die sich unabsichtlich in seinem eigenen Verhalten formieren.

Was bedeutet es dann, Strategien kunsthandwerklich herzustellen? Kehren wir zu den Begriffen zurück, die mit dem Kunsthandwerk verbunden sind: Hingabe, Erfahrung, Vertrautheit mit dem Material, persönlicher Stil, Beherrschung des Details, ein Gespür für Harmonie und Zusammenhang. Manager, die Strategien kunsthandwerklich herstellen, verbringen nicht viel Zeit mit der Lektüre von MIS-Berichten oder dem Studium von Geschäftsanalysen in der Chefetage. Sie sind mit ihrer Materie vertraut und ihr gegenüber aufgeschlossen. Sie lernen durch den persönlichen Kontakt ihr Unternehmen

5 Siehe Danny Miller und Peter H. Friesen, „Archetypes of Strategy Formulation“, in: Management Science, Mai 1978, S. 921-23.

und ihre Branche kennen. Sie lernen aus Erfahrung und erkennen diese Erfahrungen an. Obwohl die individuelle Vision vielleicht wichtig ist, müssen andere Faktoren dennoch dabei helfen, zu einer Strategie zu gelangen.

Stabilität managen. Management von Strategien heißt an erster Stelle Management von Stabilität, nicht von Wandel. Topmanager sollten in der Tat nicht die meiste Zeit damit verbringen, Strategien zu formulieren. Sie sollten ihr Unternehmen so effektiv wie möglich machen und die bereits vorhandenen Strategien verfolgen. Wie hervorragende Kunsthandwerker werden auch Unternehmen herausragend, weil sie die Details beherrschen.

Strategien zu managen heißt dann in erster Linie nicht so sehr, den Wandel zu fördern, als zu wissen, *wann* er notwendig ist. Die Befürworter strategischer Planung drängen oft dazu, für die ständige Instabilität der Umwelt Pläne zu machen (z.B. durch jährliche Umwälzungen der Fünfjahrespläne). Aber diese Fixierung auf Wandel ist dysfunktional. Unternehmen, die ständig ihre Strategien neu bewerten sind wie Menschen, die ihren Beruf oder ihre Ehe ständig neu bewerten. In beiden Fällen können sie sich selbst verrückt machen oder sich zur Inaktivität verurteilen. Der formale Planungsprozeß wiederholt sich so oft und so mechanisch, daß er das Unternehmen für realen Wandel desensibilisieren kann. Er legt es mehr und mehr auf das etablierte Muster fest und legt nur geringfügige Anpassungen nahe.

Die sogenannte strategische Planung muß erkennen, was sie ist: eine Möglichkeit zur Operationalisierung einer fertigen Strategie, nicht zur Schaffung von Strategien und zur formalen Ausgestaltung ihrer Implikationen. Sie ist im Grunde analytischer Natur und basiert auf Dekomposition, während die Strategieentwicklung im Grunde ein Syntheseprozeß ist. Deswegen führt der Versuch der Strategieentwicklung mit Hilfe formaler Planung meistens zur Extrapolation bestehender Strategien oder zum Kopieren der Strategien der Konkurrenz.

Das soll nicht heißen, daß die Planer in der Strategieformulierung keine Rolle spielen. Zusätzlich zur Operationalisierung der Strategien mit anderen Mitteln können sie ad-hoc-Analysen für die Spitze des Strategiebildungsprozesses beisteuern. Damit können sie sicherstellen, daß die Fakten berücksichtigt werden. Sie können auch andere zu strategischem Denken anregen. Und natürlich können auch die sogenannten Planer Strategen sein, so lange sie kreativ sind und wissen, worauf es ankommt. Aber das hat nichts mit der Technik der formalen Planung zu tun.

Diskontinuitäten entdecken. Umwelten verändern sich nicht auf irgendeine reguläre und geordnete Weise. Die einschneidenden Veränderungen verlaufen nicht nach einem kontinuierlichen Muster, ungeachtet der Behauptungen unseres „Zeitalters der Diskontinuität" und einer „turbulenten Umwelt". (Man erzähle diese Behauptung Menschen, die während der Weltwirtschaftskrise gelebt haben oder den Überlebenden von Leningrad im Zweiten Weltkrieg.) Die Veränderungen sind oft nur marginal und nur temporär und erfordern keine strategische Reaktion. Hin und wieder gibt es eine wahrhaft bedeutende Diskontinuität oder, seltener, einen *Gestalt*wandel in der Umwelt, wo sich alles Wichtige gleichzeitig zu ändern scheint. Aber diese Ereignisse sind auch leicht zu erkennen, obwohl sie problematisch sind.

Die wirkliche Herausforderung bei einer kunsthandwerklichen Strategiebildung liegt in der Wahrnehmung der subtilen Diskontinuitäten, die eine Organisation in der Zukunft unterminieren können. Und dabei zählt keine Technik, kein Programm, sondern nur ein scharfer Verstand, der Kontakt zur Realität hat. Solche Diskontinuitäten kommen unerwartet und unregelmäßig vor und sind im Grunde beispiellos. Sie können nur von klugen Köpfen bewältigt werden, die auf die bestehenden Muster eingestellt sind. Sie müssen allerdings auch wichtige Brüche registrieren können. Diese Form strategischen Denkens verkümmert aber in den langen Stabilitätsperioden, die die meisten Organisationen durchlaufen (genauso wie bei VW in den 50er und 60er Jahren). Der Trick besteht darin, die überwiegende Zeit anhand einer etablierten Strategie zu managen, jedoch fähig zu sein, die gelegentliche, aber wichtige Diskontinuität aufzugreifen.

Die Supermarktkette von Steinbergs wurde von Sam Steinberg gegründet und über mehr als ein halbes Jahrhundert hindurch geleitet. Zwanzig Jahre lang konzentrierte sich das Unternehmen auf die Perfektionierung der Selbstbedienung, die 1933 eingeführt worden war. Die Frage der Leuchtreklamen und das Problem, wie die Fleischwaren in Plastikfolie eingepackt werden können, waren die „strategischen“ Themen des Tages. 1952, mit dem Aufkommen der ersten Shopping-Zentren in Montreal, erkannte dann Steinberg, daß er sozusagen über Nacht sein Geschäft umstellen mußte. Er wußte, daß er diese Shopping-Zentren kontrollieren mußte, und daß dies eine externe Finanzierung und andere Veränderungen erforderlich machen würde. Und so stellte er sein Unternehmen um. Die Fähigkeit zu diesem Wechsel im Denken ist das Wesen des strategischen Managements. Und es hat mehr mit Vision und Involviertsein als mit analytischer Technik zu tun.

Die Branche kennen. Sam Steinberg war der Inbegriff des Unternehmers, ein Mann, der mit allen Details seines Geschäfts genau vertraut war und der am Samstag morgen seine Filialen besichtigte. Wie er uns in einem Gespräch über den Konkurrenzvorteil seines Unternehmens erzählte:

> Niemand kannte die Lebensmittelbranche so wie wir. Alles hängt vom Wissen ab. Ich kannte die kaufmännische Seite, die Kosten, den Verkauf und die Kunden. Ich kannte alles und gab mein ganzes Wissen weiter. Ich lehrte meine Mitarbeiter. Das war unser Vorteil. Unsere Konkurrenz konnte uns nicht die Hand reichen.

Man beachte die Art des Wissens: kein intellektuelles Wissen, keine analytischen Berichte oder abstrakte Fakten und Tabellen (obwohl die gewiß helfen können), sondern persönliches Wissen, genaue Kenntnis, das dem Gefühl der Kunsthandwerkerin für den Ton gleicht. Die Fakten sind jedem zugänglich. Um diese Art Wissen handelt es sich nicht. Klugheit ist der Begriff, der es am besten einfängt. Aber dieser Begriff ist in den Bürokratien, die wir für uns geschaffen haben, verlorengegangen, also in Systemen, die die Führungskräfte von den operativen Details trennen. Man nenne mir Manager, die denken, daß sie sich auf formale Planung verlassen können, um ihre Strategien zu entwickeln, und ich werde Manager nennen, denen es an genauen Kenntnissen ihres Unternehmensbereiches oder an Kreativität fehlt.

Kunsthandwerker müssen sich selbst darin ausbilden, das zu sehen und aufzugreifen, was anderen Menschen fehlt. Dasselbe trifft für die Manager der Strategie zu. Es sind diejenigen mit einer marginalen Vision, die am besten dazu geeignet sind, Ereignisse zu entdecken und Nutzen daraus zu ziehen, wenn sie sich ausbreiten.

Muster managen. Ob in einer Chefetage in Manhattan oder einer Töpferei in Montreal, ein Schlüssel zum Strategiemanagement ist die Fähigkeit, emergente Muster zu entdecken und ihnen Form zu geben. Es ist nicht einfach die Aufgabe des Managers, sich Gedanken über spezielle Strategien zu machen, sondern auch ihre Emergenz an anderen Stellen im Unternehmen zu entdecken und einzugreifen, wenn es angemessen ist.

Wie Unkraut, das unerwartet im Garten schießt, müssen manche Strategien vielleicht unmittelbar ausgerupft werden. Aber das Management darf nicht zu schnell das Unerwartete beseitigen, da die Vision von morgen vielleicht der Abweichung von heute entspringt (Schließlich mögen die Europäer Löwenzahnsalat, Amerikas bekanntestes Unkraut!). Deshalb lohnen es einige Muster, beobachtet zu werden, bis sich ihre Wirkungen klarer zeigen. Dann können diejenigen, die sich als sinnvoll erweisen, genauer geplant und in die formale Strategie inkorporiert werden, sogar wenn das den Wechsel des Strategieschirms bedeutet.

Management in diesem Kontext heißt dann, das Klima zu schaffen, in dem eine große Vielfalt an Strategien gedeihen kann. In komplexeren Organisationen kann das heißen, flexiblere Strukturen aufzubauen, kreatives Personal einzustellen, breite Schirmstrategien zu definieren und auf entstehende Muster zu achten.

Versöhnung von Wandel und Kontinuität. Schließlich müssen Manager, die radikale Ansätze beobachten, die Quantentheorie des Wandels bedenken. Wie Ecclesias uns erinnert, gibt es eine Zeit des Säens und eine des Erntens. Einige neue Muster müssen unter Verschluß gehalten werden, bis die Organisation für eine strategische Revolution bereit ist, oder mindestens bis zu einer Divergenzperiode. Manager, die entweder auf Wandel oder auf Stabilität setzen, müssen schließlich ihren Organisationen schaden. Als Entdecker von Mustern muß der Manager ein Gespür dafür haben, wann es etablierte Strategien auszunutzen gilt und wann er neue unterstützen soll, um die alten zu ersetzen.

Während Strategie ein Begriff ist, der normalerweise mit der Zukunft in Verbindung gebracht wird, ist seine Verbindung zur Vergangenheit nicht weniger zentral. Wie Kierkegaard einmal festgestellt hat, wird das Leben nach vorne gelebt und rückwärts verstanden. Manager müssen eine Strategie in der Zukunft realisieren, sie aber durch die Vergangenheit verstehen.

Wie ein Töpfer an der Scheibe müssen Manager die Vergangenheit verstehen, wenn sie die Hoffnung haben, daß sie die Zukunft meistern können. Nur durch ein Verständnis der Muster, die sich in ihrem eigenen Verhalten formieren, erlangen sie Kenntnis von ihren Fähigkeiten und ihren Möglichkeiten. Deshalb erfordert die kunsthandwerkliche Herstellung von Strategien genau wie das Beherrschen des Kunsthandwerks eine natürliche Synthese aus Zukunft, Gegenwart und Vergangenheit.

Anmerkung

Das Material für diesen Artikel stammt aus verschiedenen veröffentlichten Artikeln. Am relevantesten sind vielleicht: „Patterns in Strategy Formation“, in: Management Science, Mai 1979, über das Volkswagenwerk (ebenso wie unsere Studie über die U.S.-Strategie in Vietnam); „Tracking Strategy in an Entrepreneurial Firm“ (zusammen mit Jim Waters), in: Academy of Management Journal, September 1982, über Steinberg Inc.; „Strategy Formation in an Adhocracy“ (zusammen mit Alexandra McHugh), Administrativ Science Quarterly, Juni 1985, über den National Film Board of Canada. Einiges davon sowie anderes darauf bezogenes Material wird in Teil II des Buches näher betrachtet. In „Five P's for Strategy“, California Management Review, Herbst 1987, habe ich verschiedene Definitionen von Strategie diskutiert; in „Of Strategies, Deliberate and Emergent“ (mit Jim Waters), in: Management Journal, Juli–September 1985, habe ich verschiedene Strategietypen diskutiert (Schirm, Prozeß, etc.). Eine Anwendung dieser Ideen auf den öffentlichen Sektor findet man in „Emergent Strategy of Public Policy“ (mit Jan Jorgensen), in: Canadian Public Administration, Sommer 1987. Der frühere Hinweis auf meinen ersten Artikel zu dem Thema bezieht sich auf „The Science of Strategy Making“, der im heutigen Sloan Management Review, Frühjahr 1967, veröffentlicht wurde. Darüber hinaus stelle ich gerade einen längeren Beitrag über „Ten Schools of Thought“ über Strategieformation fertig, der in: J.W. Friedrickson (ed.), Perspectives on Strategic Management (New York: Ballinger, 1989) erscheint.

3. Kapitel

Mit der linken Seite planen, mit der rechten managen

Der hier wiederabgedruckte Artikel datiert mehr als ein Jahrzehnt vor dem vorangehenden in diesem Buch und brachte mich auf ein irgendwie anderes, vielleicht aber fundamentaleres Thema: die Beziehung zwischen Analyse und Intuition, wie sie in der alten und gelegentlich gespannten Beziehung zwischen „Stab“ und „Linie“ mit besonderem Bezug auf Planer und Manager zum Ausdruck kommt. Die beiden ersten Aufsätze in diesem Buch entstammen jahrelanger Forschung und intensivem Nachdenken. Dieser dritte entstand eher spontan. Im Sommer 1975 las ich auf einem kleinen Bauernhof im Perigord Robert Ornsteins Buch *The Psychology of Consciousness,* eine populäre Darstellung der Erkenntnisse über die beiden Hemisphären des menschlichen Gehirns. Obwohl damals diese Erkenntnisse in Mode kamen, boten sie mir eine Grundlage für vieles, was ich in meiner eigenen Forschung gefunden hatte.

Es ist eine nette Ironie, daß Intuition in gewisser Hinsicht von den Biologen ins Leben zurückgebracht wurde. Intuition sollte eigentlich ein psychologisches Konzept sein. Aber die meisten Psychologen haben es lange geringgeschätzt, wenn nicht insgesamt ignoriert, um als Wissenschaftler anerkannt zu werden. Wenn Intuition schließlich ein Denkprozeß ist, der dem *Bewußtsein* unzugänglich ist, wie konnten sie dann *wissenschaftliche* Methoden zur Beschreibung einsetzen? Dann kamen Leute wie Roger Sperry – wirkliche Wissenschaftler, die das Gewebe mit dem Messer zerschneiden und ähnliches – und entdeckten die Intuition wieder, die die ganze Zeit über in der stummen rechten Hemisphäre des menschlichen Hirns versteckt war!

Während der Lektüre von Ornsteins Buch begann ich zu erkennen, daß ich in meiner Forschung in Wirklichkeit Intuition zelebriert hatte und sie in allen merkwürdigen und heimlichen Ecken entdeckte. Das war in der vorherrschenden angewandten als auch akademischen Managementliteratur der Streitpunkt. Meistens wurde bis zur Besessenheit die Rolle der Analyse in Organisationen betont, vor allem unter dem Titel des sogenannten professionellen Managements. Der Titel des Aufsatzes faszinierte mich zuerst, dann schrieb ich den Text (normalerweise ist es umgekehrt). Mein Schreiben durchläuft fast immer mehrere Versionen, bevor die Herausgeber Hand anlegen und Veränderungen vorschlagen. „Mit der linken Seite planen, mit der rechten managen“ erschien 1976 in der *Harvard Business Review* fast genauso, wie ich es auf dem kleinen Bauernhof im Perigord geschrieben hatte.

Im Nahen Osten erzählt man sich die Geschichte eines Mannes namens Nasrudin, der etwas auf dem Boden suchte. Ein Freund kam hinzu und fragte: „Was hast Du verloren, Nasrudin?“ „Meinen Schlüssel“, sagte Nasrudin. Der Freund kniete sich auch auf den

Boden und beide suchten den Schlüssel. Nach einer Weile fragte der Freund: „Wo genau hast Du ihn verloren?" „Zuhause", antwortete Nasrudin. „Aber warum suchst Du dann hier, Nasrudin?" „Hier ist es heller als zuhause." Diese kleine Geschichte hat etwas Zeitloses und Mysteriöses und viel mit dem Nachfolgenden zu tun. Aber stellen wir das einen Moment beiseite und wenden uns einigen einfachen, aber mysteriösen Fragen zu, die mich lange beschäftigt haben.

- Erstens: Warum sind manche Menschen so klug und so beschränkt zugleich? Warum verstehen manche kreativen Denker keine Bilanzen und warum haben einige Buchhalter kein Gespür für Produktdesign? Warum haben einige brillante Managementwissenschaftler keine Kompetenz im Umgang mit der Politik einer Organisation, während die meisten politisch orientierten Menschen unfähig sind, die einfachsten Grundsätze der Managementwissenschaft zu verstehen?
- Zweitens: Warum sind Menschen so überrascht, wenn sie etwas Offensichtliches lesen oder lernen, was sie schon kennen müßten? Warum ist ein Manager zum Beispiel davon angetan, wenn er einen neuen Artikel über Entscheidungsprozesse liest, in dem ihm jeder Teil ganz klar sein müßte, auch wenn er den Artikel nie vorher gesehen hätte?
- Drittens: Warum gibt es mindestens auf der Topebene eine solche Diskrepanz zwischen formaler Planung auf der einen Seite und informellem Managen auf der anderen? Warum hatte keine der Techniken für Planung und Analyse wirklichen Einfluß darauf, wie Topmanager arbeiten?

Ich will weiter unten Antworten auf diese drei Fragen nach der Spezialisierung der Hemisphären des menschlichen Gehirns formulieren. Danach werde ich auf meine eigene Forschung rekurrieren, um einige Implikationen für Management aufzuzeigen, und wieder auf unsere Geschichte mit Nasrudin zurückkommen.

Die beiden Hemisphären des menschlichen Gehirns

Versuchen wir zunächst die Frage durch einen Blick darauf zu beantworten, was es mit den beiden Hemisphären des menschlichen Gehirns auf sich hat.

Erste Frage

Wissenschaftler – besonders Neurologen, Biologen und Psychologen – wußten schon lange, daß das Gehirn aus zwei unterschiedlichen Hemisphären besteht. Sie wußten auch, daß der linke Teil die rechten Körperbewegungen, die rechte Hälfte dagegen die linken steuert. In jüngster Zeit hat man jedoch entdeckt, daß die beiden Hemisphären in grundsätzlicherer Hinsicht spezialisiert sind.

In der linken Hirnhälfte der meisten Menschen (Linkshänder weitgehend ausgenommen) ist der Operationsmodus überwiegend linear. Die Information wird hier sequentiell, bit für bit und auf eine geordnete Art verarbeitet. Die Sprache basiert vielleicht am meisten auf Linearität. Die rechte Hemisphäre ist in scharfem Kontrast dazu auf Simultanverarbeitung spezialisiert. Das heißt, sie scheint ganzheitlicher zu funktionieren. Ihre vielleicht deutlichste Fähigkeit ist das Verstehen von Bildern.

Obwohl noch relativ wenige geistige Aktivitäten mit der einen oder anderen Hälfte in Verbindung gebracht wurden, hat die Forschung einige wichtige Anhaltspunkte gegeben. Ein Artikel in der *New York Times* zitiert zum Beispiel eine Untersuchung, wonach Gefühle eine rechtshemisphärische Funktion darstellen.[1] Diese Vorstellung basiert auf den Befunden, daß Opfer rechtshemisphärischer Verletzungen über ihre Unfähigkeit oft relativ unbekümmert sind, während diejenigen mit linkshemisphärischen Verletzungen oft tiefe seelische Qualen erleiden.

Was bedeuten diese Spezialisierungen für die Funktionsweise des Menschen? Die lineare Sprache ist eine linkshemisphärische Aktivität. Aber andere Formen menschlicher Kommunikation, wie etwa die Gestik, sind eher relational und visuell als sequentiell und verbal und werden meistens mit der rechten Hemisphäre in Verbindung gebracht. Man stelle sich vor, was passieren würde, wenn die beiden Hälften getrennt wären, so daß zum Beispiel bei der Reizaufnahme die Worte von den Gesten getrennt wären. Mit anderen Worten, in derselben Person würden zwei verschiedene Bewußtseinsformen – die eine auf verbale Kommunikation, die andere auf Gestik spezialisiert – auf denselben Stimulus reagieren.

Das beschreibt tatsächlich den wesentlichen Durchbruch in der Erforschung des menschlichen Gehirns. Bei dem Versuch der Behandlung bestimmter Fälle von Epilepsie fanden Neurologen heraus, daß sie durch die Abtrennung des Corpus Callosum, der die beiden Hirnhälften verbindet, „das Gehirn teilen“ und die Epilepsie isolieren konnten. Eine Reihe von Experimenten mit diesen „split-brain“ Patienten brachte faszinierende Ergebnisse hervor.

In einem Experiment zeigten die Ärzte der rechten Hemisphäre einer epileptischen Patientin ein Foto einer nackten Frau (man macht das, indem man das Foto der linken Hälfte eines jeden Auges präsentiert). Die Patientin sagte, daß sie nichts sehen würde, errötete aber fast gleichzeitig; sie schien konfus zu sein und sich unwohl zu fühlen. Ihre „bewußte“ linke Hemisphäre, einschließlich des Sprachapparates, war sich nur bewußt, daß etwas mit ihrem Körper geschehen war, aber nicht darüber, was die emotionale Reaktion verursacht hatte. Nur ihre „unbewußte“ rechte Hemisphäre wußte es. Die Neurochirurgen registrierten eine deutliche Trennung zwischen den beiden unabhängigen Bewußtseinsarten, die normalerweise kommunizieren und zusammenarbeiten.[2]

Darüber hinaus haben Wissenschaftler herausgefunden, daß einige häufige menschliche Aufgaben die eine Hirnhälfte aktivieren und die andere nicht tangieren. Das Lernen eines mathematischen Beweises kann zum Beispiel zu einer Aktivität der linken Hirn-

---

1 Richard Restak, „The Hemispheres of the Brain Have Minds of Their Own“, New York Times, 25. Januar, 1976.

2 Robert Ornstein, The Psychology of Consciousness (San Francisco: Frenman, 1975), S. 60.

hälfte führen, während das Betrachten einer Skulptur oder die Beurteilung eines politischen Gegners die rechte aktivieren kann.

Jetzt scheinen wir die Antwort auf die erste Frage zu haben. Ein Individuum kann einfach deswegen klug und beschränkt zugleich sein, weil die eine Seite seines Gehirns entwickelter als die andere ist. Einige Menschen – vielleicht die meisten Juristen, Finanzexperten, Planer – verfügen über besser entwickelte linkshemisphärische Denkprozesse, während bei anderen – vielleicht Künstlern, Athleten, Politikern – unter Umständen die rechtshemisphärischen Prozesse besser entwickelt sind. Deswegen kann ein Künstler vielleicht bestimmte Gefühle nicht in Worte fassen, während ein Jurist kein Geschick zum Malen hat. Oder ein Politiker kann keine Mathematik lernen, während ein Managementwissenschaftler in politischen Situationen ständig manipuliert wird.

Zweite Frage

Es wurde eine Reihe von Begriffspaaren zur Unterscheidung der beiden hemisphärischen „Bewußtseins"-formen vorgeschlagen, zum Beispiel: explizit versus implizit, sprachlich versus räumlich, Begründung versus Erfahrung, intellektuell versus intuitiv und Analyse versus Gestalt.

Ich sollte an dieser Stelle einfügen, daß diese Begriffe ebenso wie der Nachweis für diese Schlußfolgerungen in dem bemerkenswerten Buch *The Psychology of Consciousness* des kalifornischen Psychologen Robert Ornstein zu finden sind. Ornstein bezieht sich zur Illustration seiner Thesen auf die Geschichte von Nasrudin. Er sieht vor allem in der linearen linken Hemisphäre das Synonym für Helligkeit, mit explizit bewußten gedanklichen Prozessen. Wir können sie *artikulieren.* Mit der rechten Hemisphäre verbindet er die Dunkelheit, die gedankliche Prozesse enthält, die zumindest für „uns" in der westlichen Welt geheimnisvoll sind.

Ornstein weist auch darauf hin, wie die „esoterische" Psychologie des Ostens (Zen, Yoga, Sufismus usw.) sich auf das rechtshemisphärische Bewußtsein konzentriert hat (zum Beispiel auf die Veränderung des Pulsschlages durch Meditation). Die westliche Psychologie war in scharfem Kontrast dazu fast ausschließlich mit dem linkshemisphärischen Bewußtsein, also mit logischem Denken befaßt. Nach Ornsteins Meinung können wir einen wichtigen Zugang zum menschlichen Bewußtsein in der rechten Hemisphäre finden, also wo für uns im Westen das Dunkel liegt.

Jetzt denke man einen Moment lang darüber nach (sollte ich meditieren sagen?). Es gibt eine Reihe gedanklicher Prozesse – lineare, sequentielle, analytische. Darüber weiß die Wissenschaft ebenso wie wir alle eine Menge. Und es gibt eine Reihe anderer – simultane, relationale, ganzheitliche. Darüber wissen wir nur wenig. Wichtiger daran ist, daß wir nicht „wissen", was wir nicht „wissen". Oder genauer, unsere linke Hemisphäre scheint nicht explizit artikulieren zu können, was unsere rechte weiß.

Hier liegt offensichtlich auch die Antwort auf die zweite Frage. Das Offenbarungsgefühl beim Lernen des Offensichtlichen kann man so erklären, daß das „offensichtliche" Wissen implizit und anscheinend auf die rechte Hemisphäre begrenzt war. Die linke Hemisphäre „wußte" es nie. Deshalb scheint es für die linke Seite wie eine Offenbarung zu sein, wenn sie explizit lernt, was die rechte immer schon implizit wußte.

Jetzt bleibt noch die dritte Frage: die Diskrepanz zwischen Planen und Managen.

Dritte Frage

Bis jetzt sollte klar geworden sein, wo meine Diskussion hinzielt (mindestens für die rechte Hemisphäre des Lesers, und jetzt, wo ich es schreibe, auch für seine linke). Vielleicht haben die Managementtheoretiker den Schlüssel zum Management in der Helligkeit der logischen Analyse gesucht, während er immer schon in der Dunkelheit der Intuition verloren war.

Ich schlage explizit vor, daß es eine grundsätzliche Differenz zwischen formaler Planung und informellem Management gibt, die der Differenz der beiden Hemisphären entspricht. Die Techniken von Planung und Analyse sind sequentiell und systematisch, und vor allem artikuliert. Von Planern und Managementtheoretikern erwartet man, daß sie ihre Arbeit auf der Grundlage einer Reihe logischer und geordneter Schritte durchführen, und daß jeder Schritt eine explizite Analyse beinhaltet. (Das Argument, daß die erfolgreiche Anwendung dieser Techniken sehr viel intuitives Gefühl erfordert, ändert praktisch nichts an meiner These. Wenn Intuition vorkommt, bedeutet das einfach, daß der Analytiker seine Wissenschaft verlassen hat.)

Die formale Planung scheint demnach Prozesse zu verwenden, die denen verwandt sind, die mit der linken Hemisphäre identifiziert werden. Darüberhinaus scheinen Planer und Managementtheoretiker ihre Freude an einer systematischen und wohlgeordneten Welt zu haben. Viele zeigen nur wenig Verständnis für die eher relationalen und ganzheitlichen Prozesse.

Wie steht es mit dem Management? Genauer, wie steht es mit den Prozessen, die Topmanager verwenden? (Ich betone hier, daß ich diese Diskussion auf die Topebene von Organisationen konzentriere, wo meiner Meinung nach die Dichotomie zwischen Planen und Managen am ausgeprägtesten ist.) Manager planen auch in gewisser Weise (d.h. denken voraus). Sie beteiligen sich auch mit ihrem Part an der logischen Analyse. Aber ich glaube, daß zum erfolgreichen Management von Organisationen mehr gehört. Ich stelle deshalb die Hypothese auf, daß *die wichtigen Prozesse des Managements von Organisationen zu einem wesentlichen Teil auf diejenigen Fähigkeiten angewiesen sind, die mit der rechten Hirnhälfte zusammenhängen.* Erfolgreiche Manager scheinen Freude an Ambiguität, an komplexen, geheimnisvollen Systemen mit relativ wenig Ordnung zu haben.

Wenn das zutrifft, dann kann diese Hypothese die dritte Frage nach der Diskrepanz zwischen Planung und Management beantworten. Ich will einen Beitrag zu der Erklärung leisten, warum jede neue Technik zu Planung und Analyse so wenig Erfolg auf der Topebene hat. PPBS der Budgetplanung, strategische Planung, „Management"-Informationssysteme und Unternehmensmodelle wurden alle mit großer Begeisterung aufgenommen. Dann wurden sie in vielen Fällen nach ein paar Jahren wieder stillschweigend ad acta gelegt.

Managen aus der rechten Hemisphäre

Da uns die Forschung bisher wenig über die rechte Hemisphäre gesagt hat, kann ich meine Behauptung nicht beweisen, daß hier ein Schlüssel zum Management liegt. Ich kann dem Leser nur ein „Gefühl“ für die Situation anbieten, aber keine konkreten Daten. Eine Reihe von Ergebnissen aus meiner eigenen Forschung über Prozesse im Topmanagement legen es jedoch nahe, daß dort Merkmale eines rechtshemisphärischen Denkens eine Rolle spielen.

Ein Sachverhalt tauchte in der ganzen Forschung immer wieder auf. Die zentralen Managementprozesse sind ungeheuer komplex und geheimnisvoll (für mich als Forscher wie für die praktizierenden Manager). Sie greifen auf ganz vage Information zurück und benutzen kaum artikulierte mentale Prozesse. Diese Prozesse scheinen eher relational und holistisch als geordnet und systematisch, und eher intuitiv als intellektuell zu sein. Anders gesagt, sie scheinen ganz typisch für rechtshemisphärische Aktivität zu sein.

Einige allgemeine Erkenntnisse:

1. Die fünf Topmanager, die ich beobachtet habe, bevorzugten vor den schriftlichen Formen, also Lesen und Schreiben, sehr stark die mündliche Kommunikation. Natürlich ist die mündliche Kommunikation auch linear, aber sie ist mehr als das. Aus zwei prinzipiellen Gründen scheinen Manager sie zu bevorzugen. Und das deutet auf einen relationalen Operationsmodus hin.

   Erstens können die Manager aufgrund der mündlichen Kommunikation Gesichtsausdruck, Stimmlagen und Gesten „lesen“. Diese Reize scheinen mit der rechten Hemisphäre des Gehirns verbunden zu sein, wie ich vorhin erwähnte. Zweitens, und das ist vielleicht am wichtigsten, ermöglicht die mündliche Kommunikation den Managern die Beteiligung am Informationsaustausch in der „Echtzeit“. Ihre Konzentration auf das sprachliche Medium legt es deshalb nahe, daß sie relationale und simultane eher als geordnete und sequentielle Methoden der Informationsgewinnung bevorzugen.

2. Neben der Erwähnung des von Managern verwendeten Mediums ist es interessant, auf den Inhalt und die Verwendung der Information zu achten. Viele Inputs der Manager sind nachweislich weich und spekulativ: Eindrücke und Gefühle über andere Leute, Hörensagen, Klatsch usw. Die ganz analytischen Inputs scheinen darüber hinaus für viele Manager von relativ geringem Interesse zu sein.

   Was können Manager mit dieser weichen und spekulativen Information anfangen? Ich denke, daß sie sie eher „synthetisieren“ als „analysieren“. (Wie analysiert man die Stimmung eines Freundes oder die Grimasse, die jemand auf einen Vorschlag hin schneidet?) Ein Großteil dieser Information hilft dem Manager beim impliziten

Verstehen seiner Organisation und ihrer Umwelt sowie beim Erkennen des „Gesamtbildes". Genau dieser Ausdruck, der so häufig im Management vorkommt, deutet auf eine relationale und holistische Informationsverwendung hin.

Eine Reihe von Begriffen, die Manager häufig verwenden, weisen auf diese mentalen Prozesse hin. Der Begriff „Gespür" zum Beispiel scheint auf die Ergebnisse der Verwendung impliziter Modelle bezug zu nehmen, die Manager unbewußt in ihrem Kopf entwickeln. „Ich weiß nicht warum, aber ich hatte ein Gefühl, wenn wir x machen, werden die anderen mit y reagieren." Manager verwenden auch den Begriff „Intuition", um auf Denkprozesse bezug zu nehmen, die zwar funktionieren, ihnen aber unbekannt sind. Es scheint ein Begriff zu sein, den der verbale Intellekt für die geheimnisvollen Denkprozesse erfunden hat. Vielleicht bedeutet „dieser Mensch handelt intuitiv richtig" einfach, daß er über gute implizite Modelle in seiner rechten Hemisphäre verfügt.

3. Eine andere Konsequenz der mündlichen Information ist hier von Interesse. Manager gehören wohl zu den Informiertesten in ihrer Organisation. Aber sie haben Schwierigkeiten damit, ihre Information an ihre Mitarbeiter weiterzugeben. Deshalb stehen arbeitsüberlastete Manager vor einem Dilemma, wenn sie vor einen neuen Aufgabe stehen, die erledigt werden muß: sie müssen sie entweder ohne die Hintergrundinformation delegieren, oder sie selbst erledigen. Keiner der beiden Wege ist befriedigend.

   Als ich zum ersten Mal diesem „Delegationsdilemma" begegnete, beschrieb ich es über die Zeit und die Informationsart, über die Manager verfügen: die Verteilung der Information des Managers kostet viel Zeit, weil der größte Teil davon mündlich ist (und in seinem Kopf gespeichert ist). Hier bietet die split-brain Forschung einen zweiten, vielleicht wichtigeren Grund zu Erklärung dieses Dilemmas an. Vielleicht kann der Manager einfach manche relevante Information nicht weitergeben, weil sie seinem Bewußtsein unzugänglich ist.

4. Vorhin habe ich gesagt, daß Manager an Ambiguität, an komplexen, geheimnisvollen Systemen ohne viel Ordnung Gefallen finden. Sehen wir uns die Belege dazu an. Das bisher über den Informationsgebrauch des Managers Gesagte legt es nahe, daß seine Arbeit auf Handeln und nicht auf Reflexion ausgerichtet ist. Seine Arbeitsgeschwindigkeit ist ein weiteres Anzeichen dafür („Gebremst wird selten. Ein verdammtes Ding kommt nach dem andern."). Hinzu kommen die Kürze ihrer Aktivitäten (die Hälfte der Aktivitäten der Topmanager, die ich beobachtet habe, war in weniger als neun Minuten beendet) sowie die Vielfalt ihrer Aktivitäten (die Topmanager hatten keine eindeutigen Muster in ihren Arbeitstagen), und die aktive Bevorzugung von Unterbrechungen in ihrer Arbeit (das Abbrechen von Sitzungen, das Offenlassen ihrer Bürotür) sowie das Fehlen von Routine (wenige regelmäßig geplante Kontakte und kaum irgendein Thema, das auf allgemeine Planung bezogen ist).

   Der Manager verhält sich natürlich nicht in einer systematischen, geordneten und intellektuellen Weise, und raucht Pfeife bei seinem Rückzug in die Berge, wo er überlegt, wie die Probleme zu analysieren sind. Er handhabt die Probleme im Kontext seiner täglichen Arbeit: die eine Hand ist am Telefon, mit der anderen verabschiedet er einen Gast. Er ist involviert und on-line. Sein Operationsmodus ist relational, simultan, experimentell. Das heißt, er enthält alle Merkmale der rechten Hemisphäre.

5. Zu den wichtigsten der zehn Rollen des Managers, die ich in meiner Forschung beschrieben habe, zählen ganz sicher die Führung sowie das Krisenmanagement. Das sind jedoch die Rollen, die am wenigsten verstanden werden. Führung beschreibt, wie der Manager mit seinen Mitarbeitern umgeht. Es ist eine Ironie, daß Manager und Wissenschaftler trotz vieler Forschungen praktisch noch nichts über das Wesen der Führung wissen, also darüber, warum manche Menschen folgen und andere führen. Führung bleibt ein mysteriöses Phänomen. Sammelbegriffe wie *Charisma* drücken nur unsere Unwissenheit aus.

   In der Rolle der *Kontaktperson* baut der Manager ein Netzwerk von Kontakten nach außen auf, das als sein persönliches Informationssystem fungiert. Auch hier bleiben die Aktivitäten fast vollständig außerhalb des artikulierten Wissens. Und in der Rolle des *Krisenmanagers* geht er mit Problemen und Krisen seiner Organisation um. Trotz einer umfangreichen Literatur über analytische Entscheidungstheorie ist auch hier praktisch nichts über Entscheidungen unter Druck geschrieben worden. Diese Aktivitäten bleiben außerhalb der Managementwissenschaft und sind eher im Bereich von Intuition und Erfahrung angesiedelt.

6. Wenden wir uns unserer Forschung über strategische Entscheidungsprozesse zu.[3] Zwei Aspekte – die *Diagnose* der Entscheidungssituation und die *Gestaltung* maßgeschneiderter Lösungen – ragen heraus, obwohl fast nichts darüber bekannt ist. Die beiden Aspekte ragen jedoch auch aus einem anderen Grund heraus: sie scheinen die wichtigsten zu sein. Besonders die Diagnose scheint *der* entscheidende Schritt bei der strategischen Entscheidung zu sein, da hier der gesamte Entscheidungsablauf zusammengestellt wird. Es ist deshalb überraschend, daß die Diagnose so gut wie keine Erwähnung in der Planungsliteratur oder der Managementwissenschaft findet, die sich meistens mit der formalen Evaluation der vorliegenden Alternativen beschäftigen. Es fragt sich, *wo* und *wie* Diagnose stattfindet? Scheinbar in der Dunkelheit von Urteilsvermögen und Intuition.

7. Ein anderer Punkt, der aus der Untersuchung strategischer Entscheidungsprozesse hervorgeht, betrifft die Existenz und den nachhaltigen Einfluß einer Reihe dynamischer Faktoren. Strategische Entscheidungsprozesse werden unterbrochen, vertagt und beschleunigt durch Termine und sind wiederholt dazu gezwungen, sich zu verzweigen und im Kreis zu drehen. Aufgrund dieser dynamischen Faktoren sind die geordneten und sequentiellen Techniken der Analyse nur schlecht zu handhaben. Trotz ihrer Bedeutung werden diese dynamischen Faktoren in der Managementliteratur praktisch nicht berücksichtigt.

---

3 Henry Mintzberg, Duru Raisinghani und André Théoret, „The Structure of ‚Unstructured' Decision Processes", in: Administrative Science Quarterly, 1976, S. 246-75.

Sehen wir uns beispielsweise die Zeitplanung an. Es ist klar, daß Zeitplanung für Manager praktisch immer entscheidend ist. Kein Manager unternimmt etwas, ohne die Wirkungen zu bedenken, die ein mehr oder weniger schnelles Vorgehens, das Ergreifen von Initiativen oder das Vertagen, um Komplikationen zu vermeiden, haben können. Die Autoren eines Überblicks über Managementliteratur fanden jedoch weniger als zehn unter 183 Büchern, die sich direkt mit dem Thema Zeitplanung beschäftigten.[4] Im wesentlichen sind Manager sich selbst überlassen, um mit den dynamischen Faktoren fertig zu werden, die simultane und relationale Denkmethoden einschließen.

8. Wie treffen Manager wirklich eine ernsthafte Wahl, wenn sie zwischen Optionen wählen müssen? Es können drei grundsätzliche Selektionsmethoden unterschieden werden: Analyse, Beurteilung und Verhandeln. Die erste schließt die systematische Prüfung der Optionen unter Berücksichtigung der Konsequenzen für die feststehenden Organisationsziele ein. Die zweite ist ein Prozeß im Kopf eines einzelnen Entscheiders. Die dritte schließt das Verhandeln zwischen verschiedenen Personen ein.

   Eine der überraschensten Tatsachen über die strategischen Entscheidungen der von uns untersuchten Manager ist, daß nur ganz wenige berichteten, daß sie explizite Analysen verwenden. Es gab viele Verhandlungsprozesse. Aber im allgemeinen war die am häufigsten verwendete Selektionsmethode das Urteil. Typischerweise gelangen die Optionen und alle damit zusammenhängenden Daten in den Kopf des Managers, und irgendwie kommt später eine Entscheidung heraus. *Wie,* das wurde niemals erklärt. Das *Wie* wurde auch niemals in der Literatur erklärt.

9. Wenden wir uns zum Schluß unserer Forschung über Entscheidungen in Organisationen zu. Dieser Prozeß erwies sich als nicht so regelmäßig, kontinuierlich und systematisch, wie er in weiten Teilen der Planungsliteratur beschrieben wurde. Es ist meistens ein unsteter, diskontinuierlicher Prozeß, der in Schüben mit Neuanfängen verläuft. In der Strategieentwicklung gibt es stabile Perioden, aber auch Fließen, Tasten und globalen Wandel. Für mich stellt „Strategie" die vermittelnde Kraft zwischen einer dynamischen Umwelt und einem stabil operierenden System dar. Strategie ist das „Konzept" der Organisation für den zeitweiligen Umgang mit ihrer Umwelt.

   Die Umwelt verändert sich nicht nach irgendeinem festgelegten Muster. Sogar wenn es so wäre, würde das menschliche Bewußtsein es so nicht wahrnehmen. Menschen reagieren kaum auf schwache Stimuli und überreagieren auf starke. Es leuchtet deshalb ein, daß Strategien, die zwischen Umwelten und Organisationen vermitteln, sich nicht nach regelmäßigen Mustern verändern können.

   Wie erklärt die strategische Planung diese Schübe und Neuanfänge? Sie erklärt sie nicht. Die Problemlast fällt wieder dem Manager zu, vor allem seinen mentalen Prozessen – den intuitiven und experimentellen. Er muß mit diesen unregelmäßigen Inputs aus der Umwelt fertig werden.

---

4 Clyde T. Hardwick und Bernard F. Landuyt, Administrative Strategy and Decision Making, 2. Auflage (Cincinnati: South Western, 1966).

10. Woher kommen neue Strategien? Hier ist nicht der Ort, in diese komplexe Frage einzusteigen. Aber die Forschung macht eines klar. Formale, analytische Prozesse, die im allgemeinen unter dem Etikett Planung laufen, werden wahrscheinlich keine neuen Strategien wie die in Organisationen einer bestimmten Branche gemeinsame „Hauptlinie" produzieren.[5] Innovative Strategien scheinen aus informellen Prozessen zu resultieren: vage, interaktiv und vor allem an der Synthese disparater Elemente orientiert. Kein Managementprozeß verlangt mehr nach holistischem, relationalem Denken als die Entwicklung einer integrierten Strategie, um mit einer komplexen, verschlungenen Umwelt fertig zu werden. Wie kann Analyse, unter dem Etikett ‚strategische Planung', überhaupt eine solche Strategie produzieren?

Eine andere berühmte alte Geschichte ist hier von Bedeutung. Es ist die von den Blinden, die versuchen, einen Elefanten durch Berühren zu identifizieren. Einer greift nach dem Rüssel und meint, daß der Elefant lang und weich sei. Ein anderer fühlt das Bein und sagt, daß er kräftig und zylindrisch sei. Ein dritter berührt die Haut und sagt, daß er rauh und schuppig sei. Ornstein bemerkt dazu:

> Jeder, der sich auf einen Teil bezieht, kann seine eigene begrenzte, analytische Einschätzung der Situation geben. Aber wir erhalten keinen Elefanten durch die Addition von „schuppig", „lang und weich" und „kräftig und zylindrisch" in irgendeiner vorstellbaren Form. Ohne die Entwicklung einer Gesamtperspektive bleiben wir in unseren individuellen Untersuchungen befangen. Eine derartige Perspektive liegt im Bereich einer anderen Methode des Wissens und kann nicht auf die gleiche Weise erlangt werden wie die Erforschung der individuellen Teile. Sie entsteht nicht aus einer linearen Summe der unabhängigen Beobachtungen.[6]

Was können wir aus diesen Ergebnissen ableiten? Ich muß zunächst nochmals betonen, daß alles, was ich über die beiden Hirnhälften geschrieben habe, spekulativ ist. Die Forschung muß zuerst noch formal den Managementprozeß mit der Funktionweise des Gehirns in Zusammenhang bringen.* Dennoch scheinen diese Ergebnisse die vorher aufgestellten Hypothesen zu bestätigen: *Die wichtigen grundsätzlichen Prozesse im Management einer Organisation, die zur Führung einer Organisation erforderlich sind, sind in hohem Maß auf die Fähigkeiten der rechten Hemisphäre angewiesen.*

Diese Schlußfolgerung impliziert nicht, daß die linke Hemisphäre für diejenigen unbedeutend ist, die die Richtung angeben. Jeder Manager ist in starkem Maße an der explizi-

---

5 Dieser Aspekt basiert auf meinem demnächst erscheinenden Buch über Strategic Planning.

6 Ornstein, Psychology of Consciousness, S. 10.

* Fast gleichzeitig mit der Veröffentlichung dieses Artikels berichtete Robert Doktor tatsächlich über Forschungen mit Linienmanagern und Stabsanalytikern, die physiologische Beweise (durch die Messung der Gehirnwellen im EEG) für die laterale Spezialisierung liefern, Vgl. R. Doktor, Problem Solving Styles of Executives and Management Scientists". TIMS Studies in the Management Sciences, Nr. 8 (1978), S. 123-34.

ten Kalkulation beteiligt, wenn er handelt. Und intuitives Denken muß in eine lineare Ordnung der linken Hemisphäre übersetzt werden, wenn es artikuliert und schließlich umgesetzt werden soll. Die großen Kräfte, die mit der rechten Hirnhälfte verbunden zu sein scheinen, sind offensichtlich ohne die Fähigkeiten der linken nutzlos. Der Künstler kann arbeiten ohne zu verbalisieren, der Manager nicht.

Wirklich herausragende Manager sind ohne Zweifel diejenigen, die effektive Prozesse der rechten Seite (Gefühl, Intuition, Synthese) mit effektiven der linken (Klarheit, Logik, Analyse) koppeln können. Aber es wird in der Praxis des Managements wenig Fortschritt geben, wenn Manager und Wissenschaftler wie Nasrudin damit weitermachen, den Schlüssel zum Management in der „Helligkeit" der geordneten Analyse zu suchen.

Implikationen für die linke Hemisphäre

Was bedeutet das für diejenigen, die mit Management zu tun haben?

Erstens schlage ich nicht vor, daß Planer und Managementtheoretiker ihre Technikkoffer packen und die Organisation verlassen sollen, oder daß sie in der übrigen Zeit Korbflechten oder Meditation treiben sollen (Ich tue es selbst nicht – zumindest noch nicht!). Mir scheint, daß die linke Hemisphäre lebendig und gut ist; die Analytikergemeinde ist auf der operativen und mittleren Ebene der meisten Organisationen fest etabliert und unentbehrlich. Ihre wirklichen Probleme kommen auf der oberen Ebene vor. Hier muß die Analyse mit der Intuition zusammen bestehen und sich vielleicht sogar von ihr leiten lassen. Das ist eine Tatsache, die viele Analytiker und Planer langsam akzeptieren müssen. Für mich liegt die organisatorische Effektivität nicht in dem begrenzten Konzept der sogenannten „Rationalität". Sie liegt in einer Mischung aus einer klaren Logik *und* einer starken Intuition.

Einerseits sollten Planer nur unter bestimmten Bedingungen zu planen versuchen. Wenn eine Organisation in einer stabilen Umwelt existiert und keine Verwendung für eine innovative Strategie hat, dann ist die Entwicklung formaler, systematischer strategischer Pläne (und Hauptstrategien) in Ordnung. Wenn die Umwelt aber instabil ist oder die Organisation eine innovative Strategie braucht, dann ist vielleicht die strategische Planung nicht der beste Ansatz zur Strategiebildung, und die Planer haben kein Recht dazu, sie ihrer Organisation aufzuzwingen. Desweiteren erfordert eine effektive Strategiebildung auf der oberen Führungsebene vernünftige analytische Inputs. Und es ist die Aufgabe der Planer und Managementtheoretiker dafür zu sorgen, daß das Topmanagement sie bekommt. Manager sind erfolgreich im Beschaffen weicher Informationen. Aber sie neigen dazu analytisch gewonnene Daten zu wenig zu betonen, die oft ebenso wichtig sind. Planer und Managementexperten können ihren Organisationen dadurch effektiv nützlich sein, daß sie ad hoc Analysen erstellen und die Ergebnisse an das Topmanagement weiterleiten (muß ich sagen mündlich?), indem sie sicherstellen, daß nur die beste Analyse bei der Festlegung der Richtlinien Verwendung findet.

Wenn sich die Vorschläge in diesem Artikel für die Managementtrainer als stichhaltig erweisen, dann sollten sie einige ihrer Vorstellungen über die Managementausbildung drastisch revidieren. Bedauerlicherweise hat die Revolution in diesem Bereich über die letzten fünfzehn Jahre – während sie viel Wertvolles hervorgebracht hat – im Grunde dazu geführt, daß die modernen Managementschulen die linke Hemisphäre anbeten.

Sollten die Ausbilder darüber überrascht sein, daß so viele ihrer Absolventen in Stabspositionen enden, ohne die Absicht, irgendetwas zu managen? Einige der bekanntesten Managementschulen sind im Grunde zu geschlossenen Systemen geworden, in denen Professoren mit nur geringem Interesse an der Organisationsrealität unerfahrene Studenten in mathematischen, ökonomischen und psychologischen Theorien als Selbstzweck unterrichten. In diesen Managementschulen wird dem Management nur ein geringer Platz eingeräumt. Unsere Schulen brauchen eine neue Balance, nämlich die bestmögliche Balance zwischen Analyse und Intuition.

Die erste Schlußfolgerung für Manager sollte eine Warnung sein. Die Erkenntnisse über das Bewußtsein sollten nicht als Lizenz verstanden werden, die Aktivitäten im Dunkeln zu lassen. Künstlich mystifizierendes Verhalten ist ein beliebter Trick derjenigen, die ihre Macht zu schützen versuchen. Das hilft keiner Organisation. Auch ist der Versuch nicht hilfreich, den Aktivitäten Intuition zu verschreiben, die durch Analyse effektiv bewältigt werden können. Aber eine unangebrachte Fixierung auf Analyse ist nicht besser und stellt für mich heute ein weit verbreitetes Problem dar.

Seit Taylors Experimenten in der Fabriken am Ende des letzten Jahrhunderts ist die Verschiebung der Aktivitäten aus dem Bereich der Intuition in Richtung bewußter Analyse eine große Gefahr der Entwicklung in unseren Organisationen. Dieser Trend wird andauern. Aber Manager und diejenigen, die mit ihnen zusammenarbeiten, müssen sorgfältig unterscheiden, was am besten analytisch behandelt wird und was im Bereich von Intuition verbleiben muß. Dort werden wir weiterhin nach dem verlorenen Schlüssel zum Management suchen müssen.

Anmerkung

Neben Hinweisen auf meine anderen Arbeiten (die zitiert werden oder an anderer Stelle im Buch genannt werden) findet man weitere Hinweise im nächsten Kapitel.

4. Kapitel

Die Koppelung von Analyse und Intuition im Management

Der Aufsatz „Mit der linken Seite planen, mit der rechten managen" löste weniger Fragen wie er schwierige, und meiner Meinung nach fundamentale Probleme aufwarf. Die erste Frage ist, wie Analyse und Intuition in unseren Organisationen eingesetzt werden sollten. Ein übermäßiger Gebrauch von Intuition, der vor einem Jahrhundert vielleicht verbreitet war, kann Organisationen zu idiosykratischem und willkürlichem Verhalten verleiten. Aber ein übermäßiges Vertrauen in die Analyse, das nach meinem Dafürhalten heute sehr verbreitet ist, kann ihr Verhalten indifferent und teilnahmslos machen. Die Art der Verkoppelung dieser Prozesse hat nicht nur zentrale Implikationen für die Effektivität unserer Organisationen, sondern auch für unsere Gesellschaft.

Ich selbst habe mit der analytischen Seite des Managements angefangen. Ich hatte eine technisch-wissenschaftliche Ausbildung und trat meine erste Vollzeitstelle in der Operations-Research-Abteilung bei der kanadischen Eisenbahn an. Operations Research versucht, die systematische mathematische Analyse auf Managementprobleme anzuwenden. Als ich später meinen Doktor an der MIT Sloan School of Management machte, richtete ich meine Aufmerksamkeit auf die Zielformulierungsprozesse im Topmanagement. Aber mein Interesse an der Rolle der Analyse blieb bestehen. Eine Richtung in meinen Artikeln zielte auf die Gruppe, mit der ich mich zuerst identifiziert hatte, nämlich die Organisationsexperten: OR-Spezialisten, Planer, Experten für Informationssysteme. Am Management hat mich nichts mehr frustriert als die sogenannte „rule of the tool", der Einsatz von Technik um ihrer selbst willen. („Gib einem kleinen Jungen einen Hammer, und alles muß gehämmert werden!")* Diese Artikel versuchten eine Korrektur dieses Bild.

Ich habe Herbert Simon immer für den herausragendsten Organisationstheoretiker unserer Zeit gehalten. Simon war in politischer Wissenschaft ausgebildet. Er hatte aber früh Kontakt zur Graduate School of Industrial Administration (GSIA) an der Carnegie-Mellon-Universität, wo er bei der Entwicklung der heutigen Managementschule als führende intellektuelle Kraft wirkte.

* Einer der Gründer der Operations Research während des Zweiten Weltkrieges in England, P.M.S. Blackett, definierte sie als „die auf die komplexen Probleme der menschlichen Gesellschaft angewandte wissenschaftliche Methode".[1] In den 1970er Jahren würde sie ein prominenter amerikanischer Praktiker als „umfassende Aufstellung getesteter und bewährter Hilfsmittel" definieren.[2]

1 P.M.S. Blackett, Studies of War: Nuclear and Conventional (Edinburgh: Olivier and Boyd, 1962), S. 199

2 David B. Hertz, „Has Management Science Reached a Dead End?"

GSIA, wie sie genannt wird, erfand in den 50er Jahren buchstäblich die heutige Managementausbildung – die Vorstellungen, sie auf die grundlegenden Disziplinen Ökonomie, Psychologie und Mathematik zu basieren und eine forschungsorientierte Theorie zu lehren, was an der GSIA als Hauptaufgabe der akademischen Business School angesehen wurde. Carnegie-Mellon war in dieser Hinsicht den anderen Business Schools mindestens zehn Jahre voraus, die so etwas heute fast alle zu ihrem Normalbetrieb zählen (aber übertreiben, wie ich bald zeigen werde).

Simon hatte einen nachhaltigen Einfluß auf unser Verständnis von Organisation und unsere Einstellungen gegenüber der Forschung. Dieser Einfluß spiegelt sich in einer Liste von Veröffentlichungen mit über fünfhundert Titeln und einigen einschlägigen Büchern in diesem Bereich wider.[3] Seine Verdienste wurden 1978 mit dem Nobelpreis anerkannt. Es war der Preis für Wirtschaftswissenschaften, aber Simon erhielt ihn für seine Arbeit über Organisationstheorie. Seit den 70er Jahren hat Simon seine Heimat in der Abteilung Psychologie an der Carnegie-Mellon Universität, wo er seine Interessen an Entscheidungsprozessen durch die Erforschung menschlicher Kognition verfolgt.

Ich schickte eine Kopie von „Mit der linken Seite planen, mit der rechten managen" kurz nach seiner Annahme zur Publikation an Simon. Kurz darauf antwortete er und behauptete, meine Argumentation sei falsch. Gleichzeitig erhielt ich ein Telegramm des Herausgebers, in dem er meinen Aufsatz sofort anforderte. Ich verbrachte entsetzliche 48 Stunden. Ich entschied mich schließlich doch zur Publikation, die ich als einen Wendepunkt in meiner Karriere ansah.

Zu der Zeit war ich ein ganz normaler Wissenschaftler. Ich spielte mit Gedanken über Intuition etc. Aber erst als ich mich zur Publikation entschlossen hatte, öffnete ich mich diesen Gedanken wirklich. Herbert Simon wußte über kognitive Prozesse bei Entscheidungen sehr viel mehr als ich. Während dieser 48 Stunden war mein Problem, ob er genug wußte, ob überhaupt jemand genug wußte, um die ganze Tragweite von Intuition verstehen zu können. Da ich zu dem Schluß kam, daß sie niemand versteht (ich meine formal, nicht intuitiv!), folgerte ich auch, daß die Gesellschaft einen hohen Preis dafür bezahlt hat: in Organisationen, der Organisationsforschung und selbst in der Psychologie.

Es lohnt sich meiner Meinung nach, hier einen Teil meiner Korrespondenz mit Herbert Simon über meinen Aufsatz zu wiederholen, weil sie an sich schon interessant ist, aber in erster Linie weil ich glaube, daß sie bei der Einführung in das entscheidende Thema des folgenden Textes hilfreich sein kann.

In einer früheren Korrespondenz hatte Simon erwähnt, daß er *The New Science of Management Decision* überarbeite. Es handelte sich um ein kleines aber wichtiges Buch über die Auswirkungen des Computers auf Organisationen und besonders über die Notwendigkeit, die „modernen Techniken" der systematischen Analyse auf die „traditionel-

---

3 Herbert A. Simon, Administrative Behavior (New York: McMillian, zuerst 1947 veröffentlicht); Organizations (mit James G. March) (New York: Wiley, 1957); The Science of the Artificial (Cambridge: MIT Press, 1964); The New Sciences of Management Decision (New York: Harper & Row, zuerst veröffentlicht 1960); und viele andere.

len", „unprogrammierten" Entscheidungsprozesse des Topmanagements anzuwenden. In meinem Schreiben vom 17. März 1976 heißt es auszugsweise:

> Zu der Überarbeitung habe ich eine Frage, die in dem beiliegenden Paper enthalten ist. Meine ganze Arbeit bis heute basierte auf der Annahme, daß wir den organisatorischen Entscheidungsprozeß so genau wie möglich spezifizieren müssen – „programmieren" müssen, wenn Sie so wollen. Ich arbeite noch weiter in dieser Richtung ..., aber einiges, was ich in jüngster Zeit gelesen habe, (vor allem Robert Ornsteins Buch *The Psychology of Consiciousness*) hat diese Annahme in gewisser Weise erschüttert. Vielleicht unterscheiden sich Prozesse, die wir Intuition nennen, fundamental von denen, die wir spezifizieren und programmieren können. Verstehen wir wirklich die Bedeutung von Synthese? Diese Lektüre sowie die vielen Fragen aus meiner eigenen Forschung regten mich dazu an, den Aufsatz „Mit der linken Seite planen, mit der rechten managen" zu schreiben. Damit sollten mehr Fragen aufgeworfen als Antworten gegeben werden. Auf jeden Fall bin ich gespannt, ob Sie sich bei Ihrer Überarbeitung diesem Problem zuwenden, und wenn ja, wie. Mittlerweile glaube ich, daß es sich hierbei um ein grundlegendes Thema für uns handelt.

Sein Brief vom 24. März 1976 liest sich folgendermaßen:

> In der Neufassung diskutiere ich nicht den Nachweis für die links-rechts-hemisphärische Unterteilung des Gehirns. Aber ich diskutiere das schlecht strukturierte Problemlösungsverhalten. Ich bin der Meinung, daß die links-rechts-Unterscheidung wichtig ist, aber nicht, daß a) Ornstein sie korrekt beschrieben hat oder b), daß sie irgendetwas mit der Unterscheidung von Planung und Management oder bewußt-unbewußt zu tun hat.
>
> Nach meiner Meinung *hat* es entscheidend mit der Rolle der Wahrnehmung beim Problemlösen zu tun. Dazu haben wir viele Erkenntnisse aus der Untersuchung von Schachspielen gewonnen. Ich lege Ihnen einige Kopien bei, die Ihnen einen allgemeinen Eindruck über unsere hiesige Perspektive vermitteln. Einige dieser Perspektiven habe ich in die Überarbeitung eingebaut. Wenn Sie „rechte Hemisphäre" durch visuelle Erkennung von Mustern ersetzen, haben Sie eine erste Annäherung daran, wovon ich überzeugt bin.
>
> Die Versuchung ist groß, die menschlichen Fähigkeiten zu romantisieren (und sie sogar der Außersinnlichen Wahrnehmung zuzuschreiben, für die es keinen Beweis gibt)! Ich möchte einen französischen Philosophen paraphrasieren: „Ich brauche diese Hypothese nicht." Stammt der Satz von Diderot? Vielleicht kann einer Ihrer Kollegen aus Aix-en-Provence das Zitat identifizieren.
>
> Wir haben gerade mit Forschungen über die unterschiedlichen Arten der Analyse von Vorgehensweisen von Managern und Studenten begonnen. Dabei gehen wir von unserer Hypothese über Wahrnehmung als Richtlinie dafür aus, auf welche Unterschiede wir zu achten haben. Die ersten Ergebnisse haben wir vielleicht in einigen Monaten. Inzwischen neige ich zur Vorsicht hinsichtlich der links-rechts-hemisphärischen Unterscheidung des Gehirns als Erklärung von Intuition. Es handelt sich nur um die letzte Mode – nicht um das Phänomen selbst, sondern seine romantische Verklärung.

Simons Kommentar über Außersinnliche Wahrnehmung bezog sich auf zwei Sätze in meinem ursprünglichen Paper, die sowohl ich als auch der Herausgeber der *Harvard Business Review* unabhängig voneinander als zu provokativ gestrichen hatten (hinsichtlich der Rolle von mündlicher Kommunikation und Gestik waren es in der ursprünglichen Fassung die beiden folgenden Sätze: „Ich möchte hier das Problem der Außersinnlichen Wahrnehmung ansprechen. Es spricht zu vieles dafür, um sie als ein Kommunikationsmedium abweisen zu können. Mindestens für einige und für Ornstein ist sie vermutlich eine rechtshemisphärische Aktivität." Meine Entscheidung zur Publikation basierte in Wirklichkeit auf diesem Kommentar Simons: Wenn die Existenz der Außersinnlichen Wahrnehmung auch noch nicht wissenschaftlich *bewiesen* ist, so sagt mir ihre Ablehnung aufgrund eines „fehlenden realen Beweises" mehr über Simons Denken als über Außersinnliche Wahrnehmung. Mein Brief vom 4. Mai 1976 an Simon lautete folgendermaßen:

> Ihr Brief zu meinem Aufsatz über Management und die beiden Hemisphären des menschlichen Gehirns regte mich zu einer sehr sorgfältigen Überarbeitung an. Als ihr Brief ankam, war der Aufsatz bereits zur Publikation angenommen. Aber ich konnte noch einige Korrekturen anbringen. Obwohl ich einige Ausführungen über die Verbindung von Managementprozessen mit der einen oder anderen Hemisphäre abzuschwächen und klarer zu machen versuchte, was Tatsache und was Spekulation ist, war ich der Meinung, daß eine weitere Beschäftigung mit dem allgemeinen Thema wichtig bleibt. Viele Ausführungen des Aufsatzes sind nach meiner Ansicht notwendig, vor allem die über Managementschulen, die sich zunehmend vom realen Managementprozeß entfernt haben.
>
> Hinsichtlich Ihrer Nichtübereinstimmung mit Ornstein scheint die Frage zu sein, ob es zwei fundamental verschiedene Denkprozesse gibt oder nicht. Ich sehe eine Reihe ungeklärter Phänomene, zum Beispiel die plötzliche kreative Einsicht nach einer Phase des Nachdenkens. Im Moment neige ich eher zu Ornsteins Meinung (daß es zwei fundamental verschiedene Denkprozesse gibt; ob sie in zwei verschiedene Hemisphären fallen, interessiert mich weniger. Das ist ein Problem der Physiologen, obwohl die Begründungen verlockend erscheinen). Gleichzeitig beobachte ich aufmerksam, wie weit Wissenschaftler wie Sie die lineare Simulation auf reale Entscheidungsprozesse übertragen können. Mir scheint, daß Ihnen Ornsteins Erklärungen aus handfesten Forschungsbeweisen unbequem sind. Ich finde sie sehr nützlich, zum Teil weil sie mir viel geben und zum Teil, weil ich weitaus weniger wie Sie über menschliche Kognitionsprozesse weiß. Aber wenn man genauer hinsieht, wieviel weiß man denn wirklich über Kreativität, Konzeptbildung und ähnliches? Ornsteins Arbeit hat alle Kennzeichen einer Mode. Ich bin generell gegen Moden. Aber hier handelt es sich um eine Ausnahme. Man kann nämlich damit viele Verhaltensweisen erklären, die ich informell beobachten konnte. (Sollte ich sagen, daß meine rechte Hemisphäre „fühlt", daß Ornstein etwas entdeckt hat?) Meine anderen Aufsätze basieren auf die eine oder andere Art alle auf Ihren Arbeiten. Dieser hier markiert einen Kontrapunkt. Meine primäre Absicht ist es, zu provozieren, einige neue Perspektiven in der Diskussion zu eröffnen. Es ist nicht meine Absicht, definitive Behauptungen aufzustellen.

Nebenbei bemerkt, was „keinen realen Beweis“ für Außersinnliche Wahrnehmung anbelangt, haben Sie zufällig das Buch „Psychic Discoveries Behind the Iron Curtain“ gesehen? Niemand kann so viele Lügen erfinden. Wenn nur eines der vielen dort angeführten Forschungsergebnisse zutreffend ist, dann kann das Phänomen nicht als „Residuum“ abgetan werden. Das Signal kann vielleicht nicht identifiziert werden, aber die Existenz der Kommunikation schon. Wußten Sie, daß Turing* in seinem Aufsatz, der in dem Buch von Feigenbaum und Feldman wiederabgedruckt ist, auf elegante Weise eine Reihe von Argumenten kritisierte, warum Computer nicht denken können. Nur bei einem zögerte er und gab dazu folgenden Kommentar ab:

„Ich nehme an, daß der Leser mit der Idee der Außersinnlichen Wahrnehmung und der Bedeutung von Telepathie, Hellsehen, Präkognition und Psychokinese vertraut ist. Diese beunruhigenden Phänomene scheinen alle unsere normalen wissenschaftlichen Vorstellungen in Frage zu stellen. Wie sollten wir daran zweifeln können! Unglücklicherweise sind die statistischen Belege zumindest für die Telepathie überwältigend. Es ist schwierig, die eigenen Vorstellungen so zu ändern, daß diese neuen Fakten dazu passen … Dieser Beweis ist für mich ganz stark. Man kann darauf antworten, daß viele wissenschaftliche Theorien trotz der Konfrontation mit der Außersinnlichen Wahrnehmung weiterhin in der Praxis funktionieren, und daß man sehr gut auskommt, wenn man sie vergißt. Das ist eher ein schwacher Trost und man fürchtet, daß das Denken genau ein solches Phänomen darstellt, bei dem die Außersinnliche Wahrnehmung besonders relevant ist.“(S. 29)

Ein Jahr später veröffentlichte ich eine Besprechung der überarbeiteten Fassung von Simons Buch *The New Science of Management Decision.* In späteren Publikationen hat Simon unter Bezugnahme auf die Diskussion über linke und rechte Hemisphäre seine Verwendung des Begriffs Intuition im Management deutlich gemacht. Im folgenden beginne ich mit Auszügen aus meiner Rezension und konzentriere mich dabei auf meine Kritik an Simons Meinung über Intuition im Management. Ich schließe mit der Gegenüberstellung von zwei diametral entgegengesetzten Zitaten: das eine stammt von Herbert Simon, das andere von Roger Sperry, der 1981 aufgrund seiner Split-Brain-Forschungen auch einen Nobelpreis, nämlich für Physiologie, bekam. Dann stelle ich neuere Ansichten über Intuition von Herbert Simon vor und zitiere aus einem Artikel einer Managementzeitschrift von 1987. (Auf meine Nachfrage nach der Erlaubnis zur Wiedergabe des Briefwechsels, der auch Ausdruck meines Wunsches ist, seine neuen Ideen vorzustellen, hat Simon diesen Aufsatz vorgeschlagen.)

Obwohl ich auch weiterhin nicht Simons Ansichten über Intuition teile, bin ich hinsichtlich seiner letzten Schlußfolgerung ganz seiner Meinung: daß nämlich die Effektivität im Management am Ende von der Koppelung analytischer und intuitiver Prozesse abhängt. Der Rest dieses Kapitels enthält Auszüge aus drei meiner Publikationen, die genau dies im Hinblick auf die Praxis der strategischen Planung, der Gestaltung von Management-Informationssystemen und Planung versuchen.

---

* Ein berühmter britischer Mathematiker in den 1930er und 1940er Jahren.

Rezension von „The New Science of Management Decision"

Ein kurzes Wort zur Geschichte: *The New Science of Management Decision* erschien erstmals 1960 als fünfzigseitiges Buch und basierte auf einer Vorlesungsreihe von Herbert Simon an der Universität von New York über das Wesen von Managemententscheidungen sowie den Einsatz neuer Techniken bei der organisatorischen Entscheidungsbildung und der Organisationsstruktur. Eine zweite Fassung erschien 1965 unter dem Titel *The Shape of Automation.* „Die Fassung von 1977 ist die überarbeitete Auflage eines 175-seitigen Buches von 1965 mit dem Titel von 1960 ... Es enthält aber keine grundsätzlichen Änderungen. Die ausführliche Überarbeitung dieses Bandes war mehr eine Sache der Aktualisierung der These und behandelte eine Reihe Themen eher vollständiger, als daß die Grunderkenntnisse und Schußfolgerungen geändert worden wären."[4]

Das Buch *The New Science of Management Decision* versucht die Auswirkungen von Computern auf die Organisation, ihre Mitarbeiter und die Gesellschaft zu verstehen.

Wenn man die Hauptthese von *The New Science of Management Decision* in einem Satz wiedergeben sollte, dann könnte man sagen, daß es eine Zelebrierung der Möglichkeiten der Technologie, besonders der vielfältigen Möglichkeiten der Informationsverarbeitung auf die Entscheidungsprozesse und die Organisationsstruktur, die Arbeit der Manager an der Spitze und die Arbeiter an der Basis, sogar auf die Gesellschaft und ihre Fähigkeit zur Lösung der Umweltverschmutzungs- und Überbevölkerungsprobleme ist.

> Die Prozesse nichtprogrammierter Entscheidungsbildung machen derzeit ebenso eine fundamentale Revolution durch wie die gegenwärtige Umwandlung der programmierten Entscheidung in Wirtschaftsorganisationen. Es gibt grundlegende Erkenntnisse über das Wesen des menschlichen Problemlösungsverhaltens, und es gibt bereits die ersten Anwendungsmöglichkeiten im Bereich der Wirtschaft.(S. 63)

Meine eigenen Forschungen sowie mein Überblick über die anderer zur Arbeit von Topmanagern – diejenigen, die am meisten in nichtprogrammiertes Entscheiden involviert sind – führte zu einer ganz anderen Schlußfolgerung, nämlich daß es „noch keine Wissenschaft vom Management gibt" und daß „sogar der Computer die Arbeitsmethoden des normalen Managers kaum verändert hat."[5]

(Die Besprechung wendet sich dann Simons Beweis seiner Annahme sowie seiner eigenen psychologischen Laborforschung zu, und endet folgendermaßen:) Obwohl Simon nur spärliche Beweise hat, zieht er eine eher strenge Konsequenz:

> Wir haben vor allem herausgefunden – und der Beweis dafür ist bis jetzt substantiell –, daß diese menschlichen Prozesse (Problemlösen, Denken und Lernen), *ohne* die Postulierung unbewußter Mechanismen erklärt werden können, die von denen verschieden sind, die teilweise bewußt und verbalisierbar sind. Ein Großteil des Eisbergs liegt

4 Herbert A. Simon, The New Science of Management Decision, überarbeitete Auflage (Englewood Cliffs, N.J.: Prentice Hall, 1977), S. 69.

5 Henry Mintzberg, The Nature of Managerial Work (New York: Harper & Row, 1973), S. 132–133.

tatsächlich unter der Oberfläche und ist für Verbalisierungen unzugänglich. Aber die verborgene Masse ist aus demselben Eis wie der Teil, den wir sehen können. Das Geheimnis des Problemlösens besteht darin, daß es kein Geheimnis gibt. Es wird durch komplexe Strukturen bekannter einfacher Elemente durchgeführt.[6]

Ich las Simons Argument mit sehr viel Skepsis. Aber meine größte Überraschung war, als ich entdeckte, daß Simon im wesentlichen dasselbe in der Ausgabe des Buches von 1960 geschrieben hatte.* Ich hatte diese Version in den 1960er Jahren ohne Überraschung gelesen. Ich teilte in der Tat Simons Vision über die kommende Revolution im Management. Was hat sich seitdem geändert? Meine eigene Forschung über die Arbeit und die Entscheidungsprozesse von Topmanagern haben sicherlich meine Augen für eine ganz andere Perspektive geöffnet. Aber das hat nichts mit dieser Rezension zu tun. Zwei fundamentale Ereignisse haben in den dazwischenliegenden Jahren meine Ansichten verändert. ... Das eine wirft ein grundsätzliches Problem mit Technologie und Analyse auf, das andere schlägt eine mögliche Erklärung für das Problem vor.

Der Vietnamkrieg war in bezug auf die Analyse ein entscheidender Wendepunkt in der Wahrnehmung vieler von uns. Es wäre banal zu sagen, daß eine Lektüre von Halberstams *The Best and the Brightest*[7] ein Signal dafür war, daß es mit den Flitterwochen der Analyse ein Ende hatte. Ihre Beziehung zum Management begann in der Fabrik mit Frederick Taylor, blühte mit der Einführung von Operations Research in den Büros, kulminierte in Robert McNamaras Verwendung der Vorschläge von Hitch und McKean [8] für PPBS der Budgetplanung und Kosten-Nutzen-Analysen auf politischer Ebene, und löste sich in den Reisfeldern von Vietnam auf. Halberstams sorgfältig dokumentierte Geschichte macht es ganz deutlich, daß dies weder ein normales Scheitern der Analyse war, noch durch „Implementation" wegerklärt werden kann. Irgendetwas stimmte mit der „Formulierung" nicht, das heißt, mit der Analyse an sich. Hier wendete der Beste und Strahlendste – nicht Politiker oder Bürokraten, sondern Amerikas hervorragendstes analytisches Talent aus dem Zentrum der liberalen Intelligenz – die modernen Techniken auf die nichtprogrammierten Entscheidungen des Weißen Hauses an, die zu schlecht geplanten und vollkommen unmoralischen Kriegsanstrengungen führten.

Was ging schief? Könnte es die Unfähigkeit der Analyse im Umgang mit weichen Daten gewesen sein – der Gesichtsausdruck eines Bauern im Gegensatz zum Zählen von Leichen, der Wille des Feindes im Gegensatz zu der Anzahl der Bomben, die zur Entlaubung des Urwaldes notwendig waren? „Als (Zivilberater) sagten, daß die Diem Regie-

---

* Das (oben angeführte) Zitat kommt fast Wort für Wort dort so vor. Der einzige wesentliche Unterschied ist, daß 1977 die Worte „und für Verbalisierung unzugänglich" hinzugefügt wurden. Am merkwürdigsten ist die Aussage siebzehn Jahre nach der ersten Ausgabe: „Erst in den letzten zwanzig Jahren haben wir ein größeres wissenschaftliches Verständnis der Informationsverarbeitungsprozesse gewonnen, die beim Problemlösen und bei nichtprogrammierten Entscheidungsprozessen verwendet werden." (Ein Großteil der von Simon zitierten Forschungen wird auch in der Ausgabe von 1960 diskutiert.)

6 Simon, New Science, S. 69.

7 David Halberstam, The Best and the Brightest (New York: Random House, 1972).

8 Charles J. Hitch and Roland N. McKean, The Economics of Defense in the Nuclear Age (Cambridge: Harvard University Press, 1960).

rung wegen der Buddhisten-Krise bei den Bauern an Popularität verliere, fragte McNamara: Gut, wieviel Prozent haben sich zurückgezogen, wieviel Prozent hat die Regierung und wieviel hat sie verloren? Er fragte nach Fakten, nach Statistiken, nach etwas, das er durch die Datenbank laufen lassen konnte. Und nicht nur diese Dichtung rasselten sie herunter.“[9] Konnten die Fakten Werte repräsentieren?* Mit anderen Worten, können sich Werte unabsichtlich in die Analyse einschleichen, wenn zwar die Zahl der Toten oder die Morgen entlaubten Urwaldes meßbar sind, während man den Wert eines einzelnen menschlichen Lebens nicht messen kann?

Fakten werden mit Werten durchtränkt, wenn sie konsistent hinter einem einzigen Set von Zielen stehen. In Vietnam unterstützten sie die militärischen Ziele; die humanitären Ziele, die nur von weichen Daten unterstützt wurden, waren von der Analyse ausgeschlossen. Wir sehen dasselbe in Unternehmen, wenn die harten Daten hinter den wirtschaftlichen Zielen – Kostenreduktion, Gewinnsteigerung, Wachstum des Marktanteils – stehen, und die sozialen Ziele – Produktqualität, Arbeitszufriedenheit, Schutz der Umwelt – sich selbst überlassen sind.[10] Und in der Gesellschaft sehen wir das gleiche, wenn die Verschmutzung andauert, weil die Kosten noch nicht berechnet wurden, und ständig weiter Chemie in unsere Körper gepumpt wird, bis irgendein Wissenschaftler „beweisen“ kann, daß sie uns tötet (vermutlich durch weiteres Leichenzählen). Wenn es dazu kommt, dann kann die Analyse nicht länger mehr amoralisch genannt werden: Sie zwingt sogar den wohlmeinenden Entscheider zu dezidiert unmoralischen Entscheidungen. Kurz nach dem Vorfall in der Schweinebucht schrieb Chester Bowles über die Kennedey-Administration:

> Mich beschäftigt bei dieser neuen Administration am meisten die Frage, ob sie ein ehrliches Gefühl der Überzeugung dafür hat, was richtig und was falsch ist...
>
> Jeder im öffentlichen Leben, der starke Überzeugungen von Recht und Unrecht der öffentlichen Moralität hat, und zwar sowohl national wie international, hat einen großen Vorteil in Spannungszeiten, weil er instinktiv klar und unmittelbar weiß, was zu tun ist. Das Fehlen eines solchen Rahmens moralischer Überzeugungen und Gefühle über Recht und Unrecht zwingt ihn dazu, sich fast vollkommen auf seine mentalen Prozesse zu stützen. Er addiert die Plus und Minus jedes Problems und kommt zu einem Resultat. Unter normalen Bedingungen, wenn er nicht müde oder frustriert ist, kann dieser pragmatische Ansatz ihn erfolgreich auf die richtige Seite der Frage bringen.
>
> Mir machen die Schlußfolgerungen Sorgen, die vielleicht ein müdes, ängstliches, frustriertes oder emotional betroffenes Individuum zieht. Das Kuba-Fiasko zeigt, wie weit ein brillanter und wohlmeinender Mensch wie Kennedy vom Weg abkommen kann, dem es an einem grundsätzlichen moralischen Bezugspunkt fehlt.[11]

---

* In seinem Buch *Administrative Behavior* führt Simon die bekannt gewordene Unterscheidung zwischen Tatsachen und Werten in der Entscheidungsbildung ein. Vgl. auch Kapitel 16 dieses Buches.

9 Halberstam, Best and Brightest, S. 256.

10 Siehe Robert W. Ackerman, The Social Challenge to Business (Cambridge University Press, 1975).

11 In Halberstam, Best and Brightest, S. 81.

Wenn der Vietnamkrieg das Problem aufgeworfen hat, dann hat ein kalifornischer Psychobiologe vom California Institute of Technology vielleicht die Erklärung gefunden. Die Besprechung geht dann auf Roger Sperrys Vorstellungen über die beiden Hirnhemisphären ein, die zum Großteil in „Mit der linken Seite planen, mit der rechten managen" diskutiert wurden, und kommt zu dem Ergebnis, daß die rechte Hemisphäre der Sitz des von uns so genannten Urteilsvermögens und der Intuition ist, also der „Instinkte", die Bowles in der Kennedy Administration vermißte, und die ein geeigneter Platz dafür sind, um mit den weichen Daten umzugehen, die die Analyse nicht beherrscht.

Sperrys Spekulation steht natürlich der von Simon diametral entgegen. Nach Sperry ist das „Eis" auf beiden Seiten des Gehirns nicht dasselbe. Simons Forschungen erreichen nur eine Art von „Eis". Und die folgende Programmierung kann kein Gestaltdenken anregen.* In der Tat hat sich Sperry dagegen ausgesprochen. In scharfem Kontrast zu Simons Äußerung, daß „wir jetzt eine ganze Menge darüber wissen, was im menschlichen Kopf geschieht, wenn eine Person Urteile abgibt oder eine Intuition hat, bis dahin, daß viele dieser Prozesse mit einem Computer simuliert werden können", schrieb Sperry: „Die rechte Hemisphäre ist im Gegensatz zur linken räumlich, nichtsprachlich und arbeitet mit einer synthetischen räumlichen Wahrnehmung und mechanischen Art der Informationsverarbeitung, *die jedoch nicht in Computern simuliert werden kann.*"[13]

Auf Seite 7 seines Buches fragt Simon: „Wie wählt man unter Experten aus? Der einfachste und üblichste Weg ist, den Experten zu akzeptieren, der den eigenen gegenwärtigen Überzeugungen und alten Vorurteilen entspricht." Als Rezensent habe ich meine Überzeugungen und alten Vorurteile nicht versteckt. Simon fügt aber dann hinzu: „ Wir wählen unter Experten aus, indem wir sie zur Offenlegung dessen zwingen, wie sie zu ihren Schlußfolgerungen gekommen sind, welche Beweisführung sie verwendet haben, *auf welchen Beweis sie sich stützen...* Wir müssen keine Meisterschaftsboxer sein, um über einen Boxkampf zu berichten."[14] Vermutlich hat mich die Rolle des Kritikers als Berichterstatter in den Ring geschickt. Ich bin bestimmt kein Meisterschaftspsychologe. Angesichts der Beweise, auf die sich Simon und Sperry in diesem Spekulationsspiel verlassen, erkläre ich Sperrys zwei Arten des Denkens, von denen nur eine in Computern simuliert werden kann, zum Sieger durch technischen K.o.!

---

* Hinsichtlich der Simulation menschlichen Denkens schreibt Simon: „Beim Problemlösen wird das menschliche Denken von Programmen geführt, die Myriaden von einfachen Informationsprozessen – oder Prozessen der Symbolmanipulation, wenn man so will – zu geordneten, komplexen Sequenzen organisieren, die eine Reaktion und Anpassung auf die Probleme der Umwelt darstellen. Diese Anhaltspunkte werden aus der Umwelt aufgenommen, wenn sich die Sequenzen entwickeln. Da dieselben Programme für Computer geschrieben werden können, können diese Programme auch zur Beschreibung und Simulation des Denkens verwendet werden."[12]

12 Simon, New Science, S. 68, Hervorh. hinzugefügt.

13 Simon, New Science, S. 81; und Roger Sperry, „Messages from the Laboratory", in: Engineering and Science, Januar 1974, S. 30, Hervorh. hinzugefügt.

14 Simon, New Science, S. 71; Hervorh. hinzugefügt.

Um zusammenzufassen: Simons Buch *The New Science of Management Decision* zelebriert die Wirkungen der Technologie, und zwar von Analyse und Automation. Das reicht bis zu den Behauptungen, daß alle Formen des Denkens in einer sequentiellen Form repräsentiert werden können, daß Urteilsvermögen und Intuition mit Computern simuliert werden können, und daß die modernen Techniken der Analyse auf diese Urteilsbildung angewendet werden müssen, wenn die Gesellschaft ihre Probleme lösen will. Wir haben aber auch gesehen, daß andere bedeutende Wissenschaftler dem widersprechen. Wir haben außerdem gesehen, und das ist genauso wichtig, daß das Thema mehr als nur eine Frage der Physiologie des Gehirns ist. Hier liegt vielleicht der Schlüssel zum Management unserer Organisationen und vielleicht sogar zum Überleben der Menschheit. Viele von uns hinterfragen zunehmend das Ausmaß, in dem man einer nicht durch Intuition gemäßigten Analyse noch vertrauen kann. Viele fragen sich, ob wirklich humanitäre Entscheidungen nicht dort getroffen werden sollten, wo Simons Computer keinen Zutritt haben.

Simons gegenwärtige Ansicht über Intuition

In einem Artikel im *Academy of Management Executive* vom Februar 1987 mit dem Titel „Making Management Decisions: The Role of Intuition and Emotion" diskutiert Simon einige physiologische Forschungsergebnisse. Er bemerkt dazu, daß „die eher romantischen Themen der Split-Brain-Doktrin diese Beweise in die beiden polaren Formen des Denkens extrapolieren, die analytisch und kreativ genannt werden." Aber:

> Der Nachweis für diese romantische Extrapolation kommt nicht aus der physiologischen Forschung. Wie oben gesagt hat diese Forschung nur den Nachweis über eine gewisse Spezialisierung der beiden Hemisphären erbracht. Das bedeutet auf keinen Fall, daß jede Hemisphäre (vor allem die rechte) unabhängig von der anderen zur Problemlösung, zur Entscheidungsfindung oder zur Erkenntnis in der Lage ist. Der reale Nachweis verschiedener Denkformen liegt wesentlich in der Beobachtung, daß Männer und Frauen im Alltag kompetente Urteile treffen oder schnell zu vernünftigen Entscheidungen kommen – ohne Nachweis dafür, daß sie eine systematische Beweisführung vollzogen haben und ohne die Denkprozesse nennen zu können, aufgrund derer sie zu den Schlußfolgerungen gekommen sind.
>
> Es spricht auch einiges für die plausible Hypothese, daß manche Menschen, wenn sie mit einem speziellen Problem konfrontiert werden, bei der Problemlösung eher intuitiv und andere relativ häufig analytisch vorgehen.[15]

---

15 Herbert A. Simon, „Making Management Decisions: The Role of Intuition and Emotion", in Academy of Management Executive, Februar 1987, S. 58–59, zitierend unter Berücksichtigung des Nachweises des letzten Paragraphen, R.H. Doktor, „Problem Solving Styles of Executives and Management Scientists", in A. Charnes, W.W. Cooper and R.J. Niehaus (eds.), Management Science Approaches to Manpower Planning and Organization Design (New York: Elsevier North-Holland, 1978), und R.H. Doktor and W.F. Hamilton, „Cognitive Styles and the Acceptance of Management Science Recommendations", in Management Science, 1973, S. 884–94.

Simon diskutiert dann Forschungen über „Intuition von Experten". Er erwähnt besonders die Fähigkeit der Schachgroßmeister, auf ein Schachbrett zu sehen und die Spielstellung ganz schnell zu erkennen. Er behauptet, daß der Experte vertraute Muster erkennt, und daß „das Geheimnis der Intuition oder der Urteilsfähigkeit des Großmeisters früheres Lernen" ist, „das die Muster und die damit verbundene Information gespeichert hat". Simons eigene Extrapolation ist, daß „auch der erfahrene Manager in seinem Gedächtnis sehr viel Wissen hat, das er in seiner Ausbildung und aus Erfahrungen gewonnen, und das er in wiedererkennbaren Teilen und der dazugehörigen Information angeordnet hat."[16] Simon behauptet, daß das Wesen der Intuition in der *Organisation* des Wissens zur schnellen Identifikation, und nicht in seiner Übertragung auf schöpferische Gestaltung liegt. Er zitiert zum Beispiel eine Untersuchung, in der Geschäftsleute die Hauptmerkmale eines Falles weitaus schneller als MBA-Studenten identifizieren konnten.

Simon zieht daraus den Schluß, daß „Intuition kein Prozeß ist, der unabhängig von Analyse abläuft. Die beiden Prozesse sind eher grundsätzlich komplementäre Komponenten des effektiven Entscheidungssystems." Deshalb:

> „Es ist ein Irrtum, ‚analytische' und ‚intuitive' Managementstile zu kontrastieren. Intuition und Urteilsvermögen – mindestens richtiges Urteilen – sind einfach zu *Gewohnheiten* und zur Fähigkeit zu schnellem Reagieren durch Wiedererkennen *geronnene Analysen*. Jeder Manager muß Probleme systematisch analysieren können (mit Hilfe des modernen Arsenals analytischer Werkzeuge, die Managementscience und Operations Research zur Verfügung stellen). Jeder Manager muß auch schnell auf Situationen reagieren können, eine Fähigkeit, die eine Kultivierung von Intuition und Urteilsvermögen über viele Jahre Erfahrung und Ausbildung erfordert. Der effektive Manager kann sich den Luxus der Wahl zwischen einem ‚analytischem' und einem ‚intuitivem' Ansatz nicht leisten. Sich wie ein Manager zu verhalten heißt, die ganze Palette an Managementfertigkeiten zu beherrschen und dann einzusetzen, wenn es angebracht ist.[17]

Simons Ansicht über Intuition als „zur Gewohnheit geronnene Analysen" scheint mir allzu eng zu sein, und vor allem das wichtige Phänomen kreativer Einsicht zu übergehen (wo kommen die berühmten neuen Schachzüge her?). In keinem der zitierten Belege sehe ich, wie Entscheider ein komplexes Problem erkennen, wie sie neue Situationen begreifen und wie sie auf kreative Lösungen kommen.

Simon ist sehr bekannt für sein Konzept der „begrenzten Rationalität", daß also der Mensch hinsichtlich seiner Informationsverarbeitungskapazität begrenzt ist. In der Übersetzung des Psychologen George Miller läuft das auf ungefähr sieben „Bits" oder „Einheiten" der Information in unserem Kurzzeit- und mittleren Gedächtnis hinaus.[18] Jedoch bleibt die Frage offen, ob andere Dinge tiefer gehen – ob wir tatsächlich auf die Verar-

16 Simon, „Making Management Decisions", S. 60, 61.

17 Ebenda, S. 61, 63.

18 George A. Miller, „The Magic Number Seven, Plus or Minus Two: Some Limits on our Capacity for Processing Information", in: Psychology Review, März 1956, S. 81–97.

beitung diskreter Informationseinheiten begrenzt sind (wie Computer), im Gegensatz zu sozusagen vagen „Impressionen“ oder „Bildern“, egal welche Form sie annehmen. Die Frage, ob es komplexe Syntheseprozesse gibt, kann nicht mit den Forschungsmethoden der kognitiven Psychologie untersucht werden.

Man denke daran, daß ein Großteil der Arbeit von Simon auf Verbalprotokollen basiert – sprachlichen Darstellungen der Gedanken der Person beim Entscheiden. Worte sind bits. Sie sind das Ergebnis von Denkprozessen, die dem *Bewußtsein* zugänglich sind. Sie müssen in linearer Form dargestellt werden. Forschung, die auf dem Bewußtsein basiert, greift deshalb auf die *Input/Output*-Vorrichtungen (vor allem die Sprache) zurück. Das setzt eine im Grunde reduktionistische und deshalb analytische Einstellung voraus (die die konventionelle, jedoch „begrenzte“ Rationalität widerspiegelt). Diese Forschung wurde dazu benutzt, Schlußfolgerungen über *Prozesse* zu ziehen, die unbewußt zu sein scheinen und zu einem großen Teil auf *Synthese* beruhen. Ist es dann ein Wunder, daß die Intuition auf „zu Gewohnheiten geronnene Analysen“ reduziert wird?

Kann die Konzentration auf die begrenzte Rationalität von bits und Einheiten von Informationen wirklich die Leistung von Synthese vollbringen, die im Kopf stattfindet – zum Beispiel die Konzeption der Sofortbildkamera von Edwin Land eines Tages in Santa Fé? Kann sie das Schreiben von Simons eigenen Büchern erklären, die voll von Erkenntnissen sind und eine großartige Integration vieler verschiedener Ideen und Informationen repräsentieren? Land selbst hat dazu bemerkt, daß während seiner intensiven Perioden kreativer Einsichten „atavistische Kompetenzen plötzlich zu entstehen scheinen. Du gehst mit *so vielen Variablen* auf einer kaum bewußt zu nennenden Ebene um, daß du dir keine Unterbrechungen leisten kannst.“[19] (Vermutlich sogar noch durch die Aufforderungen der Wissenschaftler, Protokolle anzufertigen!)

Wir müssen vielleicht die Ergebnisse unserer kreativen Synthesen in der linearen Ordnung der Worte artikulieren. Aber die Prozesse, durch die wir zu ihnen gelangt sind, scheinen geheimnisvoll zu bleiben. Sie sind vielleicht weniger irrational als arational und tief in unserem Unterbewußtsein eingeschlossen.

Aber nochmals, kann diese Meinungsverschiedenheit je von irgend jemandem aufgelöst werden? Wenn Intuition per Definition ein unbewußter gedanklicher Prozeß ist, wie können wir dann jemals wissen, daß die geistigen Prozesse ausreichend erforscht wurden und wir über gesicherte Erkenntnisse darüber verfügen? (Was ist zum Beispiel, wenn Turing mit seiner Aussage über Außersinnliche Wahrnehmung recht hat? Das würde nicht nur für jeden „einen schwachen Trost“ darstellen, der intuitive Denkprozesse durch Forschung zu verstehen versucht.) Die Werkzeuge des Forschers sind im wesentlichen analytisch, wie die des Wissenschaftlers bei der Thematisierung dieses Problems – es sind Worte in linearer Form. Wie kann eine rationale Analyse die Existenz eines arationalen, nichtanalytischen Denkprozesses beweisen oder widerlegen?

---

19 F. Bello, „The Magic That Made Polaroid“, Fortune, April 1959, S. 158, Hervorh. hinzugefügt.

In der Implikation der letzten Schlußfolgerung Herbert Simons liegt jedoch ein schwacher Trost: Intuition muß, unabhängig davon was sie ist, selbstverständlich bei Managemententscheidungen mit Analyse kombiniert werden – von der schnellen Erkenntnis des Experten bis zu den außersinnlichen Wahrnehmungsfähigkeiten. Keine Organisation kann sich den Luxus leisten, nur analytisch oder nur intuitiv vorzugehen.

Stärken und Schwächen von Analyse und Intuition

Ein Experte wurde als jemand definiert, der alle Fehler auf seinem Weg zum großen Irrtum vermeidet. Diese Bermerkung ist hier deshalb von Bedeutung, weil Analytiker und Planer im Management seit langem dazu tendieren, die Schuld an ihrem Versagen einer Reihe von Fallstricken zuzuschreiben, meistens der „Implementation". Sie haben behauptet, daß die Manager die Analyse nicht verstehen, daß sie die Planung nicht genügend unterstützen, daß das politische Klima in der Organisation den Einsatz von Planung und Analyse behindert, usw. Aber Fehler sind für Organisationen das, was Sünden für die Religion sind – Makel, die beseitigt werden müssen, damit sich die Menschen den wichtigeren Aufgaben zuwenden und dem Allmächtigen dienen können. Aber diese Fehler ignorieren die tiefer verwurzelten Ursachen des Widerstandes gegen Planung und Analyse, die man meiner Meinung nach den Irrtum der Formulierung nennen sollte – im wesentlichen sind es Fehlwahrnehmungen dessen, wie Planung und Analyse ebenso wie Manager und Organisationen funktionieren müssen.

In einem großen Teil der Managementwissenschaft, der Gestaltung von Informationssystemen und der formalen Planung herrschten lange Zeit folgende implizite Annahmen vor: daß Strategiebildung ein relativ statischer, geordneter Prozeß ist (sie ist alles andere als das), daß Diskontinuitäten durch systematische Verfahren vorausgesagt werden können (es gibt überhaupt keinen Beleg dafür), daß strategisches Management vom operativen Management auf der Grundlage eines durch „harte" Fakten (nämlich computergenerierten Daten) informierten Topmanagements getrennt werden kann (Manager, die das glauben, sind doppelt unwissend), und schließlich, daß die Entscheidungsprozesse und die Strategieentwicklungen durch Systeme, die auf Dekomposition basieren, formalisiert oder programmiert werden können. Alle diese Irrtümer lassen sich für mich auf einen großen Irrtum reduzieren: daß man das Dekomponierte auch wieder zusammensetzen kann. Mit anderen Worten, daß die Analyse die Synthese enthält. In der letzten Analyse meint (sozusagen) Synthese nicht Analyse, sondern wurzelt eher in den Geheimnissen der Intuition.

Analyse und Intuition unterscheiden sich nicht nur in ihrer Funktionsweise, sondern auch in ihren jeweiligen Stärken und Schwächen. Wir wollen einige davon näher betrachten:

Kosten. Fast jeder antwortet schnell auf kostenintensive Verfahren mit „Analyse". Die Erforschung eines Problems erfordert allerdings Zeit, wohingegen die Intuition sofort eine Antwort parat hat. Das kann selbst ein Beispiel für Intuition sein und zu falschen Schlußfolgerungen führen, da sich das Problem schwieriger als erwartet erweist. Die

Analyse verursacht auf jeden Fall hohe *operative* Kosten, aber relativ geringe *Investitionskosten* (man stellt einfach ein paar frisch gebackene Betriebswirte ein). Auf der anderen Seite verursacht Intuition (wieder sozusagen) fast keine operativen Kosten („Hallo Fred, sollten wir nach Guadeloupe expandieren?"). Aber ihre Investitionskosten sind hoch: Jemand muß mit einer Sache sehr gut vertraut sein, muß über lange und gründliche Erfahrungen verfügen, um damit auf intuitive Weise effektiv umgehen zu können. (Simon bemerkt in seinem Artikel, daß es mindestens zehn Jahre dauert, bis ein Schachgroßmeister oder andere „Experten" diese Informationseinheiten schnell wiedererkennen können.)

Irrtum. Auf den ersten Blick scheint die Analyse systematisch und die Intuition zufällig zu sein. Aber verschiedene Untersuchungen haben gezeigt, daß eine korrekte Analyse normalerweise sehr korrekt ist, daß sie aber zu seltsamen Antworten gelangt, wenn sie sich irrt. „Analytisches Denken schließt Messungen und Berechnungen ein und ‚ähnelt einem Weichenknotenpunkt, an dem der Kurs von Zügen auf eine effektive und mit maschinenartiger Präzision organisierten Weise festgelegt wird. Jedoch fahren die Züge zu ganz verschiedenen Bestimmungsorten."[20] Wenn eine Weiche falsch gestellt wird, dann fährt der Zug nicht in die geplante Richtung. Wenn ein Dezimalpunkt falsch gesetzt wird, vertut man sich um den Faktor zehn. Im Gegensatz dazu hat Intuition normalerweise einen engen, wenn auch nicht präzisen, Problembezug. Die Abbildung 4.1 zeigt das anhand eines Experiments, in dem der intuitive Ansatz eine kleinere Fehlerspanne hatte, während der analytische häufiger ganz exakt war.[21] Deswegen müssen Organisationen das Spekulative der Intuition durch systematische Analyse genau bestätigen, ebenso wie sie die Ergebnisse der formalen Analyse durch „gesunde" Intuition „beobachten" müssen. Wenn Präzision verlangt ist, dann müssen Organisationen auf die Analyse vertrauen. Wenn aber nicht, dann ist es manchmal einfacher, sogar sicherer, auf Intuition zu vertrauen.

Spontaneität. Während die Intuition Gegenstand der Vorurteile von Emotionen und Erfahrungen ist, kann sich die Analyse manchmal bei Aufgaben als entsetzlich hinderlich erweisen, die sich für die Intuition als einfach erweisen. Polanyi bemerkt für das, was hier eine Analogie wenn nicht ein Beispiel ist, daß jeder Fünfjährige fahrradfahren kann, ohne bewußt daran zu denken. Aber im Rahmen der Analyse bedeutet dies, daß „der Radfahrer bei jedem Winkel des Ungleichgewichts das Vorderrad auf eine Weise steuern muß, die in gewissem Sinne umgekehrt proportional zur Geschwindigkeit ist."[22] Curtis liegt mit seiner Behauptung ganz richtig: „(Intuitive) Menschen handeln normalerweise, bevor sie denken, wenn sie überhaupt denken. Die (analytischen) Menschen denken

---

20 J.T. Peters, K.R. Hammond und D.A. Summers, „A Note on Intuitive vs Analytical Thinking", in: Organizational Behavior and Human Performance, August 1974, S. 126, die Brunswik zitieren.

21 Ebenda, S. 129; siehe ebenso K.R. Hammond, R.M. Hamm, J. Arassca und T. Pearson, „Direct Comparison of Efficienciy of Intuitive and Analytical Cognition in Expert Judgement", in: IEEE Transactions on Systems, Man, and Cybernetics, September-Oktober 1987, S. 753–768.

22 Polanyi, zitiert in D. Braybrook und C.E. Lindblom, A Strategy of Decision (New York: Free Press, 1963), S. 44–45.

bevor sie handeln, wenn sie jemals handeln."[23] Oder kürzer: der Zwang zur Wahl kann entweder auf „Auslöschung durch Instinkte" oder „Paralyse durch Analyse" hinauslaufen.[24]

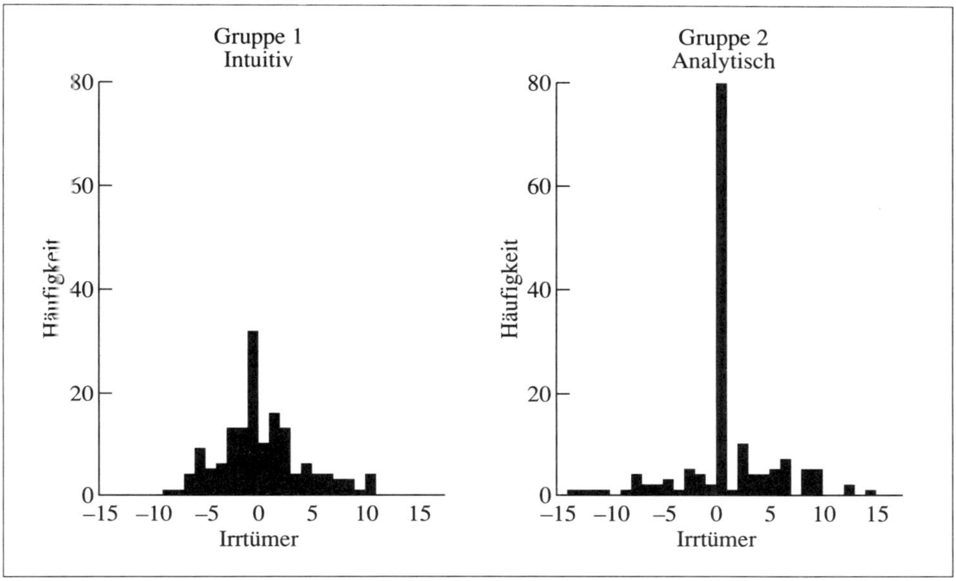

Abbildung 4.1: Irrtumsverteilung in einem Experiment über intuitives und analytisches Denken (in: Peters et al., 1974, S. 128)

Komplexität. Jay Forrester hat in einem Aufsatz mit dem Titel The Counter-Intuitive Behavior of Social Systems behauptet, daß intuitive Interventionen in komplexe soziale Systeme (wie etwa urbanen Verfall) oft das Problem noch verschlimmert statt korrigiert haben, da unser Gehirn ohne die Hilfe formaler Modelle komplexe Feedback-Schleifen nicht verstehen kann.[25] Aber man könnte auch „das gegen-*analytische* Verhalten sozialer Systeme" sagen, da das Verständnis einiger sozialer Systeme auch von weichen Daten abhängig ist, die für Computer und manchmal für Analyse unzugänglich sind.

Kreativität. Es gibt auch noch die Leistung der Kreativität. Auch sie erfordert eine Form von Synthese jenseits von purer Analyse. Deshalb tendieren analytische Techniken – einschließlich der Planung – mehr zur Schaffung einer größeren Anpassung als zu innovativen Durchbrüchen. „Vorzeitige Geschlossenheit" ist ein Hauptproblem in der Analyse. Sie tendiert dazu, den Problemen zu früh Strukturen aufzuerlegen, indem sie zu den

23 C.P. Curtis und F. Greenslet, The Practical Cogitator (Boston: Houghton Mifflin, 1945), S. 18.

24 F.E. Kast und J.E. Rosenzweig, Organization and Management: A Systems Approach (New York: McGraw-Hill, 1970).

25 Jay W. Forrester, „The Counter-Intuitive Behavior of Social Systems", in: Collected Papers of J.W. Forrester (Cambridge: Wright-Allen Press, 1975).

naheliegenden Alternativen greift, damit die Analytiker mit ihrem Evaluierungsprozeß weitermachen können, in dem die meisten ihrer Techniken angewandt werden. Wie McKinney und Keen bemerkten: „Die Systematiker bevorzugen programmartige Probleme, während die Intuitiven offene bevorzugen, besonders diejenigen, die Phantasie und Urteilsvermögen erfordern.“[26] Obwohl die Intuition die Quelle von Kreativität sein kann, kann sie andererseits auch durch Erfahrung und Tradition eingeschränkt sein. „Es sind nicht dreißig Jahre Erfahrung, es ist ein Jahr Erfahrung dreißigmal“, sagt der Analytiker zum erfahrenen Manager. Während die Analyse zu einem moderaten Wandel und begrenzter Kreativität führen kann, scheint die Intuition von daher für eine enorme Kreativität oder für garnichts zu sorgen. In der Tat kann sie sich gelegentlich einem Wandel widersetzen.

Angesichts dieser Stärken und Schwächen wird klar, warum Organisationen Analyse und Intuition aneinanderkoppeln müssen. Wir wollen uns jetzt der Rolle der Analyse neben der Intuition in Entscheidungen bei der Gestaltung von Informationssystemen und bei der Strategiebildung zuwenden.

Die Rolle der Analyse bei strategischer Entscheidungsbildung

Die erste allgemein anerkannte Operations Research – Studie war „eine ganz elementare Analyse der Verluste an Kampfflugzeugen über Frankreich im Mai 1940, die bei der folgenschweren Entscheidung half, keine weiteren britischen Maschinen nach Frankreich zu schicken“.[27] Sie war laut Auskunft des Gruppenführers „eine improvisierte Studie von zwei Stunden“.[28]

Operations Research scheint immer dann am besten funktioniert zu haben, wenn kluge Menschen beteiligt waren, die mit Zahlen vertraut waren und den gesunden Menschenverstand neben analytischem Denken (im Gegensatz zu analytischen Techniken) einsetzen konnten, um sich komplexen Organisationsproblemen zuzuwenden. Viele Manager neigen dazu, die harten Fakten zu übersehen. Die Analytiker, die die Zeit und die Möglichkeit haben, Analysen in den Entscheidungsprozeß einzubauen, können für diese Manager von Nutzen sein. Das läuft auf „weiche Analyse“ hinaus. In Teams von interdisziplinären Analytikern wird ein gewisses Maß an Intuition mit systematischem Denken gekoppelt.

Der gute Systemanalytiker ist ein „Chochem“; das ist ein jiddisches Wort und bedeutet „weiser Mensch“, mit Obertönen von „weiser Mann“. Seine Stärke ist Kreativität. Obwohl er manchmal die Mittel den Zwecken anpaßt und umgekehrt, vermeidet er nor-

---

26 J. McKenney und P.G.W. Keen, "How Managers' Minds Work“, in: Harvard Business Review, Mai-Juni 1974, S. 84.

27 P.M. Morse, "The History of the Development of Operations Research“, in: G.J. Kelleher (ed.), The Challenge to Systems Analysis: Public Policy and Social Change (New York: Wiley, 1970), S. 28.

28 In J. Montigny die Rezension des Vortrags von Harold Lardner, in: Bulletin of the Canadian Operational Research Society, 1972, S. 5.

malerweise Patentlösungen und zieht es stattdessen vor, die Elemente phantasievoll in neuen Systemen aufeinander zu beziehen, die dann ihre eigenen Mittel und Zwecke hervorbringen.[29]

Weiche Analysen bieten dem Manager weniger Lösungen als Perspektiven, die aufgrund des Zeitdrucks in seiner Arbeit und seiner Bevorzugung mündlicher Kommunikationsformen schnell überblickt werden können. Sie können neue Wege zur Beobachtung der Markt- und Wirtschaftskräfte oder neue Konzeptionen für die Arbeitsweise der Organisation vorschlagen. Weiche Analysen können Fehler im intuitiven Denken entdecken und lange gepflegte traditionelle Annahmen hinterfragen. Es kann sich um eine „Ruck-Zuck-Analyse" über komplexe, dringende Probleme handeln, so daß ein Manager, der in einer Woche mit vollem Terminkalender eine Entscheidung treffen muß, vom Gegenwert einiger Wochen Arbeit eines Teams von Analytikern profitieren kann.

Die Rolle des *MIS* bei der Informationsverarbeitung

Viele *Management*-Informations-Systeme (MIS) scheinen überhaupt nicht für das Management geschaffen zu sein. Es handelt sich um *computergesteuerte* Informationssysteme. Sie basieren auf der Annahme, daß sich Manager darüber klar sind, daß die Information von einer Maschine verarbeitet wurde. Wie bereits erwähnt, sind Manager in Wirklichkeit daran interessiert, daß ihre Information rechtzeitig vorliegt und relevant ist. Auf viele Informationen aus dem Computer trifft das nicht zu. Insofern müssen Manager ihr eigenes MIS aufbauen. Hier schlägt die „rule of the tool" wieder zu.

MIS-Experten neigen dazu, die Grenzen formaler Informationen zu übersehen. In einer Monographie für die kanadische und amerikanische Finanzmanagement-Gesellschaft mit dem Titel „Hindernisse bei der Verwendung von Managementinformation" habe ich einige Gründe dafür diskutiert, warum Manager daran zu scheitern scheinen, Informationen wie beabsichtigt zu nutzen. Viele Gründe liegen in der Inadäquatheit formaler Information, während andere mit dem Funktionieren der Organisation verbunden sind und eine Ursache im menschlichen Gehirn wurzelt.

Inadäquatheiten formaler Informationen

1. *Formale Informationen sind oft zu begrenzt.* Viele formelle Managementinformationen sind für den Manager nicht informativ genug (sie ignorieren zum Beispiel Informationen über Umsatzeinbußen oder Risiken). Sie schließen vieles aus, was nicht quantitativ ist (Politik, Persönlichkeit, Qualität, etc.) und nicht kommuniziert werden kann (Ton, Gestik, Gesichtsausdruck, etc.). Darüber hinaus sind sie eher unsensibel gegenüber der externen Situation.

---

29 Aaron Wildavsky, „The Political Essay of Efficiency: Cost-Benefit Analysis, Systems Analysis, and Program Budgeting", in: Public Administration Review, 1968, S. 298.

2. *Die formale Information ist aufgrund der Aggregierung der Daten für den Manager oft zu allgemein.* Es zählen nicht in erster Linie die kumulativen Daten über den Umsatzrückgang, sondern der spezielle Grund, warum ein spezieller Herr Kunde letzten Monat Deine Zahnpasta nicht gekauft hat. Mit anderen Worten, ein informelles Gespräch kann manchmal aufschlußreicher sein als Bände mit Statistiken.

3. *Viele Informationen kommen oft zu spät.* Ereignisse brauchen Zeit, um zu Tatsachen zu werden. Die Aufzeichnung und Aggregierung von Tatsachen für einen periodischen Bericht brauchen sehr viel Zeit. Während die amerikanischen Führungskräfte in Washington die Zahlen der Toten in Vietnam lasen, marschiert der lebendige Vietkong durch den Dschungel. Es ist oft die notwendige schnelle und kurzfristige Reaktion, die die langfristige Leistung bestimmt, sogar für die meisten Topmanager der größten Unternehmen.

4. *Einige formale Informationen sind unzuverlässig.* Bei welchen Statistiken kann man sicher sein? Wer war ein Vietkong unter diesen Zahlen über die Toten, und wer war ein Unbeteiligter? Was ist mit der Punktzahl beim Intelligenztest? Was messen Qualitätstest wirklich? Kann man den Marktinformationen vertrauen? Spiegelt der gestiegene Gewinn bessere Leistungen wider oder vorangegangene Investitionen, die fälschlicherweise als Kosteneinsparungen verbucht wurden?

Funktionsprobleme in Organisationen

Formale Informationssysteme stellen natürlich nicht die einzigen Inadäquatheiten dar. Auch Organisationen haben ihre Informationsverarbeitungsgrenzen.

5. *Rigide, dysfunktionale Ziele können die Verwendung inadäquater Informationen begünstigen.* Zum Beispiel können die operativen Kosten gekürzt werden oder es wird auf die Forschung verzichtet, wenn die Manager auf den Zwang zu kurzfristigen Gewinnen reagieren.

6. *Politische Prozesse können eine Verzerrung der Informationen verursachen.* Menschen tendieren dazu, diejenigen Informationen in der Hierarchie nach unten weiterzuleiten, die sie in positivem Licht darstellen. Tatsächlich erzählt man von McNamara, der als amerikanischer Verteidigungsminister wahrscheinlich mehr als jede andere Führungskraft die Verwendung analytischer Techniken in der Regierungsarbeit gefördert hat, daß er gegenüber dem Kongreß vorsätzlich die voraussichtlichen Kosten der Vietnamkrieges verfälscht hat.[30]

7. *Das Wesen der Managementtätigkeit führt zu einer Bevorzugung mündlicher Informationskanäle auf Kosten von dokumentierten Quellen.* Dieser Aspekt wurde bereits ausführlich besprochen. Hier genügt die Anmerkung, daß auch mündliche Informationskanäle in Form von Inkonsistenzen und Oberflächlichkeiten ihre offensichtlichen Grenzen haben.

30 Halberstam, Best and Brightest, S. 610.

Grenzen des menschlichen Bewußtseins

Jenseits der Inadäquatheiten der Informationen und der Arrangements der Organisation liegen schließlich unsere menschlichen Grenzen zur angemessenen Informationsverarbeitung.

8. *Die kognitiven Grenzen limitieren die Informationsmenge, die Menschen in einem komplexen Entscheidungsprozeß berücksichtigen können.* Herbert Simon hat in vielen seiner Arbeiten darauf hingewiesen. Menschen können sich gleichzeitig nur auf wenige Elemente konzentrieren. Sie verlieren den Überblick dafür, was sie im Kurzzeitgedächtnis behalten können, und was im Langzeitgedächtnis gespeichert werden kann. Simon erwähnt eine aus der Zeitung bekannte Geschichte über das Außenministerium, das sich „ertrinkend in einem Fluß" von 15 Millionen Worten pro Monat „hilfesuchend an den Computer wandte." Die Beamten versicherten, daß die elektronische Registrierung der Anrufe mit einer Kapazität von 1200 Leitungen „die Engpässe im System eliminieren" würde. Simon gibt folgenden Kommentar dazu ab: „Ein rührseliges Vertrauen in mehr Wasser als Gegenmittel zum Ertrinken! Hoffen wir, daß die Außenminister sich nicht verpflichtet fühlen, diese 1200 Leitungen zu verarbeiten, nur weil es sie gibt."[31]
9. *Das Gehirn filtert aufgrund seiner Erfahrungsmuster systematisch die Information.* Mit anderen Worten, und um ein altes Sprichwort umzukehren, glauben ist sehen. Das Marketingpersonal sieht die Probleme als Marketingprobleme an, die Finanzexperten als etwas, das mit Zahlen zu tun hat.
10. *Psychische Beschränkungen und Bedrohungen behindern darüber hinaus die Informationsoffenheit des Bewußtseins.* Alle unseren psychischen Probleme spiegeln sich in der Information wider, die wir nicht weiterverarbeiten und behalten. Für beides gibt es viele Belege in der psychologischen Forschung.

Um zusammenzufassen: von der verfügbaren Information nehmen die formalen Systeme nur einen Teil auf. Davon gelangt wiederum nur ein Teil zum Manager, und davon nimmt das Bewußtsein auch wiederum nur einen Teil auf, und davon ist überhaupt nur ein Teil relevant und zutreffend. Angesichts dieser vielen Hindernisse ist es ein Wunder, daß den Organisationen überhaupt etwas gelingt!

Normalerweise gelingt es ihnen natürlich. Aber es gibt deutliche Hinweise für die Gestalter funktionierender Management-Informationssysteme. Sie müssen vor allem zu einem großen Teil unabhängig von Computern existieren. Die Systeme sollten dem Manager die notwendige Information liefern, und zwar zu dem Zeitpunkt und in der Form, in der er sie braucht. Sie sollten darauf basieren, was Manager wirklich brauchen, unabhängig davon, ob dies zum Hilfsmittel mit Namen Computer paßt oder nicht. Neben Dokumentationsmethoden sollte die mündliche Kommunikation gewählt werden. Die Information sollte an den dafür geeigneten Stellen gespeichert werden, in den Akten und

31 Herbert A. Simon, „The Future of Information Processing Technology", in Management Science, 1968, S. 622.

Köpfen der Mitarbeiter nicht weniger als auf Diskette. Ebenso sollte das MIS die Information auf *intelligente* Weise filtern. Es sollte sie zum Beispiel nicht durch Aggregation reduzieren, sondern auch ihren zentralen Informationswert herausstellen. Trotz der Begeisterung für die sogenannten Expertensysteme wird man nach meiner Meinung wahrscheinlich auch in Zukunft menschliche und keine elektronischen Gehirne brauchen.

Die Rolle der Planung (und der Planer) bei der Strategiebildung

„Strategische Planung" war in den 1960er Jahren sehr populär. In den 80ern haben eine Reihe von Rückschlägen, nicht zuletzt die Ölkrise in den 70ern, mit der die Planung große Schwierigkeiten hatte, ihre Bedeutung in Organisationen ernstlich geschmälert. Aber man hätte nicht gleich das Kind mit dem Bade ausschütten müssen – Planung und Planer spielen eine große Rolle in Organisationen.

Der große Irrtum kommt hier in dem Glauben zum Ausdruck, daß die Strategie formal formuliert werden kann, und daß die analytischen Planungsverfahren die für eine Strategie erforderlichen Synthesen erzeugen können. Das war die alte Maschinenthese: Das Zusammensetzen aller Teile (die Einzelschritte, Checklisten und Techniken) führt zum operativen Ganzen. Aber erstens werden Maschinen irgendwo anders gebaut, wohingegen man von der Planungsmaschine die Herstellung des Plans – der Strategie – erwartet. Deshalb hat sich der Begriff „strategische Planung" – wie progressiv/konservativ oder frisch/tiefgefroren (oder Bauingenieur?) als Oxymoron erwiesen.

In einem in Kürze erscheinenden Buch über strategische Planung wende ich mich zunächst dem Beweis für diesen Prozeß und seinen Fallen und Trugschlüssen zu. Dann diskutiere ich die mögliche Rolle von Planung, Plänen und Planern in verschiedenen Organisationsformen.

Ein Teil des Problems lag in der Definition von Planung. Die häufige Praxis, Planung und zukünftiges Denken allgemein zu verbinden, stellt eine so weite Interpretation des Begriffs dar, daß seine praktische Bedeutung verloren geht. („Wenn alles Planung ist, dann ist sie vielleicht nichts", so der Titel eines Aufsatzes von Aaron Wildavsky[32]). Ebenso verhält es sich mit der Verbindung von Planung und Entscheidung. Wenn Planung das formalisierte Verfahren zur Herstellung klarer Ergebnisse über koordinierte Entscheidungsprozesse bedeutet, was für mich logischerweise so ist, dann wird eines klar: Planung ist kein Mittel zur Schaffung einer Strategie, sondern ein Mittel zur Operationalisierung von Strategien, die bereits mit anderen Mitteln erzeugt wurden.

Strategische Operationalisierung scheint deshalb ein angemessenerer Begriff zu sein, der aus der Ausarbeitung der Strategiefolgen in bezug auf den Etat, die Programme, Handlungspläne und ähnliches besteht. Von daher engagieren sich logischerweise Organisationen für Planung, wenn sie bereits über als realisierbar erklärte Strategien verfügen und diese für eine Zukunft formalisieren müssen, die stabil oder zumindest vorhersagbar zu sein scheint.

32 Aaron Wildavsky, „If Planning Is Everything, Maybe It's Nothing", in: Policy Science, 1968, S. 127–53.

Das bedeutet natürlich keine Leugnung der Rolle der sogenannten Planer, abgesehen vom Bedienen der Systeme für strategische Planung. Die Planer sind in gewisser Hinsicht die Analytiker des Strategieentwicklungssystems. Sie können ad hoc Untersuchungen durchführen, um die Manager mit der Information zu versorgen, die sie ansonsten übersehen würden: daß ein Markt durch eine neue Technologie untergraben wird, daß sich das Verhalten der Konkurrenz verändert zu haben scheint, daß die Stärke der Organisation in einem bestimmten Bereich vielleicht nachläßt. Die Planer können die Lebensfähigkeit von Strategien untersuchen, die die Manager einschlagen wollen. Sie können sogar nach möglichen viablen Strategien suchen, die unter Umständen an seltsamen Orten in der Organisation entstehen. Das schließt natürlich ein hohes Maß an weichen Analysen ein.

Planer können auch Katalysatoren sein, aber nicht so sehr um strategische Planung als eine Art Religion zu pflegen, sondern um strategisches *Denken* zu unterstützen, und um die Organisation lebensfähig zu halten. In gewisser Hinsicht sind Planer diejenigen, die am meisten zu konzeptionellem Denken über Strategiebildungsprozesse im Unternehmen tendieren. Sie müssen ihre Komplexität und alle Nuancen zu verstehen versuchen (einschließlich der Frage, wann formale Planung am besten vermieden wird). Sie müssen diese Erkenntnisse an die verantwortlichen Manager weitergeben.

Natürlich können Planer auch Strategen sein – jeder, der klug, kreativ, gut informiert und geschickt bei der Entwicklung von Synthesen ist, kann das sein. Aber das hat nichts damit zu tun, daß sie Planer sind. Ihre Techniken bedeuten in dieser Hinsicht vielleicht keinen Vorteil, vielleicht sogar eher einen Nachteil.

In gewisser Weise landen wir bei einem Planer für jede Hirnhälfte. Auf der einen Seite haben wir den großen analytischen Planer, den strategischen Programmierer, der aus Gründen der Implementation Ordnung in die Strategien der Manager bringt und Analysen durchführt, um die Strategiebildungsprozesse mit harten Fakten anzureichern. Auf der anderen Seite haben wir den weichen Planer, den kreativen, kritischen Denker, der außer analytisch vor allem auch intuitiv vorgeht. Er führt „Ruck-Zuck-Analysen" durch, um den Strategiebildungsprozeß zu eröffnen. Er versucht, emergente Strategien an seltsamen Stellen zu entdecken, und andere zu strategischem Denken anzuregen. Manchmal denken Planer selbst strategisch. Einige Organisationen müssen sich eher auf die traditionellen „rechtshändigen Planer", andere auf die weniger traditionellen „linkshändigen Planer" verlassen, wie wir sehen werden. Aber im Sinne der Koppelung von Analyse und Intuition brauchen die meisten ein gewisses Maß von beiden.

Anmerkung

Meine Rezension von Simons Buch findet sich in: Administrativ Science Quarterly, Juni 1977; sein überarbeitetes Buch The New Science of Management Decision wurde 1977 bei Prentice-Hall publiziert; der Artikel, aus dem zitiert wird, „Making Management Decisions: The Role of Intuition and Emotion“ erschien in: Academy of Management Executive, Februar 1987. Meine Ideen über Stärken und Schwächen von Analyse und Intuition sowie über die Rolle von Analyse und strategischer Entscheidungsfindung erschienen in dem Artikel „Beyond Implementation: An Analysis of Resistence to Policy Analysis, der in K.B. Haley (ed.), Operations Research '78 (Elsevier North Holland, 1979), S. 106–62 erschien. „Impediments to the Use of Management Information“ beschäftigt sich mit der Rolle von MIS im Management und geht genauer auf die Grenzen des Gehirns, der Organisationen und Systeme bei der Informationsverarbeitung ein, und erschien 1975 als Monographie gemeinsam mit der National Association of Accountants of the U.S. und der Society of Management Accountants of Canada. Mein demnächst erscheinendes Buch über Planung und dem voraussichtlichen Titel Strategic Planning: In Irreverent View, das 1990 erscheinen soll, geht genauer auf die Bedeutung und Modelle der Strategischen Planung, den Nachweis ihrer Leistung über die Zeit, ihre Fallstricke und Irrtümer ein, und darauf, was meiner meiner Ansicht nach die angemessene Rolle von Planung, Plänen und Planern in verschiedenen Organisationskontexten ist. Ich arbeite ebenso mit einigen Kollegen und einigen Doktoranden an einem Artikel: „Opening Up Decision Processes: The View from the Black Stool“, der sich unter anderem genauer mit der Rolle von Einsicht und Inspiration bei der Entscheidungsbildung beschäftigt sowie damit, warum diese Frage in der formalen Forschung und Literatur eher ignoriert wurde.

5. Kapitel

Manager ausbilden, keine MBAs

Es bleibt noch eine letzte Konsequenz aus dem Analyse-Intuition-Thema zu ziehen, die auf das Frühere anspielt. In „Mit der linken Seite planen, mit der rechten managen" habe ich darauf hingewiesen, wie die Ausbildung an Business Schools sich im Grunde der Verehrung der linken Hirnhemisphäre verschrieben hat. Die Balance, die Simon suchte, ging nach meinem Dafürhalten in unseren meisten Business Schools verloren.*

Die beiden Professoren Hayes und Abernathy von der Harvard Business School publizierten 1980 einen preisgekrönten Artikel mit dem Titel „Managing Our Way to Economic Decline".[1] Sie behaupten unter anderem, daß stark analytisch ausgerichtete Business Schools zum Teil für eine verfehlte Fixierung auf Techniken und Analyse in der Praxis verantwortlich seien. Nur wenige waren anderer Meinung. Nach meiner Beobachtung hat man die Ausbildung an Business Schools seitdem nicht weniger, sondern mehr analytisch ausgerichtet. Ich habe Professoren der Finanzwissenschaft gesehen, die weiterhin zunehmend irrelevante mathematische Modelle lehren, um von den Ökonomen anerkannt zu werden. Ich habe viele Wissenschaftler beobachtet, die die Business Schools infiltriert haben, die wie Hohepriester herumstolzierten. Sie versuchten ein so großes Maß an „wissenschaftlicher" Exaktheit in der Forschung aufrechtzuerhalten, die dazu ausreichte, die Forscher von den Organisationen zu entfernen, die sie verstehen sollen. Der Bereich der Management-Informationssysteme, der angeblich anwendungsorientiert ist, versucht sich weiterhin als Maschine zu definieren (funktioniert aber niemals so, obwohl niemand herauszufinden wagt, warum). Sogar mein eigener Bereich, die Strategie, der vor 1980 noch eine Balance aufrechterhalten hat, setzt seitdem mehr auf die „Zahlenverarbeiter", die mehr an „Konkurrenzanalyse" als an den Feinheiten der kunsthandwerklichen Strategieentwicklung interessiert sind. Ich übertreibe kein bißchen, wenn ich behaupte: wenn die Verantwortlichen aus Wirtschaft und Regierung, die die heutigen Business Schools unterstützen, wirklich wüßten, was in vielen, einschließlich einigen der bekanntesten, abläuft, und sich wirklich die Mühe machen würden, zum Beispiel irgendwelche zufällig ausgewählten Professoren zu interviewen, dann würden sie grundlegende Veränderungen der Fakultät und des Curriculums verlangen, statt passiv Schecks auszustellen.

---

* Dies kann bis zur unkritischen Einführung der ganzen Veränderungen der Ausbildung in den Business Schools zurückverfolgt werden, die Simon und seine Kollegen von Carnegie-Mellon in den 1950er Jahren intensiv gefördert haben: eine Betonung exakter Forschung und Theorieentwicklung basierend auf den Basisdisziplinen Ökonomie, Psychologie und Mathematik. In seinem Buch *The Science of the Artificial*[2] beklagt jedoch Simon die Abneigung der Business Schools, neben den Grunddisziplinen auch „Gestaltung" zu lehren (eine Ausbildung „in den professionellen Kernfertigkeiten").

1 R.H. Hayes und W.J. Abernathy, „Managing Our Way to Economic Decline", in Harvard Business Review, Juli-August 1980, S. 67–77.

2 Herbert A. Simon, The Science of the Artificial (Cambridge: MIT Press 1969).

Ich stelle solche Schecks nicht aus, beziehe aber welche. Vor wenigen Jahren entschied ich mich dazu, mein Geld in eine Managementausbildung zu investieren, von der ich wirklich überzeugt war. Ich nahm eine Kürzung meiner Lehrtätigkeit und meines Einkommens an McGill in Kauf, um meine akademische Tätigkeit auf Forschung und die Ausbildung von Doktoranden zu begrenzen, während sich meine Ausbildung von Managern auf erfahrene Praktiker konzentrierte.

Meine Forschung und mein Publizieren hatten in meinem beruflichen Leben immer Priorität. Vor einigen Jahren stellte Zalaznick in einem Artikel im *Fortune* mit dem Titel „The MBA – the Man, the Myth, and the Method" die interessante Hypothese auf, daß der wirkliche Beitrag der amerikanischen Business Schools nicht so sehr in den Bildungsabschlüssen als vielmehr in den Forschungsergebnissen liegt.[3] Ich glaube nach wie vor, daß dies zutrifft, mindestens für die Forschung, die kreativ und anwendungsorientiert für Organisationen bleibt.

Ich habe mir lange Sorgen um die Ausbildung der Studenten im Management gemacht, war aber selbst nicht lange daran beteiligt (obwohl ich von der Ausbildung im Rechnungswesen auf dieser Ebene überzeugt bin, weil es sich um eine professionelle Tätigkeit handelt). In jüngster Zeit mache ich mir ähnliche Sorgen über die konventionellen MBAs. Ich bin zunehmend der Meinung, daß es falsch ist (sozial wie wirtschaftlich), im Management Unerfahrene auszubilden. Einige Jahre Erfahrung sind zwar hilfreich, lösen aber auch nicht das Grundproblem. Wir können uns keine Gesellschaft mit elitären Managern leisten, die im jungen Alter aufgrund akademischer Kriterien ausgewählt wurden, und dann auf den „schnellen Karriereweg" außerhalb der schwierigen Arbeit der Produktion und Kundenbedienung befördert werden. Deshalb hat sich bei mir die Überzeugung gebildet, daß die Managementausbildung sich an solche wenden sollte, die über substantielle Berufserfahrungen verfügen, in Verbindung mit nachweislicher Führungskompetenz wie auch der entsprechenden Intelligenz.

Als Ergebnis davon habe ich vor drei Jahren mit der verständnisvollen Kooperation der Verwaltung von McGill meine letzte MBA-Klasse unterrichtet. Ungefähr ein Jahr später organisierte ich eine Konferenz von Direktoren von MBA-Programmen in Kanada zu diesem Thema. Es folgt das Material dieses Vortrags, das für die Publikation in diesem Buch vorbereitet wurde. Es klingt vielleicht wie ein Pamphlet, aber ich stehe hinter jedem Buchstaben. Seine Implikationen werden im letzten Kapitel des Buches weiter behandelt.

Ich schlage die Diskussion über die konventionelle MBA-Ausbildung in folgenden Stufen vor: wie kommen die Studenten zunächst einmal in die Programme, wie durchlaufen sie sie dann, und wie kommen sie am Ende heraus – in Systembegriffen: Input, Transformation und Output.

---

3 S. Zalaznick, „The MBA – the Man, the Myth, and the Method", in Fortune, 1. Mai 1969, S. 168 f.

Bewerber-Input

Studenten gelangen weitgehend auf der Basis von zwei Kriteriensets in MBA-Programme. Erstens wählen sie die Programme aufgrund ihres Interesses aus. Mit anderen Worten, der Pool der Bewerber, aus dem die Studenten ausgewählt werden, wird nicht über irgendeine reale oder potentielle Führungsfähigkeit definiert, sondern einfach über ihren Wunsch nach einem MBA-Titel. Das kann ein Interesse an Management widerspiegeln. Aber allzu oft ist es einfach nur die Widerspiegelung des Interesses am Einkommen. Business Schools können sicherlich die Kandidaten nach Führungs- und Mangementpotentialen auslesen. Aber im Alter von etwa vierundzwanzig Jahren und normalerweise mit höchstens zwei oder drei Jahren Berufserfahrung als Vollbeschäftigter handelt es sich dabei bestenfalls um ein riskantes Selektionskriterium.

Der andere Kriterienset betrifft die harten Zahlen der Leistungsbenotungen. Es gibt keine solchen Zahlen zur Benotung der Arbeitsleistungen (jenseits der einfachen jahrelangen Praxis). Aber es gibt die Zahlen der Testleistungen: Examensnoten (der Grade Point Average, oder GPA) und der berühmte GMAT (Graduate Management Aptitude Test). Man unterschätze nicht deren Verwendung in den Business Schools. Sie stellen insgesamt objektive Selektionskriterien bereit, und alles, was mit Management zu tun hat (oder mindestens mit der Managementlehre) muß vor allem auch objektiv sein, unabhängig davon, worum es geht.

Ich kenne keinen Beweis dafür, daß eine hohe Punktzahl im GMAT positiv mit Erfolg in der Mangementpraxis korreliert. Eine niedrige Punktzahl (mindestens bei jemanden, dessen Muttersprache Englisch ist) deutet sicherlich auf ein Intelligenzproblem hin, und gute Manager müssen intelligent sein. Aber wie intelligent? Es ist seit langem bekannt, daß es keine Korrelation zwischen Intelligenz (wie sie in Intelligenztests gemessen wird) und Kreativität oberhalb einer mittleren Ebene gibt. Dasselbe trifft nach meiner Meinung für Managementfähigkeiten zu. Wenn ich eine Quote von 796 in einem GMAT oder einen GPA von 4.9 sehe, dann frage ich mich, ob ich es nicht wahrscheinlich gleichzeitig mit einem „wissenden Dummkopf" als einer weltklugen Person zu tun habe, die Tests besteht, aber nicht mit einem Kunden sprechen kann.

Ich habe einen Abschluß im Master Programm der MIT Sloan School (ja, ich bin ein junger MBA). In einer ihrer letzten Zeitschriften [4] veröffentlichte die Sloan School Statistiken über ihre Klassen aus dem Jahre 1986. „Über 1500 Männer und Frauen wetteiferten um die 185 Plätze." Die Bewerber wurden in zwölf Kategorien eingeteilt, die „grob auf ihrer numerischen Addition basierten". Sie setzen sich aus verschiedenen Faktoren zusammen, einschließlich der GMAT-Quote und GPA. „Eine Zulassung erhielten primär die Bewerber, die unter die ersten drei Kategorien fielen." Niemand aus den ersten beiden Kategorien wurde zurückgewiesen oder auf eine Warteliste gesetzt (einige wurden zurückgestellt), während jeder Kandidat aus den Kategorien acht bis zwölf zurückgewiesen wurde. Der Mittelwert im GMAT für die Kategorien I und II war jedesmal 680 und der GPA war 4.5 und 4.6. Für die Kategorien VIII bis XII reichten diese Mittel-

4 J.A. Barks, „Here They Come: Master's Admission at Sloan", in: Sloan Magazine, Winter 1987.

werte von 590 bis 615 und von 4.1 bis 4.3.* Kollege Dean Barks ließ sich auf eine Diskussion über meine These ein, daß die Entscheidungen am MIT auf der Basis dieser beiden Scores getroffen werden. Aber die Resultate legen nahe, daß ihnen eine beträchtliche Aufmerksamkeit zugemessen wird,** es sei denn natürlich, daß es tatsächlich eine beachtliche Korrelation zwischen diesen Scores und anderen, weicheren Faktoren bei der Überprüfung des Managementpotentials gibt.

Ein berühmter Artikel des Harvard-Professors Stirling Livingston von vor einigen Jahren mit dem Titel „The Myth of the Well-Educated Manager“[5] schlägt in der Tat den Gegenbeweis für diese Korrelation vor – das Fehlen einer Beziehung zwischen einem Abschluß an der Harvard Business School und einem anschließenden Erfolg in Managementpositionen. Livingstons Folgerung war, daß es einen Bedarf zur Bewertung intuitiver Fertigkeiten und des gesunden Menschenverstandes gibt, nicht nur der akademischen Leistung.

Es gibt jedoch ein Problem bei der Bewertung der intuitiven Fähigkeiten der Bewerber: Intuition kann sich im jungen Alter kaum manifestieren. Eine Person kann einfach kein effektives intuitives Verständnis einer Sache haben, von der sie nur oberflächliche Kenntnisse hat. Insofern wird es schwierig zu wissen, ob das Potential für einen angemessenen intuitiven Umgang mit der Praxis bei den meisten MBA-Bewerbern vorhanden ist.

Sogar wenn dieses Potential für Intuition vorhanden wäre, bedeutet das Fehlen einer *entwickelten* Form, daß sie nicht im Ausbildungsprozeß verwendet werden kann. Deshalb beschränken sich viele der konventionellen MBA-Programme auf die formal analytische Ausbildung. Die Studenten schätzen nur das formale Wissen, im allgemeinen in Form von Techniken. Und genau dafür setzen sie sich natürlich direkt nach ihrem Abschluß ein – zumindest wenn ihre zweijährige Ausbildung an einer Business School irgendein Ziel verfolgte. Es ist dann kein Wunder, daß junge MBA-Absolventen Intuition ständig unterdrücken, wann immer sie ihre geheimnisvolle Überlegenheit zeigt. (In einem anschließenden Vortrag, den ich vor einer Klasse von MBA-Studenten hielt, gab ein junger Student einen erstaunlichen Kommentar ab: „Wie können Sie nach Intuition auswählen, wenn Sie sie noch nicht einmal messen können!“)

Mein Kriterium zur Zulassung zur Managementausbildung ist einfach: nachweislicher Erfolg in Managementtätigkeiten. Das würde zwei Dinge bedeuten: Erstens müßten Bewerber über ausgedehnte praktische Erfahrungen verfügen; die meisten wären in den

---

* Welcher Gruppe hätte mich mein GMAT von 602 und mein GPA nur unter vier aus dem Jahre 1963 im Jahre 1986 zugeordnet?

** Vorher schreibt Barks in seinem Artikel: „Die (bei den Bewerbern) meßbaren Qualitätsaspekte sind mit einem Median im GMAT von 630 und einem Mittel von 4.3 im GPA bei allen Bewerbern“ in der Tat beeindruckend (S. 3). Aber kann die Management*qualität* wirklich gemessen werden? In dem Artikel von Zalanzick im *Fortune* kann man sehen, wie weit zurück diese Neigung, sich auf Zahlen zu verlassen, reicht: Er berichtet, daß die neue Klasse in Stanford im Jahr 1958 nahe an einen Median von 500 im GMAT kam; im Jahr 1968 lag der Durchschnitt bei 96 Prozent bei 650 (S. 171).

5 J. Stirling Livingston, „The Myth of the Well-Educadet Manager“, in Harvard Business Review, Januar-Februar 1971, S. 79–89.

Dreißigern, bevor sie überhaupt für eine derartige Ausbildung in Betracht gezogen würden. Meine Präferenz wäre eine intensive Erfahrung in mindestens einer Branche, so daß die Wissensbasis gründlich, oder wie Anthropologen vielleicht sagen würden, „dicht" wäre. Ich würde primär keine „professionellen Manager" vorziehen, keine „Wandervögel", die von einer Situation in die andere ziehen. Zweitens müßte die Führungs- und Managementfähigkeit geprüft werden. Mit anderen Worten, sie würden sich nicht selbst auswählen, sondern von ihren Mitarbeitern, die ihnen folgen, den Kollegen, die sie respektieren und den Vorgesetzten, die sie einschätzen, ausgewählt werden. Auf diese Weise würde die Managementausbildung nicht mit Leuten überflutet, die wahrscheinlich keine effektiven Manager sind – eine beachtliche Zahl der heutigen MBA-Studenten, wie ich denken würde.

Ich setze hier natürlich voraus, daß MBA die Kombination von A und B bedeutet. Mit anderen Worten, wir versuchen sowohl für Verwaltung als auch für Wirtschaft auszubilden. Es könnte auch behauptet werden, daß wir die beiden entkoppeln und Leute für bestimmte Wirtschaftspositionen ausbilden sollten – nämlich für die analytischeren Positionen, etwa Marktforschung und Rechnungswesen –, ohne zu beanspruchen, daß wir Manager ausbilden. Aber das würde eine Änderung vieler etablierter Erwartungen erforderlich machen: auf seiten der Bewerber würde es eine Änderung der Einstellung bedeuten, daß sie schnell Machtpositionen erreichen, weil sie für ein paar Jahre die Schulbank gedrückt haben. Auf der Seite der Unternehmen müßte sich die Meinung ändern, daß sie ihre zukünftigen Führungskräfte einstellen. Auch die Business Schools, deren Etat darauf basiert, daß sie weiterhin jährlich ungefähr 60 000 MBAs ausbilden (mindestens in den Vereinigten Staaten), müßten ihre Einstellung ändern.

Ich sage damit nicht, daß die Managementausbildung ineffektiv ist, nur daß sie nicht sinnvoll ist, wenn es den Studenten an Führungstalent fehlt. Vor einigen Jahren hat Herbert Simon unter Bezugnahme auf die Anlage-Umwelt-Debatte zu verstehen gegeben, daß man beim Aufbau eines Starathleten mit jemandem beginnen muß, der die „natürliche Begabung" hat (zum Beispiel nicht mit mir), die dann „mit Hilfe von Praxis, Lernen und Erfahrung zu einer reifen Fertigkeit entwickelt wird."[6] Wir haben gute Dinge im Management zu lehren; unterrichten wir diejenigen darin, die sie verwenden können.

Die Managementtheorie ist wie jede andere konzeptionell und abstrakt. Menschen ohne Erfahrung verstehen sie nicht. Sie rennen umher und meinen, daß lineare Programmierung oder Portfolio die Antwort auf alle Probleme der Welt sind. Erfahrene Manager können im Gegensatz dazu die Konzepte einordnen. Auch von ihnen laufen einige halbgar umher und suchen nach der Patentlösung. Aber Erfahrung erlaubt es einem wenigsten, die Validität einer Theorie zu kritisieren. Und ungeachtet der Wissenschaftsphilosophen wie Karl Popper (eine Sekretärin von mir tippte seinen Namen als Propper) ist der beste Test einer angewandten Theorie immer noch, ob intelligente Praktiker sie hilfreicher für den Umgang mit ihren Problemen als jede andere ansehen.

---

6 Herbert A. Simon, The New Science of Management Decision, überarbeitete Auflage (Englewood Cliffs, NJ: Prentice-Hall, 1977), S. 44

Inhaltliche Transformation

Worin soll man diejenigen unterrichten, die eine Managementausbildung beginnen? Angesichts einer Klasse von relativ Unerfahrenen wird man natürlich keinen Nachdruck auf die Feinheiten der Intuition legen. Man überschüttet sie mit Methoden und Techniken, je quantitativer desto besser. Die Professoren sind vor allem Wissenschaftler, die vielleicht sogar noch weniger Erfahrung und höhere Scores im GMAT haben als die Studenten. Man unterrichte Statistik (um ihrer selbst willen), Mathematik (unter dem Titel „Finanzwissenschaft“) und Verhaltenspsychologie (unter „Marketing“). Niemals, absolut niemals verwende man das Wort „Urteilsvermögen“, ganz abgesehen von „Intuition“. Unter „Strategie“ lehre man, die Massen harter Daten über Märkte und Konkurrenten zu verarbeiten, wie es gute Ökonomen tun. Jüngst hatte ich eine heftige Auseinandersetzung mit einem Psychologen, der an einer Business School lehrte und meine Behauptung nicht verstand, daß Psychologen, Mathematiker und Ökonomen, die kein Interesse an einer organisatorischen Perspektive haben, nicht in den Business Schools aufgenommen werden sollten. Business Schools können von diesen Disziplinen *profitieren*, in Grenzen (die meiner Meinung nach lange überschritten wurden). Aber das rechtfertigt es kaum, diese Disziplinen zu *reproduzieren*.

Mein Ideal einer Managementausbildung würde die Prioritäten verändern. Sie würde weniger Analyse und Vorschriften enthalten, und mehr weiche Materialien und Einsichten darin, wie die Welt der Organisationen wirklich funktioniert, im Gegensatz dazu, wie sie funktionieren sollte. Nebenbei bemerkt müßte es sich nicht um ein MBA-Programm handeln, oder sogar eine Form des sogenannten MBA-Programms für Führungskräfte sein (obwohl das eine feine Idee ist). Es müßte einfach nur eine Reihe von ad-hoc-Kursen für beschäftigte Praktiker sein. (Und ich habe keine Sorge um das B in MBA. Wir müssen *Management* lehren, und es macht wirklich kaum einen Unterschied, ob dies für Krankenhausdirektoren geschieht, oder für Verwaltungsbeamte der Regierung oder Geschäftsleute. Ich glaube, die Managementschulen sollten ihren Abschluß als ein Diplom in Administration vergeben, und es dann den Studenten überlassen, das B in der Mitte hinzuzufügen, wenn sie Wirtschaft betonen wollen.)

Erstens würde ich in meinem idealen Managementprogramm die *Ausbildung in Fertigkeiten* betonen, die „erfahrungsorientierte“ Ausbildung, wenn man so will, der sich etwa ein Drittel der Ausbildung widmen würde. Das würde jedoch mehr als nur die üblichen interpersonellen Kompetenzen einschließen. Gleichbedeutend wären die Fertigkeiten bei der Informationssammlung, bei der Durchführung von Verhandlungen, beim Entscheiden unter unsicheren Bedingungen usw. Natürlich beziehe ich mich nicht nur, nicht einmal primär, auf die Qualifikationen, die durch systematische Techniken ausgeführt werden, sondern auf diejenigen, die von den weicheren Prozessen der Intuition abhängen.

In Wirklichkeit ist sehr viel über die Vermittlung solcher Qualifikationen bekannt, aber nicht in den Business Schools. Vor einigen Jahren starteten wir an McGill ein Simulationsprojekt mit dem Namen „Spiegel-Methode“, das am Zentrum für kreative Führung in Greensboro in North Carolina entwickelt wurde. Es handelt sich um eine Art sorgfältig ausgearbeitete Übung, in der Teams von Managern sich in einem simulierten (aber nicht mit Computern) Setting untereinander messen. Unsere MBA-Studenten dabei zu beobachten, wie sie Manager spielten, machte mich betroffen, weil es das erst Mal war, daß ich jemanden in einer Managementschule Management praktizieren sah (es sei denn, man wendet den Begriff auf die Tätigkeit des Dekans an!). Schließlich würden wir Management lehren, sogar wenn es nur zwei Tage im Jahr wären.*

Tatsache ist, daß unsere Managementschulen im allgemeinen Leute einstellen, die keine wirklichen Managementqualifikationen lehren können. Der Doktortitel ist die Lizenz zur Lehre in der Business School. Aber dieser Titel garantiert keine Vorauswahl und Ausbildung nach pädagogischen Fähigkeiten, und baut gewiß nicht auf Erfahrungen auf. Der Doktortitel ist ein Forschungstitel, und zieht zum Großteil die Introvertierten an, diejenigen, die sich in einer Bibliothek oder unter einem Berg von Daten vergraben wollen. (Deshalb ist der Fragebogen ein derartig beliebtes Forschungsinstrument – weniger weil er einen intrinsischen Vorteil hat, sondern weil er den Akademikern erlaubt, zu forschen, ohne das Büro zu verlassen.) Sicherlich gibt es auch große Lehrer unter den Akademikern, und einige können sogar hervorragend Qualifikationen vermitteln. Aber das ist rein zufällig und in jedem Fall handelt es sich nach meiner Meinung nur um wenige.

Ohne die natürliche Fähigkeit zu unterrichten ist auch die Ausbildung von Hochschullehrern (wie die Managementausbildung) wenig hilfreich. Aber wir versuchen es sogar nicht einmal. Vor einigen Jahren schlugen wir bei der Entwicklung unseres eigenen Doktoranden-Programms in Managementwissenschaft einen Kurs in Pädagogik vor. Einen einzigen Kurs. Nur 3 Prozent des gesamten Programms sollten der Pädagogik gewidmet werden, und 97 Prozent der Forschung, und dies im Rahmen eines Abschlusses, der den Absolventen das Recht gibt, ebenso viel Zeit mit Lehre wie mit Forschung zu verbringen, wie bemerkt werden soll. Einige meiner Kollegen waren nicht einverstanden damit – wahrscheinlich weil sie eine übermäßige Aufmerksamkeit gegenüber pädagogischen Fragen vermuteten. Aber wir konnten uns durchsetzen. Ich wette, es gibt nicht viele solcher Kurse.

Die Fähigkeit zur Ausbildung von Managementkompetenzen liegt weitgehend in der Praxis, bei denen, die in großen Organisationen die interne Ausbildung machen oder auf einer Beratungsbasis arbeiten. Diese Menschen widmen ihre Anstrengungen ausschließlich pädagogischen Fragen, ohne ein Bedürfnis nach Forschungkompetenz zu haben. Deshalb haben wir eine gewisse natürliche Arbeitsteilung zwischen Wissenschaft und Managementausbildung, aber wir haben nicht die logische Schlußfolgerung daraus gezogen. Vielleicht haben die Universitäten kein Interesse an der Ausbildung von Managern, mindestens nicht im Bereich der Ausbildung von Fertigkeiten.

Zweitens – und hier *haben* die Universitäten meiner Meinung nach einen entscheidenden Vorteil – würde ich vielleicht ein weiteres Drittel meiner Managementausbildung den

---

* Ich war ebenso von der Oberflächlichkeit dieser Übung betroffen – die „Manager" waren irgendetwas am „managen", was sie nur wenige Tage vorher gelernt hatten. Aber dann irritierte mich, daß ich manchmal nicht weniger oberflächliche Übungen in realen Chefetagen gesehen habe! Vielleicht war es insgesamt eine allzu realistische Simulation!

deskriptiven Einsichten widmen, die die Manager über ihre eigene Arbeitswelt informieren. Ich beziehe mich hier auf Verstehen in einem formalen und konzeptionellen Sinn, auf Theorie, die auf systematischer Forschung basiert – die Domäne des Wissenschaftlers.

Die Schwierigkeit mit Präskriptionen ist, daß sie nicht allgemein angewendet werden können. Kein Ansatz kann die Probleme von Managern aus vielen verschiedenen Organisationen lösen, die alle in einer Klasse zusammensitzen. Präskriptionen müssen dem Kontext angepaßt werden: Sie müssen situationsspezifisch gestaltet und auf die Bedürfnisse von Ort und Zeit zugeschneidert werden.

Entscheidend für effektive Präskriptionen sind effektive Diagnosen, und die hängen vom bestmöglichen Verstehen der jeweiligen Situation ab. Im Management fehlt es einfach an gattungsmäßigen Problemkategorien und ihren Symptomen – an schnellen Verfahren zur Problemdiagnose und zur Verschreibung von Lösungen, wie sie vielleicht in der Medizin existieren. Jedes Managementproblem, mindestens auf der höheren Ebene, muß normalerweise eigens untersucht werden. Deshalb sind meiner Meinung nach *De*skriptionen unser stärkstes *prä*skriptives Hilfsmittel, wenn es in den richtigen Händen ist – nämlich denen des *informierten* Praktikers. (Und deshalb sehe ich meine Rolle als Forscher nicht darin, Techniken zu entwickeln, sondern Einsichten, und meine Rolle als Ausbilder nicht darin, Veränderungen vorzuschreiben, sondern diese Einsichten weiterzugeben. Nur wenn ich als Berater in einem speziellen Kontext arbeite, ist es meine Aufgabe, präskriptiv zu sein. Schätzungsweise tue ich dies derzeit – als selbsternannter Berater von Managementausbildern!)

Der tatsächliche Inhalt dieser deskriptiven Materialien könnte zwei Bereiche abdecken. Der erste betrifft das tatsächliche Funktionieren von Organisationen – wie sie Entscheidungen treffen und Strategien formieren, wie sie Information verarbeiten, wie ihre Manager arbeiten, usw. Der zweite betrifft die grundlegende Kenntnis der Organisationsumwelten – die ökonomischen, politischen, sozialen, finanziellen, etc. Kontexte. Aber dieses Material muß so dargeboten werden, daß Intuition nicht ausgeschlossen wird, wie es heute so oft geschieht, sondern neben dem formalen Wissen muß der beste Gebrauch davon gemacht werden.

In manchen Kreisen ist Theorie ein schmutziges Wort. Aber wir funktionieren alle auf der Basis von Theorien, seien sie formal und explizit, oder informell und unbewußt. In dieser Hinsicht wird Keynes häufig paraphrasiert: Der „Praktiker" ist oft der Gefangene eines verstorbenen Theoretikers. Unsere Aufgabe als Trainer ist es, die Manager dazu zu bringen, daß sie ihre impliziten Theorien an den Herausforderungen alternativer, systematisch entwickelter Theorien prüfen. Wenn es nützlich ist, die Welt durch eine andere Linse zu betrachten, dann müssen Manager dies in Betracht ziehen, also zum Beispiel Strategieformulierung als ein informelles Handwerk statt als einen formalen Planungsprozeß ansehen.

Natürlich gibt es keinen Mangel an schlechten Theorien in unserem Bereich. Man kann sie normalerweise an den scheußlichen Namen erkennen – das „vertical dyad linkage model" (glauben Sie es oder nicht: über Führung) ist mein beliebtes Beispiel. Abraham

Kaplan spricht in *The Conduct of Inquiry* von der „ästhetischen Qualität einer Theorie“[7], und ich vermute, daß er recht damit hat, daß eine harmonische Theorie, eine Theorie, die gut konstruiert ist und einen angemessenen Namen trägt, wahrscheinlich valider und nützlicher ist, als eine mit einem scheußlichen Namen. In jedem Fall können intelligente Manager mit einer tief verwurzelten Kenntnis ihrer Praxis normalerweise die mehr oder weniger nützlichen Theorien sondieren.

Von Anfang an habe ich in meiner Lehrtätigkeit deskriptive Theorie betont. Aber schon bald kam die Frage: „Hören Sie Prof', es ist ja ganz nett, etwas darüber zu hören, wie Manager arbeiten und Organisationen ihre Strategien entwickeln. Aber wann erzählen Sie uns, wie diese Dinge gemacht werden sollen, also etwas, was wir auch nach unserem Abschluß gebrauchen können.“ „Moment, dazu kommen wir am Ende des Kurses“, war meine Antwort. Aber nach ein paar Jahren sagte ich das nicht mehr (weil ich am Ende des Kurses nur wenig dazu zu sagen hatte). Stattdessen fing ich an, zurückzuschießen: „Wenn Sie nicht wüßten, wie der Türknopf funktioniert, wären Sie niemals in diesen Raum gekommen. Wie können Sie glauben, daß Sie verstehen können, wie Organisationen funktionieren? Das sind immens komplizierte Systeme. Was würden Sie mit Präskriptionen anfangen, sogar wenn ich sie Ihnen gäbe?“ Heute sage ich fast dasselbe zu den Managern, die ich ausbilde: „Erwarten Sie keine Rezepte von mir. Das Beste, was ich für Sie tun kann, und in der Tat jeder tun kann, der Ihre verschiedenen Organisationen leitet, sind reichhaltige Beschreibungen, alternative Perspektiven, die Welt zu sehen. Wenn sie zutreffend sind, dann wissen Sie, was Sie damit tun können.“

Warum bestehen wir im Managementbereich auf diesen voreiligen, alles umfassenden Rezepten? Das hat uns in diesem Jahrhundert wieder und wieder aus dem Kurs gebracht, sei es im Rahmen des partizipativen Managements (ändere Deinen Führungsstil so wie du Deine Kleider wechselst), der strategischen Planung (Kreativität durch Controller) oder der gegenwärtigen Fixierung auf die Grundlinie (Gewinne erzielen durch Managen nicht von Produkten, Märkten oder Kunden, sondern von Gewinn selbst). Gott erspare uns einen weiteren Professor der Finanzwissenschaft, der behauptet, daß die Manager über seine Lehre deshalb so ärgerlich sind, weil er ihnen so weit voraus ist.

Man stelle sich einen Studenten der Ingenieurwissenschaften vor, der sagt: „Hören Sie Prof', es ist ja ganz nett zu hören, wie Atome aufgebaut *sind*, aber wann sagen Sie uns, wie sie aufgebaut sein *sollen*?“ Studenten der Ingenieurwissenschaften lernen Physik, und Medizinstudenten Physiologie, weil jeder weiß, daß man einen Beruf nicht ohne grundlegende Kenntnis der Phänomene ausüben kann. Warum bestehen wir darauf, daß es diesbezüglich im Management anders bestellt ist?

Drittens würde ich in meinem Managementprogramm *Analysetechniken* eine gewisse Aufmerksamkeit schenken. Manager müssen mit bestimmten Methoden vertraut gemacht werden, die sich weitgehend als nützlich herausgestellt haben, wenn auch nur, um zu wissen, wie sie mit denjenigen umgehen sollen, die sich damit beschäftigen. Natürlich

---

7 Abraham Kaplan, The Conduct of Inquiry: Methodology for Behavioral Science (San Francisco: Chandler, 1964).

müssen sie sich unter anderem im Rechnungswesen, mit Computern und bestimmten statistischen Verfahren auskennen. Da aber jeder (mit einem dieser phantastischen GMTA Scores sowieso) diese Dinge schnell und einfach lernen kann, würde mein ideales Managementprogramm weit weniger Zeit damit verbringen, als die heutigen MBA-Programme.

Bevor wir die Frage nach der Transformation beenden, möchte ich noch ein Wort zur Vorsicht gegenüber Fallstudien in der Ausbildung hinzufügen – weniger über die Verwendung von Fällen, als darüber, wie sie verwendet werden. Fälle sind ein herausragendes Mittel, um für deskriptive Ziele die Vielfalt der Realität in den Unterrichtsraum zu bringen. Aber als Rezepte sind sie Teil des Problems, nicht der Lösung, wie ich glaube.

Das Spiel ist ganz einfach. Als eifriger junger MBA-Student in Harvard bekommt man ein ordentliches zwanzigseitiges Paket über General Motors oder die Mitsubishi-Gruppe, das man nachts zuvor neben den anderen Fällen für den nächsten Tag liest. Dann kommen alle ins Seminar und sind auf die Diskussion darüber vorbereitet, was die Bewohner von Detroit oder die Chefs eines entfernten japanischen Unternehmens tun müssen, um ihre Probleme zu lösen. Man verhalte sich ja nicht gleichgültig, und lasse es nur nicht an ausreichenden Kenntnissen fehlen: Gute Manager sind entscheidungsfreudig, deshalb müssen gute Managementstudenten einen Standpunkt beziehen. Die Umwelt von General Motors muß bewertet werden, seine typischen Kompetenzen müssen identifiziert werden, Alternativstrategien vorgeschlagen, bewertet und eine ausgewählt werden – und alles in achtzig Minuten. Und alles basierend auf den ordentlichen zwanzig Seiten. Alles wurde bereits hundert Mal im Rahmen des MBA-Programms behandelt. Man stelle sich das Ergebnis vor!

Natürlich implementieren die Studenten nicht die ausgewählte Strategie. Wie könnten sie auch? Aber das ist auch in Ordnung so, weil der Professor eine bequeme Unterscheidung zwischen Formulierung und Implementation eingeführt hat. Vielleicht nur aus „methodischen Darstellungsgründen", wie die Harvard-Autoren eines bekannten Lehrbuches es ausdrücken.[8] Den Industriekapitänen von morgen wird der Eindruck vermittelt, daß gute Manager basierend auf einer schnellen Lektüre eines prägnanten Berichts von hoch oben Entscheidungen treffen, ohne jemals ihr Büro zu verlassen, während alle anderen weiter unten eifrig mit der Implementation beschäftigt sind. Und wir glauben, daß das Geheimnis des Erfolg der Japaner darin liegt, was *sie richtig* machen!

Wenn die Studenten erfahrene Praktiker sind, dann kann der Trainer in Wirklichkeit etwas weitaus besseres tun als Fallstudien zu verwenden – nämlich die Erfahrungen der Studenten selbst. Sie müssen nur übliche Beispiele wählen, oder noch besser, kleine Fallbeispiele von Problemen ausarbeiten, mit denen sie in der Vergangenheit zu tun hatten, auf die dann die theoretischen Einsichten und Techniken der Teilnehmer angewendet werden können. Es kann zu einer besonders leistungsfähigen Pädagogik führen, wenn alle Studenten aus einer Unternehmung kommen, oder nur aus wenigen verschiedenen, deren Erfahrungen vergleichbar sind.

---

8 C.R. Christensen, K.R. Andrews, J.L. Bower, R.G. Hammermesh und M.E. Porter, Business Policy: Text and Cases, 5. Auflage (Homewood, Ill.: Irwin 1982).

Ich möchte ein Beispiel aus meiner eigenen Erfahrung nennen. Wenn mich Organisationen nach in-house Programmen fragen, dann will ich heute Workshops über tatsächliche Probleme durchführen, mit denen die Organisationen konfrontiert sind. Auf diese Weise wird das Lernen erleichtert. Vielleicht hilft der Prozeß sogar bei der Lösung des Problems, während ich auch noch lerne. Auf diese Weise habe ich einige Aufträge verloren, aber ich habe Anregungen bekommen. Als mich David Frances beauftragte, der mit der Thorn-EMI-Gruppe in England arbeitete, war das Resultat eine wunderbare Erfahrung.

Die Teilnehmer waren Praktiker der Organisationsentwicklung und kamen aus verschiedenen Geschäftsbereichen des Unternehmens. Sie kannten mein Buch über organisatorische Strukturbildung. Insofern gab es eine gemeinsame Basis über die Konzeption. Es waren auch drei Divisionsmanager aus verschiedenen Kontexten beteiligt – aus der Division für Computer Software, der für Beleuchtungstechnik und für Musik und Vertrieb. Jeder entwarf eine Art lebensnahen Fall, der im wesentlichen aus einer Sammlung von Materialien über strukturelle Themen bestand, mit denen sie gegenwärtig konfrontiert waren. Die Gruppe las die Materialien im voraus, und am Anfang jeder der drei halbtägigen Sitzungen stellten die Divisionsmanager das Problem vor, und endeten mit einer Reihe von Fragen. Dann teilte sich die Gruppe in Untergruppen, um die Fragen zu diskutieren. Anschließend trugen sie ihre Schlußfolgerungen den Divisionsmanagern und mir vor. Ein Divisionsmanager und ich beteiligten uns dann an der Diskussion der Themen und der Vorschläge, wobei der Divisionsmanager sich hauptsächlich auf das Problem bezog, und ich hauptsächlich auf die Konzepte, die vielleicht hilfreich dabei sein konnten. Daraus resultierte eine äußerst interessante Kombination aus Lehre und teilnehmender Beratung. Man gelangte zu einer Konzeption (die zeigte, wie sie angewendet werden kann) und die vielleicht zu einem kleinen Fortschritt bei den Themen führten.

MBA-Output

Wir lassen vielleicht die falschen Leute zur Managementausbildung zu, und bilden sie unter Umständen falsch aus. Aber am meisten stört mich wirklich, was danach geschieht. Ein MBA-Titel ist ein Freibrief, alles ignorieren zu können, was Organisationen tun und die Realitäten einer Organisation im Bocksprung in die Abstraktionen zu übergehen, wo die natürliche Intuition, sogar wenn sie existiert, kaum eine Entwicklungschance hat. Das begünstigt einen „flachen" und oberflächlichen Managementansatz für die Praxis, der nach meiner Meinung sehr viel mit dem Kern der heutigen Probleme der amerikanischen Wirtschaft zu tun hat.

Organisationen machen nur zwei folgenreiche Dinge: Sie stellen etwas her und verkaufen es. Vermarkte nichts, plane nichts, kontrolliere nichts, zeige nicht die Möglichkeit eines Rückzugs an oder füttere den Computer mit Massen von Daten. Stelle etwas her oder biete eine Dienstleistung an, und suche dann jemanden, der es kauft oder benutzen kann. Es kann dann ohne große Untertreibung gesagt werden, daß unsere MBA-Programme Leute aufnehmen, die kaum jemals irgendetwas hergestellt oder verkauft haben, und sorgen unter Garantie dafür, daß sie es nie tun werden. Wieviele MBA-Absolventen gehen in den Verkauf oder die Produktion? Wieviele managen solche

Dinge, geschweige denn tun sie selbst? Ich befragte unlängst zwei MBA-Klassen. Ein Student drückte sein Interesse am Produktionsbereich aus, keiner am Verkauf.

Man sehe sich nur die beliebtesten Jobs der Absolventen an: den Finanzbereich, wo die Abstraktionen des Geldes, die so kompatibel mit der ganzen Stoßrichtung der MBA-Ausbildung sind, sie vor dem Schmutz der Leute und Produkte schützen. Dann den Beratungsbereich, wo die Fallstudie von der Patentlösung der unabhängigen Expertenplanung lebt und die Spezialisten von der abstrakten Zukunft der Organisation träumen, die sie wohl kaum kennenlernen. Und Marketing, wo manipulative Konzepte und Zahlen in Form aggregierter Daten eins-zu-eins den Verkauf ersetzen.

Livingston verdammt in seinem Artikel die antiquarische Managementausbildung. Hier haben wir ihre Aufrechterhaltung in der Arbeitswelt. Inzwischen erreichen diese Senkrechtstarter die Chefetagen, und haben unten das Rennen auf der „Rennstrecke" gewonnen. Sie haben vielleicht niemals Hand an etwas anderes als an Blätter mit Zahlen und Abstraktionen gelegt, sich vielleicht nie an etwas anderem als dem defekten Kopierer schmutzig gemacht und vielleicht nie einen Kunden getroffen, der keine Statistik im Computer war. Und dann geben sie vor, „Hands-on"-Management zu praktizieren, wie sie gerne sagen, während sie ihre Märkte an die geschickteren Japaner abtreten.

Meine ideale Managementausbildung würde Führungskräfte prüfen, ob sie mit Herstellung und Verkauf in einer Branche vertraut sind, und dann ihr implizites Wissen und ihre natürliche Intuition mit der besten Entwicklung von Fertigkeiten, konzeptuellem Wissen und praktischen Techniken überlagern, so daß sie eine neue Perspektive für das entwickeln, was sie bereits gut kennen. Natürlich kann jeder intelligente Mensch etwas im Seminarraum lernen. Aber man soll nicht noch die weitverbreitete Oberflächlichkeit im Namen des sogenannten professionellen Managements unterstützen. Unsere Organisationen sind einfach zu bedeutsam für eine derartige Praxis.

Anmerkung

Die Implikationen dieser Ideen für die Managementpraxis werden im letzten Kapitel diskutiert. Ein ähnlicher Artikel über Forschungsmethoden ist mein Artikel „An Emerging Strategy of Direct Research" (Administrativ Science Quarterly, Dezember 1979), oder, eher als Pamphlet, „If You're Not Serving Bill and Barbara, then You're Not Serving Leadership" (in: Hunt et al. (eds.)), Leadership: Beyond Establishment Views (Southern Illinois University Press, 1982).

II. Teil

Organisation

Wir können ebensowenig von der Organisation wie von *dem* Tier sprechen. Wir können ebensowenig einen „one best way" zur Führung aller Organisationen vorschreiben, wie allen Menschen dieselbe Brille verschreiben. In der Welt der Organisationen gibt es ebenso wie in der Welt der Biologie verschiedene Arten. Es wurden zuviele Anstrengungen darauf verschwendet, alle Organisationen auf dieselbe Weise zu behandeln – Regierungen, die für alle Ministerien dieselbe Verfahrensweise verlangen, Konglomerate, die für ihre vielen Divisionen dasselbe wollen, Beratungsfirmen, die allen Kunden die modernste Technik verkaufen wollen, handele es sich dabei um die Post oder Kliniken, etablierte Massenhersteller oder die flexiblen Firmen aus dem Bereich der Hochtechnologie.

In einem Großteil meiner Arbeit versuchte ich, Organisationen zu klassifizieren, zunächst aus der Perspektive von Strukturen und später aus der Sicht von Machtprozessen. Wir denken bei Kategorisierungen gerne daran, daß sie naturgesetzlich festliegen. Schließlich sind Hunde etwas anderes als Elefanten. Aber jedes Klassifikationsschema ist in gewisser Weise willkürlich, vor allem in der Anzahl der Kategorien. Mit anderen Worten, jedes Schema ist bis zu einem gewissen Grad die Erfindung des Klassifizierers. Es soll ebenso dem Verständnis wie der Darstellung der wissenschaftlichen Wahrheit dienen. Die Biologen definieren Arten nach ihrer Paarungsfähigkeit. Aber wir verfügen nicht über eine derartig einfache Regel, um Organisationen zu klassifizieren. (Außerdem können sich Pferde mit Eseln kreuzen, obwohl der Maulesel steril ist.)[1]

In einem berühmte Artikel mit dem Titel „The Magic Number Seven Plus or Minus Two: Some Limits on Our Capacity for Processing Information" meint der Psychologe George Miller, daß wir Menschen dazu tendieren, die Dinge in Siebenen einzuteilen (die sieben Weltwunder, die sieben Wochentage usw.), was eine Widerspiegelung der „Einheiten" von Informationen ist, die wir in unserem Kurzzeitgedächtnis behalten können. Drei Weltwunder würden sozusagen ein wenig zu flach ausfallen, während achtzehn ängstigend wären.

In meinem Buch *The Stucturing of Organizations* habe ich fünf Organisationstypen vorgeschlagen. Ich habe – mehr oder weniger – in meinem Buch *Power In and Around Organizations* zwei weitere hinzugefügt. So kam ich auch auf sieben, ein weiterer dieser „schlimmen pythagoräischen Zufälle", von denen Miller spricht. In diesem Teil stelle ich diese sieben vor: unternehmerische, bürokratische, diversifizierte Organisationen, die Organsiation der Professionals, die innovativ, missionarisch und politisch genannten Organisationen. Sie sollen eine Hilfe zur Identifizierung und Ordnung der vielfältigen Dinge sein, die in Organisationen vorkommen.

Ich beginne mit der Ableitung der sieben Typen in Form einer Reihe von Basismerkmalen oder Bausteinen von Organisationen, anhand derer man ihre Funktionsweise verstehen kann. Diese Merkmale schließen die Einzelteile der Organisation, die Mechanismen zur Koordination der Arbeit sowie Elemente ihrer Strukturen, Machtsysteme und ihrer

---

1 George A. Miller, „The Magic Number Seven, Plus or Minus Two: Some Limits of Our Capacity for Processing Information", in: Psychological Review, März 1956, S. 81–97.

Kontexte ein. Meine Hauptthese ist, daß diese Merkmale zu verschiedenen *Konfigurationen* tendieren. Deswegen beziehe ich mich auf die verschiedenen Organisationen als *Konfiguration*.

Die sieben folgenden Kapitel diskutieren jede der identifizierten Konfigurationen und fügen andere Merkmale hinzu (Strategiebildungsprozesse, das Wesen der Arbeit des Managements, Stärken und Schwächen, soziale Probleme usw.). Ein letztes Kapitel in diesem Teil, „Jenseits der Konfiguration", blickt auf die größeren Fragen nach den Kräften und Formen in Organisationen. Dabei handelt es sich in Wirklichkeit um eine Theorie der organisatorischen Effektivität.

6. Kapitel

Die Ableitung von Konfigurationen: Kombination der Basismerkmale von Organisationen

Vor einigen Jahren veröffentlichten Danny Miller (mein erster Doktorand) und ich einen Artikel mit dem Titel „The Case for Configuration". Zur Einführung in dieses Kapitel, das die sieben Basiskonfigurationen herleitet, die in diesem Teil des Buches diskutiert werden, möchte ich die in dem Artikel entwickelte These vorstellen.

In Wirklichkeit stammt die These aus der früheren Arbeit eines anderen Kollegen an McGill, nämlich Pradip Khandwalla, der in seiner Dissertation an der Carnegie-Mellon Universität herausfand, daß der Erfolg verschiedener Branchen nicht durch die Verwendung irgendeines einzelnen Organisationsmerkmals erklärt werden kann (etwa eines besonderern Typs von Planungssystem oder einer Form von Dezentralisierung), sondern dadurch, wie die verschiedenen Merkmale miteinander verbunden werden.[1] Mit anderen Worten, es gab alternative Wege zum Erfolg, basierend auf der Fähigkeit der Organisation, die verwendeten Merkmale zu konfigurieren. „Alles zusammenzubringen" erwies sich als wichtiger als irgend ein „one best way". Konfigurationen wurden seitdem ein wichtiges Thema meiner Arbeit.

In unserem Artikel vertraten Danny und ich die These, daß die akademische Organisationsforschung dazu tendiert, ihre Erkenntnisse durch die Bevorzugung der Analyse vor der Synthese einzuschränken. Sie neigt vor allem dazu, sich mit der Verteilung der einzelnen Variablen auf einer linearen Skala zu beschäftigen als damit, wie sich Merkmale zu Typen als Konfigurationen, Vorbilder oder Gestalten verdichten. Einerseits kann eine Organisation als mehr oder weniger dezentralisiert beschrieben werden und die Forschung versucht, diese Variable mit einer zweiten zu korrellieren (bspw. dem Ausmaß an Planung). Andererseits kann ein Typ von Dezentralisierung (etwa die Übertragung von Autonomie an die Divisonsmanager) mit anderen Merkmalen kombiniert werden (etwa dem Einsatz von Leistungskontrollen und der Übertragung von Verantwortung an jeden Manager für eine spezielle Produktpalette), um einen bestimmten Organisationstyp nahezulegen (die diversifizierte Form). Konfigurationen sind im wesentlichen Systeme, bei denen man sinnvollerweise eher von Netzwerken von Beziehungen spricht als von irgendeiner Variable, die zu einer anderen führt.

Danny und ich nannten eine Reihe von Gründen für die Existenz von Konfigurationen. Einige hatten mit den Bedürfnissen der Organisation zu tun, andere mit denen der Menschen, die Organisationen zu verstehen versuchen. Zu den ersteren zählt, daß sozusagen

1 Pradip Khandwalla, The Effects of Environment on the Organizational Structure of Firms, Dissertation, Graduate School of Industrial Administration, Carnegie-Mellon University, 1970.

durch darwinistische Kräfte nur wenigen Grundformen von Organisationen das Überleben in einem gegebenen Setting begünstigt wird. Mit anderen Worten, Organisationen überleben vielleicht, ähnlich wie Arten, nur dann, wenn sie sich auf eine bestimmte Weise entwickeln, die zu den speziellen Nischen in der Umwelt paßt. Da die Umwelttypen begrenzt sind, müssen es auch die Organisationstypen sein.

Unser zweites Argument war, daß Organisationen vielleicht nach Konfigurationen streben, um Konsistenz in ihren internen Eigenschaften zu erlangen, um Synergie in ihren Arbeitsprozessen herzustellen und um eine Anpassung an ihren externen Kontext zu erreichen. Im Kern bedeutet Konfiguration Harmonie. Statt zu versuchen, alles richtig zu machen, ist die erfolgreiche Organisation vielleicht dazu in der Lage, *sich selbst* anzupassen (anders als das Mitglied einer darwinistischen Spezies, wie bemerkt werden muß), indem sie sich auf eine spezielle Aufgabe konzentriert, um die sie ihre Eigenschaften konfigurieren kann.

Basierend auf den Ergebnissen von Dannys Forschung stellten wir drittens die These auf, daß es für Organisationen sinnvoller ist, nicht durch kontinuierliche und graduelle Anpassung, also stückweise, Veränderungen herbeizuführen, sondern sich eher für einen Quantensprung von einer integrierten Konfiguration in eine andere zu engagieren. (Das ist mit einer bekannten Feststellung aus der Ökologie über „punktuelles Gleichgewicht" verwandt, außer daß sich in unserem Fall eher einzelne Organisationen als Populationen von ihnen anpassen können.) In Wirklichkeit ist es vielleicht effektiver, so lange an einer Form, die in misfit zu ihrer Umwelt geraten ist festzuhalten, bis ein grundlegender Übergang zu einem neuen, angemesseneren fit vollzogen werden kann. So kann die interne Konfiguration aufrechterhalten werden, selbst wenn es auf Kosten der äußeren Anpassung geht. Die Kostspieligkeit und Unterbrechung des organisatorischen Wandels können dann auf kurze Perioden der „strategischen Revolution" konzentriert werden.

Aber Konfigurationen existieren auch in den Köpfen der Beobachter. Die Besucher eines Kunstmuseums betrachten ein Bild zunächst ganzheitlich, wandern mit ihren Augen dann über die gesamte Leinwand, um die Gestalt des Kunstwerks, seine Darstellung, Stimmung und sein Thema aufzunehmen. Erst später richtet sich die Aufmerksamkeit vielleicht auf besondere Merkmale – z.B. die schlichten Pinselstriche, die Intensität der Farben, den Fluß der Linien. Mit anderen Worten, wir begreifen ein komplexes System zuerst über Synthese, vielleicht erst später durch Analyse (sogar wenn es vielleicht in der umgekehrten Reihenfolge geschaffen wurde). Nur eine Welt, die von einem bösartigen Gott beherrscht wird, würde uns dazu zwingen, Systeme in der umgekehrten Reihenfolge wahrzunehmen, etwa Quadratzentimeter für Quadratzentimeter eines Gemäldes zu untersuchen, bevor wir es für uns zusammensetzen. In einer derartigen Welt wären die Bilder ziemlich klein, und die Museen ziemlich leer.

Nach unserer Auffassung sind die Museen der Organisationstheorie so leer (selbst wenn ihre Archive eher voll sind), weil die meisten Publikationen genau dies vom Leser verlangen – nämlich ein Merkmal der Organisation nach dem anderen zu untersuchen, ohne je die Ganzheit zu erkennen. Die Leser brauchen die Organisationstheorie aus denselben Gründen wie manche Betrachter die Gemälde: um Einblick in ihre Welt zu erlangen. Der Betrachter von Organisationen nimmt so viel wahr wie der Kunstbetrachter. Deshalb brauchen wir die Konfiguration auch als Hilfe zum Verstehen unserer Welt – wenn man so will, um die gesamte Leinwand zu betrachten. Anders als im Falle der beiden berühmten Blinden, die jeder einen anderen Teil des Elefanten berühren und dann Aussagen über dessen Beschaffenheit machen, kann die Beschreibung von Organisationen als Konfigurationen die Augen des Betrachters für das Wesen besonderer Formen öffnen. Jede kann als eine logische Kombination ihrer eigenen besonderen Merkmale angesehen werden, die anderen Mitgliedern der eigenen Spezies (Konfiguration) ähnlich ist, aber fundamental unterschiedlich von anderen.

Von daher gehen wir von der Perspektive der Konfiguration aus. Aber zunächst müssen wir die typischen Merkmale verstehen. Die folgenden Kapitel zählen diese Merkmale auf und zeigen, wie sie in sieben unterschiedlichen Konfigurationen kombiniert werden. Wir beginnen mit den Teilnehmern und Bestandteilen von Organisationen, wenden uns dann den grundlegenden Mechanismen zu, durch die sie ihre Arbeit koordinieren, blicken dann auf verschiedene Strukturelemente, und wie diese durch den Kontext beeinflußt werden (letzteres im Sinne der analytischen Forschungstradition) und enden bei der Ableitung der Konfigurationen.

Ich führe hier ein Diagramm ein, das in gewisser Weise zu meinem persönlichen „Logo", zum Symbol meiner Arbeiten geworden ist, nachdem ich es zuerst für mein Buch über Strukturbildung entworfen hatte. Organisationen sind nicht linear, aber die Worte, um sie in einem Buch zu beschreiben. Insofern ist es hilfreich, so oft wie möglich auf schematische Darstellungen zurückzugreifen. Ich verwende das Diagramm in der folgenden Diskussion auf verschiedene Weise.

Ich hatte viel Spaß mit diesem Diagramm. Die junge Künstlerin, die ich zuerst engagiert hatte, es sauber zu zeichnen, erkannte direkt nur eine einzige Sache darin, und behauptete, alle anderen sähen es auch so. Na schön, ich hatte es nicht gesehen. Unlängst erkannte jemand in China einen umgedrehten Pilz. Andere sahen eine Lunge, einen weiblichen Uterus, den Kopf einer Fliege, eine Bohne. Einer erzählte mir sogar, daß er glaube, AT&T hätte mein Buch bei Führungsschulungen eingesetzt, weil das Diagramm wie ein Telefon aussieht! Während das eine Art Rohrschach-Test ist, sehe ich auf jeden Fall nur eine Organisation. Man soll mit dem Diagramm frei experimentieren, mich es aber wissen lassen, wenn man etwas Interessantes entdeckt hat!

Bestandteile und Teilnehmer einer Organisation

An der Basis jeder Organisation gibt es die Operateure, die die Basisarbeit der Produktion und der Dienstleistungen verrichten. Sie stellen den *operativen Kern* dar. Auch die einfachste Organisation verlangt zumindest einen Vollzeitmanager, der die sogenannte *strategische Spitze* besetzt, von wo aus das Gesamtsystem überblickt werden kann. Wenn die Organisation größer wird, braucht man mehr Manager – nicht nur Manager für die Operateure, sondern auch Manager für die Manager. Es entsteht *ein mittleres Linienmanagement*, eine Autoritätshierarchie zwischen dem operativen Kern und der strategischen Spitze.

Wenn die Organisation außerdem komplexer wird, erfordert das im allgemeinen eine Gruppe von Mitarbeitern, die wir Analytiker nennen werden. Auch sie übernehmen bestimmte administrative Aufgaben – die formale Planung und die Kontrolle der Arbeit anderer. Sie werden oft „Stab“ genannt. Die Analytiker stellen die *Technostruktur* dar und stehen außerhalb der Autoritätshierarchie in der Mitte. Die meisten Organisationen fügen auch noch unterstützende Einheiten hinzu, von einer Cafeteria oder Poststelle bis zur Rechtsberatung oder einer Public Relations-Abteilung, um für die verschiedenen internen Dienstleistungen zu sorgen. Wir nennen diese Einheiten *unterstützende Einheiten.*

Schließlich hat jede aktive Organisation noch einen sechsten Teil, den wir Ideologie nennen (ein alternativer populärer Begriff ist „Kultur“). Die Ideologie umfaßt die Traditionen und Überzeugungen einer Organisation, die sie von anderen unterscheiden und Leben in das Strukturskelett bringen.

Daraus resultieren sechs grundlegende Teile einer Organisation. Wie die Abbildung 6.1, unser Logo, zeigt, haben wir eine kleine strategische Spitze, eine ausgeprägte mittlere Linie und einen breiten, flachen operativen Kern an der Basis. Diese drei Teile sind jeweils mit einer durchgezogenen Linie gezeichnet, um anzuzeigen, daß sie normalerweise durch eine einzelne Autoritätskette verbunden sind. Die Technostruktur und die unterstützenden Einheiten sind auf beiden Seiten ausgelagert, um anzudeuten, daß sie von der Hauptautoritätslinie getrennt sind und den operativen Kern nur indirekt beeinflussen. Die Ideologie wird als eine Art Hof dargestellt, der das gesamte System umgibt.

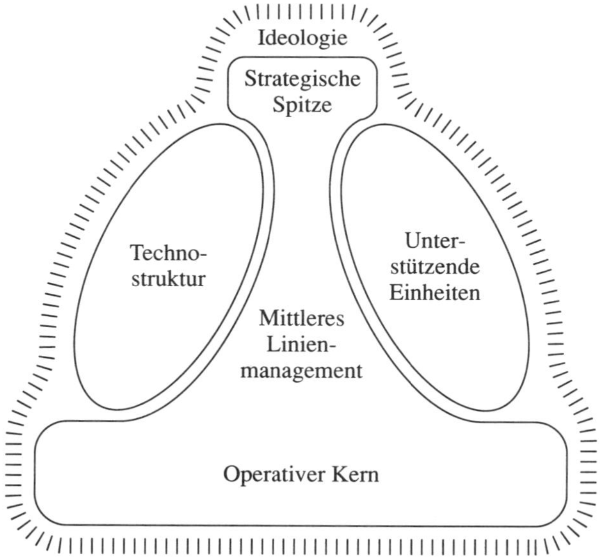

Abbildung 6.1: Sechs Grundbestandteile einer Organisation

Diejenigen, die in Organisationen arbeiten, um ihre Entscheidungen zu treffen und ihre Handlungen zu vollziehen – Vollzeitbeschäftigte, oder in manchen Fällen engagierte Freiwillige – können als *Einflußnehmer* gedacht werden, die eine *interne Koalition* bilden. Mit diesem Begriff meinen wir ein System, in dem die Menschen untereinander um die Verteilung der Macht wetteifern.

Wie die Abbildung 6.2 zeigt, versuchen darüber hinaus auch verschiedene Externe, Einfluß auf die Organisation auszuüben und die intern getroffenen Entscheidungen zu beeinflussen. Diese externen Einflußnehmer, die in der Abbildung als Kraftfeld um die Organisation dargestellt sind, können Eigentümer, Gewerkschaften, andere Arbeitnehmerver-

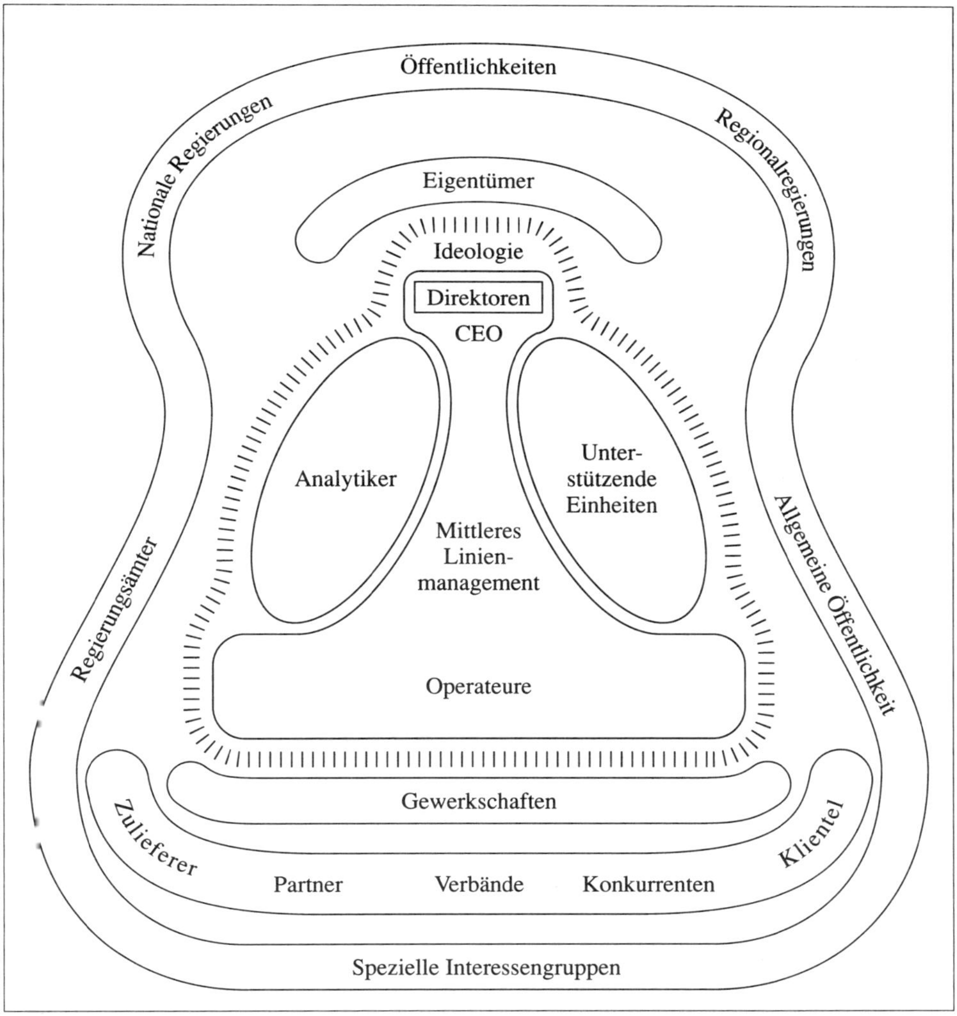

Abbildung 6.2: Interne und externe Einflußnehmer einer Organisation

bände, Lieferanten, Kunden, Konkurrenten, alle Arten von Öffentlichkeit wie etwa die Regierung oder spezielle Interessengruppen usw. sein. Zusammen können sie als eine *externe Koalition* angesehen werden.

Manchmal ist die externe Koalition relativ *passiv* (wie beim typischen Aktionärsverhalten eines weitgestreuten Unternehmens oder den Mitgliedern einer großen Gewerkschaft). Zu anderen Zeiten wird die Organisation von einem aktiven Einflußnehmer oder einer Gruppe von ihnen, die zusammenarbeitet, *beherrscht* (etwa ein externer Eigentümer eines Unternehmens oder eine Gemeinde, die eine bestimmte Philosophie in ihrem Schulsystem durchsetzen will). In noch anderen Fällen kann die externe Koalition *geteilt* sein, wenn also verschiedene Gruppen versuchen, entgegengesetzten Druck auf die Organisation auszuüben (wenn ein Gefängnis zwischen zwei Parteien in einer Gemeinde hin und her gerissen wird, und die eine für Bestrafung, die andere für Rehabilitation ist).

Das Wesen der Organisationsstruktur

Jede organisierte menschliche Aktivität – vom Töpfern bis zur Landung des Menschen auf dem Mond – hat zwei grundsätzliche und entgegengesetzte Bedingungen: Die *Differenzierung der Arbeit* in verschiedene Aufgaben und die *Koordination* dieser Aufgaben zur Erfüllung der Mission. Die Struktur einer Organisation kann einfach als arbeitsteilig gebildete Gesamtheit der Aufgaben und deren Koordination definiert werden.

Koordinationsmechanismen

Eine Reihe von Koordinationsmechanismen scheint die grundsätzlichen Möglichkeiten, mit denen eine Organisation ihre Arbeit koordinieren kann, zu beschreiben, die in Abbildung 6.3 dargestellt und im folgenden aufgelistet wird:

1. *Gegenseitige Abstimmung*, bei der Koordination durch den einfachen Prozeß informeller Kommunikation erreicht wird (wie zwischen zwei Mitarbeitern)

2. *Direkte Kontrolle*, bei der Koordination dadurch erlangt wird, daß jemand Befehle und Anordnungen erteilt (wenn der Chef sagt, was nacheinander zu tun ist)

3. *Standardisierung der Arbeitsabläufe*, bei der Koordination dadurch erreicht wird, daß die aufeinander bezogenen Arbeitsabläufe spezifiziert werden (diese Standards werden normalerweise in der Technostruktur entwickelt, um im operativen Kern durchgeführt zu werden, wie im Falle von Arbeitsanweisungen, die aus Arbeitsstudien stammen)

4. *Standardisierung der Outputs*, bei der eine Koordination dadurch erlangt wird, daß die Ergebnisse der verschiedenen Arbeiten spezifiziert werden (normalerweise auch in der Technostruktur entwickelt, wie im Falle eines Finanzplans, der die Leistungsziele für die Abteilungen benennt oder Spezifikationen der neuen Produktdimensionen)

5. *Standardisierung der Fertigkeiten* (ebenso des *Wissens*), durch die die verschiedenen Arbeiten aufgrund der Ausbildung der Mitarbeiter koordiniert werden (wie bei medizinischen Spezialisten – z.B. im Falle eines Chirurgen und eines Anästhesisten im Operationssaal -, die fast automatisch auf die standardisierten Handlungen des jeweils anderen eingestellt sind)

6. *Standardisierung der Normen*, wodurch die Arbeitsnormen kontrolliert werden, normalerweise für die gesamte Organisation, so daß jeder aufgrund derselben Überzeugungen arbeitet (wie in einem religiösen Orden).

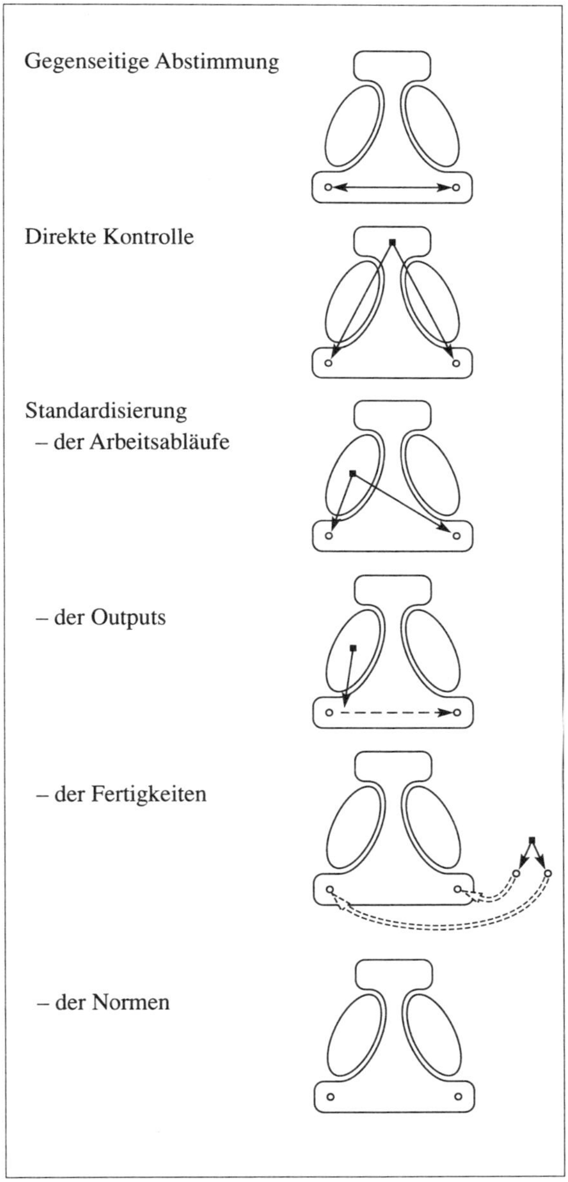

Abbildung 6.3: Koordinationsmechanismen

Diese Koordinationsmechanismen können als die grundlegensten Strukturelemente angesehen werden, als Leim, der die Organisation zusammenhält. Sie scheinen eine grobe Anordnung zu haben: Wenn die Arbeitsabläufe in einer Organisation komplizierter werden, dann scheint die bevorzugte Koordinationsform von gegenseitiger Abstimmung (dem einfachsten Mechanismus) zu direkter Kontrolle zu wechseln, dann vorzugsweise zur Standardisierung der Arbeitsabläufe oder Normen, dann der Leistungen oder Fertigkeiten um am Ende wieder zur gegenseitigen Abstimmung zurückzukehren (paradoxerweise auch der geeignetste Mechanismus für den Umgang mit den komplexesten Arbeitsformen).

Keine Organisation kann sich natürlich auf einen einzigen Koordinationsmechanismus verlassen. Die Mechanismen können in gewisser Weise substituierbar sein, aber alle kommen normalerweise in jeder gut entwickelten Organisation vor. Vor allem gegenseitige Abstimmung und direkte Kontrolle sind, unabhängig von den unterschiedlichen Standardisierungsformen, fast immer wichtig. Moderne Organisationen können nicht ohne Führung und informelle Kommunikation existieren, wenn auch nur, um sich über die Rigiditäten der Standardisierung hinwegzusetzen.

Aber für uns ist hier der wichtigste Aspekt, daß viele Organisationen mindesten in bestimmten Stadien ihrer Existenz einen Mechanismus bevorzugen. Organisationen ohne favorisierten Koordinationsmechanismus scheinen einfach aufgrund der Konflikte, die natürlicherweise auftreten, wenn Menschen in einem relativen Machtvakuum um Einflußmöglichkeiten wetteifern müssen, anfälliger für Politisierungen zu sein (man vergesse beispielweise nicht, daß eine nur geringe direkte Kontrolle ein schwaches Autoritätssystem bedeutet, eine geringe Standardisierung der Normen eine schwache Ideologie, usw.).

Gestaltungsparameter

Das Wesen des organisatorischen Designs ist die Handhabung einiger Parameter, die die Arbeitsteilung und das Zustandebringen der Koordination bestimmen. Einige davon betreffen die Gestaltung individueller Positionen, andere die der Superstruktur (das gesamte Netzwerk der Abteilungen, die im Organisations-Chart widergespiegelt werden), einige die Gestaltung lateraler Beziehungen, um die Superstruktur zu untermauern, und eine letzte Gruppe betrifft die Gestaltung des Entscheidungssystems der Organisation. Unten sind die Hauptparameter der strukturellen Gestaltung in ihrer Verbindung mit den Koordinationsmechanismen aufgeführt.

- *Spezialisierung der Arbeit* bezieht sich auf eine Reihe von Aufgaben und deren Kontrolle durch die Arbeiter. Die Arbeit ist dann *horizontal* spezifiziert, wenn sie aus wenigen eng definierten Aufgaben besteht, und *vertikal* spezifiziert, wenn der Arbeiter keine Kontrolle über die Aufgaben hat. *Ungelernte* Arbeiten sind normalerweise in beiden Dimensionen stark spezialisiert; gelernte und *professionelle* Arbeit ist normalerweise horizontal, und nicht vertikal spezialisiert. „Job enrichment" bezieht sich auf die Anreicherung der Arbeit sowohl in der vertikalen als auch in der horizontalen Dimension.

- *Formalisierung des Verhaltens* bezieht sich auf die Standardisierung der Arbeitsabläufe unter Verwendung von Arbeitsanweisungen, Arbeitsplatzbeschreibungen, Regeln, Vorschriften und ähnliches. Strukturen, die von irgendeiner Standardisierungsform der Koordination abhängen, können *bürokratisch* genannt werden, die anderen als *organisch.*

- *Ausbildung* bezieht sich auf die Verwendung formaler Unterrichtsprogramme, um für die erforderlichen Fertigkeiten und Kenntnisse und die Standardisierung spezieller Arbeiten zu sorgen. Die Ausbildung ist in Unternehmungen vom Typ Organisation von Professionals ein Hauptparameter. Ausbildung und Formalisierung sind im Grunde Substitute für die Standardisierung (praktisch die Bürokratisierung) des Verhaltens.

Im einen Fall werden die Standards als Fertigkeiten gelernt, im anderen werden sie als Regeln der Arbeit auferlegt.

- *Indoktrination* bezieht sich auf Programme und Techniken, anhand derer die Normen der Mitglieder einer Organisation standardisiert werden, so daß sie sich verantwortungsbewußt gegenüber den ideologischen Bedürfnissen verhalten und man ihren Entscheidungen deshalb vertrauen kann. Indoktrination ist sowohl ein Substitut für Formalisierung als auch für die Ausbildung von Fertigkeiten. In diesem Fall werden die Standards als tief verwurzelte Überzeugungen internalisiert.

- *Strukturierung von Abteilungen* bezieht sich auf die Wahl der Grundlagen, nach denen Positionen in den Abteilungen und diese wiederum in Abteilungen einer höheren Ordnung zusammengefaßt werden. Die Strukturierung hat Vorteile für die Koordination, da die verschiedenen Arbeiten unter eine gemeinsame Kontrolle gebracht werden. Die gemeinsamen Ressourcen müssen geteilt und ein gemeinsames Leistungsniveau erreicht werden. Auch die Anpassungen zwischen den verschiedenen Arbeiten sind erleichtert. Die verschiedenen Grundlagen des Strukturierens – durch den Arbeitsprozeß, das Produkt, den Kunden, das Gebiet usw. – können auf zwei grundlegende reduziert werden: die *Funktion* und den *Markt*. Die erste bezieht sich auf eine einzelne Verbindung in der Prozeßkette, durch die Produkte oder Dienstleistungen erzeugt werden, letztere auf die Gesamtkette für die Herstellung des speziellen Endprodukts.

- *Größe der Abteilungen* bezieht sich auf die Zahl der Stellen, aus denen eine Abteilung besteht. Der äquivalente Begriff *Kontrollspanne* wird hier nicht verwendet, weil die Abteilungen manchmal ungeachtet einer fehlenden engen Kontrolle klein gehalten werden. Wenn beispielsweise Experten die Koordinationsprobleme durch intensive gegenseitige Abstimmungen lösen, wie z.B. in einem Team von Ingenieuren in einem Raumfahrtlabor, dann bilden sich kleine Teams. In diesem Fall ist die Abteilung klein und die Kontrollspanne trotz einer relativ geringen direkten Kontrolle klein. Wenn die Arbeitsabläufe stark standardisiert sind (aufgrund von Formalisierung und Ausbildung), kann im Gegensatz dazu die Abteilung sehr groß sein, weil es nur einen geringen Bedarf an direkter Kontrolle gibt. Ein Meister kann Dutzende von Monteuren beaufsichtigen, weil sie streng nach ganz klaren Instruktionen arbeiten.

- *Planungs- und Kontrollsysteme* werden zur Standardisiernung der Leistungen eingesetzt. Sie können in zwei Typen eingeteilt werden: *Handlungsplanungssysteme*, die die Resultate spezifischer Handlungsabläufe vorab genau festlegen (daß beispielsweise die Löcher mit einem Durchmesser von 3 Zentimetern gebohrt werden müssen), und *Leistungskontrollsysteme*, die die angestrebten Ergebnisse des gesamten Handlungsbereichs spezifizieren (daß zum Beispiel der Umsatz einer Abteilung in einem Jahr um 10 Prozent steigen soll).

- *Koordinationsmechanismen* beziehen sich auf eine ganze Reihe von Vorkehrungen, die der gegenseitigen Abstimmung in und zwischen den Abteilungen dienen. Sie reichen von *Koordinatoren* (wie etwa dem technischen Einkäufer, der zwischen Einkauf und technischem Bereich steht), über *Arbeitsgruppen* und *Manager* mit Integrationsaufgaben (etwa Produktmanager) bis schließlich zu voll entwickelten *Matrixstrukturen*.

- *Dezentralisation* bezieht sich auf die Verteilung der Entscheidungsmacht. Wenn alle Macht an einer einzigen Stelle in der Organisation konzentriert ist, nennen wir ihre Struktur zentralisiert. Wenn die Macht verteilt ist, nennen wir sie relativ dezentralisiert. Wir können eine *vertikale Dezentralisation* – die Delegation der formalen Macht an die Linienmanager – von einer *horizontalen Dezentralisation* unterscheiden – die Verteilung der formellen und informellen Macht auf Nichtmanager, die außerhalb der Linienhierarchie stehen (Operateure, Analytiker und andere Experten). Wir können auch eine *selektive* Dezentralisation – die Verteilung der Macht auf verschiedene Stellen in der Organisation – von einer *parallelen* Dezentralisation unterscheiden – wo die Macht über verschiedene Entscheidungen an dieselbe Stelle delegiert wird. Insofern kann man sechs Formen von Dezentralisation beschreiben: (1) vertikale und horizontale Dezentralisation, wo alle Macht an der strategischen Spitze liegt, (2) begrenzte horizontale (selektive) Dezentralisation, wo die strategische Spitze eine gewisse Macht mit der Technostruktur teilt, die die Arbeitsabläufe standardisiert, (3) begrenzte vertikale (parallele) Dezentralisation, wo die Macht an die Manager der marktorientierten Einheiten delegiert wird, um die meisten Entscheidungen zu kontrollieren, die ihre Einheiten betreffen, (4) vertikale und horizontale Dezentralisation, wo die meiste Macht im operativen Kern, also an der Basis der Struktur liegt, (5) selektive vertikale und horizontale Dezentralisation, wo die Macht über unterschiedliche Entscheidungen unter verschiedenen Stellen in der Organisation aufgeteilt ist, unter den Managern, Stabsexperten und Operateuren, die auf verschiedenen Hierarchieebenen in Teams zusammenarbeiten, und (6) reine Dezentralisation, wo die Macht mehr oder weniger gleich unter den Mitgliedern der Organisation aufgeteilt ist.

Struktur im Kontext

Eine Reihe von „Kontingenz- oder Situationsfaktoren" beeinflußen die Auswahl der beschriebenen Gestaltungsparameter, und umgekehrt. Sie betreffen das Alter und die Größe der Organisation, ihr technisches Produktionssystem, verschiedene Umweltmerkmale wie etwa Stabilität und Komplexität, und ihr Machtsystem, zum Beispiel ob sie stark von externen Einflußnehmern kontrolliert wird oder nicht. Einige Wirkungen dieser Faktoren, wie sie in einer umfangreichen Forschungsliteratur dargestellt sind, sollen als Hypothesen zusammengefaßt werden.

Alter und Größe

- *Je älter eine Organisation, desto formalisierter ihr Verhalten.* Hier haben wir das „Wir haben das alles vorausgesehen"-Syndrom. Wenn Organisationen älter werden, dann tendieren sie zur Wiederholung ihres Verhaltens: diese Organisationen werden berechenbarer und damit für Formalisierungen zugänglicher.
- *Je größer eine Organisation, desto formalisierter ihr Verhalten.* So wie die ältere Organisation das Vorausgesehene formalisiert, so formalisiert die Großorganisation das,

was sie oft erlebt („Hören Sie, ich habe die Geschichte heute schon fünfmal gehört, füllen Sie einfach das Formular so aus, wie es da steht")

- *Je größer eine Organisation, desto entfalteter ist ihre Struktur, d.h. desto spezialisierter sind ihre Arbeiten und Abteilungen und desto entwickelter sind ihre administrativen Teile.* Wenn Organisationen größer werden, können sie ihre Arbeitsabläufe mehr spezialisieren. (Der große Friseurladen kann sich einen Spezialisten für Kinderhaarschnitte leisten, der kleine nicht.) Sie können auch die Arbeiten ihrer Abteilungen mehr spezialisieren – oder „differenzieren". Das erfordert mehr Koordinationsanstrengungen. Die Großorganisation neigt insofern zur Ausweitung ihrer Hierarchie, um direktere Kontrolle zu erreichen und größeren Gebrauch von ihrer Technostruktur zu machen, um über eine Standardisierung die Koordinationsprobleme zu lösen, oder andernfalls durch gegenseitige Abstimmungen zu mehr Koordination zu motivieren.
- *Die Struktur spiegelt das Alter der Branche von ihrer Gründung an wider.* Das ist ein kurioser Befund, der sich aber als bemerkenswert stichhaltig erweisen wird. Die Organisationsstruktur scheint das Alter ihrer Branche widerzuspiegeln, unabhängig von ihrem eigenen Alter. Wirtschaftszweige aus Zeiten vor der industriellen Revolution scheinen einen Typ von Struktur zu bevorzugen, solche im Zeitalter der ersten Eisenbahnen einen anderen, und so weiter. Wir können offensichtlich verschiedene Strukturen in verschiedenen Perioden erwarten. Überraschend dabei ist, daß diese Strukturen sich in neuen Perioden durchzuhalten scheinen. Alte Branchen bleiben ihren früheren Strukturen treu.

Technisches System

Das technische System bezieht sich auf die Instrumente, die im operativen Kern zur Herstellung der Outputs verwendet werden. (Das sollte von „Technologie" unterschieden werden, die sich auf die Wissensgrundlage einer Organisation bezieht.)

- *Je regulierter das technische System – d.h. je mehr es die Arbeit der Operateure kontrolliert -, desto formalisierter der Ablauf und desto bürokratischer ist die Struktur des operativen Kerns.* Technische Systeme, die die Arbeit regulieren – etwa Fließbänder bei der Massenproduktion – lassen die Arbeit zur Routine werden und machen sie vorhersagbar. Sie begünstigen damit ihre Standardisierung und Formalisierung, die umgekehrt die Bedingungen für Bürokratisierungen im operativen Kern schaffen.
- *Je komplexer das technische System, desto entfalteter und professioneller sind die unterstützenden Einheiten.* Wenn eine Organisation eine komplizierte Technik einführen will, muß sie im Grunde Spezialisten einstellen, die diese Technik beherrschen – die sie konstruieren, auswählen und verändern können. Die Spezialisten müssen in bezug auf diese Technik die Entscheidungskompetenz haben und dazu motiviert werden, die Kontakteinrichtungen zu berücksichtigen, um eine gegenseitige Abstimmung unter ihnen zu garantieren.
- *Die Automation des operativen Kerns verwandelt eine bürokratische Verwaltungsstruktur in eine organische.* Wenn die ungelernte Arbeit durch die Standardisierung

der Arbeitsabläufe koordiniert wird, bilden sich eher bürokratische Strukturen in der gesamten Organisation, da das ganze System von einer Kontrollmentalität beherrscht wird. Wenn die Arbeit im operativen Kern allerdings automatisiert wird, dann verändern sich wahrscheinlich die sozialen Beziehungen. Es sind jetzt die Maschinen, keine Menschen, die reguliert werden müssen. Die Fixierung auf Kontrolle scheint sich deshalb aufzulösen – über Maschinen muß man nicht wachen. In Verbindung damit entfallen auch viele Manager und Analytiker, die zur Kontrolle der Operateure nötig waren. An ihre Stelle treten Spezialisten, die die Maschinen warten und ihre Arbeit durch gegenseitige Abstimmung koordinieren. Insofern reduziert die Automation die Linienautorität zugunsten des Expertentums und schränkt die tendenzielle Abhängigkeit von Standardisierungen zu Koordinationszwecken ein.

Umwelt

Mit Umwelt sind die verschiedenen Merkmale des äußeren Kontextes der Organisation gemeint, Märkte, das politische Klima, wirtschaftliche Bedingungen etc.

- *Je dynamischer die Umwelt einer Organisation, desto organischer ist ihre Struktur.* Es scheint klar zu sein, daß eine Organisation in einer stabilen Umwelt – wenn sie sich nicht verändert – ihre zukünftigen Bedingungen voraussagen kann und, wenn nichts dazwischenkommt, sich gut auf Standardisierung als Koordinationsform verlassen kann. Wenn sich allerdings die Bedingungen dynamisieren, wenn das Bedürfnis nach Produktänderungen größer wird, die Arbeitsplatzfluktuation hoch und die politischen Bedingungen instabil sind, dann kann die Organisation keine Standardisierung einführen. Sie muß stattdessen flexibel bleiben, und direkte Kontrolle oder gegenseitige Abstimmung als Koordinationsform wählen, also eine organische Struktur verwenden. Deshalb können etwa Armeen, die in Friedenszeiten extrem bürokratische Institutionen sind, eine organische Form annehmen, wenn sie in einen unberechenbaren Guerillakrieg verwickelt sind.
- *Je komplexer die Umwelt einer Organisation, desto dezentraler ist ihre Struktur.* Der primäre Grund zur Dezentralisation einer Struktur ist, daß nicht alle entscheidungsrelevanten Informationen von einer Person gehandhabt werden können. Deshalb besteht normalerweise dann ein Bedarf nach Dezentralisation der Entscheidungsmacht, wenn die Operationen einer Organisation auf einem komplexen Wissensbestand basieren. Eine einfache Umwelt kann stabil oder dynamisch sein (die Bekleidungsindustrie hat eine stabile Umwelt, kann allerdings die Mode von einer Saison zur anderen nicht vorhersagen). Ebenso kann eine komplexe Umwelt stabil und dynamisch sein (der Spezialist für Herzchirurgie wird mit einem schwierigen Problem konfrontiert, weiß jedoch, was zu erwarten ist).
- *Je diversifizierter die Märkte einer Organisation, desto mehr tendiert sie angesichts der Größenvorteile zu einer Aufteilung in marktorientierte Abteilungen oder Divisionen.* Wenn eine Organisation einen klaren Markt identifizieren kann – geographische Regionen, Kunden oder besondere Produkte und Dienstleistungen –, dann ist sie eher

dazu prädisponiert, sich auf dieser Basis in Abteilungen einer höheren Ordnung aufzuteilen und ihnen einen Großteil der Kontrolle über ihre eigenen Operationen zu überlassen ("begrenzte vertikale Kontrolle“, wie wir sagen). Einfacher gesagt: Diversifikation erzeugt Divisionalisierung. Jeder Abteilung können alle Aufgaben anvertraut werden, die mit ihrem Markt zu tun haben. Aber das setzt günstige Größenvorteile voraus. Wenn der operative Kern nicht unterteilt werden kann, wie im Fall der Aluminiumschmelzhütte, oder eine entscheidende Funktion zentral koordiniert werden muß, wie der Einkauf in einer Einzelhandelskette, dann ist wahrscheinlich keine vollständige Divisionalisierung möglich.

- *Eine extrem feindselige Umwelt treibt jede Organisation zu einer temporären Zentralisation ihrer Struktur.* Eine Organisation, die durch eine extrem feindselige Umwelt bedroht ist, neigt zu einer Zentralisation der Macht, mit anderen Worten zu einem Rückfall in den straffsten Koordinationsmechanismus, nämlich die direkte Kontrolle. Eine einzige Führungsperson kann hier eine straff koordinierte Reaktion auf die Bedrohung garantieren (zumindest zeitweise).

Macht

- *Je größer die externe Kontrolle einer Organisation, desto zentralisierter und formalisierter ist ihre Struktur.* Diese wichtige Hypothese behauptet, daß eine Organisation in dem Maße wie sie extern kontrolliert und ihre externe Koalition zum Beispiel durch eine Muttergesellschaft oder die Regierung dominiert wird, zur Zentralisierung der Macht an der strategischen Spitze und zur Formalisierung ihres Verhaltens tendiert. Der Grund dafür liegt darin, daß die effektivste Kontrolle einer Organisation von außen darin besteht, die Unternehmensleiter für ihre Handlungen verantwortlich zu machen und klar definierte Standards einzuführen. Eine externe Kontrolle zwingt darüber hinaus eine Organisation zur Vorsicht.
- *Eine geteilte externe Koalition führt eher zu einer politisierten internen Koalition*, und umgekehrt. In Wirklichkeit kann ein Koalitionskonflikt in einen anderen umschlagen, wenn eine Reihe von Einflußnehmern versucht, die Unterstützung der anderen zu gewinnen.
- *Mode begünstigt die Struktur von heute (und der Kultur), manchmal sogar wenn sie unangemessen ist.* Idealerweise werden die Gestaltungsparameter entsprechend den Geboten von Alter, Größe, technischem System und Umwelt gewählt. In Wirklichkeit scheint die Mode jedoch auch eine Rolle zu spielen und verleitet viele Organisationen dazu, gegenwärtig populäre Gestaltungsparameter zu übernehmen, die für sie unangemessen sind. Paris hat seine Salons der Haute Couture. Ähnlich hat New York seine Büros der „haute structure“, nämlich die Beratungsfirmen, die manchmal dazu neigen, den letzten Schrei der Strukturmode anzubieten.

Grundtypen von Organisationen

Wir haben jetzt verschiedene Merkmale von Organisationen eingeführt – Bestandteile, Koordinationsmechanismen, Gestaltungsparameter, Situationsfaktoren. Wie gehören sie zusammen?

Über Jahre hinweg hat die Managementliteratur für den „one best way" plädiert, und tut es überwiegend auch heute noch. Eine gute Struktur hat eine rigide Hierarchie, die Kontrollspannen sind nicht größer als sechs und sie macht intensiven Gebrauch von strategischer Planung, etc. In den 60er Jahren entwickelte die Organisationstheorie den Kontingenzansatz – „es hängt davon ab" –, der durch die Situationshypothese charakterisiert ist, die wir gerade vorgestellt haben. Organisationen haben ihre Merkmale unabhängig, aber gemäß des Kontextes ausgewählt, so wie Gäste sich am Buffet bedienen. Wir ziehen allerdings, wie gesagt, einen dritten Ansatz vor, der durch ein „bringen wir alles zusammen" charakterisiert ist – den Konfigurationsansatz. Die Elemente der Struktur und sogar die der Situation sollten so ausgewählt werden, daß Konsistenz erzielt wird.

Unsere Grundprämisse ist, daß eine begrenzte Zahl von Konfigurationen die Erklärung von Organisationen erleichtern kann. Wir haben sechs Grundbestandteile von Organisationen, sechs Grundkoordinationsmechanismen sowie sechs Grundtypen der Dezentrali-

Konfiguration	Primärer Koordinationsmechanismus	Schlüsselteil der Organisation	Typ der Dezentralisation
Unternehmerische Organisation	Direkte Kontrolle	Strategische Spitze	Vertikale und horizontale Zentralisation
Maschinenorganisation	Standardisierung der Arbeitsabläufe	Technostruktur	Begrenzte horizontale Dezentralisation
Organisation der Professionals	Standardisierun der Fertigkeiten	Operativer Kern	Horizontale Dezentralisation
Diversifizierte Organisation	Standardisierung der Outputs	Mittleres Linienmanagement	Begrenzte Vertikale Dezentralisation
Innovative Organisation	Gegenseitige Abstimmung	Unterstützende Einheiten	Selektive Dezentralisation
Missionarische Organisation	Standardisierung der Normen	Ideologie	Dezentralisation
Politische Organisation	Keine	Keine	Verschiedene

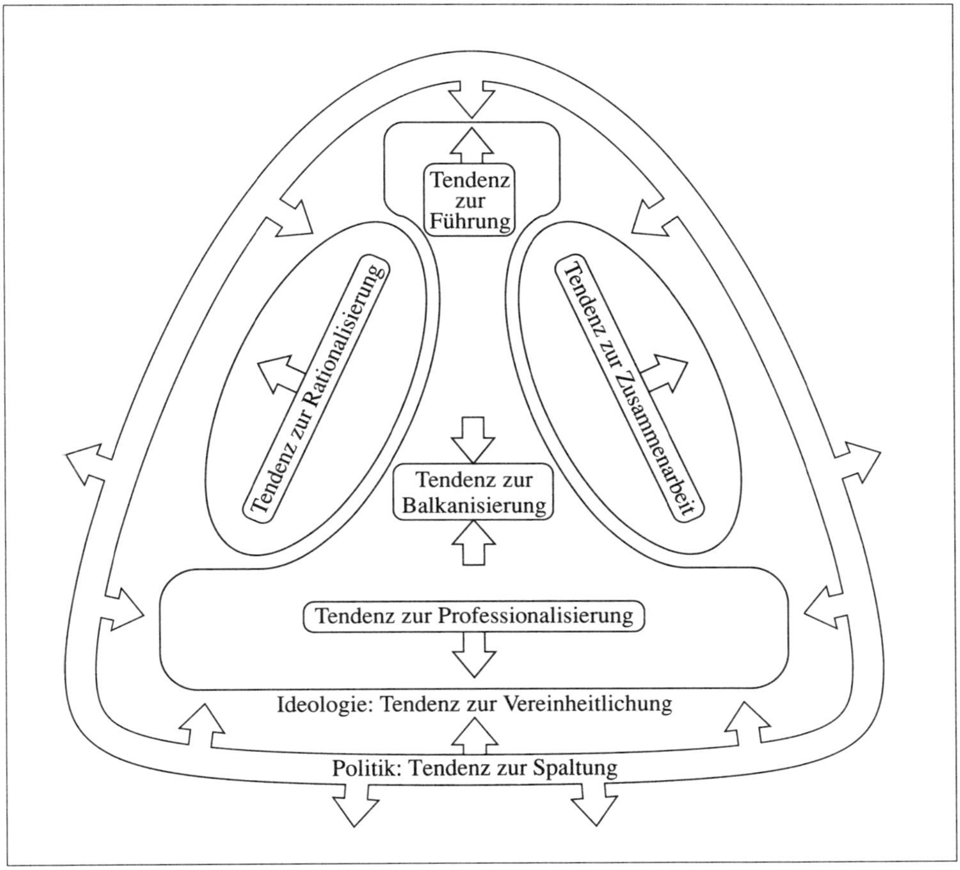

Abbildung 6.4: Grundtendenzen in der Organisation

sation eingeführt. In Wirklichkeit scheint ein fundamentaler Zusammenhang zwischen diesen sechs Typen zu bestehen. Sie können durch eine Reihe von Tendenzen erklärt werden, die von jedem der sechs Teile ausgehen, wie es auch in der Abbildung 6.4 dargestellt ist. Wenn die Bedingungen eine dieser Tendenzen begünstigen, dann ist die Organisation unentschieden, sich als eine spezielle Konfiguration zu gestalten.

- Die strategische Spitze hat eine Tendenz zur *Führung*, wodurch sie die Kontrolle über Entscheidungen behält, die sie über eine direkte Kontrolle der Koordination erreicht. Wenn die Organisation diese Tendenz abgibt, was oft aufgrund eines vorrangigen Bedürfnisses nach einer strategischen Vision geschieht, dann resultiert eine *unternehmerisch* genannte zentralisierte Konfiguration. Wie Abbildung 6.5 zeigt, liegt die strategische Spitze direkt über dem operativen Kern, und sonst gibt es wenig an mittlerem Linienmanagement oder Stabsspezialisten.

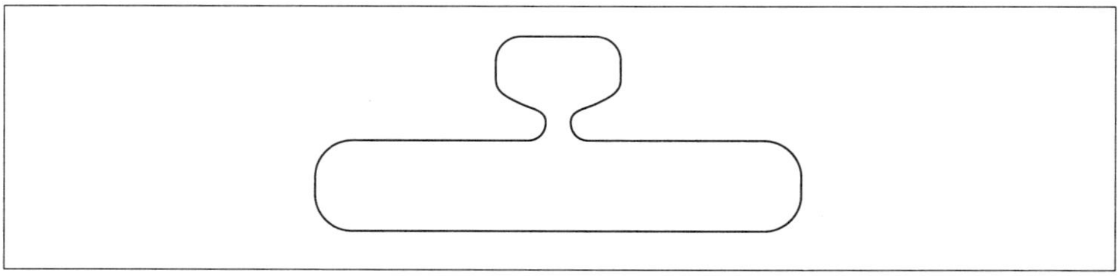

Abbildung 6.5: Die unternehmerische Organisation

– Die Technostruktur hat eine Tendenz zur *Rationalisierung*, was idealerweise durch die Standardisierung der Arbeitsprozesse geschieht und nur eine begrenzte horizontale Dezentralisation fördert (die sich selbst bevollmächtigt). Organisationen, die diese Tendenz normalerweise aufgrund eines primären Bedarfs an Routineeffizienz abtreten, nehmen eine *Maschinen*konfiguration an, die in Abbildung 6.6 dargestellt ist. Sie hat eine vollentwickelte Linien- und Stabsstruktur, und konzentriert sich auf die Kontrolle und Sicherung des operativen Kerns. (Maschinenorganisationen, die im Auftrag einer externer Einflußgruppe Rationalisierungen einführen, können *Instrumente* genannt werden. Diejenigen, die es im Auftrag der eigenen Administration tun, heißen *geschlossene Systeme*.

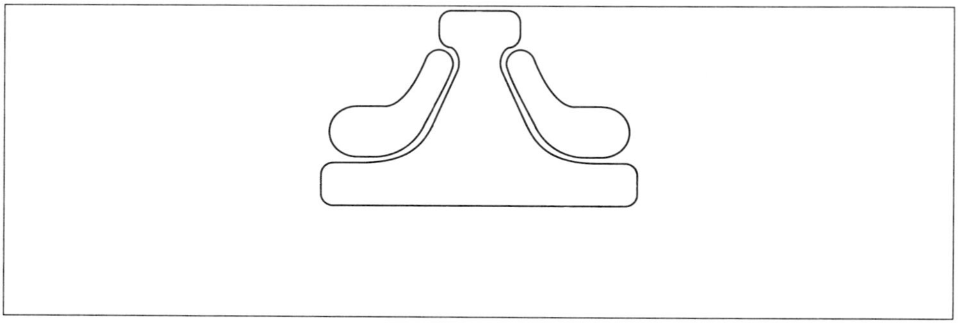

Abbildung 6.6: Die Maschinenorganisation

– Bei seiner Suche nach Autonomie entwickelt das mittlere Linienmanagement eine Tendenz zur *Balkanisierung* der Struktur, um die Macht in seinen eigenen Einheiten durch deren nur begrenzte (und parallele) vertikale Dezentralisation zu konzentrieren. Wenn die Organisation diese Tendenz aufgibt, was normalerweise aufgrund einer Aufteilung in verschiedene Einheiten geschieht, um getrennte Märkte effektiv zu bedienen, und die Leistungen dieser Einheiten weitgehend durch eine Standardisierung der Outputs kontrolliert, dann resultiert daraus die *diversifizierte* Konfiguration. Wie die Abbildung 6.7 zeigt, überblickt eine kleine strategische Spitze in der „Zentrale", unterstützt von kleinen Stabseinheiten, eine Reihe von Abteilungen, die normalerweise als Maschinenkonfiguration strukturiert sind (aus Gründen, die wir später noch erklären).

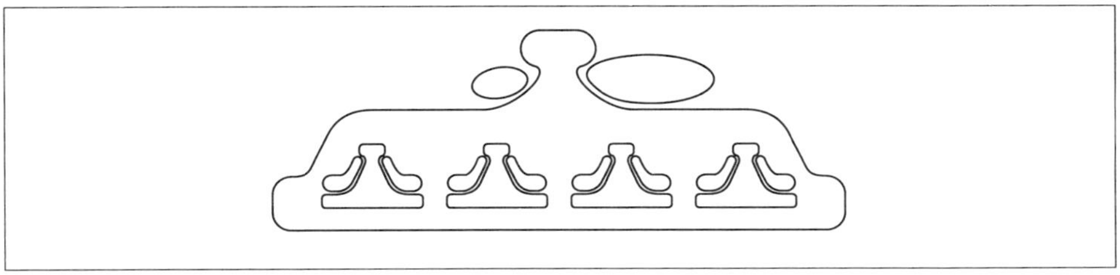

Abbildung 6.7: Die diversifizierte Organisation

- Die Mitglieder des operativen Kerns haben eine Tendenz zur *Professionalisierung*, um die Einflüsse anderer auf ihre Arbeit zu minimieren, und zwar Kollegen ebenso wie das Linienmanagement und die technokratischen Administratoren. Wenn die Organisation dieser Tendenz nachgibt, was im allgemeinen aufgrund des starken Bedürfnisses nach Perfektionierung von Expertenprogrammen geschieht, dann entsteht die *professionelle* Konfiguration, die durch eine vollständige horizontale und vertikale Dezentralisation der Macht gekennzeichnet ist, und wo Koordination überwiegend durch die Standardisierung des Wissens und der Fertigkeiten bewältigt wird. Wie die Abbildung 6.8 zeigt, hat die Organisation nur eine kleine Technostruktur und ein kleines mittleres Management, weil nur ein geringer Bedarf an administrativer Kontrolle besteht. Aber sie hat große unterstützende Einheiten, die den hochbezahlten Professionals dienen.

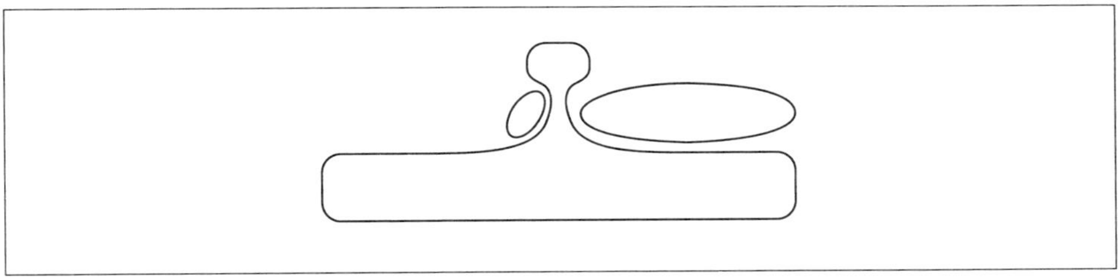

Abbildung 6.8: Die Organisation der Professionals

- Die unterstützenden Einheiten haben eine Tendenz zur *Zusammenarbeit*, um an den zentralen Aktivitäten der Organisation beteiligt zu werden. Die Organisation mit einem Bedarf nach anspruchsvollen Innovationen muß normalerweise dieser Tendenz nachgeben, und Stab und Linie und manchmal das Personal des operativen Kerns zu multidisziplinären Expertenteams zusammenschweißen, die die Koordinationsaufgaben durch gegenseitige Abstimmung erfüllen. Die Organisation nimmt eine *innovative* Konfiguration an, wie die Abbildung 6.9 zeigt, bei der viele der Unterscheidungen konventioneller Organisationen entfallen, da ihre verschiedenen Teile auf einer selektiven Grundlage zu einem einzigen System vertikaler und horizontaler Dezentralisation verschmelzen.

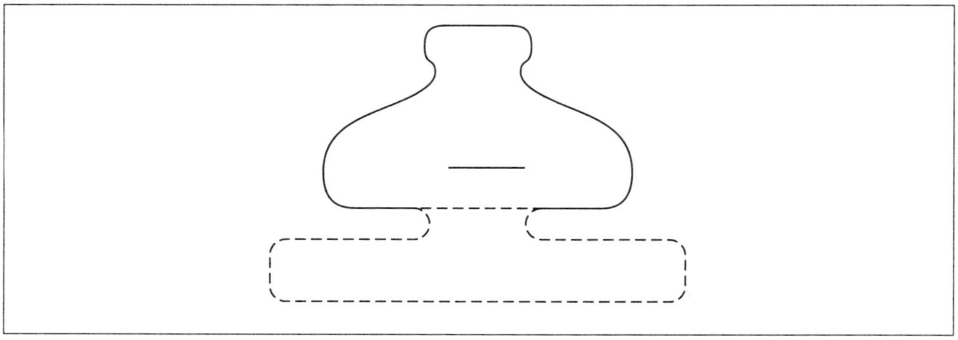

Abbildung 6.9: Die innovative Organisation

- Ideologie existiert primär als eine Kraft in Organisationen anderen Typs, und ermuntert die Mitglieder dazu, *an einem Strang zu ziehen*, wie es in der Abbildung 6.10 dargestellt ist. Sie kann manchmal auch dominant sein, wenn die Standardisierung der Normen zum primären Koordinationsmechanismus wird. Dann geht die Organisation zu einer *missionarischen* Konfiguration über und erlangt die reinste Form der Dezentralisation, da jedes Mitglied das Vertrauen hat, zum Wohl der gesamten Organisation zu entscheiden und zu handeln.

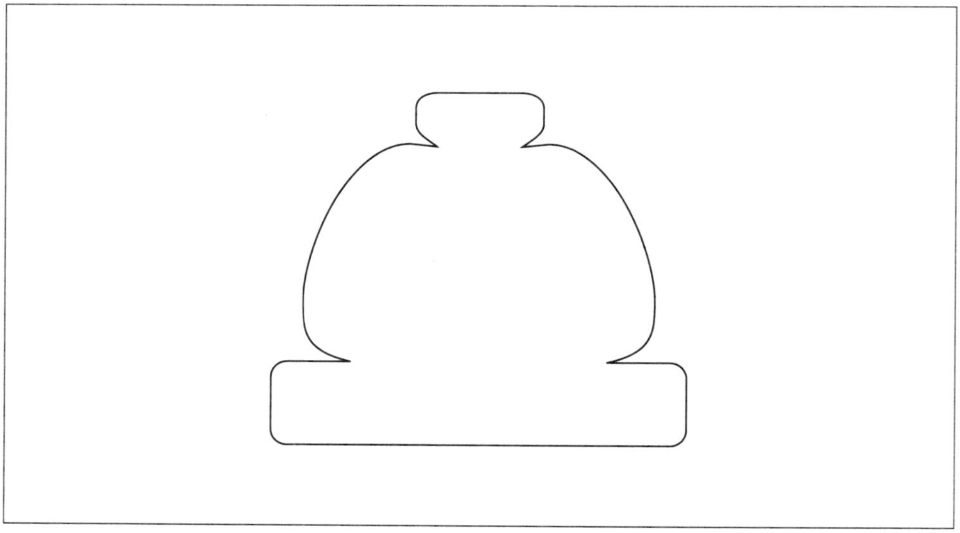

Abbildung 6.10: Die missionarische Organisation

– Schließlich kommt es in anderen Organisationstypen auch zu politischen Prozessen und zu Konflikten, die die Mitglieder *auseinanderreißen*, wie es die Abbildung 6.11 zeigt. Aber auch die politischen Prozesse können manchmal dominieren, wenn kein Teil der Organisation und kein Koordinationsmechanismus bestimmend ist. Dann nimmt die Organisation die *politische* Konfiguration an, ohne eine stabile Form von Zentralisation oder Dezentralisation.

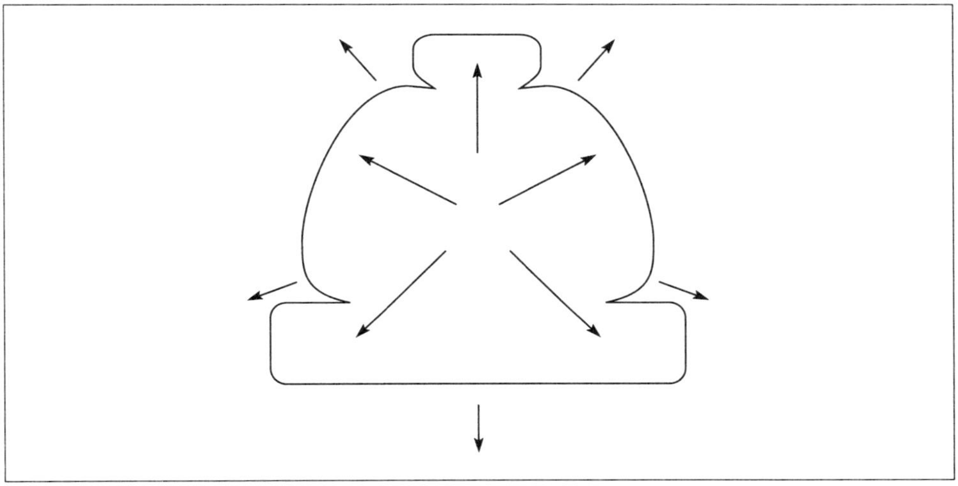

Abbildung 6.11: Die politische Organisation

Zusammen scheinen diese Konfigurationen, ebenso wie ihre jeweiligen Tendenzen und Bedürfnisse, einen großen Teil unseres Wissens über Organisationen abzubilden und zu integrieren. Es sollte betont werden, daß jede Konfiguration eine Idealisierung ist – eine Vereinfachung, eine Karikatur der Realität. Keine reale Organisation entspricht immer exakt einer Konfiguration. Aber einige nähern sich bemerkenswert, während andere Kombinationen manchmal den Übergang von der einen zur anderen widerzuspiegeln scheinen.

Jede dieser Konfigurationen spiegelt dann die zentralen Tendenzen in Organisationen wider, während sie zusammen125B8 Grenzen eines Raumes definieren, in dem konkrete Organisationen angesiedelt werden können. Um einen Raum zeichnen zu können, müssen vorher zunächst die Grenzen identifiziert werden. Deshalb beginnen wir in den folgenden sieben Kapiteln mit einer Beschreibung der einzelnen Konfigurationen. Im Schlußkapitel betrachten wir dann den gesamten Raum, und benutzen den Rahmen der sieben Konfigurationen, um die vielfältigen und verschiedenen Formen zu beschreiben, die konkrete Organisationen annehmen.

Anmerkung

Jedes Konzept, jedes Merkmal, jede Hypothese, die hier vorgestellt werden, sind in dem einen oder dem anderen meiner zwei Bücher (die zusammen 1200 Seiten umfassen) ausgearbeitet, manchmal in einem Paragraphen, manchmal in einem Abschnitt, nicht selten in einem ganzen Kapitel (wie es für jeden der Gestaltungsparameter, den Satz an Bedingungen und für die Konfigurationen selbst zutrifft). Das Material über Struktur findet man in: The Structuring of Organizations (Prentice-Hall, 1979), oder in kürzerer Fassung beim selben Verlag als: Structur in Five: Designing Effektive Organizations (1983); das Material über Macht findet man in: Power In and Around Organizations, beim selben Verlag (1983). „Case for Cofiguration", die die Einleitung zu Teil zwei darstellt, und von Danny Miller und mir stammt, kann vollständig in: Miller und Friesen, Organizations: A Quantum View (Prentice-Hall, 1984), Kapitel 1, gefunden werden.

7. Kapitel

Die unternehmerische Organisation

Einfache Organisationen, die energisch und mit persönlichem Stil ihrer Chefs geführt werden (die keine strikten Unternehmertypen im Sinne von Eigentümer-Unternehmern sein müssen) sind nett anzusehen: sie sorgen für wunderbare Geschichten über den Aufbau großer Imperien und dramatische Wandlungsprozesse. Hier manifestieren sich auch strategische Visionen am deutlichsten, was heute ein heiß diskutiertes Thema ist, obwohl es weitgehend im Dunkeln der Intuition verbleibt. Aber die unternehmerische Konfiguration hat, wie jede andere auch, ihre Probleme. Es ist kein Zufall, daß diese Organisationsform über weite Strecken in diesem Jahrhundert an Popularität verloren hat, obwohl sie in jüngster Zeit in dem Maße eine Wiederbelebung erfahren hat, wie die großen Bürokratien in Schwierigkeiten gerieten.

Ich lege hier eine Beschreibung der unternehmerischen Organisation vor: wie sie sich organisiert (oder zumindest dem widersetzt), wie sie funktioniert und besonders wie sie Strategien entwickelt. Ich nenne die Bedingungen, die wahrscheinlich ihre Entwicklung verstärken, die Probleme, auf die sie trifft und schließlich, basierend auf Untersuchungen, die wir an McGill über visionäre Führungskräfte gemacht haben, was über ihre strategische Vision gesagt werden kann.

Die unternehmerische Organisation

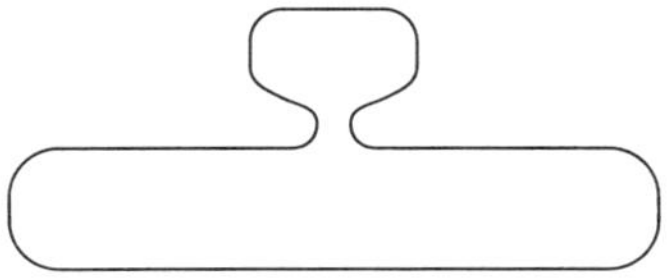

Struktur:
- einfach, informell, flexibel, mit kleinem Stab oder kleiner mittlerer Hierarchie
- die Aktivitäten kreisen um den Chef, der durch direkte Kontrolle persönlich führt

Kontext:
- einfache und dynamische Umwelt
- starke Führung, manchmal charismatisch, autoritär
- Gründung, Krise und Wandel
- kleine Unternehmen, „lokale Hersteller“

Strategie:
- oft ein visionärer Prozeß, weitgehend geplant, aber emergent und flexibel im Detail
- Führer suchen für das Unternehmen geschützte Nischen

Themen:
- reaktionsfähig, Sendungsbewußtsein

aber:
- verletzlich, restriktiv
- Gefahr des Ungleichgewichts bei Strategie oder Operationen

Man sehe sich ein Autohaus mit einem extravaganten Besitzer an, ein ganz neues Ministerium, einen Betrieb oder sogar eine Nation, die von einem autoritären Führer geleitet werden, oder eine private Schule in einer Krise. In vielen Hinsichten handelt es sich um durchaus unterschiedliche Organisationen. Aber offensichtlich haben sie eine Reihe von Grundmerkmalen gemeinsam. Sie bilden eine Konfiguration, die wir die *unternehmerische Organisation* nennen werden.

Die Grundstruktur

Die Struktur der unternehmerischen Organisation ist einfach und nicht kompliziert. Wie in der Abbildung oben dargestellt, hat sie normalerweise nur einen kleinen oder überhaupt keinen Stab, eine lockere Arbeitsteilung und eine einfache Managementhierarchie. Nur wenige Aktivitäten sind formalisiert und sie verwendet nur wenige Planungsverfahren oder Ausbildungsroutinen. In gewisser Weise hat sie keine Struktur. In meinem Buch über „Strukturen" nannte ich das die *einfache Struktur*.

Die Macht ist auf den Unternehmenschef konzentriert, der sie auch persönlich ausübt. Formale Kontrolle wird aus Gefahr für die Autorität dieser Person verhindert, ebenso ein starkes Expertentum und sogar einige ideologische Aspekte, die nicht im Einklang mit der Vision des Unternehmensleiters stehen. Unter dem wachsamen Auge des Chefs können sich keine politischen Prozesse entwickeln. Sollten Außenstehende, etwa spezielle Kunden oder Zulieferer, versuchen Einfluß zu nehmen, wird der Chef wahrscheinlich das Unternehmen in einer weniger exponierten Marktnische ansiedeln.

In kleinen unternehmerisch geführten Betrieben erstattet gewöhnlich jeder dem Chef Bericht. Sogar in den etwas größeren ist ein Großteil der Kommunikation zwischen dem Chef und anderen informell. Eine Gruppe von MBA-Studenten bemerkt in ihrer Untersuchung über einen kleinen Pumpenhersteller: „Es ist nicht unüblich, den Präsidenten der Firma in einem zwanglosen Gespräch mit einem Mechaniker zu sehen. (Dadurch) wird er über eine Panne informiert, bevor der zuständige Manager benachrichtigt wird."

Der Entscheidungsprozeß verläuft ähnlich flexibel. Er basiert auf einem stark zentralistischen Machtsystem, das ein schnelles Reagieren erlaubt. Die Entwicklung einer Strategie ist natürlich Sache des Chefs. Der Prozeß verläuft eher intuitiv und ist oft eine aggressive Suche nach Möglichkeiten. Es überrascht deshalb nicht, daß die Strategie sehr stark die implizite Vision der Welt des Unternehmensleiters widerspiegelt, die oft eine Extrapolation seiner Persönlichkeit ist.

Konfliktmanagement und Innovationen auf eine unternehmerische Art sind vielleicht die wichtigsten Aspekte seiner Arbeit. Im Gegensatz dazu wird den formalen Aspekten der Führungssaufgabe – beispielweise Repräsentationsaufgaben – weniger Aufmerksamkeit geschenkt als der Verteilung der Information und der internen Ressourcenzuteilung, da Wissen und Macht an der Spitze verbleiben.

Bedingungen der unternehmerischen Organisation

Die unternehmerische Konfiguration wird durch einen einfachen und dynamischen Kontext verstärkt. Er muß relativ einfach sein (beispielsweise Lebensmitteleinzelhandel im Gegensatz zum Bau von Düsenflugzeugen), damit eine Person an der Spitze das Konzept in der Hand behalten kann. Der dynamische Kontext erfordert eine flexible Struktur, die es umgekehrt der Organisation möglich macht, Bürokratismus zu vermeiden. Unternehmertypen werden natürlich von solchen Bedingungen angezogen.

Der klassische Fall ist die unternehmerische Firma, in der der Chef auch Eigentümer ist. Unternehmer gründen oft ihre eigene Firma, weil sie vor den Verfahren und der Kontrolle der Bürokratie fliehen. Sie sind am Ruder ihrer eigenen Unternehmen. Sie lehnen weiterhin eine bürokratische Praxis und damit einhergehende Stabsexperten ab, und halten ihr Unternehmen damit überschaubar und flexibel. Abbildung 7.1 zeigt das Organigramm von Steinberg, eine Supermarktkette, die wir für die Zeit ihrer klassischen Unternehmerjahre kurz darstellen werden. Auffallend sind die Identifikation der Personen anhand ihrer Positionen, die einfache Struktur (der Umsatz betrug zu dieser Zeit ungefähr 27 Millionen Dollar) und die Fokussierung auf den Unternehmensleiter (ohne die offensichtlichen familiären Verbindungen zu erwähnen).

Unternehmerisch geführte Betriebe sind oft jung und aggressiv und ständig auf der Suche nach riskanten Märkten, vor denen die größeren Bürokratien zurückschrecken. Aber sie sind vorsichtig genug, um komplizierte Märkte zu meiden und ziehen es vor, in den Nischen zu bleiben, die ihre Führung kennt. Ihre geringe Größe und genaue Strate-

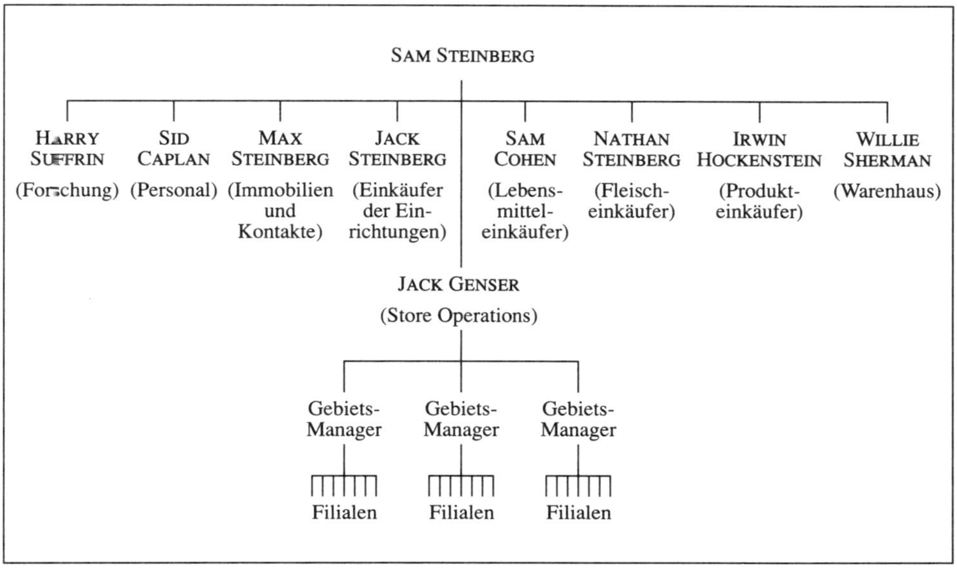

Abbildung 7.1: Das Unternehmen der Steinbergs, eine unternehmerische Firma (ca. 1948)

gie ermöglicht einfache Strukturen, so daß die Führung die Kontrolle behalten und flexibel vorgehen kann. Darüber hinaus haben Wirtschaftsunternehmer oft eine Vision sowie Charisma und Autorität (manchmal beides, nacheinander!). Selbstverständlich sind nicht alle „Unternehmer" so aggressiv und visionär. Viele lassen sich nieder und verfolgen bekannte Strategien in kleinen geographischen Nischen. Es sind die *lokalen Produzenten*, das Eckrestaurant, die Bäckerei nebenan und die regionale Supermarktkette.

Aber eine Organisation muß einem Unternehmer nicht gehören, nicht einmal nach Gewinn streben, um die unternehmerisch genannte Konfiguration anzunehmen. Egal um welchen Sektor es sich handelt, die meisten neuen Organisationen scheinen tatsächlich diese Konfiguration zu wählen, weil sie sich im allgemeinen auf eine personalisierte Führung verlassen müssen, um überhaupt anfangen zu können – um ihre Grundlinie oder *strategische Vision* festzulegen, ihre ersten Mitarbeiter einzustellen und ihr Vorgehen einzurichten. Starke Führungspersönlichkeiten fühlen sich natürlich zu neuen Organisationen hingezogen, denen sie ihren eigenen Stempel aufdrücken können. Deshalb können wir schlußfolgern, daß die meisten Organisationen der Wirtschaft, des Staates und im Nonprofitsektor in ihren entscheidenden Jahren, nämlich während der *Gründung*, die unternehmerische Konfiguration durchlaufen.

Während neue Organisationen, die schnell größer werden oder eine spezielles Expertentum verlangen, vielleicht schnell in eine andere Konfiguration übergehen, scheinen viele andere mehr oder weniger solange bei der unternehmerischen Form zu bleiben, wie der Gründer noch aktiv ist. Das spiegelt die Tatsache wider, daß die Struktur oft um die Persönlichkeit und die Orientierung der Führungsperson aufgebaut und mit loyalen Mitarbeitern besetzt wurde.

Die letzte Bemerkung deutet darauf hin, daß die persönlichen Machtbedürfnisse einer Führungsperson in einer bestehenden Organisation an sich schon zu dieser Konfiguration führen kann. Wenn ein Unternehmensleiter Macht anhäuft und die Formalisierung der Organisationaktivitäten als eine Verletzung seines Anweisungsrechts vermeidet oder verhindert, dann entsteht wahrscheinlich eine autoritäre Organisation. Das kann am Persönlichkeitskult der Führungskraft abgelesen werden, in der Wirtschaft (die letzten Tage von Henry Ford) nicht weniger als bei Regierungen (Stalin in der Sowjet Union). Charisma kann einen ähnlichen Effekt haben, wenn auch andere Folgen, sobald der Führer persönliche Macht erlangt, weil die Anhänger ihn damit überhäufen.

Die unternehmerische Konfiguration kann auch in jedem anderen Organisationstyp entstehen, der mit schweren Krisen konfrontiert wird. Wenn eine Organisation mit dem Rücken an der Wand steht und ihr Überleben auf dem Spiel steht, wird sie sich normalerweise an einen solchen Führer als Retter wenden. Die Struktur wird in dem Maße (wenn auch nicht formal) einfach, wie die normale Macht der bestehenden Gruppen – etwa Stabsanalytiker, Linienmanager oder Professionals mit ihren vielleicht standardisierteren Kontrollverfahren – suspendiert wird, damit der Chef eine neue integrierte Vision unter der Führung einer Person durchsetzen kann. Er kann Kosten und Ausgaben kürzen, um zu erreichen, was in der strategischen Managementliteratur als *operativer Wandel* bekannt ist oder um die notwendige Produktions- und Dienstleistungskompetenz wiederzuerlangen, als *strategischen Wandel*. Ist der Wandel einmal vollzogen, kann die Organisation natürlich wieder zu ihrer traditionellen Arbeitsweise zurückkehren und darüber hinaus sich von ihrem unternehmerischen Führer trennen, der jetzt als ein Hindernis für das reibungslose Funktionieren angesehen wird.

Strategieformation in der unternehmerischen Organisation

Wie entwickelt sich in einer solchen Organisation die Strategie? Welche Rolle spielt das geheimnisvolle Konzept „strategische Vision"? Wir wissen einiges über die unternehmerische Strategiebildung, aber wenig über die strategische Vision, weil sie im Kopf des Individuums existiert. Aber einige unserer Studien an McGill werfen Licht auf diese Fragen. Wenden wir uns zunächst der strategischen Vision zu.

Visionäre Führung

Meine Kollegin Frances Westley von McGill und ich haben in einem Artikel zwei Perspektiven über visionäre Führung gegenübergestellt. Eine vergleicht sie mit einer subkutanen Spritze, wo das Serum (die Vision) in eine Spritze (Worte) aufgezogen und den Mitarbeitern eingeimpft wird, um alle nur möglichen Energien zu mobilisieren. Da ist sicherlich etwas wahres dran. Aber Frances bevorzugt ein anderes Bild, das Drama. In Anlehnung an ein Buch über das Theater von Peter Brook,[1] dem legendären Direktor der Royal Shakespeare Company, stellt sie sich die strategische Vision wie ein Drama vor, das in dem Moment fasziniert, wo Fiktion und Realität ineinander übergehen. Im Drama ist dieser Moment das Resultat endloser „Proben", der „Darstellung" und der „Anwesenheit" eines Publikums. Aber Brook bevorzugt die dynamischeren französischen Ausdrücke: „Repetition" (Wiederholung), „Representation" (Repräsentation) und „Assistance" (Stellvertretung). Auf ähnliche Weise wendet Frances diese Begriffe auf strategische Vision an.

„Wiederholung" meint, daß der Erfolg aus einer fundierten Kenntnis der Sache resultiert. Genauso wie Sir Laurence Oliver seinen Text immer wiederholte, bis er seine Stimme so trainiert hatte, daß er ihn mühelos rezitieren konnte,[2] so „wuchs" auch Lee Iacocca in der Autobranche auf und wechselte von Ford zu Chrysler, weil er Autos „im Blut" hatte.[3] Die visionäre Inspiration ist keine Glücksache, obwohl Zufälle eine Rolle spielen können, sondern stammt aus endlosen Erfahrungen in einem speziellen Bereich.

„Repräsentation" meint nicht einfach eine Darstellung, sondern die Vergangenheit wieder lebendig zu machen, die Vermittlung von Unmittelbarkeit, von Lebendigkeit. Für den Strategen bedeutet das eine in Worten und Taten artikulierte Vision. Visionäre Führer

1 Peter Brook, The Empty Space (Harmondsworth, Middlesex: Penguin Books, 1968).
2 Ebenda, S. 154.
3 Lee Iacocca mit William Novak, Iacocca: An Autobiography (New York: Bantam Books, 1984), S. 141.

unterscheiden sich in ihrer profunden Sprachfähigkeit, die oft metaphorisch ist. Es ist nicht einfach so, daß sie die Dinge aus einer anderen Perspektive „sehen", sondern andere dazu bewegen, sie so zu sehen.

Edwin Land, der ein großes Unternehmen mit der von ihm erfundenen Polaroidkamera aufbaute, hat die Pflicht des „Erfinders zum Aufbau einer neuen Gestalt anstelle einer alten in der Grundstruktur der Gesellschaft" beschrieben.[4] Er beschreibt Photographie als Hilfe, einige Lebensaspekte herauszuheben. Wenn man durch den Sucher blickt, „dann fokussiert man nicht nur die Kamera, sondern sich selbst ... Wenn man den Auslöser drückt, dann wird das Innen zum Außen. Es ist die elementarste Kreativitätsform. Ein Teil von einem ist jetzt dauerhaft geworden."[5] Schmeichelnde Worte für fünfzig Touristen, die aus dem Bus strömen, um ein paar passende Aufnahmen zu schießen, aber eine überzeugende Metapher für jemanden, der ein Unternehmen aufbaut, um eine neue Kamera zu vermarkten. Steve Jobs, der (für eine gewisse Zeit) eine Vision für die Verbreitung, wenn nicht sogar Erfindung des Personalcomputers hatte, stellte einen großen Flügel und einen BMW in das Foyer von Apple mit der Behauptung: „Ich glaube, die Leute kriegen vom Anblick großartiger Produkte großartige Ideen."[6]

Stellvertretung meint, daß das Publikum eines Dramas, ob im Theater oder im Unternehmen, den Schauspieler nicht weniger unterstützt als der Schauspieler das Publikum. Führer werden visionär, weil sie in bestimmten Zeiten bei speziellen Gruppen großen Anklang finden. Deshalb können sie auch so stark in Ungnade fallen – wie Steve Jobs, Winston Churchill oder, um ein dramatischeres Beispiel zu wählen, Albert Speer, der die erste Rede, die er von seinem zukünftigen Führer hörte, so beschreibt: „Hitler schien nicht mehr zu reden, um zu überzeugen. Er schien zu fühlen, daß er weiß, was die Zuhörer, die inzwischen zu einer einzigen Masse verwandelt waren, von ihm erwarten."[7]

Management ist selbstverständlich kein Theater. Der Führer, der zum Schauspieler wird und eine Rolle spielt, die er nicht lebt, ist dazu verurteilt, in Ungnade zu fallen. Die Integrität – ein echtes Gefühl hinter dem, was der Führer sagt und tut – macht die Führung wirklich visionär und macht den Übergang zur bloßen Leerformel unmöglich.

Die visionäre Führung ist Stil und Strategie, die beide aneinandergekoppelt sind. Sie ist Drama, aber keine Spielhandlung. Jemand mit einer strategischen Vision wird geboren und gemacht, er ist das Produkt eines historischen Augenblicks. Brook beendet sein Buch mit den folgenden Sätzen:

> Im Alltag ist „wenn" eine Fiktion, im Theater ist „wenn" ein Experiment.
> Im Alltag ist „wenn" eine Ausrede, im Theater ist „wenn" die Wahrheit.
> Wenn wir von dieser Wahrheit überzeugt sind, dann sind Theater und Leben eins.
> Das ist ein großes Ziel. Es klingt nach harter Arbeit.

---

4 Edwin Land, „People Shoud Want More From Life ...", in: Forbes, 1. Juni, 1975, S. 50.

5 „The Most Basic Form of Creativity", Time, 26. Juni 1972, S. 84.

6 D. Wise, "Apple's New Crusade", in: Business Week, 26. November, 1984, S. 146.

7 Albert Speer, Inside the Third Reich (New York: McMillian, 1970), S. 16.

Schauspielen verlangt viel Arbeit. Wenn wir Arbeit aber als Spiel erfahren, dann gibt es keine Arbeit mehr.
Spiel ist Spiel.[8]

In der unternehmerischen Organisation wird bestenfalls das „Theater", nämlich die strategische Vision, eins mit dem „Leben", nämlich der Organisation. Auf diese Weise schafft Führung ein Drama. Sie macht die Arbeit zum Spiel.

Wir betrachten jetzt den unternehmerischen Ansatz zur Strategieformierung ausgehend von zwei unserer Untersuchungen: eine über eine Supermarktkette, eine andere über einen Hersteller von Damenunterbekleidung.

Die unternehmerische Methode der Strategiebildung in einer Supermarktkette

Steinberg ist eine kanadische Einzelhandelskette, die 1917 mit einem kleinen Lebensmittelgeschäft in Montreal anfing und während der fast sechzigjährigen Regentschaft ihres Unternehmensleiters Umsätze in Milliardenhöhe machte. Der größte Zuwachs stammte aus dem Supermarkt. Die Steinbergs wendeten das unternehmerische Modell auf eine erfolgreiche Weise an. Sam Steinberg arbeitete bereits im Alter von elf Jahren mit seiner Mutter im ersten Geschäft zusammen, und entschied sich schnell dazu, zwei Jahre später zu expandieren. Er behielt bis zu seinem Tod im Jahre 1978 die vollständige formale Kontrolle über die Firma (einschließlich über jede einzelne stimmberechtigte Aktie). Er übte auch eine genaue Kontrolle über alle wichtigen Entscheidungen aus, mindestens bis nach 1960 das Unternehmen vor allem in andere Einzelhandelsbereiche diversifizierte.

Man sprach gerne vom „kühnen Streich" des Unternehmers.[9] Bei den Steinbergs sahen wir nur zwei grundsätzliche Umorientierungen der Strategie in den sechzig Jahren: die Einführung der Selbstbedienung in den 1930er Jahren und den Einstieg in Shopping-Zentren in den 50ern. Aber diese Tat war nicht so kühn als vielmehr getestet. Die Geschichte der Einführung der Selbstbedienung ist kennzeichnend: 1933 „lief" einer der Läden „schlecht", er machte „unakzeptable" Verluste (125 Dollar die Woche), um die Worte des Unternehmensleiters zu gebrauchen. Sam Steinberg schloß den Laden freitags abends, änderte den Namen von „Steinberg's Service Stores" in „Wholesale Groceteria", setzte die Preise um 15-20 Prozent herunter, druckte Werbezettel, die in die Briefkästen der Umgebung gesteckt wurden und eröffnete montags morgens. Das nennt man strategischen Wandel! Aber erst als sich diese Veränderung als erfolgreich herausgestellt hatte, änderte er auch die anderen Läden. „Wir hatten Erfolg wie verrückt", sagte er.

Diese Anekdote verrät einiges über das Experiment des Unternehmers – „kontrolliertes Risiko" ist ein besserer Ausdruck. Die Ideen waren mutig, die Umsetzung vorsichtig. Sam Steinberg hätte den einen unprofitablen Laden schließen können. Stattdessen nutzte er die Gelegenheit, um eine neue Vision zu schaffen. Aber er testete diese Vision, aller-

8 Brook, Empty Space, S. 157.
9 A.H. Cole, Business Enterprise in its Social Setting (Cambridge: Harvard University Press, 1959).

dings ehrgeizig, bevor er auf sie setzte. Man achte auf das Zusammenspiel von Problemen und Gelegenheiten. Steinberg behandelte das, was die meisten Geschäftsleute wahrscheinlich als *Problem* angesehen hätten (wie kann man die Verluste in einem Laden verhindern) als eine Krise (was läuft falsch mit unserem *allgemeinen* Vorgehen, das zu diesen Verlusten führt) und machte daraus eine *Gelegenheit* (wir können mehr Erfolg mit einem neuen Konzept des Einzelhandels haben). So kam er zu der nötigen Energie und ließ die Konkurrenz zurück. Er löste nicht nur sein Problem, sondern erneuerte sein Unternehmen, ein Kennzeichen einiger der erfolgreichsten Formen des Unternehmertums.

Aber absolut zentral bei dieser unternehmerischen Form ist die genaue, detaillierte Kenntnis der Branche oder analoger Geschäftssituationen, die vorhin diskutierte „Wiederholung". Der Führer als herkömmlicher strategischer „Planer" – der sogenannte Strategiearchitekt – sitzt auf einem Sockel und wird mit aggregierten Daten gefüttert, die er zur „Formulierung" der Strategie benutzt, die von anderen „implementiert" werden. Aber die Geschichte der Steinbergs widerlegt diese Vorstellung. Sie zeigt, daß eine klare, phantasievolle, intergrierte strategische Vision von der Vertrautheit mit den Details, von einer genauen Kenntnis der Einzelheiten abhängt. Durch eine genaue persönliche Kontrolle der „Implementation" ist der Unternehmensleiter in der Lage, den Prozeß zu ändern und die Vision an seinen eigenen Lernprozeß anzupassen. Deshalb probierte Steinberg seine neuen Ideen zunächst an einem Laden aus. Deshalb sagte er uns in einem Gespräch über den Konkurrenzvorteil seines Unternehmens: „Niemand kannte die Lebensmittelbranche so gut wie wir. Alles hängt von der Kenntnis ab." Und er fügte hinzu: „Ich kannte mich in der Ware und den Kosten aus, kannte den Verkauf und die Kunden, ich kannte alles ... und ich gab mein ganzes Wissen an meine Mitarbeiter weiter. Das war unser Vorteil. Die anderen konnten uns nicht die Hand reichen."

Solche Kenntnisse können sehr effektiv sein, wenn sie in einer Person konzentriert sind, die die volle Verantwortung trägt (die die anderen nicht überzeugen muß, keine Untergebenen unter sich hat, keinen über sich in einer entfernten Zentrale, keine Marktanalytiker, die nach oberflächlichen Erklärungen suchen), und die sich stark und langfristig für das Unternehmen engagiert. Solange das Unternehmen einfach und überschaubar ist und von einer Person verstanden werden kann, ist der unternehmerische Ansatz beeindruckend und unübertrefflich. Nichts anderes kann klarer und vollständiger für eine Vision sorgen, und dennoch die Flexibilität wahren, um gegebenenfalls diese Vision zu ändern. Die Konzeptualisierung einer neuen Strategie ist eine Form von Synthese, die normalerweise in einem einzigen, informierten Kopf vollzogen wird. Deshalb liegt der unternehmerische Ansatz im Zentrum der glorreichsten Unternehmenserfolge.

Aber in seinen Stärken liegen auch Schwächen. Man darf nicht vergessen, daß für den Unternehmer die Strategie kein formaler, detaillierter Plan auf dem Papier ist. Sie ist seine persönliche Vision, ein Konzept für die Branche und in einem einzelnen Kopf eingeschlossen. Sie muß in Worten und Metaphern „repräsentiert" werden. Aber das muß allgemein bleiben, wenn der Chef die Vielfalt und Flexibilität seines Konzepts beibehalten will. Aber Erfolg führt zu einer großen Organisation, zu freier Finanzierung und verlangt nach formaler Planung. Die Vision muß artikuliert werden, um andere motivieren zu können und ihre Unterstützung zu erhalten. Das bedroht den persönlichen Charakter der Vision. Wir werden am Beispiel der Steinbergs sehen, daß der Führer Opfer seines großen Erfolgs werden kann.

Wie der Fall der Steinbergs zeigt, ermutigt der Erfolg in der bisherigen Branche zur Diversifikation in neue (in neue Regionen, neue Formen des Einzelhandels, neue Branchen), und das bewegt das Unternehmen über den Verständnisbereich seines Unternehmensleiters hinaus, und die unternehmerische Methode der Strategiebildung büßt ihre Lebendigkeit ein. Die Strategieentwicklung wird dezentralisierter, analytischer und in gewisser Weise vorsichtiger, aber gleichzeitig weniger visionär, weniger integriert, unflexibler und paradoxerweise weniger planmäßig.

Entwicklung einer neuen Strategie in einem Unternehmen der Bekleidungsindustrie

Das Talent eines Unternehmers wie Sam Steinberg war seine Fähigkeit, über Jahrzehnte einer Vision treu zu bleiben (Selbstbedienung und alles, was damit zu tun hat), und dann auf der Grundlage eines schwachen Signals aus der Umwelt die Notwendigkeit einer Änderung zu erkennen. In der Planungsliteratur ist die Voraussage solcher Diskontinuitäten ein großes Thema. Aber meines Wissens gibt es keine effektiven formalen Techniken dafür (trotz der Ansprüche der „Szenarioanalyse“). Die Fähigkeit zur Wahrnehmung einer plötzlichen Änderung in einem Muster und dann die Entwicklung einer neuen Vision scheinen weitgehend eine Sache der informierten Intuition zu sein, also im allgemeinen einer geschickten, erfahrenen und energischen Führungsperson. Auch darüber schweigt die Literatur weitgehend. Aber eine andere unserer Untersuchungen, die sich auch mit Unternehmertum befaßt, deckt einige Aspekte dieses Prozesses auf.

Canadelle stellte Damenunterwäsche her, besonders BH's. Es war auch ein sehr erfolgreiches Unternehmen, wenn auch nicht in den Dimensionen wie die Steinbergs. Die Geschäfte liefen unter der Leitung von Larry Nadler, dem Sohn des Gründers, in den späten 60er Jahren gut, als sich plötzlich alles änderte. Eine Art sexuelle Revolution breitete sich aus, und das Verbrennen von BH's war das Symbol des Protests. Für den Hersteller von BH's lag die Gefahr auf der Hand. Für viele Frauen war der Minirock modebestimmend geworden, machte den Hüfthalter obsolet und brachte die Strumpfhose in Mode. Die Verantwortlichen bei Canadelle meinten dazu: „Dem Geschäft mit Hüfthaltern wurde der Boden entzogen.“ Die gesamte Umwelt – die so lange für das Unternehmen positiv war – schien auf einmal davon erfaßt zu sein.

Zu der Zeit tauchte ein französisches Unternehmen auf dem Markt in Quebec auf, das ein leichtes, erotisches, geformtes Modell hatte und den Werbespruch benutzte: „Wie ohne BH“. Seine Zielgruppe waren die 15–20jährigen. Obwohl der Artikel teuer war und nach Nadlers Meinung nicht gut saß, verkaufte er sich gut. Nadler flog nach Frankreich, um die Lizenz für die Produktion in Kanada zu bekommen. Das französische Unternehmen lehnte ab. Aber was er „in der einen Stunde gelernt habe“, sagte Nadler, „war die Reise wert“. Er sah ein, daß Frauen ein natürlicheres Aussehen wünschen, nicht keinen, sondern weniger BH. Kurz danach überzeugte ihn eine weitere Reise zu einer Schwesterfirma von der Aufteilung des Marktes nach Alter und Lebensstil. Das führte zu der Einsicht, daß das Unternehmen zwei Märkte hatte, einen für Kundinnen im reiferen Alter, für die der BH ein Kosmetikum war, um attraktiver auszusehen und sich auch so zu fühlen, und einen anderen für die jüngeren Kundinnen, die natürlicher aussehen und sich so fühlen wollten.

Diese beiden Ereignisse führten zu einer grundsätzlichen Änderung der strategischen Vision. Der Unternehmenschef beschreibt es als plötzlichen Wandel, als Zusammenfließen verschiedener Ideen, die ein neues geistiges Klima erzeugten. „Ganz plötzlich formierte sich die Idee“, sagte er. Canadelle verstärkte ihr Engagement im BH-Geschäft, strebte einen größeren Marktanteil an und drängte die Konkurrenz zurück. Das Unternehmen führte eine Linie mit natürlicheren BH's für Jüngere ein. Dafür mußte eine Technologie und ein neuer Werbeansatz entwickelt werden.

Zur Erklärung eines solchen Gestaltwandels in einer Vision können wir auf das Drei-Phasen-Modell von Krise (unfreezing), Wandel (change) und Lösung (refreezing) von Kurt Lewin zurückgreifen.[10] Die *Krise* ist im wesentlichen eine Überwindung der natürlichen Abwehrmechanismen, der herrschenden „geistigen Vorstellung“, wie ein Geschäft funktioniert und die Erkenntnis, daß sich die Dinge grundlegend geändert haben. Erfolgreiche Manager, vor allem erfolgreiche Strategiemanager, sollten dauernd ihre Umwelt auf Veränderungen abtasten. Aber das ständige Abtasten, oder schlimmer, der Einsatz von Techniken dazu, kann genau den gegenteiligen Effekt haben. Dem strategischen Monitoring kann zuviel Aufmerksamkeit gewidmet werden, wenn nichts wesentliches passiert, so daß vielleicht nicht bemerkt wird, wenn etwas wirklich bedeutendes geschieht. Die Kunst ist natürlich, die wichtigen Diskontinuitäten herauszufinden, und das scheint mehr mit einer informierten Intuition zu tun zu haben als mit irgendetwas anderem.

Ein zweiter Schritt in diesem Änderungsprozeß ist die Bereitschaft, sozusagen ins kalte Wasser zu springen sowie die Bereitschaft des Unternehmensleiters, seine konventionellen Vorstellungen über die Geschäftsführung abzulegen. Der Unternehmensleiter muß vor allem eine verfrühte Lösung vermeiden, also keine neue Stoßrichtung einschlagen, bevor klar ist, was die Signale wirklich bedeuten. Das erfordert ein spezielles Management, das mit Unsicherheit und Unbequemlichkeit leben kann. „Es gibt eine Phase der Konfusion“, erklärt Nadler, „man denkt darüber nach, fängt an, nach Mustern zu suchen ... jagt Informationen hinterher und sucht überall nach Erklärungen.“

Strategischer *Wandel* dieses Ausmaßes scheint eine Änderung der Denkgewohnheiten erforderlich zu machen, bevor eine neue Strategie gewonnen werden kann. Denken ist im wesentlichen begrifflich und induktiv und wahrscheinlich (wie in diesem Fall) nur durch ein oder zwei zentrale Einsichten initiiert. Ein Dauerbombardement mit Fakten, Meinungen und Problemen kann den Geist auf die Veränderung vorbereiten, aber es ist die plötzliche Einsicht, die wahrscheinlich zur Synthese führt – das Zusammenbringen der disparaten Elemente in einem blitzartigen „ich hab's“.

10 Kurt Lewin, Field Theory in Social Science (New York: Harper & Row, 1951).

Wenn der Geist des Strategen bereit ist und er die neue Situation richtig eingeschätzt hat sowie den Prozeß nicht verfrüht abgeschlossen hat, dann beginnt die *Lösung*. Hier ist es nicht die Aufgabe, die Situation einzuschätzen, zumindest nicht in einem globalen Sinne, sondern sie praktisch zu entwerfen. Hier werden die Konsequenzen der neuen strategischen Vision ausgearbeitet.

Es wurde behauptet, daß Besessenheit ein Bestandteil erfolgreicher Unternehmen sei.[11] Nur für die Phase des refreezing würden wir das zugestehen, wenn sich das Unternehmen mit aller Energie auf die neue Orientierung konzentrieren muß – die neue Denkhaltung. Ein Management, das in seinem Denken offen und divergent war, muß sich jetzt bestimmend und konvergierend verhalten. Das bedeutet aber, daß die unbequeme Zeit der Unsicherheit vorbei ist und man sich jetzt an die spannende Aufgabe machen kann, etwas Neues zu schaffen. Jetzt weiß das Unternehmen, wo's langgeht. Unter Einsatz aller zur Verfügung stehenden Kompetenzen, von denen viele einen formalen und ananlytischen Charakter haben, will man dorthin gelangen. Natürlich akzeptiert nicht jeder die neue Vision. Für diejenigen, die an den alten Strategien hängen, ist *dies* eine unangenehme Zeit, und sie können eine beachtlichen Widerstand leisten und den Unternehmensleiter dazu zwingen, mehr Gebrauch von seiner formalen Autorität zu machen. Deshalb schließt die neue Form des Denkens bei der Führungsperson oft die Form von Krise, Veränderung und Lösung im Unternehmen selbst ein! Wenn aber die Struktur einfach ist, wie es in der unternehmerischen Organisation der Fall ist, ist das Problem relativ gering.

Führung übernimmt die Priorität in der unternehmerischen Konfiguration

Unternehmertum ist sehr eng an die Entwicklung einer strategischen Vision gebunden und oft mit dem Erreichen eines neuen Konzepts verbunden. Strategien können weitgehend als planmäßig charakterisiert werden, da sie in den Intentionen eines einzelnen Führers liegen. Aber die Details dieser Strategien können während der Entwicklung entstehen, da sie größtenteils auch persönlich geprägt sind. Die Vision kann sich auch verändern. Der Führer kann sich im Prozeß anpassen und kann lernen. Das heißt, es können auch neue Visionen entstehen, manchmal ziemlich schnell, wie wir gesehen haben.

In der unternehmerischen Organisation gilt die Aufmerksamkeit ganz der Führung, wie Abbildung 7.2 zeigt. Die Organisation ist formbar und aufgeschlossen für die Initiativen dieser Person, während die Umwelt zum größten Teil günstig bleibt und das Ergebnis der Selektion (oder des „Hervorbringen") der richtigen Nische für das Unternehmen ist. Die Umwelt kann natürlich gelegentlich ausbrechen und das Unternehmen herausfordern. Dann muß der Führer anpassungsfähig sein und unter Umständen eine neue und angemessene Nische suchen.

11 Thomas J. Peters, „A Style for All Seasons", in: Executive, Sommer 1980, Graduate School of Business and Public Administration, Cornell University, S. 12–16.

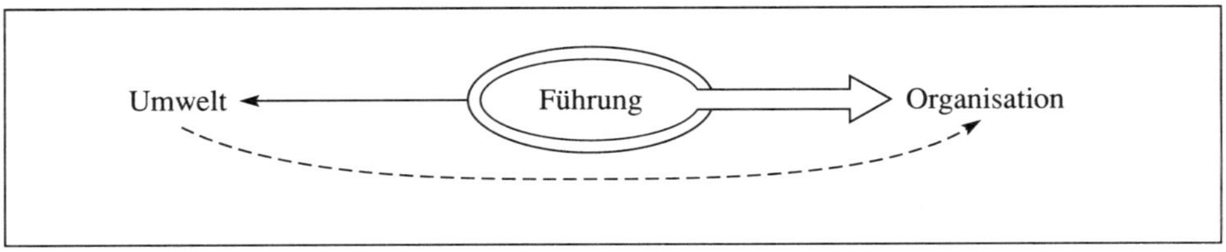

Abbildung 7.2: Führung übernimmt die Priorität in der unternehmerischen Organisation

Einige Themen im Zusammenhang mit der unternehmerischen Organisation

Wir schließen mit einigen allgemeinen Problemen dieser Organisationsform. In dieser Konfiguration werden die Entscheidungen, die die Strategie und die Operationen betreffen, im Büro des Unternehmensleiters zentralisiert. Die Zentralisierung hat den entscheidenden Vorteil, daß die strategische Reaktion in der gründlichen Kenntnis der Operationen verwurzelt ist. Sie ermöglicht Flexibilität und Anpassungsfähigkeit: Nur einer muß handeln. Aber derselbe Chef kann derartig in die Probleme der Operationen verstrickt sein, daß er das Augenmaß für die Strategie verliert. Im anderen Fall begeistert er sich vielleicht zu sehr für die strategischen Möglichkeiten, so daß die Routineabläufe aufgrund fehlender Aufmerksamkeit verkümmern und schließlich die gesamte Organisation mitreißen. Beides kommt in unternehmerischen Organisationen häufig vor.

Die Abhängigkeit von einer einzigen Person ist auch das Riskanteste für Organisationen. Ein Herzanfall kann buchstäblich die primären Koordinationsmittel vernichten. Sogar ein guter Unternehmensleiter kann ein Risiko sein. Wenn Wandel nötig wird, hängt alles von ihm ab. Wenn er sich widersetzt, was dort nicht ungewöhnlich ist, wo er die vorhandene Strategie entwickelt hat, dann fehlen die Anpassungsmittel. Dann wird die große Stärke des Unternehmens – die Vision seines Führers plus seine schnelle Reaktionsfähigkeit – sein Hauptproblem.

Ein anderer großer Vorteil der unternehmerischen Form ist ihr Sendungsbewußtsein. Viele Menschen arbeiten gern in einem kleinen, vertrauten Unternehmen, wo der Chef – der oft eine charismatische Persönlichkeit ist – weiß, wohin er das Unternehmen führt. Infolgedessen neigt das Unternehmen mit großem Enthusiasmus zu schnellem Wachstum. Die Mitarbeiter können eine starke Identifikation mit einem starken Unternehmen entwickeln.

Andere Menschen erleben diese Konfiguration aber als sehr restriktiv. Da einer allein das Sagen hat, fühlen sie sich nicht als Teilnehmer einer aufregenden Reise, sondern als Vieh, das zum Vorteil anderer auf den Markt getrieben wird. Die Ausbreitung demokratischer Normen in den Unternehmensbereich hat in manchen Teilen der heutigen Gesellschaft das Unternehmertum unpopulär werden lassen. Es wurde als patriarchalisch und manchmal autoritär beschrieben und beschuldigt, zu viel Macht an der Spitze zu konzentrieren. Ohne ausgleichende Kräfte im Unternehmen kann der Chef sicherlich leicht seine Macht mißbrauchen.

Vielleicht ist die unternehmerische Organisation ein Anachronismus in Gesellschaften, die sich demokratisch nennen. Aber es gab sie immer, und wird sie immer geben. Es war wahrscheinlich die einzige Struktur, die diejenigen kennen, die zuerst den Nutzen einer formalen Koordination ihrer Aktivitäten erkannten. Und sie erreichte wahrscheinlich ihre Blütezeit in der Ära der großen amerikanischen Trusts am Ende des letzten Jahrhunderts, als mächtige Unternehmer riesige Imperien persönlich kontrollierten. Seitdem ist die unternehmerische Organisationsform auf dem Abstieg, mindestens in den westlichen Gesellschaften. Dennoch bleibt sie eine verbreitete und wichtige Konfiguration. Sie wird solange weiter existieren, wie sich die Gesellschaft Bedingungen gegenüber sieht, die nach diesem Typus verlangen: der Gewinn unternehmerischer Initiativen, der Bedarf nach kleinen und informellen Organisationen in manchen Bereichen, und nach starker persönlicher Führung trotz immenser Größe in anderen Bereichen sowie der periodische Bedarf nach Wandel in kranken Organisationen.

Anmerkung

Der größte Teil dieses Kapitels stammt aus dem Buch The Structuring of Organizations (Prentice-Hall, 1979), das ein Kapitel der „einfachen Struktur“ widmet. Ein Teil stammt auch aus einem Kapitel aus dem Buch Power In and Around Organizations über „Autokratie“. Das Material über Strategieformation stammt aus drei Artikeln, die sich diesen Schlußfolgerungen intensiver widmen: „Visionary Leadership and Strategic Management“, in: Strategic Management Journal, erscheint 1989, und wurde mit Frances Westley geschrieben; „Tracking Strategy in an Entrepreneurial Firm“ über die Steinbergs, erschien in: Academy of Management Journal, 1982, S. 465–99; und „Researching the Formation of Strategies: The History of Canadian Lady, 1936– 1976“, in: R.B. Lamb (ed.), Competitive Strategic Management (Prentice-Hall, 1984) über Canadelle, die beiden letzten Artikel habe ich mit Jim Waters geschrieben.

8. Kapitel

Die Maschinen-Organisation

Das sind angeblich die schwarzen Schafe in der Organisationswelt, die Heimat der Bürokratie und die Quellen seltsamster Geschichten. Wenn wir jedoch an McDonald's oder die Schweizer Eisenbahn denken, dann entsteht ein anderer Eindruck von Organisationen – wenn sie es richtig machen. Sie können sich als enorm effektiv erweisen und in ihrer Dienstleistung sehr zuverlässig funktionieren (oder kann man sich irgendeinen anderen Weg vorstellen, jeden Tag Millionen von Postsachen auszuliefern?). Insofern ist der Maschinentyp, wie auch jede andere Konfiguration, auch ein zweischneidiges Schwert: er kann uns von Nutzen sein oder uns verrückt machen (oder beides gleichzeitig). Persönlich bin ich in dieser Hinsicht nicht sonderlich voreingenommen – man wird mich nicht in einer arbeiten sehen, außer ich eile auf einer Consultingbasis rein und raus. Aber ich zögere nicht, mit ihnen zu Konferenzen zu fliegen, sie meine Bücher drucken oder meine Post befördern zu lassen, und mich und die Kinder mit dem gelegentlichen Hamburger zu versorgen. Wie viele andere kann auch ich nicht ohne sie leben, wenngleich ich es mir auch nicht aussuche, in ihnen zu leben.

In meinem Struktur-Buch nannte ich diese Organisationen *Maschinen-Bürokratien.* Für die meisten Menschen ist Bürokratie ein abwertender Begriff, der Ort übermäßiger Kontrolle, wo leitende Angestellte Autorität über die Angestellten ausüben und die Angestellten über die Kunden. Genauso wie immer die anderen die Umweltverschmutzung verursachen, so erkennen wir auch nie in uns selbst den Bürokraten. In diesem Kapitel hoffe ich jedoch, daß ich diese zwei Mythen auflösen kann: erstens, wie oben erwähnt, durch Aufzeigen einer konstruktiven Seite der Maschinen-Bürokratie (obwohl auch kein Mangel an ihrer destruktiven Seite besteht, wie wir sehen werden), und zweitens durch den Nachweis, daß wir alle Bürokraten sein können. Man braucht wie beim Tango immer zwei, um eine Bürokratie zu bilden: zwei, die die Verfahren aufstellen, zwei, die auf Kontrolle versessen sind, um das Unerwartete zu vermeiden sowie zwei, die den Plänen treu bleiben wollen. Es ist der Geist der Bürokratie, einen Kurs einzuschlagen, ihn beizubehalten und sicherzustellen, daß alles wie geplant verläuft. Bürokratie heißt: keine Überraschungen. Das ist in der Bemerkung eines Managers von General Motors vor einigen Jahren pointiert zusammengefaßt: „Der größte Feind im Automobilgeschäft heißt Unsicherheit."[1]

Ich beginne mit einer Beschreibung der Struktur der Maschinen-Bürokratie. Dann wende ich mich den klar definierten Bedingungen von Maschinen-Organisationen zu und führe eine Unterscheidung zwischen dieser Konfiguration als einem extern kontrollierten „In-

1 Thomas A. Murphy, Interview im Executive Magazine, Sommer 1980, Graduate School of Business and Public Administration, Cornell University, S.4.

strument“ und als einem intern kontrollierten „geschlossenen System“ ein. Dann betrachte ich einige soziale Fragen, die mit der Maschinen-Organisation verbunden sind. Dabei handelt es sich um einen entscheidenden Punkt in einer Gesellschaft, die von diesem Organisationstyp überflutet ist. Am Ende greife ich nochmals auf unsere McGill-Forschung zurück, um zu beschreiben, wie diese Konfigurationen Strategien entwickeln oder, in diesem Fall typischer, formale Planung dazu benutzen, um sich strategischer Planung zu widersetzen, damit sie weiter als die bürokratischen Maschinen bestehen können, als die sie konzipiert wurden.

Die Maschinen-Organisation

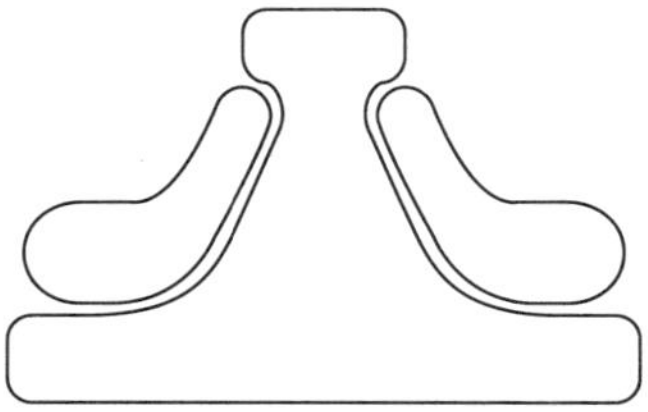

Struktur:
- zentralisierte Bürokratie
- formale Verfahren, routinisierte und hochgradig standardisierte Aufgaben, strenge Arbeitsteilung, normalerweise funktionale Organisation, ausgeprägte Hierarchie
- die Technostruktur ist der Kernbereich der Organisation, ihr obliegt die Standardisierung der Arbeitsprozesse, sie ist aber deutlich vom mittleren Linienmanagement (selbst hoch entwickelt) getrennt
- ebenso ausgedehnte unterstützende Einheiten zur Unsicherheitsreduktion

Kontext:
- einfache und stabile Umwelt
- normalerweise größere, etabliertere Organisationen
- rationalisierte Arbeit, rationalisierende (aber nicht automatisierte) technische Systeme
- externe Kontrolle *instrumentelle* Form
- andernfalls kann es sich um die Form eines *geschlossenen Systems* handeln
- üblich in der Massenproduktion, bei Massendienstleistungsunternehmen, der Regierung, in Organisationen aus dem Bereich von Kontrolle und Sicherheit

Strategie:
- angeblich Planungsprozeß, der in Wirklichkeit strategische Operationalisierung ist
- Widerstand gegenüber strategischem Wandel, Notwendigkeit des Überlagerns mit einer innovativen Konfiguration zur Revitalisierung, oder ansonsten Rückkehr zu einer unternehmerischen Konfiguration für einen Wandel
- folglich ein Quanten-Muster des Wandels: lange Stabilitätsperioden werden von gelegentlichen Ausbrüchen strategischer Revolutionen unterbrochen

Themen:
- effizient, zuverlässig, präzis, konsistent

aber
- Fixierung auf Kontrolle, die führt zu
- menschlichen Problemen beim Personal, die führen zu
- Koordinationsproblemen in der Zentralverwaltung, die führen zu
- Anpassungsproblemen an der strategischen Spitze

Ein nationales Postamt, ein bewachtes Gefängnis, eine Fluggesellschaft, eine riesige Autofabrik, sogar eine kleine Sicherheitsagentur, alle diese Organisationen scheinen eine Reihe von Merkmalen gemeinsam zu haben. Vor allem ist ihre operative Arbeit Routine, der größte Teil davon eher unqualifiziert und repititiv. Daraus resultiert, daß ihre Arbeitsprozesse hochgradig standardisiert sind. Diese Merkmale bringen die Maschinen-Organisationen unserer Gesellschaft hervor. Ihre Strukturen sind so feinreguliert, daß sie als integrierte, regulierte und hochgradig bürokratische Maschinen funktionieren.

Die Grundstruktur

Die folgenden Merkmale zeigten sich einheitlich in der Forschung: hohe Spezialisierung, routinisierte operative Aufgaben und eine stark formalisierte Kommunikation in der ganzen Organisation, große operative Einheiten, Vertrauen in den funktionalen Wert der Bündelung von Aufgaben, relativ zentralisierte Entscheidungsmacht sowie eine entwickelte Organisationsstruktur mit einer scharfen Trennung von Linie und Stab.

Operativer Kern und Administration

Im Zentrum steht der operative Kern mit seinem hoch rationalisierten Arbeitsablauf. Die operativen Aufgaben sind unqualifiziert und repititiv und erfordern im allgemeinen ein Minimum an Fähigkeit und Ausbildung. Die letztere dauert oft nur Stunden, selten mehr als ein paar Wochen und erfolgt normalerweise in-house. Die Tätigkeiten werden eng definiert, und aus Koordinationsgründen wird die Standardisierung der Arbeitsprozesse betont, die aus hochgradig formalisierten Aktivitäten bestehen. Nur weniges liegt im Ermessen der Arbeiter im Gegensatz zu ihren Kontrolleuren, die deswegen über weite Kontrollspannen verfügen.

Um eine derartig hohe Regulierung der operativen Aufgaben erreichen zu können, braucht die Organisation eine gut ausgearbeitete Verwaltungsstruktur, eine voll entwickelte Hierarchie des mittleren Linienmanagements und eine Technostruktur, die beide aber klar unterschieden sind.

Die Manager der mittleren Linie haben drei primäre Aufgaben. Eine besteht in der Handhabung der Störungen, die im operativer Kern vorkommen. Die Arbeit ist so standardisiert, daß Konflikte entstehen, wenn etwas durch das Netz fällt, weil die Probleme nicht informell aufgefangen werden können. Insofern fällt es den Managern zu, die Probleme durch direkte Kontrolle einzudämmen. Viele Probleme werden tatsächlich peu à peu in der Hierarchie nach oben geschoben, bis sie ein Ebene allgemeiner Kontrolle erreichen, wo sie qua Autorität gelöst werden können (wie bei einem Streit in einer Firma zwischen Herstellung und Marketing, der durch den Unternehmenschef gelöst werden muß). Eine zweite Aufgabe der Manager der mittleren Linie ist die Zusammenarbeit mit den Stabsleuten, um deren Standards in die operativen Einheiten zu inkorporieren. Und eine dritte Aufgabe ist schließlich die Unterstützung der vertikalen Kommunikation in der Organisation – die Ausarbeitung von Handlungsplänen, die von oben kommen sowie die Kommunikation von Feedback-Information nach oben zurück.

Die Technostruktur muß ebenso hochgradig entfaltet sein. Tatsächlich wurde diese Struktur zunächst mit dem Aufstieg des technokratischen Personals in den Industrien des frühen neunzehnten Jahrhunderts wie der Textilindustrie und dem Bankwesen gleichgesetzt[1a]. Weil die Maschinen-Organisation zu Koordinationszwecken primär von der Standardisierung ihrer operativen Arbeit abhängt, entwickelt sich die Technostruktur, die eine Angelegenheit der Stabsleute ist, die die Standardisierung vornehmen, zum Dreh- und Angelpunkt der Struktur. Die formale Autorität über die operativen Einheiten mag vielleicht an die Linienmanager delegiert sein, aber ohne die Standardisierer – den Kader von Analytikern, Fachleuten für den Arbeitsablauf, Ingenieuren zur Qualitätskontrolle, Planern, Finanzexperten, Experten für das Rechnungswesen, Betriebsingenieuren und vielen mehr – können diese Strukturen einfach nicht funktionieren. Trotz ihres Mangels an formaler Autorität verbleibt daher eine beträchtliche Macht bei diesen Stabsexperten, die die Arbeit aller anderen standardisieren. Regeln und Vorschriften durchdringen das ganze System: Die Betonung der Standardisierung dehnt sich über den operativen Kern der Maschinen-Organisation hinaus aus. Daraus resultiert der Einfluß der Experten.

Ein weiterer Reflex dieser Formalisierung des Verhaltens ist die scharfe Unterteilung der Arbeit in der ganzen Maschinen-Organisation. Die Spezialisierungen der Tätigkeiten im operativen Kern und die betonte formale Unterscheidung zwischen Linie und Stab wurden bereits erwähnt. Darüber hinaus ist die Administrationsstruktur klar vom operativen Kern getrennt. Anders als in unternehmerisch geführten Organisationen arbeiten die Manager hier nur selten Seite an Seite mit den Mitarbeitern des Organisation. Sie selbst sind eher entlang funktionaler Linien organisiert. Das bedeutet, daß jeder für eine einzelne Funktion in der Produktionskette verantwortlich ist. Abbildung 8.1 zeigt dies am Beispiel des Organigramms einer großen Stahlfirma, die der Struktur nach traditionell maschinenartig ist.

All dies legt es nahe, daß die Maschinen-Organisationen eine um eine Zwangsvorstellung aufgebaute Struktur hat: nämlich um Kontrolle. Sie ist von der Spitze bis zur Basis von einer Kontrollmentalität durchdrungen. Ein erster Meister einer Montageabteilung bei Ford beschreibt seine Arbeit folgendermaßen:

Ich sehe ständig auf meine Uhr. Ich checke verschiedene Punkte. Etwa jede Stunde mache ich meine Runde. Ungefähr um halb sieben gehe ich die Arbeitsplätze durch um festzustellen, wer fehlt. Um sieben bin ich am Ende der Runde. Ich überprüfe die Farbe, die Kratzer und Beschädigungen. Gegen zehn beginne ich mein Gespräch mit allen Meistern. Ich versichere mich, daß alle hellwach sind. Wir können keine Pannen gebrauchen, nichts dergleichen.

1a A.L. Stinchcombe, „Social Structure and Organizations", in: G. March (ed.), Handbook of Organizations (Chicago: Rand McNally, 1965), Kapitel 4.

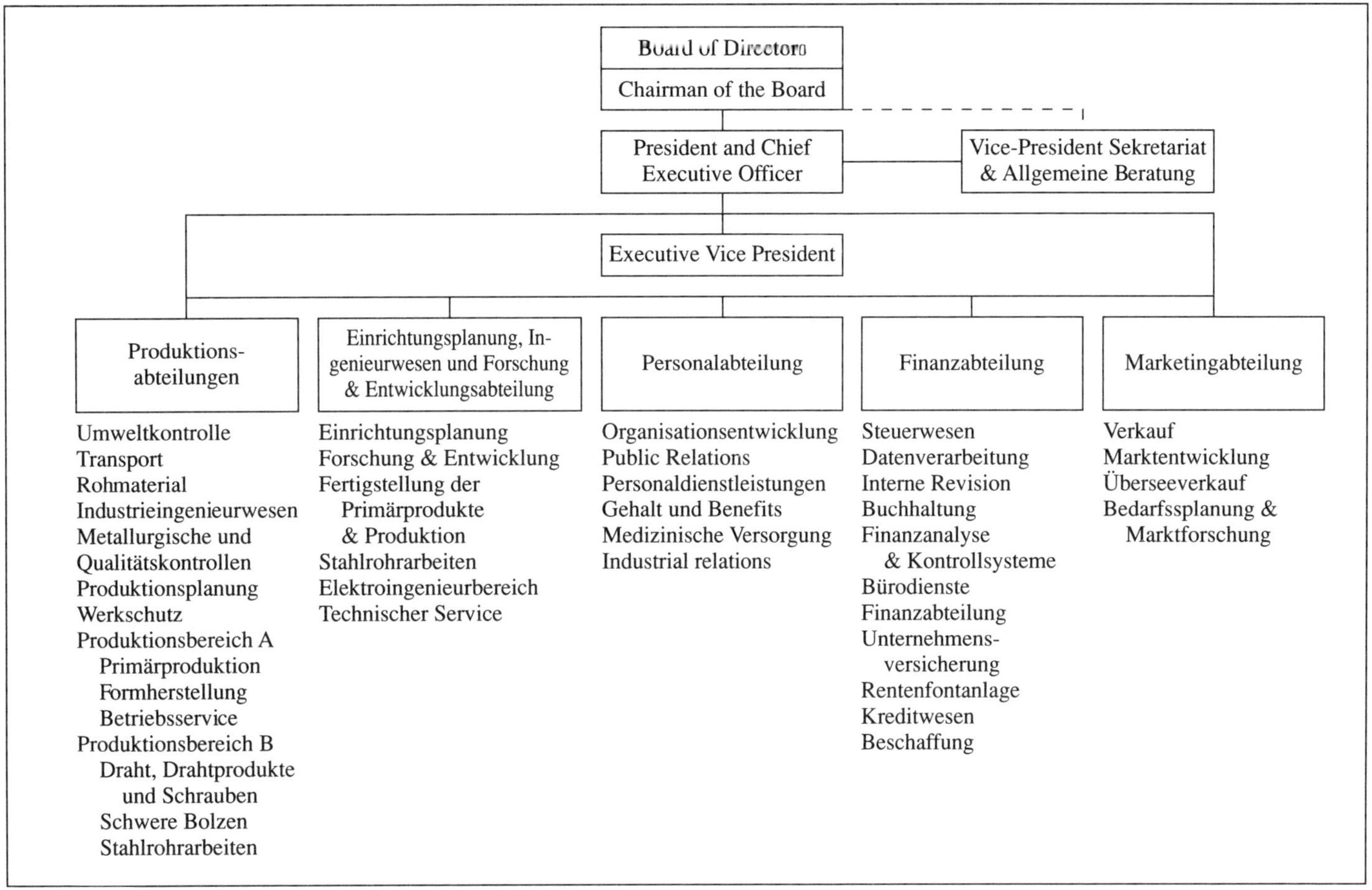

Abbildung 8.1: Organigramm eines großen Stahlunternehmens

Und aus der Spitze lauten die Worte eines Managers:

Als ich Präsident dieses großen Unternehmens war, lebten wir alle in einer kleinen Stadt in Ohio, wo das Hauptwerk angesiedelt war. Das Unternehmen legte fest, mit wem man gesellschaftlich verkehren konnte und auf welcher Ebene. (Seine Frau flicht ein: „Wer die Frauen waren, mit denen man Bridge spielen konnte.") In einer Kleinstadt brauchen sie dich nicht zu kontrollieren. Jeder kennt jeden. Es gibt gewisse Spielregeln.[2]

Die Fixierung auf Kontrolle spiegelt zwei zentrale Fakten dieser Organisationen wider. Erstens werden Anstrengungen unternommen, alle mögliche Unsicherheit zu eliminieren, so daß die bürokratische Maschine ohne Unterbrechung richtig laufen kann, und den operative Kern perfekt vor externem Einfluß abriegelt. Zweitens sind diese Strukturen konfliktträchtig. Von den Kontrollsystemen verlangt man, daß sie sie eindämmen. Das Problem in der Maschinen-Organisation ist nicht die Entwicklung einer offenen Atmosphäre, in der die Menschen die Konflikte offen artikulieren können, sondern die Schaffung einer geschlossenen, streng kontrollierten Atmosphäre, in der trotz der Konflikte die Arbeit getan werden kann.

Die Fixierung auf Kontrolle vermag auch die häufige Vergrößerung der unterstützenden Einheiten in diesen Organisationen zu erklären. Viele unterstützende Dienstleistungen könnten bei externen Zulieferern gekauft werden. Das würde aber die Maschinen-Organisation den Unsicherheiten des freien Marktes aussetzen. Insofern „macht" sie sie lieber selbst als sie zu „kaufen". Das heißt, sie integriert aus Kontrollgründen in ihre eigene Struktur so viel an Service wie möglich, und zwar alles von der Cafeteria in der Fabrik bis zur Rechtsabteilung in der Zentralverwaltung.

Die strategische Spitze

Die Manager an der strategischen Spitze dieser Organisationen sind in weiten Teilen mit der Feinregulierung ihrer bürokratischen Maschinen beschäftigt. Ihre Aufgabe ist die ständige Suche nach effektiveren Wegen, um die entsprechenden Ergebnisse zu erzielen.

Aber nicht alles ist strikte Verbesserung der Leistung. Angesichts ihrer Konflikte absorbiert allein das Zusammenhalten der Struktur einen großen Teil der Energie des Topmanagements. Wie erwähnt werden die Konflikte in der Maschinen-Organisation nicht gelöst. Sie werden eher unterdrückt und mit einem Korken verschlossen, damit die Arbeit erledigt werden kann. Und wie bei einer Flasche sitzt der Korken oben: Letztlich müssen die Topmanager in ihrer Rolle als Krisenmanager die Konflikte im Augen behalten. Zusätzlich müssen die Manager an der strategischen Spitze häufig in die Aktivitäten des mittleren Managements eingreifen um sicherzustellen, daß dort die Koordination funktioniert. Die Topmanager sind die einzigen Generalisten in dieser Struktur. Sie sind die einzigen mit einer Perspektive, die weit genug reicht, um alle Funktionen zu überblicken.

---

2 Studs Terkel, Working (New York: Pantheon Books, 1972), S. 186, 406.

Das alles legt es nahe, daß in der Maschinen-Organisation sehr viel Macht bei den Managern an der strategischen Spitze liegt. Mit anderen Worten, es handelt sich eher um zentralistische Strukturen: Die formale Macht liegt klar an der Spitze. Hierarchie und Autoritätskette sind die ausschlaggebenden Konzepte. Aber ähnlich verhält es sich mit weiten Teilen der informellen Macht, da sie im Wissen liegt. Nur an der Spitze der Hierarchie läuft das formal unterteilte Wissen der Organisation zusammen.

Deshalb zeigt unsere einführende Abbildung die Maschinen-Organisation mit einer voll entfalteten Verwaltungs- und Unterstützungsstruktur: die Stäbe und unterstützend Einheiten sind auf den operativen Kern fokussiert. Es gibt große Einheiten im operativen Kern, aber kleinere in der mittleren Linie, die die überzogene Autoritätshierarchie widerspiegeln.

Bedingungen der Maschinen-Organisation

Man findet den Typus einer bürokratischen Großorganisationen vor allem in einfachen und stabilen Umwelten. Die Arbeit im Zusammenhang mit komplexen Umwelten kann nicht zu einfachen Arbeiten rationalisiert werden. In dynamischen Umwelten können die Aufgaben nicht vorhergesagt, repititiv gemacht und insofern standardisiert werden.

Darüber hinaus findet man die Maschinen-Konfigurationen typischerweise in zur Reife gelangten Organisationen, die Größe erreicht haben, so daß ein Bedarf an repetitiven Arbeitsabläufen und an Standardisierung ihrer operativen Arbeit besteht, und die ein gewisses Alter erreicht haben, um die Standards aufzubauen zu können, die sie verwenden wollen. Es handelt sich um die Organisationen, die alles vorausgesehen und Standardverfahren eingeführt haben, um damit fertig zu werden. Ebenso werden Maschinen-Organisationen eher mit technischen Systemen gleichgesetzt, die die operativen Arbeiten regeln, so daß sie leicht programmiert werden können. Diese technischen Systeme können nicht sehr differenziert oder automatisiert sein (aus Gründen, die wir später erörtern werden).

Unternehmen aus dem Bereich der Massenproduktion sind vielleicht die bekanntesten Maschinen-Organisationen. Ihre operative Arbeit geschieht in einer integrierten Produktionskette, die am einen Ende offen ist, um das Rohmaterial aufzunehmen und die danach wie ein geschlossenes System funktioniert, das den Input über eine Reihe standardisierter Operationen verarbeitet. Die Umwelt scheint deshalb stabil zu sein, weil sich die Organisation aggressiv verhalten hat, um sie in eine stabile Lage zu bringen. Riesige Firmen aus solchen Branchen wie dem Transportwesen, der Tabak- und Metallindustrie sind bestens für ihre Anstrengungen bekannt, die Kräfte von Angebot und Nachfrage durch den Einsatz von Werbung, der Entwicklung von langfristigen Lieferverträgen und gelegentlich der Errichtung von Kartellen zu beeinflussen. Sie neigen zur Übernahme von Strategien der „vertikalen Integration“, das heißt sie erweitern ihre Produktionstiefe an beiden Enden des Fertigungsprozesses und werden sowohl ihre eigenen Lieferanten als auch ihre eigenen Kunden. So können sie einige der Kräfte von Angebot und Nachfrage in ihren eigenen Planungsprozeß einbeziehen.

Natürlich ist die maschinenartige Organisation nicht auf sehr große oder auf Produktionsunternehmen oder sogar nur auf private Organisationen beschränkt. Kleine Produzenten – zum Beispiel Produzenten von Discountmöbeln oder Papierprodukten – präferieren vielleicht manchmal diese Struktur, weil ihre operative Arbeit einfach und repititiv ist. Viele Dienstleistungsunternehmen verwenden sie aus dem gleichen Grund, etwa Banken oder Versicherungen bei ihrer Kundenbetreuung. Eine andere Bedingung, die man oft bei Maschinen-Organisationen vorfindet, ist die externe Kontrolle. Viele Regierungsinstitutionen wie etwa Post- und Finanzämter sind nicht nur deswegen bürokratische Großorganisationen, weil ihre operative Arbeit routinisiert ist, sondern weil sie sich auch vor der Öffentlichkeit für ihre Handlungen zu verantworten haben. Alles was sie tun – die Behandlung der Kunden, die Einstellung von Mitarbeitern usw. – muß als korrekt angesehen werden können, und trägt somit zur Vermehrung der Vorschriften bei.

Da Kontrolle die Stärke maschinenartiger Bürokratien ist, fühlen sich unzweifelhaft Organisationen aus dem Bereich der Kontrolle – Regierungsbehörden, Haftanstalten, Polizei – zu dieser Konfiguration hingezogen, manchmal trotz entgegengesetzter Bedingungen. Dasselbe trifft für den Fall eines speziellen Bedarfs an Sicherheit zu. Eine Fluggesellschaft oder die Feuerwehr müssen ihr Risiko minimieren. Deswegen formalisieren sie ihr Verhalten sehr genau, um sicherzugehen, daß es aufs Wort ausgeführt wird: Eine Feuerwehrmannschaft kann nicht an ein brennendes Haus kommen und dann an den Leiter der Feuerwehr nach Anweisungen fragen, oder informell darüber debattieren, wer den Schlauch anschließt und wer die Leiter besteigt.

Maschinen-Organisationen als Instrumente und geschlossene Systeme

Das Thema Kontrolle wirft ein anderes Problem von Maschinen-Organisationen auf. Ihre vollständige Regulierung macht eine einfache Kontrolle von außen möglich, und läßt sie schnell zu *Instrumenten* externer Einflußgruppen werden. Ihre Fixierung auf Kontrolle verläuft jedoch im Gegenteil nicht nur in der Hierarchie nach unten, sondern darüber hinaus in Richtung einer Kontrolle ihrer eigenen Umwelten, so daß sie zu *geschlossenen Systemen* werden können, die immun gegenüber externem Einfluß sind. Aus der Perspektive von Macht konstituieren der instrumentelle Typ und der Typ eines geschlossenen Systems zwei Hauptvarianten der Maschinen-Organisation.

In unseren Begriffen wird der instrumentelle Typ der Maschinen-Organisation durch einen externen Einflußnehmer oder einer Gruppe, die zusammenagiert, dominiert. In Unternehmen mit einem oder wenigen Kapital-Eigentümern ist der herrschende Einflußnehmer der externe Besitzer. Bei manchen Gefängnissen ist es eine Gemeinde, die sich eher für die Isolierung als für die Rehabilitation der Gefangenen interessiert.

Externe Einflußgruppen machen eine Organisation durch die Ernennung des Leiters zu ihrem Instrument. Sie beauftragen ihn dann mit der Befolgung klarer Ziele (idealerweise etwa über Rentabilität oder die Gefangenenausbruchrate quantifiziert). Dann nehmen sie ihn für den Erfolg in die Verantwortung. Auf diese Weise können Externe eine Organisation kontrollieren, ohne sie faktisch zu leiten. Aufgrund der Macht, die in die Hände des Leiters gelegt wurde sowie der Quantität der Ziele, tut eine solche Kontrolle das ihre, um die interne Struktur zu zentralisieren und zu bürokratisieren. Sie treibt sie mit anderen Worten in die Maschinenform. (Man erinnere sich an die Aussage über die zentralisierenden und formalisierenden Effekte der externen Kontrolle einer Organisation in Kapitel 6).

Im Gegensatz dazu sieht Charles Perrow, der vielseitige und aufgeschlossene Organisationssoziologe, die Maschinen-Organisation ganz und gar nicht als das Instrument von irgend jemand an:

> „Die Gesellschaft paßt sich an die großen, mächtigen Organisationen an, die von wenigen oft identischen Führern kontrolliert werden. Diese Organisationen als angepaßt an eine „turbulente", dynamische und sich ständig ändernde Umwelt anzusehen heißt, der Phantasie nachzugeben. Die Umwelt der meisten mächtigen Organisationen ist bestens durch sie kontrolliert. Sie ist ganz und gar stabil und besteht aus anderen Organisationen mit ähnlichen Interessen oder aus solchen, die sie selbst kontrollieren."[3]

Natürlich beschreibt Perrow die Form des geschlossenen Systems der Maschinen-Organisation, also diejenige, die ihr bürokratisches Vorgehen benutzt, um sich selbst gegenüber externer Kontrolle abzuschotten und trotzdem andere kontrolliert. Sie kontrolliert nicht nur ihre eigenen Mitglieder, sondern ebenso ihre eigene Umwelt: vielleicht ihre Lieferanten, Kunden, die Konkurrenten, sogar die Regierung und auch die Eigentümer.

Autonomie kann natürlich nicht nur über die Kontrolle anderer erreicht werden (zum Beispiel durch den Aufkauf von Kunden und Lieferanten im Rahmen der sogenannten vertikalen Integration), sondern schlicht durch die Vermeidung der Kontrolle durch andere. Deshalb bilden zum Beispiel Organisationen vom Typ eines geschlossenen Systems manchmal Kartelle mit offensichtlichen Konkurrenten. Oder sie diversifizieren weniger unverhohlen, um Abhängigkeiten von speziellen Kunden zu vermeiden. Sie regeln die Finanzierung intern, um die Abhängigkeit von bestimmten Finanzierungseinrichtungen zu vermeiden. Sie kaufen sogar ihre eigenen Aktien zurück, um den Einfluß ihrer eigenen Eigentümer aufzuweichen. Der Schlüssel zum geschlossenen System ist die Sicherstellung einer großen Verbreitung und damit das Zufriedenstellen aller Gruppen potentieller äußerer Einflußnehmer.

Welche Ziele verfolgt die Organisation vom Typ eines geschlossenen Systems? Man erinnere sich daran, daß die Ziele operational und idealerweise quantifizierbar sein sollten, um die zentralistische Bürokratie aufrechtzuerhalten. Welche operationalen Ziele versetzen eine Organisation in die Lage, sich selbst als gegenüber externem Einfluß abgeschlossenes System zu dienen? Die offensichtlichste Antwort ist Wachstum. Überleben ist vielleicht ein unentbehrliches, und Effizienz ein notwendiges Ziel. Aber darüber hinaus zählt in erster Linie die Erweiterung des Systems. Wachstum nützt dem System durch die Bereitstellung größerer Belohnungen für seine Mitglieder – für die Manager

3 Charles Perrow, Complex Organizations: A Critical Essay (New York: Scott, Foresman, 1972), S. 199.

größere Imperien zum Führen oder schickere Privatjets, für die Analytiker größere Programme zur Gestaltung, sogar mehr Macht für die Gewerkschaften, weil sie mehr Mitglieder bekommen. (Die Gewerkschaften können externe Einflußnehmer sein, aber das Management kann sie passiv halten, indem es sie mehr an den Gewinnen des geschlossenen Systems partizipieren läßt.) Deshalb wurde die klassische Maschinen-Organisation vom Typ geschlossenes System, nämlich das große und weit verbreitete Industrieunternehmen, als weit mehr an Wachstum als per se an Gewinnmaximierung orientiert beschrieben.[4]

Selbstverständlich kann die Form des geschlossenen Systems der Maschinen-Organisation auch außerhalb des privaten Sektors existieren, zum Beispiel in Wohltätigkeitsorganisationen, die relativ frei von externer Kontrolle zunehmend sich selbst gegenüber wohltätig werden (wie der Pomp der Büros ihrer Manager zeigt). Oder die Landwirtschafts- und Einzelhandelsgenossenschaft, die diejenigen übergeht, denen sie kollektiv gehört. Ja sogar die Regierung, die zunehmend darauf sinnt, sich selbst denn den Bürgern zu nutzen, für die sie angeblich da ist.

Der kommunistische Staat scheint zu allen Merkmalen der geschlossenen Bürokratie zu passen. Er hat keinen dominanten externen Einflußnehmer (mindestens im Falle der Sowjet-Union, wenn nicht bei den anderer osteuropäischen Staaten, ihren „Instrumenten"). Und die Bevölkerung, gegenüber der er vorgeblich verantwortlich ist, ist seiner Masse an Regeln und Vorschriften ausgesetzt. Seine Wahlverfahren, die traditionellerweise nur einen Kandidaten vorschlagen, ähneln denen für die Direktoren des „weitgestreuten" westlichen Unternehmens. Seine Regierungsstruktur ist sehr bürokratisch, mit einer einzigen Autoritätshierarchie und einer gut ausgearbeiteten Technostruktur, die von den staatlichen Planern bis zu den KGB-Agenten reicht. (Wie James Worthy bemerkt, hat Frederick Taylors „wissenschaftliches Management seine vollste Blüte nicht in Amerika, sondern in Sowjet-Rußland."[5]) Alle wichtigen Ressourcen sind Eigentum des Staates, des kollektiven Systems, und nicht der Individuen. Die Verwaltung neigt dazu, wie in anderen geschlossenen Systemen auch, den Löwenanteil der Vorteile einzustecken, wie vor einiger Zeit ein Autor bemerkte:

> ... weit entfernt vom Nutzen für die Mehrheit bei gestiegener Produktivität, nutzt der Zuwachs an Produktionskapazität primär der Bürokratie selbst. Im Falle der Sowjet-Union stieg der Lebensstandard der Bürokratie weit mehr als bei irgendeiner anderen Gruppe, und die Tendenz ist noch weiter steigend.[6] *

---

4 John Kenneth Galbraith, The New Industrial State (Boston: Houghton Mifflin, 1967).

5 James C. Worthy, Big Business and Free Man (New York: Harper & Row, 1959), S. 77.

6 H. Constas, „The USSR – From Charismatic Sect to Bureaucratic Society", in: Administrative Science Quarterly, 1961-61, S. 294.

* An dem Tag, als der Oberste Sowjet Alexei Kosygin starb, wurde ein kanadischer Diplomat, der ihn gekannt hatte, von Radio CBC interviewt. Kosygin hätte ihn mehr an einen amerikanischen Geschäftsmann als an den Kopf eines totalitären Staates erinnert, sagte er scheinbar überrascht darüber. Das hätte er nicht sein müssen. Die Sowjet-Union ist ähnlich wie ein westliches Wirtschaftsunternehmen organisiert, mit Divisionen, Planungsverfahren und Leistungskontrollmessungen. Und umgekehrt werden in vielen grundlegenden Punkten die westlichen Großunternehmen intern ähnlich wie ein zentralisierter Staat geführt.

Einige Themen im Zusammenhang mit der Maschinen-Organisation

Keine Struktur hat eine hitzigere Debatte hervorgerufen als die Maschinen-Organisation. Michel Crozier, einer ihrer bedeutensten Erforscher, bemerkte dazu:

> Auf der einen Seite sehen die meisten Autoren die bürokratische Organisation als die Verkörperung der Rationalität der modernen Welt, und deshalb als allen anderen Organisationsformen wesentlich überlegen an. Auf der anderen Seite betrachten viele Autoren – oft dieselben – sie als eine Art Leviathan, der die Versklavung der menschlichen Rasse vorbereitet.[7]

Max Weber, der als erster über diese Organisationsform geschrieben hat, betonte ihre Rationalität. Der Begriff *Maschine* stammt tatsächlich direkt aus seinen Schriften.[8] Eine Maschine ist sicherlich präzise. Sie ist auch zuverlässig und leicht zu kontrollieren. Und sie ist effektiv – mindestens im Rahmen der Aufgabe, für die sie konstruiert wurde. Das sind die Gründe, aus denen viele Organisationen als maschinenartige Bürokratien aufgebaut sind. Wenn ein zusammenhängender Satz von einfachen, repititiven Tätigkeiten von Menschen präzise und konsistent ausgeführt werden muß, dann ist dies die effizienteste Struktur – in der Tat die einzig vorstellbare.

Aber in genau diesen Vorteilen der maschinenartigen Effizienz liegen all die Nachteile dieser Konfiguration. Maschinen bestehen aus mechanischen Teilen. Organisationsstrukturen bestehen auch aus Menschen – und das ist der Punkt, an dem die Analogie versagt.

Menschliche Probleme im operativen Kern

James Worthy schrieb, als er Chef bei Sears war, in seinem Buch *Big Business and Free Man* eine scharfsinnige und bissige Kritik an der Maschinen-Organisation. Worthy führte die Wurzel menschlicher Probleme in diesen Strukturen auf die von Fred Taylor begründete Bewegung des „wissenschaftlichen Managements“ zurück, die Amerika zu Beginn dieses Jahrhunderts mitgerissen hat. Mit Abstrichen anerkannte Worthy den Beitrag Taylors zur Effizienz. Initiativen von Arbeitern kamen jedoch in dessen Effizienzgleichungen nicht vor. Taylors Begründung dafür, „alles mögliche Mitdenken“ aus der Produktion herauszuhalten, schloß auch jede mögliche Initiative der Arbeiter aus: Die „Maschine hat keinen eigenen Willen. Ihre Teile haben kein Verlangen nach unabhängigem Handeln. Denken, Orientierung – sogar Absicht – muß von außen oder von oben vorgegeben werden.“ Das hat die „Zerstörung des Sinns von Arbeit an sich zur Konsequenz“, die „für Industrie und Gesellschaft in absurder Weise unwirtschaftlich war“, und zu übermäßigem Absentismus, hoher Personalfluktuation, schlechter Arbeitsqualität,

7 Michel Crozier, The Bureaucratic Phenomenon (Chicago: University of Chicago Press, 1964), S. 176.

8 H.H. Gerth und C. Wright Mills (eds.), From Max Weber: Essays in Sociology (New York: Oxford University Press, 1958).

Streiks und sogar kompletten Sabotagen führten.[9] Natürlich gibt es Menschen, die gerne in durchstrukturierten Situationen arbeiten. Aber eine zunehmende Zahl nicht mehr, mindestens nicht in *derartig* durchstrukturierten.

Taylor beliebte zu sagen: „In der Vergangenheit stand der Mensch im Vordergrund, in der Zukunft muß es das System sein."[10] In der Tat prophetische Worte. Der moderne Mensch scheint für seine Systeme zu existieren. Viele der Organisationen, die er zu seinem Nutzen geschaffen hat, begannen ihn zu versklaven. Im Ergebnis verstärken einige von denen, die Victor Thompson „Bureaupathologies"[11] nannte (gemeint sind die dysfunktionalen Verhaltensweisen dieser Strukturen) sich gegenseitig und erzeugen einen circulus vitiosus in der Maschinen-Organisation. Die Konzentration auf die Mittel zu Lasten der Ziele, die schlechte Behandlung der Kunden, die verschiedenen Erscheinungsformen von Entfremdung bei den Arbeitnehmern führen zur Verschärfung der Kontrolle des Verhaltens. Es scheint das implizite Motto der maschinenartigen Organisation zu sein: „Im Zweifelsfall Kontrolle." Alle Probleme sollen durch das Drehen an den technokratischen Schrauben gelöst werden. Da aber genau das in erster Linie die „Bureaupathologies" verursacht, dient die Verschärfung der Kontrolle nur der Vergrößerung der Probleme, was wiederum zu weiterer Kontrolle führt usw.

Koordinationsprobleme in der Zentraladministration

Weil der operative Kern der Maschinen-Organisation nicht zur Handhabung von Konflikten konzipiert ist, wandern viele der dort entstehenden menschlichen Probleme in die Verwaltungsstruktur und breiten sich dort aus.

Es ist eine der Merkwürdigkeiten der Maschinen-Konfiguration, daß sie zur Erreichung der erforderlichen Kontrolle die hochgradige Spezialisierung in ihrem operativen Kern in ihrer Verwaltungsstruktur widerspiegeln muß (beispielsweise durch die Unterscheidung von Marketing- und Produktionsleitern, ebenso wie die Verkäufer von den Fabrikarbeitern unterschieden werden). Das führt dann wiederum zu Kommunikations- und Koordinationsproblemen. Tatsache ist, daß die Verwaltungsstruktur der Maschinen-Organisation zur Lösung von Problemen durch gegenseitige Anpassung ungeeignet ist. Alle Kommunkationsbarrieren in diesen Strukturen – horizontal, vertikal, Status, Linie/Stab – behindern eine informelle Beziehung zwischen den Managern und dem Stabspersonal. „Jede Abteilung wacht eifersüchtig über ihre eigenen Privilegien und findet Wege, sich selbst vor dem Druck oder dem Eindringen anderer zu schützen."[12] Deshalb behindert ein strenger Funktionalismus nicht nur Koordinationsprozesse. Er fördert auch die Einrichtung privater Imperien, die eher zu kopflastigen Organisationen führen, die mehr

9 Worthy, Big Business and Free Man, S. 67, 79, 70.
10 Zitiert in ebenda, S. 73.
11 Victor A. Thompson, Modern Organizations (New York: Knopf, 1961).
12 James C. Worthy, „Organizational Structure and Employee Morale", in: American Sociological Review, April 1950, S. 176.

mit politischen Kämpfen beschäftigt sind, die es zu gewinnen gilt, als mit der Zufriedenstellung der Kunden.

Anpassungsprobleme an der strategischen Spitze

Wenn aber die wechselseitige Anpassung in der Zentralverwaltung nicht funktioniert, und eher politische Probleme als kooperative Lösungen produziert, wie löst dann die Maschinen-Organisation ihre Koordinationsprobleme? Sie versucht instinktiv zu standardisieren, z.B. über die Straffung der Tätigkeitsbeschreibungen oder die Vermehrung der Vorschriften. Aber die Standardisierung eignet sich nicht zur Bewältigung der nichtroutinemäßigen Probleme der zentralen Verwaltung. Tatsächlich verschlimmert sie die Probleme, indem sie den Einfluß der Linienmanager unterläuft und damit den Konflikt vergrößert. Zur Beseitigung der Koordinationsprobleme bleibt der Maschinen-Organisation nur ein Mechanismus, nämlich die direkte Kontrolle von oben. Besonders die nichtroutinemäßigen Koordinationsprobleme zwischen Abteilungen werden die Linienhierarchie „hinaufgeschoben", bis sie eine gemeinsame Kontrollebene erreicht haben, die oft an der Spitze der Struktur liegt. Das Resultat kann eine übermäßige Konzentration der Macht sein, was umgekehrt viele andere Probleme erzeugen kann. Praktisch genauso wie die menschlichen Probleme im operativen Kern zu Koordinationsproblemen in der zentralen Verwaltung werden, werden deren Koordinationsprobleme zu Anpassungsproblemen an der strategischen Spitze. Wir wollen abschließend mit einer Diskussion des strategischen Wandels in der Maschinen-Organisation einen genaueren Blick darauf werfen.

Strategiebildung in der Maschinen-Organisation

Die Strategie in der Maschinen-Organisation soll von der Spitze der Hierarchie ausgehen, wo die Perspektive am weitesten und die Macht am konzentriertesten ist. Alle relevante Information muß in der Hierarchie nach oben weitergegeben werden, in aggregierter MIS-Form, um dort zu einer integrierten Strategie (mit Hilfe der Technostruktur) formuliert werden zu können. Dann folgt die Implementation, bei der die beabsichtigten Strategien die Hierarchie nach unten geleitet werden, um in sukzessiv ausgearbeiteten Programmen und Handlungsplänen umgesetzt zu werden. Auffallend ist die angenommene klare Unterteilung der Arbeit zwischen den Entwicklern an der Spitze und den Umsetzern ganz unten, die auf der Annahme einer durch einen Planungsprozeß perfekt geplanten Strategie basiert.

Das ist die Theorie. Die Praxis ist eine andere Sache, wie gezeigt wurde. Gestützt auf unsere Strategieforschung an McGill werden wir uns zuerst dem zuwenden, was Planung in einer Maschinen-Organisation ist. Zweitens wie sie in der Tat strategisches Denken behindern kann, und wie drittens dieser Organisationstyp wirklich seine Strategien ändert. Darauf aufbauend werden wir die Probleme strategischen Wandels in Maschinen-Organisationen und ihre mögliche Lösung untersuchen.

Planung als Programmierung in einer Supermarktkette

Was ist tatsächlich die Rolle formaler Planung? Erstellt sie die grundlegenden Strategien? Gehen wir auf das Beispiel der Steinbergs in den letzten Jahres ihres Gründers zurück, und betrachten wir, wie Größe die Organisation in Richtung Maschinen-Typ, und wie es bei diesem Typ üblich ist, in Richtung einer Planungsmethode für das Management auf Kosten des Unternehmertums drängt.

Besonders ein Ereignis begünstigte den Planungsbeginn bei den Steinbergs: der Eintritt des Unternehmens in den Kapitalmarkt im Jahr 1953. Monate bevor das Unternehmen seine erste Anleihe plazierte (Aktien, die immer stimmrechtslos waren, kamen später dazu), prahlte Sam Steinberg gegenüber einem Zeitungsreporter, daß „nicht ein Pfennig von außerhalb der Familie im Unternehmen steckt." Und nach den Zukunftsplänen gefragt antwortete er: „Wer weiß? Wir wollen versuchen, überall dorthin zu gehen, wo ein Bedarf für uns besteht." Wenige Monate später gab er eine Schuldverschreibung von fünf Millionen Dollar und gleichzeitig damit ein Fünfzehn-Millionen-Dollar-Expansionsprogramm für fünf Jahr bekannt: insgesamt dreißig neue Filialen, und zwar alle zwei Monate eine neue, die Verdoppelung der Umsatzzahlen, neue Filialen in durchschnittlich doppelter Größe wie die existierenden.

In den darauf folgenden Monaten erkannte Sam Steinberg nach der Eröffnung des ersten Shopping-Zentrums in Montreal, daß er selbst in Shopping-Zentren einsteigen mußte, um seine Supermarktkette zu schützen, und daß er das aufgrund der traditionellen Methoden des Unternehmens, wie kurzfristige und interne Finanzierung, nicht tun konnte. Und natürlich ist es keinem Unternehmen erlaubt, ohne Plan auf den Kapitalmarkt zu gehen. Man kann nicht einfach sagen: „Ich bin Sam Steinberg und ich bin solvent", auch wenn das wirklich der Fall ist. In einer „rationalen" Gesellschaft muß man planen (oder mindestens so tun als ob).

Aber was genau war die Planung? Eines ist sicher: Sie formulierte keine Strategie. Sam Steinberg hatte sie bereits. Die Planung leistete die Begründung, Ausarbeitung und Ausformulierung der Strategie, die bereits im Kopf von Sam Steinberg existierte. Die Planung operationalisierte seine strategische Vision, und setzte sie in ein Programm um. Sie gab dieser Vision eine Ordnung, und versah sie mit einer Form, um den Bedürfnissen der Organisation und ihrer Umwelt gerecht zu werden. Insofern folgte die Planung dem strategischen Prozeß, der eigentlich ein unternehmerischer gewesen war.

Aber ihre Wirkung auf diesen Prozeß war nicht beiläufig. Die Planung schränkte durch Spezifizierung und Ausformulierung die Vision ein, und machte sie unflexibler. Sam Steinberg behielt bis zu seinem Tod die formale Kontrolle über das Unternehmen. Aber seine Kontrolle über die Strategie blieb nicht so absolut. Der Unternehmer kann seine Vision nach Belieben an eine sich verändernde Umwelt anpassen, weil sie seine persönliche Sache ist. Wenn er aber dazu gezwungen ist, sie zu programmieren, verliert er diese Flexibilität. Letztlich besteht die Gefahr, daß die Planungsmethode die unternehmerische Dimension verdrängt und es treten Verfahren an die Stelle der Vision. In dem Maße, wie die Struktur maschinenähnlicher wurde, brauchte Steinberg Planung nach der

Art strategischer Programmierung. Dieser Planungstyp beschleunigte aber auch die Umwandlung des Unternehmens in Richtung einer Maschinen-Organisation.

Gibt es dann überhaupt so etwas wie „strategische Planung“? Ich vermute nein. Um es genauer zu sagen, ich finde nicht, daß größere neuere Strategien durch irgendein formales Verfahren entworfen werden. Organisationen, die sich auf Planungsverfahren verlassen, um Strategien zu entwickeln, scheinen existierende Strategien zu extrapolieren. Vielleicht nehmen sie marginale Veränderungen an ihnen vor oder kopieren einfach die Strategien anderer Organisationen. Das kam in einer anderen unserer McGill-Studien ganz klar heraus.

Planung als Hindernis für strategisches Denken bei einer Fluggesellschaft

Seit ungefähr Mitte der 50er Jahr engagierte sich Air Canada sehr stark in der Planung. Sobald die Fluggesellschaft sich etabliert hatte, besonders als sie ihre Flugroute entwickelt hatte, drängten eine Reihe von Faktoren zur Planungsmethode. Im Vordergrund stand der Bedarf nach Koordination, sowohl der Flugpläne unter Berücksichtigung von Maschinen, Besatzung und Wartung als auch des Kaufs teurer, für die Flugrouten geeigneter Maschinen. (Man stelle sich vor, jemand ruft aufgeregt im Hangar an und sagt:"Hallo Fred, hier ist jemand der sagt, er habe zwei 747 für uns. Weißt Du, wer die bestellt hat?“) Die Sicherheit war ein weiterer Faktor: der intensive Bedarf nach Sicherheit in der Luft erzeugt auch eine Mentalität, sehr sensibel damit umzugehen, was die Organisation am Boden macht. Deswegen ist die Fluglinie auf Kontrolle festgelegt. Andere Faktoren waren: die Entwicklungszeiten, die zu zentralen Entscheidungen gehören, wie etwa die Bestellung neuer Flugzeuge oder die Einführung neuer Flugrouten, die gewaltigen Kosten der immensen Ausstattung sowie die Größe der Organisation. Ohne einen großen Aufwand an formaler Planung führt man kein intrikates System wie eine Fluggesellschaft, die daher notwendigerweise maschinenartig ist.

Was wir aber als Folge der Planung bei Air Canada herausfanden, war das Fehlen einer grundsätzlichen Reorientierung der Strategie während unserer Untersuchungszeit (bis zur Mitte der 70er Jahre). Die Flugzeuge hatten sich offensichtlich verändert – sie waren größer und schneller geworden. Aber weder die grundlegende Flugroute noch das Marktverhalten hatten sich geändert. Zum Beispiel schenkte Air Canada dem Cargobereich, dem Charterflug und dem Pendelverkehr nur geringe Beachtung. Nach unserer Meinung blockierte die formale Planungsmethode das strategische Denken.

Das Problem besteht darin, daß Planung aus der Maschinenperspektive genauso abläuft wie ein Fließband oder wie eine normale Maschine, die ein Produkt erzeugt. Alles hängt von der Dekomposition in der Analyse ab: man zerlegt den Prozeß in eine Reihe von Schritten oder Bestandteilen, spezifiziert jeden und im Befolgen der Spezifikationen erhält man Schritt für Schritt das gewünschte Produkt. Darin liegt allerdings ein Trugschluß, wie im vierten Kapitel festgestellt wurde. Fließbänder und gewöhnliche Maschinen stellen standardisierte Produkte her, während Planung eine neue Strategie entwickeln soll. Es ist als ob die Maschine die Maschine konstruieren soll. Man erwartet von der Planungsmaschine die Erstellung des grundlegenden Plans: die Strategie. Um einen anderen in dem Kapitel erwähnten Aspekt zu wiederholen: Planung ist eine an der Dekomposition orientierte Analyse, während Strategiebildung von einer an Integration orientierten Synthese abhängt. Aus diesem Grund hat sich der Begriff „strategische Planung“ als Oxymoron erwiesen.

Strategischer Wandel in einem Automobilwerk

Wie ändert dann die planungsorientierte Maschinen-Bürokratie ihre Strategie, wenn sie muß? Das Volkswagenwerk war eine Organisation, die das mußte. Wir interpretierten seine Geschichte von 1934 bis 1974 als den langen Lebenszyklus einer einzigen strategischen Perspektive. Der ursprüngliche „Volkswagen“, der legendäre „Käfer“, war von Ferdinand Porsche konzipiert worden. Die Fabrik für seine Produktion war zwar kurz vor dem Krieg erbaut worden, wurde aber bis nach dem Krieg nicht zur zivilen Automobilherstellung benutzt. Erst 1948 bekam ein Mann namens Heinrich Nordhoff die Leitung der zerstörten Fabrik und begann mit ihrem Wiederaufbau sowie ihrer Organisierung und der Strategie selbst. Er vervollständigte das ursprüngliche Konzept von Porsche. Das Unternehmen war enorm erfolgreich.

In den späten 50er Jahren tauchten jedoch Probleme auf. Die Nachfrage entwickelte sich vom Käfer weg. Die typische Reaktion der Maschinen-Bürokratie war nicht ein Neubedenken der zugrundeliegenden Strategie – „alles in Ordnung“ war die Reaktion. Stattdessen pfropfte man ihr vielmehr ein weiteres Stück auf. Es wurde ein neuer Autotyp hinzugefügt, größer als der Käfer, aber mit einer ähnlich unsinnigen Motorversion, wieder luftgekühlt und dem Motor hinten. VW hatte ein weiteres Produkt hinzugefügt, aber nicht seine Perspektive geändert.

Das grundsätzliche Problem wurde damit aber nicht gelöst. Mitte der 60er Jahre geriet das Unternehmen in eine Krise. Nordhoff, der sich einem Strategiewandel widersetzt hatte, verstarb in seinem Büro und wurde durch einen branchenfremden Juristen von außerhalb ersetzt. Das Unternehmen machte daraufhin eine hektische Suche nach neuen Modellen durch, konstruierte, entwickelte oder erwarb eine ganze Menge davon: Motor vorn, Motor in der Mitte und hinten, luft- und wassergekühlt sowie mit Front- und Heckantrieb. VW sprang auf sein Strategiepferd und galoppierte in alle Richtungen, um den Humoristen Stephen Leacock zu paraphrasieren. Erst als ein neuer Chef kam, ein mit dem Unternehmen und dem Autogeschäft eng vertrauter Mann, konsolidierte sich das Unternehmen um eine neue strategische Perspektive, die auf dem modernen Frontantrieb und einer wassergekühlten Konstruktion aus einem seiner erworbenen Firmen basierte. Dadurch wandelte VW sein Schicksal.

Diese Geschichte zeigt vor allem die immense Stärke der bürokratischen Triebkraft in der Maschinen-Organisation. Die enorme Anstrengung für die Produktion und das Marketing einer neuen Automobilreihe bringt ein Unternehmen in eine bestimmte Lage, selbst wenn man den Planungsaspekt einmal beiseite läßt. Hier war die Triebkraft aber auch noch psychologisch. Nordhoff, der die treibende Kraft hinter dem großen Erfolg des Unternehmens gewesen war, wurde zur größten Belastung, als die Umwelt Neuerungen verlangte. Auch er war mit den Jahren ein Gefangener der bürokratischen Triebkraft geworden. Außerdem behinderten die Einzigartigkeit und hochgradige Integration in der Strategie bei VW – wir nannten sie *Gestalt* – den strategischen Wandel. Ändere ein Element einer hochgradig integrierten Gestalt, und sie zerbricht. Insofern ist schließlich Erfolg die Ursache von Versagen.

Engpaß an der Spitze

Warum gibt es derartig große Schwierigkeiten beim Strategiewandel in der Maschinen-Organisation? Wir greifen diese Frage hier auf und zeigen, wie, wenn überhaupt, allgemein Veränderungen über eine andere Konfiguration erreicht werden können.

Wie bereits diskutiert neigt man dazu, unvorhergesehene Probleme in der Maschinen-Organisation in der Hierarchie eher nach oben abzuschieben. Wenn es nur wenige Probleme gibt, was auf relativ stabile Bedingungen hindeutet, funktioniert das relativ ungestört. Aber in Zeiten raschen Wandels, gerade wenn neue Strategien gefordert sind, steigt die Zahl solcher Probleme an und das führt zu einem Engpaß an der Spitze, wo die Führungskräfte überlastet werden. Und das führt entweder zur Blockierung strategischen Wandels oder erweist sich ansonsten als unklug.

Ein Hauptpunkt des Problems ist die Information. Manager sehen sich mit einer in Teile zerlegten Organisation konfrontiert, genau wie bei einer Maschine. Die Information aus dem Marketing kommt über den einen Kanal herein, die aus der Produktion über einen anderen usw. Das obere Management muß selbst die ganze Information zusammenfügen. Aber die zentrale Prämisse der Maschinen-Bürokratie, daß nämlich die Produktion von ihrer Verwaltung zu trennen ist, bedeutet, daß dem Topmanagement oft das wesentliche und genaue Wissen fehlt, das für eine solche Informationsintegration notwendig ist. Im wesentlichen liegt die notwendige Macht an der Spitze dieser Struktur, das notwendige Wissen aber oft an der Basis.

Natürlich gibt es auch eine maschinenmäßige Lösung für das Problem – natürlich in der Form eines Systems. Man nennt sie das Management-Informations-System, oder MIS. Dieses kombiniert alle notwendige Information und verpackt sie ordentlich, so daß Topmanager darüber unterrichtet werden können, was passiert – die perfekte Lösung für die überlastete Führungskraft. Zumindest in der Theorie.

Leider treten eine Reihe handfester Probleme im MIS auf. In der ausgeprägten Verwaltungshierarchie der Maschinen-Organisation muß die Information viele Ebenen passieren, bevor sie bei der Unternehmensspitze ankommt. Auf jeder Stufe kommt es zu Informationsverlusten. Gute Neuigkeiten werden herausgestellt, während schlechte auf ihrem Weg nach oben behindert werden. „Weiche" Information, die so wichtig für die Strategiebildung ist, kann nicht ohne Schwierigkeiten passieren, während viele harte Informationen vom Typ MIS langsam ankommen. In einer stabilen Umwelt kann der Manager vielleicht warten, in einer sich rasch verändernden kann er es nicht. Der Unternehmenschef möchte direkt darüber informiert werden, daß der wichtigste Kunde der Firma gestern mit einem Hauptkonkurrenten beim Golfspielen gesehen wurde, und es nicht erst sechs Monate später als eine Information unter anderen im Absatzbericht lesen. Klatsch, Gerüchte und Spekulationen – die weichste Informationsart – warnen den Manager vor drohenden Problemen. Das MIS zeichnet die Probleme allzuoft nur für die Nachwelt auf, Probleme, die aber schon registriert worden waren. Ein Manager, der in einer sich verändernden Umwelt von einem MIS abhängig ist, sieht sich generell ohne Realitätskontakt.

Die naheliegende Lösung für Topmanager ist es dann, das MIS zu übergehen und ihr eigenes informelles Informationssystem aufzubauen, also Kontaktnetzwerke, die sie mit der nötigen reichhaltigen, handfesten und direkten Information versorgen. Das verletzt aber die in der Maschinen-Organisation vorausgesetzte Formalität und den Respekt vor der Hierarchiekette. Ebenso beansprucht es die Zeit des Managers, diejenige Mangelware, durch die der Engpaß in erster Linie verursacht wird. Dadurch werden die Topmanager der Maschinen-Organisation als Folge ihrer eigentümlichen Konzeption mit einem fundamentalen Dilemma konfrontiert: In Zeiten der Veränderung, wenn sie die Zeit am meisten dafür brauchen, sich selbst zu informieren, überlastet sie das System mit Ordnungszwang. Sie müssen deshalb auf der Basis inadäquater, abstrakter Informationen oberflächlich handeln.

Die Dichotomie Formulierung/Implementation

Das zentrale Problem liegt in einem der Hauptprinzipien der Maschinen-Organisation, daß nämlich die Strategieentwicklung streng von der Strategieimplementation getrennt zu sein hat. Das eine wird an der Spitze ausgedacht, das andere weiter unten ausgeführt. Damit das funktioniert, sind zwei Bedingungen erforderlich: Erstens, daß der Entwickler über volle und ausreichende Information verfügt und zweitens, daß die Welt stillhält, oder sich im Implementationsprozeß wenigstens in vorhersagbarer Weise verändert, so daß kein Bedarf nach einer *Re*formulierung auftritt.

Warum braucht die Organisation zunächst eine neue Strategie? Weil ihre Welt sich in unvorhersagbarer Weise verändert hat, und es wirklich auch weiterhin tut. Wir haben gerade gesehen, wie die maschinenbürokratische Struktur dazu tendiert, die erste Bedingung zu verletzen. Sie fehlinformiert das obere Management während solcher Umbruchzeiten. Und wenn der Wandel in einer unvorhersagbaren Weise fortschreitet (oder sich die Welt aufgrund eines schlecht informierten Managements zumindest in einer nicht richtig vorhergesagten Weise entwickelt), dann wird auch die zweite Bedingung verletzt. Es ist kaum sinnvoll, mit der Implementation eine Strategie festzuschreiben, die die Veränderungen in der Umwelt nicht registriert.

Das läuft auf die Notwendigkeit hinaus, die Dichotomie Formulierung/Implementation genau dann aufzuheben, wenn die Strategie in der Maschinen-Bürokratie verändert werden muß. Das kann auf zwei Arten geschehen.

Im einen Fall implementiert der Entwicklungsexperte. Die Macht ist, anders formuliert, an der Spitze konzentriert, und zwar nicht nur um die Strategie zu konzipieren, sondern auch um sie Schritt für Schritt in einer persönlich gestalteten Art zu implementieren. Der

Strategieexperte hat engen, persönlichen Kontakt zu der konkreten Situation (normalerweise bestimmt der Strategieexperte jemanden, der diesen Kontakt herzustellen hat oder entwickeln kann). Auf diese Weise kann er auf der einen Seite genau informiert werden und kann auf der anderen Seite gegebenenfalls im Implementationsprozeß angemessen reformulieren. Das beschreibt natürlich die unternehmerische Konfiguration, zumindest an der strategischen Spitze.

Im anderen Fall entwickeln die Implementationsexperten. Anders gesagt, die Macht ist weiter unten konzentriert, wo die notwendigen Informationen vorhanden sind. Ebenso wie diejenigen, die einen natürlichen Kontakt zu der spezifischen vorliegenden Situation haben auf individuell angepaßtes Verhalten zurückgreifen (z.B. einen neuen Kundenkreis angehen, neue Produkte entwickeln usw.), bilden sich hier Muster. Es entstehen mit anderen Worten Strategien. Und wie wir sehen werden, beschreibt dies die innovative Konfiguration, bei der die strategischen Initiativen in der Basis der Organisation wurzeln. Sie werden dort vom mittleren Management aufgegriffen, welches dann die eine mit der andern verbindet oder in existierende Strategien integriert, um dann vom oberen Management die Zustimmung dafür zu erlangen.

Wir folgern deswegen, daß die Maschinen-Konfiguration dazu ungeeignet ist, ihre grundlegende Strategie zu ändern, und daß praktisch die Organisation vorübergehend die Konfiguration ändern muß, um die Strategie auszutauschen. Entweder kehrt sie zur unternehmerischen Form zurück, um es einer einzelnen Führungsperson zu erlauben, eine Vision zu entwickeln (oder an eine früher entwickelte anzuschließen). Oder sie überzieht ihre konventionelle Struktur mit einer innovativen Form (z.B. in einem fundierten Netzwerk lateraler Teams und Projektgruppen), damit die notwendigen Strategien entstehen können. Die erste Variante kann offensichtlich schneller funktionieren als die letztere, weil sie eher für einen drastischen Umschwung eingesetzt wird, während die letztere eher als langsamer Prozeß der Revitalisierung verläuft. (Natürlich kann ein schneller *Umschwung* notwendig sein, weil es zu keiner langsamen *Revitalisierung* kam.) In jedem Fall sind beide durch die Fähigkeit zum *Lernen* charakterisiert, als Kern der unternehmerischen und innovativen Konfiguration. Im einen Fall ist das Lernen für den einfacheren Kontext zentralisiert, im anderen Fall für den komplexeren Kontext dezentralisiert. Die Maschinen-Konfiguration ist dadurch nicht gekennzeichnet.

Das ist jedoch nicht überraschend. Schließlich sind Maschinen spezielle Instrumente, die zur Produktivität und nicht zur Anpassung konstruiert sind. Maschinen-Bürokratien sind Leistungssysteme und wurden nicht zur Problemlösung erfunden.[13] Effizienz ist ihre Stärke, nicht Innovation. Eine Organisation kann ihrem Personal nicht Scheuklappen aufsetzen und dann weitreichende Visionen erwarten. Hier werden die Manager für die Einsparung von Kosten und die Erhöhung der Standards belohnt, nicht für die Übernahme von Risiken oder das Übergehen von Verfahren. Wandel führt im operativen System zu Chaos: Man ändere ein Glied in einem sorgfältig gekoppelten System und die ganze Kette muß neu konzipiert werden. Warum sollten wir deshalb überrascht sein, wenn Bürokratien bei Anpassungsprozessen versagen?

13 R.G. Hunt, „Technology and Organization", in: Academy of Management Journal, 1970, S. 235-252.

Selbstverständlich ist es nur berechtigt zu fragen, warum wir soviel Zeit in den Versuch investieren, sie angepaßt zu machen. Schließlich rangieren wir eine normale Maschine einfach aus, wenn sie überflüssig geworden ist und sind glücklich, daß sie uns so lange und so gut gedient hat. Die Umwandlung für einen anderen Zweck erweist sich in der Regel als kostspieliger, als einfach noch einmal von vorne anzufangen. Ich nehme an, daß dies für Bürokratien oft zutrifft. Aber hier handelt es sich natürlich um einen sozialen und politischen Kontext. Mechanische Teile protestieren nicht, noch das ausgetauschte Rohmaterial. Arbeiter, Lieferanten und Kunden widersetzen sich aus evidenten Gründen der Auflösung von Organisationen. Daß aber die Kosten dafür in einer Gesellschaft gigantischer maschinell funktionierender Bürokratien entsetzlich hoch sind, wird uns im Schlußkapitel dieses Buches beschäftigen.

Strategische Revolutionen in Maschinen-Organisationen

Manchmal verändern sich jedoch Maschinen-Organisationen. Gelegentlich wirkungsvoll, aber anscheinend öfter unter großen Kosten und Schmerzen. Die glücklicheren unter ihnen sind dazu in der Lage, für eine periodische Revitalisierungsphase eine innovative Struktur einzuziehen (auf eine Weise, die ich im Schlußkapitel dieses Teils vorschlagen werde), während viele der anderen Überlebenden es irgendwie schaffen, im unternehmerischen Stil einen Umschwung herbeizuführen.

Im großen und ganzen scheinen Maschinen-Organisationen dem zu folgen, was meine Kollegen Danny Miller und Peter Friesen eine „Quanten-Theorie" des Organisationswandels nennen.[14] Sie verfolgen ihre eingesetzten Strategien über lange Stabilitätszeiträume (die sich auf natürliche Weise einstellen oder von ihnen als geschlossenes System entwickelt werden) und setzen Planung und andere Verfahren ein, um das effizient durchzuziehen. Regelmäßig werden diese Zeiträume von kurzen Wandlungseinbrüchen unterbrochen, die Miller und Friesen als „strategische Revolution" charakterisieren (wenngleich eine andere Kollegin, Mihaela Firsirotu, das besser mit „strategischem Wandel als kulturelle Revolution" bezeichnet[15]).

Die Organisation übernimmt die Priorität in der Maschinen-Organisation

Wie die Abbildung 8.2 zusammenfaßt, übernimmt die Organisation – mit ihren Systemen und Verfahren, mit ihrer Planung und bürokratischen Triebkraft – in der Maschinen-Konfiguration die Priorität vor Führung und Umwelt.

Die Umwelt entspricht der Organisation, entweder weil die Organisation sich selbst in einen Kontext eingepaßt hat, der zu ihren Verfahren paßt, oder weil sie die Umwelt dazu

14 Danny Miller und Peter H. Friesen, Organizations: A Quantum View (Engelwood Cliff, N.J.: Prentice-Hall, 1984).

15 Mihaela Firsirotu, „Strategic Turnaround as Cultural Revolution: The Case of Canadian National Express", Dissertation, Fakultät für Management, McGill Universität, 1985.

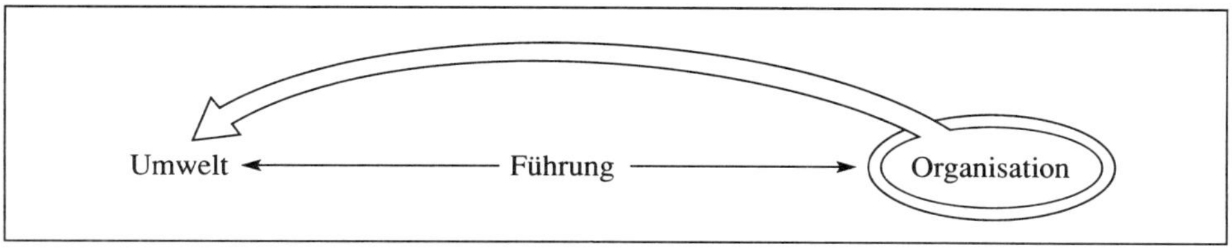

Abbildung 8.2: Organisation übernimmt die Priorität

gebracht hat, sich entsprechend zu verhalten. Und die Führung paßt sich dem im allgemeinen durch die Unterstützung der Organisation auch an, und wird tatsächlich oft Teil ihrer bürokratischen Triebkraft.

Zumindest in stabilen Zeiten funktioniert das im allgemeinen sehr gut, wenn auch nur schwerlich ohne Probleme. Aber Effizienz wird in Zeiten des Wandels ineffektiv und die Organisation kann ins Stocken geraten. Außer sie kann einen anderen Weg finden, um sich für die Anpassung zu organisieren.

Das alles ist ein anderer Ausdruck dafür, daß die Maschinen-Organisation eine Konfiguration, eine Spezie wie jede andere auch ist. Sie ist für ihren eigenen Kontext geeignet, aber ungeeignet für andere. Aber anders als die anderen ist sie die dominante Konfiguration in unseren hochspezialisierten Gesellschaften. Solange wir billige und somit standardisierte Waren und Dienstleistungen nachfragen, und solange Menschen weiterhin effizienter als Maschinen sind, um das zur Verfügung zu stellen sowie auch weiterhin dazu bereit sind, solange wird die Maschinen-Organisation unter uns bleiben – und mit ihr alle ihre Probleme.

Anmerkung

Struktur und Bedingungen sowie die sozialen Themen im Zusammenhang mit der Maschinenorganisation werden umfassender in dem Kapitel „Machine Bureaucracy" meines Buches The Structuring of Organizations (Prentice-Hall, 1979) diskutiert. Ein ganzes Kapitel über das „instrumentelle" und „geschlossene System" kann man in meinem Buch Power In and Around Organizations (Prentice-Hall, 1983) finden. Und das Material über Strategieformation in dieser Art von Organisation wird eingehender in drei Artikeln diskutiert: „Patterns in Strategy Formation" über das Volkswagenwerk und die U.S.-Strategie in Vietnam, in: Management Science, 1978; „Does Planning Impede Strategy Thinking? The Strategy of Air Canada, 1937–1976 (mit Pierre Brunet und Jim Waters), in: R.B. Lamb und P. Shrivastava (eds.), Advances in Strategic Management, Volume IV (JAI Press, 1987); und „The Mind of the Strategist(s)" (mit Jim Waters), in: S. Srivatava (ed.), The Executive Mind (Jossey-Bass, 1983). Von weiterem Interesse ist hier vielleicht noch mein 1990 erscheinendes Buch Strategic Planning: An Irreverent View über das Wesen und die Schwierigkeiten formaler Planung.

9. Kapitel

Die diversifizierte Organisation

Die Fusionswellen unter amerikanischen Unternehmen im letzten Jahrhundert bestanden einmal in der Verbindung von Branchen zu größeren Einheiten, manchmal zu riesigen Trusts, dann im Hinzufügen von Aktivitäten an jedem Ende der Produktionskette unter dem Stichwort „vertikale Integration“ (obwohl das kurioserweise immer horizontal demonstriert wurde) sowie schließlich vor allem aus dem Vorstoß der Unternehmen in neue Geschäftsbereiche. Dies hat zu gigantischen Unternehmen und zu dem sogenannten divisionalisierten Strukturtyp geführt. Der „Mischkonzern“ ist natürlich das Extrembeispiel dafür, daß ein Unternehmen fast nur finanzielle Interessen an seinen verschiedenen Geschäftsbereichen hat.

Die amerikanische Wirtschaft erreichte wahrscheinlich irgendwann in den 1970er Jahren nach der großen Merger-Bewegung der 60er Jahre ihren Diversifikationshöhepunkt, als das sogenannte professionelle Management – die Annahme, daß ein guter Manager alles managen kann – ebenfalls seinen Höhepunkt hatte. Aber dann entwickelte sich dieser Trend zurück. Vielleicht hatte man eingesehen, daß es manchmal hilfreich ist, eine Branche genau zu kennen, genauer als es Manager in einer entfernten Zentrale können, die morgens mit Porzellanvasen und mittags mit Baggern handeln. Vielleicht haben sich auch einfach die Marktkräfte durchgesetzt. Oder der Zusammenbruch der Zusammenballung ermöglichte es externen Finanziers, die sogar noch weiter von den Produkten und Dienstleistungen entfernt sind als die professionellen Manager, die extrem diversifizierten Unternehmen auszuplündern und zu restrukturieren.

Auf jeden Fall hat die Strategie der Diversifikation und die damit verbundene Divisionalisierungsstruktur starke Einbußen erlitten. Ein Hauptanliegen der meisten Großunternehmen bleibt die Frage, wie sie expandieren und gleichzeitig Kontrolle über ihre Geschäftsbereiche ausüben können, und wie sie diese verschiedenen Unternehmensbereiche verbinden und ausnutzen können. Das wird heute allgemein „Synergie“ genannt (der 2 + 2 = 5-Effekt).

Es wurde in der Tat viel Energie in den Versuch investiert, schlau daraus zu werden, was man mit diesen überwucherten und übergroßen Unternehmen tun kann. Das war für die professionellen Berater und die Finanzhäuser ein großes Geschäft. Aber ich zweifle daran, daß irgend jemand anderes sehr viel Nutzen davon hatte. Das Großunternehmen hatte seinen Anfangserfolg vielleicht wegen seines Geschicks im Kerngeschäft. Aber ich bin nicht sicher, ob viele in ihren Programmen zur Konzernbildung sehr klug vorgingen. Einige waren sehr ausdauernd und kamen zu einer neuen und lebensfähigen Definition (d. h. Strategie), aber viele wurden in kostspielige Entflechtungsperioden hineingezwängt.

„Betrachte es als unentschieden", würde ein Freund von mir sagen. Gut, meine Vorurteile stammen aus der Überzeugung, daß man der Macht den Vorrang vor der Leistung gegeben hat, deren Ursache in einer ganz oberflächlichen Vorstellung über das Management von Unternehmen wurzelt. Für mich ist die relevante Unterscheidung die zwischen „dichtem" und „dünnem" Management, wie ich gerne sage. Dünnes Management bewegt Figuren auf einem Schachbrett, schiebt den Menschen Geld zu, um sie zu motivieren und investiert in Einrichtungen, um sie leistungsfähiger zu machen. Im diversifizierten Unternehmen heißt das „Portfoliomanagement", „Restrukturierung" und „Aktienwert". Dichtes Management meint ein tiefes Eintauchen in das Unternehmen sowie die fundierte Kenntnis seiner Bedürfnisse, Prozesse und Menschen, um alles zu einer harmonisch funktionierenden Entität zusammenzuschweißen, die ihren Markt mit Umsicht und Verständnis bedient. Nach meiner Meinung hat uns die zusammengewürfelte Diversifikation vom ersten mehr als genug beschert.

So schwer diese Probleme auch auf der wirtschaftlichen Seite waren, die größten waren sozialer Art, wie ich glaube. Unternehmen, die zu groß, zu diversifiziert und zu oberflächlich werden, haben abstumpfende Wirkungen auf ihre Mitarbeiter und sind eine große Bedrohung für die soziale Ordnung und selbst die Demokratie. Das bezieht sich nicht nur auf die Wirtschaft, sondern ebenso auf andere Bereiche: Regierungen funktionieren wie Großkonzerne, Multiversitäten werden ähnlich geführt, Schulsysteme sind im großen Stil zergliedert, und so weiter, bis zu fast jeder sozialen Dienstleistung. Alle haben eine Menge Elend verursacht.

Nach der Diskussion der divisionalisierten Strukturform, den Bedingungen, die sie begünstigen und den Stufen, die zu ihrer vollentwickelten Form führen (dem Konglomerat), wird sich dieses Kapitel ausführlicher damit befassen, was meiner Meinung nach die drohenden sozialen Probleme sind, die damit einhergehen. Ich hoffe, daß Sie es tolerieren, daß ich meine Meinung in der folgenden Diskussion offen zum Ausdruck bringe.

Die diversifizierte Organisation

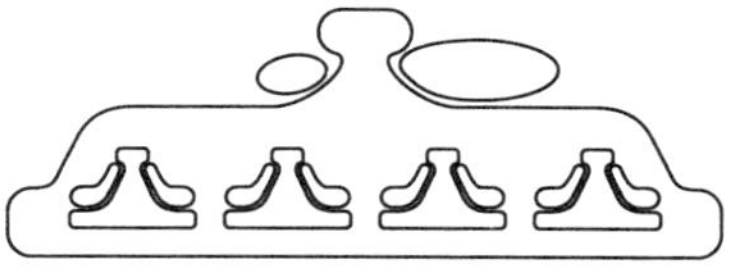

Struktur:
- marktorientierte „Divisionen", lose unter einer Zentralverwaltung gekoppelt
- Autonome Geschäftsführung der Divisionen (impliziert nicht mehr als die begrenzte Dezentralisation an die Divisionsmanager), ist einem Leistungskontrollsystem unterworfen, das ihre Outputs standardisiert
- Tendenz zur Maschinenkonfiguration, als Instrumente der Zentrale (obwohl die Gesamtorganisation zu einem geschlossenen Systemtyp neigt)

Kontext:
- Marktaufteilung, vor allem von Produkten und Dienstleistungen (im Gegensatz zu Kunden und Regionen), die Diversifikation nach Nebenprodukten und verwandten Produkten fördert Zwischenformen, laterale Diversifikation als reinste Form
- kommt typischerweise in großen und zur Reife gelangten Organisationen vor, vor allem Wirtschaftsunternehmen, aber auch zunehmend in Regierungen und anderen öffentlichen Bereichen (z. B. Multiversitäten im Gegensatz zu Universitäten)

Strategie:
- die Zentrale leitet die „Unternehmens"-strategie als Portfolio der Geschäftsbereiche, die Divisionen entwickeln individuelle Strategien

Themen:
- löst einige Probleme integrierter funktionaler (maschinenartiger) Strukturen, verteilt das Risiko, bewegt Kapital, fügt neue Geschäftsbereiche hinzu und löst andere auf etc.

aber:
- Die Konglomeratform der Diversifikation ist manchmal kostspielig und nicht innovationsfreudig; die Verbesserung der Funktionsfähigkeit der Kapitalmärkte kann unabhängige Unternehmensbereiche effektiver als Divisionen machen
- das Leistungskontrollsystem läuft Gefahr, die Organisation sozial verantwortungslos zu machen und zu unverantwortlichem Verhalten zu führen
- trotz der Tendenz dazu im öffentlichen Sektor sind dort die Gefahren aufgrund der fehlenden Meßbarkeit vieler Ziele noch größer

Die Grundstruktur der Divisionalsierung

Die diversifizierte Organisation ist weniger eine integrierte Entität als vielmehr ein Set halbautonomer Einheiten, die über eine zentrale Verwaltungsstruktur aneinandergekoppelt sind. Die Einheiten werden überlicherweise *Divisionen* und die zentrale Verwaltung *Zentrale* genannt. Das ist eine verbreitete Konfiguration im privaten Sektor der industrialisierten Wirtschaft. Die Mehrheit der Fortune 500, Amerikas größte Unternehmen, verwenden diese Struktur oder eine Variante davon. Aber man findet sie auch in anderen Sektoren, wie wir sehen werden.

In der üblicherweise „divisionalsiert" genannten Strukturform werden Einheiten, sogenannte „Divisionen" geschaffen, die unterschiedliche Märkte bedienen und die über die notwendige Kontrolle über die betrieblichen Funktionen verfügen, wie Abbildung 9.1 zeigt.

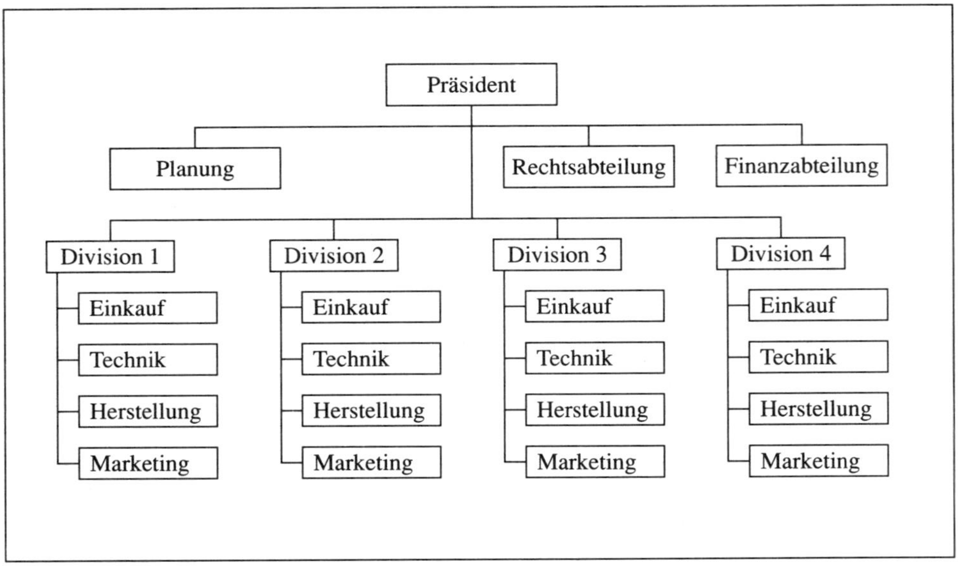

Abbildung 9.1: Typisches Organigramm eines divisionalisierten Produktionsunternehmens

Jede Division ist relativ frei von direkter Kontrolle durch die Zentrale oder sogar von der Notwendigkeit, die Aktivitäten mit anderen Divisionen zu koordinieren. Anders gesagt, jede scheint ein selbständiges Unternehmen zu sein. Natürlich ist das nicht so. Es gibt eine Zentrale und die hat eine Reihe von Aufgaben, die diese Gesamtkonfiguration von einer Ansammlung unabhängiger Unternehmen, die dasselbe produzieren und die dieselbe Dienstleistung erbringen, unterscheidet.

Die Rolle der Zentrale

Die Zentrale führt vor allem die Leistungskontrollen durch. Sie setzt Leistungsmaßstäbe, im allgemeinen in quantitativer Form (etwa Rentabilität oder Umsatzsteigerung). Und sie kontrolliert die Ergebnisse. Die Koordination zwischen Zentrale und Divisionen reduziert insofern vieles weitgehend auf die Standardisierung der Leistungen. Natürlich gibt es eine direkte Kontrolle: die Manager in der Zentrale müssen persönlichen Kontakt zu den Divisionen haben und sie kennen. Das ist aber weitgehend mit der Kernannahme dieser Konfiguration umschrieben, daß die Divisionsmanager für die Leitung ihrer Divisionen verantwortlich sind und ein hohes Maß an Autonomie besitzen müssen, um so managen zu können, wie sie es für nötig halten. Von daher gibt es eine ausgeprägte Delegation von Autorität von der Zentrale auf die Ebene der Divisionsmanager.

Bestimmte zentrale Aufgaben bleiben jedoch in der Zentrale. Eine besteht in der Entwicklung der *Unternehmens*strategie, d.h. der Festlegung des Portfolios, in dem das Unternehmen operieren will. Die Zentrale richtet Divisionen ein, erwirbt welche, entledigt sich einiger oder schließt welche, um das Portfolio zu ändern. In dieser Hinsicht war in den 1970er Jahren die „Portfoliomatrix" der Boston Consulting Group beliebt, nach der die Manager an die Divisionen Mittel auf der Basis zuweisen sollten, ob sie unter die Kategorie der dogs (Unternehmensbereiche mit geringem Marktanteil und schwachem Wachstum), cash cows (Unternehmensbereiche, die hohe Überschüsse erwirtschaften), wildcats (risikoreiche Unternehmensbereiche, die „Fragezeichen") oder stars (Unternehmensbereiche mit starkem Marktanteil und hohem Wachstum) fallen. Aber die Begeisterung für diese Technik flaute ab, vielleicht eingedenk der Warnung von Pope, daß ein bißchen Lernen gefährlich sein kann.

Zweitens leitet die Zentrale den cash flow zwischen den Divisionen und benutzt den hohen Gewinn einiger dazu, das größere Wachstumspotential anderer zu unterstützen. Drittens entwirft natürlich die Zentrale mittels ihrer eigenen Technostruktur das Leistungskontrollsystem und wendet es an. Viertens bestimmt sie die Divisionsmanager und behält sich das Recht, sie auszutauschen. Die Macht einer Zentrale, die jede Division direkt leitet, wird dann am sichtbarsten, wenn die Leistung einer Division ausbleibt (wenn etwa ein Branchenabschwung nicht gemeistert wird oder die Division aufgelöst wird) und die Führungskraft ausgetauscht wird. Schließlich stellt die Zentrale noch bestimmt Experten für alle Divisionen zur Verfügung – z. B. eine Abteilung für Public Relations oder einen Rechtsberater.

Die Struktur der Divisionen

Im allgemeinen nennt man divisionalisierte Unternehmen „dezentralisiert". Das spiegelt wider, wie *bestimmte* Unternehmen wurden. DuPont am Anfang dieses Jahrhunderts ist das berühmteste Beispiel dafür. Wenn funktional strukturierte Organisationen (z. B. in Marketing, Produktion und technischen Bereich usw.) diversifizieren, dann stellen sie fest, daß die Koordination ihrer verschiedenen Produktlinien quer durch die Funktionen zunehmend komplizierter wird. Das Topmanagement muß sehr viel Zeit für Konfliktlösungen aufbringen. Wenn diese Unternehmen einmal zu einer divisionalisierten Strukturform gewechselt haben, wo alle Funktionen eines bestimmten Unternehmensbereiches in einer einzigen Einheit zusammengefaßt werden können, die sich dafür engagiert, dann wird das Management viel einfacher. Ihre Strukturen werden faktisch *mehr* dezentralisiert und die Macht über unterschiedliche Bereiche wird an die Divisionsmanager delegiert.

Aber mehr dezentralisiert bedeutet nicht *dezentralisiert*. Wie in Kapitel 6 erwähnt bezieht sich der Begriff auf die Aufteilung der Entscheidungskompetenz in einer Organisation. In vielen diversifizierten Unternehmen verbleibt viel Macht bei den wenigen Managern, die die Geschäfte leiten. Das berühmteste Beispiel für Divisionalisierung war in der Tat das einer relativen *Zentralisation*. Alfred P. Sloan führte in den 20er Jahren die divisionalisierte Form bei General Motors ein, um die Macht der autonomen Unternehmenseinheiten zu *reduzieren* und für eine weitgehend unorganisierte Ansammlung verschiedener Automobilgeschäftsbereiche ein Finanzkontrollsystem einzuführen.

Ich würde in der Tat behaupten, daß die *Zentralisation* der Macht in den Divisionen am angemessensten für die divisionalisierte Form ist. Anders gesagt, die Wirkung einer Zentrale für die Divisionen ist, daß sie sie in Richtung der Maschinenkonfiguration drängt, nämlich eine Struktur zentralisierter Bürokratie. Nach meiner Meinung paßt diese Struktur zur Kontrolle durch die Zentrale. Wenn das zutrifft, wäre das ein wichtiger Punkt, weil es bedeuten würde, daß die Zunahme der diversifizierten Konfiguration in vielen Bereichen – Wirtschaft, Regierung etc. – die Wirkung hat, viele Suborganisationen in eine Maschinenbürokratie zu treiben, sogar dort, wo diese Konfiguration ungeeignet ist (bei Schulsystemen zum Beispiel, oder Ministerien, die einen innovativen Projektauftrag haben).

Die Erklärung dafür liegt in der Standardisierung der Leistungen, dem Schlüssel zur Funktionsfähigkeit der divisionalisierten Struktur. Man stelle sich das Dilemma der Zentrale vor: die Autonomie der Divisionen zu respektieren und gleichzeitig Leistungskontrollen durchzuführen. Das versucht sie, basierend auf klar definierten Leistungsstandards, durch eine nachträgliche Kontrolle zu lösen. Solchen Standards liegen aber zwei Grundannahmen zugrunde.

Erstens, jede einzelne Division muß als einzelnes integriertes System mit einem einzelnen, konsistenten Set von Zielen behandelt werden. Anders gesagt, obwohl die Divisionen vielleicht lose aneinander gekoppelt sind, wird angenommen, daß jede intern eng gekoppelt ist.*

Zweitens müssen diese Ziele operationalisiert sein, sich für quantitative Messungen eignen, um es anders zu sagen. Aber in den weniger formalen und weniger stabilen Konfigurationen (in der unternehmerischen und der innovativen) sind solche Leistungsstandards schwieriger zu etablieren. Andererseits erschwert die Komplexität der Arbeit in der professionellen Konfiguration die Etablierung solcher Standards. Während die unternehmerische Konfiguration sich dazu eignet, um einen einzigen Set von Zielen organisiert zu werden, trifft dies für die innovative und professionelle Konfiguration nicht zu. Nur die Maschinenkonfiguration größeren Typs paßt aufgrund ihrer Integration und operationalisierten Ziele gut in die konventionell divisionalisierte Struktur.

Wenn Unternehmen mit einer anderen Konfiguration zu Tochterunternehmen in einer divisionalisierten Struktur werden, werden sie wahrscheinlich in eine maschinenartige Bürokratieform gedrängt, um sie *ihren* Bedürfnissen anzupassen. Wie oft haben wir Geschichten von unternehmerisch geführten Betrieben gehört, die von Konzernen übernommen wurden, und über die dann Horden von Technokraten herfallen, die die lockere Kontrolle, das Fehlen von Organigrammen und den informellen Charakter des Systems kritisieren? In vielen Fällen bestand natürlich die zentrale Absicht des Erwerbs genau darin. Das Unternehmen sollte so angebunden werden, daß seine Strategien nachhaltiger

* Außer natürlich, es gibt eine zweite Schicht der Divisionalisierung, die einfach dieses Problem auf eine andere Hierarchieebene hebt.

und systematischer verfolgt werden können. Aber ansonsten führt dies eher zur Zerstörung der grundlegenden Stärke des Unternehmens, manchmal einschließlich seiner Flexibilität und Reaktionsfähigkeit. Wie oft haben wir Regierungsbeamte klagen gehört, daß sie öffentliche Krankenhäuser oder Universitäten durch konventionelle, d.h. maschinenbürokratische Planungssysteme nicht unter Kontrolle bekommen?

Diese Schlußfolgerung ist in der Tat eine wichtige Manifestation einer der Hypothesen aus Kapitel 6: daß konzentrierte externe Kontrolle eines Unternehmens (durch das, was eine dominante externe Koalition genannte wurde) die Formalisierung und Zentralisierung seiner Struktur zur Folge hat, mit anderen Worten, das Unternehmen in Richtung Maschinenkonfiguration treibt. Die Kontrolle der Divisionen durch die Zentrale ist natürlich auch konzentriert. Wenn das diversifizierte Unternehmen selbst ein *geschlossenes System* ist, und viele neigen dazu, wie ich später zeigen werde, dann handelt es sich um die konzentrierteste Form von Kontrolle. Und die Wirkung dieser Kontrolle ist, daß sie die Divisionen zu *Instrumenten* macht.

Es liegt eine Paradoxie darin, daß je weniger die Gesellschaft das gesamte diversifizierte Unternehmen kontrolliert, desto mehr kontrolliert das Unternehmen selbst seine einzelnen Einheiten. Daraus resultiert eine zunehmende Autonomie der Großunternehmen, verbunden mit einer abnehmenden Autonomie vieler ihrer Aktivitäten. Mit anderen Worten, die Systeme sind frei, die Menschen nicht!

Die diversifizierte Konfiguration ist in der eingangs dargestellten Abbildung und symbolisch mit unserem Logo folgendermaßen repräsentiert. Die Zentrale besteht aus drei Teilen: einer kleinen strategischen Spitze von Topmanagern, einer kleinen Technostruktur auf der linken Seite, die mit der Konzeption und Durchführung des Leistungskontrollsystems befaßt ist, und einer etwa größeren Gruppe von unterstützenden Einheiten, die für alle Divisionen unterstützende Dienste erbringen. Jede Division ist unterhalb der Zentrale als eine Maschinenkonfiguration dargestellt.

Bedingungen der diversifizierten Organisation

Obwohl die diversifizierte Konfiguration aus dem Zusammenschluß verschiedener Unternehmen entstehen kann, die unter die Ägide einer gemeinsamen Zentrale kommen, ist sie häufiger die strukturelle Reaktion auf eine Maschinenorganisation, die ihre Produktkette und ihr Dienstleistungsangebot diversifiziert hat. Vor allem die Marktaufteilung drängt ein Unternehmen zu dieser Konfiguration. Ein Unternehmen, das mit einem einzigen zusammenhängenden Markt konfrontiert ist, kann sich nicht einfach in autonome Divisionen teilen. Ein Unternehmen mit verschiedenen Märkten hat jedoch einen Anreiz, spezielle Einheiten dafür zu bilden.

Es gibt drei Hauptarten der Markteinteilung – Produkte bzw. Dienstleistungen, Kunden und Regionen. Theoretisch können alle drei zu einer Divisionalisierung führen. Wenn aber die Diversifikation auf Veränderungen bei den Kunden oder der Region basiert, im Gegensatz zu Produkten und Dienstleistungen, erweist sich die Divisionalisierung oft als unvollständig. Mit identifizierbaren Produkten oder Dienstleistungen für jede Region oder jede Kundengruppe wird die Zentrale dazu ermutigt, eine zentrale Kontrolle über bestimmte kritische Funktionen aufrechtzuerhalten, um für alle Divisionen gemeinsame Operationsstandards sicherzustellen. Und das schränkt die Autonomie ernsthaft ein und führt somit zu einer kaum vollständigen Form der Divisionalisierung.

Eine Untersuchung hat herausgefunden, daß Versicherungsgesellschaften die kritische Funktion der Investitionen in der Zentrale konzentrieren, und daß Einzelhandelsunternehmen den Einkauf zentralisieren sowie auch die Produktpalette, den Preis und das Volumen kontrollieren.[1] Man muß nur auf den individuellen Absatzmarkt einer typischen Einzelhandelskette blicken, um das Fehlen der Autonomie der Divisionen zu erkennen: sie sehen meisten gleich aus. Dasselbe scheint für Branchen zuzutreffen, die regional organisiert sind, etwa Bäckereien, Brauereien, Zementfabriken und die Hersteller alkoholfreier Getränke. Deren „Divisionen", die sich durch die geographische Lage unterscheiden, fehlt die Autonomie, die normalerweise zu denen gehört, die spezifische Produkte herstellen oder Dienstleistungen erbringen.

Wie steht es um die Bedingungen der Größe? Obwohl Größe an sich noch nicht zur Divisionalisierung führt, ist es nicht zufällig so, daß die meisten amerikanischen Großunternehmen gewisse Varianten dieser Konfiguration verwenden. Tatsache ist, daß Unternehmen, wenn sie größer werden, zur Diversifikation und dann zur Divisionalisierung tendieren. Ein Motiv ist der Protektionismus: Großunternehmen sind eher risikofeindlich eingestellt – sie haben zu viel zu verlieren. Die Diversifikation verteilt das Risiko. Ein anderer Grund ist, daß wachsende Unternehmen ihren Markt zu beherrschen beginnen und oft anderswo Wachstummöglichkeiten finden müssen, durch Diversifikation. Zudem führt die Diversifikation ein Eigenleben. Sie schafft einen Kreis von aggressiven Managern, wo jeder eine eigene Division leitet und sich für weitere Diversifikation und weiteres Wachstum einsetzt. Die meisten Großunternehmen – mit Ausnahme der „Großen", die hohe Fixkosten haben wie die Öl- und Aluminiumindustrie – können ihren Status nicht durch Diversifikation erreichen, sondern stehen unter großem Druck, so weiterzuarbeiten.

Das Alter ist ähnlich wie die Größe ein weiterer Faktor in dieser Konfiguration. In größeren Unternehmen expandiert das Management ungeduldig in seinen traditionellen Märkten. In älteren sind die Manager manchmal von ihrem traditionellen Markt gelangweilt und finden Ablenkung in der Diversifikation. Mit der Zeit drängen auch Konkurrenten in den alten Markt und zwingen das Unternehmen dazu, an anderen Orten nach neuen Wachstumsmöglichkeiten zu suchen.

Wachsende Staatsapparate neigen auch zu einer Art divisionalisierter Struktur. Die zentralen Verwaltungsbeamten sind nicht dazu in der Lage, die Geschäftstellen und Ämter direkt zu kontrollieren und entscheiden sich dafür, ihren leitenden Mitarbeitern mehr Autonomie zu gewähren und versuchen, ihre Leistungen durch Planung und Leistungskon-

1 D.F. Channon, „The Strategy, Structure and Financial Performance of the Services Industries", Arbeitspapier, Manchester Business School, 1975.

trollen zu steuern. Das Schlagwort „Verantwortung", das man heute so oft in Regierungskreisen hörte, spiegelt in der Tat diesen Trend wider – die verstärkte Hinwendung zu einer divisionalisierten Struktur.

Man kann tatsächlich die gesamte Regierung als eine riesige divisionalisierte Konfiguration ansehen (zugegebenermaßen eine Übervereinfachung, da alle möglichen Verbindungen zwischen den Ämtern bestehen), mit ihren drei hauptsächlichen Koordinationseinrichtungen, die den drei Hauptkontrollformen der Zentrale des Großunternehmens entsprechen. Die Budgetary Agency, die im wesentlichen technokratischer Natur ist, befaßt sich mit der Leistungskontrolle der Abteilungen. Die Public Servive Commision ist zum Teil auch technokratisch und befaßt sich mit der Einstellung und Ausbildung der leitenden Regierungsbeamten. Und das Executive Office, also sozusagen das Topmanagement, prüft die Hauptvorschläge und -anträge sowie die Initiativen der Abteilungen.

Im vorigen Kapitel wurde der kommunistische Staat als ein geschlossenes System einer maschinenartigen Bürokratie beschrieben. Aber er kann auch als das endgültige geschlossene System der diversifizierten Konfiguration beschrieben werden, mit den verschiedenen Staatsunternehmen und Ämtern als Instrumente, als Maschinenbürokratien, die durch die Planung und die Kontrollsysteme der Zentralregierung streng reglementiert sind.

Stufen des Übergangs zur diversifizierten Organisation

Es gab zahlreiche Untersuchungen über den Übergang des Unternehmens von der funktionalen zur diversifizierten Form. Abbildung 9.2 und die folgende Diskussion beziehen sich auf diese Forschung, um vier Übergangsstufen zu beschreiben.

In der Abbildung 9.2 ist oben die reine funktionale Struktur dargestellt, die von Unternehmen verwendet wird, deren operative Aktivitäten eine zusammenhängende, ununterbrochene Kette bilden, vom Einkauf über die Produktion bis zu Marketing und Verkauf. Nur die Endleistung wird an den Kunden verkauft.* Deshalb kann den Abteilungen keine Autonomie gewährt werden, und das Unternehmen tendiert zu einer allgemeinen Maschinenkonfiguration.

Wenn eine integrierte Firma einen größeren Markt sucht, führt sie vielleicht eine Vielzahl neuer Endprodukte ein und verändert sich geradewegs zu einer diversifizierten Form. Es ist jedoch eine weniger riskante Alternative, mit dem Marketing der Zwischenprodukte auf dem freien Markt zu beginnen. Das führt zu kleinen Brüchen in ihrer Verarbeitungskette, die umgekehrt einen Maßstab der Divisionalisierung in ihrer Struktur verlangen, und zur *Nebenproduktform* führen. Weil die Verarbeitungskette mehr oder weni-

* Es sollte angemerkt werden, daß dies in Wirklichkeit eine Definition einer funktionalen Struktur ist: Jede Aktivität stellt nur einen Schritt in einer Kette zur Herstellung des Endprodukts dar. Deshalb ist etwa der technische Bereich eine funktionale Einheit in der Firma, die ihre eigenen Konstruktionen herstellt und vermarktet, während sie eine marktorganisierte Einheit bei einer Beratungsfirma darstellen würde, die unter anderem Konstruktionsdienste direkt an die Klienten verkauft.

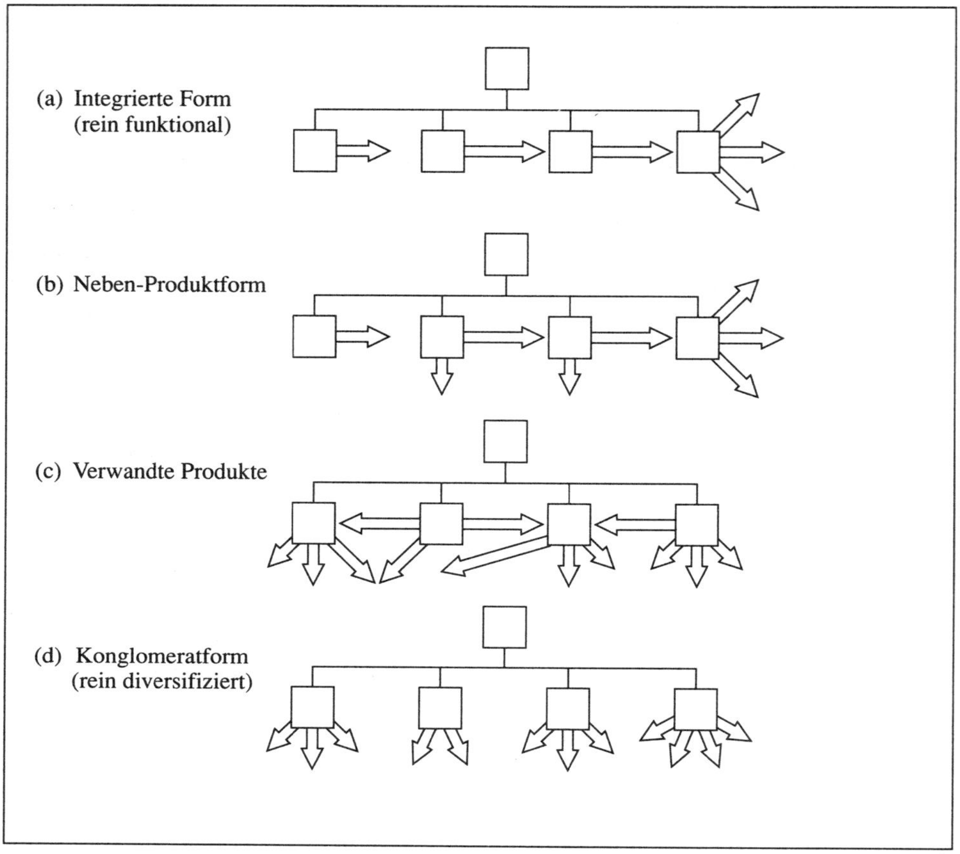

Abbildung 9.2: Stufen des Übergangs zur reinen diversifizierten Form

ger intakt bleibt, muß die zentrale Koordination weitgehend beibehalten werden. Organisationen, die unter diese Kategorie fallen, sind eher vertikal integriert und bauen ihre Operationen auf einem einzige Rohmaterial auf, etwa Holz, Öl oder Aluminium, das sie zu einer Vielzahl von Endprodukten verarbeiten. Das Beispiel von Alcoa ist in Abbildung 9.3 dargestellt.

Einige Unternehmen diversifizieren ihren Markt für Nebenprodukte weiter und zerlegen ihre Produktionsabfolge, bis das, was die unabhängigen Divisionen auf dem freien Markt verkaufen, wichtiger wird, als womit sie sich untereinander beliefern. Das Unternehmen bewegt sich dann in die Form der Herstellung *verwandter Produkte*. Zum Beispiel kann ein Herstellerbetrieb für Waschmaschinen eine Division zur Produktion von Motoren einrichten. Wenn dort mehr Motoren an andere Kunden verkauft werden als an die Schwesterdivisionen, dann wird eine ernsthaftere Divisionalisierungsform notwendig. Typischerweise werden die Divisionen dieser Firma durch einen bestimmten Produktfaden zusammengehalten, vielleicht durch eine spezielle Kompetenz oder eine Technolo-

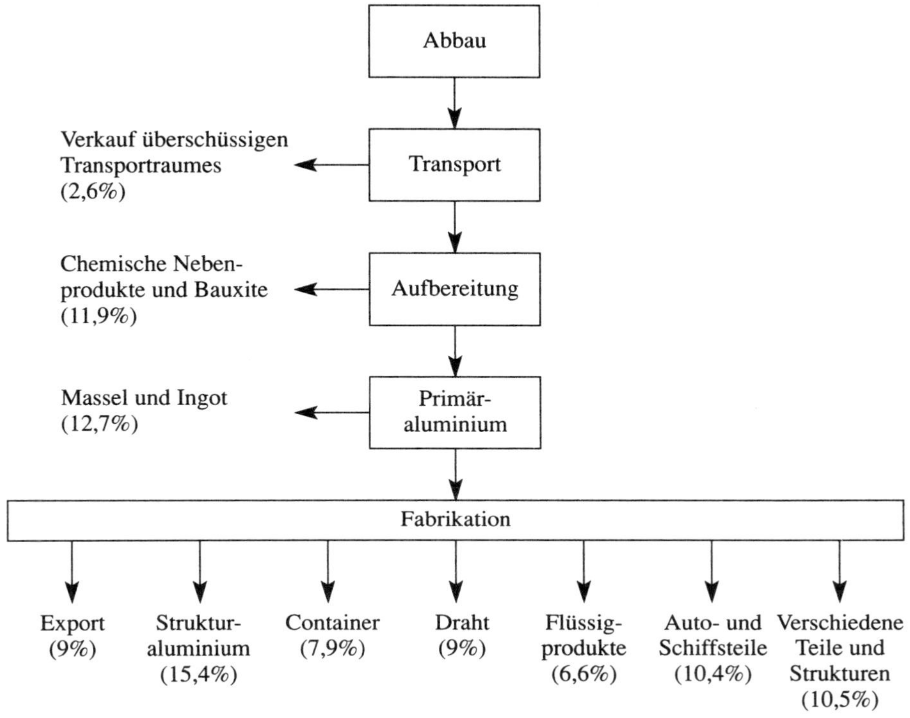

Anmerkung: Die Prozentzahlen für 1969 wurden von Richard Rumelt aus den Daten des Jahresberichts des Unternehmens aufbereitet.

Zur Quellenangabe siehe die Kapitelanmerkungen

Abbildung 9.3: Neben-und Endproduktverkauf bei Alcoa[2]

gie, vielleicht ein zentrales Marktmotto, wie in einem Unternehmen wie 3M, das sich gerne als Unternehmen der Verpackungs- und Klebebandindustrie darstellt. Ein Großteil der Kontrolle über die Produktmarktstrategien kann dann an die Divisionen zurückgegeben werden. Aber das zentrale strategische Thema bedeutet, daß die Zentrale bestimmte für alle Divisionen zutreffende Aufgaben behält, etwa Forschung und Entwicklung.

Wenn eine Firma, die produktverwandte Dinge produziert, in neue Märkte expandiert oder ohne viel Rücksicht auf eine zentrale strategische Klammer andere Firmen erwirbt, bewegt sie sich in Richtung einer *Konglomerat*form und nimmt somit die reine diversifi-

2 Aus Richard P. Rumelt, Strategy, Structure, and Economic Performance. Boston: Division of Research, Harvard Business School, 1974. Wieder veröffentlicht als Harvard Business School Classic (Boston: Harvard Business School Press, 1986). Copyright 1974, 1986 by the President and the Fellows of Harvard College. Abgedruckt mit der Erlaubnis des Herausgebers und des Autors. (Abbildung 1.4 auf Seite 21 im Original).

zierte Konfiguration an, die am Anfang dieses Kapitels beschrieben wurde. Jede Division bedient ihren eigenen Markt, stellt Produkte her, die nicht auf die anderen Divisionen bezogen sind – Porzellan in der einen, Bagger in einer anderen, usw.* Das Ergebnis ist, daß Planung und Kontrollsysteme der Zentrale einfach zu einem Vehikel der Leistungsregulierung werden. Der Stab der Zentrale kann fast auf null schrumpfen – einige General-Manager und Gruppenmanager mit einigen Finanzexperten und einem Minimum an unterstützenden Einheiten.

Einige Themen im Zusammenhang mit der diversifizierten Organisation

Gibt es wirtschaftliche Vorteile der Diversifikation?

Es wurde behauptet, daß die diversifizierte Konfiguration vier Vorteile gegenüber der funktionalen Struktur mit einem integrierten Produktionsablauf, nämlich einer allgemeinen Maschinenkonfiguration, hat. Sie fördert erstens die effiziente Kapitalzuweisung. Die Zentrale kann wählen, wo sie investiert und sich damit auf ihre stärksten Märkte konzentrieren. Sie kann die Überschüsse einiger Divisionen dazu benutzen, um anderen beim Wachsen zu helfen. Zweitens unterstützt die diversifizierte Konfiguration die Ausbildung von Führungskräften mit breitem Horizont, weil sie Gelegenheiten zur Leitung individueller Geschäftsbereiche schafft. Diese Konfiguration verteilt drittens ihr Risiko über verschiedene Märkte, wohingegen die konzentrierte Maschinenbürokratie sozusagen alle ihre „Strategieeier" in einem Marktkorb hat. Die diversifizierte Konfiguration ist viertens, und vielleicht am wichtigsten, strategisch reaktionsfähiger. Die Divisionen können ihre bürokratischen Maschinen feinregulieren, während sich die Zentrale auf das strategische Portfolio konzentriert. Sie kann neue Unternehmen bzw. Unternehmensbereiche aufkaufen und sich alter, unproduktiver entledigen.

Ist die einzelne Maschinenorganisation aber die richtige Vergleichsbasis? Liegt die wirkliche Alternative, zumindest aus gesellschaftlicher Perspektive, darin, auf dem gleichen Weg noch einen Schritt weiterzugehen, bis zu dem Punkt einer Eliminierung der Zentrale und es den Divisionen zu erlauben, als unabhängige Organisationen zu bestehen? Beatrice Foods, 1976 in einem Artikel im *Fortune* beschrieben, hatte 397 verschiedene Divisionen.[3] Die Frage ist, ob dieses Konzept effektiver war als 397 separate Unternehmen.** Vor diesem Hintergrund wollen wir die diskutierten Vorteile neu betrachten.

---

* Ich erwähnte dieses sonderbare Beispiel hier und in der Einleitung zu diesem Kapitel, noch bevor ich auf ein Unternehmen in Finnland traf, das tatsächlich unter anderem die größten Eisbrecher der Welt und feines Porzellan herstellt.

** Das Beispiel von Beatrice wurde zum ersten Mal in dieser Form 1970 beschrieben. Das Unternehmen erregte damals viel Aufmerksamkeit und Anerkennung in der Wirtschaftspresse. Heute, 1988, ist das Unternehmen aufgeteilt. Es scheint angebracht, das Beispiel in der ersten Version zu belassen, da man sonst die Neigung der Wirtschaftspresse thematisieren müßte, Moden einer klaren Untersuchung vorzuziehen.

3 L.C. Martin, „How Beatrice Foods Sneaked Up on $ 5 Billion", in: Fortune, April 1976.

In einem diversifizierten Unternehmen verteilt die Zentrale die finanziellen Ressourcen auf die Divisionen. Im Falle von 397 unabhängigen Unternehmen macht das stattdessen der Kapitalmarkt. Wer macht es besser? Nach dem Stand der Forschung gibt es keine einfache Antwort.

Manche, wie der Wirtschaftswissenschaftler Oliver Williamson, haben behauptet, daß die diversifizierte Organisation die Finanzverteilung besser abwickeln kann, da die Kapitalmärkte ineffektiv seien.[4] Die Manager in den Zentralen, die ihre Divisionen kennen, können das Geld schneller und effektiver umarrangieren. Andere halten das für zu kostspielig und in gewisser Hinsicht für zu unflexibel. Moyer zum Beispiel bemerkte dazu, daß Konglomerate beim Aufkauf von Unternehmen Preise über den Börsenpreisen bezahlen, wohingegen der unabhängige Investor nur geringe Maklergebühren zahlen muß, um seinen Portfolio zu diversifizieren, und das leichter und flexibler tun kann.[5] Das beschafft dem Investor zusätzlich genaue Information über die eigenen Unternehmen, wohingegen das diversifizierte Unternehmen die Aktionäre nur mit begrenzter Information über die Einzelheiten seines Portfolios versorgen kann.

Hinsichtlich der Managemententwicklung wird es zu einem Problem, ob die Divisionsmanager besser ausgebildet werden und mehr Erfahrungen sammeln, als sie als Unternehmenspräsidenten würden. Die diversifizierte Organisation kann ihre Manager in Ausbildungskurse schicken und sie rotieren lassen. Die unabhängige Firma hat in dieser Hinsicht Grenzen. Wenn aber, wie die Befürworter der Diversifikation behaupten, Autonomie der Schlüssel zur Managemententwicklung ist, dann ist vermutlich die autonomere besser. Die Divisionsmanager haben eine Zentrale, auf die sie sich stützen können und umgekehrt. Im Gegensatz dazu müssen Unternehmenspräsidenten ihre eigenen Fehler machen und daraus lernen.

Hinsichtlich des dritten Problems, nämlich das Risiko, wird aus der Perspektive der Diversifikation das Argument vorgetragen, daß die unabhängige Organisation in internen Krisenzeiten oder in Zeiten wirtschaftlicher Flaute gefährdet sei. Ein Konglomerat kann einzelnen Unternehmen über solche Zeiten hinweghelfen. Das Gegenargument jedoch ist, daß die Diversifikation eine Pleite vertuschen kann, und daß kränkliche Divisionen manchmal länger als nötig unterstützt werden, wohingegen der Markt die unabhängige Unternehmung in den Konkurs treibt und damit erledigt. Darüberhinaus verteilt die Diversifikation das Risiko. Sie verteilt aber auch dessen Konsequenzen. Eine einzelne Division kann keinen Konkurs machen. Das ganze Unternehmen haftet für ihre Schulden. Insofern kann ein massives Problem in einer Division die gesamte Unternehmung mitreißen. Lockere Koppelung kann sich riskanter als keine Koppelung erweisen!

Schließlich gibt es noch das Problem der strategischen Reaktionsfähigkeit. Locker gekoppelte Divisionen können reaktionsfähiger sein als eng gekoppelte Aufgaben. Aber wie reaktionsfähig erweisen sie sich wirklich? Die Antwort scheint negativ auszufallen:

4 Oliver E. Williamson, Markets and Hierarchies (New York: Free Press, 1975), und The Economic Institutions of Capitalism (New York: Free Press, 1985).

5 R.C. Moyer, „Berle and Means Revisted: The Conglomerat Merger“, in: Business and Society, Frühjahr 1970, S. 20–29.

Diese Konfiguration scheint strategische Initiativen eher zu unterbinden als zu fördern. Das Problem liegt anscheinend wieder im Kontrollsystem. Es ist so gebaut, daß die Divisionsmanager ihre Aufmerksamkeit auf die unmittelbaren und kurzfristigen Gewinne richten und ermuntert sie, nach immer besserer finanzieller Leistung zu streben. Es kann jedoch gleichzeitig die Innovationsbereitschaft bremsen. Es ist die berühmte „Grundlinie", die das Problem erzeugt, da sie zu kurzfristigem Denken und zu Kurzsichtigkeit verführt. Die Aufmerksamkeit ist auf die direkten, statt auf alternative und längerfristige Erfolge gerichtet. Bower hat dazu bemerkt:

> Das Risiko einer grundlegenden Innovation für den Divisionsmanager kann enorm sein, wenn er an kurzfristigen, jährlichen Gewinnen gemessen wird. Daraus resultiert eine tendenzielle Abneigung gegenüber einem größeren Risikoeinsatz mit dem Begleitphänomen, daß größere neuere Entwicklungen, sieht man von wenigen Ausnahmen einmal ab, außerhalb gemacht werden. Diese Ausnahmen sind eher Einzelproduktunternehmen, deren Topmanagement sich in einer echten Produktführung engagiert ... Stattdessen servieren uns diversifizierte Unternehmen eine ständige Diät an kleinen Wachstumsänderungen.[6]

Innovation verlangt Unternehmertum oder Intrapreneuring, und die gedeihen nicht in der diversifizierten Konfiguration, wie wir bereits gezeigt haben. Der Unternehmer trägt sein eigenes Risiko, um seinen eigenen Gewinn zu machen. Der Intrapreneur funktioniert am besten (wie wir sehen werden) in der lockeren Struktur der innovativen Adhocratie. Viele diversifizierte Unternehmen hängen in der Tat hinsichtlich ihrer strategischen Reaktionsfähigkeit von diesen Konfigurationen ab, da sie nicht aufgrund eigener Innovationen diversifizieren, sondern die innovativen Ergebnisse unabhängiger Unternehmen aufkaufen. Das kann natürlich ihre Funktion sein – also diese Innovationen eher auszubeuten als sie zu entwickeln. Aber wir sollten deswegen nicht die Diversifikation auf der Grundlage ihrer Innovationsfähigkeit beurteilen.

Der Beitrag der Zentrale

Zur Einschätzung der Wirkung des Mischkonzerns muß man beurteilen, was der tatsächliche Beitrag der Zentrale für die Divisionen ist. Ihre Funktion in einer diversifizierten Organisation wird im anderen Fall von verschiedenen Boards of Directors einer Reihe unabhängiger Unternehmen geleistet. Man fragt sich, was eine Zentrale den Divisionen bietet, das der unabhängige Board of Directors nicht bieten kann?

Beide können nicht das Management des einzelnen Unternehmens anbieten. Beide sind nur zeitweise involviert. Deshalb liegt logischerweise das Management in der Hand der Vollzeitmanager, die über die erforderliche Zeit und Information verfügen. Zu den Funktionen, die eine Zentrale erfüllt, zählt die bereits erwähnte Festlegung der Ziele für die Divisionen, der Leistungskontrolle anhand der Ziele sowie die Aufrechterhaltung eines

---

6 J.L. Bower, „Planning Within the Firm", in: The American Economic Review: Papers and Proceedings of the 82nd Annual Meeting, Mai 1970, S. 194.

begrenzten persönlichen Kontakts zu den Divisionsmanagern, zum Beispiel zur Prüfung größerer Investitionen. Interessanterweise sind das auch die Aufgaben der Direktoren der einzelnen Unternehmen, zumindest theoretisch.

In der Praxis erledigen viele Boards of Directors diese Aufgaben eher ineffektiv und überlassen das jeweilige Management sich selbst. Hier scheint das diversifizierte Unternehmen einen Hauptvorteil zu haben. Er besteht in einem Verwaltungsmechanismus, der eine andere bekannte Schwäche des freien Marktsystems überwinden soll: den ineffektiven Board.

Das Argument hat jedoch eine Haken. Diversifikation durch Vergrößerung und Expansion der Märkte erschwert das Verständnis und damit die Kontrolle des Unternehmens durch seinen Board mit Teilzeitdirektoren. Wie Moyer betont ist es außerdem ein häufiger Effekt bei Akquisitionen durch ein Konglomerat, daß die Zahl der Aktionäre steigt und somit das Unternehmen weiter streut und es der Kontrolle des Direktors unzugänglicher macht. Die diversifizierte Konfiguration löst in gewisser Weise ein hausgemachtes Problem – sie bietet die Kontrolle, die ihre eigene Existenz schwieriger gemacht hat. Wäre das Unternehmen in einer Branche geblieben, dann wäre es begrenzt und leichter zu verstehen und seine Direktoren wären zur effektiveren Erfüllung ihrer Funktionen in der Lage gewesen. Die Diversifikation erzeugt infolgedessen das Problem, das die Divisionalisierung lösen soll. Es ist tatsächlich paradox, daß vieles an einem diversifizierten Unternehmen, das eine intensive Leistungsüberwachung bei seinen einzelnen Divisionen durchführt, selbst so wenig vom eigenen Board of Directors kontrolliert wird!

All das legt es nahe, daß große diversifizierte Organisationen zu klassischen geschlossenen Systemen neigen, die mächtig genug sind, sich selbst von vielen externen Einflüssen abzuriegeln. Sie können aber gleichzeitig sehr viele Kontrollaufgaben nicht erfüllen, nicht nur die Kontrolle ihrer eigenen Divisionen, sondern auch ihrer externen Umwelten. Eine Untersuchung aller 5995 Direktoren der Fortune 5oo fand heraus, daß nur 1,6 Prozent von ihnen die Interessen der Hauptaktionäre repräsentierten [7], während eine andere Untersuchung von 855 Unternehmen ergab, daß 84 Prozent sogar nicht einmal formal ihre Direktoren brauchen, um überhaupt über irgendein Aktienkapital zu verfügen.[8]

Was geschieht, wenn in einer Division Schwierigkeiten auftreten? Was kann eine Zentrale tun, aber unterschiedliche Boards of Directors nicht? Der Vorsitzende eines großen Konglomerats sagte auf einer Konferenz der New York Society of Security Analysts, bezugnehmend auf den Vizepräsidenten der Zentrale, der die Divisionen überblickt, daß „es nicht zu schwierig sei, fünf gut geführte Unternehmen zu koordinieren.“[9] Wahr genug. Wie steht es aber mit fünf schlecht geführten? Was könnte der kleine Stab von Verwaltungsbeamten in einer Unternehmenszentrale wirklich tun, um Probleme in den dreißig Divisionen dieses Unternehmens oder in den 397 von Beatrice zu korrigieren?

7 L. Smith, „The Boardroom's Becoming a Different Scene“, in: Fortune, 8. Mai 1978.

8 J. Bacon, Corporate Dictatorship Practices: Memberships and Committees of the Board (Conference Board and American Society of Corporate Secretaries, Inc., 1973), S. 40.

9 L. Wrigley, „Diversification and Divisional Autonomy“, DBA-Dissertation, Graduate School of Business Administration, Harvard University, 1970, S. V78.

Die natürliche Neigung, die Kontrollschrauben anzuziehen, hilft normalerweise nicht, wenn die Probleme einmal aufgetreten sind, noch die Ausübung strenger Aufsicht. Wie bereits erwähnt können die Manager in der Zentrale die Divisionen nicht leiten. Das stellt sie im wesentlichen vor zwei Möglichkeiten. Sie können entweder den Divisionsmanager austauschen oder sie können sich der Division entledigen. Natürlich kann auch ein Board of Directors das Management austauschen. Das scheint in der Tat ihr einziges Privileg zu sein. Alles andere macht das Management.

Alles in allem scheint das wirtschaftliche Argument für eine Zentrale oder für eine Reihe von Boards of Directors gemischt zu sein. Es sollte deshalb nicht verwundern, daß eine wichtige Untersuchung herausgefunden hat, daß Unternehmen mit „kontrollierter Vielfalt" höhere Gewinne erzielen als solche mit „massierter Vielfalt"[10]. Die reine diversifizierte Konfiguration (das Konglomerat) kann gewisse Vorteile gegenüber einem schwachen System separater Boards of Directors und ineffizienter Kapitalmärkte haben. Aber die meisten Vorteile können verlorengehen, wenn bestimmte Probleme auf den Kapitalmärkten und mit den Boards of Directors korrigiert würden. Es gibt von einem sozialen nicht weniger als einem wirtschaftlichen Standpunkt aus Gründe für die Behauptung, daß der Staat besser versuchen sollte, die Ineffizienzen in seinem ökonomischen System zu korrigieren als private administrative Vorkehrungen zu unterstützen, wie wir gesehen haben.

Die soziale Leistung des Leistungskontrollsystems

Diese Konfiguration erfordert es, daß die Zentrale die Divisionen primär durch quantitative Leistungskriterien kontrolliert, und das sind in der Regel finanzielle Kriterien – Gewinn, Umsatzsteigerung, Rentabilität und ähnliches. Das Problem ist, daß diese Leistungsmaßstäbe häufig quasi zur Besessenheit in der diversifizierten Unternehmung werden. Die nicht meßbaren Ziele werden ausgeschieden – Produktqualität, Stolz bei der Arbeit, zufriedene Kunden. In Wirklichkeit schließen die ökonomischen die sozialen Ziele aus. Wie der Chef eines berühmten Konzerns einmal sagte: „Wir von Textron verehren den Gott von New Worth."[11]

Das würde keine Probleme machen, wenn die sozialen und wirtschaftlichen Folgen der Entscheidungen einfach zu trennen wären. Der Staat würde sich um die ersten, die Privatunternehmen um die letzteren kümmern. Aber in Wirklichkeit sind die beiden miteinander verwoben. Jede strategische Entscheidung eines Großunternehmens schließt weitgehend beide untrennbar ein. Infolgedessen treiben seine Kontrollsysteme aufgrund der Konzentration auf wirtschaftliche Maßstäbe die diversifizierte Organisation dazu, bestenfalls sozial unverantwortlich, schlimmstenfalls sozial verantwortungslos zu handeln. Da der Divisionsmanager sich auf wirtschaftliche Folgen der Entscheidungen konzen-

10 Rumelt, Strategy, Structure, and Economic Performance.

11 Wrigley, „Diversification and Divisional Autonomy", S. V86.

trieren muß, muß er die sozialen Folgen ignorieren.* So fand Bower heraus, daß „die besten Ergebnisse in einem Gebiet mit Rassenproblemen von Einproduktunternehmen erzielt wurden, deren Topmanagement ganz mit der Branche vertraut war.“[12]

Robert Ackerman hat in einer an der Havard Business School durchgeführten Studie diesen Aspekt untersucht. Er fand heraus, daß soziale Vorteile wie etwa „ein gutes öffentliches Image ... Selbstbewußtsein unter den Managern ... attraktive Verhältnisse zur Anwerbung auf dem Campus“ nicht einfach zu messen sind und somit nicht in ein Leistungskontrollsystem gepackt werden können. Das Ergebnis war, daß

> ... die Bilanzen tatsächlich soziale Verantwortung gehemmt haben können. Durch die Konzentration auf wirtschaftliche Leistung, sogar mit angemessenem Schutz gegen den Verlust langfristiger Vorteile, setzt ein solches System Energie und Ressourcen ein, um finanziell meßbare Ergebnisse zu erzielen. Es ist sozusagen das einzige Spiel in der Stadt, zumindest das einzige mit einer offiziellen Anzeigetafel.“[13]

Die Manager der Zentrale, die mit der rechtlichen Haftung oder den Wirkungen von Entscheidungen auf die Öffentlichkeit zu tun haben, oder sogar diejenigen, die persönlich an allgemeinen sozialen Fragen interessiert sind, sind vielleicht versucht, direkt in den Entscheidungsprozeß der Divisionen einzugreifen, um eine angemessene Aufmerksamkeit für soziale Angelegenheiten zu garantieren. Durch die strikte Arbeitsteilung in dieser Konfiguration werden sie aber dazu entmutigt: Autonomie der Divisionen erfordert das Nichteinmischen durch die Zentrale bei bestimmten Geschäftsentscheidungen.

Solange die Schrauben des Leistungskontrollsystems nicht zu fest angezogen werden, haben die Divisionsmanager genug Ermessensspielraum, um die sozialen Folgen ihrer Handlungen zu berücksichtigen, wenn sie wollen. Sind die Schrauben jedoch fest angezogen, wie es oft in einem diversifizierten Unternehmen mit einer Grundorientierung der Fall ist, dann sehen die Manager, daß ihre Arbeit ihnen keine andere Wahl läßt, als sozial unverantwortlich, wenn nicht tatsächlich verantwortungslos zu handeln. Wie Bower zum Preisabspracheskandal der General Electric von 1960 bemerkt hat: „ein sehr streng geführtes System von Belohnung und Bestrafung, das jährliche Steigerungen der Erträge, Rendite und Marktanteile unterschiedslos auf alle Divisionen anwendet, erzeugt eine Situation, die am Ende für die Absprache in den oligopolistischen und ausgereiften Märkten für elektrische Anlagen leitend war.“[14]

---

* Der Manager ist in der Tat auch dazu gezwungen, die ungreifbaren wirtschaftlichen Konsequenzen zu ignorieren, etwa Produktqualität oder Forschungsbemühungen, was eine andere Form des Problems des kurzfristigen Gewinndenkens ist, das bereits erwähnt wurde.

12 Bower, Planning within Firm, S. 193.

13 Robert Ackerman, The Social Challenge to Business (Cambridge: Harvard University Press, 1975), S. 55,56.

14 Bower, Planning within Firm, S. 193.

Die diversifizierte Organisation im öffentlichen Sektor

Für eine Regierung, die mit diesen sozialen Problemen fertig werden will, liegen paradoxerweise Lösungen in den starken Argumenten für die diversifizierte Organisation.

Wenn zum Beispiel die Verwaltungsarrangements effizient sind, die Kapitalmärkte aber nicht, warum sollte ein Regierung dann zögern, in die Kapitalmärkte einzugreifen? Und warum sollte sie für den Umgang mit diesen Problemen nicht dieselben Verwaltungsstrukturen wählen? Wenn Beatrice Foods wirklich diese 397 Divisionen kontrollieren kann, was hält dann Washington davon ab, zu glauben, daß es 397 Beatricen kontrollieren kann? Schließlich sind die Kapitalmärkte nicht so wichtig. John Kenneth Galbraith hat in seinem Buch American Capitalism: The Concept of Countervailing Power behauptet, daß Größe in einem Sektor, etwa der Wirtschaft, Größe in anderen Sektoren fördert, etwa bei Gewerkschaften und der Regierung.[15] Dazu ist es bereits gekommen. Wie lange dauert es noch, bis die Regierung den logisch nächsten Schritt macht und direkte Kontrolle ausübt?

Während einige Regierungen zu solchen Schritten neigen, ist klar, daß damit Probleme der Machtkonzentration und sozialen Verantwortungslosigkeit nicht gelöst, sondern eher verschlimmern werden. Aber gerade nicht so, wie in den westlichen Wirtschaftssytemen angenommen wird. Alle bestehenden Probleme würden einfach eine Stufe weiter nach oben geschoben werden, und dort anwachsen. Durch die Verwendung der diversifizierten Konfiguration würde die Regierung die Probleme von Größe nur noch steigern. Zudem würde sie wie das Privatunternehmen dazu getrieben, meßbare ökonomische Ziele vor unbestimmbaren sozialen zu bevorzugen. Das käme dann zu den Problemen sozialer Verantwortungslosigkeit hinzu – ein Phänomen, das wir schon genügend im öffentlichen Sektor beobachten konnten.

Diese Probleme würden in der Regierung verschlimmert, da ihr Bereich sozial ist und somit ihre Ziele weitgehend für Leistungskontrollsysteme ungeeignet sind. Anders gesagt, viele der wichtigen Ziele im öffentlichen Sektor – und das gilt auch für die Nonprofit-Organisationen im Gesundheits- und Erziehungsbereich – eignen sich nicht zur Messung, egal wie lange und hartnäckig es die öffentlichen Vertreter weiter versuchen. Und ohne Messung funktioniert die diversifizierte Konfiguration nicht.

Es gibt natürlich noch andere Probleme bei der Anwendung dieser Organisationsform im öffentlichen Bereich. Die Regierung kann sich zum Beispiel nicht ganz so einfach wie ein Privatunternehmen von Untereinheiten entledigen. Und die Einstellungsverfahren im öffentlichen Dienst und ähnliches sowie auch eine Menge anderer Regeln schließen den Grad an Autonomie des Divisionsmanagers aus, der im privaten Sektor möglich ist. (Es sind tatsächlich diese zentralen Regeln und Verfahren, die Regierungen integrierten Maschinenkonfigurationen ähnlich machen, ebenso wie locker gekoppelten und diversifizierten, und das unterläuft ihre Bemühungen um „Verantwortung").

15 Lohn Kenneth Galbraith, American Capitalism: The Concept of Countervailing Power (Boston: Houghon Mifflin, 1952).

Deshalb schließen wir trotz einer beobachtbaren Praxis und sichtbarer Trends, daß die diversifizierte Konfiguration generell im öffentlichen und Nonprofit-Bereich ungeeignet ist. Regierungen und andere öffentliche Institutionen, die Divisionalisierungen einführen wollen, um eine zentralistische Maschinenbürokratie zu vermeiden, können den Einsatz von Leistungsstandards oft als eine künstliche Übung ansehen. Sie würden deshalb besser versuchen, ihre Einheiten auf eine andere Art zu kontrollieren. Sie können zum Beispiel Manager für diese Einheiten auswählen, die die gewünschten Wertvorstellungen haben, oder sie in diesen Werten unterweisen, und sie dann frei managen lassen, so daß die Kontrolle in Wirklichkeit eher normativ als quantitativ ist (und ihre Struktur deswegen ein Hybride zwischen der diversifizierten und der missionarischen Konfiguration). Wie wir in Kapitel 12 sehen werden, ist das Ideologiemanagement, sogar bereits die Schaffung einer Ideologie, keine einfache Angelegenheit, besonders nicht in einer stark diversifizierten Organisation.

Zusammenfassung: Eine Struktur auf der Spitze eines Berges

Unsere Diskussion hat zu einem „verdammt, wenn Du's tust, verdammt, wenn Du's läßt" geführt. Die reine (konglomeratmäßige) diversifizierte Konfiguration entsteht am Ende eines langen Weges. Man kann sie symbolisch auf der Spitze eines Berges ansiedeln. Nach vorne ist sie einen Schritt von der Desintegration entfernt – vom Zerfall in separate Organisationen. Hinter ihr liegt der Weg zurück zu einer stabileren Integration, in Form der Maschinenkonfiguration am Anfang des Weges. Und über ihr schwebt die allgemeine staatliche Kontrolle, die von der Position der Organisation auf der Spitze des Berges angezogen ist und auf eine Gelegenheit wartet, sie auf noch gefährlichere Bahnen zu lenken. Die Spitze des Berges ist ein unbequemer Platz; aber vielleicht auch nur zeitweilig, was unvermeidbar zu einer Art Desintegration führt: entweder zu einem Trip auf einen höheren und unsichereren Berg oder eine Rückkehr zu einem sichereren Platz irgendwo auf dem zurückliegenden Weg.

Anmerkung

Alle hier diskutierten Aspekte, vor allem die über die sozialen Folgen der diversifizierten Konfiguration, sind umfassender in Kapitel 20 von The Structuring of Organizations (Prentice-Hall, 1979) entwickelt. Einen Artikel mit dem Titel „Diversifiction (what a difference an „a" makes)" über „dichtes" und „dünnes" Management ist in Vorbereitung (der Gedanke wird auch in Kapitel 17 dieses Buches weiter entwickelt).

10. Kapitel

Die Organisation der Professionals

Ich arbeite in einer Organisation von Professionals und habe mich ursprünglich vielleicht dazu entschieden, weil es der einzige Ort in der Welt ist, wo man tun kann, als wäre man selbständig, aber regelmäßig ein Gehalt bezieht. Diese scheinbar auf dem Kopf stehenden Organisationen, wo die Angestellten manchmal die Vorgesetzten zu dirigieren scheinen, sind in ihrer Arbeitsweise faszinierend. Wenn sie gut sind, sind sie sehr, sehr gut, aber wenn sie schlecht sind, sind sie scheußlich, wie ein Kindergartenreim lautet. Alles hängt an diesem dünnen Faden zwischen Kollegialität (für das Wohl aller arbeiten) und politischen Interessen (für die eigenen Interessen arbeiten). Wir brauchen Organisationen von Professionals, um hochqualifizierte, aber gut organisierte Aufgaben in der Gesellschaft durchzuführen: etwa eine Herztransplantation oder die Prüfung der Bücher eines Unternehmens. Als Gesellschaft müssen wir jedoch lernen, wie wir ihre Auswüchse kontrollieren können: Professionals, die ihre Klienten schlecht behandeln, Organisationen von Professionals, die diejenigen schlecht behandeln, die sie unterstützen.

Der Ausgangspunkt liegt für mich immer im Verständnis der Funktionsweise. Das MIT funktioniert eben nicht wie McDonald's. Jeder weiß das, aber ich vermute, daß nur wenige die Unterschiede voll verstehen. Ich beginne erneut mit der Beschreibung der typischen Struktur, den internen Prozessen und dem Kontext dieser Konfiguration. Bezugnehmend auf einen Artikel von Cynthia Hardy, Ann Langley und Janet Rose erkläre ich dann die ganz unüblichen Wege, auf denen die Organisation der Professionals ihre Strategien entwickelt und ändert, indem ich dem Problem von Kollegialität versus politische Interessen auf den Grund gehe. Das Kapitel endet mit der Diskussion einiger sozialer Probleme im Zusammenhang mit diesem Organisationstyp. Das schließt eine Bemerkung zu der Gefahr ein, die meiner Meinung nach aus der Vergewerkschaftlichung der Arbeit von Professionals resultiert.

Die Grundstruktur

Eine Organisation kann bürokratisch sein, ohne zentralisiert zu sein. Das tritt ein, wenn ihre Tätigkeiten komplex sind und sie von Professionals durchgeführt und kontrolliert werden müssen. Gleichzeitig bleiben sie jedoch stabil, so daß die Qualifikationen der Professionals in standardisierten Programmen perfektioniert werden können. Die Struktur nimmt die Form einer Bürokratie von *Professionals* an, wie sie in Universitäten, Kliniken, Wirtschaftsprüfungsunternehmen, Sozialämtern und ganz normalen technischen Betrieben sowie im Handwerk üblich ist. Sie alle hängen in ihrem Funktionieren von den Qualifikationen und dem Wissen ihrer Professionals ab. Alle stellen standardisierte Produkte oder Dienstleistungen her.

Die Organisation der Professionals

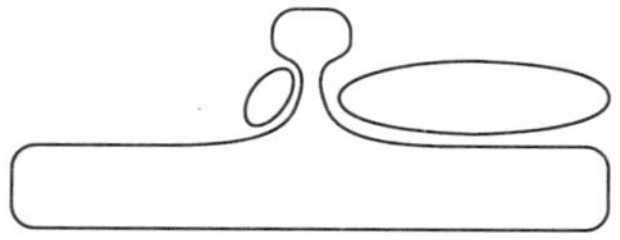

Struktur:
- bürokratisch, jedoch dezentralsiert, abhängig von Ausbildung, um die Fertigkeiten ihrer vielen Professionals zu standardisieren
- der Schlüssel zum Funktionieren ist die Bildung von einzelnen Fächern, in denen der einzelne Professional selbständig arbeitet, Kontrolle durch die Profession
- minimale Technostruktur und mittlere Linienhierarchie, was weite Kontrollspannen über die professionelle Arbeit bedeutet sowie große unterstützende Einheiten für die Professionals, die maschinenartiger sind

Kontext:
- Komplex, aber stabil
- einfaches technisches System
- oft Dienstleistungssektor, aber nicht notwendigerweise

Strategie:
- viele Strategien, die stark fragmentiert sind, aber auch Kohäsionskräfte
- die meisten werden durch Urteil der Professionals und durch kollektive Entscheidung festgelegt (kollegial und politisch), einige auf administrative Anweisung hin
- die Gesamtstrategie ist sehr stabil, ändert sich aber im Detail ständig

Themen:
- Vorteile von Demokratie und Autonomie

aber:
- Koordinationsprobleme zwischen den einzelnen Ressorts, oft Mißbrauch des professionellen Ermessens, Widerstand gegen Innovationen
- die öffentlichen Reaktionen auf diese Probleme sind oft dysfunktional (maschinenartig)
- Vergewerkschaftung verschärft die Probleme

Die Arbeit der Professionals

Hier haben wir erneut eine eng verknüpfte Konfiguration der Strukturmerkmale. Am wichtigsten ist, daß die Organisation der Professionals bei der Koordinierung von der Standardisierung der Fertigkeiten abhängt, die vornehmlich über eine formale Ausbildung erreicht wird. Sie stellt vollausgebildete Spezialisten ein für den operativen Kern, nämlich Professionals, und überläßt ihnen die Kontrolle ihrer Arbeit.

Kontrolle über die eigene Arbeit bedeutet, daß die Professionals relativ unabhängig von ihren Kollegen arbeiten, aber eng mit ihren Klienten: Ärzte, die ihre eigenen Patienten behandeln und Wirtschaftsprüfer, die mit den Unternehmen, deren Bücher sie prüfen, engen Kontakt pflegen. Die notwendige Koordination unter den Professionals wird automatisch über die festgelegten Fertigkeiten geregelt – praktisch durch das, was sie voneinander zu erwarten gelernt haben. Während einer langen und komplizierten Herzoperation „muß nur wenig zwischen Anästhesist und Chirurg gesprochen werden. Vom Öffnen des

Brustkorbs und während der eigentlichen Operation ... verläuft der größte Teil der Operation in absoluter Stille."[1] Dieser Aspekt wird vielleicht am besten an der Umkehrung eines Cartoons klar, der sechs Chirurgen um einen Patienten auf dem Operationstisch zeigt, und einer fragt: „Wer öffnet?"

Wie standardisiert die komplizierte Tätigkeit von Professionals sein kann, wird an einem Vortrag deutlich, den Spencer auf einer Konferenz der International Cardiovascular Society gehalten hat. Spencer betont, daß ein wichtiges Kennzeichen der Chirurgenausbildung die „wiederholende Praxis" ist, um einen „automatischen Reflex" zu erreichen. Und zwar so automatisch, daß dieser Arzt eine Reihe von chirurgischen „Rezeptbüchern" gemacht hat, in denen er die wesentlichen Schnitte als Reihenfolge von dreißig bis vierzig Symbolen auf einem einzigen Blatt dargestellt hat, und sogar für „komplizierte" Operationen, „die in 60 bis 120 Sekunden irgendwann vor der Operation geistig aufgenommen werden können."[2]

Aber unabhängig von der Standardisierung des Wissens und der Fertigkeiten liegt aufgrund der Komplexität viel im Ermessen der Anwendung. Keine zwei Professionals – keine zwei Chirurgen oder Ingenieure oder Sozialarbeiter – wenden sie je auf dieselbe Weise an. Es sind viele Beurteilungen nötig.

Die Ausbildung, die noch durch Indoktrination verstärkt wird, ist eine komplizierte Angelegenheit in der Organisation der Professionals. Die Grundausbildung findet typischerweise über Jahre hinweg in einer Universität statt, während der die Studenten in den Fertigkeiten und im Wissen der Profession formal unterrichtet werden. Dem folgt normalerweise eine lange Phase der praktischen Ausbildung, etwa als praktisches Jahr in der Medizin oder als Lehre in der Wirtschaftsprüfung, wo das formale Wissen angewandt und die konkreten Fertigkeiten vervollkommnet werden. Die praktische Ausbildung vervollständigt auch den Indoktrinationsprozeß, der in der formalen Ausbildung begonnen wurde. Entsteht neues Wissen und werden neue Fertigkeiten entwickelt, verbessert der Professional selbstverständlich (so hofft man) seine Fachkenntnisse.

Die ganze Ausbildung ist stark auf ein Ziel gerichtet, nämlich die Verinnerlichung der festgelegten Verfahren, was der Struktur einen technisch-bürokratischen Charakter verleiht (Struktur im vorher definierten Sinne als angewiesen auf Standardisierung aus Koordinationsgründen). Aber die professionelle Bürokratie unterscheidet sich markant von der Maschinenbürokratie. Die letztere entwirft ihre eigenen Standards – mittels ihrer Technostruktur und der Linienmanager. Viele Standards der professionellen Bürokratie kommen von außerhalb ihrer Struktur, aus den selbstverwalteten Verbänden, denen die Fachleute und ihre Kollegen aus anderen Einrichtungen angehören. Während die Maschinenbürokratie auf eine hierarchisierte Autoritätsstruktur angewiesen ist (die Macht der Amtsleitung?), betont die professionelle Bürokratie eine auf Fachwissen basierende Autorität – die Macht des Expertentums.

1 R. Gosselin, „A Study of the Interdependence of Medical Specialists in Quebec Teaching Hospitals", Dissertation an der Fakultät für Management, McGill Universität, 1978.

2 F.C. Spencer, „Deductive Reasoning in the Lifelong Continuing Education of a Cardiovascular Surgeon", in: Archives of Surgery, 1976, S. 1179, 1182.

Die Organisation der Professionals kann sich nur schwer auf andere Standardisierungsformen verlassen. Die Arbeitsabläufe sind zu kompliziert, um direkt durch Experten standardisiert werden zu können. Man versuche sich nur einmal vorzustellen, wie ein Experte für Arbeitstudien einem Kardiologen auf seinen Runden folgt oder die Aktivitäten eines Lehrers im Klassenzimmer mit der Stoppuhr mißt. Ebenso können auch die Leistungen der professionellen Arbeit nicht einfach gemessen werden und eignen sich nicht für Standardisierungzwecke. Man stelle sich einen Planer vor, der eine Therapie in der Psychiatrie, das Lernpensum im Klassenzimmer oder die Qualität einer Rechnungsprüfung zu definieren versucht. Ebenso eignet sich die direkte Kontrolle oder die gegenseitige Abstimmung nicht für Koordinationszwecke, da beide die professionelle Autonomie behindern.

Der Prozeß der Ressortbildung

Um die Funktionen der Organisation der Professionals auf der operativen Ebene zu verstehen ist es hilfreich, sie als Set von Standardprogrammen anzusehen – praktisch steht den Professionals das Repertoire der Fertigkeiten zur Verfügung. Dieser Set wird auf bekannte Situationen angewandt, Kontingenzen genannt, die auch standardisiert sind. Weick bemerkt an einem Beispiel dazu, daß „Schulen mit der Bildung und Aufrechterhaltung von Kategorien beschäftigt sind."[3] Der Vorgang ist manchmal unter dem Namen *Schubladendenken* bekannt. In dieser Hinsicht haben die Professionals zwei grundsätzliche Aufgaben: (1) das Bedürfnis der Klienten hinsichtlich eine der Kontingenzen zu kategorisieren, oder zu „diagnostizieren", welches das richtige Standardprogramm ist, und (2) dieses Programm anzuwenden. Der Managementberater verfügt zum Beispiel über eine Reihe von Standardinitialworten: MBO (Management by Objectives), MIS (Management-Informationssystem), LRP (Langfristplanung) oder OE (Organisationsentwicklung). Der Klient mit Informationsbedürfnissen bekommt MIS, der mit Managementkonflikten OE. Eine solche Auffächerung vereinfacht natürlich die Dinge. Sie ermöglicht aber auch jedem Professional, relativ autonom zu arbeiten.

An diesem Ressortbildungsprozeß können die fundamentalen Unterschiede zwischen Maschinenorganisation, Organisation der Professionals und innovativer Organisation (die als nächstes diskutiert wird) am besten abgelesen werden. Die Struktur der Maschinenorganisation ist auf einen Zweck gerichtet. Wenn man ihr einen Stimulus gibt, spult sie ihre Standardabfolge von Programmen ab, so wie das Bein ausschlägt, wenn man auf das Knie klopft. Diagnose spielt keine Rolle. In der Organisation der Professionals ist die genau definierte Diagnose die Hauptaufgabe. Die Organisation versucht, eine vorherbestimmte Situation in ein Standardprogramm einzupassen. Eine unbegrenzte Zeit für die Diagnose – um nach einer kreativen Lösung für ein besonderes Problem zu suchen – macht die innovative Organisationsform notwendig. In ihr sind Standardsituationen oder Programme unangebracht.

---

3 K. E. Weick, „Educational Systems as Loosley Coupled Systems", in: Administrative Science Quarterly, 1976, S. 8.

Die administrative Struktur

Das bisher Diskutierte legt es nahe, daß der operative Kern der Hauptteil der Organisation der Professionals ist. Die unterstützenden Einheiten sind der einzige andere Teil, der voll entwickelt ist. Sie sind aber besonders auf die Unterstützung des operativen Kerns ausgerichtet. Angesichts der hohen Kosten für die Professionals ist es sinnvoll, ihnen alle mögliche Unterstützung zu geben. Deswegen haben Universitäten Druckereien, Fakultätsclubs, Alma Mater Fonds, Verlage, Archive, Bibliotheken, Computereinrichtungen und viele andere unterstützende Einrichtungen.

Die Technostruktur und das mittlere Management sind nicht sehr ausgeprägt. Sie können zur Koordination der professionellen Arbeit nur wenig beitragen. Aufgrund des geringen Bedarfs an direkter Überwachung der Professionals und gegenseitiger Anpassung unter ihnen können die operativen Einheiten sehr groß sein. Die Fakultät für Management von McGill arbeitet zum Beispiel mit fünfzig Professoren unter einem einzigen Manager, ihrem Dekan, sehr effektiv, der Rest der akademischen Hierarchie ist ähnlich gering ausgeprägt.

Deshalb stellt unser Logo am Anfang dieses Kapitels die Organisation der Professionals mit einer schmalen mittleren Linie, einer kleinen Technostruktur, aber ausgeprägten unterstützenden Einheiten dar. Das in Abbildung 10.1 dargestellte Organigramm einer Universitätsklinik spiegelt alle diese Merkmale wider.

Die Koordination in der Verwaltung ist jedoch eine andere Angelegenheit. Da diese Konfiguration sehr dezentralisiert ist, kontrollieren die Professionals nicht nur ihre eigene Arbeit, sondern üben auch über die sie betreffenden Verwaltungsentscheidungen eine starke kollektive Kontrolle aus – zum Beispiel bei Entscheidungen über die Einstellung von Kollegen, deren Beförderung und die Verteilung der Mittel. Das geschieht zum Teil dadurch, daß sie bestimmte Verwaltungsaufgaben selbst übernehmen (die meisten Universitätsprofessoren sitzen in verschiedenen Verwaltungsgremien) sowie dadurch, daß sie sicherstellen, daß wichtige Verwaltungspositionen mit Professionals besetzt werden, oder zumindest mit ihnen Wohlgesonnenen, die auch den Segen der Professionals haben. Von daher entsteht eher eine demokratische Verwaltungsstruktur. Da die Verwaltungsarbeit aus Koordinationsgründen einer gegenseitigen Abstimmung der Beteiligten bedarf, kommen Sonderkommissionen und vor allem ständige Ausschüsse auf dieser Ebene häufig vor, wie auch die Abbildung 10.1 zeigt.

Aufgrund der Macht der Professionals werden diese Organisationen manchmal als umgekehrte Pyramiden dargestellt, bei der die Fachleute an der Spitze stehen und die Verwaltung darunter, um ihnen zuzuarbeiten – um sicherzustellen, daß die chirurgische Einrichtungen sauber gehalten werden und im Klassenzimmer genug Kreide ist. Diese Beschreibung vernachlässigt jedoch die Macht der Verwaltung über die professionelle Arbeit, obwohl es vielleicht eine angemessene Beschreibung für diejenigen ist, die die unterstützenden Einheiten leiten. Für diese Einheiten – die oft zahlreicher als die professionellen Einheiten sind, aber in der Regel weniger qualifiziert – gibt es keine demokratischen Verhältnisse in der Organisation der Professionals, es gibt nur die Oligarchie der

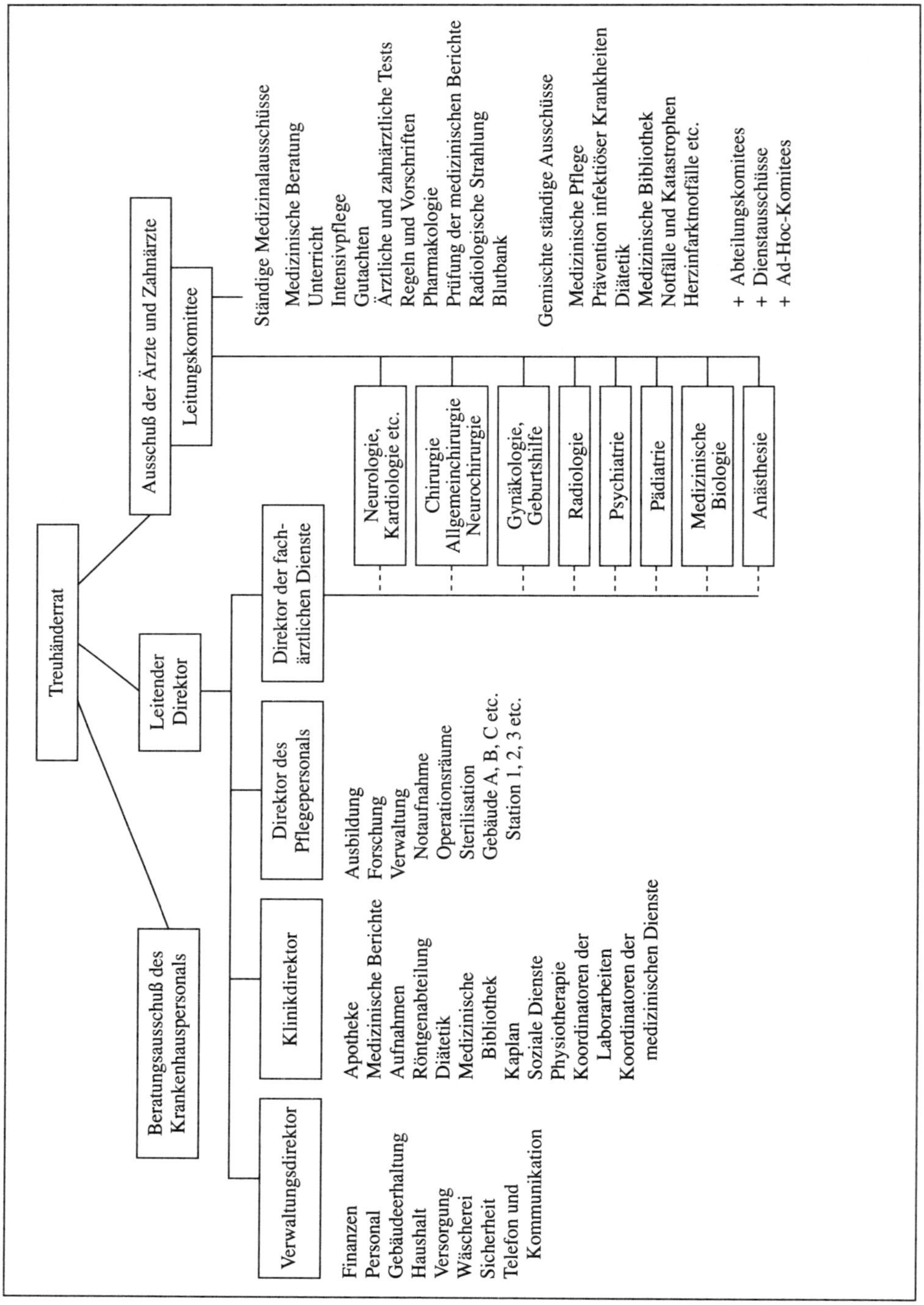

Abbildung 10.1: Organigramm einer Universitätsklinik

Professionals. Solche Unterstützungseinheiten – wie die Verwaltung in der Klinik, die Druckerei in der Universität – werden wahrscheinlich streng von oben herab geführt, praktisch als maschinenartige Enklaven in dieser Konfiguration. Deshalb gibt es häufig parallele und getrennte Verwaltungshierarchien, eine demokratische und von unten kommende für die Professionals, eine maschinenartige und von oben kommende für das Personal der unterstützenden Einheiten.

Die Rollen der Administratoren der Arbeit der Professionals

Wo bleiben die Administratoren der professionellen Hierarchie, die Direktoren und Chefs der Kliniken und die Präsidenten und Dekane der Universitäten? Haben sie keine Macht? Im Vergleich zu ihrem Gegenstück in der unternehmerischen und maschinenartigen Organisation fehlt es bestimmt an Macht. Aber das ist weit von der Wahrheit entfernt. Die Administratoren der professionell ausgeführten Arbeit können die Professionals vielleicht nicht direkt kontrollieren, aber sie haben eine Reihe von Rollen inne, die ihnen dennoch viel Macht einräumen.

Erstens verwenden die Verwalter viel Zeit für die Regelung von Konflikten. Der Auffächerungsprozeß ist bestenfalls unvollkommen und führt zu vielen Rechtstreitigkeiten zwischen den Professionals. Wer nimmt die Brustamputation vor, die Chirurgen oder die Gynäkologen? Ein Verwalter kann allerdings nur selten allein einen Konflikt unter Professionals lösen. Verschiedene Verwaltungsbeamte müssen zusammen eine Lösung im Interesse ihrer Fraktionen aushandeln.

Zweitens haben die Verwaltungsbeamte – besonders die auf der höheren Ebene – Schlüsselpositionen an der Nahtstelle der Organisation, zwischen den Professionals innen und den Einflußnehmern außen: Regierungsinstanzen, Interessenverbände von Klienten, Stifter usw. Auf der anderen Seite erwartet man von der Verwaltung den Schutz der Autonomie der Professionals, um sie gegenüber dem Druck von außen „abzupuffern“. Auf der anderen Seite sollen sie diese Außenstehenden sowohl in moralischer wie finanzieller Hinsicht für eine Unterstützung gewinnen. Die Außenstehenden erwarten dafür umgekehrt von der Verwaltung die Kontrolle der Professionals. Deshalb gibt es die extern orientierten Rollen des Managers – die Aufrechterhaltung von Kontakten die Rolle des Repräsentanten und Sprechers bei einer Öffentlichkeitsveranstaltung, das Verhandeln mit externen Stellen – vornehmlich in der Verwaltung der professionellen Arbeit.

Manche sehen in diesen Rollen der Verwaltung Anzeichen von Schwäche. Sie sehen sie als die Laufburschen der Professionals oder als Marionetten an: zwischen den Professionals, zwischen ihnen und den Mitarbeitern und zwischen Außenstehenden und Professionals. In Wirklichkeit sind diese Rollen jedoch entscheidende Machtquellen. Macht entsteht schließlich in unsicheren Situationen, und die kommen gerade in der Verwaltung vor. Die Verwaltungsbeamten, die zusätzliche Mittel für ihre Organisation beschaffen können, bekommen das Sagen darüber, wie sie verteilt werden. Derjenige, der zugunsten seiner Einheit Konflikte beilegen kann oder die Professionals erfolgreich vor externem

Einfluß abschirmt, wird zum wertvollen, und damit mächtigen Mitglied der Organisation.

Zusammenfassend können wir sagen, daß in diesen Strukturen die Macht auf der Seite der Professionals liegt, die sich um Verwaltungsangelegenheiten statt um die professionelle Arbeit kümmern, solange sie es erfolgreich tun. Aber das ist kein laissez-faire, wie betont werden muß. Der professionelle Verwaltungsbeamte hält seine Macht nur so lange aufrecht, wie die Professionals in ihm jemanden sehen, der ihnen erfolgreich nutzt.

Bedingungen der Organisation von Professionals

Die professionelle Organisationsform tritt immer dort auf, wo die Arbeit von qualifiziertem Personal abhängt, und wo schwer zu erlernende, aber klar definierte Verfahren eingesetzt werden. Die Situationen sind komplex und stabil zugleich – so komplex, daß sie Verfahren erforderlich machen, die nur durch eine gründliche Ausbildung gelernt werden können, und so stabil, daß die Verfahren standardisiert werden können.

Man bedenke, daß ein ausgearbeitetes technisches System dieser Konfiguration entgegenarbeiten kann. Wenn die Fertigkeiten der Professionals vereinheitlicht und automatisiert wären, könnten sie rationalisiert werden. Oder anders gesagt, sie könnten in einfache, genau programmierbare Schritte zerlegt werden, was die Grundlage der Autonomie der Professionals zerstören würde. Und wenn sie sehr kompliziert wären, würde das technische System die Autonomie der Professionals dadurch einschränken, daß es sie zur Mitarbeit in multidisziplinären Teams zwingt, und damit die Organisation in Richtung der innovativen treiben. Deshalb benutzt der Chirurg ein Skalpell und der Rechtsexperte einen Bleistift. Beide Gegenstände müssen spitz sein, aber in anderer Hinsicht sind beide einfache Alltagsgegenstände. Beide erlauben ihren Benutzern jedoch, unabhängig voneinander komplexe Aufgaben zu lösen.

Das bedeutendste Beispiel der professionellen Konfiguration ist die Organisation im Bereich der Dienstleistungen gegenüber Personen, zumindest diejenige mit einer komplexen, stabilen Arbeit, die nicht von einem raffinierten technischen System abhängig ist. Schulen, Universitäten, Beratungsfirmen, Rechts- und Finanzämter sowie Sozialämter verlassen sich mehr oder weniger auf diese Organisationsform, solange sie sich nicht auf Innovationen zur Lösung neuer Probleme konzentrieren, sondern Standardprogramme auf klar definierte Probleme anwenden. Dasselbe scheint für Kliniken zuzutreffen, mindestens in dem Maße, wie ihre technischen Systeme einfach sind. (In den Bereichen, die eine aufwendige Ausstattung verlangen – was scheinbar zunehmend der Fall ist, besonders in Lehreinrichtungen –, wird die Klinik in Richtung einer hybriden Struktur getrieben, die Merkmale der innovativen Form hat. Aber diese Tendenz wird durch das primäre Interesse der Klinik an Sicherheit abgeschwächt. Nur auf das Bewährte und Richtige kann man sich verlassen, was eine natürliche Abneigung gegen die lockere, innovative Konfiguration erzeugt.)

Bisher stammten unsere Beispiele aus dem Dienstleistungssektor. Aber die Organisation der Professionals kann auch im Produktionsbereich vorkommen, wo die genannten Bedingungen erfüllt werden. Etwa bei einem Handwerkerbetrieb, wo zum Beispiel qualifizierte Arbeiter zur Keramikproduktion eingesetzt werden. Der Begriff *Handwerker* meint eine Art Professional, der eine lange Lehre in den traditionellen Fertigkeiten macht, die er dann frei von direkter Kontrolle ausüben kann. Handwerksbetriebe haben normalerweise nur wenig Verwaltungspersonal, das aber immer neben den Betriebsmitarbeitern arbeitet. Dasselbe würde für ein Ingenieursbüro zutreffen, das nicht so sehr an Entwicklungen arbeitet, als an der Veränderung bestehender Konstruktionen.

Strategieentwicklung in der Organisation der Professionals

Normalerweise wird angenommen, daß Strategien zuerst entwickelt und dann implementiert werden, daß Planung der zentrale Entwicklungsprozeß ist, und daß die Strukturen so gebaut sein müssen, daß die Strategien umgesetzt werden können. Mindestens ist das in der konventionellen Managementliteratur zu lesen. In der Organisation der Professionals stehen diese Imperative fast vollständig im Gegensatz zum realen Geschehen und führen zu der Schlußfolgerung, daß entweder diese Organisationen nicht wissen, wie sie zu Strategien kommen, oder daß die Strategieschreiber nicht wissen, wie diese Organisationen funktionieren. Ich schließe mich letzterem an.

Auf der Grundlage der Definition von Strategie als Muster im Handeln gewinnt die Strategiebildung in dieser Organisation eine neue Bedeutung. Bevor wir angesichts ihres Widerstands gegen formale strategische Planung einfach die Hände über dem Kopf zusammenschlagen, oder sie im anderen Extrem als „organisierte Anarchien", deren Strategiefindungsprozesse wie die Suche im „Mülleimer" ablaufen[4], beschreiben, können wir uns darauf konzentrieren, wie sich Entscheidungen und Handlungen in solchen Organisationen mit der Zeit zu Mustern verdichten.

Strategie als Muster im Handeln wirft die Frage auf: welches Handeln? Der Hauptanteil der Strategiebildung in den meisten Organisationen betrifft die Ausarbeitung der Basismission (die angebotenen Produkte und Dienstleistungen). In der Organisation von Professionals wird das maßgeblich vom einzelnen Professional kontrolliert, wie wir zeigen werden. Andere wichtige Strategiebereiche betreffen die Inputs in das System (besonders die Auswahl des professionellen Personals, die Bestimmung der Klienten und die Beschaffung externer Mittel), die Mittel zur Erfüllung der Mission (die Errichtung von Gebäuden und deren Ausstattung, die Anschaffung der Forschungseinrichtung etc.), die Struktur und Formen der Geschäftsführung (die Einrichtung des Kommissionswesens, der Hierarchien etc.) sowie die verschiedenen anderen Mittel zur Unterstützung der Mission.

Müßten Organisationen von Professionals Strategien auf konventionelle Weise entwickeln, dann würde die zentrale Verwaltung detaillierte und zusammenhängende Pläne dafür aufstellen. Das kommt manchmal vor, aber nur in sehr wenigen Fällen. Viele Stra-

4 J.G. March und J.P. Olson, Ambiguity and Choice in Organizations (Bergen, Norway: Universitetsforlaget, 1976).

tegiefragen stehen unter direkter Kontrolle des einzelnen Professionals, während andere weder von einzelnen noch von den Verwaltungsleitern entschieden werden können, sondern stattdessen einen komplexen Prozeß unter der Teilnahme vieler erfordern. Wie die Abbildung 10.2 zeigt, untersuchen wir umgekehrt diejenigen Entscheidungen, die von einzelnen Professionals, den Verwaltungsleitern und dem Kollektiv kontrolliert werden.

Entscheidungen aufgrund professioneller Beurteilung

Organisationen von Professionals werden durch die Tatsache unterschieden, daß die Festlegung der Basismission – die speziellen Dienstleistungen, die angeboten werden und wem – zu einem großen Teil dem Urteil des einzelnen Professionals überlassen sind. Ein Universitätsprofessor kontrolliert zum Beispiel sehr stark, was und wie gelehrt wird,

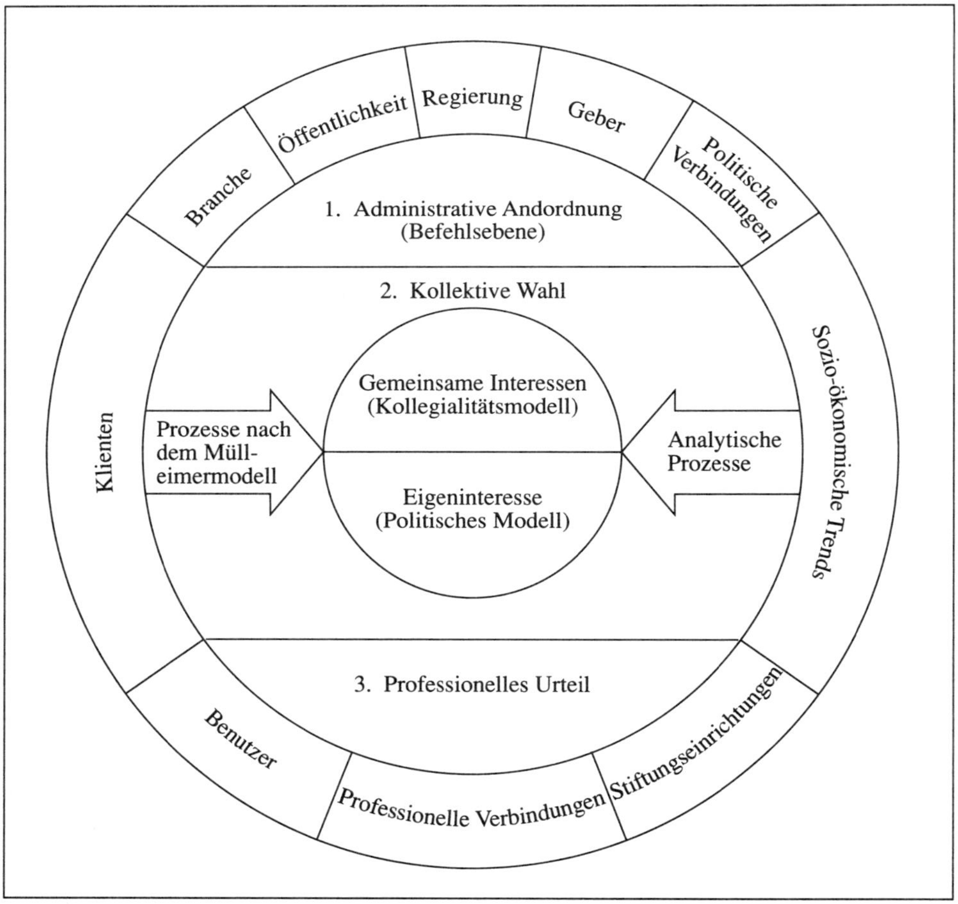

Abbildung 10.2: Drei Ebenen der Entscheidungsbildung in der Organisation von Professionals

als auch über was geforscht wird. Deshalb muß die gesamte Produktmarktstrategie der McGill Universität als Verbund der individuellen Lehr- und Forschungsmeinungen ihrer 1200 Wissenschaftler angesehen werden.

Das führt jedoch noch zu keiner vollständigen Autonomie, weil es eine subtile und nicht unwichtige Einschränkung dieser Macht gibt. Professionals können nur selbständig entscheiden, weil viele Jahre Ausbildung sichergestellt haben, daß sie nach den in der Profession allgemein akzeptierten Standards entscheiden werden. Die von den Professoren gewählten Lehrinhalte und -methoden werden von ihren Kollegen genau beobachtet und werden manchmal durch die Disziplinen genau festgelegt. Sie erforschen Themen, die von den Stiftungen finanziert werden (die normalerweise unter der Kontrolle von Professionals stehen). Und sie veröffentlichen Artikel in Zeitschriften, bei denen Kollegen Gutachter sind. Im Grenzfall wird die individuelle Freiheit professionell kontrolliert. Es kann sich um eine explizite Freiheit gegenüber der Verwaltung handeln, sogar gegenüber den Kollegen anderer Disziplinen, aber es ist keine implizite Freiheit gegenüber den Kollegen der eigenen Disziplin. Deshalb benutzen wir das Etikett „professionelles Urteil", um darauf hinzuweisen, daß zwar das Urteilen die Entscheidungsmethode sein kann, daß es aber ein informiertes Urteil ist, das stark von der professionellen Ausbildung und der Mitgliedschaft zur Profession beeinflußt ist.

Entscheidungen aufgrund administrativer Anordnung

Professionelles Expertenwissen und Autonomie, die durch den Prozeß der Ressortbildung verstärkt werden, umschreiben genau die Fähigkeit der zentralen Verwaltung, die Professionals auf eine konventionell bürokratische Weise zu leiten – durch direkte Supervision und die Bestimmung interner Standards (Regeln, Arbeitsplatzbeschreibungen, Grundsätze). Sogar die Bestimmung der Standards der Ergebnisse und Leistungen wird durch das schwer zu handhabende Problem der Operationalisierung der Ziele der professionellen Tätigkeit entmutigt.

Gewisse Entscheidungsformen, die weniger mit der professionellen Tätigkeit an sich zu tun haben, fallen jedoch in den Bereich administrativer Anordnungen, mit anderen Worten werden zum ausschließlichen Privileg der Verwaltung. Das schließt Finanzfragen ein, zum Beispiel den Kauf oder Verkauf von Eigentum und Stiftungskampagnen. Weil viele unterstützende Dienstleistungen in einer konventionellen oben-unten Hierarchie organisiert sind, fallen auch sie eher unter die Kontrolle der zentralen Verwaltung. Über Dienstleistungen, die für die professionelle Arbeit wichtiger sind, wie Bibliotheken und Rechenzentren in den Universitäten, wird jedoch eher kollektiv zwischen Verwaltung und Professionals entschieden.

Die zentrale Verwaltung spielt vielleicht auch eine wichtige Rolle bei der Festlegung der Funktionsweise dieser kollektiven Entscheidung: welche Ausschüsse es gibt, wer dafür nominiert wird, usw. Die Verwaltungsbeamten haben vor allem Zeit, sich den Verwaltungsaufgaben zu widmen. Diese Rolle kann kompetenten Verwaltungsbeamten indirekt beträchtliche Einflußmöglichkeiten auf die Entscheidungen anderer geben. In Krisenzeiten können die Verwaltungsbeamten weitreichendere Macht erlangen, wenn die Professionals mehr dazu neigen, sich zur Lösung der Aufgaben der Meinung der Führung anzuschließen.

Entscheidungen aufgrund kollektiver Entscheidung

Viele Entscheidungen werden jedoch weder durch die Verwaltungsbeamten noch durch die einzelnen Professionals getroffen. Stattdessen werden sie in Interaktionsprozessen behandelt, in denen sich Professionals und Verwaltungsbeamte der unterschiedlichsten Ebenen und Einheiten begegnen. Zu den wichtigsten Entscheidungen zählen die Definition, Schaffung, Gestaltung und Beendigung der Ressorts, also der Programme und Abteilungen verschiedenster Art. Andere wichtige Entscheidungen betreffen die Einstellung und Beförderung der Professionals, und in manchen Fällen die Finanzierung, Etablierung und Gestaltung der Verfahren selbst (wenn sie nicht unter die Verwaltungsautorität fallen).

Entscheidungsprozesse können als die drei Phasen der *Identifikation* des Entscheidungsbedarfs, der *Entwicklung* von Lösungen und einer *Selektion* daraus angesehen werden. Die Identifikation scheint weitgehend von individuellen Initiativen abzuhängen. Angesichts der Komplexität der professionellen Arbeit und der Rigidität der Fächeraufteilung kann man sich ohne einen „Sponsor“ oder „Verfechter“ Veränderungen in dieser Konfiguration nur schwer vorstellen. Das Entwickeln erfordert vielleicht dasselbe Individuum, aber oft ebenso die Bemühungen gemeinsamer Arbeitsgruppen. Und Selektion ist eher ein vollkommen interaktiver Prozeß, der mehrere Ausschußebenen umfaßt, die aus Professionals und Vertretern der Verwaltung bestehen, und manchmal auch Außenstehende (etwa Regierungsvertreter) einschließt. In dieser letzten Phase kommt die volle Wirkung und Komplexität der gegenseitigen Abstimmung in der Verwaltung der Organisation der Professionals zum Ausdruck.

Modelle kollektiver Entscheidung

Wie funktionieren diese interaktiven Prozesse in der Wirklichkeit? Einige Autoren haben traditionellerweise die Organisation der Professionals mit einem *kollegialen* Modell in Verbindung gebracht, wo Entscheidungen von einer ‚Gemeinschaft von einzelnen und Gruppen‘ getroffen werden, die ‚alle verschiedene Rollen und Fachrichtungen vertreten können, aber gemeinsame Ziele und Zwecke für die Organisation verfolgen.‘[5] Das *gemeinsame Interesse* ist die treibende Kraft, und entschieden wird mit Konsens. Andere Autoren schlagen stattdessen ein *politisches* Modell vor, nach dem die Unterschiede der Interessengruppen unvereinbar sind. Die Teilnehmer versuchen deshalb,

5 W.H. Taylor, „The Nature of Policy Making in Universities“, in: The Canadian Journal of Higher Education, 1, 1983, S. 18.

für ihre *eigenen Interessen* zu arbeiten, und politische Faktoren werden instrumentell für die Bestimmung der Ergebnisse.

Natürlich bestimmen weder das gemeinsame noch das eigene Interesse immer die Entscheidungsprozesse. Man muß mit einer gewissen Kombination rechnen. Die Professionals können mit den Zielen einverstanden sein, aber nicht damit, wie sie erreicht werden sollen. Manchmal kann auch sogar dort Konsens erreicht werden, wo die Ziele nicht übereinstimmen: Demokraten stimmen gelegentlich mit den Republikanern im amerikanischen Kongreß. Wir müssen die Motivation und nicht nur das Verhalten berücksichtigen, um Kollegialität von politischen Interessen zu unterscheiden. Politischer Erfolg erfordert manchmal eine kollegiale Haltung – man muß das eigene Interesse unter dem Deckmantel des gemeinsamen Wohls verstecken. Auf ähnliche Weise verlangen manchmal kollegiale Zwecke politische Mittel. Deshalb sollten wir jedes Verhalten kollegial nennen, das durch ein grundlegendes Interesse am Wohl der Institution *motiviert* ist, und als Politik jedes Verhalten, das im Grunde durch Eigeninteresse gekennzeichnet ist (des einzelnen oder seiner Einheit).

Ein drittes Modell, das zur Erklärung von Entscheidungsprozessen in Universitäten verwendet wurde, ist das *Mülleimer-Modell*. Hier wird der Entscheidungsprozeß als „eine Ansammlung von Wahlmöglichkeiten, die nach Problemen suchen, von Themen und Eindrücken, die nach Entscheidungssituationen suchen, in denen sie Gestalt annehmen können, von Lösungen, die nach Problemen suchen, für die sie eine Antwort sein können, und von Entscheidern, die nach Arbeit suchen“, charakterisiert[6]. Mit anderen Worten, das Verhalten ist absichtslos und zufällig, da die Ziele unklar und die Mittel zur Zielerreichung problematisch sind. Darüber hinaus ist die Partizipation aufgrund der Zeit- und Energiekosten fließend. Deshalb schlägt das Mülleimer-Modell anstelle des gemeinsamen Interesses des kollegialen Modells und des Eigeninteresses des politischen Modells eine Art *Desinteresse* vor.

Die entscheidende Frage ist nicht, ob es Prozesse nach dem Mülleimer-Modell gibt (wir haben alle Erfahrungen damit), sondern welche Bedeutung sie haben. Kommen sie bei zentralen, oder nur bei nebensächlichen Problemen vor? Entscheidungen, die für jeden unwichtig sind, können natürlich sozusagen problemlos im Mülleimer landen. Irgend jemand hat immer irgendwie die Zeit dazu, einem Vorschlag einfach so zu widersprechen. Aber ich habe Schwierigkeiten damit, zu akzeptieren, daß Personen, denen Entscheidungen wichtig sind, nicht die notwendige Anstrengung unternehmen sollen, sie zu beeinflussen. Deshalb meine ich, daß Desinteresse wie auch gemeinsames und eigenes Interesse Entscheidungsprozesse weder beherrschen, noch in ihnen fehlen.

Schließlich kann die *Analyse* als ein viertes Entscheidungsmodell angesehen werden. Hier werden Berechnungen angestellt, wenn nicht zur Selektion der besten Alternative, dann doch dazu, die Annehmbarkeit der verschiedenen Alternativen einzuschätzen. Ein solcher Ansatz scheint mit der Maschinenkonfiguration im Einklang zu stehen, wo eine

6 M.D. Cohen, J.G. March und J. P. Olson, „A Garbage Can Model of Organizational Choice“, in: Administrative Science Quarterly, 1972, S. 1; siehe auch March und Olson, Ambiguity and Choice.

Technostruktur bereitsteht, um Kosten und Nutzen eines jeden Vorschlags zu berechnen. Auch in der Organisation der Professionals kommt die Analyse auffallend häufig vor, wird hier aber meisten von den professionellen Operateuren selbst durchgeführt. Die rationale Analyse strukturiert die Argumente für die Kommunikation und Diskussion und befähigt ihre Verfechter und ihre Gegner dazu, ihre jeweiligen Positionen zu untermauern. Wenn jede Seite versucht, die andere zu widerlegen, kommen erst die wichtigen Themen zum Vorschein.

Deshalb scheinen die zentralen kollektiven Entscheidungen in der Organisation der Professionals, wie die Abbildung 10.2 zeigt, am stärksten von Kollegialität und politischen Prozessen beeinflußt zu sein. Hier scheinen auf der einen Seite Situationen nach dem Modell „Mülltonne" zu einer Art Willkürlichkeit zu ermutigen (besonders im Falle unwichtiger Entscheidungen). Interventionen auf der Grundlage von Analysen scheinen auf der anderen Seite eine gewisse Rationalität zu unterstützen (und sozusagen als unsichtbare Hand zu fungieren, um den Deckel auf die Mülltonne zu legen!).

Strategien in der Organisation der Professionals

Deshalb haben wir es hier mit einem ganz anderen Prozeß der Strategiebildung sowie mit ganz anderen Strategien im Vergleich zu konventionellen Organisationen (vor allem der maschinenartigen) zu tun. Während die Entwicklung von Strategien in diesen Organisationen aufgrund der Fragmentierung der Aktivitäten, der politischen Machenschaften und des Mülleimerphänomens schwierig zu sein scheint, ist diese Organisation praktisch von Strategien überflutet (im Sinne einer Musterbildung im Handeln). Die Standardisierung der Fertigkeiten begünstigt die Musterbildung ebenso wie den Auffächerungsprozß und die Mitgliedschaften zur Profession. Kollegialität befördert die Konsistenz des Verhaltens. Sogar die politischen Prozesse dienen dem Widerstand gegen die bestehenden Muster. Wie im Falle des Mülleimermodells ist dies vielleicht nur die unerklärte Restvarianz im System. Alles, was nicht verstanden wird, sieht für den Beobachter wie organisierte Anarchie aus.

In den Strategiebildungsprozeß werden viele verschiedene Personen einbezogen: Verwaltungsbeamte und die verschiedenen Professional, einzeln und als Kollektiv, so daß die daraus folgenden Strategien stark fragmentiert sein können (so weit, daß jeder Professional seine eigene Produktmarktstrategie verfolgt). Es gibt natürlich Kräfte, die auch eine umfassende Kohäsion in der Strategie verstärken: die allgemeinen Kräfte der administrativen Anordnungen, die breit geführten Verhandlungen, die in dem kollektiven Prozeß stattfinden (z. B. über neue Anstellungsverfahren in einer Universität), sogar Gewohnheit und Tradition sowie die Ideologie einer Organisation (etwa die Einstellung bestimmter Personen oder die Bevorzugung bestimmter Lehrstile oder der Chirurgie).

Insgesamt zeigen die Strategien der Organisation der Professionals eine bemerkenswerte Stabilität. Größere Umorientierungen in der Strategie – „strategische Revolutionen" – werden durch die Fragmentierung der Aktivitäten und den Einfluß des einzelnen Professionals und ihrer externen Interessensvertretungen entmutigt. Aber auf einer niedrigeren

Ebene kommen überall Veränderungen vor. In kleinen Ressorts werden die Dienstleistungen ständig geändert, Verfahren umgestaltet und das Klientel gewechselt, während im kollektiven Prozeß ständig Ressorts hinzugefügt und umorganisiert werden. Deshalb ist diese Organisationsform paradoxerweise auf der breitesten Ebene extrem stabil, und auf der engsten in einem Zustand ständigen Wandels.

Themen im Zusammenhang mit der Organisation der Professionals

Die Organisation der Professionals ist in der Befriedigung von zwei herausragenden Bedürfnissen heutiger Männer und Frauen unter den verschiedenen Konfigurationen einzigartig. Sie ist demokratisch, da sie die Macht direkt an ihre Mitarbeiter verteilt (mindestens an die Glücklichen, die selbst Professionals sind). Und sie gibt ihnen sehr viel Autonomie, da eine enge Zusammenarbeit mit Kollegen nicht notwendig ist. Deshalb hat der Professional die beste von zwei Welten. Er gehört zu einer Organisation, kann aber nach seiner Façon die Klienten bedienen, und ist nur an die etablierten Standards der Profession gebunden.

Deswegen sind die Professionals hoch motiviert und engagieren sich in ihrer Arbeit für die Klienten. Diese Konfiguration beseitigt die für die Maschinenorganisation typischen Barrieren zwischen Mitarbeitern und Klienten und ermöglicht die Entwicklung einer persönlichen Beziehung. Die Autonomie der Professionals ermöglicht darüber hinaus die Perfektionierung ihrer Fertigkeiten ohne Einmischung von außen, da dieselben komplexen Programme immer wiederholt werden.

Aber in Demokratie und Autonomie liegen gleichzeitig die Hauptprobleme der Organisation der Professionals. Es gibt außer der von den Professionals selbst ausgeübten Kontrolle keinen eindeutigen Weg zur Kontrolle der Arbeit. Es gibt keinen Weg, die Schwachpunkte zu beseitigen, die die Professionals übergehen. Sie übergehen die Probleme der Koordination, des Ermessens und der Innovation, die in dieser Konfiguration auftreten.

Koordinationsprobleme

Die Organisation von Professionals kann in ihrem operativen Kern nur funktionieren, wenn die Fertigkeiten standardisiert sind. Aber das ist bestenfalls ein lockerer Koordinationsmechanismus. Er versagt im Umgang mit den vielen Bedürfnissen in dieser Organisationsform. Eine Aufgabe ist die Koordination der Arbeit der Professionals mit den unterstützenden Einheiten. Die Professionals wollen die Anweisungen erteilen. Aber das kann das Personal der unterstützenden Einheiten zwischen die Fronten der vertikalen Macht der Linienautorität und der horizontalen Macht des professionellen Expertentums bringen. Ein anderes Problem ist die primäre Koordination zwischen den Professionals selbst. Diese Organisationen können letztlich als Ansammlung unabhängiger Individuen angesehen werden, die nur zusammenkommen, um auf gemeinsame Ressourcen und unterstützende Dienstleistungen zurückgreifen zu können. Obwohl die Ressortbildung vieles erleichtert, fallen einige Probleme zwischen die einzelnen Ressorts. Da die Organisation aber keinen eindeutigen Koordinationsmechanismus dafür hat, führt das zu vielen Konflikten. Es wurde viel politisches Blut bei der ständigen Überprüfung der Kontingenzen und Programme vergossen, die entweder als nicht perfekt oder als künstlich unterschieden angesehen wurden.

Ermessensprobleme

Die Aufteilung in Ressorts wirft ein anderes wichtiges Problem auf. Der größte Ermessensspielraum liegt in der Hand des einzelnen Professionals, dessen komplexe Fertigkeiten unabhängig von ihrer Standardisierung eine besondere Urteilsfähigkeit verlangen. Bei kompetenten und gewissenhaften Professionals ist das kein Problem. Aber es richtet verheerenden Schaden an, wenn sie es nicht sind. Manche sind aber einfach faul oder inkompetent. Andere verwechseln die Bedürfnisse ihres Klientels mit den Fertigkeiten ihrer Zunft. Sie konzentrieren sich deshalb besonders auf ein Programm, und schließen alles andere aus (wie der Psychiater, der der Meinung ist, daß alle Patienten, ja alle Menschen, Psychoanalyse brauchen). Klienten, die auf eine inkorrekte Weise entlassen werden, werden mißhandelt (im doppelten Sinne des Wortes).

Verschiedene Faktoren vereiteln die Bemühungen, mit dieser Vertauschung der Mittel und Zwecke fertig zu werden. Ein Faktor ist zum Beispiel die Tatsache, daß Professionals notorisch nicht dazu gewillt sind, etwa gegen die eigene Zunft vorzugehen und unverantwortliches Verhalten durch die Berufsorganisation zu tadeln. Ein anderer Faktor (der vielleicht den ersten miterklärt) ist die immanente Schwierigkeit, die Outputs der professionellen Arbeit zu messen. Wenn sie sogar die Begriffe *Heilung* oder *Gesundheit* nicht definieren können, wie können sie dann beweisen, daß Psychoanalyse für Schizophrene besser als medikamentöse Behandlung ist?

Der Ermessensspielraum erlaubt den Professionals nicht nur das Ignorieren der Klientenbedürfnisse, sondern auch der Bedürfnisse der Organisation selbst. Viele konzentrieren ihre Loyalität gegenüber ihrer Profession, nicht gegenüber dem Ort, wo sie sie praktizieren. Aber diese Organisationen sind auch auf Loyalität angewiesen – zur Unterstützung ihrer gesamten Strategien, zur Besetzung ihrer Verwaltungsausschüsse, um die Konflikte mit den Berufsverbänden zu beenden. Kooperation ist entscheidend für das Funktionieren der Verwaltungsstruktur, aber viele Professionals widersetzen sich dem heftig.

Innovationsprobleme

Auch größere Innovationen hängen in dieser Organisation von kooperativem Verhalten ab. Bestehende Programme können von einer einzelnen Person verbessert werden, aber neue überschreiten normalerweise die etablierten Spezialfächer – sie erfordern im wesentlichen eine Neuordnung der Fächer – und verlangen deshalb ein kollektives Vorgehen. Die Abneigung der Professionals gegenüber einer Kooperation untereinander und die Komplexität der kollektiven Prozesse können Widerstand gegenüber Innovationen hervorrufen. Es sind im Grunde *professionelle Bürokratien*, Leistungsstrukturen, die zur Perfektionierung bestehender Programme in stabilen Umwelten gestaltet wurden, keine Problemlösungsstrukturen, um neue Programme für einen unvorhergesehenen Bedarf zu entwickeln.

Die Innovationsprobleme in der Organisation der Professionals haben ihre Wurzeln in konvergentem Denken, im deduktiven Denken des Professionals, der die besondere Situation unter einem allgemeinen Konzept betrachtet. Das heißt, neue Probleme werden in alte Schubladen gezwängt, wie es in den Bemerkungen von Spencer so hervorragend zum Ausdruck kommt: „Alle Patienten in unseren drei Kliniken, bei denen schwere Komplikationen auftreten oder die sterben, werden mit einer Schilderung der Vorkommnisse in Form eines drittel- bis einseitigen Berichts an ein Zentralbüro gemeldet.“ Und sechs bis acht dieser Fälle werden auf den wöchentlichen einstündigen „Mortalitäts-Morbiditäts“-Konferenzen diskutiert, und das schließt die Präsentation der Fälle durch den Chirurgen sowie „Fragen und Kommentare“ der Zuhörer ein.[7] Eine „ganze“ Seite und zehn Minuten Diskussion für einen Fall mit „schweren Komplikationen“! Vielleicht reicht das, um die Symptome aufzulisten und sie in den Schubladen abzulegen. Aber es reicht kaum, um über kreative Lösungen nachzudenken. Wie Lucy einmal zu Charlie Brown sagte, große Kunst kann man nicht in einer halben Stunde machen, man braucht mindestens fünfundvierzig Minuten!

Große Kunst und innovative Problemlösungen verlangen *induktives* Denken – d.h. die Ableitung einer neuen allgemeinen Lösung aus den speziellen Erfahrungen. Und dieses Denken ist *divergent*. Es bricht eher mit den alten Routinen und Standards, als daß es bestehende perfektioniert. Und das ist für die Organisation der Professionals ein Risiko.

Öffentliche Reaktionen auf diese Probleme

Welche Reaktionen lösen die Koordinationsprobleme, die Probleme des Ermessens und von Innovationen aus? Diejenigen außerhalb der Profession sehen darin am häufigsten das Fehlen einer externen Kontrolle der Professionals und der Profession. Insofern tun sie das Naheliegenste: sie versuchen, die Arbeit mit anderen, konventionelleren Mitteln zu kontrollieren. Ein Mittel ist die direkte Kontrolle, die normalerweise die Einführung einer mittleren Ebene der Kontrolle über die Professionals bedeutet. Wir haben aber bereits diskutiert, warum dies für komplexe Tätigkeiten nicht funktionieren kann. Die Standardisierung der Tätigkeit oder der Leistungen ist ein anderer Versuch. Wir haben aber auch bereits gezeigt, warum eine komplexe Tätigkeit nicht durch Regeln, Verfahren oder Leistungsmessungen formalisiert werden kann. Diese Kontrolltypen zerstören nur die Effektivität, da sie die Verantwortung für die Dienstleistung von den Professionals auf die Verwaltungsstruktur schieben. Nicht der Staat unterrichtet den Schüler, nicht einmal

7 Spencer, „Deductive Reasoning“, S. 1181.

das Schulsystem oder die Schule, nicht die Klinik entbindet die Säuglinge. Diese Dinge werden vom einzelnen Professional gemacht. Wenn der inkompetent ist, kann kein Plan oder eine in der Technostruktur gefertigte Regel, keine Anordnung von irgendeinem Verwaltungs- oder Regierungsbeamten ihn dazu befähigen. Aber solche Pläne, Regeln und Anordnungen können die effektive Dienstleistung des kompetenten Professionals behindern.

Gibt es dann überhaupt für eine Gesellschaft Lösungen, die sich um die Leistung ihrer Organisationen von Professionals Sorgen macht? Ihre finanzielle Kontrolle und die Gesetzgebung gegen unverantwortliches Verhalten sind angemessene Mittel. Aber darüber hinaus müssen Lösungen aus der Einsicht darin erwachsen, wozu diese Organisation existiert. Es *zieht* nicht einfach ein Wandel ein, wenn neue Verwaltungsbeamte die Geschäfte übernehmen und weitreichende Reformen verkünden, oder Regierungsbeamte beabsichtigen, die Professionals unter technokratische Kontrolle zu stellen. Eher *sickert* der Wandel durch einen langsamen Prozeß der Veränderung der Professionals – also zunächst, wer überhaupt in die Profession aufgenommen wird und was er in den Ausbildungsinstitutionen lernt (Normen ebenso wie Fertigkeiten und Wissen), und danach, wie er seine Fertigkeiten verbessern kann. Wo sich Widerstand gegen erwünschte Veränderungen bildet, appelliert die Gesellschaft am besten an das Verantwortungsbewußtsein der Professionals, oder sie übt, wenn das mißlingt, besser Druck auf die Berufsverbände als auf die Bürokratie aus.

Anmerkung über die gewerkschaftliche Organisierung der Professionals

Professionals, die dysfunktionalen Verwaltungszwängen ausgesetzt sind, sehen sich manchmal zur Organisierung in Gewerkschaften gezwungen. Aber meiner Meinung nach wird dadurch das Problem verschlimmert, und verschlechtert sogar die Qualität der Leistungen der Organisation.

Professionals neigen, wie unqualifizierte Arbeiter, sehr stark zur gewerkschaftlichen Organisierung, wenn sie sich ohnmächtig fühlen. Die Regierungen sind oft die Ursache solcher Zwänge, da sie sich um eine bürokratische Kontrolle bemühen. Vermutlich findet man deshalb in den Vereinigten Staaten die meisten gewerkschaftlich organisierten Fakultäten in den öffentlichen Universitäten. Natürlich können universitätsinterne Verwaltungsbeamte mit denselben Intentionen denselben Effekt haben. Unfähige Professionals organisieren sich vielleicht auch gewerkschaftlich, um sich vor ihren Klienten und vielleicht sogar vor ihren kompetenten Kollegen zu schützen. Sie können versuchen, über die kollektive Macht die Unrechtmäßigkeit ihrer individuellen Macht zu verbergen. Sogar in Staaten mit Gesetzen, die die gewerkschaftliche Organisierung der Universitätsfakultäten unterstützen, zählen zu den wenigen nicht organisierten Institutionen „die meisten großen und prestigereichen Schulen.“[8]

---

8 J.W. Garbarino, „Faculty Unionization: The Pre-Yeshiva Years, 1966–1979", in: Industrial Relations, 1980, S. 229.

Wahrscheinlich war keine Gruppe von Spezialisten technokratischer Kontrolle mehr ausgesetzt und für eine gewerkschaftliche Organisierung mehr empfänglich als das öffentliche Schulsystem. Die Kontrollen spiegeln eine Reihe von Faktoren wider – die hohen Erziehungskosten, das Fehlen eines technischen Mythos in diesem Bereich, den Eifer bestimmter Politiker, die Gefühllosigkeit gewisser Lehrer, die Sensibilität gewisser Eltern usw. So kommt es zu einer Anhäufung von Regeln. Echte Erziehung bleibt jedoch ein Lehrer und ein Schüler auf einer Bank, wie jemand einmal so treffend gesagt hat. Mit anderen Worten, es werden einfach ein guter Lehrer und ein lernfähiger Schüler zusammengebracht, wenn der Prozeß gut funktioniert.* Es ist die Aufgabe der Institution, die Austauschbeziehung zwischen den beiden zu erleichtern, und nicht sich einzumischen. Keine Standards machen aus einem unfähigen Lehrer eine fähigen, oder einen abgestumpften verantwortungsbewußt. Sie können allerdings den kompetenten und verantwortungsvollen Lehrer dazu bringen, daß er sich gewerkschaftlich organisiert.

Wir haben es deshalb mit einen circulus vitiosus zu tun. Partizipative Organisationen von Professionals werden fortschreitend durch zunehmende technokratische Kontrollen und Zentralisierungen der Verwaltung in von oben gesteuerte Bürokratien verwandelt. Als Reaktion organisieren sich die Professionals, was den Prozeß beschleunigt, statt ihn zu stoppen.

Die *individuelle* Verantwortung ist der Schlüssel zum Funktionieren der Organisation der Professionals: ihre Verpflichtung gegenüber dem Klienten. Individuelle Verantwortung basiert auf einer persönlichen Arbeitsbeziehung zwischen dem Professional und seinem Klienten – der Professor mit dem Studenten, der Arzt mit dem Patienten. Ein schwieriger und kritischer Punkt muß hier hervorgehoben werden. Eine Bürokratie von Professionals kann eine stark zentralisierte Struktur haben, in der die Professionals sehr viel Macht besitzen. Aber das geschieht zunächst auf individueller Ebene und dann in kleinen Einheiten von Spezialisten, aber nicht in einem homogenen Kollektiv. Eine Organisation von Professionals besteht normalerweise aus vielen unterschiedlichen Professionals, die jeweils eigene Bedürfnisse und Interessen haben.

Die gewerkschaftliche Organisierung kann durch das Verwischen der Unterschiede zwischen den Professionals und den Untereinheiten sowie ein Untergraben der *individuellen* Kontrolle der Arbeit das professionelle Verantwortungsgefühl ernsthaft beeinträchtigen. Sie führt stattdessen zu kollektivem Handeln, das aber nie ein Ersatz für die individuelle Verantwortung sein kann. Die gewerkschaftliche Organisierung kann auch einem anderen typisch kritischen Aspekt für das effektive Funktionieren dieser Organisationsform schaden, nämlich einer engen Koordination zwischen den operativen und administrati-

* Ich sage eher kompetent als *professionell*, weil es in einer Hinsicht ein unglückliches Beispiel ist. Im allgemeinen ist ein Professional jemand, der es „besser" weiß als sein Klient. Der Klient muß deshalb in der Beziehung eher passiv bleiben, wie ein Patient auf dem Operationstisch des Chirurgen. Aber Erziehung ist anders, und Lehrer, die aufgrund ihres professionellen Status meinen, den Lernprozeß weitgehend kontrollieren zu müssen – zum Beispiel durch genaue Curricula und ähnliches – vermindern meiner Meinung nach das Engagement des Lernenden und schaden dem Lernprozeß. Aus diesem Grund habe ich auch gemischte Gefühle über die „Professionalisierung" der Erziehung (nicht über die Autonomie des Lehrers).

ven Anstrengungen durch die Beteiligung desselben Professionals in beiden Bereichen. Gewerkschaften gehen von einem Interessenkonflikt zwischen den beiden Ebenen aus. Sie denken nach dem Muster Wir und Die, und sehen die Verwaltungsbeamten als Autoritätsfiguren oder als „Bosse" statt als Kollegen an. Dadurch treiben die Gewerkschaften einen Keil zwischen die operative und die administrative Ebene oder vergrößern die bestehende Kluft.

Bedeutsamer ist, daß die Gewerkschaften den Einfluß der Professionals auf die Verwaltung verringern. Organisierte Professionals handeln kollektiv durch ihre Vertreter, die mit den Verantwortlichen der Verwaltung direkt verhandeln, als ob sie Lieferanten wären. Der Effekt davon ist paradoxerweise, daß die Kontrolle über den Verwaltungsapparat der Organisation an die leitenden Verwaltungsbeamten abgetreten wird, was die Macht in der Organisation zentralisiert. Mittlere Verwaltungsbeamte und Professionals in Verwaltungsauschüssen werden in dem Machtspiel zwischen Gewerkschaftsvertretern und führenden Verwaltungsbeamten umgangen. Wenn diese Kluft erst einmal entstanden ist und durch kollektive Verhandlungen aufrechterhalten wird, kann man sie wahrscheinlich kaum noch beseitigen! „Insofern halten (akademische) Institutionen ihren Status aufrecht, wenn sie einmal gewerkschaftlich organisiert sind."[9]

Durch kollektives Verhandeln versucht die Gewerkschaft, spezielle Forderungen im Interesse ihrer Mitglieder durchzusetzen. Aber welche Interessen haben verschieden Gruppen von Professionals einer Organisation gemeinsam? Sie haben bei vielen Fragen unterschiedliche Meinungen. Die Gewerkschaften müssen aber diese Unterschiede übergehen und sich stattdessen auf die gemeinsamen Interessen konzentrieren, um über eine vereinte Front bei ihren Verhandlungen mit der Verwaltung zu verfügen. Insofern bleibt sie bei dem Bedürfnis, das alle Professionals gemeinsam haben: dem Einkommen in den verschiedenen Formen. Die gewerkschaftliche Organisierung kann in dieser einseitigen Dimension den Professionals von Nutzen sein, aber mit großen Nachteilen für andere Bereiche, einschließlich der Qualität ihrer Arbeit und der Kontrolle darüber. Vielleicht war die Klientel die Leidtragende, aber nicht weniger als die Professionals, zumindest die fähigsten und verantwortungsbewußtesten unter ihnen.

Viele gewerkschaftliche Forderungen laufen auf Standards in der Form von Regeln und Vorschriften hinaus, die in der gesamten Organisation eingeführt werden – keine Standards der Profession, sondern bürokratische. Mit anderen Worten, obwohl diese Standards scheinbar im Interesse der Professionals eingeführt werden, dienen sie der Formalisierung der Struktur und der Stärkung der zentralen Verwaltung, die paradoxerweise die mit den Gewerkschaften ausgehandelten Standards umsetzt. Deshalb ist der unmittelbare Effekt der gewerkschaftlichen Organisierung, daß sie die professionelle Bürokratie in eine maschinenmäßige überführt, was der gegenteilige Effekt davon sein kann, warum die Professionals sich gewerkschaftlich organisiert haben. Jeder verliert bei den Verhandlungen. Sie nutzen aber einigen wenigen Gewerkschaftsvertretern und einigen unfähigen Mitgliedern, die man niemals zu der Profession hätte zulassen sollen. Die anderen Professionals hätten sich besser durch das Verwaltungssystem gearbeitet, um die Kollegialität wiederherzustellen.

---

9 Ebenda, S. 228..

Anmerkung

Die Struktur, der Kontext und die sozialen Themen der „Bürokratie der Professionals“, einschließlichen zentraler Details über den Prozeß des Schubladendenkens und andere Aspekte, werden eingehender in Kapitel 19 von The Structuring of Organizations (Prentice-Hall, 1979) diskutiert. Strategiebildung in diesen Organisationen – vor allem in Universitäten – wird genauer in dem Artikel „Strategy Formation in the University Setting“ von Cynthia Hardy, Ann Langley, Janet Rose und mir diskutiert, der erschienen ist in: J.L.Bess (ed.), College and University Organizations (New York, University Press, 1984). Schließlich ist der gesamte Text von „A Note on Unionization of Professionals from the Perspective of Organization Theory“, der die Diskussion über die Entscheidung des Obersten Gerichtshofes bezüglich der gewerkschaftlichen Organisierung der Fakultäten der Yeshiva University (und warum ich glaube, das es das Richtige aus dem falschen Grund war) enthält, in: Industrial Relations Law Journal, 1983, S. 623-34.

11. Kapitel

Die innovative Organisation

Es gibt diese wunderschöne Passage in der Einleitung zu *Winnie the Pooh* von A.A. Milne:

> „Es gibt Leute, die den Zoobesuch am Anfang, EINGANG genannt, beginnen und so schnell sie können an jedem Käfig vorbeigehen, bis sie zu dem namens AUSGANG kommen. Aber die nettesten Leute gehen direkt zu dem Tier, das sie am meisten lieben und bleiben dort."

Ohne zu beanspruchen, ein netter Mensch zu sein, will ich zugeben, daß ich den Käfig mit der Bestie „Organsiation" am meisten mag. Nicht um mit ihr zu leben, wie man wissen sollte, sondern um sie aus einer sicheren Distanz zu beobachten (die Organisation der Professionals ist genau das, da sie die abgeschwächte Alternative für die expertenmäßige Arbeit ist).*

Für diese Konfiguration verwende ich hier das Label *innovative Organisation,* obwohl ich auch das aus meinem Buch über Strukturbildung verwenden werde, nämlich *Adhocratie.* Manche beziehen sich auf diesen Typ als „High Technology", und auf seine Grundorientierung als „Intrapreneuring". Das ist ein Hinweis darauf, daß dieser Typ bei seinen strategischen Initiativen von vielen Menschen abhängt, während die unternehmerische Konfiguration von einer zentralen Person an der Spitze ausgehend Innovationen durchführt.

Es gibt viele solche Initiativen, da die Adhocratie hochentwickelte Innovationen liefert. Das geschieht um den Preis sehr vieler Störungen, wenn nicht von Chaos und vergeudeten Ressourcen. Wie ich im Text zeigen werde, erreicht dieser Typ seine Effektivität dadurch, daß er *in*effizient ist. Vielleicht erklärt das, warum er viele Leute verwirrt. Die innovative Organisation kann notwendig sein. Sie ist aber keine konventionelle Organisation, zumindest nicht nach den Standards der traditionellen Managementliteratur.

Eine persönliche Anekdote erklärt das vielleicht am besten. Vor einiger Zeit reichte ich einen Artikel über die unterschiedlichen Konfigurationen bei der *Harvard Business Review* ein. Sie nahm ihn an, fragte aber: „Was ist Adhocratie?" Ich verstand das nicht ganz. Die Beschreibung schien klar genug zu sein. Ich rückte sie ein wenig zurecht und schickte den Artikel zurück. Kurz darauf kam ein Anruf: „Wir sind soweit fertig, nur

---

* Nebenbei bemerkt, man erlebt vielleicht ein interessante Überraschung, wenn man in dem Zitat den Bezug von „zu dem namens" zurückverfolgt.

eine letzte Frage: was ist Adhocratie?" „Einen Moment", bat ich, „das haben wir doch schon besprochen." Die Herausgeberin Liza Collins, mit der ich zusammenarbeitete, las die Bemerkung ihrer Kollegen durch. Als sie an die Stelle kam: „Bedeutet das das Fehlen von Struktur?" verstand ich plötzlich. Das Problem lag nicht in der Adhocratie, sondern bei der Maschinenorganisation.

Für viele – besonders für herkömmliche Berater oder Regierungsmitglieder sowie mindestens einen Herausgeber von *Harvard Business Review* – ist die Maschinenbürokratie nicht einfach eine mögliche Strukturform, sie ist *identisch* mit Struktur. Sie ist nicht „the one best way", sie ist der *einzige* Weg. Struktur meint für diese Leute Autoritätshierarchie, Kontrolle von oben, Einliniensystem, detaillierte Planung, Formalisierung der Verfahren und alles übrige. Sie sind wie der Fisch im Wasser den größten Teil eines Jahrhunderts in diesen Konzepten geschwommen. Adhocratie, die gegen jede dieser Vorstellungen verstößt, sieht deswegen für diese Menschen wie Chaos, wie das Fehlen jeglicher Struktur aus.

Aber sie ist alles andere. Damit wir uns richtig verstehen: Adhocratie ist auch Struktur und in ihrem eigenen Kontext so logisch und vernünftig wie alle anderen. Dieser Kontext ist vor allem durch Komplexität und Unvorhersagbarkeit gekennzeichnet. „Alles ist so einfach, Anjin-san", war eine Bemerkung in dem Roman *Shogun*, „ändere einfach deine Vorstellung von der Welt." Und viele Denker des herkömmlichen Managements wären damit gut beraten. Wie ich in meinem Buch über Strukturen herausgefunden habe, ist es interessant, daß fast jeder größere Industriebereich seit dem Zweiten Weltkrieg auf der innovativen Konfiguration basiert. (Eine der wenigen wichtigen Ausnahmen ist die Luftfahrt, die ein klassischer Maschinentyp zu sein scheint.) Adhocratie ist die Struktur unseres Zeitalters.

Der erste Teil unserer Diskussion wendet sich der Struktur, dem Prozeß, dem Kontext und dann den Problemen zu. Der zweite Teil betrachtet die eigenartigen Wege, auf denen Organisationen ihre Strategien bilden (eigenartig mindestens für diejenigen, die denken, daß die Führungskräfte die Architekten der Strategien sein sollen, und alle anderen „Implementierer"). Also wenden wir uns meinem beliebten Raubtier zu. Aber Vorsicht!

Die innovative Organisation

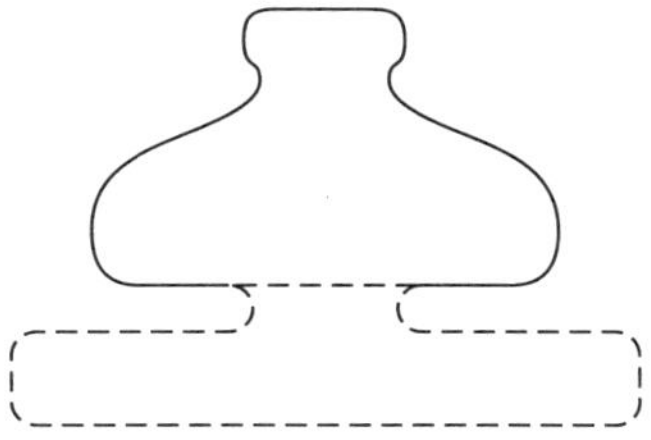

Struktur:
- fließend, organisch, teilweise dezentralisiert, „Adhocratie“
- funktionale Experten, die in multidisziplinären Teams eingesetzt werden, Operateure und Manager, um innovative Programme durchzuführen
- Koordination durch gegenseitige Abstimmung, unterstützt von Kontaktleuten, unter Einschluß von Managern und Matrixstrukturen

Kontext:
- komplexe und dynamische Umwelt, High Technology eingeschlossen, häufige Produktänderungen aufgrund harter Konkurrenz, temporäre und große Projekte
- normalerweise jung aufgrund des Bürokratisierungsdrucks im Alter in neuen Branchen verbreitet
- zwei Grundtypen: operative Adhocratie für Auftragsprojektarbeit, administrative Adhocratie für eigene Projektarbeit, letztere vor allem bei abgetrennter oder automatisierter Produktion

Strategie:
- in erster Linie Lernen, oder Prozeß „von unten“
- weitgehend wachsend, mit einer Entwicklung durch eine Vielfalt von Prozessen von unten, vom Management eher gestaltet als angeordnet
- charakteristische Zyklen von Konvergenz und Divergenz in den Strategien

Themen:
- kombiniert viel Demokratie mit wenig Bürokratie und hat damit eine moderne Struktur
- effektiv bei Innovationen (eine außerordentliche Konfiguration)

aber:
- Effektivität um den Preis von Ineffizienz
- auch menschliche Probleme der Ambiguität und Gefahren einer unangemessenen Umwandlung in eine andere Konfiguration

Keine der bislang diskutierten Konfigurationen ist zu anspruchvollen Innovationen fähig, die in Unternehmen der Hochtechnologieforschung, einer avantgardistischen Filmgesellschaft oder einer Unternehmung zur Herstellung komplizierter Prototypen erforderlich ist. Die unternehmerische Organisation kann sicherlich innovativ sein, aber nur auf relativ einfache Weise. Der Maschinentyp und die Organisation der Professionals sind Leistungs- und Problemlösungstypen und auf die Perfektionierung standardisierter Programme ausgerichtet, nicht auf die Einführung neuer. Und obwohl das diversifizierte Unternehmen einige Probleme strategischer Inflexibilität der Maschinenorganisation löst, ist es auch kein richtiger Innovator, wie bereits festgestellt wurde. Eine Konzentration auf Kontrolle durch die Standardisierung der Outputs ermuntert keine Innovationen.

Anspruchsvolle Innovationen erfordern eine ganz andere Konfiguration, eine die dazu in der Lage ist, Experten aus verschiedenen Disziplinen in reibungslos funktionierenden ad hoc Gruppen zusammenzubringen. Um den von Bennis und Slater geprägten und später in Alvin Tofflers *Future Shock* popularisierten Begriff aufzugreifen: dies sind die *Adhocratien* unserer Gesellschaft.[1]

Die Grundstruktur

Hier haben wir wieder eine andere Konfiguration der Gestaltungsmerkmale: eine äußerst organische Struktur mit einer geringen Formalisierung des Verhaltens, spezialisierte Tätigkeiten auf der Grundlage von Expertenausbildung, eine Tendenz zur Gruppierung der Spezialisten in funktionalen Abteilungen zur Entwicklung von Projektvorschlägen, die dann aber in kleinen Projektteams ausgearbeitet werden; ein Vertrauen in Teamarbeit, Arbeitsgruppen, in verschiedene Manager, die Integrationsaufgaben übernehmen und sich um die Abstimmungen zwischen und in den Teams kümmern, was zugleich der Schlüsselmechanismus der Koordination ist; eine starke Dezentralisierung dieser Teams, die an verschiedenen Orten in der Organisation angesiedelt sind und eine Mischung aus Linienmanagern, Stabs- und operativen Experten darstellen.

Innovationen durchzuführen bedeutet, mit den etablierten Mustern zu brechen. Deswegen kann das innovative Unternehmen aus Koordinationsgründen nicht auf irgendeine Form der Standardisierung setzen. Mit anderen Worten, es muß alle Fesseln der bürokratischen Struktur vermeiden, vor allem die strenge Arbeitsteilung, die ausgeprägte Unterteilung in Abteilungen, stark formalisiertes Verhalten und die Betonung von Planung und Kontrollsystemen. Es muß vor allem flexibel bleiben. Eine Suche nach Organigrammen, um diese Beschreibung zu illustrieren, brachte aus einem Unternehmen, bei dem eine adhocratische Struktur verwendet wurde, die folgende Antwort ans Tageslicht: „Wir ziehen es vor, kein Organisations-Chart zu liefern, da es sich zu schnell ändern würde, um irgendwie nützlich sein zu können." Von allen Konfigurationen zeigt diese den geringsten Respekt vor den klassischen Managementprinzipien, vor allem dem Einliniensystem. Die Informationen und die Entscheidungsprozesse werden flexibel und informell gehandhabt, wo immer es notwendig ist, um die Innovationen zu fördern. Und das impliziert nötigenfalls ein Übergehen der Linieninstanzen.

Die unternehmerische Konfiguration bewahrt ebenfalls eine flexible, organische Struktur, und ist damit zu ähnlichen Innovationen in der Lage. Aber diese Innovationen sind auf einfache Situationen begrenzt, die von einem einzigen Unternehmensleiter überblickt werden können. Anspruchsvollere Innovationen erfordern eine andere flexible Struktur, die verschiedenes Expertenwissen zusammenziehen kann. Deshalb muß die Adhocratie Experten einstellen und sie mit Einfluß ausstatten, also Spezialisten, deren Wissen und Fertigkeiten in Ausbildungsprogrammen hoch entwickelt wurden. Anders als die Organi-

1 Warren G. Bennis und Philip L. Slater, The Temporary Society (New York: Harper & Row, 1964), und Alvin Toffler, Future Shock (New York: Bantam Books, 1970).

sation der Professionals kann sich die Adhocratie nicht auf die standardisierten Kompetenzen ihrer Experten verlassen, um Koordinationsprobleme zu lösen, da dadurch die Innovationsprozesse behindert würden. Sie muß vorhandenes Wissen und vorhandene Kompetenzen als Basis zur Kombination und zum Aufbau neuer Kenntnisse und Kompetenzen verwenden. Deswegen muß die Adhocratie die Grenzen der herkömmlichen Spezialisierung und Differenzierung dadurch überschreiten, daß sie die Aufgaben nicht an einzelne Experten in vorher festgelegten Ressorts zuweist, sondern an interdisziplinäre Teams, die ihre Anstrengungen zusammenschließen. Jedes Team bildet sich um ein spezielles Projekt.

Trotz einer Organisierung an marktorientierten Projekten muß die Organisation noch besondere Formen von Expertentum unterstützen und ermutigen. Insofern neigt die Adhocratie zu einer Matrixstruktur: Ihre Experten sind in funktionale Einheiten zur Entwicklung spezialisierter Projekte gruppiert – Personaleinstellungen, Ausbildung, Kommunikation unter den Professionals usw. Aber dann werden sie in Projektteams eingesetzt, um die eigentliche Innovationsarbeit durchzuführen.

Standardisierung ist wie bei der Koordination in und zwischen den Projekteams als zentraler Koordinationsmechanismus ausgeschlossen, wie bereits erwähnt wurde. Die Anstrengungen müssen innovativ sein, keine Routine. Insofern ist auch direkte Kontrolle aufgrund der Komplexität ausgeschlossen: die Koordination muß von denjenigen vollzogen werden, die das Wissen haben, also vor allem von den Experten selbst, nicht von denen, die nur die Autorität haben. Das läßt nur einen unserer Koordinationsmechanismen übrig, nämlich die gegenseitige Abstimmung, die in Adhocratien führend ist. Zusätzlich zu den verschiedenen Teams und Arbeitsgruppen setzt die Organisation dazu eine ganze Reihe von Koordinationsmechanismen, Koordinatoren und alle Arten von Managern mit Integrationsaufgaben ein.

Deswegen wimmelt es in der Adhocratie von Managern: Manager mit speziellen Funktionen, mit integrierenden Aufgaben und Projektmanager. Die letztgenannten sind besonders zahlreich, da die Projektteams klein sein müssen, um eine gegenseitige Abstimmung unter den Mitgliedern zu ermöglichen, und jedes braucht natürlich einen designierten Manager. Die Folge ist, daß die „Kontrollspannen“ in der Adhocratie eher klein sind. Aber die Implikationen davon sind irreführend, weil der Begriff auf die Maschinenkonfiguration paßt, aber nicht auf die innovative: Die Manager der Adhocratie „managen“ selten im üblichen Sinn, indem sie etwa Anweisungen erteilen. Stattdessen verwenden sie viel Zeit für Kontakte, um die Arbeit in den verschiedenen Teams und Einheiten lateral zu koordinieren.

Aufgrund ihrer Abhängigkeit von hochqualifizierten Experten entwickelt sich die Adhocratie stark dezentralisiert, im Sinne von „selektiv“. Das heißt, die Macht über ihre Entscheidungen und Handlungen ist nach dem Bedarf der speziellen Aufgabe auf unterschiedliche Stellen und auf verschiedene Ebenen verteilt. Praktisch fließt die Macht immer dort hin, wo die relevanten Fachkenntnisse liegen – zwischen Managern und Spezialisten (oder Spezialistenteams) in der Linienstruktur, den Stabseinheiten oder dem operativen Kern.

Um unsere Diskussion darüber fortzusetzen und auszuweiten, wie die innovative Organisation Entscheidungen trifft und Strategien entwickelt, müssen wir zwei Formen unterscheiden.

Die operative Adhocratie

Die *operative Adhocratie* entwickelt Innovationen und Problemlösungen direkt im Interesse ihrer Kunden. Ihre multidisziplinären Expertenteams arbeiten oft unter Vertrag, wie bei der kreativen Beratungsfirma, der kreativen Werbeagentur oder dem Hersteller technischer Prototypen.

Mit jeder operativen Adhocratie korrespondiert eine entsprechende professionelle Bürokratie, die eine ähnliche Arbeit leistet, aber mit einer begrenzteren Orientierung. Bei einem Kundenproblem engagiert sich die operative Adhocratie auf kreative Weise, um eine Lösung zu finden. Die professionelle Bürokratie ordnet das Problem in ein bekanntes Muster ein, auf das sie ein Standardprogramm anwenden kann. Die eine denkt divergent und zielt auf Innovation, die andere denkt konvergent und zielt auf Perfektion. Deshalb versucht das eine Theater, neue avantgardistische Stücke aufzuführen, während ein anderes Jahr für Jahr seine Aufführung von Shakespeare perfektioniert.

Ein Hauptmerkmal der operativen Adhocratie ist, daß sich ihre Verwaltung und ihre praktische Arbeit zu einer einzigen Bemühung verbinden. Das heißt, in der ad-hoc-Projektarbeit sind Planung und Gestaltung der Arbeit nur schwer von ihrer Durchführung zu unterscheiden. Beide erfordern auf einer Projekt-für-Projekt-Basis dieselben speziellen Kompetenzen. Deshalb kann es schwierig sein, die mittlere Ebene des Unternehmens von ihrem operativen Kern zu unterscheiden, da die Linienmanager und Stabsexperten neben den operativen Experten in den Projektteams stehen können.

Abbildung 11.1 zeigt das Organigramm des National Film Board of Canada, einer klassischen operativen Adhocratie (obwohl sie sogar ein Chart produziert – das sich häufig ändert, wie hinzugefügt werden muß). Es handelt sich um eine Filmgesellschaft der kanadischen Bundesregierung, die in der Regel Kurzfilme, meistens Dokumentarfilme, herstellt. Zur Zeit dieses Organigramms waren die Merkmale einer Adhocratie besonders deutlich: Es zeigt sich eine große Anzahl von Unterstützungseinheiten ebenso wie von Kontaktpositionen (zum Beispiel Forschungs-, Technik- und Produktionskoordinatoren). Der operative Kern besteht aus funktionalen und marktorientierten Gruppierungen, wobei letztere sowohl nach Regionen als auch nach Filmen gruppiert sind, und manche sogar, wie man sehen kann, ohne Verbindung zur Linienhierarchie!

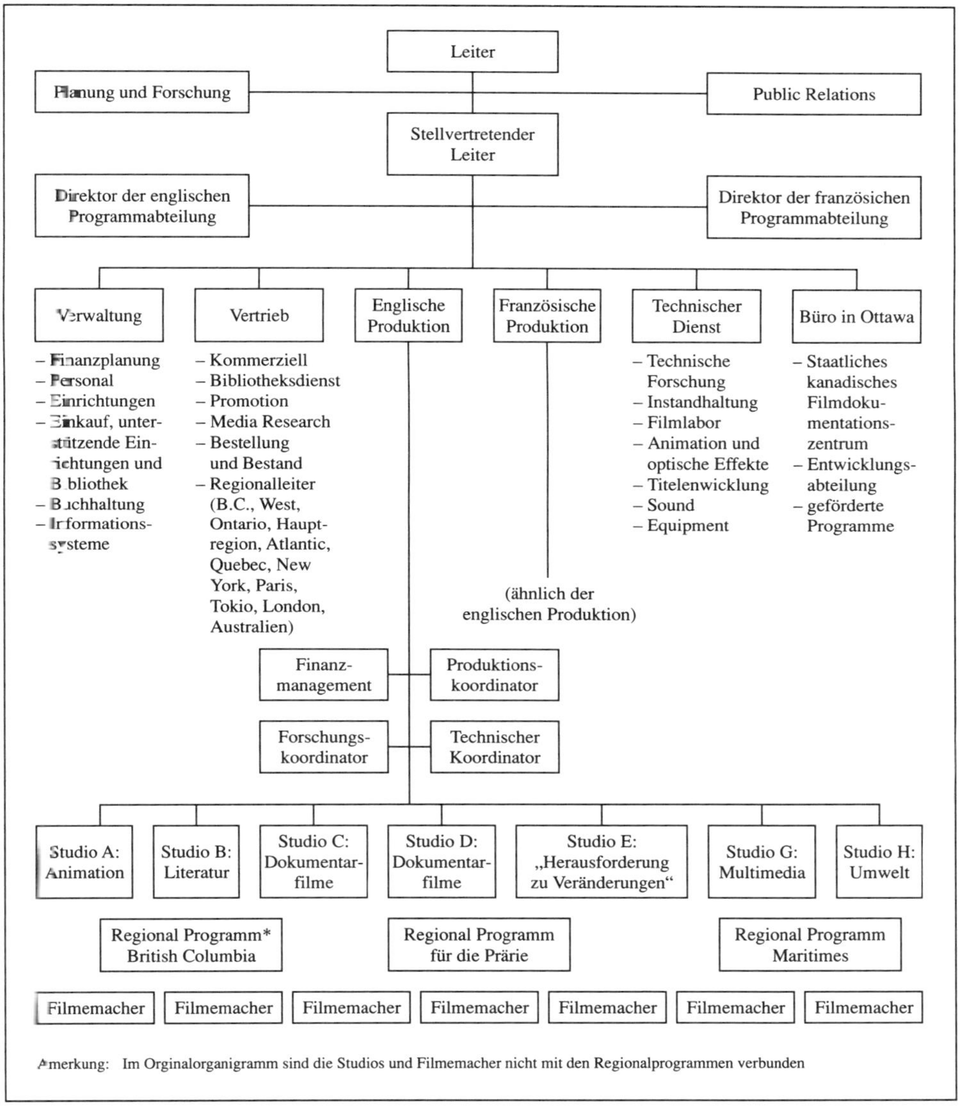

Abbildung 11.1: Der National Film Board of Canada: eine operative Adhocratie (circa 1975; mit Erlaubnis abgedruckt)

Die administrative Adhocratie

Der zweite Typ von Adhocratie arbeitet auch auf der Basis von Projektteams, zielt aber auf einen anderen Zweck. Während die operative Adhocratie die Projekte durchführt, um ihren Kunden zu dienen, macht die *administrative* dies aus Eigeninteresse, um für neue Möglichkeiten oder Aktivitäten zu sorgen, wie in der Verwaltungsstruktur eines hochautomatisierten Unternehmens. Und im scharfen Kontrast zur operativen Adhocratie unterscheidet sie deutlich zwischen ihrem administrativen Teil und ihrem operativen Kern. Dieser Kern ist *abgeschnitten* – regelrecht vom Rest der Organisation abgetrennt. Damit können die verbleibenden administrativen Teile als Adhocratie strukturiert werden.

Diese Abtrennung kann auf viele Arten stattfinden. Erstens, wenn die Operationen repetitiv sein müssen und damit Innovationen in der Verwaltung behindern können (wegen des gleichzeitig vorhandenen Kontrollbedürfnisses), kann sie als eine unabhängige Organisation eingerichtet werden. Zweitens, der Produktionsbereich kann insgesamt abgeschafft, praktisch an andere Unternehmen vergeben werden. Das entlastet das Unternehmen, um sich auf die Entwicklungsarbeit konzentrieren zu können, wie es die NASA während des Apolloprojekts getan hat. Eine dritte Form des Abtrennens entsteht, wenn der operative Kern automatisiert wird. Das ermöglicht es ihm, sich selbst zu führen und weitgehend frei von direkter Kontrolle durch den Verwaltungsteil zu existieren. Letzterer kann sich selbst als eine Adhocratie organisieren, um für neue Möglichkeiten zu sorgen oder alte zu modifizieren.

Mineralölunternehmen nähern sich teilweise mindestens einer administrativen Adhocratie aufgrund ihrer hohen Automation der Produktion. Abbildung 11.2 zeigt das Organigramm für einen Mineralölkonzern, das eine genaue Reproduktion dessen ist, was das Unternehmen vorgelegt hat (abgesehen von Veränderungen zur Wahrung der Identität, wie es das Unternehmen verlangt hat). Man beachte die Dominanz von „Verwaltung und Dienstleistungen“, die unten im Chart dargestellt ist. Die operativen Funktionen, besonders die „Produktion“, verschwinden im Vergleich dazu. Bemerkenswert ist auch die Beschreibung der strategischen Spitze über ständige Ausschüsse statt über einzelne Führungskräfte.

Die administrative Komponente von Adhocratien

Die wichtige Schlußfolgerung aus dieser Darstellung besteht darin, daß in beiden Typen von Adhocratie die Beziehung zwischen operativem Kern und administrativer Komponente anders als in jeder anderen Konfiguration ist. In der administrativen Adhocratie ist der operative Kern abgetrennt und wird zu einem relativ unbedeutenden Teil der Organisation. In der operativen Adhocratie verschmelzen die beiden zu einer einzigen Entität. In jedem Fall ist der Bedarf nach einer traditionellen direkten Kontrolle verringert und die Manager beziehen ihre Macht mehr aus ihren Fachkenntnissen und interpersonellen Kompetenzen als aus ihrer formalen Position. Die Unterscheidung von Linie und Stab verschwimmt. Es ist nicht mehr länger sinnvoll, diejenigen mit formaler Entscheidungs-

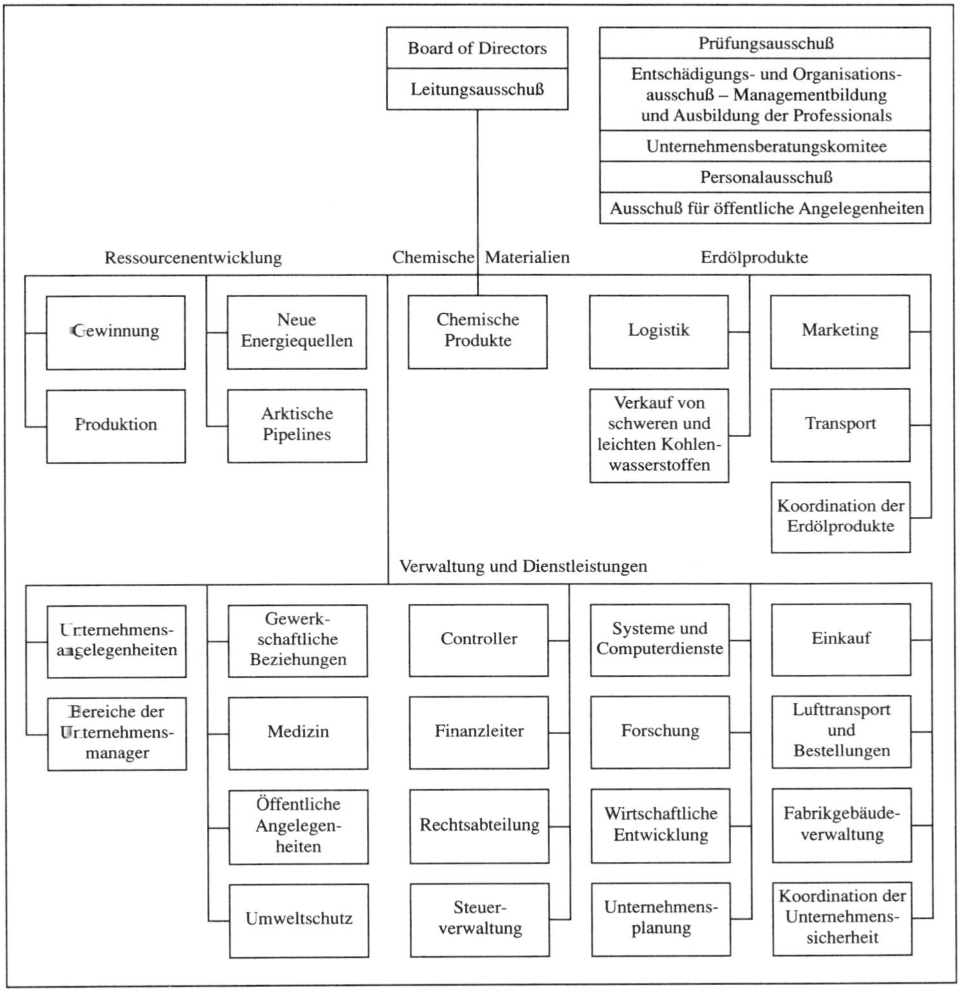

Abbildung 11.2: Organigramm eines Unternehmens aus der Mineralölbranche: Eine administrative Adhocratie

macht von denen zu unterscheiden, die nur das informelle Recht auf Ratschläge haben. Die Entscheidungskompetenz fließt in der Adhocratie zu denen, die die erforderliche Fachkompetenz haben, unabhängig von der Position.

Die unterstützenden Einheiten spielen in der Tat eine Schlüsselrolle in der Adhocratie, weil dort viele Experten sitzen (besonders in der administrativen Adhocratie). Wie oben bereits dargestellt wurde, ist dieser Stab nicht streng von den anderen Organisationsteilen getrennt. Er ist nicht auf eine Seite fixiert und hat nur dann etwas zu sagen, wenn er gefragt wird, wie das in der bürokratischen Konfiguration der Fall ist. Der andere Typ des Stabs jedoch, die Technostruktur, ist hier weniger wichtig, weil die Adhocratie für ihre Koordinationsprobleme nicht von den dort entwickelten Standards abhängig ist. Die Experten der Technostruktur können natürlich für manche Aktionsplanung und andere Formen von Analyse – Absatzforschung und Konjunkturprognosen zum Beispiel – herangezogen werden, aber diese Analysespezialisten müssen wahrscheinlich ihren Platz ebenso neben den anderen Spezialisten aus den Projektteams einnehmen wie auch im Hintergrund bleiben und Systeme entwerfen, um sie zu kontrollieren.

Um zusammenzufassen: die administrative Komponente der Adhocratie entsteht als eine organische Masse von Linienmanagern und Stabsexperten, kombiniert mit den Operateuren der operativen Adhocratie, die in ständig wechselnden Beziehungen in ad-hoc-Projekten zusammenarbeiten. Unser Logo am Anfang dieses Kapitels zeigt die Adhocratie mit ihren Teilen, die zu einer amorphen Masse in der Mitte vermischt sind. In der operativen Adhocratie schließt diese Masse die mittlere Linie, die unterstützenden Einheiten, die Technostruktur und den operativen Kern ein. Davon schließt die administrative Adhocratie nur den operativen Kern aus, wie der gepunktete Bereich unterhalb der zentralen Masse zeigt. Der Leser sollte auch feststellen, daß die strategische Spitze in der Abbildung auch zum Teil mit der zentralen Masse zusammengeschlossen ist, aus Gründen, die wir in der Diskussion der Strategiebildung erörtern werden.

Die Rollen der strategischen Spitze

Die Topmanager an der strategischen Spitze dieser Konfiguration verwenden viel Zeit mit der Formulierung expliziter Strategien (wie wir sehen werden). Aber sie müssen sehr viel Zeit für die Auseinandersetzungen aufbringen, die aus den strategischen Entscheidungen folgen sowie für die Bewältigung der vielen Störungen, die überall in diesen fließenden Strukturen auftreten. Die innovative Konfiguration verbindet ein fließendes Arbeitsarrangement mit Macht, die auf Fachkompetenz und nicht auf Autorität beruht. Zusammen erzeugt dies Aggressivität und Konflikt. Aber die Aufgabe der Manager dabei ist es auf allen Stufen nicht so sehr, Aggression und Konflikt zurückzuhalten, als sie zweckgerichtet zu kanalisieren. Deshalb müssen die Manager der Adhocratie mit zwischenmenschlichen Beziehungen sehr gut umgehen können und dazu in der Lage sein, Überzeugungskraft, Verhandlungsgeschick, Koalitionsbereitschaft, Reputation und ein gutes Verhältnis dafür einzusetzen, daß die einzelnen Experten sich zu reibungslos funktionierenden Teams verbinden.

Die Topmanager müssen auch viel Zeit in das Monitoring der Projekte investieren. Innovative Projektarbeit ist notorisch schwer zu kontrollieren. Kein Management-Informationssystem kann vollständige und unzweideutige Ergebnisse garantieren. Insofern muß es ein sorgfältiges und persönliches Monitoring der Projekte geben, um sicherzustellen, daß sie fristgerecht und im Rahmen der Mittel sowie gemäß den genauen Angaben abgeschlossen werden (oder wahrscheinlicher, nicht zu spät und nicht allzu hoch über den geschätzten Kosten).

Vielleicht besteht die wichtigste Aufgabe des Topmanagements dieser Konfiguration (besonders der operativen Adhocratie) aus dem Kontakt zur externen Umwelt. Die anderen Konfigurationen konzentrieren ihre Aufmerksamkeit eher auf klar definierte Märkte und können sich mehr oder weniger eines ständigen Arbeitsflusses sicher sein. Nicht so die operative Adhocratie, die von Projekt zu Projekt lebt und sich auflöst, wenn sie keine neuen findet. Da jedes Projekt anders ist, kann das Unternehmen niemals sicher sein, woher das nächste kommt. Deshalb müssen die Topmanager viel Zeit dafür verwenden, einen kontinuierlichen und ausgewogenen Fluß an Projekten zu gewährleisten. Das bedeutet den Aufbau von Kontakten zu potentiellen Kunden und Vertragsverhandlungen mit ihnen. Nirgendwo sonst wird das deutlicher als in der Beratungsbranche, besonders wenn der Ansatz innovativ ist. Wenn ein Berater Partner in einem dieser Unternehmen wird, hängt er normalerweise seinen Rechner an den Nagel und wird praktisch zum Vollzeitverkäufer. Es ist ein typisches Merkmal einer operativen Adhocratie, daß die Verkaufsfunktion buchstäblich von der strategischen Spitze übernommen wird.

Die Projektarbeit wirft ähnliche Probleme in der administrativen Adhocratie auf. Reeser hat eine Gruppe von Managern gefragt: „Was sind einige der menschlichen Probleme der Projektarbeit?“ Die häufigste Antwort war: „Mitarbeiter des Unternehmens, die umgesetzt wurden, weil ihre Arbeit ausgelaufen war, müssen lange warten, bis sie einen neuen Auftrag mit der gleichen Verantwortung bekommen.“ Und: „Die zeitweilige Lage des Unternehmens macht für die umgesetzten Leute oft ‚Arbeitsbeschaffungsmaßnahmen‘ notwendig.“[2] Deshalb müssen die Topmanager sich selbst mit dem ständigen Projektfluß beschäftigen, obwohl in diesem Fall das Problem intern erzeugt ist.

Bedingungen der innovativen Konfiguration

Diese Konfiguration findet man in Umwelten, die sowohl dynamisch als auch komplex sind. Eine dynamische und unvorhersagbare Umwelt verlangt eine organische, komplexe wie dezentrale Struktur. Diese Struktur ist der einzige Typus, der beides bietet. Deswegen finden wir die innovative Organisation überall dort, wo diese Bedingungen vorherrschen, und das reicht vom Guerillakrieg bis zu den Raumfahrtbehörden. Es scheint keinen anderen Weg zu geben, im Dschungel einen Krieg zu führen oder den ersten Mann auf den Mond zu bringen.

Wie wir bei allen Konfigurationen festgestellt haben, bevorzugen Organisationen nicht nur bestimmte Strukturen, sondern „wählen“ auch bestimmte Umwelten. Das ist besonders deutlich im Falle der operativen Adhocratie. Werbeagenturen und Beratungsfirmen, die sich als professionelle Bürokratien strukturieren wollen, suchen sich stabile Umwelten aus. Diejenigen, die die innovative Form bevorzugen, treffen auf dynamische Umwelten und auf schwierige und unvorhersagbare Bedürfnisse ihrer Kunden.*

---

2 C. Reeser, „Some Potential Human Problems of the Project Form of Organization“, in: Academy of Management Journal, 1969, S. 463.

* Ich möchte eine Geschichte von einem Krankenhauspatienten mit einer Blinddarmentzündung erzählen, der in ein als Adhocratie organisiertes Krankenhaus kommt: „Wer möchte eine Blinddarmoperation machen? Wir stehen jetzt auf Leber“, weil gerade neue Methoden untersucht wurden. Aber der Patient, der von einer

Eine Reihe von Organisationen ist aufgrund der dynamischen Bedingungen, die aus den häufigen Produktänderungen resultieren, zu dieser Konfiguration hingezogen. Das extreme Beispiel ist die Unternehmung, die jedes ihrer Produkte nach Auftrag spezialanfertigt, z. B. der Hersteller extrem teurer Maschinen. Da jeder Kundenauftrag ein neues Projekt schafft, ist das Unternehmen dazu ermutigt, sich als eine operative Adhocratie zu organisieren.

Manche Hersteller von Konsumgütern operieren in Märkten mit hohem Konkurrenzdruck, so daß sie konstant ihr Produktangebot ändern müssen, sogar wenn jedes Produkt in Massenproduktion hergestellt wird. Ein Unternehmen, das Schallplatten mit Rockmusik macht, wäre ein gutes Beispiel, ebenso wie die Kosmetikfirmen oder die pharmazeutische Industrie. Dynamische Bedingungen, wenn sie mit Komplexitätsproblemen zusammen auftreten, drängen hier wieder einmal das Unternehmen in die Richtung der innovativen Konfiguration, in der die Massenproduktion abgetrennt ist, um der Adhocratie die Produktentwicklung möglich zu machen.

Jungsein ist eine andere Bedingung, die oft mit diesem Organisationstyp verbunden ist. Es ist auch schwierig, irgendeine Struktur in einer Adhocratie über einen längeren Zeitraum aufrechtzuerhalten. Die Formalisierung des Verhaltens soll vermieden werden, weil sie von Innovationen abhält. Aber alle möglichen Kräfte treiben die innovative Konfiguration in Bürokratisierungen, wenn sie älter wird. Auf der anderen Seite ziehen junge Unternehmen natürlich organische Strukturen vor, weil sie ihren eigenen Weg finden müssen und unbedingt innovativ sein wollen. Sie werden eher zu Unternehmen mit Intrapreneuren, es sei denn, daß sie unternehmerisch organisiert sind.

Die operative Adhocratie neigt besonders zu einem kurzen Leben, weil sie es mit einem risikoreichen Markt zu tun hat, der sie schnell zerstören kann. Der Verlust eines größeren Auftrags kann sie buchstäblich über Nacht ruinieren. Aber wenn einige operative Adhocratien nur kurz existieren, weil sie scheitern, so andere deswegen, weil sie Erfolg haben. Anhaltender Erfolg begünstigt eine Metamorphose und treibt die Organisation in die Richtung einer stabileren Umwelt sowie einer bürokratischen Struktur. Mit dem Älterwerden erwirbt sich das Unternehmen einen Ruf für das, was es am besten kann. Das ermutigt zur Wiederholung bestimmter Aktivitäten, was vielleicht auch den Mitarbeitern gefällt, die vielleicht mehr Sicherheit begrüßen, weil sie selbst älter werden. Insofern wird die operative Adhocratie mit der Zeit in eine professionelle Bürokratieform gedrängt, um die Aktivitäten zu perfektionieren, die sie am besten beherrscht, vielleicht sogar in Richtung der Maschinenbürokratie, um eine einzelne Erfindung auszunutzen. Die Organisation überlebt, aber die Konfiguration stirbt.

Administrative Adhocratien leben normalerweise länger. Sie spüren auch den Druck, mit der Zeit bürokratische Strukturen einzuführen, die dazu führen können, daß die Innova-

Reise in den Dschungel mit einer schweren Tropenkrankheit zurückkehrt, sollte besser darauf achten, daß das Krankenhaus professionell geführt ist. Eine Studentin kam zu mir, als ich das einmal erzählt hatte und berichtete mir, wie die Ärzte sich den Kopf über ihren blutenden Magen zerbrachen und ihr den Blinddarm entfernten, weil sie nicht wußten, was sie tun sollten. Glücklicherweise löste sich ihr Problem einige Zeit später von selbst.

tionsprozesse gestoppt bzw. stereotyp durchgeführt werden, und dadurch bürokratische Strukturen annehmen. Aber das funktioniert nicht, wenn das Unternehmen in einer Branche arbeitet, die von allen Teilnehmern anspruchsvolle Innovationen verlangt. Da viele der Branchen, in denen es administrative Adhocratien gibt, dies tun, neigen die überlebenden Unternehmen dazu, diese Konfiguration über längere Zeiträume beizubehalten.

Aus der Erkenntnis dieser Tendenz der Organisationen, mit der Zeit bürokratische Verfahren einzuführen, ist eine Variante der innovativen Konfiguration entstanden – „das Organisationsäquivalent zu Papierkleidung und Wegwerftüchern“[3] –, die „temporäre Adhocratie“ genannt werden könnte. Sie zieht Spezialisten aus verschiedenen Unternehmen zusammen, um ein Projekt durchzuführen, und löst sich dann auf. Temporäre Adhocratien gibt es in der modernen Gesellschaft zunehmend häufiger: die Theatergruppe, die ein einziges Stück aufführt, ein Wahlkomitee, das einen einzigen Kandidaten unterstützt, die Guerillagruppe, die eine Regierung stürzt, das Olympische Komitee, das die einzelnen Olympischen Spiele plant. Das führt zu einer „Mammut-Projektadhocratie“, einer gigantischen temporären Adhocratie, die für ein paar Jahre Tausende von Experten anzieht, eine einzige große Aufgabe zu erfüllen. Das Manhattan-Projekt aus dem Zweiten Weltkrieg ist ein bekanntes Beispiel dafür.

Hochentwickelte und automatisierte technische Systeme treiben Organisationen auch eher in die Richtung der administrativen Adhocratie. Wenn der technische Apparat eines Unternehmens hoch entwickelt ist, erfordert das einen gut durchdachten und gut ausgebildeten Unterstützungsstab, der in Teams zusammenarbeitet, um das Equipment zu gestalten, anzuschaffen, zu verändern und aufrechtzuerhalten. Mit anderen Worten, eine komplexe Maschinerie braucht Spezialisten, die die Kompetenz, Macht und flexible Arbeitsbedingungen haben, um damit umzugehen, weswegen sich im allgemeinen die Organisation eine adhocratische Struktur geben muß.

Die Automation eines technischen Systems kann sogar noch stärkere Kräfte in dieselbe Richtung mobilisieren. Deshalb macht eine Maschinenorganisation, die ihren operativen Kern zunehmend automatisiert, eine dramatische Metamorphose durch. Das Problem demotivierter Mitarbeiter verschwindet und mit ihm die Kontrollmentalität, die die Struktur durchzieht. Die Trennung von Linie und Stab verschwimmt (Maschinen ist es egal, wer ihre Knöpfe bedient), was zu einer anderen wichtigen Konfliktreduzierung beiträgt. Die Technostruktur verliert ihren Einfluß, da die Kontrolle in die Maschine eingebaut ist und nicht den Arbeitern durch die Standards der Analytiker auferlegt werden muß. Insgesamt wird die administrative Struktur dezentraler und organischer, und entfaltet sich als eine Adhocratie. Natürlich kann für Unternehmen mit einfachen technischen Einrichtungen (wie bei der Herstellung von Handcremes) die unternehmerische anstelle der innovativen Konfiguration ausreichend sein.

Mode ist ganz fraglos auch eine Bedingung der innovativen Konfiguration. Jedes ihrer Merkmale ist heute sehr en vogue: die Betonung von Fachkompetenz, von organischer Struktur, Projektteams, Arbeitsgruppen, Dezentralisierung der Macht, Matrixstrukturen,

3 Alvin Toffler, Future Shock, S. 133.

hochentwickelte technische Systeme, Automation und junge Unternehmen. Die unternehmerische und die Maschinenform waren frühere Konfigurationen, die professionelle und diversifizierte Form solche von gestern, und die innovative ist eindeutig die von heute. Sie ist die Konfiguration für eine immer besser und spezialisierter ausgebildete Bevölkerung, jedoch unter dem konstanten Ansporn, sich für den „System"-Ansatz zu entscheiden und die Welt als eine integrierte Ganzheit statt als eine Ansammlung locker gekoppelter Teile anzusehen. Sie paßt auf Umwelten, die zunehmend komplexer wurden und zunehmend auf Innovationen beharren. Sie paßt auf technische Systeme, die komplizierter und automatisierter wurden. Sie ist unter unseren Konfigurationen die einzig adäquate für diejenigen, die der Meinung sind, daß Organisationen zugleich demokratischer und weniger bürokratisch werden müssen.

Trotz unserer Sympathie dafür ist sie keine Struktur für alle Organisationen. Sie hat, wie alle anderen auch, ihren Platz. Und der scheint, wie unsere Beispiele klarmachen, in den neuen Wirtschaftssektoren unserer Zeit zu liegen – Luft- und Raumfahrt, Elektronik, Beratungsunternehmen als Gedankenfabriken, Forschung, Werbung, Filmproduktion, Petrochemie. Er scheint eigentlich auf alle Bereiche zuzutreffen, die seit dem Zweiten Weltkrieg ihre größte Entwicklung erfahren haben. Die innovative Adhocratie scheint die Konfiguration für die Branchen der letzten Hälfte des zwanzigsten Jahrhunderts zu sein.

Strategieformation in der innovativen Organisation

Die Struktur der innovativen Organisation mag unkonventionell erscheinen, ihre Strategiebildung ist es sogar noch mehr. Sie wirft eigentlich alles über den Haufen, was man uns über diesen Prozeß erzählt hat.

Da das innovative Unternehmen kontinuierlich auf eine komplexe und unvorhersagbare Umwelt reagieren muß, kann es sich nicht auf die genaue planmäßige Strategie verlassen. Mit anderen Worten, es kann keine präzisen Muster in seinen Aktivitäten vorherbestimmen und dann seine Arbeit mit Hilfe irgendeines formalen Planungprozesses einrichten. Viele ihrer Handlungen müssen vielmehr auf einer individuellen Basis der Bedürfnisse des Augenblicks entschieden werden. Es verfährt inkremental. Es bevorzugt „zum großen Teil ein dauerndes Interessiertsein", um die Worte von Charles Lindblom zu benutzen.[4]

Man stellt sich deswegen den Prozeß am besten als Strategie*formation* vor, weil die Strategie nicht so sehr plannmäßig formuliert als auf der Grundlage der spezifischen Handlungen an verschiedenen Stellen implizit formiert wird. Deshalb können sich diese Unternehmen nicht weitgehend auf Handlungsplanung verlassen: Jeder Prozeß, der Denken und Handeln trennt – Planung von Durchführung, Formalisierung von Implementation – wäre eine Einschränkung der Flexibilität des Unternehmens, um kreativ auf seine dynamische Umwelt reagieren zu können.

4 Charles E. Lindblom, The Policy-Making Process (Englewood Cliffs, N.J.: Prentice-Hall, 1968), S. 25.

Strategieformation in der operativen Adhocratie

In der operativen Adhocratie gibt es aufgrund der Projektorganisation eine gewisse Unsicherheit darüber, was als nächstes kommt. Die Strategie ist niemals vollkommen stabilisiert, aber für neue Projekte verantwortlich, die selbst wiederum die Tätigkeiten vieler einschließen. Zum Beispiel der National Film Board. Zu seinen wichtigsten Strategien zählten diejenigen, die sich auf den Inhalt der ungefähr einhundert jährlich produzierten dokumentarischen Kurzfilme bezogen. Wäre der Vorstand als eine Maschinenbürokratie organisiert, käme die Anordnung zur Filmproduktion von ganz oben. Stattdessen wurden, als wir vor einigen Jahren diese Gesellschaft untersuchten, Vorschläge für neue Filme einem ständigen Ausschuß unterbreitet, der sich aus gewählten Filmemachern, Vertretern des Marketings und den Leitern von Produktion und Programmgestaltung zusammensetzte, mit anderen Worten aus Operateuren, Linienmanagern und Stabsspezialisten. Der Vorsitzende der Gesellschaft mußte der Auswahl des Ausschusses zustimmen und tat das normalerweise auch. Aber der allergrößte Teil der Vorschläge kam von den Filmemachern und Regisseuren von weiter unten. Die Strategien formierten sich in dem Maße, wie sich Themen aus den eingegangenen Vorschlägen herauskristallisierten. Die Strategien der operativen Adhocratie entwickelten sich deshalb kontinuierlich im Rahmen solcher Entscheidungen, die jeweils ihre Prägung auf der Strategie hinterließen, wenn sie einen Präzedenzfall schufen oder eine bestehende Strategie verstärkten.

Strategieformation in der administrativen Adhocratie

Ähnliches kann über die administrative Adhocratie gesagt werden, obwohl der Strategiebildungsprozeß dort etwas geordneter verläuft. Und zwar deshalb, weil die Organisation ihre Aufmerksamkeit eher auf wenige Projekte konzentriert, die mehrere Leute involvieren. Das Apolloprojekt der NASA involvierte zum Beispiel den größten Teil ihres Personals für fast zehn Jahre.

Administrative Adhocratien schenken der Handlungsplanung auch mehr Aufmerksamkeit, aber auf eine lockere Art – um vielleicht die Ziele zu spezifizieren, aber die Ausarbeitung der jeweiligen Mittel flexibel zu handhaben. Deswegen können Strategien nur über spezifische Entscheidungen entstehen – nämlich darüber, welche Projekte unternommen werden und wie sich diese Projekt entwickeln.

Dennoch Strategien

Angesichts ihrer unzusammenhängenden Aktivitäten mag man sich fragen, ob Adhocratien (jeder Art) überhaupt Strategien (d.h. Muster) entwickeln können. Sie tun es tatsächlich, zumindest zeitweise.

Bei der Filmgesellschaft konvergierten trotz der geringen Richtungsvorgaben aus dem Management die Filminhalte periodisch in bestimmten klaren Themen, und divergierten dann in bemerkenswert regelmäßigen Zyklen. Nach dem Krieg, nachdem die Gesellschaft ihre raison d'être und ihren Gründer und damaligen Leiter verloren hatte, entwickelten sich die Filme in alle Richtungen. Mitte der 50er Jahre konvergierten sie dann wieder um Filmserien für das Fernsehen, divergierten gegen Ende der 50er aber wieder stark. Mitte der 60er Jahre und nochmals anfangs der 70er (mit kurzen Divergenzphasen) zeigte die Gesellschaft wieder ein bestimmtes Maß an Konvergenz, dieses Mal um soziale Themen und um den experimentellen Film.

Diese Gewohnheit, periodisch den Fokus zu ändern, ist etwas ganz anderes als das, was in anderen Konfigurationen stattfindet. Besonders in der Maschinenorganisation und teilweise auch in der unternehmerischen erweist sich die Konvergenz viel stärker und längerphasig (man denke an die Konzentration bei VW auf den Käfer über zwanzig Jahre), während die Divergenz eher kurzphasig ist. Vor allem die Maschinenorganisation kann keine Unklarheiten bei Veränderungen zulassen und versucht, von einer strategischen Orientierung auf die nächste zu springen. Im Gegensatz dazu scheint die innovative Organisation nicht nur zeitweise ohne strategischen Fokus funktionieren zu können, sondern sogar Erfolg damit zu haben. Vielleicht hält sie sich selbst damit innovativ, daß sie sich regelmäßig von einigen strategischen Lasten befreit.

Die vielfältigen Strategien der Adocratie

Woher kommen die Strategien der Adhocratie? Während einige vom zentralen Management geplant eingesetzt werden (wie bei den Stabskürzungen bei der Filmgesellschaft), scheinen die meisten auf verschiedenen anderen Wegen zu entstehen (wie in Kapitel 2 erwähnt wurde).

In manchen Fällen schafft eine einzelne ad hoc – Entscheidung einen Präzedenzfall, der ein Muster hervorruft. Auf diese Weise verlief der Einstieg der Nationalen Filmgesellschaft in die Produktion von Fernsehserien. Während eine Debatte über das Thema tobte und das Management zögerte, scherte ein Filmemacher aus und machte eine solche Serie. Und als viele seiner Kollegen sich schnell seinem Vorbild anschlossen, sah sich die Organisation plötzlich in starkem Maße, wenn auch unbeabsichtigt, in einer ganz neuen Strategie engagiert. Es war praktisch eine Spontanstrategie, aber ein impliziter Konsens auf seiten der Mitarbeiter. In einem anderen Fall war sogar der ursprüngliche Präzedenzfall nicht einmal beabsichtigt. Ein Film wurde versehentlich länger als erwartet und mußte als Spielfilm vertrieben werden, der erste des Unternehmens. Als dann einige Filmemacher diesem Beispiel folgten, entstand eine Spielfilmstrategie.

Manchmal wird eine Strategie in einem Schwerpunkt einer Organisation verfolgt (vielleicht heimlich in F&E-Gruppen), die sich später ausdehnen kann, wenn das Unternehmen sich verändern muß und auf diese Strategien rekurriert. Ein Verkäufer hat einen neuen Markt erschlossen oder ein Ingenieur ein neues Produkt entwickelt und beide wurden solange ignoriert, bis das Unternehmen frischen strategischen Wind braucht. Den findet es nicht in der Vision seiner Führungskräfte oder den Verfahren seiner Planer, noch anderswo, sondern versteckt in den Tiefen seiner eigenen Operationen, die durch Lernprozesse seiner Mitarbeiter entwickelt wurden.

Was ist dann die Rolle der Führung in der innovativen Konfiguration bei der Entwicklung von Strategien? Wenn sie keine planmäßigen Strategien einsetzen kann, was dann? Die Antwort ist, daß sie Muster managt, indem sie Teilkontrolle über Strategien sucht, aber im übrigen versucht, die Praxis dieser Strategien, die weiter unten entstehen, zu beeinflussen.

In diesen Organisationen ist, wie bereits an anderer Stelle erwähnt, der Versuch des Strategiemanagements ein bißchen wie der Versuch, Auto zu fahren, ohne zu lenken. Man kann Gas geben und bremsen, aber nicht die Richtung bestimmen. Dennoch bleiben entscheidende Kontrollmöglichkeiten. Erstens können die Führungskräfte den *Prozeß* der Strategiebildung managen, wenn auch nicht den Inhalt der Strategie. Mit anderen Worten, sie können für Strukturen sorgen, die zu bestimmten Aktivitäten anregen sowie das Personal einstellen, das diese Aktivitäten durchführen will. Zweitens können sie allgemeine Richtlinien für die Strategie vorgeben – was wir *Schirm*strategie genannt haben – und versuchen, bestimmte Grenzen zu definieren, außerhalb derer die unten entwickelten Strategien nicht streuen sollten. Dann können sie die entstehenden Muster genau im Auge behalten und den Schirm bei der Entscheidung benutzen, welche zu unterstützen sind und welche nicht, allerdings ohne zu vergessen, daß auch der Schirm gewechselt werden kann.

Ein Modell der Strategieformation von unten („Grassroots")

Wir können diese Diskussion als Modell einer Strategieformation „von unten" zusammenfassen, die aus sechs Aspekten besteht.

1. *Strategien wachsen zu Beginn wie Unkraut im Garten. Sie werden nicht wie Tomaten im Treibhaus kultiviert.* Anders ausgedrückt, der Prozeß der Strategieformation kann übersteuert sein. Manchmal ist es wichtiger, Muster entstehen zu lassen, als einer Organisation vorschnell eine künstliche Konsistenz aufzuerlegen. Wenn es notwendig ist, kann das Treibhaus später noch gebaut werden.

2. *Die Strategien können überall Wurzeln schlagen, praktisch überall, wo Leute lernfähig sind und die Mittel dazu haben, diese Fähigkeit auszubauen.* Gelegentlich entwickelt ein Einzelner oder eine Abteilung ein eigenes Muster, wenn sie mit einer besonderen Aufgabe konfrontiert werden. Das kann unabsichtlich geschehen, wenn eine Initialhandlung ein exemplarisches Beispiel liefert. Sogar Manager können durch das Experimentieren mit Ideen in Strategien verfallen, bevor sie sich als funktionierend herausgestellt haben (obwohl das Ergebnis einem Beobachter als geplant erscheinen mag). Zu anderen Zeiten konvergiert eine Vielzahl von Handlungen aufgrund der gegenseitigen Abstimmung verschiedener Personen in einem strategischen Thema, entweder allmählich oder spontan. Und dann kann die externe Umwelt einem ahnungslosen Unternehmen ein Muster aufdrängen. Der Punkt ist, daß Organisationen nicht immer vorhersagen können, wo ihre Strategien entstehen werden, abgesehen von der Planung der Strategien selbst.

3. *Solche Strategien werden zur organisatorischen Realität, wenn sie kollektiv werden, d.h. wenn die Muster sich verbreiten und das Verhalten der Organisation insgesamt durchdringen.* Das Unkraut kann sich ausbreiten und den ganzen Garten erfassen. Dann sehen herkömmliche Pflanzen fehl am Platze aus. Auf ähnliche Weise können emergierende Strategien manchmal bestehende und planmäßige ersetzen. Aber was ist natürlich Unkraut anderes als eine Pflanze, mit der man nicht gerechnet hat? Mit einem Perspektivenwechsel kann die emergierende Strategie, wie das Unkraut, zu einem Wert werden (gerade so wie die Europäer Salat aus den Blättern des schlimmsten Unkrauts der Amerikaner mögen!)

4. *Die Prozesse der Vermehrung können bewußt sein, müssen aber nicht. Sie können auch gemanagt werden, müssen aber nicht.* Die Prozesse, durch die die Initialmuster ihren Weg durch die Organisation nehmen, müssen nicht von formellen oder sogar informellen Führungskräften bewußt intendiert sein. Muster können einfach durch kollektives Handeln sprießen, so wie sich Pflanzen selbst vermehren. Wenn natürlich die Strategien einmal als wertvoll erkannt werden, dann können die Prozesse, durch die sie sich vermehren, gemanagt werden, so wie Pflanzen gezielt gezüchtet werden können.

5. *Neue Strategien, die unter Umständen kontinuierlich entstehen, durchdringen die Organisation in Zeiten der Veränderungen, die Perioden einer integrierteren Kontinuität unterbrechen.* Einfacher ausgedrückt, Organisationen halten sich vielleicht wie Gärten an die biblische Maxime, wonach es eine Zeit des Säens und eine Zeit des Erntens gibt (selbst wenn sie manchmal ernten können, was sie nicht gesät zu haben meinen). Konvergenzperioden, in denen das Unternehmen seine herrschenden etablierten Strategien ausnutzt, tendieren dazu, regelmäßig von Divergenzperioden unterbrochen zu werden, in denen das Unternehmen mit neuen Strategien experimentiert und sie anschließend akzeptiert. Das Verwischen dieser Trennung zwischen den beiden Typen von Perioden kann für das Unternehmen denselben Effekt haben wie das Verwischen der Differenz von Säen und Ernten für den Garten – die Zerstörung der produktiven Kapazität des Systems.

6. *Diesen Prozeß zu managen bedeutet nicht, sich vorher Strategien auszudenken, sondern ihr Entstehen zu erkennen und angemessen zu intervenieren.* Ein schädliches Unkraut reißt man am besten aus, wenn man es bemerkt. Aber eines, das Früchte tragen kann, sollte man beachten. Es lohnt sich manchmal, ein Gewächshaus dafür zu bauen. Management in diesem Kontext bedeutet ein Klima zu schaffen, in dem eine große Vielfalt von Strategien gedeihen kann (um flexible Strukturen einzuführen, geeignete Prozesse zu entwickeln, zu unterstützenden Ideologien zu ermuntern und eine leitende „Schirm"-strategie zu definieren), und dann zu sehen, was dabei herauskommt. Die strategischen Initiativen, die „herauskommen", können überall ihren Ursprung haben, obwohl häufiger an der Basis des Unternehmens, wo die detaillierten Kenntnisse der Produkte und Märkte liegt. (Für den Erfolg mancher Unternehmen ist es notwendig, daß das mittlere Management diese Initiativen erkennt und „prämiert", indem es sie miteinander verbindet oder in bestehende Strategien integriert, bevor es sich beim oberen Management dafür engagiert.) Praktisch unterstützt das Management die Initi-

ativen, die ausbaufähig erscheinen, andernfalls rät es davon ab. Aber man darf die unerwartete Strategie nicht zu schnell unterbinden: manchmal ist es besser, so zu tun als ob man ein entstehendes Muster nicht bemerkt hat, um ihm mehr Entwicklungszeit zu lassen. Es ist auch gelegentlich sinnvoll, die Kontrolle zu ändern oder auszudehnen, um ein neues Muster herbeizuführen – mit anderen Worten, das Unternehmen an die Initiativen anzupassen, als umgekehrt. Darüber hinaus muß ein Management wissen, wann es sich Veränderungen aus internen Effizienzgründen widersetzt, und wann es sie aus externen Anpassungsgründen fördert. Anders gesagt, es muß ein Gespür dafür haben, wann es einen etablierten Bestand an Strategien ausnutzt, und wann es neue Anstrengungen unterstützt, um diesen Bestand zu ersetzen. Das Übertreiben beider – Scheitern beim Konzentrieren (blind laufen) und Scheitern beim Verändern (Beschleunigung der Bürokratisierung) – schadet dem Unternehmen am meisten.

Ich nenne das ein Modell „von unten" („grassroots"), weil die Strategien an der Basis des Unternehmens wachsen und eher im soliden Boden der Operationen wurzeln, als in den himmlichen Aktivitäten seiner Verwaltung. (Sogar die strategischen Initiativen seines oberen Managements wurzeln in diesem Modell in seiner handfesten Vertrautheit mit den Operationen.)

Natürlich ist das Modell überzogen. Aber nicht mehr als das weitgehend akzeptierte Planungsmodell, das wir „Treibhaus"-Modell der Strategieformulierung nennen wollen. Eine Managementtheorie muß beides enthalten, vielleicht deutlicher *Lern*modell und *Planungs*modell sowie drittens *visionäres* Modell genannt.

Das Lernmodell habe ich unter der innovativen Konfiguration, das Planungsmodell unter der Maschinenkonfiguration und das visionäre Modell unter der unternehmerischen behandelt. Aber in Wirklichkeit brauchen alle Organisationen in ihrer Entwicklung auf unterschiedliche Art und zu verschiedenen Zeiten eine Mischung aus diesen Ansätzen. Unsere Diskussion des strategischen Wandels in der Maschinenorganisation kommt zum Beispiel zu dem Ergebnis, daß sie für eine Revitalisierung zum Lernmodell und für einen grundlegenden Wandel zum visionären Modell zurückkehren muß. Natürlich muß die Führungskraft mit einer Vision lernen, ebenso wie die lernende Organisation eine strategische Vision entwickeln muß. Und beide brauchen manchmal Planung, um die entwickelten Strategien programmieren zu können. Im allgemeinen kann keine Organisation auf der Grundlage von Strategien funktionieren, die immer und rein emergent sind. Das käme einem totalen Verzicht auf Wille und Führung gleich, ganz zu schweigen von bewußtem Denken. Aber keine kann nur aufgrund von Strategien funktionieren, die immer und nur geplant sind. Das würde auf eine Ablehnung von Lernen hinauslaufen, eine Blindheit gegenüber allem, was unerwartet eintritt.

Die Umwelt übernimmt die Priorität in der innovativen Organisation

Die Umwelt hat, wie in Abbildung 11.3 dargestellt, in der innovativen Konfiguration Priorität. Sie hält das Unternehmen auf Trab, das kontinuierlich und eklektisch reagiert, aber dennoch in bestimmten Perioden eine Konvergenz erreicht.* Die formelle Führung versucht irgendwie, beide Seiten dieser Beziehung zu beeinflussen, verhandelt mit der Umwelt über Unterstützungen und versucht, dem Unternehmen eine gewisse allgemeine breite Richtlinie zu geben (einen Schirm).

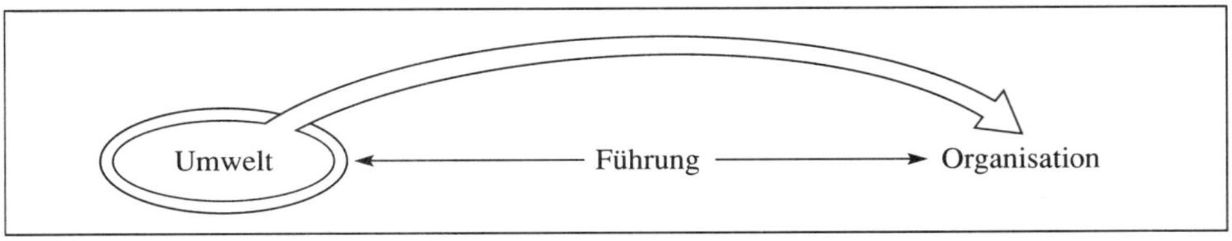

Abbildung 11.3: Die Umwelt übernimmt die Priorität in der Adhocratie

Wenn der Stratege der unternehmerischen Organisation weitgehend jemand ist, der ein Konzept realisiert, und der in einer Maschinenorganisation weitgehend ein Planer ist, dann ist der einer innovativen Organisation weitgehend jemand, der *Muster erkennt*, jemand der versucht, emergierende Muster in und außerhalb des Strategieschirms zu entdecken. Dann können unpassend erscheinende Strategien unterbunden und geeignete unterstützt werden, sogar wenn das eine Veränderung des Strategieschirms bedeutet. Hier finden wir die befremdende Situation der Führung, die ihre Intentionen ändert, um ihre Organisation an das realisierte Verhalten anzupassen. Aber das ist nur in der Perspektive der traditionellen Managementtheorie befremdend.

Themen im Zusammenhang mit der innovativen Organisation

Drei Probleme im Zusammenhang mit der innovativen Konfiguration verlangen Aufmerksamkeit: ihre Ambiguität und die Reaktion derjenigen, die damit leben müssen, ihre Ineffizienzen und ihre Neigung, unangemessene Übergänge zu anderen Konfigurationen zu wählen.

Reaktionen auf die Ambiguität

Viele Menschen, vor allem kreative Menschen, mögen weder die Rigidität von Strukturen noch die Konzentration von Macht. Das bietet nur die innovative Konfiguration, die sowohl organisch wie dezentral ist. Im wesentlichen ist die Adhocratie die einzige Struktur für diejenigen, die an mehr Demokratie mit weniger Bürokratie glauben.

* Wir können diese Konvergenz als Ausdruck für den „Geist der Organisation" nehmen – die Konzentration auf eine strategische Aufgabe als ein Ergebnis der gegenseitigen Abstimmungen unter ihren vielen Teilnehmern.

Aber nicht jeder teilt diese Ansicht (nicht einmal jeder, der sich dazu bekennt). Viele brauchen und ziehen maschinenartige und professionelle Organisationstypen vor. Sie sehen die Adhocratie als einen netten Ort an, den man besichtigen kann, aber nicht als Ort einer beruflichen Karriere. Sogar engagierte Mitarbeiter von Adhocratien werden regelmäßig von der Ungewißheit, fehlenden Ordnung und Ambiguität frustriert. „In diesen Situationen sehnen sich viele Manager manchmal und viele immer nach mehr Klarheit und Struktur."[5] Die Manager innovativer Organisationen berichten von Gefühlen der Angst im Zusammenhang mit dem endgültigen Auslaufen der Projekte, von Verwirrung darüber, wer ihr Vorgesetzter ist, bei wem sie Eindruck machen sollen, um befördert zu werden, von einen Mangel an Klarheit in den Tätigkeitsbeschreibungen, den Autoritätbeziehungen und den Kommunikationslinien sowie einer intensiven Konkurrenz um Ressourcen, Anerkennung und Belohnung.[6] Dieser letzte Punkt deutet auf ein anderes ernsthaftes Problem der Ambiguität hin, nämlich die Politisierung dieser Konfiguration. Aus der Verbindung ihrer Ambiguitäten mit ihren Interdependenzen heraus kann die innovative Form zu einer politisierten und rücksichtslosen Organisation werden – wenn und solange dies zur Organisation paßt, ist es eine Stütze für sie, andernfalls wird es zum Problem.

Effizienzprobleme

Keine Konfiguration ist besser dazu geeignet, komplexe und schlecht strukturierte Probleme zu lösen. Keine paßt so gut zu anspruchsvollen Innovationen. Oder, bedauerlicherweise, für die Kosten dieser Innovation. Das ist einfach kein effizienter Weg. Obwohl sie für spezielle Projekte geeignet ist, ist sie zur Durchführung *gewöhnlicher* Dinge ungeeignet. Sie ist für das *Außer*gewöhnliche geschaffen. Die Bürokratien sind alle Massenproduzenten. Sie ziehen ihre Effizienz aus ihrer Standardisierung. Die Adhocratie ist ein Auftragsproduzent und zu Standardisierungen nicht in der Lage, und dadurch ineffizient. Sie ist effektiv (innovativ) um den Preis ihrer Effizienz.

Eine Quelle der Ineffizienz liegt in der unbalancierten Arbeitslast, die bereits erwähnt wurde. Es ist nahezu unmöglich, die Mitarbeiter in einer Projektstruktur – hochbezahlte Spezialisten, wie bemerkt werden sollte – ständig zu beschäftigen. Im Januar arbeiten sie vielleicht mit Überstunden und haben wenig Hoffnung, das neue Projekt termingerecht abzuschließen. Im Mai spielen sie vielleicht Karten, weil es an Arbeit fehlt.

Aber die eigentlichen Wurzeln dieser Ineffizienz sind die hohen Kommunikationskosten. Die Mitarbeiter dieser Unternehmen besprechen sehr viel miteinander. Auf diese Weise bringen sie ihre jeweiligen Kenntnisse zusammen und können neue Ideen entwickeln. Aber das braucht Zeit. Bei einem Entscheidungsbedarf in einer Maschinenorganisation erteilt jemand von oben die Anweisung, und damit hat sich's. Anders in der innovativen

---

5 Tom Burnes und G.M. Stalker, The Management of Innovation, 2. Auflage (London: Tavistock, 1966), S. 122–23.

6 C. Reeser, „Some Potential Human Problems", S. 459-67.

Organisation, wo jeder an einer Aufgabe mitarbeiten muß – alle Manager (funktionale, Projekt- und Kontaktmanager) sowie alle Spezialisten, die der Meinung sind, daß ihre Perspektive berücksichtigt werden muß. Eine Konferenz wird einberufen, wahrscheinlich um eine andere zu planen, und schließlich um zu entscheiden, wer an der Entscheidung beteiligt sein soll. Es wird formuliert und reformuliert. Es werden Ideen für eine Lösung generiert und debattiert. Es bilden sich Allianzen um die verschiedenen Lösungsvorschläge, oder sie werden erst aufgebaut – bis es schließlich zu den harten Verhandlungen darüber kommt, welche Lösung angenommen wird. Am Ende steht eine Entscheidung – die selbst eine Leistung ist, obwohl es normalerweise zu spät ist und sie wahrscheinlich später noch geändert wird.

Die Gefahren unangemessener Übergänge

Natürlich ist der Wechsel der Konfiguration eine Lösung für die Ambiguitäts- und Ineffizienzprobleme. Mitarbeiter, die die Ambiguität nicht mehr länger ertragen können, und Kunden, die die Ineffizienz leid sind, können die Organisation in eine stabilere, bürokratischere Form drängen.

Das geht in der operativen Adhocratie relativ einfach, wie erwähnt wurde. Die Organisation wählt einfach den Set von Standardprogrammen, den sie am besten beherrscht und kehrt zur Organisation der Professionals zurück. Oder sie führt ein letztes Mal eine Innovation durch, um eine lukrative Marktnische zu erschließen, für die sie dann eine Massenproduktion aufbauen kann, und wird dann zu einer Maschinenkonfiguration. Aber diese Übergänge sind nicht immer angemessen, egal wie leicht sie bewirkbar sind. Die Organisation gerät in einen Zustand, in dem sie Probleme phantasievoll lösen muß, und Standards nicht unüberlegt anwenden kann. In vielen Bereichen hat die Gesellschaft mehr Massenhersteller, als sie braucht. Ihr fehlen echte Problemlöser – die Beratungsfirma, die mit einem einzigartigen Problem umgehen kann, statt eine Patentlösung anzuwenden, die Werbeagentur, die mit einer neuen Kampagne aufwarten kann, statt mit den häufigen Imitationen, das Forschungslabor, dem ein wirklicher Durchbruch gelingt, statt nur die Modifikation einer bereits existierenden Konstruktion. Die Fernsehgesellschaften scheinen klassische Beispiele für Bürokratien zu sein: sie bieten weitgehend Standardkost, wo die Kreativität der Adhocratie gefragt wäre (vielleicht mit Ausnahme der Nachrichtenredaktion und der Sonderberichterstattung, wo die ad hoc-Orientierung mehr Kreativität verlangt).

Die administrative Adhocratie kann in ernste Schwierigkeiten geraten, wenn sie dem Druck zur Bürokratisierung unterliegt. Sie existiert, um für sich selbst in ihrer eigenen Branche innovativ zu sein. Sie kann nicht, wie die operative Adhocratie, die Orientierung häufig ändern, wenn sie in der gleichen Branche bleibt. Ihre Umwandlung zur Maschinenkonfiguration (der natürliche Übergang für eine administrative Adhocratie, die den ewigen Wandel leid ist) kann die Innovationsfähigkeit zerstören und damit die Organisation selbst.

Um ein zentrales Thema der Diskussion dieses Kapitels zu wiederholen: Im allgemeinen gibt es keine „one best structure“. Jeder Verzicht hat seinen Preis, bis die verschiedenen

Merkmale so kombiniert sind, daß eine kohärente Konfiguration ausgebildet werden kann, die mit der Situation übereinstimmt.

Anmerkung

Die adhocratische Struktur, einschließlich ihrer operativen und administrativen Formen sowie ihrer Kontexte und Themen, werden umfassender in Kapitel 21 von The Sructuring of Organizations (Prentice-Hall, 1979) diskutiert. Fragen der Strategiebildung in dieser Konfiguration, vor allem Aspekte des „grassroots"-Modells, können in dem mit Alexandra McHugh verfassten Artikel „Strategy Formation in an Adhocracy", erschienen in: Administrative Science Quarterly, 1985, S. 160-97, und in „Strategy of Design: A Study of ‚Architects in Co-Partnership"', zusammen mit Suzane Otis, Jamal Shamsie und Jim Waters, erschienen in: J. Grant (ed.), Strategic Management Frontiers (JAI Press, 1988) gefunden werden.

12. Kapitel

Ideologie und die missionarische Organisation

In meinem Buch über Struktur habe ich fünf Konfigurationen unterschieden. In der damaligen Literatur (Mitte der 70er Jahre) gab es nur wenige Hinweise auf eine sechste, und da das Buch als „Synthese der Literatur“ (so der Untertitel) konzipiert war, erwähnte ich sie nur in einem kurzen Nachtrag auf den letzten Seiten, vor allem um zu zeigen, daß wir unsere Perspektive nicht auf fünf beschränken müssen.

Unsere japanischen Freunde haben das alles verändert. Als ich später an meinem Buch über Macht arbeitete, fand ich in der organisationssoziologischen Literatur eine sechste Konfiguration. Aber seitdem uns die Japaner gezeigt haben, wie Unternehmen durch die Verwendung von Ideologien geführt werden können – durch Normen und Überzeugungen anstelle von Standards und Verfahren –, kamen diese Konzepte in den Seminarräumen der Soziologen auf und von dort in die Vorstandszimmer des Managements. Mittlerweile kann man die vier einfachen Schritte zum Aufbau einer besseren Kultur, die gewisse Managementberater versprechen, nur schwer umgehen, oder zumindest die Moralpredigten, die sie begleiten.

Aber Predigten sind für die Kultur was Regeln für die Intelligenz sind – oberflächliche Destillate, die das Phänomen verzerren. Man kann die Kultur eines Unternehmens nicht so verändern wie die Berater ihre Klienten. Insofern sollten wir die Grundlagen dieses wichtigen Konzepts zuerst besser verstehen.

Ich verwende in diesem Kapitel den Begriff *Ideologie* eher als den *Kultur*begriff. Jede Organisation hat eine Kultur, die ihren eigenen Stil darstellt. Unser Interesse gilt einer ganz speziellen Kultur – ein stark entwickeltes und tief verwurzeltes System von Werten und Überzeugungen, das eine spezielle Organisationen von allen anderen unterscheidet. Ich ziehe es vor, dies Ideologie zu nennen, was ich in einem organisationstheoretischen und nicht in einem politischen Sinne meine. (Eine Organisation, die eine gemeinsame politische Ideologie widerspiegelt – z.B. ein Kerngeschäft oder partizipativ liberal – kann nicht so beschrieben werden, als hätte sie ihren eigenen einzigartigen Satz an Überzeugungen, oder anders formuliert, ihre eigene besondere Ideologie.)

Manchmal wird die Ideologie einer Organisation so vorherrschend, daß ihre ganze Struktur um sie herum organisiert wird. Dann tritt eine sechste Konfiguration in Erscheinung, die ich in meinem Buch über Macht *missionarisch* nannte. Häufiger scheinen die Ideologien die konventionellen Strukturen zu „überlagern“ – eine klassische Maschinenstruktur wie etwa bei McDonalds, die ihre eigene starke Kultur dafür einsetzt, die Mitarbeiter anzufeuern, oder Hewlett-Packard, deren spezielle Ideologie zu einer innovativen, adhocratischen Struktur zu passen scheint. Entsprechend werde ich in diesem Kapitel (wie im nächsten über politische Prozesse) von dem Format der vorangegangenen fünf abweichen, und mich sowohl auf die *Kraft* als auch die *Form* konzentrieren. Die Diskussion befaßt sich mit anderen Worten mit Ideologie als einer Kraft in Organisationen und mit der missionarischen Organisation als spezifischer Form.

Organisationen mit einer gelebten Ideologie sind faszinierend, aber wieder einmal im Guten wie im Schlechten. Sie repräsentieren einige der herausragensten Momente in der Geschichte einer Organisation wie auch einige der schlimmsten Verletzungen der Menschenrechte. (Man denke unter beiden Aspekten an die Chinesische Kulturrevolution.) Während wir die Art, wie Toyota seine Mitarbeiter motiviert, über alles loben, verabscheuen wir es, wie ein Staat wie Jonestown seine Bürger in die Zerstörung treibt, vielleicht ohne die Ähnlichkeit ihrer Kontrollmethoden zu erkennen. Ideologien können für uns nützlich sein, uns aber auch versklaven, manchmal ununterscheidbar.

Dieses Kapitel beginnt mit einer kurzen Diskussion der Entwicklung der Organisationsideologie über drei Stadien. Es wendet sich dann einer Betrachtung der Struktur der missionarischen Konfiguration zu, in der die Ideologie vorherrschend ist, und endet schließlich mit einer kurzen Erörterung der Ideologie als Überlagerung konventionellerer Organisationstypen.

Wir wissen alle, daß 2 + 2 = 4 ist. Aber die allgemeine Systemtheorie mit ihrem Synergiekonzept legt es nahe, daß es auch 5 sein kann, daß die Summe der Teile eines System mehr als die Teile ist. Eine Taschenlampe und eine Batterie bestehen aus vielen Teilen, sie ist aber ein Funktionssystem. Eine Organisation ist ein ähnliches Funktionssystem und kann mit allen Mitgliedern mehr leisten, als sie einzeln könnten – mehr Anstrengung, mehr Kreativität, mehr Output (oder natürlich weniger). Das kann „strategisch" sein – und daraus resultiert, wie die Teile in der Organisation zusammengefügt sind. Oder es ist motivationsbedingt: Man sagt, daß in der Gruppe eine „Stimmung", eine „Atmosphäre" herrschen muß, damit es zu einer „organischen Zusammenarbeit" kommt. Bei Organisationen sprechen wir von „Stil", „Kultur" oder „Charakter". Man empfindet etwas Einzigartiges, wenn man die Büros von IBM betritt. Die unerklärliche Wirkung bei Hewlett-Packard ist anders als bei Texas Instruments, obwohl beide aus der gleichen Branche sind.

Diese Begriffe beschreiben etwas – unbestimmbar aber real, über und unter den konkreten Teilen einer Organisation –, was wir *Ideologie* nennen. Ideologie meint besonders das reichhaltige System an Werten und Überzeugungen, die von den Mitgliedern einer Organisation geteilt werden und sie von anderen unterscheidet. Für unsere Absicht ist das Hauptmerkmal der Ideologie die vereinheitlichende Kraft: Sie bindet den Einzelnen an die Organisation und schafft einen „esprit de corps", ein „Sendungsbewußtsein", praktisch eine Integration individueller und organisatorischer Ziele, die einen Synergieeffekt haben können.

Ideologie

- ein reichhaltiges System an Werten und Überzeugungen, das eine Organisation von anderen unterscheidet
- verwurzelt in einem Sendungsbewußtsein in Verbindung mit charismatischer Führung, entwickelt über Traditionen und Geschichten, die durch Identifikationsprozesse verstärkt werden
- kann eine konventionelle Konfiguration überlagern, am häufigsten eine unternehmerische, gefolgt von der innovativen, der Organisation von Professionals und der Maschinenkonfiguration
- ist manchmal so stark, daß sie eine eigene Konfiguration entstehen läßt

Die missionarische Organisation

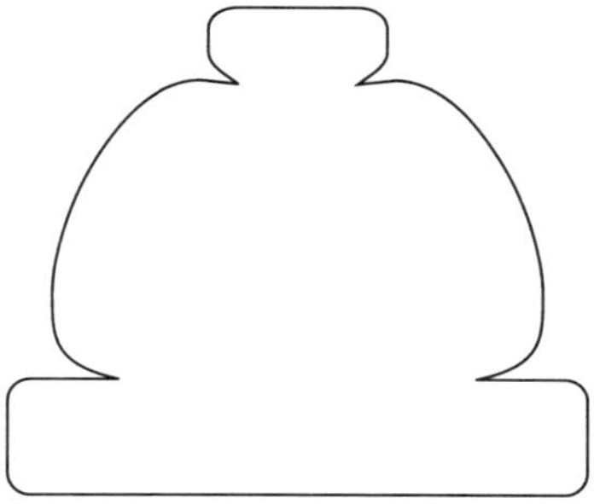

- klar, fokusiert, inspirierend, spezifische Mission
- Koordination auf der Basis der Standardisierung von Normen („am selben Strang ziehen"), verstärkt durch Selektion, Sozialisation und Indoktrination der Mitglieder
- kleine Einheiten („Enklaven"), die locker organisiert und stark dezentralisiert sind, aber stark normativ kontrolliert werden
- reformerische,bekehrende und klösterliche Formen
- Gefahr der Isolation auf der einen Seite, der Assimilation auf der anderen

Die Entwicklung einer Organisationsideologie

Die Entwicklung einer Ideologie wird in drei Stadien diskutiert. Ihre Grundlagen werden gelegt, wenn eine Gruppe von Individuen sich um einen Führer schart und auf der Basis eines Sendungsbewußtseins eine enthusiastische Organisation gründet bzw. eine bestehende belebt. Die Ideologie entsteht dann mit der Zeit durch die Festlegung von Traditionen. Schließlich wird die bestehende Ideologie verstärkt, wenn neue Mitglieder der Organisation beitreten und sich mit ihrem Glaubenssystem identifizieren.

Stufe 1: Der Ursprung der Ideologie im Sendungsbewußsein

Normalerweise wird eine Organisation gegründet, wenn ein einzelner Gründer eine Mission formuliert – ein Produkt, eine Dienstleistung –, und eine Gruppe um sich schart, um sie zu realisieren. Manche Organisationen wurden natürlich zu anderen Zwecken gegründet, wenn etwa der Staat ein neues Amt einrichtet oder ein Unternehmen eine Tochtergesellschaft gründet. Aber hinter der Gründung kann oft eine treibende Kraft identifiziert werden.

Die Individuen kommen nicht zufällig zusammen, sondern wachsen zusammen, weil sie in Verbindung mit der gerade flügge gewordenen Organisation einige Wertvorstellungen teilen. Zumindest hat sie für sie selbst eine Bedeutung. In einigen Fällen kommt zu der Mission noch ein „Sendungsbewußtsein" hinzu, ein Gruppengefühl, um etwas Ungewöhnliches und Herausragendes zu leisten. Das kommt in Organisationen aus einer Reihe von Gründen häufig vor.

Erstens, neue Organisationen bieten große Handlungsspielräume, da sie nicht durch Verfahren und Traditionen eingeschränkt sind. Zweitens sind sie eher klein und ermöglichen persönliche Beziehungen zwischen den Mitgliedern. Drittens teilen die Gründungsmitglieder häufig eine Reihe von Grundüberzeugungen, wozu manchmal der Wunsch nach Zusammenarbeit zählt. Viertens sind die Gründer neuer Organisationen oft „charismatische" Persönlichkeiten, die ihre Anhänger inspirieren und aneinander binden. Charisma ist nach Weber eine Art „persönlicher Hingabe" an den Führer aufgrund seiner persönlichen Qualitäten, und weniger aufgrund der formalen Position.[1] Die Menschen schließen sich der Organisation an und bleiben ihr treu aufgrund ihrer Hingabe an den Führer und seine Mission. Deshalb werden die Grundlagen starker Ideologien schon bereits bei der Organisationsgründung gelegt.

Solche Ideologien können natürlich auch in existierenden Organisationen entstehen. Aber ein Blick auf die oben genannten Aspekte zeigt, warum dies viel schwieriger sein dürfte. Bestehende Organisationen *sind* durch Verfahren und Traditionen eingeschränkt, viele sind *bereits* groß und unpersönlich, und ihre *bestehenden* Überzeugungen behindern eher die Entstehung neuer. Mit der Einführung einer starken charismatischen Führung, gestützt auf ein starkes neues Sendungsbewußtsein, kann eine solche Organisation dennoch manchmal durch die Entwicklung einer neuen Ideologie belebt werden.

Für mich liegt sowohl in einer neuen wie einer alten Organisation der Schlüssel zur Entwicklung einer Ideologie in einer Führung, die von ihrer Mission genuin überzeugt ist und eine ehrlich Zuneigung gegenüber denjenigen zeigt, die sie realisieren sollen. Die richtigen Worte können einer Organisationsideologie den richtigen Anstrich geben, aber es ist nur das authentische Gefühl auf seiten der Führung – das die Anhänger irgendwie spüren –, welches die Ideologie tief genug verwurzelt, damit sie auch am Leben bleibt,

1 Max Weber, „The Three Types of Legitimate Rule", Übersetzung von H. Gert, in: Amitai Etzioni (ed.), A Sociological Reader on Complex Organizations, 2. Auflage (New York: Holt, Rinehart and Winston, 1969), S. 12.

wenn andere Kräfte wie etwa eine unpersönliche Verwaltung (Bürokratie) oder politische Prozesse sie herausfordern.

Stufe 2: Die Entwicklung der Ideologie durch Traditionen und Geschichten

Wenn eine neue Organisation ein System von Überzeugungen errichtet oder eine bestehende ein neues einführt, dann fällt sie Entscheidungen und ergreift Maßnahmen, die der Verbindlichkeit dienen und exemplarische Beispiele schaffen. Das Verhalten verstärkt sich mit der Zeit selbst und die Handlungen werden wertorientiert. Wenn diese Kräfte stark sind, dann entwickelt sich die Ideologie aus sich heraus. Sie wird durch Geschichten unterstützt – die manchmal „Mythen" genannt werden –, die um wichtige Ereignisse in der Organisationsvergangenheit kreisen. Die Organisation entwickelt allmählich ihr eigenes Geschichtsbewußtsein. Alles – das exemplarische Beispiel, die Gewohnheiten, Mythen, die Geschichte – bildet eine gemeinsame Grundlage, die die Organisationsmitglieder teilen und festigt damit die Ideologie. Die Organisation wird in Selznicks Begriffen allmählich von einem entwicklungsfähigen „Instrument" zur Erfüllung extern vorgegebener Ziele zu einer „Institution" umgebaut, in ein System mit einem Eigenleben. Sie „erwirbt ein Selbst, eine bestimmte Identität."[2]

Deshalb beschreibt Clark das „unverwechselbare College" unter besonderer Bezugnahme auf Reed, Antioch und Swarthmore. Solche Institutionen entwickeln nach seinen Worten eine „Organisationssaga", „ein kollektives Verständnis von einzigartigen Leistungen, die auf historischen Leistungen basieren", die Gegenwart und Vergangenheit der Organisation verbinden und „eine beliebige in eine heiß geliebte Institution" verwandeln.[3] Die Saga führt zu Loyalität und bindet die Menschen an die Institution.[4]

Stufe 3: Verstärkung der Ideologie durch Identifikationsprozesse

Unsere Beschreibung dieser Aspekte verdeutlicht, daß ein Individuum, das einer Organisation beitritt, nicht auf eine zufällige Ansammlung von Individuen trifft, sondern eher auf ein lebendiges System mit einer eigenen Kultur. Das Individuum hat vielleicht auch eigene Werte und Überzeugungen, aber es besteht kein Zweifel daran, daß die Organisationsideologie starken Einfluß auf das Verhalten der Mitglieder hat. Das trifft vor allem bei einer ausgeprägten Kultur zu – wenn die Organisation eine sich entwickelnde oder vollentwickelte Ideologie hat. Dann kann die *Identifikation* des Individuums und seine *Loyalität* gegenüber der Organisation besonders ausgeprägt sein. Diese Identifikation kann sich auf verschiedene Weise vollziehen:

---

2 Philip Selznick, Leadership in Administration: A Sociological Interpretation (New York: Harper & Row, 1957).

3 B.R. Clark, „The Organizational Saga in Higher Education", in: Administrative Science Quarterly, 1972, S. 178.

4 B.R. Clark, The distinctive College (Chicago: Aldine, 1970), S. 235.

- Die einfachste ist, daß die Identifikation *natürlich* geschieht, weil das neue Mitglied von dem Glaubenssystem der Organisation angezogen wird
- Die Identifikation kann auch *selektiv* verlaufen. Neue Mitglieder werden so ausgewählt, daß sie in die bestehenden Überzeugungen „hineinpassen", und die Autoritätspositionen werden analog mit denjenigen Mitgliedern besetzt, die die größte Loyalität gegenüber den Überzeugungen zeigen.
- Die Identifikation kann auch *evoziert* werden. Wenn ein besonders großer Bedarf an Loyalität besteht, kann die Organisation auf informelle *Sozialisationsprozesse* sowie auf Programme zur *Indoktrination* zurückgreifen, um die natürliche und selektive Zustimmung gegenüber ihren Glaubenssystemen zu verstärken.
- Schließlich, und am schwächsten, kann die Identifikation *berechnet* werden. In Wirklichkeit verhalten sich die Menschen gegenüber den Überzeugungen nicht deshalb konform, weil sie sich auf natürliche Weise damit identifizieren, noch weil sie notwendigerweise in sie hineinpassen, sondern einfach weil sie dafür bezahlt werden. Sie lieben vielleicht die Arbeit, die soziale Gruppe, die Bezahlung oder arbeiten, um Karriere zu machen usw. Natürlich ist diese Identifikationsart labil. Sie verschwindet, sobald sich eine bessere Gelegenheit ergibt.

Je höher man in dieser Auflistung der Identifikationen schreitet, desto wahrscheinlicher erhält man natürlich eine starke Ideologie, oder sogar überhaupt erst eine Ideologie. Deshalb können starke Glaubenssysteme vor allem am Vorkommen einer natürlichen Identifikation erkannt werden. Eine Aufmerksamkeit gegenüber einer selektiv vollzogenen Identifikation indiziert eine Ideologie, weil dies die Bemühungen der Organisation zum Erhalt der Ideologie widerspiegelt, wie es auch für die Sozialisations- und Indoktrinationbemühungen zutrifft. Manche Organisationen brauchen vor allem die beiden letzten, um ihren neuen Mitgliedern ein komplexes Glaubenssystem einzuimpfen. Wenn die informellen Sozialisationsprozesse weitgehend funktionieren und durch formale Indoktrinationsprogramme flankiert werden, dann entsteht wahrscheinlich eine starke Ideologie. Hängt eine Organisation aber fast ausschließlich von Indoktrination ab, oder fällt schlimmstenfalls auf Formen berechneter Identifikation zurück, dann scheint ihre Ideologie an Stärke zu verlieren, wenn nicht sogar im Auflösen begriffen zu sein.

Die missionarische Organisation

Organisationen, in denen die Identifikationsprozesse so stark und natürlich verlaufen (sei es vor oder nach dem selektiven Vorgehen, der Sozialisation und der Indoktrination), daß sie dazu verwendet werden können, einen Großteil der nötigen Koordinationsaufgaben zu übernehmen – anstelle der konventionellen Mechanismen wie direkter Kontrolle oder Standardisierung von Arbeit, Output oder Kompetenzen –, neigen zu einer Konfiguration, die wir *missionarisch* nennen. Hier verbinden sich eine große Tradition und einzigartige Geschichte, um eine spezielle Ideologie auszubilden. In solchen Organisationen zählt vor allem die Mission, ein Streben, das normalerweise (1) klar und eindeutig ist, so daß sich die Mitglieder leicht damit identifizieren können, das (2) inspirierend ist, so daß sie sich tatsächlich identifizieren können, und das (3) unverwechselbar ist, so daß die Organisation und ihre Mitglieder in einer einzigartigen Nische plaziert werden können, wo die Ideologie sich entfalten kann.

Das heißt jedoch nicht, daß alle Organisationen mit solchen Missionen bei der missionarischen Form enden. Wenn private Interessen und Bedürfnisse – zum Beispiel der Administratoren oder der Mitglieder insgesamt – Priorität erlangen, dann kann sogar die edelste Mission überwältigt werden. Am Ende wird Bingo in manchen Kirchen wichtiger als der Gottesdienst. In der soziologischen Literatur wird auch von einer Rehabilitationseinrichtung berichtet, die ihre „attraktiven Blinden" in Abhängigkeit hält, um sie bei Wohltätigkeitsveranstaltungen vorzuführen, während sie die dringenden Bedürfnisse der älteren und weniger attraktiven Blinden übergeht.[5] In diesen Organisationen dient die Mission eher der Organisation als umgekehrt, und damit wird sie in unseren Begriffen zu einem geschlossenen System.

Die missionarische Form hat eine deutlich andere Konfiguration der Strukturmerkmale. Sie ist intern stark integriert, unterscheidet sich jedoch von den anderen diskutierten Konfigurationen. Diese Organisation wird durch die Standardisierung ihrer Normen – die ihre Koordinationsaufgaben löst – zusammengehalten, oder mit anderen Worten, die Mitglieder teilen die Werte und Überzeugungen. Das kann, wie bereits festgestellt, informell geschehen, entweder durch natürliche Selektion oder einen informellen Sozialisationsprozeß. Aber aus struktureller Perspektive – das heißt, der systematischen Intervention zur Festlegung des Verhaltens – ist das Schlüsselmerkmal die Indoktrination, das formale Programm zur Entwicklung und Verstärkung der Identifikation mit der Ideologie. Sind die neuen Mitglieder erst einmal ausgewählt, sozialisiert und indoktriniert, dann werden sie im System als gleichwertige Partner akzeptiert und können alle an den Entscheidungsprozessen partizipieren. Deshalb kann die missionarische Organisation in gewisser Weise die reinste Form von Dezentralisierung erreichen: Alle Mitglieder, die im System akzeptiert werden, haben an der Macht teil.

Aber das bedeutet nicht das Fehlen von Kontrolle, im Gegenteil. Die Kontrolle in dieser Konfiguration ist eher streng, unabhängig davon wie subtil sie ist. Die Organisation kontrolliert hier nicht nur einfach das Verhalten, sondern die ganze Person. Die Maschinenorganisation kauft die Aufmerksamkeit der „Arbeiter" durch auferlegte Regeln; die missionarische Organisation fängt die Herzen der „Mitglieder" mittels geteilter Werte. Wie Jay in seinem Buch *Management and Machiavelli* bemerkt hat, bedeutet die Ausbildung jesuitischer Novizen im „Liebe Gott und teile was du willst" nicht, daß sie tun und lassen können, was sie wollen, sondern zielt auf die strikte Glaubensbefolgung des Ordens.[6] Auf diese Weise minimiert natürlich die missionarische Organisation den politischen Konflikt. Die einzigen zugelassenen Diskussionen betreffen die Interpretation der herrschenden Ideologie.

---

5 R.A. Scott, „The Selection of Clients by Social Welfare Agencies: The Case of the Blind", in: Social Problems, Winter 1967, S. 248–57.

6 A. Jay, Management and Machiavelli (Harmondsworth, Middleses: Penguin, 1970), S. 70.

Aber in einer anderen wichtigen Hinsicht ist die missionarische Organisation der Maschinenorganisation nicht unähnlich: Da sie sich auf eine Form der Standardisierung der Koordinationsaufgaben verläßt, ist sie auch eine Bürokratie. Die mag als locker erscheinen, da schließlich standardisierte Normen fließendere Strukturen erlauben als standardisierte Arbeitsabläufe. Man sollte sich davon jedoch nicht irreleiten lassen. Die Standards der missionarischen Organisation können so fest internalisiert sein (nicht nur von neun bis fünf Uhr als Gegenleistung für den Gehaltsscheck), daß dies die bürokratischste Struktur von allen hervorbringen kann, zumindest die rigideste. Man bedenke, daß die ideologischen Standards zur Starrheit neigen: Die missionarische Organisation will eher die Welt als sich selbst ändern. Anders gesagt, sie ist normalerweise zu sehr damit beschäftigt, „das Wort" auszulegen, um es noch in Frage stellen zu können.

Da die Standardisierung der Normen in diesen Organisationen so zentral ist, sind kaum andere Koordinationsformen notwendig, weder Standards für die Arbeit noch für die Outputs, noch eine direkte Kontrolle. Jeder handelt einfach gemäß den alles durchdringenden Überzeugungen und kann deshalb die Arbeit relativ selbständig erledigen. Das heißt, es gibt in der missionarischen Organisation wenige *formale* Regeln und Verfahren, wenig Planung und formale Kontrolle, nicht einmal viel Kontrolle durch das Management und damit kaum irgendeine Technostruktur oder Autoritätshierarchie. (In der chinesischen Kulturrevolution zum Beispiel mußten die Leute in leitenden Positionen für einige Tage im Jahr in den Fabriken arbeiten.) Führung dient dann nicht so sehr der Durchsetzung einer Linie, als vielmehr der Protektion und Steigerung der gemeinsamen Ideologie. Von der Führungskraft erwartet man, daß sie andere dazu inspiriert, die Mission zu verfolgen, vielleicht auch, daß sie die Mission auslegt, sie aber niemals ändert.

Sogar professionelle Tätigkeiten können in der missionarischen Organisation als inkompatibel mit der Ideologie verhindert werden. Eine Abhängigkeit von besonderen Fachkenntnissen kann die Organisation dazu zwingen, eine gewisse „normative" Kontrolle den professionellen Institutionen zu überlassen, die ihre Mitglieder ausbildet und lizenziert sowie auch Statusdifferenzen zwischen den Mitgliedern einzuführen, was echte missionarische Organisationen zu minimieren versuchen. Die Gesellschaft für Kinderlähmung zum Beispiel, eine missionarische Organisation, die eine berühmte Spendenaktion veranstaltete, hat es Ärzten verboten, in ihren Ortsgruppen Sprechstunden abzuhalten, um die Etablierung einer Elite von Spezialisten zu unterbinden.[7]

Deshalb tendiert die missionarische Organisation, wie es in unserem Logo dargestellt ist, zu einer amorphen Masse von Mitgliedern, die alle mit einer gemeinsamen Ideologie an einem Strang ziehen, mit einem Minimum an Spezialisierung der Tätigkeiten, an Differenzierung und Statusunterscheidungen. Bis zu einer gewissen Grenze scheinen Manager, Stabsleute und Operateure, wenn sie erst einmal ausgewählt, sozialisiert und indoktriniert worden sind, eher gleichgestellt zu sein, und jeder könnte in der Tat die Position des anderen einnehmen.

7 D.L. Sills, The Volunteers (Glencoe, Ill.,': Free Press, 1957).

Für die missionarische Organisation ist es jedoch wichtig, daß ihre Einheiten klein bleiben, weil eine starke Ideologie vom persönlichen Kontakt abhängt. Deshalb tendiert diese Organisationsform dazu, wenn sie eine bestimmte Größe erreicht, und ihre Mitglieder nicht mehr persönlich interagieren können, sich wie eine Amöbe zu teilen und bildet Enklaven, die selbständige Kopien der ursprünglichen Einheit sind und auf derselben Ideologie basieren.

Das traditionelle israelische Kibbuz ist ein klassisches Beispiel der missionarischen Konfiguration. Zu bestimmten Jahreszeiten packt jeder an und erntet tagsüber Obst und Gemüse auf den Feldern. Abends ist er auf den Versammlungen, um Entscheidungen zu treffen. Die leitenden Positionen basieren im allgemeinen auf einem Rotationsprinzip, so daß niemand lange einen offiziellen Status hat. Ebenso gibt es unterstützende Einheiten, aber auch die werden eher nach dem gleichen Prinzip und aus demselben Mitgliederpool besetzt wie die Arbeit auf dem Feld (der Küchendienst wird zum Beispiel als lästiges Übel empfunden, das jeder regelmäßig übernehmen muß).

Das beschreibt den traditionellen Kibbuz. Internes Wachstum wurde als Bedrohung der traditionellen Ideologie des Kibbuz angesehen. Deswegen wurde es klein zu halten versucht (sechshundert Erwachsene wurden als oberste Grenze angesehen), oder der Aufbau neuer aus den zu groß gewordenen unterstützt – sozusagen die Schaffung neuer „Enklaven“. Eine ernste Bedrohung der traditionellen Ideologie war die Umstellung von Landwirtschaft auf Industrieproduktion, die notwendig wurde, als der Kibbuz versuchte, seinen Einfluß und Wohlstand zu vergrößern. Wie angedeutet war es relativ einfach, die egalitäre Ideologie aufrechtzuerhalten, als die Arbeit noch landwirtschaftlich ausgerichtet war. Im Gegensatz dazu verlangt eine industrielle Produktion im allgemeinen höhere Technologiestufen, Spezialisierung und Fachkenntnisse. Daraus folgt eine größere Verwaltungshierarchie und funktionale Differenzierung, also alles, was die missionarische Orientierung bedroht. Der Kibbuz kämpft immer noch mit diesem Problem.

Eine Reihe dieser Aspekte über den traditionellen Kibbuz sind in einer Tabelle von Rosner (siehe folgende Seite) zusammengestellt, die die „Prinzipien der Kibbuzorganisation“ – klassisch missionarisch – mit denen der „bürokratischen Organisation“, in unserer Terminologie der klassischen Maschinenform, kontrastiert.

Formen der missionarischen Organisation

Wir können drei verschiedene Formen der reinen missionarischen Konfiguration unterscheiden. Einige missionarische Organisationen sind *Reformer*. Sie machen sich auf, die Welt direkt zu verändern – von der Umwälzung einer Regierung bis zur Gewährleistung, daß alle Haustiere „artgerecht“ untergebracht sind. Natürlich kommt das Label „missionarisch“ von den religiösen Orden, die hauptsächlich Reformer sind. Ein säkulares Beispiel ist die bereits erwähnte Gesellschaft für Kinderlähmung, deren Mission die Bekämpfung dieser gefährlichen Krankheit war.

	Prinzipien der bürokratischen Organisation	*Prinzipien der Kibbuzorganisation*
1.	Permanenz des Amtes	Unbeständigkeit des Amtes
2.	Das Amt hat seine unpersönlichen Rechten und Pflichten	Die Definition des festgelegten Amtes ist flexibel – Rechte und Pflichten sind nicht formal festgelegt und hängen von der Persönlichkeit der Amtsperson ab
3.	Eine Hierarchie funktionaler Autoritäten kommt in der Autorität der offiziellen Vertreter zum Ausdruck	Eine Grundannahme ist der gleiche Wert aller Funktionen, ohne formale Autoritätshierarchie
4.	Die Ernennung der offiziellen Vertreter basiert auf einer objektiven Qualifikation	Amtspersonen werden gewählt, nicht nominiert. Objektive Qualifikationen sind nicht entscheidend, persönliche Qualitäten sind bei der Wahl wichtiger
5.	Das Amt ist eine Vollzeitbeschäftigung	Das Amt besteht normalerweise neben der Vollzeitbeschäftigung des Amtsträgers[8]

Andere missionarische Formen können *Bekehrer* genannt werden. Deren Mission ist die indirekte Veränderung der Welt, indem sie Mitglieder werben und sie verändern. Der Unterschied zwischen beiden Typen ist identisch mit dem Unterschied zwischen der christlichen Abstinenzlervereinigung und den Anonymen Alkoholikern. Ihre Ziele sind ähnlich, aber ihre Mittel verschieden. Im einen Fall wird eine Einschränkung des Alkoholismus durch ein Eintreten für ein allgemeines Alkoholverbot zu erreichen versucht, im anderen wird versucht, die Personen, also die Mitglieder, vom Trinken abzubringen. Organisationen von Bekehreren nehmen oft eine Form an, die Erving Goffman „totale Institutionen" genannt hat. Dabei handelt es sich um Organisationen, die das gesamte Privat- und Arbeitsleben ihrer Mitglieder umgreifen, so daß sie sie total kontrollieren können.[9]

Schließlich gibt es noch die *Klosterform* der missionarischen Organisation. Das sind auch totale Institutionen. Sie versuchen aber weniger, die Verhältnisse zu verändern als ihren Mitgliedern einen einzigartigen Lebensstil zu ermöglichen. Das Mönchskloster, das sich von der Außenwelt abschneidet, ist ein gutes Beispiel, auch Gruppen, die neue einsame Kolonien gründen. Das sind „geschlossene Systeme", aber nicht im Sinne des früher verwendeten Begriffs, also einer Organisation, die den externen Einfluß ablehnt, um ihre Umwelt kontrollieren zu können. Die Klöster sind nicht daran interessiert, alles zu kontrollieren, außer das eigene Verhalten ihrer Mitglieder: Sie versuchen sich in jeder Hinsicht abzuschließen.

8 Aus M. Rosner, „Principal Types and Problems of Direct Democracy in the Kibbutz", Arbeitspapier, Social Reseaerch Center on the Kibbutz, Givat Havina, Israel, 1969.

9 E. Goffman, „ The Characteristics of Total Institutions", in: Amatai Etzioni (ed.), Complex Organizations: A Sociological Reader (New York: Holt, Rinehart and Winston, 1961).

Natürlich kann sich keine Organisation vollkommen von der Außenwelt abseilen. Alle missionarischen Organisationen sind mit den beiden entgegengesetzten Problemen der Isolation und Assimilation konfrontiert. Zusammen sind sie eine Gefahr für die Konfiguration wenn nicht sogar für die Organisation. Auf der einen Seite gibt es die Gefahr der *Isolation*, also immer binnenorientiert zu sein, um die eigene Ideologie vor dem Druck der normalen Welt abzuschirmen, bis die Organisation schließlich an fehlender Erneuerung zugrundegeht. Das Kloster ist besonders mit dem Problem des Mitgliedernachwuchs konfrontiert (wie kann es neue Mitglieder finden, wenn es so abgeschlossen ist). Auf der anderen Seite gibt es die Gefahr der *Assimilation*, also stark außenorientiert zu sein, um die Ideologie zu fördern, daß sie schließlich Kompromisse machen muß. Der Reformer geht besonders dieses Risiko ein, weil er einen engen Kontakt mit der ganzen „kontaminierten" Realität aufbauen muß , die er verändern möchte. In diesem Fall kann die Organisation überleben, aber die Ideologie geht zugrunde, und damit wandelt sich die Konfiguration (normalerweise zur Maschinenform).

Ideologie als Überlagerung konventioneller Organisationen

Bisher haben wir erörtert, was zur extremen Form der ideologischen Organisation gehört. Aber mehrere Organisationen können sich eine solche Struktur leisten. In Max Webers Begriffen ist der Missionar ein „Idealtyp", etwas Angestrebtes, aber nur selten Erreichtes. Er kann für ein israelisches Kibbuz in einer abgelegenen Ecke der Wüste Negev funktional sein, ist aber kaum eine Möglichkeit, um Hewlett-Packard oder McDonald's zu führen, abgesehen von einer modernen Universität oder vielleicht sogar einem Kibbuz, das dem weltlichen Druck von Tel Aviv ausgeliefert ist.

Solche Organisationen mit starken Ideologien, aber auch zentralen Bedürfnissen nach Autorität oder anspruchsvollem Fachwissen, überlagern normalerweise eine mehr konventionelle Struktur mit ideologischen Merkmalen – vielleicht maschinenmäßig im Falle von McDonald's oder im Falle des zweiten Kibbuz, professionell wie im Falle von Clarks unverwechselbaren Colleges, innovativ wie im Falle von Hewlett-Packard. Die Mission scheint manchmal ganz einfach zu sein – Hamburger servieren, Studenten unterrichten, technische Geräte entwickeln. Aber sie wird mit einer guten Dosis Leidenschaft auf seiten der Mitarbeiter durchgeführt, die ihr eng verbunden sind.

Am bekanntesten dafür sind natürlich bestimmte japanische Unternehmen. Toyota ist ein vortreffliches Beispiel. Ouchi und Jaeger stellen das typische amerikanische Großunternehmen (Typ A) dem japanischen Gegenstück (Typ J) gegenüber (vgl. die Tabelle auf folgender Seite).

Jedes Merkmal, das die Autoren dem Typ J-Unternehmen zuordnen, stimmt mit unserer Beschreibung der Wirkungen einer Organisationsideologie überein: die persönliche Beziehung zwischen den Einzelnen und der Organisation, die kollektive Natur von Verantwortung und Entscheidung, das ganzheitliche Unternehmen statt Spezialisierung, die Abschaffung der formalen Kontrolle zugunsten impliziter (normativer) Kontrolle. Alle

Typ A (für Amerika)	Typ J (für Japan)
Kurzfristige Anstellung	Lebenslange Anstellung
Individuelle Entscheidungen	Kollektive Entscheidungen
Individuelle Verantwortung	Kollektive Verantwortung
Schnelle Bewertung und Beförderung	Langsame Bewertung und Beförderung
Explizite, formalisierte Kontrolle	Implizite, informelle Kontrolle
Spezialisierte Karrierewege	Nichtspezialisierte Karrierewege
Segmentiertes Unternehmen	Ganzheitliches Unternehmen[10]

weisen Loyalität und Ideologie als die zentralen Elemente des Systems aus. Ouchi und Jaeger illustrieren in der Tat ihre These am besten an einem Beispiel, in dem sie die klassische japanische Ideologieorientierung mit einer konventionellen amerikanischen Bürokratieorientierung kontrastieren:

> „Während des Besuchs eines der Autoren bei einer japanischen Bank in Kalifornien beschuldigten der japanische Präsident und die amerikanischen Vizepräsidenten der Bank sich gegenseitig der Unfähigkeit, Ziele zu formulieren. Die Amerikaner meinten, daß der japanische Präsident ihnen für die nächsten drei oder sechs Monate keine expliziten, quantitativen Zielangaben machen konnte oder wollte, während der Japaner die Ansicht vertrat, daß die Amerikaner nicht begreifen könnten, daß sie, wenn sie einmal die Unternehmensphilosophie verstanden hätten, in der Lage wären, für sich selbst die geeigneten Ziele für jede erdenkliche Situation abzuleiten."[11]

In einer anderen Untersuchung diskutieren jedoch Ouchi und Johnson ein amerikanisches Unternehmen, das dem Typ J ähnelt („Typ Z" genannt; später veröffentlichte Ouchi einen Bestseller über solche Organisationen[12]). Dort fanden sie eine größere Loyalität, eine starke kollektive Orientierung, weniger Spezialisierung und ein größeres Vertrauen in informelle Kontrollen. Zum Beispiel: Ein neuer Manager ist mindestens für vier bis fünf Jahre ziemlich unbrauchbar. „Für die meisten Menschen dauert es so lange, bis sie entscheiden können, ob der Neue wirklich dazu paßt und ob sie ihm wirklich vertrauen können." Das stand in scharfem Kontrast zu der „Auktions"-atmosphäre einer typischen amerikanischen Firma: Es „ist fast so, als ob man jeden Tag die Tür aufmachen könnte und 100 Führungskräfte und Ingenieure stehen davor, die zufällig ausgewählt wurden, und die Organisation würde genauso gut wie bisher funktionieren."[13]

Wir haben weiter oben angedeutet, daß die Ideologie alle konventionellen Konfigurationen überlagern kann und haben verschiedene Beispiele geliefert. Aber man folgert viel-

10 W.G. Ouchi und A.M. Jaeger, „Type Z Organizations: Stability in the Midst of Mobility", in: Academy of Management Review, 1978, S. 308.

12 W.G. Ouchi, Theroy Z: How Business Can Meet the Japanese Challenge (Reading, Mass.:Addison-Wesley, 1981).

13 W.G. Ouchi und B. Johnson, „Types of Organizational Control and Their Relationsship to Emotional Well Being", in: Administrative Science Quarterly, 1978, S. 302.

leicht besser nicht daraus, daß eine ideologische Überlagerung in manchen Konfigurationen wahrscheinlicher als in anderen ist. Einige vorläufige Schlußfolgerungen daraus seien hier zusammengefaßt:

- Ideologische Überlagerungen sind am häufigsten in *unternehmerischen* Konfigurationen zu erwarten, und zwar deshalb, weil sie am einfachsten ein Sendungsbewußtsein entwickeln können und am wahrscheinlichsten von einer charismatischen Person geführt werden. Tatsächlich finden wir hier am ehesten das erste Stadium in der Entwicklung einer Ideologie, wie es am Anfang des Kapitels beschrieben wurde. Aber man sollte festhalten, daß die missionarische Konfiguration von der unternehmerischen fundamental verschieden ist, da die Macht in der einen zentralisiert, in der anderen weitgehend gleich verteilt ist. Deshalb können die Anfänge von Ideologie in dieser Konfiguration häufiger erwartet werden als eine voll entwickelte (obwohl die letztere folgen kann, nachdem die Führungsperson ausgeschieden ist und seine Überzeugungen institutionalisiert sind).
- Ideologien können auch über eine *Maschinen-* Konfiguration gelagert werden, wie die Beispiele von McDonald's und Toyota nahelegen. Da aber Formalisierung für die Ideologie ein Anathema ist – die Umwandlung informeller Glaubenssätze in formale Verfahren, die einer zentralistischen Autoritätshierarchie unten auferlegt wird –, würden wir auch mit starken Kräften der Zerstörung der neu entstandenen Ideologien in dieser Konfiguration rechnen. Obwohl diese Überlagerung vielleicht keine Seltenheit ist, kommt sie deshalb wahrscheinlich nicht häufig vor.
- Eine ähnliche Schlußfolgerung kann für die *diversifizierte* Konfiguration gezogen werden, nur intensiver. Es gibt die hemmenden Wirkungen von Formalismus und kühler Berechnung, wie sie vor allem im Grundliniendenken manifest sind, und damit gibt es auch eine Vielfalt von Missionen, die es schwer machen, sich für jede zu begeistern. Während wir auch diversifizierte Konfigurationen finden können, die von ideologischer Energie durchzogen sind, sollten wir sie dennoch nur selten erwarten.
- Expertenwissen führt wie bereits gesagt zur Einführung von Statusdifferenzen, die gegen die egalitäre Natur der Organisationsideologien arbeiten. Das entmutigt ideologische Überlagerungen der *Organisation der Professionals* und der *innovativen* Organisation, in denen das Expertenwissen weit verbreitet ist. Zudem fördert die Organisation von Professionals die Fragmentierung der Arbeit, während die innovative zu politischen Aktivitäten führt, und beides ist inkompatibel mit den Kooperationsbedürfnissen der Ideologie. Auf der anderen Seite haben diese Organisationen oft Missionen, die entweder an sich ehrenwert oder spannend sind (etwa Kranke heilen oder Hochtechnologieprodukte herstellen). Deswegen können ideologische Überlagerungen mit einer gewissen Häufigkeit vorkommen, wie in den erwähnten Beispielen von Clarks unverwechselbaren Colleges oder bei Hewlett-Packard. Das kann vor allem für die operative Adhocratie zutreffen, die dazu tendiert, Jugend, Elan und informelle Strukturen mit Begeisterung für sich ständig ändernde Produkte und Dienstleistungen zu kombinieren.

Die Trends in der amerikanischen Wirtschaft über einige Dekaden – „professionelles" Management, die Betonung von Techniken und Rationalisierung, „Basis"-mentalität –

haben sicherlich gegen die Entwicklung von Organisationsideologien gearbeitet. Gewiß war die missionarische Konfiguration im Westen kaum in Mode, vor allem nicht in den USA. Aber die Ideologie könnte hier vielleicht angesichts des enormen Erfolgs vieler japanischer Firmen in der offenen Konkurrenz mit amerikanischen Unternehmen, die als Maschine und in diversifizierter Form mit mageren Kulturen organisiert sind, eine wichtige Rolle spielen. Wir können eine stärkere ideologische Überlagerung der konventionellen Organisationsformen im Westen erwarten. Aber das kann, wie unsere Diskussion hoffentlich gezeigt hat, zum Vor- oder zum Nachteil geschehen.

Anmerkung

Kapitel 11 von Power In and Around Organizations (Prentice-Hall, 1983) diskutiert umfassender das „System der Ideologie“, einschließlich der drei Entwicklungsstufen, während Kapitel 21 genauer auf die Ziele und Machtbeziehungen der missionarischen Konfiguration eingeht sowie auf die verschiedenen Formen, die sie annehmen kann – die reine Form (Reformer, Bekehrer, Klosterform), die Quasi-Form (Überlagerung) und die Pseudo-Form (nur scheinbar ideologisch).

13. Kapitel

Politik und politische Organisation

Bis jetzt hat sich die Diskussion der verschiedenen Konfigurationen um die unterschiedlichen Mechanismen gedreht, mittels derer Organisationen Koordinationsaufgaben lösen. Politik ist offenbar etwas ganz anderes. Wenn die Koordination das Mittel ist, mit dem Organisationen Ordnung und Integration finden, dann wirkt sich die Politik durch die Schaffung von *Dis*order und *Des*integration des Bestehenden zum Nachteil der Koordination aus. Politik hat mit Macht zu tun, nicht mit Struktur. In diesem Sinne habe ich in meinem Buch zu diesem Thema meine Ideen über Politik und die politische Organisation entwickelt, die ich dort „politische Arena“ genannt habe. Ich wurde dort auch daran erinnert, wie sehr Politik alle die Prozesse beeinflussen kann, die normalerweise Seite an Seite mit Struktur angesehen werden – Führung, Entscheidungsbildung, Strategieformation usw. Deswegen ist keine Beschreibung der grundlegenden Kräfte und Formen von Organisationen ohne die Beachtung von Politik vollständig.

Ich bin kein Freund von politischen Prozessen in Organisationen. Aber auch kein Freund von Krankheit. Ich weiß jedoch, daß wir das eine wie das andere verstehen müssen. In der Tat kann Politik als eine Art Organisationskrankheit angesehen werden, die sowohl gegen als auch für das System arbeitet. Auf der einen Seite kann Politik gesunde Prozesse unterlaufen, indem sie sie infiltriert, um sie zu zerstören. Aber auf der anderen Seite kann sie auch zur Stärkung des Systems beitragen und wie Fieber das System vor einer drohenden Gefahr alarmieren sowie sogar die systemeigenen Abwehr- und Anpassungsmechanismen mobilisieren.

In jeder Organisation, und mehr oder weniger in jedem sozialen System, kann man politische Aktivitäten finden. Insofern muß man politische Prozesse in Organisationen als eine allgemeine Kraft diskutieren, so wie wir es im Falle der Ideologie im vorherigen Kapitel getan haben. Entsprechend beginnen wir dieses Kapitel mit einer Erörterung der Rolle der Politik in Organisationen und wenden uns dann der Vielzahl politischer Spiele zu, die dort vorkommen. Insgesamt diskutieren wir dreizehn solcher Spiele; das sind sicherlich nicht alle, aber die meisten von uns sind diesen in der einen oder anderen Form schon einmal begegnet.

Aber politische Prozesse können auch, wie die Ideologie, eine Organisation gefangennehmen und ihre Prozesse beherrschen. Deswegen wenden wir uns als nächstes einer Diskussion politischer Organisationen zu: wie sie, basierend auf den verschiedenen Formen, die sie annehmen können, entstehen und sich entwickeln. Wir treffen auf „Konfrontation“, die „unsichere Allianz“, die „politisierte Organisation“ und die „totale politische Arena“. Jede Form ist auf ihre Art wie eine kleine gefährliche Viper, aber alle können unter gewissen Umständen Konstruktives leisten (wie natürlich auch echte Vipern). Deshalb endet das Kapitel auch mit einer Diskussion darüber, wie Politik eine führende Rolle in Organisationen spielen kann.

Politik

- Machtmittel sind formaljuristisch illegitim, stehen oft im Eigeninteresse, führen zu Konflikten, die Individuen oder Einheiten auseinanderreißen
- Kommt in politischen Spielen zum Ausdruck, manche existieren neben den legitimierten Machtsystemen, einige im Gegensatz dazu und einige als Ersatz dafür
- Normalerweise überlagert sie eine herkömmliche Organisation, ist manchmal aber stark genug, um eine eigene Konfiguration zu erzeugen

Die politische Organisation

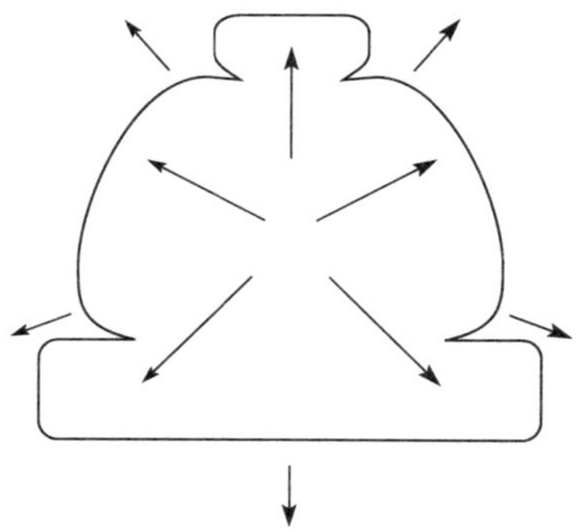

- Herkömmliche Vorstellungen über konzentrierte Koordination und Einfluß fehlen und werden durch informelles Machtspiel ersetzt
- Die Konfliktdimensionen – moderat/intensiv, begrenzt/durchdringend ebenso wie anhaltend/kurz – kombinieren sich zu vier Formen: Konfrontation, unsichere Allianz, politisierte Organisation, totale politische Arena
- Kann die Entwicklung von Formen durch die Lebenszyklen von Entstehung, Entwicklung, Konfliktlösung nachzeichnen
- Politische Prozesse und politische Organisationen haben eine Reihe funktionaler Rollen in Organisationen, vor allem als Hilfe beim Herbeiführen von notwendigem Wandel, der durch legitime Einflußsysteme blockiert wird

Wie entsteht in einer Organisation Konflikt, warum und mit welchen Folgen? Die Organisationsliteratur hat vor Jahren solche Fragen vermieden. Aber im letzten Jahrzehnt wurden Konflikt und die damit einhergehenden politischen Prozesse nicht nur anerkannte, sondern auch Modethemen. Aber sie wurden, wie die meisten anderen in diesem Bereich, im allgemeinen nur fragmentarisch diskutiert. Hier versuchen wir eine umfassendere Betrachtung: zunächst wenden wir uns diesen Themen im allgemeinen zu, dann im Kontext dessen, was politische Organisationen genannt werden soll – die Organisationen, die von politischen Prozessen und Konflikten dominiert werden.

Politik in Organisationen

Was meinen wir mit „Politik“ in Organisationen? Eine Organisation kann anhand einer Reihe grundlegender Einflußsysteme beschrieben werden: Autorität, Ideologie, Expertenwissen, Politik. Die drei ersten können in gewisser Weise als legitim angesehen werden: Autorität basiert auf rechtlich sanktionierter Macht, Ideologie weitgehend auf akzeptierten Überzeugungen, Expertenwissen auf Macht, die offiziell zertifiziert ist. Im Gegensatz dazu spiegelt das System der Politik eine Macht wider, die in den verwendeten Mitteln und manchmal den angestrebten Zielen formaljuristisch illegitim ist (oder vielleicht genauer: alegitim). Mit anderen Worten, die politische Macht in der Organisation ist (anders als in der Regierung) weder formal autorisiert, noch weitgehend akzeptiert, noch offiziell zertifiziert. Das Resultat davon ist, daß die politische Aktivität normalerweise umstritten und konflikthaltig ist, weil Einzelne oder Gruppen gegen die legitimen Einflußsysteme kämpfen und, wenn diese Systeme schwach sind, sich gegenseitig bekämpfen.

Politische Spiele in Organisationen

Politische Aktivitäten in Organisationen werden gelegentlich über unterschiedliche Spiele beschrieben. Der Politikwissenschaftler Graham Allison hat beispielsweise politische Spiele in Organisationen und der Regierung als „schwer verständlich und subtil, simultan, überlappend“, aber dennoch regelgeleitet beschrieben: „einige Regeln sind explizit, andere implizit, einige sind ziemlich deutlich, andere unscharf. Manche sind sehr stabil, andere verändern sich ständig. Aber die Ansammlung der Regeln definiert in Wirklichkeit das Spiel.“[1] Ich habe vor allem dreizehn politische Spiele identifiziert, die hier mit ihren Hauptspielern zusammengestellt werden sowie den hauptsächlichen Rollen, die sie zu spielen scheinen, und wie sie zu den anderen Einflußsystemen in Beziehung stehen.

- *Das Spiel „Aufruhr“*: wird normalerweise gespielt, um sich einer Autorität zu widersetzen, obwohl es auch gespielt werden kann, um sich dem Expertenwissen oder einer etablierten Ideologie zu widersetzen, oder sogar, um einen Wandel in der Organisation zu bewirken. Es reicht von „Protest bis zur „Rebellion“[2] und wird meistens von „niedriger stehenden Teilnehmern“[3] gespielt, denjenigen, die das größte Gewicht der formalen Autorität zu spüren bekommen.

1 Graham T. Allison, Essence of Decision: Explaining the Cuban Missile Crisis (Boston: Little, Brown, 1971), S. 170.

2 M.N. Zald und M.A. Berger, „Social Movements in Organizations: Coup d'Etat, Insurgency, and Mass Movements“, in: American Journal of Sociology, 1978. S. 841.

3 David Mechanic, „ Sources of Power of Lower Participants in Complex Organizations“, in: Administrative Science Quarterly, 1962, S. 349–64.

- *Das Spiel „Gegenaufruhr"*: wird von denjenigen mit legitimer Macht gespielt, die mit politischen Mitteln zurückschlagen, vielleicht auch mit legitimen Mitteln (bspw. Exkommunikation in der Kirche).
- *Das Spiel „Sponsoring"*: wird gespielt, um eine Machtbasis aufzubauen, in diesem Fall durch die Inanspruchnahme von Vorgesetzten; der Einzelne schließt sich jemandem mit höherem Status an, und versichert Loyalität als Gegenleistung für Macht.
- *Das Spiel „Aufbau einer Allianz"*: wird unter Gleichgestellten gespielt (oft unter Linienmanagern, manchmal Experten), die implizite Verträge zur gegenseitigen Unterstützung aushandeln, um eine Machtbasis aufzubauen, um sich gegenseitig in der Organisation zu protegieren.
- *Das Spiel „Ausbau eines Einflußbereiches"*: wird vor allem von Linienmanagern gespielt, um eine Machtbasis aufzubauen, wird nicht in Kooperation mit den Gleichgestellten gespielt, sondern individuell mit den Untergebenen.
- *Das Spiel „Budgeting"*: wird offen gespielt und mit eher klar definierten Regeln, um eine Machtbasis aufzubauen[4]; ist ähnlich wie das letzte Spiel, aber weniger umstritten, da der Preis die Ressourcen sind, nicht die Positionen oder die Einheiten an sich, zumindest nicht die der Gegner.
- *Das Spiel „Expertentum"*: nichtsanktionierter Gebrauch von Expertenwissen, um eine Machtbasis aufzubauen, entweder durch sein Zurschaustellen oder durch sein Vorspiegeln; echte Experten spielen durch das Ausnutzen der technischen Kompetenzen und Kenntnisse, indem sie die Einzigartigkeit, die entscheidende Bedeutung und Unersetzlichkeit ihres Expertenwissens betonen.[5] Sie versuchen auch ihre Fähigkeiten vor einer Rationalisierung zu bewahren, indem sie das Wissen für sich behalten. Diejenigen, die keine Experten sind, versuchen, daß ihre Arbeit als Expertentum angesehen wird. Das machen sie idealerweise dadurch, daß sie ihre Arbeit für professionell erklären und sie alleine die Kontrolle darüber haben.
- *Das Spiel „Sich Aufspielen"*: wird gespielt, um eine Machtbasis dadurch aufzubauen, indem diejenigen ohne oder mit nur wenig Macht mit legitimer Macht „herumkommandiert" werden (beispielsweise legitime Macht auf illegitime Weise ausnutzen); Manager können sich aufgrund ihrer formalen Autorität gegenüber Untergebenen aufspielen oder Staatsbeamte einem Bürger gegenüber; die Mitglieder einer missionarischen Konfiguration können sich mit ihrer Ideologie gegenüber Außenstehenden und Experten sich mit ihrer technischen Kompetenz gegenüber Laien aufspielen.

---

4 Aron Wildavsky, „Budgeting as a Political Process", in: D.L. Sills (ed.), International Encyclopedia of the Social Sciences (New York: Crowell, Collier, Macmillian, 1968), Bd.2, und The Politics of the Budgeting Process, 2. Auflage (Boston: Little Brown, 1974).

5 D.J. Hickson, C.A. Lee, R.E. Schneck und J.M. Pennings, „A Strategic Contingencies'Theory of Intraorganizational Power", in: Administrative Science Quarterly, 1971, S. 216–29.

– *Das Spiel „Linie gegen Stab"*: ein Spiel von der Art einer Rivalität zwischen Geschwistern, wird nicht nur gespielt, um die persönliche Macht zu steigern, sondern um einen Rivalen zu besiegen; Linienmanager mit formaler Entscheidungskompetenz werden sich gegen Stabsberater mit speziellem Expertenwissen, und jede Seite versucht, die legitime Macht auf illegitime Weise auszunutzen.

– *Das Spiel „Rivalisierende Lager"*: wird wieder gespielt, um einen Gegner auszuschalten, kommt typischerweise dann vor, wenn das Allianzspiel und das Spiel „Ausbau des Einflußbereiches" in zwei großen Machtblöcken endet, die ein Zwei-Personenspiel, ein Nullsummenspiel anstelle eines n-Personenspiels verursachen; kann das umstrittenste Spiel von allen sein; der Konflikt kann zwischen Einheiten bestehen (z.B. zwischen Marketing und Produktion in einem Herstellungsbetrieb), zwischen rivalisierenden Personen oder zwischen zwei konkurrierenden Missionen vorliegen (wie im Gefängnis zwischen der Orientierung an Bestrafung und an Rehabilitation).

– *Das Spiel „Strategische Kandidaten"*: wird gespielt, um einen Wandel in einer Organisation zu bewirken; Einzelne oder Gruppen versuchen mit politischen Mitteln die von ihnen bevorzugten Veränderungen im Strategiebereich zu befördern; viele spielen – Analytiker, Operateure, Manager der unteren Ebene, sogar leitende Angestellte und Topmanager (besonders in der professionellen Organisation), die ihre Kandidaten politisch unterstützen müssen, bevor sie es formell tun können; oft werden Elemente aus anderen Spielen miteinander verknüpft – das Spiel „Ausbau des Einflußbereiches" (als Zweck des Spiels), Allianzbildung (um das Spiel zu gewinnen), rivalisierende Lager, Linie gegen Stab, Expertentum und Aufspielen (die während des Spiels entstehen), Aufruhr (als Spiel um Anhänger) usw.

– *Das Spiel „Auffliegen lassen"*: ein typisch kurzes und einfaches Spiel, das auch gespielt wird, um organisatorischen Wandel zu bewirken; ein Insider, normalerweise ein Teilnehmer der unteren Charge, benutzt eine privilegierte Information, um bei einem einflußreichen Außenstehenden fragwürdiges oder illegales Verhalten der Organisation „auffliegen zu lassen".

– *Das Spiel „Jungtürken"*: wird von allen mit dem höchsten Einsatz gespielt, und zwar nicht um einen einfachen Wandel zu bewirken oder als Widerstand gegen eine legitime Macht an sich, sondern um letztere in Frage zu stellen, vielleicht sogar zu stürzen; kleine Gruppen von „Jungtürken", nahe an der Macht, aber nicht in ihrem Zentrum, versuchen die grundlegende Strategie der Organisation zu verändern, einen Großteil des Expertenwissens zu ersetzen, die Ideologie auszuwechseln oder die Führung abzulösen. Zald und Berger diskutieren eine Form dieses Spiels, die sie „organisatorischen Coup d'état" nennen, dessen Ziel das Bewirken einer unerwarteten Nachfolge ist – um die Autoritäts*inhaber* auszuwechseln, aber das Autoritäts*system* intakt zu belassen.[6]

6 Zald und Berger, „Social Movements", S. 833.

Einige der Spiele, etwa „Sponsoring" und „Sich Aufspielen", können, obwohl sie formaljuristisch illegitim sind, mit ganz legitimen Einflußsystemen *koexistieren*, wie man beispielsweise an der Maschinen- und missionarischen Organisation sehen kann. Sie könnten ohne diese Einflußsysteme nicht existieren. Andere politische Spiele, etwa „Aufruhr" und „Jungtürken" – normalerweise sehr umstrittene Spiele – entstehen in Gegenwart von legitimer Macht, sind ihr eher *entgegengesetzt*, und dienen dazu, sie zu zerstören oder mindestens zu schwächen. Sie arbeiten gegen Konfigurationen wie die Maschinenkonfiguration. Auch andere, wie etwa „rivalisierende Lager", entstehen oft, wenn die legitime Macht schwach und sie ein *Substitut* dafür sind, beispielsweise in der professionellen und innovativen Konfiguration.

Das impliziert, daß politische Prozesse und Konflikt auf zwei Ebenen in einer Organisation bestehen können. Sie können gegenwärtig, aber nicht dominant sein und als eine Überlagerung einer mehr konventionellen Konfiguration existieren, vielleicht als eine Art Fünfte Kolonne zugunsten einer bestimmten herausfordernden Macht. Oder aber sie sind das dominante Einflußsystem und es gibt einen schweren Konflikt, was zur Schwächung der legitimen Einflußsysteme geführt hat oder aus ihren Schwächen entstanden ist. Die zweite Ebene läßt die Konfiguration entstehen, die wir *politische Organisation* nennen werden.

Formen politischer Organisationen

Die durch politische Prozesse beherrschte Organisation ist durch einen Mangel an jeglicher Ordnungsform charakterisiert, die man in herkömmlichen Organisationen findet. Anders gesagt, die Organisation wird am besten in Macht- und nicht in Strukturbegriffen beschrieben. Diese Macht wird auf eine Weise ausgeführt, die in herkömmlichen Organisationen nicht legitim ist. Deshalb gibt es keine bevorzugte Koordinationsmethode, keinen einzigen dominanten Teil der Organisation, keinen klaren Dezentralisierungstyp. Alles hängt von der Stärke der informellen Macht ab, die zur Erlangung individueller Anliegen ausgebildet ist.

Wie entsteht eine derartige Organisation? Es gibt nur wenige publizierte Forschungen zu dieser Frage. Aber einige Ideen können doch herangezogen werden. Erstens, Konflikte in einer Organisation scheinen begrenzt zu entstehen, etwa zwischen zwei Einheiten (beispielsweise Marketing und Produktion), oder zwischen einer einflußreichen Außengruppe und einem einflußreichen Mitglied (wie etwa zwischen einem Mitinhaber und dem Unternehmensleiter). Dieser Konflikt kann sich allmählich entwickeln oder plötzlich ausbrechen. Er mag irgendwann gelöst werden, aber wenn er sich verschärft, kann er sich ausbreiten und die anderen Einflußnehmer auf die eine oder andere Seite ziehen. Da aber nur wenige Organisationen einer längeren intensiven politischen Auseinandersetzung standhalten, muß sich diese Art Konflikt irgendwann selbst mäßigen (es sei denn, er ruiniert gleich die gesamte Organisation). In moderater Form kann der Konflikt jedoch andauern, sogar wenn er das ganze System durchdringt, solange die Organisation ihre Verluste wettmachen kann, weil sie vielleicht in einer privilegierten Position ist (wie im Falle einer konfliktbeladenen staatlichen Behörde, die mit staatlichen Mittel finanziert wird oder ein politisiertes Unternehmen, das zu einem stabilen Kartell gehört).

Wir haben zwei Konfliktdimensionen, die erste gemäßigt oder intensiv, die zweite begrenzt oder durchdringend. Eine dritte Dimension – dauerhaft oder kurz – gehört in Wirklichkeit zu der ersten (intensive Konflikte müssen normalerweise kurz sein, gemäßigte können andauern). Die Kombination dieser Dimensionen führt uns zu vier Formen politischer Organisationen:

- *Konfrontation.* Sie ist durch einen *intensiven, begrenzten* und *kurzen* (instabilen) Konflikt charakterisiert.
- *Unsichere Allianz.* Sie ist durch einen *moderaten, begrenzten* und möglicherweise *andauernden* (relativ stabilen Konflikt) gekennzeichnet.
- *Die politisierte Organisation.* Ihr Kennzeichen ist ein *gemäßigter, durchdringender* und möglicherweise *andauernder* Konflikt (der relativ stabil ist, solange die Organisation in einer privilegierten Position ist).
- *Total politische Arena.* Sie ist durch einen *intensiven, durchdringenden* und *kurzen* (instabilen) Konflikt gekennzeichnet.*

Eine dieser Formen wurde *total* genannt, weil ihr Konflikt sowohl intensiv als auch durchdringend ist. In dieser Form stimmen die externen Einflußnehmer untereinander nicht überein. Sie versuchen, Allianzen mit einigen Internen zu bilden, während sie mit anderen aneinandergeraten. Die internen Aktivitäten sind ähnlich konfliktreich und mit umstrittenen politischen Spielen durchsetzt. Autorität, Ideolologie und Expertentum sind dem Spiel der politischen Macht untergeordnet. Eine derartig politisierte Organisation kann kein Ziel mit irgendeiner Konsistenz verfolgen. Bestenfalls kümmert sie sich im Laufe der Zeit auf eine inkonsequente Weise um einige Ziele, schlimmstenfalls verbraucht sie ihre ganze Energie in Auseinandersetzungen und erreicht nie irgendetwas. Im wesentlichen ist die total politische Arena weniger eine kohärente Organisation als vielmehr ein allgemeines Gerangel von Einzelnen. Im Grunde genommen ist sie wahrscheinlich die Form politischer Organisation, die in der Praxis am seltensten vorkommt, oder die instabilste, wenn sie auftritt.

Im Gegensatz dazu schaffen es die anderen Formen, nur begrenzt politisiert zu bleiben, eine erste durch Reduzierung ihrer Konflikte, eine zweite durch Eindämmen des Konflikts und eine dritte durch beides. Im Ergebnis sind diese Formen stabiler als die totale Form, und kommen insofern häufiger vor, wobei zwei von ihnen besonders lebensfähig zu sein scheinen.

In der *Konfrontations*form kann der Konflikt intensiv sein, ist aber auch eingedämmt, da er sich auf zwei Parteien konzentriert. Die Übernahmesituation, wo zum Beispiel ein außenstehender Aktionär versucht, die Kontrolle über das Management einer Gesellschaft mit beschränktem Aktionärskreis zu ergreifen, ist typisch dafür. Ein anderes Beispiel ist

* Ich betrachte nicht den gemäßigten, begrenzten und kurzen Konflikt, um ihn unter dem Stichwort politische Organisation aufnehmen zu können.

die früher erwähnte Situation zweier rivalisierender Gruppen in und um ein Gefängnis, wobei die eine auf Bestrafung, die andere auf Rehabilitation setzt.

Die *unsichere Allianz* entsteht, wenn zwei oder mehrere größere Einflußsysteme oder Machtzentren in ungefährem Gleichgewicht existieren müssen. Das Symphonieorchester zum Beispiel muß normalerweise die starke persönliche Autorität des Dirigenten (unternehmerische Orientierung) mit dem umfangreichen Können der Musiker (professionelle Orientierung) kombinieren. Wie Fellini in seinem Film *Orchesterprobe* so schön gezeigt hat, ist diese Allianz, wie unbequem auch immer sie sein mag, trotzdem notwendig (Experten sind nie von einer starken Autorität begeistert). Heutzutage ist die professionelle Organisation im öffentlichen Sektor sehr verbreitet, die eine Allianz von Experten und Regierungsvertretern irgendwie aufrechterhalten muß, wobei die eine Gruppe nach oben drängt und die professionelle Autonomie sucht, die andere nach unten, um technokratische Kontrolle auszuüben.

Unsere letzte Form, die *politisierte Organisation*, ist durch einen gemäßigten Konflikt charakterisiert, der das gesamte Machtsystem durchzieht. Das würde eine Reihe heutiger Großorganisationen beschreiben, vor allem im öffentlichen Sektor, deren Zielsetzungen erkennbar und kontrovers sind – z.B. viele Regulierungsbehörden oder einige öffentliche Versorgungsbetriebe. Hier sind es der Schutz der Regierung oder das Machtmonopol, die die konfliktreichen Organisationen am Leben erhalten. Diese Form scheint auch im privaten Sektor zunehmend häufiger vorzukommen; darunter sind einige der größten Unternehmen, die es sich leisten können, die durch Konflikte entstandenen Ineffizienzen aufgrund ihrer Marktposition in Kauf zu nehmen und gelegentlich aufgrund ihres Geschicks Unterstützung durch die Regierung bekommen.

Lebenszyklen politischer Organisationen

Wie entwickeln sich diese Formen politischer Organisationen mit der Zeit, und wie stehen sie untereinander in Beziehung? Zur Beschreibung können wir von einem Lebenszyklusmodell politischer Organisationen ausgehen, das in drei Stufen dargestellt wird: Impuls, Entwicklung, Auflösung.

Impuls

Eine notwendige und manchmal auch eine hinreichende Bedingung für das Vorkommen einer politischen Organisation ist ein starker Druck auf einen Teil der Einflußnehmer oder eine Einflußnehmergruppe, um das grundlegende Machtsystem neu zu ordnen. Zum Beispiel kann ein externer Eigentümer versuchen, die Macht über eine gerade von ihm aufgekaufte, unternehmerisch geführte Firma zu festigen, oder eine Gruppe bislang einflußloser interner Experten kann versuchen, eine neue und notwendige Technologie dazu zu benutzen, ihre eigene Macht zu steigern und zum Beispiel Sitze in entscheidenden Verwaltungsausschüssen fordern.

Ein solcher Druck kann aus sich heraus entstehen – gewisse Einflußnehmer verlangen einfach neue Bedingungen –, oder aber er wird durch andere Veränderungen hervorgerufen. Wie die Beispiele zeigen – Veränderung der Eigentumsverhältnisse, Aufkommen einer neuen Technologie – kann sich eine grundlegende Voraussetzung der Organisation gewandelt haben und zu neuen Einflußansprüchen führen. Oder aber die etablierte Machtordnung hat sich von selbst aufgelöst und ein Machtvakuum erzeugt, das andere Einflußnehmer zu füllen versuchen, z. B. wenn der autoritäre Chef einer unternehmerischen Konfiguration ernsthaft erkrankt.

Entwicklung

Derartige Zwänge fordern die bestehende Machtordnung heraus, wenn es eine gibt. Wenn nicht, dann produzieren sie Herausforderungen bei den verschiedenen Gruppen, die um neuen Einfluß in einem Machtvakuum wetteifern. Wenn natürlich diese Herausforderung zum Konflikt führt, dann kann eine schnelle Auflösung eine Politisierung vermeiden, z. B. wenn ein Machtwechsel an der Spitze der Hierarchie schon lange überfällig ist und deswegen so stark unterstützt wird, daß er als eine Art direkter Staatsstreich stattfindet.

Aber viele wichtige Herausforderungen der Macht werden nicht ganz so leicht aufgelöst. Sie stiften stattdessen zum Widerstand an und verfallen in politische Prozesse, um ihrer Bewegung Schwung zu geben. Solche Konflikte neigen dazu, anfangs eingedämmt zu werden, zum Beispiel zwischen „Jungtürken“, die sich für Veränderungen einsetzen, und einer „alten Garde“, die sich dagegen wehrt. Aber die Konflikte können sich ausdehnen.

Brechen die Konflikte plötzlich und intensiv aus – nehmen also die Konfrontationsform der politischen Organisation an –, und werden nicht schnell unter Kontrolle gebracht, können sie sich ausbreiten und sich zu einer total politischen Arena entwickeln. Aber diese intensive und durchdringende Form muß aufgelöst werden, bevor sie die gesamte Organisation liquidiert. Entwickelt sich der Konflikt jedoch allmählich, kann das zu der stabileren Form führen, die wir politisierte Organisation genannt haben, und so fortdauern (von daher werden wir sie unter „Auflösung“ diskutieren). Der moderate Konflikt der politisierten Form kann natürlich jederzeit wieder aufflackern, zur Konfrontationsform und dann unter Umständen zur totalen Form einer politischen Arena führen.

Auflösung

Drei Resultate derartiger politischer Konflikte sind wahrscheinlich. Im einfachsten Fall gewinnt einer – der Herausforderer oder die Herausgeforderten – und die Organisation gewöhnt sich wieder an ein ruhiges, relativ konfliktfreies Dasein. Das würden wir normalerweise von einer Konfrontation erwarten. Wenn jedoch die Gewinnerseite entgegen andersartigen Bedürfnissen der Organisation lediglich Macht demonstriert, dann kann man mit weiteren Konfrontationen rechnen, vor allem dann, wenn die Organisation weiterhin effektiv bleiben soll.

Das zweite mögliche Resultat ist, daß der Konflikt die Organisation liquidiert. Das geschieht wahrscheinlich auf dem Wege der total politischen Arena. Einerseits kann diese Form von selbst auftreten (zum Beispiel durch eine größere Konfrontation, die andauert und die Organisation durchdringt), und dadurch das Aus für die Organisation bedeuten. Andererseits kann die total politische Arena im Todeskampf einer Organisation entstehen, die bereits aus anderen Gründen zum Untergang verurteilt ist (etwa weil die Technologie hoffnungslos veraltet ist oder die Märkte ausgestorben sind). Hier repräsentiert der intensive und durchdringende Konflikt der total politischen Arena eine Art allgemeines Gerangel, in dem einzelne versuchen, alle verbliebenen Ressourcen zu ihrem eigenen Vorteil zu nutzen und damit schnell die Organisation zu zerstören.

Das dritte mögliche Resultat ist, daß der Konflikt anhält, aber auf eine moderate Weise, so daß die Organisation überleben kann. Unsichere Allianz und politisierte Organisation sind die beiden gemäßigten Formen der politischen Konfiguration.

Wenn das Resultat einer Konfrontation eine Abseitsstellung ist, können wir das Auftreten einer unsicheren Allianz erwarten. Keine Seite kann gewinnen, aber beide Seiten wissen, daß sie ihren Konflikt mäßigen müssen, wenn die Organisation überleben soll. Somit erlangen sie eine Art impliziter Übereinkunft und tolerieren einander. Natürlich gibt es auch Organisationen, die für alle Zeiten als unsichere Allianzen existieren müssen, wie in unserem Beispiel des Symphonieorchesters oder der Professionals, die mit den Regierungstechnokraten zusammenleben müssen. In diesen Fällen führt die Konfrontation nicht so sehr zur unsicheren Allianz als zum Gegenteil: Die unsichere Allianz führt regelmäßig zur Konfrontation.

Die politisierte Organisationsform entsteht eher, wenn sich der Konflikt langsam aufbaut und sich in einer Organisation ausbreitet, oder wenn der massive Konflikt in der total politischen Arena abflaut, z. B. wenn sich Einflußnehmer zurückziehen, um der Organisation das Überleben zu ermöglichen. Aber wie bereits erwähnt kann eine Organisation generell nicht mit der politisierten Form überleben, außer sie ist dazu in der Lage, eine privilegierte Position auszunutzen, wie einen fest behaupteten Markt oder indirekte Unterstützung durch einen Förderer.

Selbstverständlich gibt es so etwas wie echte und endgültige Konfliktlösung in keiner Organisation, sogar in der stabilsten kann jederzeit ein Konflikt ausbrechen. Sogar die formalisierte Bürokratie, der sicherste Unternehmer, die etablierteste Ideologie können hinterfragt werden, entweder willkürlich von irgendeiner Gruppe, die eine Machtposition zu erreichen versucht, oder weil veränderte Bedingungen ihre Machtbasis unterlaufen haben. Die unsichere Allianz ist vor allem unsicher. Das Potential für einen intensiven Konflikt – offener Krieg anstelle eines kalten Krieges – ist immer latent vorhanden. Jede kleine Störung kann das empfindliche Gleichgewicht stören und es auf totale Konfrontation umstellen. Deshalb kann ihr Machtsystem am besten als Homöostase beschrieben werden – ein dynamisches Gleichgewicht. Auf dieselbe Art kann die politisierte Organisation leicht zu einem intensivem Konflikt der total politischen Arena ausarten. Jedoch scheinen die meisten Organisationen meistens frei von größeren Konflikten zu sein, was es ihnen möglich macht, ihren Auftrag zu erfüllen. Aber das politische Szenario ist nie weit entfernt. Deshalb ist die einzig wahre und permanente Stabilität für Organisationen wie für alle anderen lebenden Systeme der Tod!

Politische Prozesse in der konventionellen Konfiguration

Fraglos variieren die Ebenen der Politik in den konventionellen Konfigurationen. Einige sind anfälliger für diese Aktivitäten (oder aber für einen leichten Übergang zu einer politischen Konfiguration) als andere. Wir wollen sie nacheinander betrachten.

- Die *unternehmerische* Konfiguration dürfte ein Minimum an politischen Prozessen erleben, da eine mächtige Person alle Aktivitäten streng kontrolliert. Politische Spiele werden ohne Frage nicht ermutigt, vor allem diejenigen nicht, die nicht zum persönlichen Stil des Unternehmenschefs passen. Es kann zu Sponsoring kommen, aber da der Unternehmenschef das meiste Sponsoring vollzieht, ist das kaum politisch. Ebenso können gelegentlich strategische Kandidaten vom Chef befördert werden, aber auch das ist kaum politisch. Es kann zur Konfrontation und zu unsicheren Allianzen zwischen dem Unternehmensleiter und externen Einflußnehmern kommen, oder eine Gruppe von Jungtürken fordert einen schwankenden Chef heraus. Aber diese Spiele sind so inkompatibel mit der unternehmerischen Organisation, daß sie für die Dauer des Konflikts in eine neue Konfiguration, nämlich die politische, drängen, um unter Umständen einen Übergang zu einem stabileren Typ zu erreichen.

- Die *Maschinen*konfiguration und die *diversifizierte* Konfiguration haben strenge formale Autoritätssysteme, die politische Aktivität entmutigen sollen. Aber die Rigiditäten dieser Systeme lassen tatsächlich mildere Konfliktformen entstehen, weil die Dinge an den bürokratischen Mauern scheitern. Deshalb sind hier eher politische Spiele normal, die mit der legitimen Autorität koexistieren können – Ausbau des Einflußbereichs, Budgeting, Sponsoring, strategische Kandidaten, Linie versus Stab und Aufspielen. Durch die Einführung strenger Arbeitsteilungen richten maschinenartige und diversifizierte Strukturen ihre Aufmerksamkeit auf die einzelne Einheit und unterstützen somit einen Provinzialismus und Anstrengungen zur Steigerung begrenzter Machtbasen. Dazu dienen alle diese Spiele auf ihre eigene Art (durch das Ansammeln von Untergebenen, die Ausdehnung der Mittel, das Hinzufügen von Programmen usw.). Spiele, die die formale Autorität in Frage stellen – Aufruhr (mit Gegenaufruhr als Reaktion), Jungtürken und Auffliegen lassen – können auch regelmäßig auftreten, um Schwächen im formalen Autoritätssystem zu korrigieren, vor allem in der geschlossenen Form dieser Konfiguration, wo die Autorität nicht durch externen Einfluß begrenzt ist. Angesichts der Menge der hier vorkommenden Spiele und ihrer meistens moderaten Art können diese Konfigurationen in die politisierte Organisationsform umkippen. Während diese Tendenz in der instrumentellen Form eher verhalten ist, wo das Vorhandensein einer externen Kontrolle eine übermäßige politische Aktivität verhindern kann, ist sie in der geschlossenen Form eher übertrieben, wo die Mitglieder an den Überschüssen beteiligt werden und das Verwaltungspersonal, das dafür auf dem unsicheren Boden externer Kontrolle steht, sich vielleicht einfach diesen Wünschen fügt (z. B. auf starke gewerkschaftliche Forderungen eingehen, um die Probleme eines Streiks zu vermeiden). Externe Einflußnehmer können sich zudem in der geschlossenen Systemform schließlich dazu gezwungen sehen, die Legitimation der Verwaltungsautorität in Frage zu stellen und politisieren damit die Organisation weiter.

– Die *professionelle* und *innovative* Konfiguration haben relativ schwache Autoritätssysteme, dagegen aber starke auf der Ebene des Expertentums. Das heißt, daß ihre Macht eher auf viele Personen aufgeteilt ist. Deswegen gibt es beträchtlichen Raum für politische Spiele in diesen Konfigurationen, vor allem für solche, in denen sich Gruppen gegenseitig bekämpfen – rivalisierende Lager, Allianzbildung und Jungtürken. Zusätzlich gibt es eine Neigung zu solchen Spielen, die eine begrenzte Machtbasis aufbauen, wie etwa Sponsoring, Ausbau des Einflußbereiches, Budgeting und strategische Kandidaten. Natürlich werden auch die Spiele, die mit hochqualifizierter Arbeit in Zusammenhang stehen, nämlich Expertentum und Aufspielen, häufig gespielt. Die Organisation der Professionals kann einen relativ stabilen operativen Kern haben, in dem die Tätigkeiten stark standardisiert sind, aber ihre Verwaltungsstruktur, in der alle Arten von Professionals und Managern interagieren, um Entscheidungen zu treffen, ist kaum stabil und eher eine Stütze für Spiele wie etwa strategische Kandidaten, Ausbau des Einflußbereiches und rivalisierende Lager. Die innovative Konfiguration ist weit weniger stabil und hat im allgemeinen durchgehend eine fließende Struktur, die buchstäblich Spiele wie Allianzbildung, rivalisierende Lager und strategische Kandidaten fördert. Angesichts der Anzahl und Intensität einiger Spiele in diesen Konfigurationen scheint der Übergang in eine politische Form zumindest zeitweise ein natürliches Ereignis zu sein, vor allem die Konfrontationsform (etwa zwischen konkurrierenden Expertengruppen, wobei jede behauptet, die ganze Wahrheit zu repräsentieren) und die politisierte Form, wo sich die politische Aktivität über das gesamte System ausbreitet. Es kann auch zum Übergang in eine unsichere Allianz kommen, wenn beispielsweise die Experten mit einer einflußreichen Gruppe externer Einflußnehmer konfrontiert werden (wie etwa Regierungstechnokraten), oder für eine gewisse Zeit sogar zur total politischen Arena, wenn die Experten sich untereinander offen bekriegen.

– Die *missionarische* ist wahrscheinlich die gegenüber politischer Aktivität am wenigsten tolerante Konfiguration, da das Glaubenssystem und der Ansporn zur Kooperation sehr stark sind. Die Menschen in diesen Organisationen dürfen keine privaten Allianzen oder Einflußbereiche aufbauen, keine Mittel horten, ihre Kollegen nicht verpfeifen und die herrschende Ideologie nicht hinterfragen. Diese Spiele würden in der Tat den Untergang der Ideologie als auch der Konfiguration bedeuten, wenn nicht sogar der Organisation selbst. Natürlich können manchmal strategische Kandidaten unterstützt werden, und Aufspielen ist ein häufig zu beobachtendes Spiel, wenn etwa Mitglieder gegenüber Außenstehenden mit ihrer Ideologie angeben. Konflikte können bei der Auslegung des „Wortes" entstehen und sind manchmal ganz heftig, wenn jede Seite behauptet, über die allein richtige Interpretation zu verfügen. Aber das muß entschieden intern bleiben. Die missionarische Organisation achtet immer sehr darauf, nach außen hin eine geeinte Front zu präsentieren. Es soll abschließend hinzugefügt werden, daß die Ideologie als Überlagerung einer anderen Konfiguration eine ähnliche dämpfende Wirkung bei der Einschränkung politischer Aktivitäten haben sollte, zum Beispiel durch Ermutigung einiger umstrittener politischer Spiele in einer Maschinenkonfiguration oder als Ansporn zur Kooperation anstelle von Konflikt in einer professionellen Konfiguration.

Die funktionale Rolle von Politik in Organisationen

Dem dysfunktionalen Einfluß von Politik auf Organisationen muß etwas Raum gewidmet werden. Politik ist eine umstrittene und kostspielige Angelegenheit. Sie verschlingt Energie, die besser in die Organisation fließen würde. Sie kann auch zu allen Arten von Anomalien führen. Politik wird oft dafür eingesetzt, um antiquierte Machtsysteme aufrechtzuerhalten und manchmal zur Einführung neuer, die noch keine Legitimation haben. Politische Prozesse können eine Organisation bis zu einem Punkt paralysieren, an dem ein effektives Funktionieren zum Stillstand kommt und keiner davon profitiert. Das Ziel einer Organisation ist schließlich die Herstellung von Gütern und Dienstleistungen, nicht die Schaffung einer Kampfarena.

Die Bedingungen, unter denen Politik und die politische Organisation eine funktionale Rolle übernehmen, verdienen etwas Raum, weil sie weit weniger verstanden werden. Wir wollen diesbezüglich zunächst die Stärke politischer Prozesse und dann die politische Organisationsform betrachten.

Im allgemeinen braucht eine Organisation das Politiksystem, um bestimmte Defizite in ihren anderen legitimen Einflußsystemen zu korrigieren – vor allem um für bestimmte Flexibilitätsformen zu sorgen, die durch die anderen Systeme verhindert werden. Die anderen Einflußsysteme wurden legitim genannt, weil ihre *Mittel* – Autorität, Ideologie und Expertentum – eine gewisse Legitimationsgrundlage haben. Aber gelegentlich werden die Mittel für illegitime *Zwecke* verwendet (wie im Fall des „Aufspielens“, wo eine legitime Macht übertrieben zur Schau gestellt wird). Im Gegensatz dazu kann das Politiksystem, dessen *Mittel* (per definitionem) illegitim sind, für faktisch legitime Zwecke eingesetzt werden (wie bei den Spielen des „Auffliegen lassen“ und „Jungtürken“, wo politischer Druck auf die formale Autorität ausgeübt wird, um unverantwortliches und ineffektives Verhalten zu korrigieren). Wir können das an vier spezifischen Aspekten genauer sehen.

Erstens, Politik als ein Einflußsystem kann auf eine darwinistische Weise funktionieren, um sicherzustellen, daß die stärksten Mitglieder einer Organisation in Führungspositionen gelangen. Autorität bevorzugt eine einzige Befehlsstelle; schwache Führungskräfte können starke Untergebene unterdrücken. Andererseits können politische Prozesse für alternative Informationswege und Beförderungsformen sorgen, wie wenn das Sponsoringspiel jemanden in die Lage versetzt, einen schwachen Vorgesetzten zu überspringen. Da erfolgreiche Führungskräfte zudem scheinbar ein Machtbedürfnis zeigen[7], können die politischen Spiele als Test des Führungspotentials fungieren. Spieler der zweiten Wahl reichen vielleicht für ein Probespiel aus, aber nur die Stars können im Ernstfall konkurrieren. Politische Spiele zeigen nicht nur, wer diese Spieler sind, sondern helfen auch dabei, ihre schwachen Rivalen aus dem Spiel zu entfernen.

Zweitens, politische Prozesse können es auch gewährleisten, daß alle Seiten eines Themas ausführlich diskutiert werden, wohingegen die anderen Einflußsysteme sich

7 David McClelland, „The Two Faces of Power“, in: Journal of International Affairs, 1970, S. 29–47.

vielleicht auf nur eine Seite konzentrieren. Das Autoritätsystem aggregiert die Information entlang einer zentralen Hierarchie und verfolgt eher nur eine Perspektive, die bereits als favorisierte bekannt ist. Ebenso beim Ideologiesystem, wo jedes Thema in bezug auf das „Wort“ interpretiert wird, nämlich den herrschenden Glaubenssatz. Beim System des Expertentums schließen sich die Leute bei jedem einzelnen Thema eher den Experten an. Aber die sind oft gegenüber neuen Ideen verschlossen, die sich nach ihrer Ausbildung entwickelt haben. Politische Prozesse unterstützen jedoch die Anhörung einer Vielzahl von Stimmen zu einem Thema, da sie „den verantwortlichen Menschen“ dazu verpflichtet, „sich für seine Überzeugungen einzusetzen“[8]. Und jede Stimme ist wegen der Kritik der Kontrahenten dazu gezwungen, ihre Vorschläge im Sinne des allgemeinen Wohls zu formulieren. Das heißt, sie muß Argumente zurechtlegen und Vorschläge unterstützen, die in jedem Fall hinsichtlich der Interessen der Organisation insgesamt gerechtfertigt werden können, zumindest eher als die partikularistischen Bedürfnisse einer einzelnen Gruppe. Wie Burns in einer amüsanten Fußnote bemerkt hat:

> Es ist unmöglich, einige Hinweise aus den Beobachtungen zu F.M.Cornfords bekannten „Regeln für junge akademische Politiker“ zu vermeiden. „Jobs“ fallen in zwei Klassen. Meine Jobs und Deine Jobs. Meine Jobs sind sozial gesinnte Vorschläge, die (sehr zu meinem Bedauern) den Aufstieg eines persönlichen Freundes oder (zu meinem noch tieferen Bedauern) mich selbst einschließen. Deine Jobs sind heimtückische Intrigen für Deinen eigenen Aufstieg oder den Deiner Freunde im Gewand sozial gesinnter Vorschläge.“[9]

Drittens, das System der Politik ist oft dazu aufgefordert, einen fälligen Wandel zu stimulieren, der durch das legitime Einflußsystem blockiert wird. Ein interner Wandel bedroht im allgemeinen das „persönliche Interesse“ einer Organisation. Sogar wenn es sich um den Wandel von einer legitimen Machtform in eine andere handeln sollte, etwa der persönlichen Führung durch einen Unternehmer zur formalisierten Führung durch eine Verwaltung, ist es oft die illegitime Macht, nämlich die politische Macht, die ihn herbeiführen muß. Das Autoritätssystem konzentriert die Macht an der Spitze der Hierarchie und oft in der Hand derer, die in erster Linie für die Initiierung der bestehenden Strategie verantwortlich sind. Es enthält auch die etablierten Kontrollen, die zum Erhalt des Status quo eingerichtet wurden. Auf ähnliche Weise konzentriert das Expertentum die Macht in den Händen der erfahrenen und etablierten Experten, nicht bei den jüngeren, die vielleicht über neuere und notwendigere Qualifikationen verfügen. Ähnlich ist auch das System der Ideologie. Da es in Vergangenheit und Tradition wurzelt, wirkt es wie ein Abschreckungsmittel gegen Wandel. Angesichts dieser Widerstände können politische Prozesse eine Art „unsichtbare Hand“ sein – „unsichtbare Hinterhand“ wäre ein besserer Ausdruck –, um den notwendigen Wandel über Spiele wie strategische Kandidaten, Auffliegenlassen und Jungtürken zu befördern.

---

8 Allison, Essence of Decision, S. 145.

9 T. Burns, „Micropolitics: Mechanisms of Institutional Change“, in: Administrative Science Quarterly, 1961, S. 260.

Viertens und letztens kann das Politiksystem den Weg zur Ausführung von Entscheidungen erleichtern. Manager in leitenden Positionen setzen beispielsweise oft politische Mittel ein, um Zustimmung für ihre Entscheidungen zu erlangen. Sie setzen früh auf das Spiel strategische Kandidaten zur Durchsetzung ihrer Vorschläge und um zu vermeiden, bei Widerstand auf das umstrittene und riskante Spiel „Gegenaufruhr" setzen zu müssen. Sie leisten Überzeugungsarbeit, verhandeln, bilden Allianzen, um den Weg für ihre Entscheidungen zu ebnen.

Wenn das System der Politik manchmal funktional sein kann, dann vermutlich auch für die Organisation, in der es vorkommt, nämlich die in einem Konflikt gefangen ist. Speziell die politische Konfiguration wäre funktional:

1. Wenn sie eine notwendige Neuordnung der Macht in der Organisation unterstützt – durch Veränderung in einer ihrer grundlegenden Bedingungen oder durch einen Zusammenbruch im etablierten Machtzentrum.

2. Wenn sie einen früheren Machtwandel korrigiert, der selbst dysfunktional war.

3. Wenn sie als eine unsichere Allianz existiert, die die natürlichen, harmonischen und konfligierende Kräfte in der Organisation widerspiegelt.

4. Wenn sie den Untergang einer verbrauchten Organisation beschleunigt.

Die erste These behauptet, daß wenn die etablierte Machtordnung ihre Brauchbarkeit überlebt hat, dann kann eine Konfrontationsform der politischen Organisation, die das ändern will, selbst nützlich sein. Übertriebene Politik kann manchmal wirklich der einzige Weg sein, um eine unbrauchbar gewordene, aber legitime Macht zu ersetzen – veraltetes Expertenwissen, unangemessene Kontrollen, eine abgenutzte Ideologie, eine uninteressierte Führung. In diesem Fall muß die politische Organisation als produktiv angesehen werden. Egal wie illegitim und zerstörerisch ihre eigene Macht sein mag, sie dient als funktionale Brücke von einem legitimen Machtsystem zu einem anderen. Die Organisation kehrt praktisch für eine gewisse Zeit in die politische Konfiguration zurück, um den notwendigen Wandel vollziehen zu können. Zum Beispiel wird eine desinteressierte Führung kritisiert und die Organisation politisiert, bis eine Führung eingesetzt wird, die besseren Kontakt zur Organisation hat. Wir können daraus schließen, daß die politische Konfiguration als ein primäres Mittel dient, mit dem die Gesellschaft Defizite in ihren Organisationen korrigiert.

Offensichtlich korrigiert die politische Konfiguration nicht immer einen schlechten Zustand. Manchmal verstärkt sie ihn, und die Lösung erweist sich schlimmer als das Problem. Ebenso können politische Prozesse von denjenigen im Zentrum der Macht dazu benutzt werden, den Wandel zu blockieren, den die Organisation dringend braucht. Aber solche Situationen sind wahrscheinlich nicht sehr lange stabil, wie früher bereits gezeigt wurde. Unsere zweite These behauptet, daß man mit erneuter Konfrontation, mit verstärkten politische Druck rechnen muß, bis die Grenze durchbrochen ist und der notwendige Wandel eingeleitet werden kann. Genau wie Anarchisten, die in allen Gesellschaften lauern, eine Revolution nur schüren können, wenn weite Teile der Bevölkerung das Bedürfnis nach Veränderungen haben, so werden auch politische Prozesse, die in allen Organisationen lauern, nur dominant, wenn als notwendig angesehene Veränderungen wiederholt verhindert wurden.

Einige politische Herausforderungen sind natürlich arbiträr oder neutral. Ein Einflußnehmer wünscht einfach neue Bedingungen. In diesen Fällen können wir die Konfliktlösung nicht funktional oder dysfunktional nennen. Wir können jedoch die Konfliktperiode dysfunktional nennen, weil sie Ressourcen verschwendet, die anders hätten verwendet werden können. Deshalb kann eine unsichere Allianz – eine dauerhafte politische Organisation –, die keine Widerspiegelung der natürlichen Kräfte der Organisation darstellt, wegen der verbrauchten Ressourcen als dysfunktional angesehen werden. Aber eine dritte These behauptet, daß eine unsichere Allianz, die aus entgegengesetzten Kräften, die natürlich, ungefähr harmonisch und konfligierend sind, aufgebaut ist, als funktional angesehen werden muß – etwa zwischen dem Forschungspersonal, das sich für Innovationen stark macht und dem Herstellungspersonal, das sich für Effizienz einsetzt, in einem Unternehmen, das beide im Gleichgewicht braucht. Die Organisation kann nämlich nicht funktionieren, wenn sie nicht jede dieser Kräfte sich entfalten läßt. Sie hat keine andere Möglichkeit, als die Form einer unsicheren Allianz anzunehmen. Ein wenig Konflikt ist die unvermeidbare Konsequenz jeden Arbeitsvollzugs.*

Unsere letzte These betrachtet Organisationen, die schon sowieso unterlegen sind, vielleicht weil sie nicht länger ihre Mission effektiv erfüllen können oder weil diese Mission nicht länger gefragt ist. Etwas Hoffnung besteht für die Verbesserung der Effektivität der Organisation oder für die Umwandlung in eine andere Mission (oder, näher an dieser These, es kann effektiver sein, neue Organisationen an ihre Stelle zu setzen). In jedem Fall ist aus der Perspektive der Gesellschaft ein schneller Untergang besser, wenn er unvermeidbar ist. So wird während der Todesqualen der Organisation nur ein Minimum an Ressourcen verschwendet. Deshalb kann die total politische Arena, die vor allem entsteht, wenn eine Organisation stirbt und ihren Untergang beschleunigt, als funktional angesehen werden. Ähnlich wie Aasgeier, die über einem Kadaver kreisen und in der Natur eine positive Funktion erfüllen, so können auch politische Konflikte, die eine untergehende Organisation umgeben, eine positive Funktion in der Gesellschaft haben. Beide dienen dem Recycling wertvoller Ressourcen.

Natürlich setzt dies voraus, daß der letzte Konflikt seinen natürlichen Verlauf nehmen kann. Wenn jedoch künstliche Kräfte eine Organisation in einem durchdringenden Konfliktzustand halten (wie es Regierungen manchmal mit großen, im Grund maroden Unternehmen aus Angst vor politischen Auswirkungen eines Bankrotts tun), dann muß die politische Organisation als entschieden dysfunktional angesehen werden.

Um unsere Diskussion abzuschließen: obwohl ich persönlich nicht von Politik in Organisationen begeistert bin und kein Verlangen habe, in einer politischen Organisation zu leben, auch nicht in Formen, die ich als funktional beschrieben habe, so akzeptiere ich

* Ich ziehe nicht dieselbe Schlußfolgerung für die politisierte Organisation, weil ihr durchdringender Konflikt normalerweise bedeutet, daß zuviel Energie in politischer Aktivität verschwendet wird.

doch, und hoffe, daß ich den Leser auch davon überzeugt habe, daß diese Konfiguration wie die anderen eine natürliche Rolle in unserer Gesellschaft von Organisationen zu übernehmen hat. Organisationspolitik mag uns irritieren, sie kann uns aber auch nützlich sein.

Anmerkung

Zwei Kapitel in Power In and Around Organizations (Prentice- Hall, 1983) arbeiten alle die hier angesprochenen Fragen genauer aus. Kapitel 13, „The System of Politics", diskutiert jedes der politischen Spiele ausführlicher sowie die Frage, warum in Organisationen Politik gespielt wird und mit welchen Mitteln (Wille, Fertigkeiten, privilegierte Information, privilegierter Zugang etc.). Kapitel 23, „The Political Arena", diskutiert dann mit einer Reihe von Illustrationen jede der vier Formen der politischen Organisation genauer; es beschreibt auch im Detail das Lebenszyklus-Modell der politischen Organisation.

14. Kapitel

Jenseits der Konfiguration: Kräfte und Formen in effektiven Organisationen

Ursprünglich sah ich dieses Kapitel als eine Art Abschluß an, um einige lose Enden zu verknüpfen und den Leser zu ermuntern, über die Konfigurationen an sich hinaus zu blicken. Aber in einer intensiven Phase von zwei oder drei Wochen, bevor das Buch in Druck ging (und zum Kummer einiger sehr toleranter Leute von The Free Press auch wieder danach) begannen die Dinge sich zu entwickeln. Ein Student hatte vor einigen Jahren mein Denken mit seiner Bemerkung über Puzzle- oder LEGO-spielen angeregt. Dies und einige Kommentare zu einer früheren Fassung dieses Kapitels sowie einige Beratungserfahrungen zur Zeit der Überarbeitung des Kapitels konvergierten plötzlich in einer Aussage über organisatorische Effektivität – es war das erste Mal, daß ich direkt zu diesem Thema etwas schrieb. Ich ging nicht nur über die tatsächlichen Konfigurationen aus meiner früheren Arbeit hinaus, sondern über die ganze Vorstellung von Konfigurationen, die mein Denken für beinahe fünfzehn Jahren bestimmt hat. Ich war selbst von dem Resultat überrascht.

Die folgende Diskussion geht auf zweierlei Weise über Konfigurationen hinaus: Sie geht auf eine zurück und über sieben hinaus. Sie geht auf eine zurück und behandelt die *Formen* als *Kräfte*. Mit anderen Worten, sie betrachtet die Konfiguration als integrierten Rahmen fundamentaler Kräfte, die auf jede Organisation einwirken. Und sie geht über sieben Konfigurationen hinaus und schlägt vor, daß wirklich kreative Organisationen ihre Formen einzig und allein an ihre eigenen Bedürfnisse anpassen.

Würde ich nach der wichtigsten Regel bei der Entwicklung einer Organisationstheorie gefragt, würde ich ohne Zögern antworten: „Anomalien schätzen“. Schlechten Theorien fehlt es an Anomalien; sie ignorieren, was sie nicht sofort erklären können. Im Gegensatz dazu kommen Durchbrüche aus Anomalien, die identifiziert und festgehalten wurden, manchmal im Bewußtsein, wahrscheinlich häufiger irgendwo darunter, bis sie erklärt sind. Dasselbe scheint für Organisationen zuzutreffen: Der wirkliche Fortschritt scheint in der Praxis aus Schwierigkeiten zu resultieren, die zunächst zur Seite geschoben werden, über die aber regelmäßig nachgedacht wird, bis sie kreativ gelöst sind.

Unsere Diskussion in den letzten sieben Kapiteln ähnelt einem Puzzlespiel mit sieben Kombinationsmöglichkeiten der Teile. An dieser Stelle will ich zur Zusammenfassung und Integration der Diskussion mit einigen der Anomalien, denen ich über die Jahre hinweg begegnet bin, „Organisations-Lego“ spielen.

Ich habe irgendwo von einen Professor gelesen, der seinen Doktoranden sagte: „Halte die Theorien einfach, die Realität ist komplex genug.“ Die Diskussion unserer sieben Konfigurationen war einfach genug; es ist Zeit, sich der Komplexität der Realität zuzuwenden.

„Lumping“ und „Splitting“

Charles Darwin hat einmal die Unterscheidung von „Lumpers“ und „Splitters“ gemacht. Lumpers kategorisieren. Sie sind die Synthetisierer und neigen zur Konsistenz. Wenn sie erst einmal etwas in der einen oder anderen Schublade abgelegt haben, sind sie fertig damit. Für einen Lumper im Management sind Strategien eine Gattung, Strukturen sind Typen und Manager haben Stile (X,Y,Z,9-9,etc.). Splitters nuancieren. Sie sind die Analysierer und neigen zur Unterscheidung. Da nicht alles immer kategorisiert werden kann, werden sie nie fertig. Für einen Splitter im Management variieren Strategien, Strukturen und Stile unendlich.

Ich glaube, daß ein Schlüssel zur effektiven Organisation in dieser Unterscheidung liegt, vor allem in der Gleichzeitigkeit von Akzeptanz und Zurückweisung (die selbst auf Lumping und Splitting hinauslaufen). Beide sind richtig und falsch. Ohne Kategorien könnte man kein Management praktizieren. Nur mit Kategorien allein könnte man es nicht effektiv praktizieren.

Über einige Jahre hinweg arbeitete ich als Lumper und versuchte Typen von Organisationen zu identifizieren. Ähnlich wie im Bereich der Biologie meinte ich, daß wir im Management eine gewisse Kategorisierung der „Spezies“ brauchen, mit denen wir es zu tun haben. Wir dachten zu lange und zu sehr, daß es den „one best way“ gibt, daß jede Organisation jede neue Technik und Idee braucht – wie MBO (Management by Objectives) oder formale Planung oder partizipatives Management. Deshalb entwickelte ich in meinen Büchern über Struktur und Macht verschiedene „Konfigurationen“ von Organisationen. Meine Prämisse war, daß eine effektive Organisation sozusagen „alles zusammen realisieren muß“ – Konsistenz in ihren internen Merkmalen, Harmonie in ihren Prozessen, Anpassung an ihren Kontext.

Puzzle und Lego

Immer wenn einem eine Frage gestellt wird, die einen stutzig macht, gerät man aus der Fassung. Vor einigen Jahren fragte mich einer meiner Doktoranden, Alain Noël, nachdem er das Material über Struktur und Macht gelesen hatte, ob ich vorhätte, damit „Puzzle oder Lego“ zu spielen. Mit anderen Worten, ob ich meinte, alle diese Elemente in richtiger Reihenfolge zusammenzusetzen, um bekannte Bilder zu schaffen, oder ob sie zur kreativen Entwicklung neuer verwendet werden sollten? Ich hatte keine Antwort darauf, ob ich dem Puzzlespielen das Wort redete, auch wenn ich der Meinung war, daß die Teile zu einigen anderen als den üblichen Bildern zusammengesetzt werden könnten. Aber unmittelbar danach fing ich an, über „Organisations-Lego“-Spiele nachzudenken. All die Anomalien, denen ich begegnet war, all diese scheußlichen, gut funktionierenden Organisationen, die nicht in eine meiner ordentlichen Kategorien passen wollten, wurden plötzlich zu Gelegenheiten, über Konfiguration hinaus zu denken. Ich konnte auch ein Splitter werden.

Dieses Kapitel ist im Geiste des „Organisations-Lego“ geschrieben. Es versucht zu zeigen, wie wir Splitting als auch Lumping dazu verwenden können, zu verstehen, was Organisationen effektiv macht und auch was ihre fundamentalen Probleme verursacht.

Formen und Kräfte

Ich werde mich auf die Konfigurationen von Organisationen als *Formen* beziehen. Die ursprünglichen fünf aus meinem Strukturbuch – hier unternehmerisch, maschinenartig, diversifiziert, professionell und innovativ genannt – werden an den Ecken eines Pentagons angelegt, wie es in Abbildung 14.1 dargestellt ist. (Ich werde kurz auf die beiden anderen Konfigurationen aus meinem Buch über Macht zurückkehren, nämlich die missionarische und die politische.)

Viele Organisationen scheinen *mehr oder weniger* spontan in die eine oder andere dieser Kategorien zu passen. Wir alle kennen die kleine, aggressive unternehmerische Firma, das perfekte maschinenartige Schweizer Hotel, den diversifizierten Mischkonzern, die professionelle Universität, den freien und ungebunden Innovativen aus Silicon Valley. Aber einige Organisationen passen nicht hinein, sehr zum Ärger des Lumpers. Und wenn auch manche zu passen scheinen, bei genauerem Hinsehen kommen merkwürdige Anomalien ans Licht. Es ist schwer, sich eine maschinenartigere Organisation als McDonald's vorzustellen. Warum scheint sie zumindest in ihrem eigenen Kontext dann doch eher innovativ zu sein? Und warum springt jemand unter den Zuhörern auf, wenn ich bei einer Gruppe von Managern die innovative Form von 3M oder Hewlett-Packard erwähne, und berichtet von deren strengen Kontrollsystemen? Innovative Adhocratien sind nicht von engen Kontrollen abhängig.

Das alles erfreut natürlich die Splitter. „Komm Henry", schimpfte mich unlängst ein Kollege, „in meiner Beratungspraxis sah ich nie irgendeine dieser Formen. Ich kann alle von ihnen in allen seriösen Organisationen finden." Für ihn schweben Organisationen im Innern meines Pentagons und verdichten sich nie zu einem Knoten. Als Antwort auf den berechtigten Anspruch der Splitter fügte ich deswegen vor kurzem *Kräfte* zu dem Pentagon hinzu, die als Pfeile dargestellt sind, die von jeder Form ausgehen. Anders gesagt, jede Form kann man sich auch als Repräsentation einer Kraft vorstellen:

- Die unternehmerische Form repräsentiert die Kraft für *Richtung*, wo die Leute zur Autoritätsspitze hochblicken oder der Führer nach unten blickt und sagt, „Was wir hier vor allem brauchen ist eine gewisse Richtung, jemanden, der allen sagt, wo es langgeht."
- Die Maschinenform repräsentiert die Kraft für *Effizienz*, wo die Stabsleute der Technostruktur über alle anderen blicken und sagen: „Wir brauchen vor allem eine gewisse Ordnung, gewisse Arbeitsregeln und Standards, um sicherzustellen, daß alles planmäßig abläuft."*
- Die professionelle Form repräsentiert die Kraft für Können, wo diejenigen im operativen Kern der Organisation aufblicken und sagen: „Laßt uns in Ruhe, wir sind die Pro-

* Diese und die diversifizierte Konfiguration können die Form eines Instruments oder eines geschlossenen Systems annehmen. Es sollte hinzugefügt werden, daß diese Kraft zur Effizienz als Repräsentation einer Dienstleistung gegenüber einer dominanten externen Wählerschaft, oder ansonsten der Organisation (und ihrer Administratoren), als ein System für sich selbst gedacht werden kann.

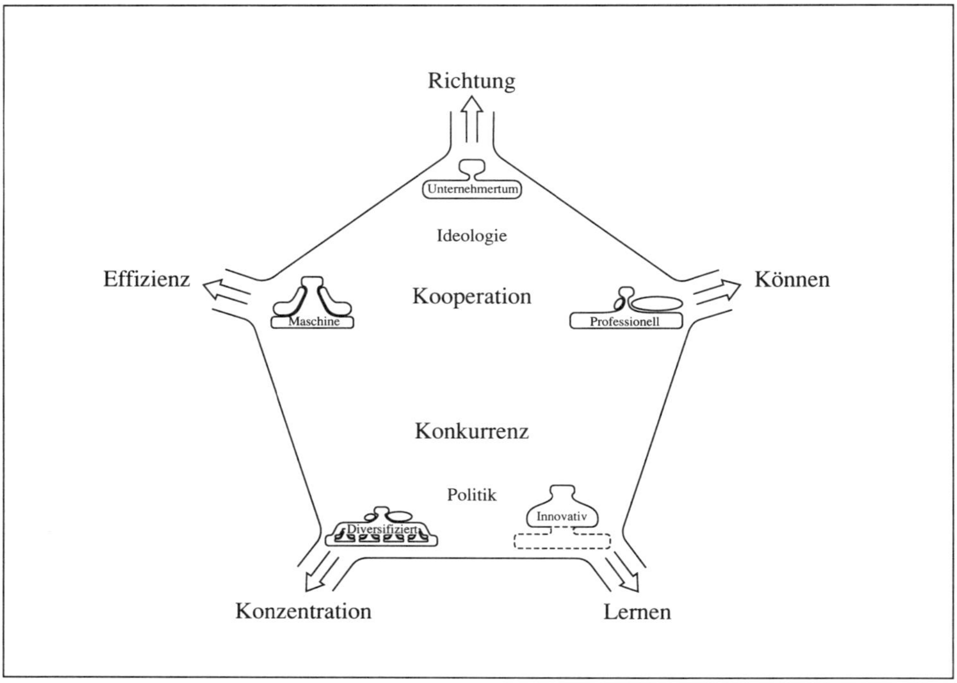

Abbildung 14.1: Ein integrierendes Pentagon der Kräfte und Formen

fessionals. Laßt uns unser Können entwickeln und autonom anwenden, und alles ist in Ordnung."

- Die diversifizierte Form repräsentiert die Kraft für *Konzentration*, wo die Manager der mittleren Linie hinauf und hinunter blicken und sagen: „Nein, wir sind diejenigen, die allein gelassen werden sollen, um klare Produktmarktmandate aufzunehmen und dann frei managen können, wie wir es für richtig halten, und nur der Leistungskontrolle unterliegen."
- Und die innovative Form repräsentiert die Kraft für *Lernen*, wo sich die Experten der ganzen Organisation umblicken und sagen: „Dieser Platz braucht vor allem Wandel, Anpassung. Laßt uns alle zusammenarbeiten und innovativ sein."

Ich habe bisher die beiden Formen aus meinem Buch über Macht ausgelassen. Wir können sicherlich Beispiele der missionarischen Konfiguration finden, wie im traditionellen israelischen Kibbuz oder in radikalen politischen Bewegungen. Ebenso können solche Organisationen wie Aufsichtsbehörden, manchmal sogar Wirtschaftsunternehmen, für eine gewisse Zeit so von Konflikt erfaßt werden, daß sie zu einer Art politischer Organisation werden können. Aber diese Formen sind relativ selten, zumindest im Vergleich zu den anderen fünf, und insofern ziehe ich es vor, sie nur als Kräfte darzustellen (in der Mitte des Pentagons, aus später zu erörternden Gründen).

- Ideologie repräsentiert die Kraft für *Kooperation*, für das „an einem Strang ziehen" (von daher zielen die Pfeile in Richtung Mitte).
- Und Politik repräsentiert die Kraft für *Konkurrenz*, für „Auseinanderreißen" (von daher zeigen die Pfeile nach außen).

Wir haben zwei Perspektiven auf die organisatorische Effektivität, um diesen Punkt zu rekapitulieren. Eine für die Lumper, die sich auf ein *Portfolio von Formen* konzentriert, aus dem die Organisationen wählen können, wenn sie effektiv werden wollen. Die für die Splitter konzentriert sich auf ein *System von Kräften*, mit denen Organisationen zur Effektivitätssteigerung spielen können. Wenn die Lumper recht haben, funktioniert die Form. Wenn die Splitter recht haben, müssen wir uns den Kräften zuwenden.

Die Basis meines Arguments ist hier, daß beide Perspektiven gegenüber der Managementpraxis entscheidend sind. Eine repräsentiert die fundamentalsten Kräfte, die auf Organisationen wirken: Alle seriösen Organisationen erfahren zu bestimmten Zeiten alle sieben, wenn nicht sogar immer. Und die andere repräsentiert die fundamentalsten Formen, die Organisationen annehmen können, was manche gelegentlich tun. Zusammen, wie im Pentagon ausgeführt, scheinen diese Kräfte und Formen einen starken diagnostischen Rahmen zu bilden, mit dem man verstehen kann, was in Organisationen geschieht, und mit dem man Hinweise für effektiven Wandel geben kann.

Manchmal dominiert eine Kraft das Verhalten einer Organisation. Dann erhalten wir eine *Konfiguration* – das Auftreten einer Form. Das Problem mit der Konfiguration ist jedoch, daß die dominante Kraft zu mächtig werden kann und somit einen *Kontaminierungseffekt* auf die anderen Kräfte hat. Dann riskiert es die Organisation, *außer Kontrolle* zu geraten. Deshalb sind die anderen Kräfte, wie sekundär sie auch sein mögen, als Gegengewicht oder als *Eindämmung* der dominanten Kraft nötig. Die Lumper brauchen die Splitter.

Zu anderen Zeiten dominiert nicht eine Kraft, sondern zwei oder mehr müssen vielmehr in einem ungefähren Gleichgewicht als eine *Kombination* existieren. Das erzeugt aber ein anderes Problem, das Spaltung genannt werden kann – ein Konflikt zwischen entgegengesetzten Kräften. Und dann gibt es noch Organisationen, die eine *Transformation* erleben, also einen Übergang von einer Form oder Kombination zu einer anderen vollziehen müssen. Das produziert auch entgegengesetzte Kräfte und führt zu Spaltung. Splitting hat auch seine Nachteile.

Nun machen es Eindämmung und Spaltung notwendig, den *Widerspruch* zu handhaben, die entgegengesetzten Kräfte also zu versöhnen. Und hier kommen die Kräfte im Zentrum des Pentagon ins Spiel, nämlich Kooperation und Konkurrenz. Lumping für Splitter und Splitting für Lumper.

Wir machen jetzt mit Lumping und Splitting weiter, fangen mit dem Puzzlespiel an und gehen dann schnell zum Legospielen über. Wir betrachten zuerst die Konfiguration von Formen, dann die Kombination und Umwandlung von Kräften (die auch in einem Nachtrag diskutiert werden) und schließlich das Management des Widerspruchs, bevor wir mit einer Diskussion darüber enden, was eine Organisation kompetent macht.

Konfiguration

Wenn eine Kraft die andere dominiert, basierend auf den besonderen Bedürfnissen einer Organisation oder vielleicht gerade aufgrund willkürlicher Machtausübung, dann sollten wir sehen, ob die Organisation einem der Knotenpunkte nahekommt und mehr oder weniger die Form einer unserer Konfigurationen annimmt. Mit anderen Worten, eine Kraft wird zu einer Form, wenn die Organisation es zuläßt. Vieles von dem, was in der Konfiguration vorkommt, spiegelt diese dominante Kraft wider. Der Soziologe Max Weber verwendete den Begriff „Idealtyp" für die Abbilder der Realität, was unseren Konfigurationen entspricht. Mit dem Wort „ideal" meinte er den reinen, nicht den perfekten Typ. Wir werden uns auf unsere Konfigurationen als reine Formen beziehen. Während keine reale Organisation vollkommen irgendeiner unserer reinen Formen entspricht, so kommen einige ihnen beachtlich nahe, wie die früher genannten Beispiele zeigen.

In dem früheren zusammenfassenden Kapitel meines Strukturbuches stellte ich eine Frage: „Gibt es überhaupt irgendeine dieser Konfigurationen?" Ich glaube, meine Antwort auf diese Frage läßt sich hier wiederholen.

In einer Hinsicht existieren diese Konfigurationen überhaupt nicht. Im Grunde sind sie nur Worte und Bilder auf Papier, nicht die Realität selbst. Wirkliche Organisationen sind enorm komplex, weit mehr als irgendeines dieser Abbilder. Sie erzeugen eine Art Theorie, oder zumindest die Komponenten einer Theorie. Und jede Theorie simplifiziert notwendigerweise und zerstört damit die Realität. Das Problem ist natürlich, daß wir zumindest in einigen Bereichen nicht ohne (implizite oder explizite) Theorie auskommen, ebenso wie eine Bibliothek ein Katalogsystem braucht.

Deshalb ist unsere Wahl oft nicht die zwischen Theorie und Realität, sondern zwischen alternativen Theorien. Niemand trägt die Realität in seinem Kopf mit sich herum, kein Kopf ist so groß. Stattdessen tragen wir Vorstellungen der Realität mit uns herum, die auf implizite Theorien hinauslaufen. Gelegentlich sind diese um explizite Rahmen zur Identifikation von Konzepten und ihre Verknüpfung ergänzt – mit anderen Worten, um formale Theorien, die auf systematischen Untersuchungen, also Forschung aufbauen oder zumindest auf systematischen Beobachtungen. Einige Phänomene können praktisch nicht verstanden werden ohne solche formale Hilfe – wie soll man zum Beispiel eine implizite Theorie der Kernspaltung entwickeln?*

Deshalb bevorzuge ich die Annahme, daß die Konfigurationen existieren. Wenn ich meine Aufgabe korrekt erledigt habe, dann existieren sie dort, wo letztlich alles Wissen existiert – im Bewußtsein der Menschen. Indem wir *daran* denken, wollen wir einige Fakten des Auftretens von Konfigurationen betrachten.

* Manchmal sind die als persönliche implizite Theorien angesehenen einfach nur formale Theorien, die wir vor langer Zeit internalisiert haben. Wie John Maynard Keynes dazu schreibt: „Praktische Menschen, die glauben, daß sie frei von irgendwelchen intellektuellen Einflüssen sind, sind normalerweise die Sklaven eines verstorbenen Ökonomen."

Vor einigen Jahren schickten wir an McGill unsere MBAs los, um Organisationen in der Gegend von Montreal zu untersuchen, und machten sie unter anderem mit meinem Buch über Struktur vertraut. Am Ende des Jahres verteilte ich einen Fragebogen und fragte danach, ob sie ihre Organisation in eine der Formen, einen Hybriden aus zwei oder mehreren oder keine der oben genannten kategorisieren würden. Obwohl die Ergebnisse nur die Eindrücke einer Gruppe von Studenten nach einer Erfahrung von wenigen Monaten darstellen, so geben sie dennoch einen ungefähren Hinweis darauf, wie die Welt der Organisationen einer Gruppe intelligenter Beobachter erscheint. In etwas mehr als der Hälfte der Fälle – 66 von 123 – hatten die Studenten den Eindruck, daß eine einzige Form am besten paßt. Es waren 25 unternehmerische, 13 maschinenartige, 11 diversifizierte, 9 innovative und 8 professionelle Organisationen.* Der Rest wurde als Kombinationen eingestuft, die in den meisten Fällen aus zwei der Formen bestanden.

Lumping ist natürlich angenehm, es appelliert an unseren Ordnungssinn. Organisationen können schnell und leicht verstanden werden. Manchmal finden wir spezifische Formen, die in besonderen Bereichen bevorzugt werden, zum Beispiel die Maschinenkonfiguration in Betrieben der Massenfertigung wie der Automobilherstellung, bei Luftfahrtgesellschaften und der Post, die professionelle Konfiguration in so hochqualifizierten Bereichen wie Erziehungs- und Gesundheitswesen, die innovative Konfiguration in den modernen Industrien der Hochtechnologie. Natürlich gibt es auch Bereiche, in denen die Organisationen ihre Form ebenso wählen können wie ihre Nische. Im Gastronomiebereich zum Beispiel gibt es die „billige Kneipe“, die persönlich vom Eigentümer-Unternehmer geleitet wird. die Fast-Food-Kette, die besessen ist, alles zu standardisieren, und natürlich den Inbegriff des professionellen Handwerks, das französische Feinschmeckerlokal. Auf ähnliche Weise können Beratungsfirmen unterteilt werden in innovative, die in jedem neuen Kunden eine Gelegenheit für eine kreative Lösung eines neuen Problems sehen, und professionelle, die alle neuen Aufträge in die eine oder andere bestehende Kategorie stecken und bewährte Programme darauf anwenden.

Für den Lumper, der kulturelle Stereotypen liebt, können wir die Idee von Formen auf die nationalen Vorlieben ausdehnen. Vielleicht zeigt das einige Vorteile des Vergleichs. Zum Beispiel scheint sich die Schweiz mit ihrer Ordnungsliebe sehr gut für die Maschinenform zu eignen. Vielleicht funktionieren ihre Hotels, Banken und Eisenbahnen deshalb so effektiv. Untersuchungen über die Chinesen legen es nahe, daß sie eine starke Neigung zur Bevorzugung der unternehmerischen Form haben. Sie bilden manchmal gewaltige Imperien auf der Basis einer persönlichen Initiative.[1] Und um vorübergehend zu unseren letzten beiden Konfigurationen zurückzukehren: daß die Japaner die Ideologie der missionarischen Form bevorzugen, ist vielleicht ebenso gut bekannt wie die Vorliebe der Italiener für die politische Organisation.

* Der starke Nachweis der unternehmerischen Formen könnte als Widerspiegelung der Neigung der Studenten angesehen werden, nur kleine Organisationen zu untersuchen. Aber ich glaube nicht. Es gibt viel mehr kleine Organisationen (in der Wirtschaft und anderswo) als große, die oft unternehmerische Formen haben. Bei den größeren würde ich in jeder westlichen Gesellschaft die Maschinenform erwarten.

1 S. Gordon Redding, The Spirit of Chinese Capitalism (Cambridge: Cambridge University Press, erscheint 1989).

Ich vermute, daß die innovative Form am besten in Schweden funktioniert, wo die Arbeitskräfte sehr gut ausgebildet sind und es eine lange Geschichte kreativen Designs gibt, und die Präferenz von Zusammenarbeit und Konsens gegenüber von Führung ziemlich stark ist. Bei der Suche nach der Nation, auf die die professionelle Form am besten paßt, wo die Experten für sich und wenig kreativ arbeiten, entdeckte ich sie in meinem Land. Auch die Kanadier haben sehr gut ausgebildete Arbeitskräfte und eine Neigung zur Ablehnung von Führung, aber uns fehlt es an der schwedischen Veranlagung zu Innovationen und zur Zusammenarbeit – wir ziehen es vor, die Leute für sich arbeiten zu lassen. Das befähigt uns meiner Meinung nach ziemlich gut zum Management von Organisationen von Professionals: Wir haben die kollegialsten Universitäten, die ich in der ganzen Welt gesehen habe und ein Gesundheitssystem, das die richtige Balance zwischen privater Initiative und öffentlicher Kontrolle getroffen zu haben scheint.

Große amerikanische Wirtschaftsunternehmen, und in dieser Hinsicht große Organisationen in vielen Bereichen des amerikanischen Lebens, ziehen eher die diversifizierte Form vor. Ironischerweise kann dasselbe für die Ostblockstaaten gesagt werden, wo der Kommunismus alle Organisationen in eine riesige divisionalisierte Struktur gedrängt hat. Tatsächlich gibt es hier eine zweite Ironie, weil man von den Amerikanern mit ihrer Betonung der Initiative des Einzelnen und ihrer Vorliebe für Innovationen erwarten würde, daß sie die unternehmerische oder zumindest die innovative Konfiguration bevorzugen. Das tun sie im Prinzip vielleicht auch. Es existiert sicherlich kein Mangel an beiden in den Vereinigten Staaten. Aber die heutige amerikanische Industrie und andere Bereiche scheinen mir mit Maschinenorganisationen überflutet zu sein, als Divisionen von diversifizierten Organisationen. Ich glaube, daß dies aus dem enormen Wachstum amerikanischer Organisationen in den letzten Jahrzehnten resultiert, was eine Widerspiegelung sowohl der Machtausübung als auch die Folge wirtschaftlicher Kräfte ist. Als die amerikanischen Unternehmen größer wurden, als sie sich die Konzepte für „professionelles" Management aneigneten und als sie zunehmend diversifizierten und versuchten, ihre Divisionen als Instrumente zu führen, die der Kontrolle einer Grundlinie unterworfen waren, bürokratisierten sie weitgehend ihre Aktivitäten. Vorhin habe ich behauptet, daß zu den Vorteilen von Konfigurationen die interne Harmonie in Verbindung mit externer Anpassung gehört. Aber hier scheint die externe Anpassung zu fehlen – der Markt scheint zunehmend mehr Qualität und Innovationen zu verlangen als viele amerikanische Unternehmen anbieten –, während die interne Harmonie durch Mitarbeiter (sogar Manager) gestört wird, denen ihre Rolle als Rädchen in der bürokratischen Maschine nicht mehr behagt. Man beseitige Harmonie und Anpassung, und die Konfiguration wird dysfunktional.

Wenn die Konfiguration jedoch paßt, dann hilft sie nicht nur beim Verstehen von Organisationen, sondern auch bei ihrem Management. Sie erleichtert die Diagnose (alles Neue kann in den Begriffen eines klaren Organisationsmodells beurteilt werden), und das wiederum erleichtert Empfehlungen. Wir wissen eine Menge über jede der häufigen Formen – ihre Strukturen und Strategien, ihre Managementaktivitäten und -stile, viele ihrer erwartbaren Probleme und Chancen, ihre Menschen und Systeme. Wir kennen auch die Konzepte und Techniken, die jeweils am besten funktionieren: Arbeitsstudien in der Maschinenform, Finanzkontrollsysteme in der diversifizierten, Führungsvision in der unternehmerischen, Kollegialität in der Organisation der Professionals, Projektmanagement und Matrixstruktur in der innovativen Organisation.

Das Konzept der Konfiguration kann auch denjenigen helfen, die eine Organisation von außen zu verstehen versuchen. Einige einfache Fragen zeigen manchmal, mit welcher Form man zu rechnen hat:

- Was sind die Hauptgruppen der Beschäftigten?
- Für jede die Frage: Ist die Arbeit ungelernt oder ist eine beträchtliche Ausbildung erforderlich?
- Arbeiten sie alleine oder in Gruppen zusammen?
- Sind ihre Outputs standardisiert oder speziell angefertigt?

Ungelernte und standardisierte Arbeit, die allein ausgeführt wird, legt die Maschinenkonfiguration nahe. Qualifizierte und standardisierte Arbeit, allein ausgeführt, legt die professionelle Konfiguration nahe. Sehr gut ausgebildete Mitarbeiter und Gruppenarbeit sowie speziell angefertigte Outputs legen die innovative Konfiguration nahe.

Andere naheliegende Faktoren, die bei der Kategorisierung einer Organisation berücksichtigt werden können, sind: die Größe ihrer unterstützenden Einheiten im Vergleich zu den ausführend Tätigen (Verhältnisse von drei oder vier zu einem legen die professionelle, manchmal die innovative Konfiguration nahe), die Klarheit der Definition zwischen Linie und Stab (was die Maschinen- oder diversifizierte Konfiguration impliziert, ihr Fehlen die innovative), das Fehlen eines Stabes (was die unternehmerische impliziert) usw. Man muß natürlich auch darauf achten, ob es einen bevorzugten Koordinationsmechanismus und deutliche Hinweise auf ein Machtzentrum gibt. Die Beantwortung solcher Fragen muß nicht immer eindeutig sein, wie wir sehen werden. Aber wenn sie es sind, erleichtert es die Sache.

Man kann auch seinen Spaß mit ihnen treiben. Jede Konfiguration kann zum Beispiel mit einer Metapher in Verbindung gebracht werden (die Maschine für sich selbst, das Portfolio für die diversifizierte Konfiguration, der Heiligenschein für die missionarische, die kristalline Struktur für die innovative usw.) Oder mit einem entsprechenden Tier (die Lemminge für die missionarische, den Korb mit Krabben für die politische, das Team der Biber für die innovative etc.). Einige Konfigurationen scheinen natürlich auch auf bestimmte Sportarten zu passen, American Football als die perfekte Maschine (formale Führung, strenge Arbeitsteilung, vorprogrammierte Arbeit, alle hochspezialisiert), vielleicht kanadisches Hockey als innovative Konfiguration (oder ist es die politische?!)

Zur Klassifikation, zum Verständnis, zur Diagnose und für Vorschläge ist die Konfiguration deshalb sehr praktisch. Aber sie hat auch ihre Probleme.

Kontamination

Konfiguration steht wie erwähnt für Harmonie, Konsistenz, Anpassung. Die Organisation weiß, was sie wie tun muß. Die Struktur, Machtverteilung und sogar die Kultur stehen fest – man kann schnell den Unterschied etwa zwischen einer Maschinenorganisation und einer innovativen nennen (wer begrüßt einen an der Tür, wie ist er gekleidet, wie sehen die Büros aus, oder der Raum, wenn es keine Büros gibt). Hier liegen ihre größten Stärken, und ihre größten Schwächen.

Tatsache ist, daß die Konfiguration kontaminiert. Man versuche nur in einer ansonsten maschinenartigen Organisation innovativ zu sein, etwa als Forschungslabor in einem Massenproduktionsbetrieb für ausgereifte Produkte. Das Labor wurde im Glauben auf dem Land gebaut, daß die Distanz vor dem Einfluß der Technokratie schützen könnte. Blei kann zwar vor Strahlung schützen, aber es gibt kein bekanntes Mittel, um den Einfluß der Organisationskultur zu verhindern. Ein Direktor kommt, um nachzusehen – „Was, keiner da?" Oder der Controller meldet seinen Besuch an: „Es ist 9 Uhr 15. Wo sind alle?" (Sie hatten bis nachts um zwei gearbeitet). Natürlich ist das Kontaminationsproblem nicht auf die Maschinenkonfiguration beschränkt. Bei jedem Seminar mit einer innovativen Organisation folgte auf die Frage „Wer ist die schlimmste Person in der Adhocratie?" dieselbe Reaktion: kurzes Schweigen, dann ein leichtes Schmunzeln, schließlich zunehmendes Lachen, als sich alle zu einem armen Menschen umdrehen, der in der Ecke kauerte. Natürlich ist es der Controller, der ein Auge auf alle Mißstände werfen soll, und der das Opfer der Adhocratie ist.

Kontamination ist in Wirklichkeit nur ein anderer Begriff dafür, daß die Konfigurationen nicht nur aus Struktur besteht und nicht nur einfach ein Ausdruck für Machtsysteme ist: Sie ist Kultur. Bürokratisch oder innovativ zu sein, ist nicht nur eine Organisationsfrage. Es ist ein Way of Life!

Eindämmung

Natürlich kann man behaupten, daß dies der Preis ist, den eine Organisation für eine Konfiguration bezahlen muß. Keine Organisation kann alles für alle sein. Man entscheidet sich besser und konzentriert sich auf weniges, anstatt zu versuchen, Generalist zu sein und alle Bemühungen laufen auseinander. Kontamination der Innovation ist der Preis, den die Maschinenorganisation für ihre Effizienz bezahlen muß, ebenso wie die Kontamination der Effizienz der Preis der innovativen Organisation ist, um sich auf das Lernen konzentrieren zu können. In beiden Fällen vielleicht niedrige Preise, und vielleicht zeitlich begrenzt, bis die Dinge außer Kontrolle geraten.

Tatsache scheint zu sein, daß wirklich erfolgreiche Konfigurationen nicht in reiner Form existieren. Die anderen Kräfte unseres Pentagons sind vielleicht sekundär, aber sie sind notwendig, um die dominante Kraft in Grenzen zu halten. Anderenfalls riskiert die Organisation den Verlust der Kontrolle. Wenn man alle Pfeile in unserem Pentagon bis auf einen streicht, geht das Gleichgewicht verloren. Ohne die anderen Kräfte als Verankerung der einen würde die Organisation sich nur in der Richtung des einen Pfeils bewegen. Zum Beispiel können sich Menschen, die dazu neigen, die Regeln zu überschreiten, in der Maschinenorganisation stark unterdrückt fühlen. Aber ohne einige von ihnen wäre die Organisation nicht in der Lage, mit unerwarteten Problemen fertig zu werden. Ebenso ist vielleicht die Verwaltung nicht das Stärkste in der Organisation der Professionals, aber wenn sie wirklich unfähig ist, entsteht Anarchie, wenn die absolute Macht der Professionals sie absolut korrumpiert.

Jede Konfiguration trägt deshalb den Samen ihrer eigenen Zerstörung in sich, der in ihrer eigenen dominanten Kraft liegt. Eine zu starke technokratische Kontrolle zerstört die Maschinenorganisation, ungehinderte Führung zerstört die unternehmerische, und so weiter. Jede Konfiguration kann sehr effektiv sein (in dem von ihr bevorzugten Kontext), wenn sie durch die jeweils anderen Kräfte unter Kontrolle gehalten wird. Ohne dieses *Eindämmen* wird jede dysfunktional.

Meine Kollegen Danny Miller und Manfred Kets de Vries haben ein Buch publiziert, das sich mit Neurosen in Organisationen beschäftigt.[2] Sie stellen fünf Typen vor: die dramatische, die paranoide, die schizoide, die manische und die depressive Organisation. Jeder Typ stellt ein System dar, das aus der Kontrolle geraten ist. Ganz allgemein glaube ich, wenn man mir dieses Lumping verzeiht, daß dies die Richtungen sind, in denen unsere fünf Formen außer Kontrolle geraten.

Unternehmerisch geführte Organisationen neigen zu Dramatik, wenn ihre Führer mit ihren Systemen auf persönliche Egotrips gehen, weil sie nicht an die Effizienzkräfte der Analysten oder die Kräfte der Fähigkeit der Mitarbeiter gebunden sind. Maschinenorganisationen scheinen zur Zwanghaftigkeit prädisponiert zu sein, wenn einmal die Analysten mit ihrer Besessenheit von Effizienzkontrollen aufgrund der Kompliziertheit der Verfahren die Macht übernommen haben. Jeder, der in einer Universität oder ähnlichen Institutionen arbeitet, kennt die paranoiden Tendenzen der Organisation der Professionals. Die Professionals halten sich für die Besten. Eine ganze Organisation von solchen Professionals, die frei ihrer Besessenheit von Fähigkeiten nachgeben können und unabhängig von den Kräften der Verwaltung oder Innovation sind, kann nur kollektiv paranoid werden. Ich muß mich nicht länger mit den negativen Wirkungen der Fixierung auf gewinnorientierte Steuerungssysteme in der diversifizierten Organisation befassen. Die Wirkungen des Anziehens der Finanzschrauben auf Moral, Innovation, Engagement und Kultur sind heute weitgehend bekannt. Das Problem in innovativen Organisationen ist, daß sie während des Innovationsprozesses, der Divergenz verlangt, auch Gewinn aus ihren Innovationen ziehen müssen, was eher eine konvergente Orientierung verlangt. Andere Instrumente neben dem Lernen können beim Ausbalancieren helfen. Ohne sie kann die Organisation leicht schizoid werden, wenn sie bei der Entwicklung eines kollektiven Bewußtseins für ihre Aufgabe scheitert.

Mit der Diskussion der eindämmenden Wirkungen der jeweiligen Kräfte will ich nicht mein Konfigurationsmodell zerstören. Der Punkt ist nicht, daß jede Organisation alles tun muß, sondern eher, daß die dominante Kraft irgendwie durch die sekundären gemäßigt werden muß.

---

2 Manfred Kets de Vries und Danny Miller, The Neurotic Organization (San Fransisco: Jossey Bass, 1984).

Kombination

Die Welt des Managements wäre äußerst praktisch (mindestens für uns Lumper), wenn sich die Organisationen selbst fein säuberlich in die eine oder andere Kategorie einordnen würden. Zum Glück lehnen viele Organisationen eine derartige Zusammenarbeit ab, und zwingen uns dazu, Lego zu spielen. IBM macht mir das Leben schwer, weil das Unternehmen so effizient in seinen Operationen zu sein scheint ("die große blaue Maschine“), und sich dann regelmäßig wandelt und auf ganz adhocratische Weise erneuert. Ebenso entnervend ist das Symphonieorchester, das die persönliche Leitung des Dirigenten mit dem Können seiner Musiker verbindet. Ist es top-down unternehmerisch, oder bottom-up professionell? Es gibt diversifizierte Organisationen, die mit lockeren formalen Kontrollen ganz wunderbar funktionieren, und innovative, die mit strengen Kontrollen unerwartet florieren.

Wir können diese Organisationen als *Kombinationen* der Kräfte verstehen, manchmal als *hybride* Formen. Sie widmen sich den verschiedenen Kräften, ohne eine dominant werden zu lassen, und zwar entweder in einem stabilen oder ansonsten zumindest einem dauerhaften dynamischen Gleichgewicht.

Das Symphonieorchester ist ein Beispiel einer stabilen und einheitlichen Kombination. Die Organisation kann nicht ohne großes Können in Verbindung mit einer starken zentralen Führung existieren. (Die Russen haben kurz nach ihrer Revolution scheinbar mit einem Symphonieorchester ohne Leitung experimentiert, gaben den Versuch aber bald als gescheitert auf.*) Hier durchdringt die Kombination das gesamte System eher als Balance zwischen Kräften als zwischen Formen.

In anderen Fällen kombiniert die Organisation jedoch verschiedene Formen, die verschiedene Teile beherrschen. Zeitungsverlage müssen beispielsweise Maschinenstrukturen bei ihren Druckarbeiten mit dem verbinden, was man vielleicht am besten als die professionellen Strukturen der herausgeberischen Tätigkeit beschreibt.** Banken kombinieren manchmal einen maschinenartigen Privatkundenservice für den Massenmarkt mit einem mehr innovativen Firmenkundenservice für eine Vielzahl von Finanzdienstleistungen. Massenproduktionsbetriebe, die häufige oder wichtige Veränderungen in der Marktnachfrage erleben, müssen irgendwie eine Balance zwischen Innovationen in der Entwicklungsarbeit und maschinenartiger Effizienz in ihrer Produktion erreichen – was offenbar bei IBM der Fall ist. Ein Angestellter von Apple in Kanada machte mir den Vor-

* Der staatliche Verwaltungsapparat ist noch nicht, wie vorhergesagt, verschwunden. Die Maschinenbürokratie hat kaum weniger Bedarf an Verwaltung wie das Symphonieorchester!

** An anderer Stelle im Buch habe ich die herausgeberische Tätigkeit als Adhocratie beschrieben. Aber eine Untersuchung an der Laval Universität zeigt, daß sich Reporter auf relativ standardisierte Verfahren aus eher eindeutig definierten Ressorts („Knüller“) verlassen, wie in einer Bürokratie von Professionals. (Tatsächlich kommen auf eine Geschichte, die zwischen diese Ressorts fällt, drei Reporter mit drei verschiedenen Knüllern!) Meine Arbeit mit Technikern legt es ebenso nahe. Wenn die Techniker eher an der Veränderung von Standardkonstruktionen als an der Entwicklung neuer orientiert sind, dann beschreibt man die Struktur dieser Tätigkeit besser als professionell denn als innovativ.

schlag, als er von diesen Ideen hörte, daß ich für seine Firma die unternehmerische Form im Verkauf aufgrund eines dynamischen Chefs hinzufügen müßte, die professionelle Form im Marketing und auch die innovative im Bereich der New Ventures.

In den bereits erwähnten Berichten der Wirtschaftsstudenten von McGill waren Kombinationen fast so häufig wie Konfigurationen. Sie ordneten 57 der 123 Organisationen Konfigurationen zu, kategorisierten 51 als Hybriden aus zwei Formen, 5 aus drei Formen und eine aus vier. Diese Kombinationen streuten weit – es gab insgesamt siebzehn verschiedene Typen und die diversifizierten Maschinen waren am häufigsten (9), gefolgt von innovativen Professionals (8), unternehmerischen Professionals (6) und unternehmerischen Maschinen (5).*

Da die meisten Menschen nur sehen, was sie glauben, neigten natürlich die mit meinem Buch vertrauten Studenten dazu, die Organisationen als Hybriden, wenn nicht als reine Konfigurationstypen zu klassifizieren. Aber wirkliches „Organisations-Lego" schließt das Spielen mit den Kräften und Formen ein. Ich begegnete einem erfolgreichen holländischen Unternehmen in der Softwarebranche, dessen Gründer stolz darauf war, daß er seine Firma in ganz Holland in regionale Divisionen aufgeteilt hatte, die jedoch nicht maschinenartig organisiert waren, wie ich es vorhergesagt hätte. Vor einem Publikum von sechshundert Holländern sagte er, daß er sein Unternehmen in meinem Pentagon nicht finden könnte. Er suchte es an den Knotenpunkten. Ich schlug daraufhin die Mitte vor. Da er unternehmerische und innovative Divisionen wollte, stützte er sich zur Kontrolle nicht auf die Leistungssysteme der traditionellen diversifizierten Konfiguration, sondern auf die Normen der Ideologie. Die Divisionsmanager teilten diese Ideen und entwickelten ihre eigenen Ansätze, denen alle zustimmten. Das erlaubte es ihm, einen Großteil der Stabsgruppen, die normalerweise in Unternehmenszentralen vorkommen und dazu neigen, maschinenartige Strukturen in den Divisionen einzuführen, zu eliminieren. Die regionalen Divisionen waren deshalb unabhängig und konnten innovativer sein. Aber als bescheidener Holländer hat er meiner Meinung nach ein anderes wichtiges Element an der Spitze des Pentagons ausgeschlossen: Ohne seine eigene zentrale Führung wäre es zweifelhaft, ob das Unternehmen zusammenhalten würde. In seinem Unternehmen werden scheinbar die Kräfte der Konzentration, Kooperation und Führung erfolgreich kombiniert, um die Innovationen zu fördern. Natürlich hätte er unter Umständen nicht mein Pentagon gebraucht, um es so zu machen, aber ich kann es zur Erklärung benutzen, was in seinem Unternehmen abgelaufen ist sowie, und das ist vielleicht wichtiger, um Probleme vorherzusagen und dafür Vorschläge zu machen.

Sogar bei einer Organisation, die eine Konfiguration erreicht hat, müssen wir gelegentlich auch Lego spielen. Das Brookhaven National Laboratory benutzte mein Buch über

* Persönlich glaube ich, daß die diversifizierte und innovative Form als reine Formen am schwersten aufrechtzuerhalten sind (die erstere ein Konglomerat ohne Verbindungen zwischen den Divisionen, die letztere eine sehr lockere und freilaufende Struktur). Deshalb dürften sie normalerweise als Hybriden vorkommen. Einige dieser Hybriden spiegeln häufig Übergänge in den Lebenszyklen einer Organisation wider (wie bei der unternehmerisch geführten Firma, die sich schließlich als eine zur Reife gelangte Massenproduktionsmaschine niederläßt). Das legt es nahe, daß Hybriden normalerweise in den Übergangsphasen zwischen den verschiedenen Formen vorkommen (was weiter unten noch diskutiert wird).

Strukturen zur Klassifikation von Kernkraftwerken, um Kontrolleinflüsse auf die Werkssicherheit einzuschätzen. Es kam zu dem Ergebnis, daß die Kernkraftwerke mit ihrer Vielzahl von Kontrollen und Standards in erster Linie wie Maschinenorganisationen aussehen. Ich stimmte zu. Aber bei der Untersuchung der Kernkraftwerke fanden wir heraus, daß es noch weiter ging. Zum Beispiel erforderte die Gestaltung der Einrichtung sowie der Bau an erster Stelle eine andere Organisationsform, nämlich in Abhängigkeit vom Stand der Technologie zum Zeitpunkt des Bauens, die professionelle oder innovative. Und die Gestaltung der Standards – sozusagen die System-„Software" –, die eine ständige Aufgabe ist und eine Vielzahl von Ingenieuren in der Technostruktur einschließt, sieht eher professionell aus. (In der Tat gab es so viel davon, daß die Kernkraftwerke fast als professionelle Organisation im Bereich der Standardformulierung charakterisiert werden könnten!) Die Ausführung der Konstruktion, die alltäglichen Operationen und die Aufrechterhaltung der Einrichtungen sahen maschinenartig aus, da die Erfüllung der Standards ein so entscheidender Aspekt war. Aber weitere Beobachtungen zeigten, daß auch diese Systeme einen Lernbedarf hatten, daß die Operateure manchmal kurzfristig mit unerwarteten Problemen fertig werden mußten und eine Behebung der Problemursachen langfristig dadurch sicherstellen mußten, daß sie die Ingenieure über die Vorkommnisse unterrichteten (entweder die aus ihrem Werk oder aus einem anderen). Das scheint eine innovative Überlagerung der Maschinenstruktur erforderlich zu machen. Und schließlich mußten die Manager mit dem Widerspruch zwischen einem maschinenartigen Ablauf einerseits und innovativem Lernen andererseits umgehen. Eine effektive Bewältigung machte wahrscheinlich eine Orientierung an den Kräften im Zentrum unseres Pentagons erforderlich.

Meine These ist, daß es immer Grau zwischen Schwarz und Weiß gibt. Im Management werden Theorien nicht dazu verwendet, die Realität widerzuspiegeln, sondern um sie erklären zu können. Die Theorien können deduktiv vorgehen und uns helfen, das Verhalten von Organisationen in Kategorien einzuordnen. Sie müssen aber auch induktiv vorgehen und Konzepte bereitstellen, anhand derer wir neue Dinge erkennen und damit bessere Diagnosen erstellen können. Mit unserem Pentagon ermitteln wir die Knotenpunkte, um den Raum einteilen zu können.

Spaltung

Kombinationen müssen keine Kontaminationen erleben, da eine starke Kraft eine andere unter Kontrolle halten kann. Stattdessen kommt es aber zu einer Spaltung. Das heißt, sie neigen entlang ihrer natürlichen Konfliktlinie, also dort, wo ihre starken Kräfte aufeinandertreffen, zu Streit. Deshalb streiten sich die Musiker mit ihrem Dirigenten, denn sie sind vor allem Profis, die niemanden brauchen, der ihnen sagt, was sie tun sollen. Natürlich ist das nicht die ganze Wahrheit, wie Fellini so schön in seinem Film *Orchesterprobe* gezeigt hat. Die revoltierenden Musiker beugen sich schließlich dem Dirigenten, nachdem sie eine vollkommene Anarchie erlebt hatten, denn er ist für ihre Aufführung notwendig. (Man hat vermutet, daß Fellini den Film als Allegorie der italienischen Politik gemeint hatte. Das wäre ein Hinweis darauf, daß unser Pentagon auch im Bereich von Regierungen Relevanz besitzt.)

Ebenso hat das mit der Entwicklung von Innovationen befaßte Forschungspersonal eines Herstellerbetriebes Konflikte mit der Produktionsabteilung, die aus Gründen betrieblicher Effizienz das System stabilisieren will. Zeitungsverlage sind in dieser Hinsicht vielleicht besser dran, weil die Aufspaltung durch die formale Entkoppelung der verschiedenen Aufgaben abgeschwächt ist (was in Kapitel 11 als „Abtrennung" bezeichnet wurde): die Leitartikel sind druckfertige Kopien, die an die Druckerei gehen. Beide Bereiche sind auf eine Weise unabhängig, um die sie die Leute aus Forschung und Produktion in der Industrie, die nicht nur eng miteinander interagieren, sondern auch oft sogar zu gemeinsamen Entscheidungen kommen müssen, nur beneiden können.

Die Spaltung ist ein notwendiges Übel, ein erwartbarer Preis für das Organisieren in einer Kombination. Ich bin der Überzeugung, wenn man einmal Zeitungen und ähnliches beiseite läßt, daß die Spaltung normalerweise besser durch Abschwächung als durch Eliminierung gemanagt werden muß, oder besser, durch Hinführung auf konstruktive Ziele. Daraus schließe ich, daß eine Kombination nur so lange effektiv ist, wie die Organisation keine andere Wahl hat. Die Konfiguration fördert eher klare Definitionen und Disziplin als Konflikt und Widerspruch. Die Organisation weiß, was ihre zentrale Orientierung zu sein hat, und kann sich ihr widmen. Sie kann beispielsweise wie eine bürokratische Maschine handeln und stolz auf ihre Effizienz sein, sogar wenn damit eine eingeschränkte Innovationskapazität einhergeht.

Die meisten Beispiele von hybriden Kombinationen, die wir oben erwähnt haben, kamen in Organisationen vor, die scheinbar keine andere Wahl hatten. Ein Management, das auf steigende Effizienz im Produktionsbereich und auf Forschungsinnovationen zielt, muß diese verschiedenen Kräfte zusammenbringen. Aber es gibt keinen Mangel an Beispielen hybrider Kombinationen, die dysfunktional sind, weil sie beliebig zustandegekommen sind, oder weil sie ein Management widerspiegeln, das zu keinem Entschluß kommt. Weil es die allerbeste Kombinationsmöglichkeit sucht, landet es bei der schlechtesten. Es gibt zum Beispiel Firmen, deren Personalabteilungen die Professionalisierung der Mitarbeiter unterstützen, während die Experten für Arbeitsstudien weiterhin denselben Mitarbeitern erstickende Effizienzkontrollen auferlegen. Und es gibt diversifizierte Unternehmen, die ihren Divisionsmanagern nicht eher die operative Autonomie zugestehen, bis sie Erfolge sehen. Dann usurpieren sie allerdings diese Divisionen und verlegen einige entscheidende Aufgaben in die Zentrale. Manchmal ist das vielleicht notwendig – Einzelhandelsketten mit regionalen Filialen müssen oft bestimmte verkaufpolitische Entscheidungen zentralisieren. Aber zu anderen Zeiten ist ein solches Verhalten rein willkürlich, wenn das Management zwischen den Kräften nach zentraler Effizienz und Autonomie der Divisionen schwankt.

Bedauerlicherweise gibt es Zeiten, in denen der Organisation von außen willkürliche Kräfte auferlegt werden. Ein häufiges Beispiel ist das öffentliche Schulsystem, das Gegenstand einer Kontrolle durch den Staat ist. Der ist der Meinung, daß alle Organisationen, unabhängig davon wie professionell ausgebildet das Personal ist, wie bürokratische Maschinen geführt werden müssen. Für diese Technokraten ist die Maschinenstruktur nicht nur *eine* Struktur, es ist *die* Struktur. Es ist nicht *eine* Möglichkeit des Organisierens, es ist *die einzig* vernünftige Organisationsweise. Aus denselben Gründen versuchen diversifizierte Unternehmen oder sogar Ministerien häufig, alle ihre Einheiten, unabhängig von deren Bedarf nach Lernen und Können, wie bürokratische Maschinen zu organisieren. (In einem Seminar mit australischen Regierungsbeamten nannte mir ein frustrierter höherer Beamter, der genug davon erlebt hatte, ein Label für meine „Bürokratien" und „Adhocratien": er schlug „Hypo-cratie" vor. Das läuft darauf hinaus, das eine zu sagen, und etwas anderes zu tun, so wie die normale Praxis der Zentralisierung im Namen der Dezentralisierung abläuft. Neben unseren Konfigurationen, Konversionen etc. wollen wir das einfach „Kon" nennen!)

Organisationen müssen gewiß gegenüber konfligierenden Kräften aufmerksam sein, aber nicht so, daß es zu Verwirrungen und Frustrationen kommt. Streng kontrollierte Mitarbeiter sind vielleicht nicht glücklicher als ihre autonomen Kollegen, aber vielleicht besser dran als ihre verwirrten. Innovative oder professionelle Divisionen sind vielleicht nicht so *effizient* wie maschinenartige, aber manchmal *effektiver*. Diversifizierte Unternehmen, die die intrinsischen Bedürfnisse ihrer Divisionen nicht respektieren können, verzichten besser darauf. Es ist nicht die Aufgabe der Regierung, alle professionellen Institutionen wie bürokratische Maschinen zu behandeln.

Umwandlung

Manchmal müssen Organisationen von einer Konfiguration oder Kombination auf eine andere umstellen, normalerweise aufgrund eines Wandels der Kräfte, die auf sie wirken.

Dieser Wandel kann von außen kommen oder innen entstehen. Um ersteres zu betrachten: das Aufkommen einer neuen Fertigungstechnologie kann eine viel höhere Qualifikation der Arbeiter erforderlich machen und so eine Maschinenform dazu zwingen, professioneller zu werden. Solche Überleitungen können natürlich auch temporär sein, und das Resultat von Kräften sein, die für eine begrenzte Zeit auftreten. Deshalb muß sich beispielsweise eine Maschinenorganisation, wenn sie mit drastischen externen Veränderungen konfrontiert ist, vielleicht zeitweise an einen starken unternehmerischen Führer als neue Leitfigur wenden. Einige Organisationen oszillieren sogar zwischen zwei Formen, vollziehen regelmäßig Umwandlungen vor und zurück, und bevorzugen zum Beispiel die Effizienz der Maschinenform in Rezessionszeiten, wenn die Kunden preisbewußt sind, und die Lern- oder innovative Form, wenn das Wirtschaftswachstum Produktdifferenzierungen begünstigt.[3]

Aber Wandel entsteht nicht immer zufällig von außen. Manchmal gehört er ganz zum Wesen der Organisation und ist oft eine Widerspiegelung ihrer inneren Entwicklung und macht insofern eine permanente Umwandlung erforderlich. In diesen Fällen säen die Kräfte in einer Konfiguration den Samen ihrer Zerstörung und treiben sie in eine andere Form. Die intrinsische Verletzbarkeit der unternehmerischen Form zum Beispiel stammt aus der Zentralisierung ihrer Macht in den Händen einer einzigen Person. Solange wie

3 Siehe „Sequential attention to goals" in: Richard Cyert und James G. March, A Behavioral Theory of the Firm (Englewood Cliffs, N.J.: Prentice-Hall, 1963), S. 118.

die Organisation klein und einfach bleibt, ist das vielleicht kein Problem – vorausgesetzt, daß die dramatische Neurose eingedämmt werden kann. Aber Wachstum und zunehmende Komplexität kann diese personalisierte Macht untergraben, und die Stabilisierung des Marktes kann mehr Effizienz erforderlich machen, als diese Konfiguration normalerweise bietet. Ein Übergang zur Maschinenform kann dann notwendig werden. In einer Beratungsfirma kann die anfängliche Neigung zu Innovation mit der Zeit abnehmen, wenn die Berater des ständigen Wandels müde werden. In ihrem Bemühen, sich für eine standardisiertere Anwendung ihrer Fähigkeiten zu entscheiden, treiben sie natürlich die Organisation in die professionelle Form.

Während die Organisation mit extern bedingten Veränderungen unerwartet konfrontiert werden kann, sind die intern bedingten in gewisser Weise vorhersagbar: Sie tendieren auf besondere Weise zu einer Bildung von Sequenzen, die als „Lebenszyklen" bekannt sind. Zum Beispiel kommt die Sequenz entlang der linken Seite unseres Pentagons häufig vor: sie verläuft von der unternehmerischen über die maschinenartige zur diversifizierten Form, wenn ein Unternehmen zuerst gegründet wird, sich dann etabliert, um einen sicheren Markt auszubeuten, und später in neue Bereiche eindringt, wenn ihr traditioneller Markt gesättigt ist. Das Postskript zu diesem Kapitel enthält ein einigermaßen ausgearbeitetes Modell organisatorischer Lebenszyklen, das auf Machtübergängen aufbaut.

Eine Veränderung kann schnell oder langsam erfolgen. Wenn sie wirklich natürlich und überfällig ist, wird sie sehr schnell stattfinden, ungefähr so wie eine übersättigte Flüssigkeit klumpt, wenn sie geschüttelt wird. Es scheint, als würden die intern oder extern motivierten Veränderungen häufiger eher in die Länge gezogen und zu einer Qual, wenn sich die Organisation vorübergehend zwischen ihrer alten und neuen Form bewegt, und die eine Gruppe sich für den Wandel einsetzt, und die andere sich ihm widersetzt. Diese Wandlungsperiode läuft natürlich auf eine hybride Kombination hinaus und führt im allgemeinen aufgrund der unvermeidbaren Konfrontationen zwischen den beiden Kräften zur Aufspaltung. Deshalb widersetzte sich John Sculley, der sich darum bemühte, daß Apple sich etabliert, dem Applegründer Steve Jobs, der seinen freien Unternehmergeist beibehalten wollte. Es gibt auch Berater, die Innovationen einführen wollen und damit eine Herausforderung für ihre Kollegen sind, die lieber auf standardisierte Verfahren setzen. Natürlich entsteht aus einer Umwandlung eine Kombination, wenn die Organisation in diesem Prozeß blockiert wird und zwischen den Kräften in der Schwebe hängen bleibt.

Widerspruch

Eine wichtige Schlußfolgerung aus unserer bisherigen Diskussion ist, daß das Erreichen von Effektivität in einer Organisation das Management von *Widersprüchen* erfordert. Das wurde besonders an dem Problem der Aufspaltung in Kombinationen und bei Veränderungen deutlich, trifft aber auch auf das Problem der Kontamination und den Bedarf nach Eindämmung in den Konfigurationen zu. Vor allem hier, so glaube ich, kommen die Kräfte im Zentrum unseres Pentagons ins Spiel. Jede der Kräfte hat viel mit Widersprüchen zu tun und wirkt als Verschärfung oder als Erleichterung. Ich bin in der Tat davon überzeugt, daß die beiden Kräfte selbst einen Widerspruch repräsentieren, der gehandhabt werden muß, wenn eine Organisation nicht außer Kontrolle geraten soll.

Ich habe das kooperative „An einem Strang ziehen" der Ideologie und das konkurrenzorientierte Auseinanderreißen der politischen Prozesse aus zwei Gründen in das Zentrum des Pentagons verlegt. Erstens, obwohl Beispiele mit jeweils entsprechenden Formen gefunden werden können (die missionarische und politische Organisation), glaube ich, daß im Vergleich zu den anderen es hier vor allem die Kräfte und nicht die Formen sind. Sicherlich ist es schwer, irgendeine einigermaßen große Organisation zu finden, die frei von politischen Prozessen ist. Und Ideologien, die in der heutigen Zeit der Restrukturierung unter starkem Druck stehen, sind nach wie vor ziemlich häufig anzutreffen.

Aber statt diese Kräfte nur als zwei zusätzliche neben den anderen fünf anzusehen, ziehe ich es vor, sie als *katalytische* Kräfte zu werten, die diejenigen Organisationen *inspirieren*, in denen die anderen fünf ineinandergreifen. Deswegen sind sie im Zentrum des Pentagons angesiedelt.

Kooperation

Die Ideologie repräsentiert in einer Organisation die Kraft für Kooperation, für Kollegialität und Konsens. Die Organisationsmitglieder ziehen für das gemeinsame Wohl „an einem Strang" – „wir" machen es zusammen.

Ich benutze hier den Begriff Ideologie zur Beschreibung einer Organisationskultur, die stark und einzigartig ist und dadurch die Mitglieder eng an die Organisation bindet. Sie engagieren sich persönlich und identifizieren sich mit den Bedürfnissen der Organisation. Solche Ideologien entstehen normalerweise mit einem charismatischen Führer, der eine Vision für seine Organisation hat – von daher sind sie zumindest am Anfang häufig mit der unternehmerischen Form verbunden. Die Ideologien überleben aber oft diejenigen, die sie entwickelt haben, und können ebenfalls zu anderen Organisationsformen inspirieren. Deshalb gibt es die ideologische Maschine wie McDonald's, die Roy Kroc entworfen hat, und den ideologischen Erneuerer, den die Herren Hewlett und Packard aufgebaut haben. In Kapitel 12 haben wir Clarks „unverwechselbare" Colleges erwähnt, kleine geisteswissenschaftliche Hochschulen wie Swarthmore und Antioch, deren professionelle Formen von starken Ideologien angeregt wurden.[4]

Die Ideologie motiviert dazu, den Blick nach innen zu richten – und ihre Führung aus den Imperativen der organisationseigenen Vision zu beziehen, statt nach außen zu sehen, was vergleichbare Organisationen tun. (Natürlich gibt es keine vergleichbaren Organisationen, wenn die Ideologie sehr stark ist!) Ist das nicht eine Bedeutung des berühmten „next bench syndrome" von Hewlett-Packard – wo die Produktdesigner ihre Innovationsanregungen nicht aus den aggregierten Marktforschungsberichten beziehen, sondern

4 B.R. Clark, The Distinctive College (Chicago: Aldine, 1970).

aus den Bedürfnissen ihrer Kollegen, die neben ihnen arbeiten? Diese Vorstellung wird durch die Richtung der Pfeile im Pentagon angezeigt – ein Kreis, der nach innen zeigt, als wolle er die Organisation vor äußeren Kräften schützen. Eine derartige Ideologie motiviert zur Kooperation. Diejenigen, die vollständig hinter den Normen stehen, arbeiten zusammen, um die Organisation zum Erfolg zu führen. In diesem Sinne sollte man die Ideologie als Geist der Organisation auffassen, als die Kraft, die dem formalen Strukturskelett Leben einhaucht.

Die wichtigste Wirkung davon ist die Reduktion von Spaltung und Kontamination, und das erleichtert umgekehrt das Management der Widersprüche. Die Mitglieder einer Organisation können entgegengesetzte Kräfte leichter in Einklang bringen, wenn sie an die Organisation insgesamt glauben, als wenn es sich nur um irgendeinen speziellen Teil handelt. Das hilft uns zu verstehen, wie große blaue Maschinen wie IBM zu Innovationen in der Lage sind – „schwungvolle Bürokratien" nenne ich solche Organisationen gerne. Die Existenz starker interner Ideologien – die bei IBM wie bei McDonald's auf den Eigentümer oder Familienkontrolle in der jüngeren Vergangenheit bezogen sind – machen es möglich, Adhocratie als eine Art Schatten über die Maschinenform zu legen, um den notwendigen Wandel zu befördern. Wenn man an IBM glaubt, statt an Effizienz in der Produktion oder an Marketingfinessen an sich, dann hört man mit den Reibereien zwischen den Abteilungen auf, weil es darauf ankommt, IBM wieder anpassungsfähig zu machen. Hervorragende Organisationen raufen sich einfach zusammen, wenn es sein muß, weil sie in einem starken Glaubenssystem verwurzelt sind.

In seinem bekannten Buch *Competitive Strategy* warnt Michael Porter davor, „in der Mitte" zwischen einer Strategie der „Kostenführung" (was der Kraft der Maschinenorganisation nach Routineeffizienz entspricht) und einer der „Differenzierung" (was eine Betonung von Qualität und Innovation einschließt) „stecken zu bleiben".[5] Wie kann dann Toyota derartig hochwertige Autos bei derartig vernünftigen Kosten entwickeln? Warum bleibt das Unternehmen nicht in der Mitte stecken?

Ich glaube, Porters Warnung stammt aus der Perspektive, die in diesem Jahrhundert in amerikanischen Managementkreisen vorherrschte und die sich ebenso in meinem eigenen Modell der Konfiguration widergespiegelt, daß nämlich eine spezielle Orientierung nur zum Nachteil anderer möglich ist. Wenn die Effizienzexperten die Oberhand haben, muß die Qualität vernachlässigt werden. Wenn sich die Elitedesigner durchsetzen, mangelt es an produktiver Effizienz, usw. Das trifft unter Umständen so lange zu, wie eine Organisation nur als Ansammlung unterschiedlicher Tätigkeiten aufgefaßt wird – ein Portfolio von Produkten und Aufgaben etc. Wenn aber der Geist der Ideologie in die Knochen der Struktur geimpft wird, fängt die Organisation ein ganzheitliches Leben an.

Die Arbeiter an den Fließbändern der amerikanischen Automobilindustrie hatten lange Zeit allen Grund, sich selbst nur als Rädchen in ihren bürokratischen Maschinen anzusehen. Tatsächlich geht sogar in der Verwaltungsstruktur von General Motors die Kritik

5 Michael Porter, Competitive Strategy: Techniques for Analyzing Industries and Competition (New York: Free Press, 1970).

weiter und es werden die Wirkungen beklagt, die all diese Finanzexperten im Chefsessel auf die technische Gestaltung hatten. Aber bei Toyota hat man den Eindruck, daß sogar selbst das Flurfegen nicht als unwichtige Tätigkeit angesehen wird, sondern als Beitrag zum Erfolg von Toyota. Ist das nicht der Grund, warum die Fließbandarbeiter das Band abschalten können? Jeder wird als Individuum behandelt, das seine Entscheidungen zum Wohl von Toyota trifft. Nur die herkömmliche westliche Managementtheorie bleibt bei Toyota in der Mitte stecken!

Das Einflößen von Ideologie in eine Konfiguration kann die Wirkungen der Kontamination bremsen. In einer Kombination kann es die Wirkungen der Aufspaltung dämpfen. Widersprüchliche Kräfte werden nicht nur toleriert, sondern respektiert, jedoch widerwillig: „Der alte Joe da drüben, diese Nuß im Ingenieursbüro – wir Finanzleute wundern uns manchmal über ihn. Aber wir wissen auch, daß dort ohne ihn nichts läuft“. Oder wie im Falle des Symphonieorchesters, wo die Musiker ihren Dirigenten respektieren, weil sie zusammen großartige Musik machen.

Besser als die Versöhnung der wirdersprüchlichen Kräfte, die durch die verschiedenen Teile der Organisation ausgedrückt werden, kann die Ideologie dafür sorgen, daß diese Käfte in den Individuen selbst zum Ausdruck kommen. Statt auf dem Land ein Labor in der Hoffnung zu bauen, daß es Innovationen im übrigen System bewirken kann, trägt jeder in der Organisation neben seiner regulären Arbeit die Verantwortung für Innovationen, so wie es in den Qualitätszirkeln in Japan zum Ausdruck kommt. Oder, um ein entgegengesetztes Beispiel zu wählen, die Kontrolle in einer innovativen Organisation mit einer ausgeprägten Ideologie ist nicht alleine Sache dieses armen Controllers, der in der Ecke sitzt. Sogar vom kreativsten Wissenschaftler erwartet man, daß er sich auch über Kosten und Effizienz Gedanken macht. Das erklärt vermutlich die Toleranz gegenüber eher strengen Kontrollsystemen in Unternehmen wie 3M oder H-P. Metaphorisch gesagt: es ist nicht so schwer, in einem Unternehmen die Hüte zu vertauschen, wenn alle dieselben Insignien tragen!

Alles in allem klingt es wie eine große Sache, diese Ideologie. Leider wächst sie nicht einfach so, um sie wie andere technologische Früchte vom Baum des Managementsystems zu pflücken, sieht man einmal von den Beratungsversprechen ab. Wie Karl Weick gesagt hat: „Ein Unternehmen *hat* keine Kultur. Ein Unternehmen *ist* eine Kultur.“[6] Deshalb ist sie so enorm schwer zu verändern. Tatsache ist, daß es keine Techniken zur Entwicklung von Ideologien gibt, keine einfachen fünf Schritte zu einer besseren Kultur. Sie wird langsam und mit Geduld von engagierten Führungspersönlichkeiten aufgebaut, die interessante Missionen für ihre Organisationen geschaffen haben, und sich sehr um die Menschen kümmern, die sie erfüllen. Authentizität ist für mich die entscheidende Voraussetzung dafür. Ich bin von einer Art psychologischem Gesetz des Managements überzeugt: daß Mitarbeiter, Kunden, jeder, der mit dem Management zu tun hat, unabhängig davon wie nah, das Recht zur Äußerung hat, wenn er grundsätzlich davon überzeugt ist, und wenn sie entsprechend vorgetragen wird.

---

6 Zitiert in: Walter Kiechel III, „Snipping at Strategic Planning (Interview mit ihm selbst)", in: Planning Review, Mai 1984, S. 11.

Die fünf einfachen Schritte sind bestenfalls eine dünne Tünche von Kultur, die sich im ersten politischen Regen abwäscht. Normalerweise erreichen diese fünf Schritte noch nicht einmal das. Stattdessen zerstören sie oft noch die Reste der alten Ideologie. Jeder dieser einfachen Schritte des „modernen" Managements erreicht genau das mit großer Effektivität: „Konzentriere dich auf die Grundlinie, als ob du Geld verdienst, wenn du mit Geld arbeitest". Oder: „Versetze ständig die Manager, und sie lernen nichts als „Management". Oder: „Stelle Arbeiter ein und entlasse sie so, als wenn du Maschinen kaufst oder verkaufst (weil alles vor allem nur ein Portfolio ist)".

Aber ist die Ideologie immer eine derartig große Sache? Eine Antwort auf diese Frage liegt in den Pfeilen des Pentagons. Obwohl die Pfeile, die die Ideologie darstellen, eine Art Schutzwall um die Organisation symbolisieren, bedeutet die Tatsache, daß sie nach innen zeigen, daß sie auch außer Kontrolle geraten können, wenn die Kräfte zu ihrer Verankerung fehlen: Die Orientierung der Kraft nach innen führt irgendwann zur *Implosion.* Vorhin habe ich behauptet, daß Ideologien die Mitglieder zur Orientierung an der Organisation motivieren. Eine zu starke Orientierung kann zum Verlust der Kontakte mit dem Kontext und zur Abkapselung führen. Sogar ihre Innovationsfähigkeit kann sich zu einer Belastung entwickeln, wenn weiterhin veraltete Strategien verbessert werden, die selbst in der Ideologie wurzeln und insofern unveränderlich sind. Wir müssen nicht extreme Beispiele wie Jonestown heranziehen, um die negativen Konsequenzen von Ideologien zu erkennen. Wir kennen alle die Unternehmen mit starken Ideologien, die sich wie der sprichwörtliche Vogel immer im Kreis drehen.*

Konkurrenz

Die Politik repräsentiert in einer Organisation die Kraft für Konkurrenz, Konflikt und Konfrontation. Die Menschen trennen sich aus Gründen eigener Vorteile. „Die anderen" stehen uns im Weg.

Jede Konfiguration und Kombination kann von politischen Prozessen infiziert werden, wenn sie die Probleme von Kontamination oder Spaltung vergrößern. Beide Probleme wurden als in erster Linie konfliktproduzierend beschrieben. Politische Prozesse verschlimmern sie nur. Diejenigen hinter einer dominanten Kraft einer Konfiguration – die Technokraten in der Maschinenorganisation, die kreativen Typen in der innovativen – kehren ihre Macht gegenüber den anderen heraus. Währenddessen nutzen diejenigen hinter den jeweiligen Hauptkräften einer Kombination jede Gelegenheit aus, die anderen zu bekämpfen und daraus eigene Vorteile zu ziehen. Im Gegensatz zu einem maschinen-

* Das widerspricht scheinbar der gerade aufgestellten These, nach der das Verbreiten von Ideologie eine Maschinenorganisation wandlungsfähig macht. Aber man muß im Auge behalten, um welchen Wandel es sich handelt: er geschieht *aus* der Perspektive der Ideologie. Um ein früheres Beispiel wieder aufzugreifen, McDonald's Einführung des Egg Mc Muffin schuf eine zusätzliche Position in der bestehenden Perspektive. Anders gesagt, das Produkt brachte das Unternehmen in den Frühstücksmarkt, blieb aber typisch McDonald's. Das Unternehmen würde wahrscheinlich große Schwierigkeiten damit haben, die Perspektive zu ändern (Wie wär's mit einem McDuckling à l'orange, serviert auf einem kerzengedeckten Tisch?)

artigen „an einem Strang ziehen“ bei Toyota war Chrysler, so wie es Iacocca vorfand, auseinandergerissen. Die Kultur der innovativen Hewlett-Packard steht im Kontrast zur Politik der NASA während der Challenger Tragödie. Und für jedes „unverwechselbare“ College gibt es „destruktive“.

Von den nach außen zeigenden Pfeilen her ist natürlich klar, was politische Prozesse in einer Organisation anrichten können, wenn sie nicht durch andere Kräfte in Schranken gehalten werden: sie können eine *Explosio*n verursachen, wenn alles auseinanderdriftet.

Politische Prozesse stellen scheinbar in einer Organisation eine natürlichere Kraft als die Ideologie dar. Damit ist gemeint, daß auf sich gestellte Organisationen leichter auseinanderzufallen scheinen. Um Systeme zu errichten, in denen alle an einem Strang ziehen, scheinen im Gegensatz dazu kontinuierliche und bewußte Anstrengungen von engagierten Managern notwendig zu sein. Mit den vorhin erwähnten einfachen Schritten, die nachlässig die Ideologie untergraben, werden im allgemeinen eher politische Prozesse anstelle der Ideologie ermuntert. Die schnelle Idee anstelle einer genauen Betrachtung, oberflächliche Erklärungen anstelle eines genuinen Engagements, Sorgen um die Zahlen, während die Menschen wie Objekte behandelt werden – das sind alles Brutstätten für politische Konflikte.

Deshalb haben wir es im Falle politischer Prozesse, im Gegensatz zur Ideologie, wo alles scheinbar gut ist, mit Kräften zum Schlechten zu tun. Oder sind wir es? Tatsache ist, daß politische Prozesse auch eine katalysierende Kraft zum Nutzen einer Organisation sein können.

In meiner eigenen Arbeit mit Organisationen wird am häufigsten die Frage gestellt, und sie ist die eigentliche Besessenheit heutiger Manager: Wie können wir Bürokratien zum Wandel bewegen? Ich habe bereits zu zeigen versucht, wie die Ideologie, neben unternehmerischer Führung und Innovation, eine Revitalisierungkraft darstellen kann, aber auch eine Kraft, die zum Gegenteil führt, nämlich zu Widerstand gegenüber einem grundsätzlichen Wandel. Ähnlich wirken einige andere Kräfte in der Organisation – vor allem die für Effizienz, Können und Konzentration – gegen einen grundsätzlichen Wandel. Wenn diese Kräfte alle zusammenkommen und die unternehmerischen und innovativen Kompetenzen einer Organisation überwältigen, dann ist seltsamerweise Politik vielleicht die einzige Kraft, die zu einem notwendigen Wandel Anregungen geben kann. Die Organisation muß sozusagen zuerst auseinanderdriften, bevor sie sich umstellen kann: „Jungtürken“ müssen die „alte Garde“ herausfordern. Sogar wenn die Protagonisten aus reinem Eigeninteresse handeln, kann der Effekt ihrer Handlungen die Organisation trotzdem zu einer Veränderung führen. Es scheint heute eine unvermeidbare Tatsache zu sein, daß ein Großteil der wichtigsten Veränderungsprozesse nicht aufgrund von Managementeinsichten oder ideologischem Engagement entstehen, von Planungstechnologien ganz zu schweigen, sondern durch politische Herausforderungen.

Um zu rekapitulieren, sowohl Ideologie als auch Politik können die Effektivität einer Organisation fördern oder untergraben. Ideologie, die einer anderen Konfiguration eingeimpft wird, kann eine Kraft zur Revitalisierung sein, die Organisation in Schwung bringen und die Menschen verantwortungsbewußter machen. Aber dieselbe Ideologie kann auch einen grundlegenden Wandel behindern, da alles im Sinne des „Wortes" interpretiert werden muß. Ebenso kann Politik den Wandel blockieren und die Ressourcen verschwenden. Sie kann auch den Wandel begünstigen, der anders nicht zu erreichen wäre, indem sie denjenigen, die den Veränderungsbedarf erkannt haben, erlaubt, alle anderen herauszufordern. Deswegen kann Ideologie, diese harmonisierende Kraft zur Kooperation, einer Organisation die notwendige Umwandlung möglich machen.

Kooperation in Verbindung mit Konkurrenz

Wie berechnen Organisationen die Implosionseffekte der Ideologie und die Explosionswirkungen der Politik? Meiner Meinung nach müssen sich die beiden Katalysatoren im Zentrum des Pentagons gegenseitig ausgleichen. Ich vermute, daß für die effektive Organisation ein anderer Anhaltspunkt in der Aufrechterhaltung einer Balance zwischen diesen Kräften der Kooperation und Konkurrenz liegt: Sie müssen ihre eigene Kombination bilden und in einem gewissen dynamischen Verhältnis existieren. Die Politik fordert den Provinzialismus der Ideologie heraus, und die Ideologie begrenzt das Zerstörerische der Politik.

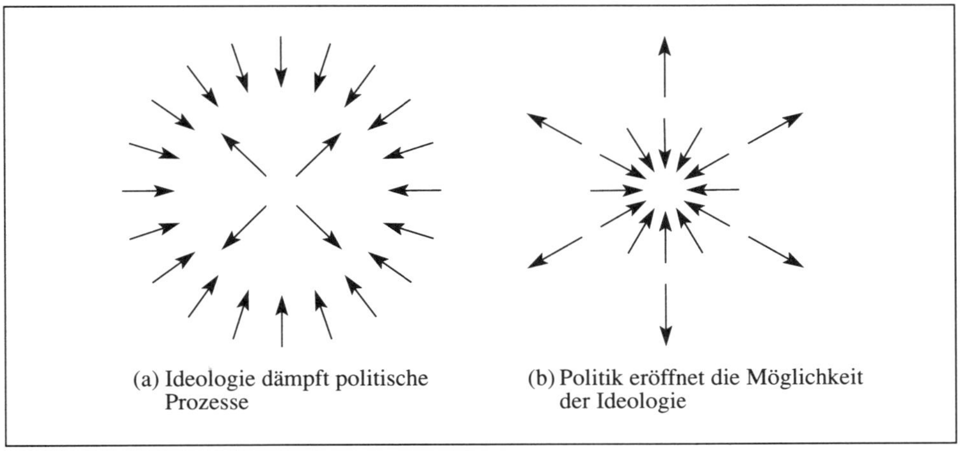

Abbildung 14.2: Kombination der katalytischen Kräfte

Die Pfeile erzählen erneut die Geschichte. Wie Abbildung 14.2 zeigt, erzeugt die Umhüllung des explodierenden Kreises der Politik im implodierenden Kreis der Ideologie eine Art Balance. Man betrachte zum Beispiel die Talmud-Gelehrten, die sich gegenseitig wegen der Interpretation jedes einzelnen Wortes ihrer alten Schriften heftig bekämpfen, aber eng zusammenrücken, um der Außenwelt eine vereinte Front zu präsentieren. Ist das nicht genau das Verfahren, das wir in einigen der erfolgreichsten Wirtschaftsunternehmen finden, beispielsweise bei IBM? Wenn die konvergierende Kraft der Ideologie mit der divergierenden Kraft der Politik umgeben wird, um die Basisannahmen der

Organisation herauszufordern, ist das nicht der effektive Weg, um das Implosionsmaß zu berechnen?*

Natürlich müssen beide Kräfte nicht ständig interagieren. Nach meine Meinung ist das ‚an einem Strang ziehen' der Ideologie wahrscheinlich der zu bevorzugende Zustand, denn so kann die Organisation ihre Mission mit voller Kraft verfolgen. Sie muß aber regelmäßig durch die Kraft der Politik zerlegt werden, um den nötigen Wandel sicherzustellen, der durch die herrschende Ideologie behindert wird.

Kompetenz

Ein letztes Thema in diesem zusammenfassenden Kapitel über Organisationen: Was macht eine Organisation effektiv? Diese Frage war in der Organisationstheorie schwer faßbar, und ich beabsichtigte hier nicht, sie ausführlich zu diskutieren. Dieser Teil, ja das ganze Buch, beschäftigt sich auf verschiedene Weise mit dieser Frage. Zum Schluß möchte ich aber kurz die verschiedenen Perspektiven auf die organisatorische Effektivität in einer Reihe von Hypothesen zusammenfassen, die unsere Diskussion beeinflußt haben.

Konvergenz. Die *Konvergenz*hypothese ist die erste. Der „one best way" ist ihr Motto, die einzelne Linse ihr Symbol. Es gibt einen richtigen Weg, eine Organisation zu sehen und entsprechend zu gestalten. Das geht, wie wir sahen, normalerweise mit der Maschinenform einher. Eine gute Struktur hat eine rigide Autoritätshierarchie, Kontrollspannen, die nicht mehr als sechs umfassen, setzt in starkem Maße strategische Planung und MIS ein, und was sonst noch zur derzeitigen Mode der Rationalisierungsexperten gehört.

Natürlich führt das Denken nach der Art eines „one best way" nicht immer zur Maschinenkonfiguration. Peters und Waterman behaupten in ihrem Buch *Auf der Suche nach Spitzenleistungen*, daß Ideologie der Schlüssel zum Unternehmenserfolg sei.[7] Wir stimmen dieser These zunächst zu, weisen später aber auf die möglichen negativen Auswirkungen der Ideologie auf Unternehmen hin. (In Wirklichkeit widmen Peters und Waterman dem Bedarf nach strategischer Erneuerung in ihrem Buch nur geringe Aufmerksamkeit, und konzentrieren sich stattdessen darauf, wie die Ideologie zu Spitzenleistungen führen kann.)

Deshalb müssen wir uns mit der allgemeinen Tendenz dieser Hypothese beschäftigen, obwohl wir sie nicht verwerfen können – manchmal gibt es besondere Dinge in fast allen Organisationen zu tun. Die Gesellschaft hat im Laufe dieses Jahrhunderts einen hohen

---

* Ein Doktorand an McGill, Joe Lampel, hatte eine kluge Idee im Zusammenhang mit dem Legospiel und machte den Vorschlag, daß wir auch das Kinderspiel mit Papier, Schere und Stein heranziehen könnten, die Regeln ein wenig ändern, und damit das Zusammenspiel der Kräfte beschreiben könnten. Zum Beispiel: Papier (Ideologie) packt Schere (Politik) ein, aber Schere schneidet Papier. Oder: Stein (Maschinenform) zerknittert Papier (Ideologie), aber Papier packt auch Stein ein, usw.

7 Thomas J. Peters und Robert H. Waterman, Jr., In Search of Excellence (New York: Harpper & Row, 1982).

Preis für dieses „one best way"-Denken seitens aller Organisationen, die vom Sog der Moden statt der Funktionalität mitgerissen wurden, bezahlt. Wir müssen hinter das Offensichtliche, hinter die Konvergenzhypothese blicken.

Kongruenz. Hinter der Konvergenzhypothese steht die *Kongruenz*hypothese. „Es hängt davon ab" ist ihr Motto, das Buffet ihr Symbol. Sie wurde in den 1960er Jahren in die Organisationstheorie eingeführt und schlägt vor, daß die Führung einer Organisation wie das Auswählen der Speisen an einem Buffet ist – ein bißchen hiervon, ein bißchen davon, alles nach den speziellen Wünschen ausgewählt. Die Effektivität einer Organisation wird deshalb zu einer Frage des Aufeinanderabstimmens einer Reihe interner Merkmale, die als eine Art Portfolio mit verschiedenen situativen Faktoren behandelt werden. Die Hypothesen im sechsten Kapitel – welche Strukturmerkmale sind am geeignetsten, Größe, eine stabile Umwelt, ein automatisiertes technisches System etc. – wurden im Sinne dieser Perspektive von organisatorischer Effektivität dargestellt. Die Kongruenzhypothese war bestimmt ein Fortschritt, aber sie war wie ein Teller voll mit einer seltsamen aber nicht gelungenen Mischung von Speisen.

Konfiguration. Deswegen wurde die *Konfigurations*hypothese entwickelt und zur Basis der sieben vorherigen Kapitel gemacht. „Alles zusammenbringen" ist ihr Motto, das Puzzle ihr Symbol und die Lumper ihre Meister. Gestalte die Organisation so, als ob es ein Puzzlespiel wäre, setze alle Teile richtig zusammen, damit ein kohärentes, harmonisches Bild entsteht. Es gibt bestimmt Gründe dafür, daß Organisationen deswegen Erfolg haben, weil sie konsistent vorgehen. Dadurch sind sie jedenfalls einfacher zu managen. In unserer Diskussion war die Konfiguration zunächst gleichbedeutend mit Struktur, wurde dann auch zur Situation und später zur Macht, und schließlich zur Kultur, die aus allen Aspekten zusammengesetzt ist. Aber die Konfiguration hat auch ihre Grenzen, wie wir gesehen haben.

Kontradiktion. Während der Lumper vielleicht die Konfigurationshypothese vorzieht, entscheidet sich der Splitter für die *Kontradiktions*hypothese. Management der Dialektik, der dynamischen Beziehungen ist ihr Appell, „jedem das seine" vielleicht ihr Motto, Tauziehen ihr Symbol. Sie deutet auf das häufige Vorkommen von Kombinationen und Veränderungen hin, bei denen die Organisation entgegengesetzte Kräfte meistern muß. Und während diejenigen, die den Konvergenzansatz unterstützen vielleicht der Ideologie Beifall spenden, sogar der Rolle der Politik (Kooperation oder Konkurrenz als „one best way"), würden die Splitter mit Recht antworten, daß die beiden selbst widersprüchlich sind, und deshalb dialektisch behandelt werden müssen. Das ist gewiß eine wichtige Hypothese und zusammen mit der Konfigurationshypothese (mit ihrem eigenen dynamischen Zug) ein wichtiger Anhaltspunkt für die Effektivität einer Organisation. Aber sie reicht noch nicht aus.

Kreation. Die wahrhaft große Organisation transzendiert Konvergenz, Kongruenz, Konfiguration und Kontraktion, obwohl sie auf ihnen aufbaut, um etwas mehr zu erreichen. Sie bezieht sich auf die *Kreations*hypothese. Kreativität ist ihre Stärke, „Verstehe dein inneres Wesen" ihr Motto, Lego ihr Symbol. Die interessantesten Organisationen leben an den Rändern, weit von der Logik der konventionellen Organisationen entfernt, dort wo die reichsten, vielfältigsten und interessantesten Lebensformen zu finden sind, wie Raphael in der Biologie gezeigt hat (zum Beispiel zwischen Wasser und Land, oder an der Waldgrenze).[8] Diese Organisationen entwickeln neue Ansätze, die drängende Probleme lösen und einen neuen Umgang mit Organisationen ermöglichen. Ihre Effektivität hängt von zwei Dingen ab, für die das ganze Buch plädierte: von einem tieferen Verständnis der Welt der Organisationen und einer Neigung, mit diesem Wissen kreativ zu spielen.*

Postskript: Ein Lebenszyklus-Modell von Organisationen

Die Vorstellung eines Lebenszyklus-Modells von Organisationen wurde früher bereits erwähnt. Hier kommen wir darauf zurück und stellen ein ausführliches Modell darüber vor, wie Organisationen mit der Zeit Sequenzen von Wandelprozessen durchmachen. Dabei kehre ich zu meiner ursprünglichen Überzeugung zurück: Es ist Lumping im Exzeß (sogar die sechste und siebte Form kommen wieder ins Spiel). Ich glaube, daß dieses Modell wichtige Implikationen für eine Gesellschaft von Organisationen hat. Dieser Aspekt wird kurz diskutiert, aber im letzten Buchkapitel intensiv verfolgt.

Anhand der sieben Konfigurationen ist es nicht schwer, sich Beispiele aller möglichen Übergänge zwischen Konfigurationspaaren vorzustellen, zweiundvierzig Übergänge in allen wichtigen Richtungen, oder neunundvierzig, wenn man die hinzuzählt, die jede Konfiguration in eine andere Form von sich selbst vollziehen kann (beispielsweise das Ersetzen des Führers in der unternehmerischen Form). Bestimmte Übergänge scheinen weitaus häufiger vorzukommen, zum Beispiel wenn eine Organisation größer wird und zur Reife gelangt, und von der unternehmerischen in die Maschinenkonfiguration übergeht.

Übergänge, die die *intrinsischen* Kräfte einer Organisation widerspiegeln, kommen scheinbar am häufigsten vor – die natürlichen Kräfte, die den Samen der Zerstörung einer Konfiguration säen und sie in eine andere treiben (oder die Organisation selbst in den Niedergang treiben). Im Gegensatz dazu scheinen die selteneren Übergänge die externen Veränderungen widerzuspiegeln, die unabhängig von der Organisation vorkommen – zum Beispiel ein Technologiewandel, neue Gesetze, ein neuer Konkurrent. Deren Vielfalt ist weit größer als die ihrer Ursachen, und können insofern nicht vorhergesagt werden (zumindest nicht durch eine Untersuchung der Organisationen). Zudem gibt es Konfigurationen, die besonders typisch für junge Organisationen sind, allen voran die unternehmerische, oder für etabliertere Organisationen die Maschinenkonfiguration, oder während des Niedergangs einer Organisation besonders die politisierte Konfiguration. Dies legt ein Lebenszyklus-Modell von Organisationen nahe.

---

* In diesem Sinne möchte ich jeden, der konstruktiv mit diesen Kräften und Formen Organisations-LEGO spielen konnte, einladen, mir von seinen Erfahrungen zu berichten (McGill University, Montreal H3A 1G5, Canada).

8 R. Raphael, Edges (New York: Knopf, 1976), S. 5–6.

Zwei Hauptannahmen liegen den Lebenszyklus-Modellen von Organisationen zugrunde. Erstens, daß Organisationen sich in ihrem Leben meistens in einem Fließgleichgewicht befinden, sozusagen als stabile und andauernde Formen existieren, daß sich aber dieser Status regelmäßig ändert, wenn eine Organisation kurze Übergansperioden durchläuft. Früher haben wir es als „Quantentheorie" des Organisationswandels bezeichnet. Der Ökologe nennt es „punktuelles Gleichgewicht", während sich die Organisationstheorie von William Starbuck darauf als „Metamorphose-Modell" bezieht. Nach diesem Modell wachsen Organisationen nicht so sehr in „einem gleichmäßigen kontinuierlichen Prozeß", sondern vielmehr im Rahmen eines „abrupten und unsteten Wandels" der Bedingungen und Strukturen.[9] Die zweite Annahme ist, daß die Gleichgewichtsformen, die Organisationen mit der Zeit annehmen, dazu tendieren, sich entsprechend der jeweiligen Lebensstufe nach Phasen anzuordnen. Mit anderen Worten, es gibt Formen für Geburt, Wachstum, Reife und Niedergang, vielleicht sogar für den Tod einer Organisation.

Solche Lebenszyklus-Modelle waren in der organisationstheoretischen Literatur lange Zeit populär. Ebenso lange wurden sie auch kritisiert, weil spezielle Organisationen über die Zeit alle Arten idiosynkratischer Veränderungen aufwiesen, die durch externe Veränderungen verursacht waren. Manche Organisationen richten sich zudem für lange Perioden ein, während andere häufig die Phasen unterbrechen und auf scheinbar frühere Stufen zurückkehren. Dennoch beschreiben Lebenszyklus-Modelle etwas wichtiges an Organisationen: nämlich die *dominierenden Tendenzen* in vielen, wenn nicht sogar die zwingenden Veränderungen in allen – mit anderen Worten, es handelt sich um Phasen, die häufig vorkommen, und keinen imperativen Charakter haben.

Die meisten bekannten Lebenszyklus-Modelle rekonstruieren Veränderungen in der Struktur. Das Modell, das ich vorstellen werde, orientiert sich mehr an Veränderungen in der Macht (obwohl natürlich spezielle Strukturen mit speziellen Machtsystemen korrespondieren). Deshalb führt das Modell wieder Formen ein, die ich vorher mit Macht in Verbindung gebracht hatte, nämlich die missionarische und die politische Konfiguration wie auch die instrumentelle und geschlossene Systemform der Maschinenkonfiguration.

Abbildung 14.3 zeigt unser Lebenszyklus-Modell in vier Stufen: *Formation* (als eine unternehmerische Konfiguration), *Entwicklung* (als eine missionarische, instrumentell-maschinenartige oder unter Umständen innovative Konfiguration), *Reife* (als eine Konfiguration vom Typ geschlossene Maschine, als professionelle oder unter Umständen innovative Konfiguration) und *Niedergang* (als eine politische Konfiguration, die auch einige der früheren Übergänge begleitet). Das Ableben der Organisation kommt häufig an bestimmten Stellen der Formations- und Entwicklungsstufe wie auch nach dem Niedergang vor, und wird als Grabstein dargestellt. Das Modell wird unten als eine Reihe von Vorschlägen beschrieben, die jeweils ein eigenes Etikett tragen. Die Vorschläge werden in der Form von Feststellungen vorgetragen, um sie als Hypothesen herauszuheben, die nicht als definitive Schlußfolgerungen interpretiert werden können. Sie scheinen mir die

9 William Starbuck, „Organizational Growth and Development", in: J.G. March (ed.), Handbook of Organizations (Chicago: Rand McNally, 1965), S. 486.

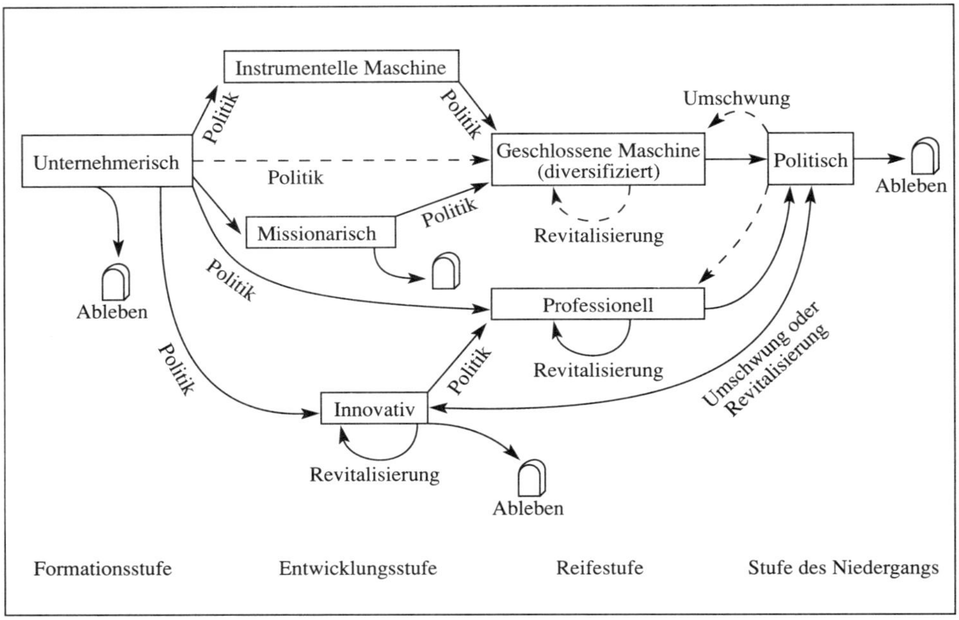

Abbildung 14.3: Ein Lebenszyklus-Modell von Organisationen

führenden Tendenzen in vielen Organisationen zu repräsentieren. Obwohl es Belege für einige gibt, sind andere doch eher spekulativ. Alle müßten durch systematische Forschung bestätigt werden.

Formation

1. *Organisationen werden normalerweise in der unternehmerischen Form gegründet* („Persönliche Gründung"). Eine neue Organisation hat im allgemeinen eine Mission, verfügt über einige Ressourcen und einen Führer. Der Rest muß geschaffen werden. Das gibt dem Gründer gewöhnlich eine große Macht: die anderen beugen sich ihm, um mit dem Aufbau der Organisation voranzukommen. Neue Organisationen (sogar im Nonprofitsektor, einschließlich der Regierung) tendieren dazu, starke Führerpersönlichkeiten anzuziehen, Menschen, die ihren „eigenen Weg" frei von den Zwängen etablierter Organisationen gehen wollen. Insofern scheint die unternehmerische Form eher am Anfang aller Situationen aufzutreten.

2. *Viele junge Organisationen verbleiben so lange bei der unternehmerischen Form, wie ihre Gründer im Amt sind* („Fortdauer des Unternehmertums"). In der Organisation können schnell Kräfte auftreten (etwa der Bedarf nach Expertenwissen oder technokratischer Kontrolle), die sie in eine andere Konfiguration treiben. Aber viele Organisationen verschieben einen deutlichen Übergang so lange, wie ihre Gründer aktiv sind. Einerseits wurde die Organisation um den persönlichen Stil und die strategische

Vision des Führers aufgebaut. Andererseits bleiben die Mitglieder gegenüber dem Führer loyal, da er sie angestellt hat und sie eine persönliche Beziehung zu ihm entwickelt haben. Zudem können Gründer auch die Macht deshalb aufrechterhalten, weil sie willensstarke Persönlichkeiten sind.

Entwicklung

3. *Unternehmerische Organisationen sind gefährdet. Viele sterben, während andere früher oder später einen Übergang zu einer anderen Konfiguration vollziehen* („Unsicherheit"). Es gibt einige unternehmerisch geführte Organisationen, die für lange Zeit unter der persönlichen Kontrolle ihres Gründers existieren. Aber die unternehmerische Konfiguration ist grundsätzlich unsicher, weil sie von einer einzigen Person abhängig ist. Wie gesagt kann ein Herzanfall ihren primären Koordinationsmechanismus zunichte machen. Unternehmer können aufgrund ihrer großen persönlichen Macht leicht den Kontakt verlieren. Einige gehen so in den operativen Details auf, daß sie für eine notwendige Strategieänderung unsensibel werden. Andere werden so opportunistisch, daß sie ständig von einer Strategie zur anderen springen und deshalb den Kontakt zur Organisation verlieren.

   Unabhängig von der jeweiligen Form ist das Grundproblem der unternehmerischen Konfiguration, daß sie in der Regel über keinen rationalen Mechanismus zur Selbstkorrektur verfügt. Auf seiten des Führers ist so viel Macht konzentriert, daß oft niemand dazu in der Lage oder bereit ist, die Dinge richtig anzupacken, zumindest nicht im Kontext der unternehmerischen Konfiguration. Insofern scheinen auf Führungsprobleme Niedergang oder Scheitern zu folgen.

4. *Die natürlichste, wenn nicht sogar häufigste Übergangsform für die unternehmerische Organisation ist die in eine missionarische Konfiguration, zumindest nach dem Ausscheiden eines charismatischen Führers mit einer Vision* („Institutionalisierung von Charisma"). Die bleibenden Anhänger sind nach dem Ausscheiden des verehrten Führers auf sich allein gestellt und haben ein starkes Sendungsbewußtsein. Sie neigen (in der Sprache der Soziologie gesagt) zur *Institutionalisierung* seines Charisma. Sie tendieren mit anderen Worten zur Bildung einer missionarischen Konfiguration, in der Selektion, Sozialisation und Indoktrination zur Festigung des etablierten Glaubenssystems verwendet werden. Aber nur wenige derartige Organisationen scheinen sich selbst überlassen zu bleiben.

5. *Neue Organisationen, die von Expertenwissen abhängig sind, haben eine Tendenz zum schnellen Übergang in die innovative oder professionelle Konfiguration* („Meritokratie"). Eine neue Organisation, die sehr stark auf Fertigkeiten und Kenntnisse von Experten angewiesen ist, wird wahrscheinlich einen sehr schnellen Übergang zu einer Expertenkonfiguration wählen: zur innovativen Form, wenn ihre Mission sich auf Kreativität bezieht, zur professionellen, wenn sie standardisierte Fertigkeiten einsetzt. Dieser Übergang scheint schnell vonstatten zu gehen, da im allgemeinen bereits Experten angestellt wurden. Von daher bestehen die Experten bereits früh auf Einfluß-

möglichkeiten und beugen sich weitaus weniger der persönlichen Macht eines Führers. Ein neues Krankenhaus kann beispielsweise nach einer überraschend kurzen Phase einfach deshalb die professionelle Konfiguration annehmen, weil das Personal aus anderen Krankenhäusern kommt und bereits über entsprechende medizinische Kenntnisse verfügt.

6. *Angesichts der Wahlmöglichkeit zwischen professioneller und innovativer Konfiguration optieren viele neue Organisationen für die letztere, obwohl einige sich später zu einer professionellen veranlaßt sehen* („zuerst Experimentieren", *später* „Institutionalisierung der Innovation"). Neue Organisationen mit Experten experimentieren oft (etwa Theater oder Beratungsfirmen, weniger die Krankenhäuser!). Das System ist neu, die Leute begeistert, es gibt ungenutzte Gelegenheiten und die Organisation muß sich aus Überlebensgründen von der Konkurrenz absetzen. In der Entwicklungsstufe wird vielleicht die innovative der professionellen Konfiguration vorgezogen. Aber später, wenn sich die Dinge etwas geklärt haben – die Verfahren eingerichtet sind, die Experten ihre Präferenzen entwickelt haben, die Kundenwünsche sich wiederholen etc. – kann es angesichts der Wahlmöglichkeit erneut eine Tendenz zum Übergang zur professionellen Konfiguration geben. Mit anderen Worten, die ad hoc-Entwicklung neuer Lösungen wird durch die routinemäßige Bereitstellung standardisierter Lösungen ersetzt.

7. *Unternehmerisch geleitete Organisationen, die nicht ideologieanfällig und nicht abhängig von Expertenwissen sind, tendieren schließlich zur Maschinenkonfiguration, normalerweise zunächst in ihrer instrumentellen Form* („Übernahme"). Sich entwickelnde Organisationen, die weitgehend unabhängig von Ideologie und Expertentum sind, sind nach dem Ausscheiden ihres Gründers, oder sogar noch unter seiner Führung, stark gefährdet. Sie werden zu primären Kandidaten für Übernahmen und fallen externen Einflußnehmern zum Opfer (oder ergeben sich ihnen manchmal aus Sicherheitsmotiven freiwillig). Ein externer Einflußnehmer konsolidiert seine Macht über eine Organisation, indem er sich für die Etablierung technokratischer Kontrollen durch ein behilfliches Management engagiert, wie bereits in Kapitel 8 erwähnt wurde. Anders gesagt, das übernommene Unternehmen hat eine natürliche Tendenz zum Übergang in die Maschinenkonfiguration in ihrer instrumentellen Form.

   Das klassische Beispiel ist natürlich das Unternehmen, das von einem großen diversifizierten Unternehmen kontrolliert wird, sei es, daß es ausverkauft oder integriert wird. Ein ähnlicher Prozeß läuft ab, wenn die Regierung ihre Kontrolle über ein neu eingerichtetes Amt festigt, das bis dahin von seinem willensstarken Gründer kontrolliert wurde.

   Der Unterschied zwischen der instrumentellen Form und der des geschlossenen Systems in der Maschinenkonfiguration besteht darin, daß in der einen Form die Macht bei einem externen Einflußnehmer (oder einer Gruppe, die sich einig ist) liegt, während sich in der anderen die Macht bei der internen Verwaltung konzentriert. Die erste Form scheint eher einfach zu sein, weil es normalerweise keinen fest etablierten Verwaltungsapparat zu geben scheint, der die Macht nach dem Ausscheiden des Gründers übernehmen kann. Eine kleine Organisation hat vielleicht einfach keine Entwicklungschance. Darüber hinaus lehnen Unternehmer oft ausdrücklich eine Verwaltung ab, da sie darin eine Bedrohung ihres persönlichen Einflusses sehen. Die darauf folgende instrumentelle Form wird deshalb zum Mittel der Einführung eines Verwaltungsapparates.

Manchen Organisationen gelingt es aber, mit einer unternehmerischen Führung ziemlich groß zu werden, und zur Bewältigung ihrer Größe eine Verwaltung aufzubauen. Sie entwickeln praktisch einen Hybriden aus der unternehmerischen und der Maschinenkonfiguration. Der kann natürlich direkt in die geschlossene Form übergehen, wenn die Verwaltung direkt nach Ausscheiden des Gründers die Leitung übernimmt. Auf Regierungsdiktaturen folgen zum Beispiel manchmal geschlossene bürokratische Regierungssysteme, wie in der Sowjet-Union nach Stalin. Dasselbe scheint auf große Arbeitergewerkschaften zuzutreffen, nachdem der Gründer ausgeschieden ist (außer, der Gewerkschaftsführer hatte eine starke Ideologie hinterlassen; dann müssen wir stattdessen mit dem Übergang in die missionarische Konfiguration rechnen). Trotz dieser Beispiele zeichne ich diesen Übergang in der Abbildung 14.3 allerdings als gestrichelte Linie, weil ich glaube, daß er nicht so natürlich und deswegen weniger wahrscheinlich ist – persönliche Führung und formale Verwaltung sind irgendwie unvereinbar.

Reife

8. *Missionarische Konfigurationen tendieren, außer im Falle des häufigen Niedergangs der Organisation, ebenso wie die instrumentelle Maschinenkofiguration am Ende zu einem Übergang in ein geschlossenes System.* (Die „Imperative der Administration“). Dieser wichtige Gesichtspunkt zeigt (wie man in der Abbildung sehen kann), daß Organisationen, die von Expertenwissen unabhängig sind, zu Maschinenbürokratien tendieren, die für einen externen Einfluß weitgehend unzugänglich sind. In der Verwaltung setzt sich ein Denken durch, daß die Organisation nicht für irgendeine externe Wählerschaft oder eine edle Mission existiert, sondern für sie selbst. Seltsamerweise versetzt vielleicht nur dieser Übergang die Organisationen in die Lage, in ausreichendem Maß eine vollständige und effiziente Ausbeutung ihrer Produkte und Dienstleistungen zu erreichen.

Viele Organisationen mit einer missionarischen Konfiguration sterben einfach. Sie leben auf des Messers Schneide zwischen Isolation und Assimilation, wie wir bereits in Kapitel 12 gezeigt haben. Die Isolation bewahrt vielleicht die Ideologie, tötet aber die Organisation. Deshalb sterben viele religiöse Gemeinschaften, politische Bewegungen und sogar missionarische Wirtschaftsunternehmen aus Mangel an Mitgliedern oder Ressourcen, oder sie verausgaben sich einfach in ihrer ideologischen Leidenschaft.

Diejenigen, die überleben, sind stattdessen dem Druck der Assimilation ausgesetzt. In einer Gesellschaft großer Bürokratien weiß man, woraus dieser Druck besteht. Die Organisation muß mit der Zeit einen Verwaltungsapparat aufbauen, vor allem wenn sie ihre Mission im großen Stil praktizieren will. Das führt zur Bürokratisierung der Struktur. Am Ende ergibt sie sich dem, was ich gerne „Verwaltungsimperative" und der Soziologe vielleicht die Routinisierung der Ideologie nennt (um Max Weber zu paraphrasieren). Der italienische Poltikwissenschaftler Robert Michel war Anfang dieses Jahrhunderts in der Tat von der Unvermeidbarkeit dieses Übergangs überzeugt (in unseren Begriffen: von der missionarischen Form in die geschlossene Form), und nannte dies das „ehernes Gesetz der Oligarchie".[10] Mit der Zeit stumpft die Ideologie praktisch ab und verwandelt den Enthusiasmus in eine Pflichtübung, die Traditionen in Dogmen und die Normen in Regeln. Die Macht im Zentrum wird von der Verwaltung abgelöst.

Organisationen als instrumentelle Maschinen tendieren nicht zum Untergang, weil sie durch externe Einflußnehmer geschützt sind. Aber sie durchlaufen häufig einen ähnlichen Umwandlungsprozeß zum instrumentellen System, der auch ein ehernes Gesetz der Imperative zu sein scheint. Die instrumentelle Maschine dient direkt einer externen Wählerschaft. Das ist ihr Ziel und ihre Hauptstärke. Aber dieses Arrangement trägt den Samen seiner eigenen Zerstörung. Ihr Problem liegt in der externen Kontrolle des internen Verhaltens. Unter Umständen haben die externen Einflußnehmer die formale Macht, können sie aber nur über die interne Verwaltung ausüben, wo die notwendigen Informationsgrundlagen zur Führung der Organisation liegen. In Informationen liegt natürlich Macht. Darüber hinaus hat die Verwaltung die Zeit und Energie, sich kontinuierlich den Organisationsfragen zu widmen. Wenn eine instrumentelle Maschinenorganisation größer und komplexer wird, dann kann ihre interne Verwaltung ihre Macht auf Kosten der externen Einflußnehmer steigern. Ein Übergang in die geschlossene Form kann unvermeidbar werden.

Dieser Prozeß ist in vielen Wirtschaftsunternehmen evident, deren Größenwachstum von einer Streuung der Beteiligung begleitet ist, bis die internen Manager vor den externen „Eigentümern" die vollkommene Kontrolle haben.[11] Dasselbe zeigte sich bei großen Staatsunternehmen, in denen die internen Manager allmählich der Regierung die faktische Kontrolle entreißen, bis sie die Organisationen als ihre Systeme leiten können.[12]

9. *Das geschlossene System der Maschinenkonfiguration begünstigt einen Übergang zur diversifizierten Konfiguration, und ist umgekehrt selbst davon begünstigt* („Diversifikation"). Organisationen als geschlossene Systeme behalten ihre Erträge (gleich in welcher Form) und setzen sie zum Ausbau ihrer Größe und ihres Einflusses ein. Ein hauptsächliches Mittel dazu ist die Diversifikation, mit anderen Worten die Ausdehnung der Mission in verschiedene Bereiche, die auch eine Verteilung des Risikos und die Einschränkung externer Einflüsse erleichtert. (Die Diversifikation kann

10 Robert Michels, Political Parties: A Sociological Study of the Oligarchical Tendencies of Modern Democracy (New York: Free Press, 1958).

11 Siehe zum Beispiel: Adolph A. Berle und G.C. Means, The Modern Corporation and Private Property, überarbeitete Auflage (New York: Harcourt, Brace & World, 1968).

12 Siehe zum Beispiel: T. Hafsi, „The Dynamics of Government in Business", in: Interfaces, Juli-August 1985, S. 62–69.

etwa die Streuung der Aktienbesitzer in einem Wirtschaftsunternehmen erleichtern, wie wir in Kapitel 9 gesehen haben.) Mit der Diversifikation kann die geschlossene Konfiguration ihre Geschlossenheit stärken.

Aber die Umwandlung zur diversifizierten Form bewirkt nicht wirklich einen Übergang zu einer höheren Stufe, weil sie schon eine hochentwickelte Form der Maschinenkonfiguration ist (was normalerweise eine Reihe von maschinenartigen Divisionen impliziert, die unter dem Dach der Hauptverwaltung zusammengefaßt sind). Deshalb zielt dieser Übergang eher auf eine Statusanhebung der Organisation als bürokratische Struktur, die durch ihre Verwaltung kontrolliert wird und gegenüber externen Einflußnehmern abgeschlossen ist.

Lassen wir die bisherige Diskussion zu dieser Frage besonders unter Berücksichtigung der Identifizierung verschiedener Konfigurationen mit den unterschiedlichen Organisationsentwicklungsstufen Revue passieren. Die unternehmerische Konfiguration wurde eindeutig und allein mit der Formationsstufe in Verbindung gebracht. Die missionarische Konfiguration und die instrumentelle Form wurden der Stufe der Entwicklung zugeordnet, weil sie für einen Übergang in die geschlossene Konfiguration empfänglich sind, wie wir bereits erörtert haben und wie es die Abbildung 14.3 zeigt. Anders gesagt, sie wird als Mittel angesehen, mit der sich eine Organisation über die Formationsstufe hinaus in einen Zustand der Reife entwickeln kann. Die geschlossene Maschinenform ist allerdings auf der Reifestufe angesiedelt, weil die Organisation in dieser Zeit in einem oder mehreren Bereichen eher fest etabliert ist, über einen gut entwickelten Verwaltungsapparat verfügt und relativ frei von externem Einfluß ist.

Auch die Organisation der Professionals wird aus ähnlichen Gründen auf der Reifestufe dargestellt. Auch sie ist eher fest etabliert und verfügt über klar definierte (wenn sie hochqualifiziert ist) standardisierte Verfahren. Sie kann sich ebenso von größeren externen Einflüssen frei halten und konzentriert ihre Macht in den Händen ihrer Mitglieder (in diesem Fall den Professionals), die sie wesentlich zu ihrem eigenen Nutzen einsetzen.

Beide Konfigurationen werden aus diesen Gründen als sehr stabil und dauerhaft angesehen. Es ist schwer, fest verwurzelte Verwaltungsbeamte und Experten zu versetzen. Aus diesem Grund werden beide mit dem Zustand der Reife in Verbindung gebracht. Daraus können wir schlußfolgern, daß die überlebenden und wachsenden Organisationen, wenn sie voll entwickelt sind, außer im Falle externer Veränderungen, eher in der geschlossenen Maschinenkonfiguration (ob diversifiziert oder nicht) enden; außer ihr Bedarf an Expertentum drängt sie anstatt in den Reifezustand in die professionelle Konfiguration.

Die innovative Konfiguration liegt zwischen Entwicklung und Reifezustand, weil diese Organisationsform einerseits manchmal dazu neigt, einen Übergang zu der stabileren professionellen Form zu vollziehen (wie es bereits beschrieben wurde), und sich andererseits eine selbständige Basis aus sich heraus schaffen kann (wenn auch keine immer stabile). (Es sei nochmals an unsere Diskussion in Kapitel 11 über die beiden Typen innovativer Organisationen erinnert, die operative Adhocratie, wie sie in Beratungsfirmen vorgefunden werden kann, und die administrative Adhocratie, die man in automatisierten Bereichen oder in der Hochtechnologie findet, die oft die innovative Form beibehalten muß.)

10. *Die meisten bisher diskutierten Übergänge werden eher durch Formen der politischen Konfiguration begünstigt und behindert, und normalerweise durch kurzzeitige Konfrontationen, manchmal auch durch unsichere Allianzen in die Länge gezogen* („übergangsweise Politisierung"). Der Übergang der unternehmerischen zur missionarischen Konfiguration, wenn also die Überzeugungen einer charismatischen Führungsperson institutionalisiert werden, verläuft eher glatt und konfliktfrei. Alle bisher diskutierten Übergänge können problematisch sein, wenn eine alte Garde, die das etablierte Machtsystem repräsentiert, sich denen widersetzt, die den Wandel propagieren. Es kann wiederholt zur totalen Konfrontation kommen. Oder beide Seiten gehen für eine gewisse Zeit eine unsichere Allianz ein, vollziehen also den Übergang langsam in der Form eines Übergangshybriden und mit großer Spaltung, um einen Nachteil für die Organisation zu vermeiden.

    Angesichts der vielfältigen Übergänge, die wir oben dargestellt haben, kann sich der Gründer einer unternehmerischen Organisation, oder dessen Nachfolger, einer Übernahme durch eine Gruppe externer Einflußnehmer widersetzen, die die Organisation instrumentalisieren will. Deswegen kann es zu Konfrontationen kommen, außer der Übergang wird entweder durch eine plötzliche Machtergreifung realisiert, oder findet allmählich statt, und beide Seiten arrangieren sich in einer unsicheren Allianz. Fast dasselbe kann bei einem direkten Übergang von der unternehmerischen in die geschlossene Form geschehen. Allerdings findet der Konflikt hier eher zwischen der Führungspersönlichkeit, die an der persönlichen Kontrolle festhält, und den Administratoren, die zu formalen Systemen neigen, die ihren eigenen Einfluß steigern, statt.

    Der Übergang von der unternehmerisch gegründeten Konfiguration in eine Konfiguration von Experten dürfte ähnlich verlaufen wie bei Organisationen, die auf Expertentum angewiesen sind. Von Experten erwartet man normalerweise, daß sie schnell viel Einfluß zu erreichen versuchen, während der Führer seine persönliche Kontrolle aufrechtzuerhalten versucht. Deswegen werden sich beide zu behaupten versuchen bzw. eine unsichere Allianz eingehen, bis der Übergang vollständig vollzogen ist. Im Falle des Übergangs von einer Expertenkonfiguration in eine andere, von der innovativen zur professionellen, werden sich wahrscheinlich die Experten untereinander bekriegen oder eine temporäre unsichere Allianz eingehen, wobei die eine Seite die kreative Adhocratie repräsentiert, die andere einen stabilen Professionalismus.

    Angesichts des Übergangs von der instrumentellen zur geschlossenen Maschinenkonfiguration werden die externen Einflußnehmer wahrscheinlich keinen großen Wert darauf legen, die Macht an die Administratoren abzutreten, die sie zur Leitung der Organisation als Instrument eingesetzt haben. Aber ihre Aussichten dafür sind schlecht, einfach weil die internen Administratoren die Entscheidungsbildung direkt kontrollieren. Bestenfalls kann es zu einer impliziten unsicheren Allianz mit ihnen kommen, in der Hoffnung, den allmählichen Machtverlust aufzuhalten. Sie können natürlich die Verwaltung mit sichtbaren Problemen konfrontieren, wenn auch nicht allzu oft. (Im Falle von Air Canada zum Beispiel, die im öffentlichen Eigentum ist, hat die Regierung über Jahre die Anschaffung neuer Flugzeuge und den Standort einer neuen Wartungshalle kritisiert und sogar eine Namensänderung der Fluggesellschaft gefordert.) Die externen Einflußnehmer können sogar diese gelegentlichen Konfrontationen erfolgreich gewinnen – die soziale Legitimation liegt schließlich auf der Seite der externen Wählerschaft, ihr soll die Organisation dienen. Aber am Ende werden sie wahrscheinlich verdrängt, einfach weil sie nicht die vielen internen Entscheidungen kontrollieren können, die jeden Tag getroffen werden. Sie können den Krieg vielleicht gewinnen, aber den Frieden verlieren sie.

Es bleibt noch der Übergang von der missionarischen Konfiguration zum geschlossenen Systemtyp. Hier sollten wir mit beiden Formen der politischen Konfiguration rechnen, also einer Kombination des oben bereits Beschriebenen. Die Mitglieder der Organisation, die den Normen ihrer traditionellen Ideologie treu bleiben, freunden sich nicht schnell mit den Verwaltungsmenschen an, die Routinen einzuführen und ihre formale Macht auf Kosten der geltenden Glaubenssysteme zu steigern versuchen. Man muß heftige Auseinandersetzungen erwarten. Die Macht der Administratoren kann subtiler und durchdringender sein und ihnen erlauben, durch die vielen kleinen, regelmäßigen Entscheidungen allmählich die Macht zu erlangen, wie es bei den vorher beschriebenen Übergängen der Fall war. Diejenigen, die der Ideologie die Treue halten, werden zu einer unsicheren Allianz gezwungen, um ihren Platz noch behaupten zu können. Aber wie im Falle der externen Einflußnehmer bei der instrumentellen Konfiguration zieht das den unvermeidbaren Übergang in die administrative Kontrolle nur in die Länge.

Niedergang

11. *Das Fehlen externer Kontrolle hat eher einen schlechten Einfluß auf die reife Konfiguration, die geschlossene Maschine und die professionelle Konfiguration, da es sie am Ende in die politische Konfiguration treibt* („Endgültige Politisierung"). Der Samen der Zerstörung der beiden reifen Konfigurationen wird allein schon durch die Macht ihrer dominanten Mitglieder gesät. „Macht neigt zu moralischem Verfall, absolute Macht zu absolutem moralischen Verfall", um Lord Acton zu zitieren. Die Macht der Verwaltung der geschlossenen Systemmaschine kann manchmal fast absolut werden, so daß es unvermeidbar zu moralischem Verfall kommt, vor allem in der Form arroganter Machtausübung.

    In Universitäten können beispielweise die Studenten zu beliebigen Schachfiguren werden. Sie sollen nur das unterstützen, was die Professoren wirklich wollen, nämlich forschen. Aber diese Forschung wird vielleicht nur für die Professoren gemacht. Bloßes Dienen wird als absolut angesehen. Die methodische Eleganz wird zum eigentlichen Forschungsgegenstand, wenn eine kleine Gemeinde von „Gelehrten" in zunehmend kleineren und unbedeutenderen Zeitschriften füreinander publiziert. In der Wirtschaft erfahren die Kunden eine solche Behandlung durch geschlossene bürokratische Systeme (in der Universität werden die Studenten natürlich nicht als

Kunden anerkannt). Deshalb gab es einen Topmanager bei General Motors, der behauptete, daß mit den Menschen, die kleine Autos kaufen, „etwas nicht stimme", während andere meinten: „Was für General Motors gut ist, ist auch für das Land gut". Sogenannte soziale Verantwortung kann für die Manager geschlossener Systeme zum Deckmantel dafür werden, daß externe Einflußnehmer nicht in ihren Machtbereich eindringen – wenn sie „verantwortungsbewußt" sind, dann muß ihr Verhalten nicht kontrolliert werden.

Wenn Macht zu moralischem Verfall führt, dann führt dieser zu Konflikten. Ohne den Zwang zur Verantwortung müssen die Mitglieder in Konflikte untereinander geraten. Die Professionals stolzieren umher und versuchen, den anderen überlegen zu sein, und die Aministratoren kämpfen um die Errichtung privater Einflußsphären. Die interne Koalition politisiert sich zunehmend.

Inzwischen nehmen die externen Einflußnehmer, die lange durch den Mythos des Expertentums oder durch die Macht des Verwaltungssystems besänftigt wurden, von diesen Konflikten Notiz. Das weist auf die grundsätzliche Illegitimität des Machtsystems der Organisation hin. Die Organisation muß sich unter Umständen auf den Professionalismus oder die formale Autorität ihrer Verwaltungsbeamten verlassen, um funktionieren zu können. Aber Arroganz und Konflikte machen den Außenstehenden zunehmend klar, daß hier legitime Mittel für illegitime Zwecke eingesetzt werden. Insofern stellen sie die Mitglieder wie auch die Legitimation der Macht in Frage, was zu einer Politisierung der externen Koalition führt. Studenten und Regierungsbeamte hinterfragen die Ziele der Universität und die Tätigkeiten der Professoren. Ralph Nader startete eine Reihe von Angriffen auf General Motors, nachdem er Äußerungen der Unternehmensmanager gehört hatte – und zwar hinsichtlich der Sicherheit der Autos, der Umweltverschmutzung, der Kriterien, nach den Boardmitglieder nominiert werden.

Wenn die Organisation von innen und außen mit Konflikt infiziert wird, dann nimmt sie die sogenannte politisierte Form an, in der der Konflikt durchdringend, aber auch andauernd ist, weil er in einer moderaten Form existiert.

Das muß natürlich nicht schnell geschehen. Organisationen können lange in einem Zustand der Reife bleiben, und werden durch eine gewisse Machtkonkurrenz oder professionelle Standards vielleicht unter Kontrolle gehalten. (Oder das Aufkommen einer neuen Konkurrenz oder neuer professioneller Standards zwingen sie in einen lebensfähigeren Reifezustand zurück, nachdem sie bereits auf dem Weg in einen konfliktgeladenen Niedergang sind.) Die Rudimente einer früheren Ideologie können denselben Effekt haben. Die Langlebigkeit eines gesunden Reifezustandes in bestimmten geschlossenen Systemen oder professionellen Organisationen kann man am besten mit ihrer starken früheren Ideologie erklären. (Ich vermute, daß dies das Vorkommen von „Spitzenleistungen" in Unternehmen erklärt, über die Peters und Waterman berichten.) *Auf der Suche nach Spitzenleistungen* scheint in Wirklichkeit überwiegend von den wenigen Ausnahmen solcher Unternehmen zu handeln, die trotz ihres immensen Wachstums verantwortungsbewußt geblieben sind. Deshalb sollte es nicht verwunderlich sein, daß viele bald aus den Spitzenrängen herausfallen.[13]

Die Abbildung 14.3 zeigt auch eine Linie von der innovativen zur politischen Konfiguration, aber diese Schlußfolgerung muß genauer erörtert werden. Diese Konfiguration ist tatsächlich weit mehr als die Form eines geschlossenen Systems, wenn nicht sogar als die professionelle Konfiguration, für einen internen Konflikt prädisponiert. Aber dabei handelt es sich um eine andere Art von Konflikt. Die Struktur ist so organisch, die Arbeit so variabel, daß im normalen Ablauf der Organisation notwendigerweise Reibungen entstehen. Die Experten haben in der innovativen Organisation sehr viel Macht. Aber hier ist weniger die externe Legitimität das Problem, weil diese Organisation durch ihre Reaktion auf ihre Märkte gekennzeichnet ist. Wenn Adhocratien etwas können, dann ist es das schnelle Reagieren auf externe Veränderungen. Deshalb stellt der Übergang auf eine politische Stufe eher eine temporäre Schwierigkeit dar als einen permanenten Wechsel auf eine Stufe des Niedergangs. (Das tritt wahrscheinlich für die innovative Organisation erst via Übergang in eine mehr bürokratische Konfiguration ein.)

12. *Außer im Falle von Erneuerung oder bestimmter Formen künstlicher Unterstützung führt eine andauernd politische Konfiguration schließlich zum Ableben der Organisation* („Künstliche Unterstützung“, „politischer Tod“). Die politisierte Organisation ist auf lange Sicht kaum effektiv. Organisationen sind dazu da, Produkte herzustellen oder Dienstleistungen zu erbringen, nicht um ein Forum zu schaffen, wo die Menschen sich bekämpfen können. Eine anhaltende und durchdringende Politisierung dürfte zum Ableben der Organisation führen. Das kommt natürlich oft genug vor (oder vielleicht genauer, wenn ein Ableben droht, dann kommt es häufiger zu Konflikten, da die Zurückgebliebenen um die Überreste kämpfen, was zu einer total politischen Arena führen kann, die schließlich die Organisation zerstört). Zwei Dinge können dies aber verhindern.

    Erstens die organisatorische Erneuerung, die unten beschrieben wird, zweitens die künstliche Unterstützung. Eine Organisation, die zu ihrer Aufrechterhaltung künstliche Mittel finden kann, hält unter Umständen einen durchdringenden politischen Zustand länger aus. Im letzten Kapitel wurden Beispiele dafür genannt, etwa die umstrittene Aufsichtsbehörde, die Mittel von der Regierung erhält, und das politisierte Wirtschaftsunternehmen, das sich mit den Mitteln einer festen und privilegierten Marktposition am Leben hält. Aber sogar eine künstliche Unterstützung kann nicht für immer währen, vor allem wenn die Politik ein Eigenleben führt und die Organisation auseinanderreißt, sobald sie ohne Kontrolle ist. Deshalb muß es schließlich zum Ableben kommen, außer es kommt zu einer Erneuerung.

13 „Who is Excellent Now?“, in: Business Week, 5. November 1984, S. 76–78

Erneuerung

13. *Eine organisatorische Erneuerung kann in der Form einer allmählichen Revitalisierung oder, wenn diese ausbleibt, in Form eines dramatischen Umschwungs stattfinden, wobei es zu dem ersten wahrscheinlich während der Reifephase, zu letzterem wahrscheinlich während des Ablebens kommt* („Revitalisierung", „Umschwung"). Jede Organisation muß sich anpassen, wenn sie überleben will. Manche scheinen zur Selbsterneuerung in der Lage zu sein, andere nicht, sie sterben einfach. Ironischerweise scheint letzteres auf den ersten Stufen des Lebenszyklus häufiger vorzukommen, wie es durch die Grabsteine in der Abbildung 14.3 symbolisiert wird. Die missionarische Konfiguration führt, wie bereits erwähnt, oft zum Tod von Organisationen, weil sie die Organisation vom Rest der Welt isoliert. Ebenso führt die unternehmerische Konfiguration oft zum Tod von Organisationen, wenn ihre Führer die Anpassungsfähigkeit verlieren (oder sich zu frei anpassen, der Hauptgrund, warum es oft innovative Organisationen trifft).

Eine Organisation, die auf einer frühen Stufe ihres Daseins mit einer Krise konfrontiert wird, überlebt wahrscheinlich dann, wenn sie sich auf eine nachfolgende Stufe begibt und einen Übergang in eine andere Konfiguration vollzieht, statt eine Selbsterneuerung in ihrer derzeitigen Konfiguration zu suchen. Gefährdete unternehmerische Konfigurationen werden eher zu instrumentellen Maschinen oder Expertenorganisationen, wenn die Führer nicht durch andere Unternehmer ersetzt werden, sondern durch andere Machtzentralen. Bedrohte missionarische Organisationen werden eher zu geschlossenen Systemen, da ihre Ideologien aufgelöst werden müssen, wenn die Organisation sich unabhängig davon anpassen soll, usw.

Erneuerung scheint deshalb ein Phänomen auf den letzten Stufen des Lebenszyklus zu sein. Das wäre sinnvoll, weil dann die Organisation vielleicht keine andere Wahl hat. Die reife Konfiguration kann sich nur in Richtung Niedergang bewegen, und die niedergehende nur in Richtung Ableben. Während ein Ableben der unternehmerischen oder missionarischen Organisation vielleicht nur wenige betrifft, weil sie in der Regel klein und abgegrenzt sind, und oft in einer ziemlich belanglosen Marktnische operieren, zieht die Bedrohung einer zur Reife gelangten Organisation normalerweise sehr viel Aufmerksamkeit auf sich. Sie ist normalerweise groß und in einem zentralen Marktbereich verwurzelt und in viele Geschäftsbeziehungen verflochten, ohne den institutionellen Status zu erwähnen, der aus einer langen Geschichte resultiert. Deshalb besteht ein großes Interesse daran, diese Organisation abzusichern, oft sogar, wenn die Organisation es nicht wert ist.

Die Erneuerung kann zwei Formen annehmen, wie wir in Kapitel 8 erwähnt haben. Manche Organisationen sind zu regelmäßigen Selbstrevitalisierungen in der Lage. Andere, die dazu nicht fähig sind, müssen in einer Krise einem Umschwung unterworfen werden, wenn sie überleben sollen.

Die *Revitalisierung* ist ein allmählicher Prozeß, der innen abläuft und eine Widerspiegelung der Fähigkeit einer Organisation zur Selbsterneuerung. Mit anderen Worten: sich zu verändern und gleichzeitig die Grundkonfiguration aufrechtzuerhalten. Revitalisierungsprozesse scheinen durch eine gesunde Mischung aus Politik und Ideologie begünstigt zu werden, wie bereits an anderer Stelle dieses Kapitels dargestellt. Erstere stimuliert alle zur Unterstützung von Veränderungen, die den Status quo in Frage stellen, letztere schafft die Kultur, die ihre Annehmbarkeit erleichtert. Deshalb sollten wir Revitalisierungsprozesse nicht so sehr auf der Stufe des Niedergangs erwarten, wo die Politisierung bereits das gesunde Funktionieren einer Organisation untergraben hat, als auf der Stufe der Reife, wo die übrig gebliebenen Rudimente der Ideologie neben den unvermeidbaren politischen Machtspielen funktionieren können. Natürlich sollten wir erwarten, daß die Fähigkeit zur Revitalisierung in solchen Organisationen am größten ist, deren Ideologie genügend stark ist, um den verschiedenen Kräften unseres Pentagons gleichzeitig standzuhalten.

Zur Reife gelangte Konfigurationen sind die geschlossene Systemmaschine, die professionelle und teilweise die innovative Konfiguration. Jede ist in der Abbildung 14.3 als Darstellung ihrer Revitalisierungsmöglichkeit mit einer Schleife verbunden. Mit anderen Worten, nur sie sind zu einem Übergang zu einer selbsterneuerten Form in der Lage. (Natürlich wird Reife über die Selbsterneuerungsfähigkeit definiert, die es einer Organisation ermöglicht, sich über einen längeren Zeitraum auf einer Stufe zu halten.)

Die innovative Konfiguration ist am ehesten für eine Revitalisierung aufgeschlossen. Sie existiert vor allem, um sich in direkter Reaktion auf Veränderungen in ihrer Umwelt ständig selbst durch ihre Strategieentwicklung von unten zu verändern und zu revitalisieren. Veränderungen sind in Wirklichkeit nicht ihr hauptsächliches Problem, sondern der Änderung eine Richtung zu geben und in ihren vielen Initiativen regelmäßig Konvergenz zu finden. Die Ideologie kann diesbezüglich aufgrund ihrer Fokussierung der Perspektive eine Hilfe sein.

Entsprechend unserer Darstellung der Strategiebildung in Kapitel 10 tendiert die Organisation der Professionals zu einem Zustand unaufhörlicher Revitalisierung. Aber dies geschieht auf ihrer engsten Ebene, nämlich der Entwicklung spezieller Ressorts und jeweils entsprechender Aktivitäten dafür. Auf breiter Ebene hat die Organisation der Professionals Schwierigkeiten mit der Selbstrevitalisierung, da ihre Machtstruktur diffus ist. Organisationen von Professionals spinnen ständig etwas aus, sogar wenn sie in die falsche Richtung steuern. Das Problem ist die regelmäßige Änderung der Gesamtorientierung. Auch hier könnten Ideologien hilfreich sein: Politische Prozesse können individuelle Veränderungen befördern, aber Ideologie ist notwendig, um sie zu einer systematischen Revitalisierung zusammenzuflechten. Deshalb ist die Organisation der Professionals ohne Ideologie während eines Übergangs zur politischen Konfiguration scheinbar am empfänglichsten für einen Niedergang.

In beiden Expertenkonfigurationen wird die eine oder andere Art von Revitalisierung durch die inneren Kräfte der Konfiguration selbst angetrieben. In unserer dritten reifen Konfiguration, dem geschlossenen System, existieren solche natürlichen Kräfte nicht. Insofern braucht diese Konfiguration zur Revitalisierung einen Anstoß von außen (von daher ist die Schleife gestrichelt). Dieser Anstoß scheint von den beiden zusammenwirkenden Kräften in der Mitte des Pentagons zu kommen. Politische Prozesse unterstützen die Bildung und Beförderung strategischer Initiativen, etwa durch das Spiel strategische

Kandidaten oder Jungtürken, während die Ideologie der Erzeugung eines Klimas der Aufnahmebereitschaft für diese Initiativen dient, mindestens für diejenigen, die zur strategischen Perspektive passen. Deshalb braucht die sich revitalisierende Maschinenkonfiguration, die wir vorhin „Schwungvolle Bürokratien" genannt haben, sowohl Ideologie als auch Politik für ihre Anpassungsbemühungen.

Reife Organisationen, die sich selbst nicht neu beleben können, funktionieren unter Umständen so lange problemlos, bis sich ihre Vorteile erschöpft haben, politisieren sich dann und gehen unter. Sie versuchen vielleicht, sich in der Phase des Niedergangs dadurch abzusichern, daß sie bestimmte protektionistische Möglichkeiten ausnutzen. Wenn diese jedoch scheitern und das Überleben bedroht ist, dann werden mittels eines *Umschwungs* Bemühungen für eine wirtschaftliche Erneuerung unternommen.

Operativer Umschwung ist der populäre Namen für ein Vorgehen auf der Kostenseite des Kosten-Nutzen-Verhältnisses einer Organisation durch Einsparungen, *strategischer Umschwung* für ein Vorgehen auf der Nutzenseite, durch eine Änderung der Richtung. (*Politischer Umschwung* wäre der Name für ein nach außen orientiertes Vorgehen, durch eine Absicherung durch künstliche Mittel.) Das eine Vorgehen ist eine Art medizinischer Eingriff, das Entfernen oder Einschränken kranker Teile, das andere die Rekonstruktion durch die Verbesserung der Teile oder das Hinzufügen neuer. (Und das dritte schließt die Übertragung des Problems sowie der Kosten für eine Lösung auf andere ein.) Wir haben in Kapitel 8 bereits erwähnt, daß im allgemeinen ein Umschwung die zeitweise Rückkehr zur unternehmerische Konfiguration zu bedeuten scheint. Es kommt also zur Suspendierung der etablierten Macht, damit eine starke Führerpersönlichkeit mit einer Vision die Krise auf eine persönliche Art beheben kann.

Von den reifen Konfigurationen scheint die geschlossene Maschine für einen Umschwung am zugänglichsten zu sein. Einerseits erleichtert die Zentralisation der Autorität die Übernahme durch eine einzelne Führungsperson. (Zald und Berger sprachen vom ‚organisatorischen coup d'état' in solchen Organisationen, in denen der Führer ersetzt wird und die Struktur intakt bleibt.)[14] Andererseits sind diese Organisationen meistens ebenso groß wie einflußreich, so daß es ganz bestimmt zu einem starken Erneuerungsdruck kommt, wenn sie sich auf einem absteigenden Ast befinden. (Illustrativ für beide Aspekte ist der Umschwung bei Chrysler, den Iacocca bewirkt hat.) Drittens kommt es aufgrund einer fehlenden Ideologie, was für viele Maschinenkonfigurationen typisch ist, zu keiner Revitalisierung. Wenn es dann zu einer Krise kommt, ist ein Umschwung die einzige Hoffnung.

Ein wirklicher Umschwung ist auf der anderen Seite hier nicht einfach zu bewirken. Es handelt sich um Maschinen, und die freunden sich nicht so schnell mit drastischen Änderungen an. Deswegen werden politische und operative Umschwünge, die die Strategien und Systeme aufrechterhalten, meistens vor einem strategischen Umschwung bevorzugt.(So hatte etwa der Umschwung bei Chrysler eine starke politische Dimension in

14 M.N. Zald und M.A. Berger, „Social Movements in Organizations: Coup d'Etat, Insurgency, and Mass Movements", in: American Journal of Sociology, 1978, S. 823–61.

Form von Lohngarantien durch die Regierung sowie eine operative Komponente in Form von Einsparungen und Entlassungen.) Aber diese Formen des Umschwungs sind oft nur beschönigend, kosmetisch oder temporärer Ersatz, die die Wiederholung des realen Problems nur vertagen.

Deshalb ist in der Abbildung 14.3 die Linie von der politischen Konfiguration, die sich im Niedergang befindet, zurück zur reifen geschlossenen Maschinenkonfiguration, die mit dem Begriff „Umschwung" versehen ist, gestrichelt. Damit soll angedeutet werden, daß ein wirklicher Umschwung, eine dauerhafte Lösung des Grundproblems nicht ganz so natürlich oder ganz so häufig ist. Er ist hier vielleicht auch nicht ganz so notwendig: Die Kosten eines derartigen Umschwungs können sehr hoch, die Bemühungen jedoch fruchtlos sein. Manchmal zahlt es sich einfach nicht aus, eine kranke Institution zu retten, unabhängig davon, wie wichtig sie einmal war und wie stark der soziale Druck ist. (Ein Beweis ist die ständige Krise bei British Leyland.)

In der professionellen Konfiguration ist die Macht so verteilt, daß es für eine unternehmerische Führung fast unmöglich ist, einen Umschwung zu bewirken. Sogar in den besten Zeiten und mit Hilfe einer starken Ideologie ist es keine einfache Sache, diese Organisationen auf eine zusammenhängende Art zu verändern. Und politische Prozesse machen dies kaum einfacher. Es scheint manchmal, daß eine Organisation von Professionals sich eher durch Konflikte selbst zerstört, als ihre Macht an eine einzelne Führungsperson abzutreten, damit diese einen Umschwung einleitet. (Warum auch nicht? Die meisten Professionals können sich einfach eine andere Organisation suchen und dort weiterarbeiten, wo sie aufgehört haben. Wenn die Organisation für sie nur ein Gehäuse ist, das sie unterstützt, warum sollten sie sich Sorgen machen, wenn die Organisation stirbt?)

Andererseits schränken die Professionals gelegentlich die politischen Aktivitäten von sich aus ein, um der Organisation ein Überleben zu ermöglichen, wenn auch nur aus dem Grund, damit sie ihrem Beruf nachgehen können. Deswegen ist die Linie von der politischen Organisation zurück zur professionellen gestrichelt, obwohl dies nicht Umschwung genannt wird.

Die Linie von der politischen Organisation zurück zur innovativen ist durchgezogen, weil der Übergang als natürlich und häufig angesehen wird. Innovative Organisationen driften, wie bereits erwähnt, leicht in einen politischen Zustand – nicht weil sie sich in einem Niedergang befinden, sondern weil sie aufgrund ihrer fließenden Strukturen einfach leicht außer Kontrolle geraten. Sie können ebenso leicht wieder zurückgebracht werden, wie die durchgezogene Linie mit Pfeilen in beide Richtungen in der Abbildung zeigt. Das kann mit einem Unternehmer geschehen, der einen strategischen Umschwung durch die Einführung eines neuen Strategieschirms bewirkt, aber auch durch einen operativen Umschwung, indem er Ordnung in das Chaos bringt. Es kann auch aufgrund interner Revitalisierungprozesse geschehen. Ironischerweise läuft dies über politische Prozesse ab, um die Richtung festzulegen. Damit wird eine politisierte Struktur in eine innovative zurückverwandelt.

Ein letzter Aspekt betrifft die Erneuerung: Kann die reife oder niedergehende Organisation den gesamten Lebenszyklus von vorne beginnen und als frische unternehmerische

Konfiguration neu entstehen, so wie die sagenhafte Phönix alle fünfhundert Jahre aus ihrer eigenen Asche? Trotz der Hinweise dafür in der populären Managementliteratur denke ich das nicht. Einige Organisationen, die dauernden politischen Auseinandersetzungen ausgesetzt sind, können vielleicht grundlegend gewandelt werden und zu einer Maschinen- oder Expertenkonfiguration zurückkehren, obwohl unsere Einschätzungen auch hier nicht sehr optimistisch sind. Aber ein unternehmerisch angeleiteter Umschwung ist nicht gleichbedeutend mit einer unternehmerisch geführten Organisation und führt nicht zu einer einfachen, geschmeidigen und flexiblen Struktur für weitere Anpassungsleistungen.

Ein Umschwung ist eher ein einmaliger, temporärer und manchmal sogar nur oberflächlicher Wandel, während dem die normale Praxis ausgesetzt wird, um eine Änderung zu ermöglichen. In der Maschinenorganisation werden die Verfahrenabläufe weder eingestellt, noch verschwinden die Experten, die sie entwickelt haben, noch die Manager, die sie kontrollieren. Sie warten bloß, bis die Organisation wieder gefestigt ist, damit sie sich wieder ihren eigentlichen Aufgaben widmen können. Der Wandel von der innovativen zur professionellen Konfiguration verzichtet ebenso nicht auf den Einfluß ihrer Experten. Die sagenumwobene Phönix mag in der Blüte ihrer Jugend entstehen, die konkrete Organisation tut das nicht. Das Erbe bleibt und beeinflußt das Verhalten. Die Organisation kann durch die Erfahrung klüger geworden sein, aber sie muß auch mitgenommener sein.

Wenn die Rückkehr zur unternehmerischen Form auf einer dauerhaften Basis unwahrscheinlich ist, wie steht es dann mit der Rückkehr zu einer früheren Konfiguration auf der Entwicklungsstufe? Auch das halte ich für ähnlich unwahrscheinlich. Es gibt bestimmt Beispiele von alten, trägen Organisationen, die strahlende neue Glaubenssysteme entwickelt haben. Aber für jede, die eine starke neue Ideologie ernsthaft internalisiert hat, und zu einer missionarischen Organisation wird, wenn sie sich selbst überlassen bleibt, scheint es sehr viele zu geben, deren Überzeugungen nur eine dünne Fassade sind, die sich beim ersten Regen auflöst. Bestenfalls von einer engagierten, leidenschaftlichen und charismatischen Führung bekommt die reife Organisation eine Ideologiespritze, was ihr zeitweise eine Existenz neben ihrer herkömmlichen Struktur möglich macht.

Ebenso kann es zur Rückkehr zur instrumentellen Form kommen. Aber auch sie ist in einer Maschinenorganisation, die bereits groß und etabliert ist, schwer aufrechtzuerhalten. „Übernahme-Piraten“ können vielleicht große, kranke Organisationen kapern und geschlossene Systeme zeitweilig zu ihren Instrumenten machen, um sie umzustrukturieren. Aber eine Umstrukturierung dieser Monolithen ist etwas anderes, als sie von außen regulär zu kontrollieren, so wie ihre Änderung etwas anderes als die Aufrechterhaltung ihres unternehmerisch orientierten Managements ist.

Nach unserem Modell ist der einzig mögliche Rückgang der von einer politischen zurück zu einer innovativen Konfiguration, und zwar, wie wir bereits festgestellt haben, weil der frühere Zustand für diese Organisationen normal, natürlich und vor allem nur temporär ist. Aber ein anderer Übergang ist weniger wahrscheinlich: Während ich vielen Beispielen dieser wenig stabilen innovativen Form begegnet bin (die zwischen der Entwicklungs- und Reifestufe liegen), und die einen Übergang zur stabileren professionellen

Form (im Reifezustand) vollzogen haben, könnte ich kein einziges Beispiel für den umgekehrten Weg nennen.

Viele Organisationen scheinen, nachdem sie einmal ihren Lebenszyklus begonnen haben, mehr oder weniger dazu bestimmt zu sein, ihn auch zu vollenden, außer sie bleiben auf einer Stufe stehen, sterben oder werden aufgrund externer Veränderungen, die nichts mit ihren inneren Kräften zu tun haben, umgeleitet. Unser Modell legt es nahe, daß überlebende und sich entwickelnde Organisationen in ihren Machtbeziehungen diffuser, in ihrem Ablauf komplexer, in ihren Intentionen unklarer und schließlich in ihrer Leistung dysfunktionaler werden, obwohl sie merkwürdigerweise einen stabileren Charakter bekommen. Die Kräfte der Richtung, Überzeugung und Dienstleistung gegenüber einer externen Wählerschaft werden von der Protektion der Systeme und ihrer einflußreichen Mitglieder, und später von durchdringenden Konflikten abgelöst.

Deshalb erreichen Organisationen an einer bestimmten Stelle den Höhepunkt ihrer Leistung für die Gesellschaft und geraten dann in den Niedergang. Aber es scheint keine Rückkehr zu geben, zumindest keine länger andauernde. Bei der Anwendung unseres Modells auf unsere Welt von Organisationen würden wir deshalb von einer vernünftigen Gesellschaft erwarten, daß sie eine stabile Ebene der Ersetzung alter, verbrauchter Organisationen durch frische und neue praktiziert. Mit anderen Worten: *Es ist nicht die Erneuerung einzelner Organisationen, die uns so sehr beschäftigen sollte, als vielmehr die Erneuerung unseres Systems von Organisationen.* Aber beide würden wahrscheinlich sehr verschiedene Ansätze erforderlich machen.

Organisationen sind nicht sehr einfach zu erneuern, zumindest können fest etablierte nicht mit den Energien junger belebt werden. Das Lebens*zyklus*-Modell ist in Wirklichkeit eine Lebens*phase*. Die Gesellschaft von Organisationen erlebt den Zyklus.

Oder sollte es zumindest. Das Problem ist, daß wir in der gegenwärtigen Gesellschaft den Zyklus zu behindern scheinen und verbrauchte Organisationen überleben lassen, ja sogar noch künstlich unterstützen. Das geht auf Kosten neuer Organisationen, die stattdessen entstehen sollten, indem ihre freigesetzten Ressourcen mit Bedacht und produktiv genutzt würden. Daß eine solche Praxis für die Gesellschaft gravierende Konsequenzen hätte, soll Gegenstand des abschließenden Kapitels dieses Buches sein.

Anmerkung

Ein Großteil der Diskussion ist neu in diesem Buch, obwohl einige der Grundideen (Tendenzen, Hybriden, Übergänge, das einfache Pentagon) im zusammenfassenden Kapitel von The Structuring of Organizations (Prentice-Hall, 1979) kurz eingeführt werden. Das Lebenszyklus-Modell wurde im Detail und auf eine eher akademische Weise in Kapitel 24 von Power In and Around Organizations (Prentice-Hall, 1983) entwickelt. Beispiele aller möglichen Übergänge zwischen den Konfigurationen und die Gründe, warum ich einige für natürlicher halte als andere, können ebenso in diesem Kapitel gefunden werden.

III. Teil

Unsere Welt: Eine Gesellschaft von Organisationen

Ich habe im ersten Satz dieses Buches gesagt, daß unsere Gesellschaft, zum Guten und zum Schlechten, eine Gesellschaft von Organisationen ist. Wir schaffen Organisationen, damit sie uns dienen. Aber irgendwie zwingen sie uns auch dazu, ihnen zu dienen. Manchmal hat man das Gefühl, daß unsere Institutionen außer Kontrolle geraten sind, wie die Maschine in Charlie Chaplins Film *Moderne Zeiten*. Warum sollen wir Sklaven unserer Diener werden? Das ist das Thema dieses Teils des Buches. Mit dem Verständnis von Management, das wir im ersten Teil entwickelt haben, und einem Verständnis von Organisationen aus dem zweiten Teil, können wir mit einigen Antworten beginnen.

In einer Organisationsgesellschaft beeinflussen Organisationen in vielerlei Hinsicht unser Leben: wie wir arbeiten, was wir essen, wie wir erzogen und geheilt werden, wie wir unterhalten werden und sich unsere Gedanken entwickeln. Die Art, wie wir unsere Organisationen zu kontrollieren versuchen, und umgekehrt sie uns, wird zum Hauptthema im Leben von uns allen.

Dabei sind wahrscheinlich die großen Wirtschaftsunternehmen führend. Aber die Diskussion über Kontrollmöglichkeiten hat im Laufe von mehr als einem Jahrhundert kaum Fortschritte gemacht. Deswegen beginnen wir hier mit der Frage: „Wer soll das Unternehmen kontrollieren? Wir tragen eine Reihe von Antworten vor, die um ein „konzeptionelles Hufeisen“ angegeordnet ist, welches das politische Spektrum abdeckt.

Dann folgt: „Eine Anmerkung über das Schimpfwort ‚Effizienz‘“. Eine wichtige Botschaft liegt nämlich in der Tatsache, daß Effizienz, dieser Inbegriff alles Guten in Organisationen, eine solche Reputation erlangen konnte. Während diese Botschaft im zweiten Kapitel erörtert wurde, kommt ihre ganze Tragweite erst im dritten Kapitel dieses Teils und in dem abschließenden Essay dieses Buches zur Sprache. Basierend auf einem unveröffentlichten Vortrag, den ich vor einigen Jahren gehalten habe, scheint er mir praktisch jeden zentralen Aspekt dieses Buches zusammenzubringen. Seine Schlußfolgerung ist nicht ermutigend, wird aber mit der Überzeugung abgedruckt, daß wir unsere Probleme verstehen müssen, bevor wir sie bewältigen können. Dieser abschließende Essay hat den Titel „Durch Management hervorgerufene Steuerungsprobleme der Gesellschaft“.

15. Kapitel

Wer soll das Unternehmen kontrollieren?

Das Lebenszyklusmodell hatte vorgeschlagen, daß wachsende Organisationen sich eher von externem Einfluß abriegeln und stattdessen ihren eigenen Einfluß als geschlossene Systeme ausüben, und zwar unter Kontrolle ihrer eigenen Mitglieder. Aber die Gesellschaft kann natürlich nicht zusehen und sich von Systemen Vorschriften machen lassen, die dazu da sind, ihr zu dienen. Und so entstand eine Debatte besonders über die großen Unternehmungen, die über ein halbes Jahrhundert lang tobte*: Wer soll sie kontrollieren, wie und zu wessen Nutzen? In dem Maße, wie der Aktienbesitz dieser mächtigen Institutionen streute, so daß keiner der Eigentümer über genug Aktien verfügte, um nachhaltige direkte Kontrolle ausüben zu können, ging die effektive Macht über viele von ihnen auf angestellte Manager über. Das war für viele unannehmbar und man machte viele Vorschläge, um diese Kontrolle einzuschränken, in einigen Fällen sogar, um sie insgesamt abzuschaffen.

Diese Vorschläge zogen sich durch die ganze Pallette politischer Überzeugungen. Das Thema blieb jedoch verworren und bis heute ungelöst. Das Thema ist sowohl für den „kommunistischen" Osten, der gerade heute darum ringt, wie er seinen großen Unternehmen kontrollieren kann, als auch den „kapitalistischen" Westen zentral, und hier für große öffentliche und halböffentliche Institutionen so zentral wie für die Wirtschaft. Wie kann die Gesellschaft ihre Großorganisationen unter eine angemessene soziale Kontrolle bekommen, ohne deren Fähigkeit zur effizienten Produktion von Gütern und Dienstleistungen zu gefährden?

Bei der Diskussion der verschiedenen Antworten, die hier vorgetragen werden und einen Weg aufzeigen, wie sie miteinander in Verbindung gebracht werden können, nehme ich weniger einen politischen als vielmehr einen organisatorischen Standpunkt ein. Ich behaupte im wesentlichen, daß die Lösung dieses Problems weniger mit den Debatten über „radikale Linke" oder „reaktionäre Rechte" zu tun hat, als mit den Lehren der Organsiationstheorie: was funktioniert in administrativer und organsiatorischer Hinsicht. „Eine Plage auf beiden Seiten" ist meine Antwort auf extremistische Positionen auf beiden Seiten, einfach weil sie selten funktionieren, nicht einmal aus der Perspektive der Proponenten selbst. Wie wir sehen werden, erzeugt die Verstaatlichung der Industrie keine soziale Verantwortung, oft nicht einmal den Dienst am Staat, während absolute Kontrolle durch die Aktionäre zu einer Konzentration der Macht führen kann, die den freien Markt

---

* Die Publikation des Buches von Berle und Means *The Modern Corporation and Private Property* (Macmillan Publishing) aus dem Jahr 1932 rückte die Debatte in den Mittelpunkt, wenn es sie auch nicht initiierte. Es liefert den Nachweis, daß große Wirtschaftsunternehmen stärker von ihren Managern als von den Eigentümern kontrolliert werden.

bedroht. Auch hier müssen wir zunächst verstehen, wie Organisationen funktionieren und wie und warum sie auseinanderbrechen, bevor wir sie überstürtzt festlegen.

In gewisser Hinsicht kennzeichnet mich das vermutlich politisch: ich bin Pragmatiker. Ich glaube, daß der Kapitalismus nicht weniger ein Scheitern darstellt als der Kommunismus, wenn sie am extremen Ende des politischen Spektrums praktiziert werden. Der Extremismus ist das Problem, und aus organisationstheoretischer Perspektive sehen sich ironischerweise die beiden Extreme bemerkenswert ähnlich. Beide, so behaupte ich, setzen die Organsiation als Instrument herrschender Interessengruppen voraus und somit als eine Maschinenkonfiguration. Diese Gruppen mögen sich unterscheiden, sogar in den Zielen, die sie angeblich verfolgen. Aber das gilt nicht für das Wesen der daraus hervorgehenden Organisationen, noch die Konsequenzen aus ihrem Funktionieren. Deswegen neige ich zu einer Kombination der Vorschläge, die von der moderaten Linken bis zur moderaten Rechten reichen.

Dieser Beitrag erschien zuerst in einer längeren Fassung im *California Management Review*, Frühjahr 1984, die ihrerseits auf einem ziemlich langen Schlußteil meines Buches *Power In and Around Organisations* basierte. Der Beitrag zeigt auch hinsichtlich des hier anstehenden Themas, wie die Organsiationstheorie bei der Behandlung solcher Fragen verwendet werden kann. Die Frage „Wer soll das Unternehmen kontrollieren?“ wurde aus der Perspektive der Wirtschafts-, Politik- und Rechtswissenschaft, der Industrial Relations, der Soziologie sowie einer Reihe weiterer Disziplinen beleuchtet. Ich glaube, daß die Organisationstheorie eine Reihe wichtiger Einsichten dazu beitragen kann. Meiner Meinung nach wird an keiner Stelle dieses Buches der Vorzug der Organisationstheorie deutlicher als in diesem Beitrag.

Wer soll das Unternehmen kontrollieren? Wie? Und mit welchen Absichten?

Historisch betrachtet wurden die Unternehmen auf die Verfolgung wirtschaftlicher Ziele hin von ihren Eigentümer kontrolliert – durch direkte Kontrollausübung ihrer Manager, wenn nicht durch direktes Management. Aber als die Aktien breit streuten, wurde die Kontrolle durch den Eigentümer geschwächt. Je größer die Unternehmen wurden, desto mehr soziale Folgen hatte dies. Die riesigen, weit verteilten Unternehmen wurden zunehmend implizit von ihren Managern kontrolliert. Der Begriff der sozialen Verantwortung – die freiwillige Berücksichtigung allgemeiner sozialer Ziele neben den privaten ökonomischen – enstand als Basislegitimation ihrer Handlungen.

Manche, auch diejenigen, die den Managern am ähnlichsten waren, akzeptierten das als ein befriedigendes Arrangement für das Großunternehmen. Ihr Credo war „Vertrauen“ in die gute Absicht der Manager, die man für fähig hielt, eine angemessene Balance zwischen sozialen und wirtschaflichen Zielen herzustellen.

Aber für andere war diese Grundlage der Kontrolle inakzeptabel. Die Unternehmen waren zu groß, zu einflußreich, ihre Aktivitäten zu beherrschend, um sie ohne direkten und vereinten Einfluß von außen zu belassen. Am äußersten Ende standen diejenigen, die der Meinung waren, daß eine Kontrolle durch das Management allein grundsätzlich illegitim sei, und einer formellen und formalen Kontrolle von außen unterworfen werden müsse. „Verstaatlichen" war die Meinung an einem Ende des politischen Spektrums, um der Regierung die letztliche Kontrolle zu übertragen, damit die Unternehmen allgemeine soziale Ziele verfolgen. Das „Wiederherstellen" der direkten Kontrolle durch die Aktionäre war die Meinung am anderen Ende, damit es nicht zu Abweichungen von der Verfolgung privater wirtschaftlicher Ziele kommt.

Andere bezogen weniger extreme Positionen. „Demokratisieren" war für einige die Parole, um die Leitung der Großunternehmen durch unterschiedliche betroffene Gruppen zu ermöglichen – wenn nicht durch die Arbeiter, dann durch die Kunden, Umweltschützer oder Minoritäten. „Regulieren" war auch eine populäre Position – mit der impliziten Annahme, daß die Unternehmensmanager nur durch gewisse Regierungskontrollen speziellen sozialen Zielen Aufmerksamkeit schenken würden. Dann gab es diejenigen, die eine direkte Kontrolle durch das Management so lange akzeptierten, wie es durch andere, weniger formale Einflußformen gemäßigt war. „Druck ausüben" war das Votum einer Generation von Aktivisten, um sicherzustellen, daß soziale Anliegen berücksichtigt würden. Andere aber behaupteten, daß man, weil das Unternehmen eine wirtschaftliche Institution sei, durch die Schaffung ökonomischer Anreize die Bereitschaft zur Lösung sozialer Probleme „herbeiführen" muß.

Schließlich gab es noch diejenigen, die die Meinung vertraten, daß die ganze Debatte unnötig sei, da eine Art „invisible hand" dafür sorgt, daß die Wirtschaftsunternehmen sozial verantwortungsbewußt handeln. „Ignorieren" war ihre implizite Schlußfolgerung.

Dies impliziert, daß die verschiedenen Positionen bei der Frage, durch wen und wie das Unternehmen kontrolliert werden soll, auf einem Kontinuum angelegt werden können, das von Verstaatlichung am einen Ende bis zur Wiederherstellung des Einflusses der Aktionäre am anderen reicht. Aus organisationstheoretischer Perspektive sind diese beiden Extreme jedoch nicht so weit voneinander entfernt. Beide fordern direkte Kontrolle über die Manager des Unternehmens durch gesonderte äußere Instanzen, im einen Fall durch die Regierung, um die Verfolgung sozialer Ziele zu garantieren, im anderen durch die Aktionäre, um die Verfolgung wirtschaftlicher Ziele sicherzustellen. Es sind die moderaten Positionen, besonders das Vertrauen gegenüber dem sozialen Verantwortungsbewußtsein der Manager, die am weitesten von den Extremen entfernt sind. Von daher können wir unser Spektrum in Form eines Hufeisens darstellen.

Abbildung 15.1 zeigt unser „konzeptionelles Hufeisen", mit „Verstaatlichen" und „Wiederherstellen" an den beiden Enden. „Vertrauen" steht in der Mitte, da diese Position eine natürliche Balance zwischen sozialen und wirtschaftlichen Zielen postuliert. „Demokratisieren", „Regulieren" und „Druck ausüben" liegen auf der linken Seite, da diese Positionen ökonomische Ziele mit sozialen zu mäßigen versuchen. „Anreize schaffen" und „Ignorieren", die beide auf das Verfolgen wirtschaftlicher Ziele setzen, sind rechts angesiedelt.

Dieses konzeptionelle Hufeisen liefert einen Basisrahmen, um die Themen dieser wichtigen Diskussion zu klären. Wir diskutieren alle Positionen nacheinander und wandern auf dem Hufeisen von links nach rechts. Da jede Position (mit einer Ausnahme) einen logisch dazugehörenden Kontext hat, ziehen wir entsprechend unserer organsiationstheoretischen Perspektive die Schlußfolgerung, daß die Positionen als Portfolio gedacht werden sollen, auf das die Gesellschaft zugreifen kann, um die Frage, wer das Unternehmen kontrollieren soll, behandeln zu können.

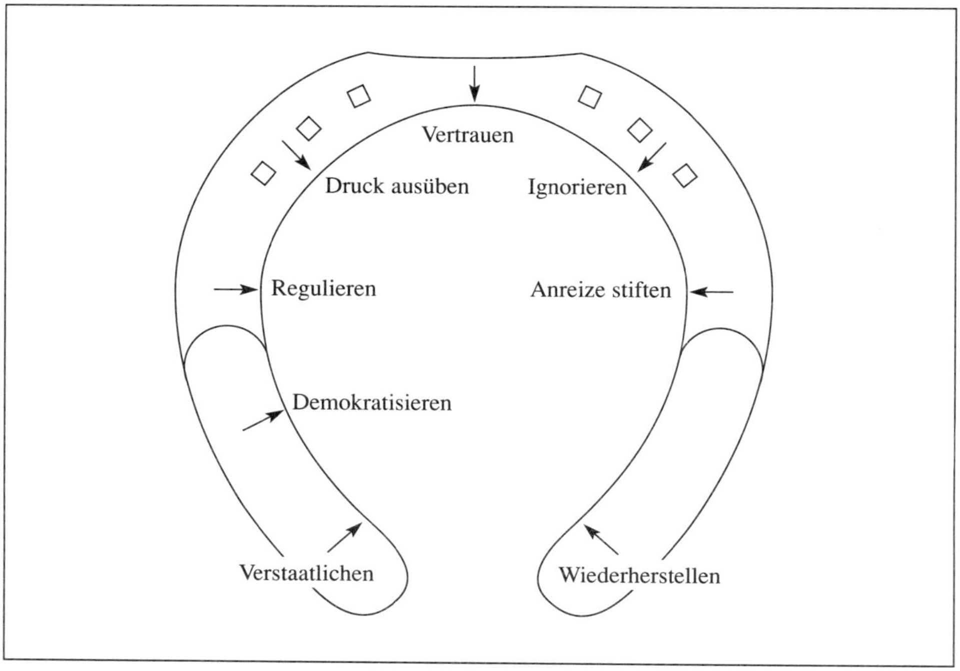

Abbildung 15.1: Das konzeptionelle Hufeisen

„Verstaatlichung"

„Verstaatlichen" von Wirtschaftsunternehmen ist in den Vereingten Staaten im großen und ganzen ein Tabuthema. Immer, wenn ein Großunternehmen in ernste Schwierigkeiten gerät (z. B. Konkurs anmeldet und viele Arbeitsplätze auf dem Spiel stehen), entstehen unvermeidbar enorme Regierungsbemühungen, einschließlich der direkten Verstaatlichung als eine Option. Und diese Option wurde realisiert: amerikanische Reisende fahren jetzt mit Amtrak (amerikanische Eisenbahngesellschaft), und tatsächlich war die Post einmal ein Privatunternehmen. Andere Nationen waren diesbezüglich natürlich ambitionierter.

Aus organisationstheoretischer Perspektive ist nicht die Frage, ob die Verstaatlichung legitim ist, sondern ob sie funktioniert – zumindest unter besonderen, begrenzten Umständen. Als eine Reaktion auf die Sorgen über die soziale Verantwortung von Großunternehmen scheint die Antwort nein zu lauten. Die Anzeichen sprechen dafür, daß soziale Schwierigkeiten eher aus der Größe einer Organsiation und dem Ausmaß der Bürokratisierung entstehen, als aus ihrer Eigentumsform. Auf der anderen Seite, und im Gegensatz zur verbreiteten Meinung in den Vereinigten Staaten, schadet eine Verstaatlichung nicht unbedingt der wirtschaftlichen Effizienz. Renault war lange einer der erfolgreichsten Automobilfirmen außerhalb Japans. Das Unternehmen wurde nach dem Zweiten Weltkrieg durch die französische Regierung verstaatlicht. Ebenso war die staatliche Canadian National lange eine moderne und erfolgreiche Eisenbahngesellschaft. Dabei kann es sich um eine Self-fullfilling-Prophecy handeln: wenn die Menschen der Meinung sind, daß Regierungseigentum zu Mißbrauch, Politisierung und Ineffektivität führt, dann mag es genau dazu kommen. Wenn sie jedoch glauben, daß Verstaatlichung funktionieren *muß*, dann können Staatsbetriebe die besten Talente im Land anziehen und damit gut funktionieren.

Aber wirtschaftliche Effizienz liefert ebensowenig einen Grund für Verstaatlichung wie die Sorge um soziale Verantwortung. Verstaatlichung scheint jedoch unter zwei speziellen Umständen sinnvoll zu sein: Erstens, wenn eine Aufgabe in einer Gesellschaft als wichtig angesehen wird, aber durch den privaten Sektor nicht adäquat abgedeckt wird. Vermutlich gibt es deswegen in Amerika die Amtrack und schaffen die Länder der Dritten Welt oft Staatsunternehmen. Zweitens, wenn die Aktivitäten einer Organisation so eng mit der Regierungspolitik verbunden sein müssen, daß sie am besten als direkter Arm des Staates geführt werden. Die kanadische Regierung hat Petrocan als „Fenster“ geschaffen, um über den sensiblen Bereich der Ölindustrie informiert zu sein.

Deshalb ist es keine Rhetorik, sondern ein Erfordernis, das die Verwendung dieser Position leiten sollte hinsichtlich der Lösung der Frage, wer das Unternehmen kontrollieren sollte. „Verstaatlichen“ sollte nicht mit allzu großem Elan vollzogen werden. Aber sie sollte auch nicht als immer irrelevant zurückgewiesen werden.

„Demokratisieren“

Eine weniger extreme Position – zumindest in der amerikanischen Diskussion – verlangt nach Einrichtungen, um die Unternehmensleitung zu verbreitern. Die Vetreter dieser Position akzeptieren entweder die juristische Fiktion der Aktionärskontrolle und argumentieren, daß die Machtbasis der Unternehmen zu begrenzt ist, oder reagieren auf die entstandene Realität und stellen die Legitimität der Managementkontrolle in Frage. Warum, so fragen sie, haben Aktionäre oder selbsternannte Manager ein größeres Recht, die zentralen Entscheidungen dieser großen Instituionen zu kontrollieren als Arbeiter, Kunden oder Nachbarn flußabwärts?

Dieser Standpunkt ist nicht damit zu verwechseln, was als „partizipatives Management“ bekannt ist. Die Forderung nach „Demokratisierung“ wird eher rechtlich als ethisch begründet und basiert auf Macht, nicht auf Großzügigkeit. Man erwartet vom Management nicht, daß es seine Macht freiwillig teilt; eher soll diese Macht verfassungsmäßig dezentralisiert werden. Das macht diese Position so grundlegend und wichtig, *besonders* in den Vereinigten Staaten mit ihrer langen Tradition einer pluralistischen Kontrolle ihrer Institutionen.

Die Diskussion über die Demokratisierung der Unternehmen war zum Teil verwirrend, weil viele Vorschläge so vage waren. Wir können eine gewisse Ordnung schaffen, indem wir aus organisationstheoretischer Perspektive zwei grundlegende Mittel der Demokratisierung sowie zwei zentrale Wählerschaften unterscheiden, die involviert sein können. Daraus ergeben sich vier mögliche Formen der Unternehmensdemokratie, wie die Abbildung 15.2 zeigt. Ein Mittel besteht aus der Wahl von Vetretern in den Board of Directors, was wir *Repräsentativdemokratie* nennen. Die andere besteht aus der formalen, aber direkten Einbeziehung in den unternehmensinternen Entscheidungsprozeß, was wir *partizipatorische Demokratie* nennen. Jede kann auf die *Arbeiter und Angestellten* oder eine Reihe außenstehender Interessengruppen gerichtet sein, wobei der letztere Fall zu einer *pluralistischen* Demokratieform führt. Das sind theoretische Grundformen der Unternehmensdemokratie. Mit einer Ausnahme sind sie in der Praxis bisher jedoch kaum annähernd erreicht, geschweige denn verwirklicht worden. Aber sie machen Vorschläge für die Diskussion der „Demokratisierung".

Zentrum der Aufmerksamkeit		Interne Arbeiter und Angestellte	Externe Arbeiter und Angestellte
	Board of Directors	Repräsentative Arbeiterdemokratie (Europäischer Stil, z.B. „Mitbestimmung" oder Eigentum der Arbeiter)	Pluralistische Repräsentativdemokratie (Amerikanischer Stil, z.B. Direktoren als Vertreter „öffentlicher Interessen")
	Interne Entscheidungsprozesse	Arbeiterbeteiligungsdemokratie (z.B. Arbeiterräte)	Pluralistische Beteiligungsdemokratie (z.B. Beteiligung Externer an neuen Produktplanungen)

Abbildung 15.2: Vier Grundformen der Unternehmensdemokratie

Repräsentative Arbeiterdemokratie. Die europäische Diskussion hat sich auf die repräsentative Arbeiterdemokratie konzentriert. Dies wurde in gewisser Weise in Jugoslawien verwirklicht, wo die Arbeiter auch des kleinsten Unternehmens die Mitglieder für das, was als Äqivalent für den amerikanischen Board of Directors gilt, wählen. In Deutschland wählen im Rahmen der sogenannten *Mitbestimmung* in großen Unternehmungen die Betriebsangehörigen und die Aktionäre je die Hälfte des Aufsichtsrates.

Die Resultate dieser Form der Unternehmensdemokratie waren konsistent und unterstützten weder ihre Befürworter noch ihre Gegner. Arbeitnehmervertretungen im Aufsichtsrat scheinen so oder so nur einen relativ kleinen Unterschied zu machen. Diese Vertreter der Arbeitnehmer beschäftigen sich mit Lohn- und Sozialleistungsfragen, überlassen aber die meisten anderen Fragen dem Management. Arbeitnehmerkontrollierte Betriebe (und darin den staatlichen nicht unähnlich) scheinen nicht verantwortungsvoller als private zu sein.

Auf der anderen Seite kann die repräsentative Arbeitnehmerdemokratie bestimmt positive Vorteile haben. Helmut Schmidt soll, als er Bundeskanzler war, gesagt haben, daß „der Schlüssel zum Nachkriegswirtschaftswunder des Landes sein fortschrittliches System der Mitbestimmung war.“[1] Obwohl niemand diese Aussage überprüfen kann, scheint die Mitbestimmung der deutschen Wirtschaft bestimmt keinen größeren Schaden zugefügt zu haben. Durch die Schaffung einer Aura von Legitimität für die deutschen Unternehmen und die Beteiligung der Arbeitnehmer (zumindest offiziell) an ihrer Leitung sowie die Eröffnung von Kommunikationsmöglichkeiten hat vielleicht die Mitbestimmung den Geist der deutschen Unternehmen beflügelt (obwohl es wenig reale Wirkungen darauf hatte, wie Entscheidungen tatsächlich getroffen wurden). Wichtiger ist es, daß die Mitbestimmung vielleicht ein größeres Verständnis und die Zusammenarbeit zwischen den Managern und den Gewerkschaftsmitgliedern, die die meisten Sitze der Arbeitnehmer im Aufsichtsrat innehatten, gefördert hat.

Pluralistische Repräsentativdemokratie. Die rudimentäre Diskussion über repräsentative Demokratie in den Vereinigten Staaten zeigt Anzeichen dafür, sich in eine andere Richtung zu entwickeln. In Übereinstimmung mit der Tradtion des Pluralismus in Amerikas demokratischen Institutionen – Stadtrat und Schulbehörde, wenn nicht die Unternehmen selbst – gab es hier einen zunehmenden Druck, externe Boardmitglieder zu wählen, die eine große Vielfalt spezieller Interssengruppen vertreten: Kunden, Minoritäten, Umweltschützer usw.

Kritiker haben auf die Probleme der Definition der Bedingungen und der Mittel, um Wahlen durchzuführen, hingewiesen. „Eine Person, eine Stimme“ kann bei der Wahl der Arbeitnehmervertreter leicht angewendet werden, aber im Falle der Vertreter des Klientels oder der Umwelt, geschweige denn des „öffentlichen Interesses“, kann keine derartig einfache Regel gefunden werden. Es ist verblüffend, wie schnell Dinge in den Vereinigten Staaten funktionieren, wenn die Amerikaner sich dazu entschlossen haben, sich kollektiv dafür zu engagieren. Ein Beispiel der Bestimmung externer Boardmitglieder geht in diese Richtung. Nach dem Bericht des Conference Board wurde die Auswahl von sechs der vierundzwanzig Mitglieder als externe Direktoren des Boards von Prudential Insurance durch den Oberrichter des Obersten Gerichtshofes von New Jersey von dem Unternehmen als „ganz akzeptabel“ eingeschätzt.[2]

Die Macht des Boards. Vorschläge für eine repräsentative Demokratie und ebenso die für eine Verstaatlichung und Wiederherstellung der Kontrolle durch die Aktionäre beruhen auf Annahmen über die Macht des Boards. Es lohnt sich vielleicht deshalb an dieser Stelle, seine Rolle in Organisationen und seine dementsprechende Machtstellung zu betrachten.

---

1 G.D. Garson, „The Codetermination Model of Workers'Participation: Where Is It Leading?“, in: Sloan Management Review, Frühjahr 1977, S. 63.

2 J. Bacon und K. Brown, Corporate Directorship Practices: Role, Selection and Legal Status of the Board (Conference Board and American Society of Corporate Secretaries, Inc., 1975), S. 48.

Nach dem Gesetz wurden üblicherweise die Unternehmensgeschäfte durch den Board geführt. Aber natürlich ist das nicht die Arbeit des Boards. Die Manager managen, obwohl es einigen passieren kann, daß sie im Board sitzen. Was ist dann die Rolle des Boards und vor allem seiner „unabhängigen" Direktoren?

Die greifbarste Rolle des Boards, die auch deutlich im Gesetz vorgesehen ist, ist die Ernennung und natürlich das Absetzen des Vorsitzenden des Boards, also desjenigen, der umgekehrt den Rest des Managements ernennt. Eine zweite Rolle ist die direkte Kontrolle in Krisenzeiten, wenn zum Beispiel das Management in der Führung versagt hat. Und eine dritte bezieht sich auf die Überprüfung der zentralen Entscheidungen sowie auch auf die gesamte Leistung.

Diese drei konstituieren die Kontrollrollen des Boards, prinzipiell zumindest, da es keinen Mangel an Belegen dafür gibt, daß Boards Schwierigkeiten damit haben, die Aufgaben effektiv zu erfüllen, vor allem Direktoren von außen. Ihre Tätigkeit ist schließlich Teilzeitarbeit, und in einem gelegentlich kurzen Treffen werden sie mit einer komplexen Organisation konfrontiert, die von einem hochgradig organisierten Management geführt wird, das jeden Tag damit umgeht. Das Ergebnis ist, daß sich die Kontrolle durch den Board mehr und mehr auf die Wahl und das Ersetzen des Vorsitzenden beschränkt. Und der Vorsitzende ist sich dessen bewußt. Sogar diese Macht ist in der Tat eingeschränkt, weil das Management nicht allzu oft ausgetauscht werden kann. In gewisser Weise ist der Board wie eine Biene, die um jemanden kreist, der Blumen pflückt. Derjenige muß sehr vorsichtig vorgehen, um die Biene ja nicht zu reizen, kann aber seiner Aufgabe weiter nachgehen. Ist die Biene aber einmal gereizt, sticht sie nur einmal zu. Deshalb wollen viele Boards auch nur soviel wissen, um entscheiden zu können, wann das Management seine Sache nicht mehr gut macht, damit sie es austauschen können.

Auch wenn die Boards in der Ausübung der *Kontrolle über* die Organisation eher schwach sind, so ist ihr *Dienst* für die Organisation eher groß. Hier spielt die Mitgliedschaft im Board mindestens vier andere Rollen. Erstens, durch den Board werden einflußreiche Außenstehende „kooptiert": Die Organisation nutzt den Status eines Sitzes im Board, um die Unterstützung einflußreicher Personen zu gewinnen (wie im Falle der großen Stifter, die in Universitätsaufsichtsgremien sitzen). Zweitens, durch die Mitgliedschaft im Board können Kontakte für die Organisation geschaffen werden (etwa wenn pensionierte Militäroffiziere in den Boards von Rüstungsunternehmen sitzen). Das wird vielleicht getan, um die Sicherung von Verträgen oder die Beschaffung von Mitteln zu erleichtern). Drittens, Sitze im Board können auch dazu benutzt werden, die Reputation der Organisation zu steigern (etwa wenn ein Astronaut oder eine andere Berühmtheit einen Sitz bekommt). Und viertens kann der Board dazu benutzt werden, um der Organisation Ratschläge zu geben (wie im Falle vieler Bankexperten und Rechtsanwälte, die in Unternehmensboards sitzen).

Wie sehr dienen die Boards den Organisationen, und wie stark kontrollieren sie sie? Einige Boards üben natürlich Kontrolle aus, besonders wenn ihre Mitglieder eine klare Wählergruppe repräsentieren, wie etwa den eigentlichen Eigentümer des Unternehmens. Wie aber bereits bemerkt handelt es sich dabei bestenfalls um eine lockere Kontrolle. Und andere Boards tun sogar kaum das, besonders wenn ihre Wählergruppe weit streut.

Jeden zu repräsentieren heißt letztlich, niemanden zu repräsentieren, vor allem wenn man es mit einem perfekt organisierten Management zu tun hat, das genau weiß, was es will. (Oder, vom Standpunkt des Wählers aus, irgendein entfernter Repräsentant irgendwo in einem Board bringt ihn nicht näher an die Kontrolle über die Dinge, die das tägliche Leben beeinflußen – die geleistete Arbeit, die konsumierten Produkte, die verschmutzten Flüsse). In Unternehmen erwies sich das als nicht weniger zutreffend für die Direktoren, die viele Kleinaktionäre vertreten, als für diejenigen, die viele Arbeitnehmer oder Kundeninteressen vertreten, vielleicht sogar für Regierungsvertreter, insofern es sich hier gerade um eine verwirrende Anordnung von Pressure Groups handeln kann. Diese Boards mindestens werden zu Werkzeugen der Organisation, da sie sie mit vielfältigen Diensten versorgen, die wir oben diskutiert haben. Schlimmstenfalls ist das nur die Fassade der formalen Autorität. Deshalb können wir nicht sehr viel von den repräsentativen Formen der Unternehmensdemokratie erwarten.

Mitbestimmungsdemokratie. Trotz ihrer Probleme wird die Repräsentativdemokratie ganz eindeutig mit der Mitbestimmungsdemokratie verglichen. Letztere beschreibt eine Art Demokratie von unten, in der die Beschäftigten direkt an den Entscheidungsprozessen partizipieren (statt die Entscheidungen des Managements vom Vorstand aus zu überwachen), und auch ihre eigenen Manager wählen (die dann schlimmere Verwaltungsbeamte als die Chefs werden). Vorschläge dazu sind unvermeidbar vage, und ich habe von keinem großen Unternehmen gehört (nicht einmal von einem, das den Arbeitern oder einer Gewerkschaft gehört), das dem nahe käme.

Was hat die Mitbestimmungsdemokratie verhindert? Meiner Meinung nach stand ihr etwas eher Offensichtliches im Wege, nämlich die Struktur, die genau in den Organisationen erforderlich ist, in denen sie versucht wurde anzuwenden. Mitbestimmungsdemokratien – und in dieser Hinsicht auch die repräsentative Arbeitnehmerdemokratie – wurden vor allem in Organisationen mit sehr vielen Beschäftigten ausprobiert. Sie verrichten hochgradig routinisierte, eher ungelernte Arbeiten, die typisch für Massenproduktion und Massendienstleistung sind. Mit anderen Worten, diese Organisationen sind als Maschinenbürokratien strukturiert. Der vorrangige Bedarf in der Maschinenbürokratie liegt in der engen Koordination, die nur über eine zentrale Verwaltung erreicht werden kann. Die Myriade von Entscheidungen in Verbindung mit der Produktion eines Autos bei Volvo in Schweden kann nicht von teilautonomen Gruppen getroffen werden, wo jede tut, was ihr gefällt. Das ganze Fahrzeug muß in spezieller Weise bis zum Ende des Montageprozesses zusammengebaut werden. Diese Entscheidungen verlangen ein sehr ausgefeiltes System bürokratischer Koordinationsprozesse. Deshalb sind Automobilfirmen als rigide Maschinenbürokratien strukturiert. Die Mitbestimmungsdemokratie wird auch in anderen Organsiationen versucht, zum Beispiel in autonomen Organisationen mit Professionals wie etwa in Universitäten und Krankenhäusern, auch in innovativen wie etwa im Bereich der Hochtechnologie, die einen ganz anderen Bedarf an zentraler Koordination haben. Aber die Vertreter der Unternehmensdemokratie engagieren sich nicht für Veränderungen in Kliniken oder im Hochtechnologiebereich. Sie zielen auf die riesigen Massenhersteller. Aber dort kann keine Annäherung an die Mitbestimmungsdemokratie erwartet werden, außer die Arbeiten in diesen Unternehmen würden sehr qualifiziert und im wesentlichen professionell ausgeführt.

Pluralistische Beteiligungsdemokratie. Prinzipiell meint die pluralistische Form der Mitbestimmungsdemokratie, daß eine Vielzahl von Gruppen außerhalb des Unternehmens dessen Entscheidungsprozesse irgendwie direkt kontrollieren kann. In der Praxis ist dieses Konzept natürlich schwerer zu realisieren als die Arbeitnehmerform der Mitbestimmungsdemokratie. Die internen Entscheidungsprozesse des Unternehmens Außenstehenden voll zugänglich zu machen, würde Chaos bedeuten. Bestimmte, sehr begrenzte Formen der Beteiligung von außen scheinen jedoch nicht nur durchführbar, sondern vielleicht sogar wünschenswert zu sein. Man stelle sich vor, die Chefs einer privaten Telefongesellschaft lösen Gebührenkonflikte mit Kundengruppen im abgeschlossenen Büro, statt sie auf lauten öffentlichen Hearings diskutieren zu müssen.

Um zusammenzufassen, Unternehmensdemokratie – ob in der repräsentativen oder Mitbestimmungsform – mag ein schwer durchführbares und schwieriges Konzept sein, aber es kann nicht aufgegeben werden. Es ist nicht einfach nur ein weiteres soziales Thema wie die Verschmutzung der Flüsse oder der zunehmend vorgezogene Ruhestand, sondern tangiert den grundlegendsten Wert. In einem detaillierten Artikel zu dieser Problematik habe ich gezeigt, „warum Amerika die Unternehmensdemokratie braucht, aber nicht haben kann." Zumindest in den Unternehmen, die von vielen relativ unqualifizierten Beschäftigten abhängen, kann sie nicht durchgeführt werden, weil das die notwendige effektive Kontrolle ausschließt. Die wichtigen Entscheidungen müssen in einer Zentrale getroffen werden, und keine nebenamtlichen Vertreter dieser vielen Arbeiter, die die Produkte herstellen oder der vielen Kunden, die sie kaufen etc., können daran etwas ändern. (Ein Jugoslawe hat angesichts der wirtschaftlichen Demokratie in seinem Land gemeint, daß „Entscheidungen nicht mehr länger an der Unternehmensspitze getroffen werden; sie werden dort nur integriert und koordiniert"[3] Nur!)

Aber Amerika, neben anderen entwickelten Nationen, muß die Unternehmensdemokratie anstreben, weil Demokratie in einer Gesellschaft von Organisationen nur Bedeutung haben kann, wenn sie auch auf die Aktivitäten von Organisationen angewendet wird, die die Bürger in ihrem täglichen Leben beeinflussen – als Arbeitnehmer, Kunden und Nachbarn. Unternehmen, die sich als verantwortungslos gegenüber anderen gesellschaftlichen Kräften erweisen, müssen auf die eine oder andere Art unter externe Kontrolle gebracht werden. Wenn die Legitimität großer geschlossener Organisationen von ihren Beschäftigten und von außen, von Pressure Groups, in Frage gestellt wird, was ein höheres Maß an Politisierung erzeugt, dann wird das Thema weniger eine Frage der ökonomischen Effizienz als eine Frage sozialer Demokratie.

„Regulieren"

In der Theorie ist die Regulierung ungefähr so einfach wie die Demokratisierung komplex ist. Die Praxis sieht natürlich anders aus. Für die Vertreter der Position der „Regulierung" können die Unternehmen auf soziale Belange verpflichtet werden, indem

3 J. Kralj, „Is There a Role for Manager?", in: Journal of General Management, Winter 1977, S. 13.

sie ihre Aktivitäten einer höheren Autorität unterstellen müssen, in der Regel der Regierung, in Form einer Aufsichtsbehörde oder durch Gerichte. Bei der Regulierung werden dem Unternehmen von außen Grenzen auferlegt, während ihre interne Leitung bei den Managern bleibt.

Regulierung der Wirtschaft ist mindestens so alt wie der Code des Hamurabi und hat in diesem Jahrhundert ständig zugenommen, obwohl sie in den letzten Jahren zum Teil eingeschränkt wurde. Für einige ist Regulierung ein schwerfälliges Instrument, auf das man sich nie verlassen soll, für andere das einzige Mittel, um soziale Verantwortung zu garantieren. Die Wahrheit liegt dazwischen. Bestenfalls setzt die Regulierung minimale und normalerweise grobe Standards für akzeptables Verhalten. Wenn sie funktioniert, macht sie eine Organisation ebensowenig sozial verantwortungsbewußt wie sie andere daran hindert, ganz unverantwortlich zu handeln. Weil sie unflexibel ist, wird die Regulierung eher langsam und zurückhaltend angewendet, was normalerweise hinter der öffentlichen Meinung zurückbleibt. Oft funktioniert die Regulierung auch aufgrund von Schwierigkeiten bei der Durchsetzung nicht. Die Probleme der Aufsichtsbehörden sind legendär – begrenzte Mittel und Informationen im Vergleich zu den Industriebereichen, die sie regulieren sollen, die Kooptierung der Regulierungsbeamten durch diese Industrieunternehmen usw. Wenn sie unkritisch angewendet wird, scheitert sie entweder dramatisch oder schreitet fort und richtet Schaden an.

Es gibt jedoch einen offensichtlichen Regulierungsbedarf. Ein primärer ist die Kontrolle greifbarer „äußerer Umstände“ – durch die Unternehmen verursachte Kosten, die im großen und ganzen auf die Gesellschaft abgewälzt werden. Wenn zum Beispiel kostspielige Umweltverschmutzungen oder Gesundheitsprobleme von Arbeitern einem Unternehmen direkt zugeschrieben werden können, dann besteht aller Anlaß, das Unternehmen (oder seine Kunden) dazu zu bringen, die Kosten dafür direkt zu übernehmen oder sonst die Handlungen einzustellen, die diese Kosten verursacht haben. Ebenso scheint eine Regulierung dort angebracht zu sein, wo durch eine bestimmte Konkurrenzsituation alle Unternehmen zu einem gewissen Verhalten gebracht werden, das sogar einen Manager mit der besten Absicht dazu zwingt, die sozialen Folgen seines Tuns zu ignorieren. In solchen Fällen hat das sozial verantwortungsbewußte Verhalten eine sensible Regulierung zu unterstützen. „Hilf uns, damit wir uns selbst helfen können“ sollten die Unternehmen zur Regierung sagen, die sozial verantwortungsvoll handeln wollen.

Die Enthüllung von Theodore Levitt vor einigen Jahren war jedoch sehr entmutigend: Die Wirtschaft hat alle Vorschläge zur regulatorischen oder sozialen Gesetzgebung bekämpft – von den Gesetzen gegen Kinderarbeit an bis heute. Nach Levitts Meinung war ein Großteil dieser Gesetzgebung gut für die Wirtschaft – sie löste die riesigen Trusts auf, schuf einen ehrlicheren und erfolgreicheren Aktienmarkt usw. Jedoch, „der Computer ist dazu programmiert, blinden Alarm zu schlagen.“[4]

Zusammenfassend kann gesagt werden, daß die Regulierung zwar ein schwerfälliges Instrument ist, aber nicht nutzlos. Hätte die Wirtschaftsgemeinschaft eine aufgeklärte

4 Theodore Levitt, „Why Business Always Loses“, in: Harvard Business Review, März-April 1968, S. 83.

Meinung darüber, könnte die Regulierung angemessener angewendet werden, und wir bräuchten nicht diese regelmäßigen Wellen der Deregulierung, um Exzesse auszuschließen.

„Druck ausüben“

„Druck ausüben“ dient dazu, Unternehmen dazu zu veranlassen, jenseits gewisser Verhaltensgrundlagen aktiv zu werden, normalerweise in Bereichen, die eine Regulierung gänzlich vermissen lassen. Hier organisieren Aktivisten ad hoc-Kampagnen, um auf ein oder mehrere Unternehmen Druck auszuüben, damit sie sich gegenüber den sozialen Bedürfnissen verantwortungsbewußt zeigen, so wie sie die Aktivisten interpretieren.

„Druck ausüben“ ist eine typisch amerikanische Position. Während die Europäer die Theorien von Verstaatlichung und Unternehmensdemokratie in ihren Cafés diskutieren, lesen die Amerikaner über die Heldentaten von Ralph Nader u.a. in der Morgenzeitung. „Druck ausüben“ akzeptiert, anders als die Regulierungsposition, implizit das Recht des Managements, letzte Entscheidungen zu treffen. Vielleicht ist das der Grund, warum sie in Amerika bevorzugt wird.

Obwohl sie weniger radikal als die bisher diskutierten Positionen ist, hat sie sich dennoch als weit erfolgreicher dabei erwiesen, ein gegenüber sozialen Belangen aufgeschlossenes Verhalten hervorzurufen. Gruppen von Aktivisten haben sich für alles engagiert, gegen die extreme Diversifizierung von Unternehmen und für die Einrichtung von Kindertagesstätten. Aber erfolgreiche Aktionen von Interessengruppen waren nicht auf die traditionellen Aktivisten beschränkt. Präsident Kennedy setzte sie ein, um den Anstieg der U.S.-Stahlpreise in den frühen 1960er Jahren zu stoppen, und Unternehmen in Pittsburg setzten sie in den späten 40er Jahren ein, als sie androhten, ihr Gütertransportgeschäft anderswohin zu verlegen, wenn die Pennsylvania Railroad ihre Dampflokomotiven nicht abschafft, damit die Luft in der Stadt sauber bleibt.

Diese Praxis war sehr erfolgreich, weil sie ein informelles, flexibles und genaues Vorgehen darstellt, das Unternehmenverhalten zu verändern. Aber sie ist unregelmäßig und ad hoc, und unterschiedliche Interessenkampagnen stellen manchmal widersprüchliche Forderungen an das Management. Im Vergleich mit den Positionen auf der rechten Hufeisenseite basiert diese Position wie die auf der linken Seite eher auf Konfrontation als auf Kooperation.

„Vertrauen“

Für eine große und lautstarke Gruppe, die unter dem Banner der unternehmerischen „sozialen Verantwortung“ marschiert, hat das Unternehmen kein Interesse daran, verantwortungslos zu handeln, und deshalb gibt es keinen Grund dafür, es zu verstaatlichen, es durch seine verschiedenen Interessengruppen zu demokratisieren, es von Regierungsseite aus zu regulieren oder es durch Aktivisten unter Druck zu setzen. Diese Gruppe ist der

Überzeugung, daß man den Unternehmensleitern zutrauen kann, daß sie soziale Ziele um ihrer selbst willen beachten, einfach weil es eine gute Sache ist. Das ist die Version des *noblesse oblige* des zwanzigsten Jahrhunderts.

Wir nennen diese Position „Vertrauen", oder genauer „Vertrauen in das Unternehmen und den guten Willen seiner Manager", obwohl sie von einem Standpunkt außerhalb des Unternehmens ebensogut „Sozialisieren" genannt werden könnte. Wir stellen diese Position in das Zentrum unseres konzeptionellen Hufeisens, weil sie allein eine natürliche Balance zwischen sozialen und ökonomischen Zielen postuliert – eine Balance, die in den Köpfen (oder vielleicht den Herzen) der verantwortlichen Unternehmer hergestellt werden muß. Und, als eine nicht notwendige Konsequenz, die Macht kann in den Händen der Manager bleiben: das Unternehmen kann in diejenigen Vertrauen setzen, die die sozialen und ökonomischen Zielen in Einklang bringen.

Kritik der sozialen Verantwortung. Es gab viele und verschiedene Angriffe auf die soziale Verantwortung, von rechts ebenso wie von links. Sie liefen darauf hinaus, ob man den Unternehmensmanagern vertrauen soll, wenn sie behaupten, daß sie soziale Ziele verfolgen; wenn ja, ob sie dazu in der Lage sind, und schließlich, ob sie irgendein Recht dazu haben.

Der einfachste Vorwurf besteht darin, daß die Diskussion im Management über soziale Verantwortung nur Rhetorik sei. E.F.Cheit bezieht sich auf das „Evangelium der Sozialen Verantwortung", dazu „geschaffen, die Macht der Manager über ein herrenloses System zu rechtfertigen".[5]

Andere behaupten, daß den Geschäftsleuten die persönliche Fähigkeit fehlt, die zur Verfolgung sozialer Ziele erforderlich ist. Levitt macht geltend, daß professionelle Manager die Spitze der Hierarchie erreichen, weil sie ihrem Unternehmen und ihrer Branche ergeben sind; deswegen ist ihre Kenntnis sozialer Fragen sehr begrenzt.[6] Andere sind der Meinung, daß eine Orientierung an der Effizienz die Unternehmensleiter zur Handhabung komplexer sozialer Probleme unfähig macht (was Flexibilität und politische Finesse verlangt und oft unökonomische Lösungen bedeutet).

Die weitreichendste Kritik ist jedoch, daß Geschäftsleute kein Recht dazu haben, soziale Ziele zu verfolgen. „Wer autorisiert sie dazu?" fragt Braybrooke[7] in einer Kritik von links. Was für ein Geschäft betreiben sie – selbst gewählt oder bestenfalls durch Aktionäre festgelegt –, um ihre Interpretation des öffentlichen Wohls der Gesellschaft aufzuzwingen? Die gewählten Politiker, die gegenüber der Bevölkerung direkt verantwortlich sind, sollen sich um die sozialen Ziele kümmern.

---

5 E.F. Cheit, „The New Place of Business: Why Managers Cultivate Social Responsibility", in: E.F.Cheit (ed.), The Business Establishment (New York: Wiley, 1964), S. 12.

6 Levitt, „Why Business Always Loses", S. 83.

7 D.Braybrooke, „Skepticism of Wants, and Certain Subversive Effects of Corporations on American Values", in: Sidney Hook (ed.), Human Values and Economic Policy (New York: NYU Press, 1967), S. 224.

Aber diese Kritik kommt auch von rechts. Milton Friedman schreibt, daß soziale Verantwortung heißt, das Geld anderer Leute auszugeben – wenn nicht das der Aktionäre, dann der Kunden oder Angestellten. Bezugnehmend auf das abwertende Vokabular einer rechtsgerichteten Ideologie zieht Friedman den Schluß, daß soziale Verantwortung eine „fundamental subversive Doktrin“ sei, die einen „reinen und absoluten Sozialismus“ repräsentiere und durch Geschäftsleute unterstützt wird, die das „ahnungslose Werkzeug der intellektuellen Kräfte sind, die die Grundlage einer freien Gesellschaft in den vergangenen Jahrzehnten untergraben haben.“ Nach Friedman „gibt es eine und nur eine soziale Verantwortung der Wirtschaft – ihre Mittel einzusetzen und sich dafür zu engagieren, daß der Gewinn gesteigert wird, so lange es den Spielregeln entspricht.“[8] Mit anderen Worten, die Geschäftsleute sollen sich um ihre Geschäfte kümmern, denn das ist ihr Geschäft.

Nachweis sozialer Verantwortung. Der empirische Nachweis sozialer Verantwortung ist kaum ermutigender. Brenner und Molander verglichen die Ergebnisse ihrer Untersuchung von 1977 über die Leser des *Harvard Business Review* mit denen einer fünfzehn Jahre älteren. Sie kommen zu dem Ergebnis, daß die „Befragten etwas zynischer gegenüber dem ethischen Verhalten ihresgleichen sind“ als sie es früher waren. Fast die Hälfte der Befragten stimmte der Aussage zu, daß „der amerikanische Wirtschaftsunternehmer eher nicht die großen ethischen Gesetze unmittelbar auf die Arbeitswelt überträgt. Er ist vornehmlich am Gewinn orientiert.“[9] Nur 5 Prozent nannten soziale Verantwortung als einen Faktor, der die „ethischen Standards beeinflußt“, wohingegen 51 Prozent verschiedene Faktoren im Zusammenhang mit Aktionen von Interessengruppen nannten, und 10 Prozent die Regulierung erwähnten.

Das moderne Unternehmen wurde als rationale, unmoralische Institution beschrieben – seine „professionellen“ Manager als „gekaufte Geschütze“, die jedes gewünschte Ziel auf „effiziente“ Weise treffen. Aus Gründen, die wir im nächsten Kapitel diskutieren werden, besteht das Problem darin, daß Effizienz in Wirklichkeit meßbare Effizienz meint, so daß die Geschütze nur auf Ziele angesetzt werden können, die quantifizierbar sind. Deshalb vedrängen die Leistungskontrollsysteme – von denen die modernen Unternehmen so sehr abhängig sind – soziale Ziele zugunsten ökonomischer.[10]

Im modernen Großunternehmen wandelt sich dann die professionelle Unmoral in ökonomische Moral. Und wenn die Schrauben der Leistungskontrollsysteme wirklich fest angezogen werden, kann die ökonomische Moral in soziale Unmoral umschlagen. Und das kommt oft vor: ein Autor im Wirtschaftsmagazin *Fortune* fand heraus, daß in den 70er Jahren „eine überraschende Anzahl (großer Unternehmen) an eklatanten Gesetzesübertretungen beteiligt war“, mindestens 117 von 1043 untersuchten Firmen.[11]

Wie kann dann irgendjemand den Unternehmen „vertrauen“?

---

8 Milton Friedman, „A Friedman Doctrine: The Social Responsobility of Business Is to Increase Its Profits“, in: New York Times Magazine, 13. September 1970, S. 32f.

9 S.N. Brenner und E.A. Molander, „ Is the Ethics of Business Changing?“, in: Harvard Business Review, Januar-Februar, 1977, S. 59, 62.

10 Robert Ackerman, The Social Challenge to Business (Cambridge: Harvard University Press, 1975).

11 I. Ross, „How Lawless Are the Big Companies?“, in: Fortune, 1. Dezember 1980, S. 57.

Bedarf an sozialer Verantwortung. Tatsache ist, daß wir ihnen vertrauen müssen. Soziale Verantwortung ist vielleicht ein naives Konzept, aber es ist auch ein notwendiges, und zwar aus zwei Gründen. Erstens haben die strategischen Entscheidungen von Großorganisationen unvermeidbar sowohl soziale als auch ökonomische Folgen, die unauflösbar miteinander verbunden sind. Die klare Trennung zwischen ökonomischen Zielen im privaten Bereich und sozialen im öffentlichen Bereich erweist sich oft in der Praxis als nicht stichhaltig. Jede wichtige Entscheidung des Großunternehmens – die Einführung einer neuen Produktlinie, die Schließung einer alten Fabrik, was auch immer – hat alle möglichen sozialen Folgen. Eine rein ökonomische Entscheidung gibt es in der Großindustrie nicht. Nur jemand, der seinen Kopf in den Abstraktionen der ökonomischen Theorie vergräbt, könnte vielleicht die Unterscheidung ökonomischer und sozialer Ziele dazu benutzen, soziale Verantwortung abzulehnen.

Der zweite Grund, warum wir „vertrauen" müssen, liegt in den immer vorhandenen Ermessensspielräumen bei unternehmerischen Entscheidungen, die sozialen Bedürfnisse zu mißachten oder sie zu berücksichtigen. Vieles könnte in den heutigen Unternehmen besser stehen, aber es könnte auch schlechter sein. Es ist vor allem unsere Ethik, die uns verantwortungsbewußt macht. Wenn die Leistungskontrollsysteme der großen diversifizierten Unternehmen unsere ethischen Standards zu sehr verletzen, dann müssen wir überdenken, wie diese Unternehmen organisiert sind – ihre Größe, ihren Bürokratismus und ihre Diversifikation überdenken.

Die Ablehnung sozialer Verantwortung der Unternehmen bedeutet, es dem unternehmerischen Verhalten zu erlauben, sich auf die niedrigste Stufe der Verantwortung zu begeben, überwacht nur durch externe Kontrolle wie etwa Regierung und Interessengruppen. Solschenyzin, der „eine Gesellschaft ohne jeglichen objektiven gesetzlichen Maßstab" erlebt hat, warnt uns (im Gegensatz zu Friedman), „daß eine Gesellschaft mit keinem anderen Maßstab als dem gesetzlichen auch nicht den Namen menschlich verdient. Eine Gesellschaft, die auf den Buchstaben des Gesetzes basiert und nie eine höhere Stufe erlangt, wird kaum Nutzen aus den großen menschlichen Möglichkeiten ziehen."[12]

Das soll nicht heißen, daß wir den Unternehmen kategorisch „vertrauen" müssen. Wir können ihnen gewiß nicht bedingungslos vertrauen und die in bestimmten Kreisen beliebte Behauptung akzeptieren, daß nur die Wirtschaft die sozialen Probleme der Gesellschaft lösen kann. Die Wirtschaft kann nicht ihre Ressourcen ohne Einschränkung im sozialen Bereich einsetzen – sei es bei der Unterstützung politischer Kandidaten, oder daß sie durch ihre Spenden vorschreiben, wie die Wohlfahrtseinrichtungen zu arbeiten haben.

Aber in Situationen, in denen die Wirtschaft notwendigerweise involviert ist, wo ihre Entscheidungen zwangsläufig soziale Folgen von großer Bedeutung haben, dort spielt soziale Verantwortung eine Rolle: wo die Wirtschaft Externalitäten erzeugt, die nicht gemessen und ihr zugeschrieben werden können (mit anderen Worten, wo die Regulierung

---

12 Alexander Solschenyzin, „Why the West Has Succumbed to Cowardice", in: Montreal Star, News, and Review, 10. Juni 1978, S. B1.

ineffektiv ist); wo die Regulierung funktionieren würde, wenn die Wirtschaft nur zusammenarbeiten würde; wo das Unternehmen seine Kunden, Zulieferer oder die Regierung mit überlegenen Kenntnissen täuschen kann; wo nützliche Produkte statt umweltschädlicher oder unsinniger verkauft werden können. Mit anderen Worten, wir müssen erkennen, daß wir in vielen Bereichen den Unternehmen „vertrauen" müssen, oder sie zumindest sozialisieren müssen (und vielleicht verändern), so daß wir ihnen vertrauen können. Keiner von uns möchte in einer Gesellschaft ohne verantwortungsbewußte, ethische und engagierte Menschen in verantwortungsvollen Positionen leben.

„Ignorieren"

„Ignorieren" unterscheidet sich von den anderen Positionen auf dem Hufeisen dadurch, daß diese Position explizit oder implizit keine Veränderung des unternehmerischen Verhaltens fordert. Sie setzt voraus, daß sozialen Bedürfnissen im Rahmen der Verfolgung wirtschaftlicher Ziele entsprochen wird. Wir haben diese Position in unser Hufeisen aufgenommen, weil sie von vielen einflußreichen Personen vertreten wird und auch, weil ihre Gültigkeit die anderen Positionen irrelevant machen würde. Wir müssen sie deshalb neben den anderen untersuchen.

Es sollte zu Beginn angemerkt werden, daß die Position des „Ignorierens" nicht dieselbe ist wie „Vertrauen". Letztere bedeutet, daß gut sein wollen das richtige ist; bei der vorliegenden Position „zahlt es sich aus, gut zu sein". Der Unterschied ist subtil, aber wichtig, da es nun wirtschaftliche und nicht ethische Kriterien sind, nach denen das gewünschte Verhalten ausgewählt wird. Man muß sich nicht um ethisches Verhalten bemühen; die ökonomischen Kräfte garantieren, daß die sozialen Bedürfnisse angemessen berücksichtigt werden. Bewegt man sich einen Schritt auf dem Hufeisen weiter nach rechts, dann betreten wir deshalb eine Sphäre, in der die ökonomischen Ziele vorherrschen.

Mit der Position des „Ignorierens" ist manchmal ein „aufgeklärtes Eigeninteresse" gemeint, obwohl einige ihrer Vertreter aufgeklärter als andere sind. Viele, die von der sozialen Verantwortung ehrlich überzeugt sind, haben das Argument „es zahlt sich aus, gut zu sein" dazu benutzt, um Kritik von rechts abzuwehren, daß es nicht Sache der Unternehmen sei, soziale Ziele zu verfolgen. Am Ende muß sogar Milton zugeben, daß alles Recht dazu haben, wenn es sich wirtschaftlich auszahlt. Die Gefahr einer derartigen Argumentation ist jedoch – und ein primärer Grund, warum sich „Ignorieren" und „Vertrauen" unterscheiden –, daß sie eher den Status quo unterstützt: Unternehmen müssen ihr Verhalten nicht ändern, weil es sich bereits lohnt, gut zu sein.

Manchmal wird die Position des „Ignorierens" auf Unternehmen im allgemeinen ausgedehnt – daß die gesamte Unternehmenswelt einen Vorteil von sozial verantwortungsvollem Verhalten hat. In anderen Fällen wird die Position auf das Einzelunternehmen angewendet, das aus seinem sozial verantwortlichen Handeln direkten Nutzen zieht. Andere beziehen diese Position des „Ignorierens" auf „soziale Investitionen" und behaupten, daß sich sozial verantwortliches Verhalten in einem besseren Image des Unternehmens, einer positiveren Beziehung zu den Kunden und schließlich einer gesünderen und stabileren Gesellschaft für die Wirtschaft auszahlt.

Dann gibt es sozusagen noch das Argument über „die“: „Wenn wir nicht gut sind, die sind auf dem Weg dazu“ – „die“, das sind Ralph Nader, die Regierung und wer sonst noch. Anders gesagt: „Sei anständig, sonst ...“. Die Schwierigkeit mit diesem Argument ist, daß die Reduktion sozialer Verantwortung auf ein einfaches politisches Mittel zur Aufrechterhaltung der Managementkontrolle über das Unternehmen angesichts äußerer Bedrohungen eher zu allgemeinen Erklärungen führt, statt zu konkretem Handeln, es sein denn natürlich, „die“ drohen mit Aktionen.

Ich schlußfolgere deswegen daraus, daß die Position des „Ignorierens“ auf schwachen Beinen steht. Sie fördert bestensfalls Durchschnittsverhalten – den Status quo der sozialen Verantwortung von Unternehmen. Wir haben bereits gesehen, daß für viele dieser Durchschnitt nicht gut genug ist. In der Tat kann diese Position nicht alleine bestehen; ihr Argument bricht ohne die Position des „Druck ausübens“ zusammen. Ohne die Aktionen der Aktivisten müssen sich die Unternehmen keine Sorgen um ihr Verhalten machen. Und wenn diese Position nicht alleine bestehen kann, dann kann sie aufgrund ihrer ganzen Art überhaupt nicht bestehen.

„Anreize schaffen“

Wenn wir auf dem Hufeisen weiter nach rechts gehen, dann treffen wir auf unsere nächste Position, die alle Bedenken über soziale Verantwortung per se ablehnt und einfach argumentiert: „Finanziere es, damit es gut ist“, oder vom Standpunkt des Unternehmens: „Sei nur dort gut, wo es finanziert wird“. Hier verfolgt das Unternehmen im allgemeinen nicht aktiv soziale Ziele, sei es als eigenständige Zwecke oder als Mittel für ökonomische Zwecke. Es übernimmt eher sozial erwünschte *Programme*, wenn es dazu ökonomische Anreize gibt – normalerweise durch Anreize von seiten der Regierung. Wenn die Gesellschaft die Luft in den Städten verbessern will, dann soll die Regierung Subventionen für die Unternehmen bereitstellen, die ihre Betriebsanlagen modernisieren. Wenn Umweltverschmutzung das Problem ist, dann sollen die Unternehmen für ihre Einschränkung belohnt werden.

„Anreize schaffen“ liegt aus gutem Grund auf dem Hufeisen gegenüber der Position „Regulierung“. Während die eine Seite das Unternehmen dafür strafrechtlich belangen kann, was es tut, belohnt die andere es für etwas, was es sonst nicht tun würde. Von daher können die beiden Positionen direkte Substitute füreinander sein: Umweltverschmutzung kann durch die Einführung von Strafen für den angerichteten Schaden verringert werden oder durch das Anbieten von Anreizen bei nachweisbaren Verbesserungen.

Die Logik schreibt jedoch beiden Positionen eine entsprechende Rolle zu. Wo ein Unternehmen der Gesellschaft nachweisbar einen speziellen Schaden zufügt (wie im Falle der Umweltverschmutzung), dort scheint eine Finanzierung, um das zu stoppen, kaum sinnvoll zu sein. Wenn die Gesellschaft das schädliche Verhalten nicht insgesamt verbieten will, dann muß sie zumindest die Verantwortlichen dafür zur Rechenschaft ziehen. Das Anbieten finanzieller Anreize zur Beseitigung der Schadensursache wäre wie eine Einladung zu einer Art Erpressung – und könnte zum Beispiel Unternehmen dazu ermutigen, die Umwelt zu verschmutzen, um dafür bezahlt zu werden, damit sie damit aufhören. Und jedem Bürger würde der Schaden in Rechnung gestellt, den nur wenige verursacht haben.

Auf der anderen Seite, wenn es soziale Probleme gibt, die nicht speziellen Unternehmen zugerechnet werden können, jedoch die Lösungskompetenzen der Wirtschaft erfordern, dann sind natürlich finanzielle Anreize sinnvoll (natürlich so lange, wie die Lösungen klar definiert werden können und ökonomisch greifbar sind). Hierhin, und nicht unter die Position des „Vertrauens" gehört das Argument, daß „nur die Wirtschaft es kann". Wenn es zutrifft, daß nur die Wirtschaft dazu in der Lage ist (und sie hat es bislang nicht getan), dann sollte sie dazu ermuntert werden.

„Wiederherstellen"

Unsere letzte Position auf dem Hufeisen ist stark ideologisch geprägt, die erste neben der „Demokratisierungsposition", die einen fundamentalen Wandel in der Regierungsgewalt und den Zielen des Unternehmens anstrebt. Wie die Vetreter der „Verstaatlichung" glauben die Vertreter dieser Position, daß die Kontrolle durch das Management illegitim ist und durch eine angemessenere Form externer Kontrolle ersetzt werden muß. Das Unternehmen sollte in seinen ursprünglichen Zustand eines „streng geführten" Instruments wiederhergestellt werden, anders gesagt, wieder der direkten Kontrolle seiner „rechtmäßigen" Eigentümer, den Aktionären, unterstellt werden. Die einzige Möglichkeit, die entschiedene Verfolgung ökonomischer Ziele zu garantieren – und das bedeutet Gewinnmaximierung, die frei von der „subversiven Doktrin" der sozialen Verantwortung ist –, ist die Übergabe der Kontrolle direkt in die Hände derjenigen, für die vor allem der Gewinn zählt.

Die Friedman Doktrin. Vor einigen Jahren mag das eine obsolete Position gewesen sein. Aber Dank dem Schutzpatron Milton Friedman erfreut sie sich wieder großer Beliebtheit. Friedman hat geschrieben:

> In einem System mit freiem Unternehmertum und Privateigentum ist ein Unternehmensleiter ein Angestellter der Eigentümer des Unternehmens. Er ist seinen Arbeitgebern direkt verantwortlich. Diese Verantwortung besteht darin, das Unternehmen in Übereinstimmung mit deren Wünschen zu leiten. Sie wollen generell so viel Gewinn wie möglich machen, allerdings in Übereinstimmung sowohl mit rechtlichen als auch moralisch begründeten Grundregeln der Gesellschaft.[13]

Interessanterweise scheint Friedman davon überzeugt gewesen zu sein, daß der Wechsel im Laufe dieses Jahrhunderts von der Kontrolle durch die Eigentümer zur Kontrolle

---

13 Friedman, „A Friedman Doctrine", S. 33.

durch die Manager sowie die Beschäftigung mit Fragen der sozialen Verantwortung eine unaufhaltsame Einengung der Möglichkeiten, die unser Hufeisen bereithält, bedeuten. Im Einleitungskapitel seines Buches *Capitalism and Freedom* scheint Friedman nur zwei Möglichkeiten zuzulassen – den traditionellen Kapitalismus oder den Staatskapitalismus, wie er in Osteuropa praktiziert wird. Das Fehlen des ersteren muß unvermeidbar zu letzterem führen, mit der sozialen Verantwortung als Katalysator.

Die Erhaltung und Steigerung der Freiheit werden heute aus zwei Richtungen bedroht. Die eine Bedrohung liegt klar auf der Hand. Es ist die externe Gefahr, die von den Menschen im Kreml ausgeht, die versprechen, uns zu beerdigen. Die andere Gefahr ist weitaus subtiler. Es ist die innere Bedrohung, die von den Menschen mit guter Absicht und gutem Willen ausgeht, die uns reformieren wollen."[14]

Die Frage, wer das Unternehmen kontrollieren soll, reduziert sich insofern auf einen Krieg zwischen zwei Ideologien – in Friedmans Begriffen zwischen „subversivem Sozialismus" und „freiem Unternehmertum". In dieser Welt aus Schwarz und Weiß kann es keine Mitte geben, keine moderate Position zwischen dem Schwarz der „Verstaatlichung" und dem Weiß der „Wiederherstellung", kein Grau des „Vertrauens". Entweder kontrollieren die Eigentümer das Unternehmen oder die Regierung, von daher ein „Wiederherstellen, oder ...". Friedman scheint uns eine Verankerung des Unternehmens auf der rechten Seite unseres Hufeisens zu empfehlen, weil nur dort „freies Unternehmertum" und „Freiheit" sicher seien.

All dies basiert auf einer Reihe von Annahmen – einige technisch, andere ökonomisch und einige politisch –, von denen ich glaube, daß sie falsch sind. Diese Themen sind meiner Meinung nach bedeutsam genug, um eine ausführliche Betrachtung zu verdienen.

Die Annahme der Kontrolle durch die Aktionäre. Zunächst gibt es die technische Annahme der Kontrolle durch die Aktionäre. Die meisten Großunternehmen sind einfach jenseits der Reichweite einzelner Aktionäre. Der Board ist zumindest formal ihr Kontrollmittel. Aber die Boards von Unternehmungen mit breit gestreutem Aktienbesitz werden typischerweise von den Managern kontrolliert, nicht den Aktionären. Es haben sich Traditionen gebildet, nach denen der Vorsitzende Vorschläge für neue Boardmitglieder macht. Es spricht sehr vieles dafür, daß dessen Auswahl nicht auf dem Aktienbesitz an sich basiert, sicherlich auch nicht auf irgendeiner Zuneigung der Manager zu denjenigen, die sie kontrollieren wollen. Bestensfalls basiert die Auswahl auf der Fähigkeit der Direktoren, der Organsiation zu dienen, schlimmstenfalls auf deren Neigung, in Ruhe gelassen zu werden und das Management sich selbst zu überlassen.

Es stimmt, daß gelegentlich jemand genug Aktien anhäuft, um dem Management Kontrolle abzuringen. Aber häufiger ist das Volumen der an der Börse gehandelten Aktien so groß, daß sogar die größten Privataktionäre nicht hoffen dürfen, mehr als einen unbedeutenden Anteil davon zu besitzen – viel zu klein, um das Management herausfordern zu können. (Natürlich kann ein Unternehmen oder ein Finanzinstitut einen beträchtlichen

14 Milton Friedman, Capitalism and Freedom (Chicago: University of Chicago Press, 1962), S. 20.

Aktienbesitz anhäufen, aber das hebt unser Argument nur eine Stufe höher auf die Frage, wer die Kontrolleure kontrolliert.)

Jeder Trend im Aktienbesitz in diesem Jahrhundert widerlegt die Annahme, daß Kleinaktionäre entweder dazu in der Lage oder bereit sind, Kontrolle über Großunternehmen auszuüben. Wie wir in unserer vorherigen Diskussion über den Board of Directors gezeigt haben, wo immer die Macht unter einer Wählerschaft weit gestreut ist (unter den Aktionären nicht weniger als unter den Arbeitern und Angestellten sowie den Kunden), bleiben diejenigen, die die Macht teilen, passiv. Es lohnt sich einfach für niemanden, Anstrengungen dafür zu unternehmen. Wenn Aktionäre mit dem Verhalten eines Unternehmens unzufrieden sind, dann ist es so viel leichter für sie, ihre Aktien zu verkaufen.

Interessanterweise ist deswegen der einzige Ort, wo der freie Markt noch wirklich funktioniert, der Aktienbesitz, und das hat dazu gedient, das Eigentum zu schützen. Der Aktienbesitz hat sich zunehmend verteilt und die Leichtigkeit von Transaktionen hat von der Ausübung von Kontrolle abgehalten. Um die Begriffe aus einem faszinierenden kleinen Buch von Albert Hirschman zu verwenden, „Abwanderung" wird dem „Widerspruch" vorgezogen, von „Loyalität" gar nicht zu reden.[15] Obwohl es gelegentlich eine *Aktionärsautokratie* geben kann – eine Unternehmenskontrolle durch einen einzigen Aktionär –, gibt es deshalb wahrscheinlich nie eine *Aktionärsdemokratie* – eine echte Kontrolle des Managements durch eine Vielzahl von Kleinaktionären.

Die Annahme des vollkommenen Wettbewerbs. Die ökonomischen Annahmen über freie Märkte wurden in der Literatur ausführlich diskutiert. Ob es eine harte Konkurrenz, nur begrenzten Marktzugang, vollkommene Information, Verbrauchersouveränität oder Mobilität der Arbeitskräfte gibt, ist sicherlich diskussionwürdig. Aber weniger debattiert wird die Behauptung, daß je größer das Unternehmen ist, desto größer sind seine Möglichkeiten, diese Dinge zu beeinträchtigen. Die diskutierten Themen beziehen sich auf Großunternehmen. Es ist nicht Joes Body Shop, hinter dem Ralph Nader her ist, sondern General Motors, ein Unternehmen, das mehr als eine halbe Million Menschen beschäftigt und mehr Einkommen als viele nationale Regierungen erwirtschaftet.

Diejenigen, die die Grundlagen für die traditionelle ökonomische Theorie gelegt haben – etwa Adam Smith und Alfred Marshall – haben nicht im Traum an Chemiekonzerne gedacht, die mehrere Milliarden Dollar kosten, an die Unsummen, die heute für Werbung ausgegeben werden, die mehr auf die Gefühle als auf Inhalte zielt, an die Bildung von Konglomeraten, die alle Arten von Unternehmen in einem einzigen zusammenschlossen und an die engen Beziehungen unter riesigen Unternehmen und zwischen ihnen und der Regierung, als Kunden und Partner ebenso wie als Unterstützer. Unter solchen Umständen ist die Vorstellung von persönlichen Beziehungen bestenfalls nostalgisch.

Wie kann sich die Regierung auf ein großes Waffensystem einlassen, wenn nur wenige Firmen es liefern können, die wahrscheinlich an der vorangegangenen Entwicklung der notwendigen Technologie beteiligt waren, ganz zu schweigen davon, daß die Exmilitärs

15 Albert O. Hirschman, Exit, Voice and Loyality: Responses to Decline in Firms, Organizations, and States (Cambridge: Harvard University Press, 1970).

gute Verbindungen zum Verteidigungsministerium haben? Und wenn die Aktenkoffer der zuständigen Politiker mit Geldern der Manager, wenn nicht der Unternehmen selbst, gefüllt wurden (wie indirekt auch immer)? Was geschieht mit der Souveränität der Verbraucher, wenn Ford mehr von Benzintanks versteht als seine Kunden? Und was bedeutet die Mobilität der Arbeitskräfte angesichts einer unflexiblen Altersversorgung, oder die Bindung an eine spezielle Qualifikation oder eine Stadt mit einem Arbeitgeber? Es ist in der Tat eine merkwürdige Verdrehung der konventionellen Wirtschaftstheorie, daß der Arbeiter normalerweise örtlich gebunden ist, was die Annahme seiner Mobilität widerlegt, während der Aktionär der mobilste ist; damit scheitert das Argument der Eigentümerkontrolle.

Die Annahme von Freiheit durch „freies" Unternehmertum. Die politischen Annahmen sind im wesentlichen ideologischer Natur, wenngleich normalerweise impliziter. Sie besagen, daß die Unternehmen in hohem Maße unmoralisch, daß sie das Instrument der Gesellschaft zur Produktion von Gütern und Dienstleistungen sind und, allgemeiner, daß eine Gesellschaft so lange „frei" und „demokratisch" ist, wie ihre Regierungschefs über ein allgemeines Wahlrecht gewählt werden und sich nicht in die legalen Aktivitäten der Wirtschaft einmischen. Freiheit wird mit „freiem" Unternehmertum gleichgesetzt. Aber viele Menschen – eine große Mehrheit der Öffentlichkeit, wenn man den Wahlen glauben soll – scheinen sich einer oder mehreren gegenteiligen Meinungen anzuschließen.

Eine davon ist, daß das Großunternehmen ebenso eine soziale und politische Institution wie ein wirtschaftliches Instrument sei. Wirtschaftliche Aktivitäten produzieren, wie vorher erwähnt, alle möglichen sozialen Folgen. Es werden Berufsbilder geschaffen und Flüsse verschmutzt, Städte gebaut und Arbeiter gefährdet. Diese sozialen Konsequenzen können nicht aus den strategischen Entscheidungen der Unternehmen herausverlegt und der Regierung zugewiesen werden.

Eine andere, entgegengesetzte Annahme, ist die, daß die Gesellschaft so lange nicht die nötige Balance zwischen sozialen und wirtschaflichen Interessen erreichen kann, wie der private Sektor sich nur um wirtschaftliche Ziele kümmert. Aufgrund des Einflusses der Wirtschaft auf die Gesellschaft wird behauptet, daß die Akzeptanz der Vorschriften von Friedman zu einer eindimensionalen Gesellschaft führen würde – übermäßig materialistisch und gewinnsüchtig. Wirtschaftliche Moral kann, wie bereits früher erwähnt, auf eine soziale Unmoral hinauslaufen.

Schließlich wurde noch die Frage aufgeworfen: Warum die Eigentümer? Was rechtfertigt in einer demokratischen Gesellschaft die Kontrolle des Unternehmens durch die Eigentümer mehr als durch die Arbeiter, Kunden oder durch eine pluralistische Kontrolle? Es ist nicht die Gesellschaft kleiner Eigentümer und Ladenbesitzer von Adam Smith. Seine Fleischer, Brauer und Bäcker sind heute Stockmeyer, Becks und Dr.Oetker. Was einst ein Fall individueller Demokratie war, ist heute ein Fall von Oligarchie.

Freies Unternehmertum bedeutet nicht die Freiheit des einzelnen Unternehmers, sich in einem Markt zu betätigen, sondern die Autonomie der Unternehmung mit breit gestreuten Eigentümern, ihre Macht größtenteils frei von externem Einfluß aufrechtzuerhalten. Und in diesen Organisationen gibt es keine Demokratie, wie bereits erwähnt wurde. Es handelt sich um technische Oligarchien, um Strukturen mit hierarchischer Autorität, in denen wenige an der Spitze die Aktivitäten vieler an der Basis dirigieren. Daran ist nichts verkehrt, mindestens nicht so lange, wie es für das angesehen wird, was es ist: nicht Freiheit selbst, sondern eher die Suspendierung von Freiheit um der produktiven Effizienz willen. Es muß allerdings als kurios angesehen werden, daß, wie wir in den vorherigen Kapiteln 8 und 9 behauptet haben, „freies“ Unternehmertum auf der Wirtschaftebene in Amerika fast auf dieselbe Weise strukturiert ist, wie der „subversive“ Sozialismus in der Sowjet-Union.

Deshalb sehe ich persönlich Friedmans Form des „Wiederherstellens“ eher als eine altmodische Position in einer Gesellschaft riesiger Unternehmen, gelenkter Wirtschaftsprozesse und weit gestreuter Aktionäre an – eine Gesellschaft, in der die kollektive Macht der Unternehmen zunehmend kontrolliert und in der zwischen ökonomischen und sozialen Interessen ernsthaft abgewogen wird.

Andere Wege der Wiederherstellung. Natürlich gibt es andere Wege zur „Wiederherstellung“ als die von Milton Friedman. In einigen Fällen kann die Entflechtung das Unternehmen in den Bereich oder zu der zentralen Aufgabe, die es am besten beherrscht, zurückbringen, indem es die Zuweisung von Mitteln zwischen verschiedenen Geschäftsbereichen an die Kapitalmärkte wiederherstellt. Ebenso kann es manchmal vorteilhaft sein, gewisse Formen vertikaler Integration abzuschaffen, so daß das Großunternehmen Geschäftsbeziehungen mit seinen Zulieferern und Kunden pflegt, statt sie unterschiedslos aufzunehmen. Boardmitglieder können wieder in Einflußpositionen gesetzt werden, indem die rechtliche Verantwortung der Direktoren für ihre Handlungen angehoben wird, und indem man sie unabhängiger vom Management macht (zum Beispiel indem sie das Recht auf persönliche Stäbe erhalten und die Manager aus ihren Rängen genommen werden, besonders aus der Position des Vorsitzenden). Und die Größe von Großunternehmen kann dort begrenzt werden, wo sie nicht die gegenwärtige wirtschaftliche Wettbewerbsfähigkeit widerspiegelt, sondern eher das Erbe historischer Erfolge oder anderer politischer Kräfte.*

Einige dieser Vorschläge sind vielleicht in der heutigen Gesellschaft nicht einfacher zu realisieren als die von Friedman, obwohl sie weiten Teilen der Bevölkerung sogar wünschbarer erscheinen. „Wiederherstellen“ ist die nostalgische Position auf unserem Hufeisen, ein Rückgang auf unsere Phantasien über eine glorreiche Vergangenheit. In dieser Gesellschaft riesiger Organisationen löst sich dies angesichts einflußreicher wirtschaftlicher und politischer Kräfte auf. Aber es müssen Anstrengungen unternommen werden, mindestens die offensichtlichen Defizite zu korrigieren.

---

* Natürlich kann es sich auch lohnen, eine Reihe dieser Vorschläge in Teilen der öffentlichen und halböffentlichen Bereiche zu verfolgen, und zum Beispiel unübersichtliche Krankenhäuser, Schulsysteme, soziale Dienstleistungsbehörden und alle Arten von Ministerien aufzuteilen.

Zusammenfassung: Wenn der Schuh paßt...

Ich glaube, daß das heutige Unternehmen genauso wenig dazu in der Lage ist, auf einer Position dieses Hufeisens zu reiten wie ein Pferd nur auf einem Teil seines Hufeisens laufen kann. Anders gesagt, wir müssen das konzeptionelle Hufeisen als einen Portfolio von Positionen behandeln, auf den wir je nach den Umständen zugreifen können. Ein ausschließliches Vertrauen auf irgendeine Position wird zu einer engstirnigen und dogmatischen Gesellschaft führen, mit einem Übermaß an Machtkonzentration. Der Gebrauch einer Vielfalt von Positionen kann den Pluralismus ermutigen, den die meisten meiner Meinung nach als notwendig erachten, um Demokratie aufrechtzuerhalten. Wenn der Schuh paßt, dann soll das Unternehmen ihn tragen.

Damit will ich nicht unterstellen, daß einige der Positionen nicht fundamental verschiedene Ideologien repräsentieren. Das tun sie natürlich. Aber ich glaube auch, daß jeder, der eine ehrliche Einschätzung der Machtrealitäten in und um heutige Großunternehmen vornimmt, egal zu welcher Seite er neigt, zu dem Ergebnis kommen muß, daß man eine Vielzahl von Positionen braucht.

Ich neige zu links von der Mitte, und habe diesbezüglich in meinen Äußerungen keinen Zweifel gelassen. Ich will im folgenden meine eigenen Vorschläge zusammenfassen und dabei eine Basis für eine Prüfung schaffen, wann die Verwendung einer der acht Positionen angemessen ist.

Zuerst „Vertrauen", oder mindestens „sozialisieren". Trotz meines Mißtrauens gegenüber einem Großteil der Rhetorik, die für soziale Verantwortung gehalten wird und den entmutigenden Anzeichen des Verhaltens vieler heutiger Großorgansiationen (nicht nur Unternehmen), bin ich weiterhin fest davon überzeugt, daß wir ohne ehrliche verantwortungsbewußte Menschen in wichtigen Positionen in ernsthafte Schwierigkeiten kommen. Wir müssen Vertrauen haben, weil die Manager, egal wie sehr wir uns auf die anderen Positionen auf dem Hufeisen verlassen, immer sehr viel Handlungsfreiheit behalten. Und diese Freiheit hat nicht weniger soziale als wirtschaftliche Folgen.

Die Positionen auf der rechten Seite unseres Hufeisens ignorieren diese sozialen Konsequenzen, während einige auf der linken Seite daran scheitern, die Schwierigkeiten der Einflußnahme auf diese Konsequenzen in großen hierarchischen Organisationen zu erkennen. Die Manager sitzen zwischen diesen zwei Positionen des „Vertrauens". Sie können ihren Ermessensspielraum dazu benutzen, den Wünschen der Öffentlichkeit entgegenzukommen oder sie zu unterminieren. Letztlich ist das, was die Manager tun, durch ihr Verantwortungsgefühl als individuelle Gesellschaftsmitglieder bestimmt.

Obwohl wir „Vertrauen haben" müssen, bleibt uns auch nichts anderes übrig, als „Vertrauen zu haben". Es gibt eine angemessene und begrenzte Rolle der sozialen Verantwortung: sie besteht im wesentlichen daraus, daß das Unternehmen sein eigenes Haus in Ordnung hält und dazu ermuntert wird, in seinem eigenen Operationsbereich verantwortlich zu handeln. Jenseits davon muß die soziale Verantwortung durch andere Positionen aus unserem Hufeisen beeinflußt werden.

Dann unaufhörlich „Druck ausüben". Wie wir gesehen haben, beeinträchtigen zu viele Kräfte die soziale Verantwortung. Das beste Gegenmittel zu diesen Kräften ist die ad hoc-Pressure Kampagne, um das unethische Verhalten zu kritisieren und soziales Bewußtsein für diese Themen zu erwecken. Die Existenz dieser Position des „Druckausübens" unterscheidet deutlich die westlichen von den östlichen „Demokratien". Man gebe mir einen Ralph Nader für alle diese Regierungsfunktionäre. In der Tat liegt diese Position der Lebensfähigkeit der meisten anderen Positionen zugrunde. Pressure-Kampagnen haben beispielsweise notwendige neue Regelungen hervorgebracht und die Frage der Unternehmensdemokratie herausgestellt. Die Position des „Ignorierens" kollabiert ohne die Position des „Druck ausübens".

Danach der Versuch, zu „demokratisieren". Etwa ein Drittel weiter in meinem Portfolio liegt die Position des „Demokratisierens", die nach meiner Meinung nur in der gegenwärtigen Debatte in den Vereinigten Staaten radikal ist, nicht hinsichtlich der amerikanischen Grundwerte. Pluralistische Kontrolle liegt ganz in der Tradition der amerikanischen Demokratie. Und Demokratie wiegt dort am schwersten, wo sie uns direkt betrifft – beim Trinkwasser, unserer Arbeit, den Produkten, die wir konsumieren. Wie können wir unsere Gesellschaft demokratisch nennen, wenn viele ihrer einflußreichsten Institutionen nahezu von außen kontrolliert werden, und innen wie Oligarchien geführt werden?

Wir müssen allerdings die Mittel zur Erreichung der Unternehmensdemokratie finden. Aber wir wissen auch, wie einfallsreich die Menschen sein können, wenn sie ein Problem lösen wollen – und dies ist ein Problem, das bald gelöst werden muß. Irgendwie müssen Wege gefunden werden, um das Unternehmen für die am meisten betroffenen Kreise zugänglich zu machen – die Angestellten, Kunden, Nachbarn, sogar Kleinaktionäre –, ohne es als wirtschaftliche Institution zu schwächen. Zur Debatte steht nichts weniger als die Aufrechterhaltung der Grundfreiheiten in unserer Gesellschaft.

Nur wenn es speziell angemessen ist, „Regulierung" und „Anreize schaffen". Zwei Positionen liegen sich auf dem Hufeisen gegenüber und spielen eine nützliche, wenn auch begrenzte Rolle. Regulierung ist weder ein Allheilmittel, noch eine Drohung. Sie sollte dort verwendet werden, wo das Unternehmen seine Macht mißbrauchen, und für diesen Mißbrauch bestraft werden kann – vor allem wo Externalitäten mit speziellen Unternehmen in Verbindung gebracht werden können. Finanzielle Anreize gehören nicht dorthin, wo ein Unternehmen ein Problem verursacht hat, sondern dorthin, wo ein Unternehmen die Fähigkeit besitzt, ein von anderen verursachtes Problem zu lösen.

Gelegentlich selektiv „Verstaatlichen" und „Wiederherstellen", aber nicht nach Friedmans Façon. Die extremen Positionen sollten für extreme Probleme reserviert bleiben. Wenn „Druck ausüben" ein Skalpell und „Regulieren" ein Hackebeil symbolisieren, dann sind „Verstaatlichen" und „Wiederherstellen" Guillotinen.

Beide Positionen werden implizit als Alternativen zu „Demokratisieren" vorgeschlagen. Die eine besteht aus öffentlicher Kontrolle, die andere aus „Aktionärsdemokratie". Die Schwierigkeit ist, daß sich Kontrolle durch jeden oft in Kontrolle durch keinen verwandelt, während die exklusive Kontrolle durch die Eigentümer – sogar wenn sie erreichbar ist – das Unternehmen noch weiter vom Einfluß derer entfernen würde, die am meisten von ihm beeinflußt sind.

Verstaatlichung ist allerdings, wie bereits erwähnt, manchmal sinnvoll, nämlich dann, wenn privates Unternehmertum nicht die notwendige Mission erzeugen kann, mindestens auf eine ausreichende oder angemessene Weise, und manchmal, wo die Aktivitäten eines Unternehmens eng mit der Regierungspolitik gekoppelt sein müssen.

Wie im Falle von „Wiederherstellung“ glaube ich, daß Friedmans spezielle Vorschläge die Probleme politischer Kontrolle und sozialer Verantwortung vergrößern werden, da sie die Oligarchie-Tendenzen in der Gesellschaft verstärken und damit das weiter verschlechtern, was ich als das gegenwärtige Ungleichgewicht zwischen sozialen und ökonomischen Zielen ansehe. Als Antwort auf Friedmans Wahl zwischen „subversivem“ Sozialismus und „freiem“ Unternehmertum sage ich: „eine Plage auf beiden Seiten“. Wir wollen uns auf die mittleren Positionen auf dem Hufeisen konzentrieren.

Allerdings sind andere Formen der „Wiederherstellung“ eine Betrachtung wert: „Entflechten“, wo Diversifikation in Kapitalmärkte, Konkurrenz und gesamtwirtschaftliche Effizienz eingreift; vertikale „*Des*integration“, wo ein Vetriebsnetz einer Managementhierarchie vorzuziehen ist; „Stärkung des Boards“, damit die Boardmitglieder die Manager besser beurteilen können; und „Reduzierung“, wo Größe eher ein Machtspiel repräsentiert als ein Mittel, der Öffentlichkeit einen besseren und effizienteren Dienst zu leisten. Ich wünsche mir wie Friedman eine Stärkung des Wettbewerbs; es ist nur so, daß ich glaube, daß seine Vorschläge genau in die entgegengesetzte Richtung führen.

Schließlich, vor allem, nicht „Ignorieren“. Ich lasse eine Position aus meinem Portfolio aus, weil sie den anderen widerspricht. Wir dürfen auf keinen Fall die große Publikumsgesellschaft ignorieren. Sie hat zu großen Einfluß auf unser Leben. Unsere Aufgabe ist es, Wege zu finden, die Macht in und um unsere großen Organisationen so zu verteilen, daß diese verantwortungsvoll, vital und effektiv bleiben.

Anmerkung

Wie bereits gesagt wurde dieser Artikel meinem Buch Power *In and Around Organizations* (Prentice-Hall, 1983) entnommen, das einen Teil diesem Thema widmet, einschließlich eines ganzen Kapitels für jede der acht Positionen. Leser, die an genaueren Details interessiert sind sowie an Belegen (und publizierten Quellen) für die Argumente, seien auf diese Kapitel verwiesen. Zwei Positionen wurden in gesonderten Artikeln veröffentlicht: erstens, „*Why Amerika Needs, but Cannot Have Corporate Democracy*“ (Organizational Dynamics, Frühjahr 1983), zweitens, „*The Case for Corporate Social Responsibility*“ (The Journal of Business Strategy, Herbst 1983, obwohl ich den ursprünglichen Titel des Artikels bevorzuge: „*That Naive and Necessary Concept Called Social Responsibility*“). Ich denke, daß ein Verständnis meiner Kritik an Milton, die unter

„Wiederherstellen“ diskutiert wird, die längere, ursprünglicher Version erfordert; sie kann auf den Seiten 632–44 in meinem Buch über „Macht“ gefunden werden. Die kurze Diskussion über den Board of Directors, unter dem Aspekt der „Demokratisierung“, stammt aus Kapitel 6 meines „Macht“-Buches, das sich etwas genauer mit der Rolle und Macht der Direktoren beschäftigt. Eine spätere Entscheidung strich eine vollständige Diskussion dieses Themas in dem dafür vorgesehenen Kapitel dieses Buches, aber interessierte Leser können sich an das Original wenden. Andernfalls seien sie auf die Zusammenfassung dieses Materials in einem Artikel mit demselben Titel im *California Management Review* (Herbst 1984) oder das *McKinsey Quarterly* von 1986 verwiesen.

16. Kapitel

Eine Bemerkung über das Schimpfwort „Effizienz“

Der Titel dieses kurzen Artikels mag pfiffig erscheinen, sein Ton sonderbar. Man täusche sich nicht. Er handelt von einem kritischen Thema in unserer Gesellschaft von Organisationen. Das Problem ist nicht, daß die Menschen über die „Effizienzexperten“ spotten. Der Versuch, effizient zu sein, kann manchmal zur Ineffektivität führen. In Anlehnung an unsere Diskussion über Analyse und Intuition in Kapitel 4 haben wir es hier mit einer Besessenheit zu tun, „objektiv“ zu sein, die sich als subjektiv herausstellen kann. Professionelle Manager, die von sich behaupten, „keine Moral“ zu haben, können sich zu entschieden unmoralischem Verhalten hingezogen sehen.

Der These ist, daß sich das Management, wie es konventionell praktiziert wird, als Problem und nicht als Lösung erweist. Es kann gegen unsere besten Interessen verstoßen: nicht nur als Kunden der Leistungen der Organisationen, die Qualität und Leistung suchen, sondern auch als Bürger, die von den Organisationen eine menschenwürdige Behandlung erwarten. Mit diesem Thema befassen wir uns hier. Es steht im Zentrum des nächsten und letzten Kapitels. „Eine Bemerkung über das Schimpfwort Effizienz“ dient zur Einführung in den abschließenden Essay.

Warum wird „Effizienz“ in so vielen Kreisen als Schimpfwort angesehen? Es ist eine Sache, wenn Fließbandarbeiter oder radikale Studenten dagegen anrennen. Es ist aber etwas anderes, wenn eine Veröffentlichung der Harvard Business School sich auf die Bezeichnung „Effizienzexperte“, angewandt auf einen Manager, bezieht, und in einem Fall davon spricht, daß der Begriff einen „ganz unfeinen Beigeschmack“ hat.[1]

Herbert Simon behauptete in *Administrative Behavior*, daß Effizienz ein wertfreies Konzept ist, „vollständig neutral“ nach seinen Worten. Als „Effizienzkriterium“ definiert er „die Wahl einer Alternative, die aufgrund der eingesetzten Ressourcen die besten Ergebnisse erzielt.“[2] Anders gesagt, effizient zu sein bedeutet, das Beste aus den verfolgten Zielen der Organisation zu machen – zum Beispiel das größte Wachstum, die zufriedensten Angestellten oder die besten Produkte. Effizienz meint den größten *Nutzen* bei gegebenen *Kosten*, oder in den Worten von McNamaras Senkrechtstartern im Pentagon in den zurückliegenden 60er Jahren: „den größten Treffer für den Einsatz“. Und da die Ressourcen in einer Welt des Wettbewerbs immer knapp sind, ist Effizienz ein logisches

1 Lehrtitel für „The Rose Company“, Case 9-453-002, Intercollegiate Case Clearing House, Graduate School of Business Administration, Harvard University.

2 Herbert A. Simon, Administrative Behavior, 2.Auflage (New York: Macmillian, 1957), S. 14, 179.

Ziel jeder Organisation, ja allen menschlichen Strebens. Es ist so wie „Mutterschaft“. Wie kann irgend jemand überhaupt gegen Effizienz sein?

Ich glaube, daß die Wurzel des Problems nicht in der Definition des Begriffs liegt, sondern wie die Definition zwangsläufig in den Operationen umgesetzt wird. In der Praxis meint Effizienz nicht den größten Nutzen bei gegebenen Kosten; sie bedeutet den größten *meßbaren* Nutzen für die *meßbaren* Kosten. Mit anderen Worten, Effizienz bedeutet *demonstrierte* Effizienz, *bewiesene* Effizienz, und vor allem *kalkulierte* Effizienz. Ein Management, das auf Effizienz fixiert ist, ist vom Messen besessen. Der Effizienzkult ist ein Rechenkult. Und hier liegt das Problem.

Ein einfaches Experiment demonstriert diesen Punkt. Ich bat neunundfünfzig MBAs ohne Vorbereitung am Anfang eines Kurses zu einem anderen Thema aufzuschreiben, was ihnen dazu einfällt, wenn ich sage, ein Restaurant ist effizient. (Der Leser sei dazu eingeladen, hier einzuhalten und seine eigenen Antworten aufzuschreiben.) Nach Simons Definition hätten die Antworten weit streuen müssen. Nach meiner Behauptung hätten einfach zu quantifizierende Ziele vorherrschend sein müssen.

Tatsächlich nannten dreiundvierzig Studenten das am leichtesten zu operationalisierende Ziel, nämlich auf die eine oder andere Weise die Schnelligkeit des Service (beispielsweise „schnelle Bedienung“, „keine Verzögerungen“). Die Qualität des Essens – sicherlich ein mindestens ebenso wichtiges Ziel für ein Restaurant, obwohl es weniger einfach zu messen ist – wurde dreizehn mal positiv erwähnt (etwa „serviert gutes Essen“, „leckeres Essen“), aber auch fünfmal negativ (z. B. „entsetzliches Essen“, „serviert, was in den Müll gehört“, „farblos, langweilig und unzumutbar“; mein Vater, dem ich dieselbe Frage stellte, bemerkte: „Ich sehe nicht, was Effizienz mit Essen zu tun hat“, fügte aber nach etwas Nachdenken hinzu:"Wenn ich hören würde, ein Restaurant sei effizient, dann würde ich mich über das Essen wundern.“)* Ein Jahr später befragte ich zweiundzwanzig weitere Studenten, und dieses Mal erwähnten alle bis auf zwei schnelle Bedienung (vierzehn von ihnen ausschließlich).

Beide Gruppen von Studenten sollten auch einen Kommentar liefern zu: mein Zuhause ist effizient. Vierzig der ersten Gruppe und zehn der zweiten bezogen sich auf so etwas wie „Besorgungen schnell erledigen“ oder „schnellen Hausputz“. Sieben der ersten Gruppe und zehn der zweiten bezogen sich auf den Ölverbrauch. Komfort, Schönheit und Wärme (im psychologischen Sinne) wurden kaum erwähnt.

In der Praxis wird Effizienz mit meßbaren Kriterien in Verbindung gebracht. Ein effizientes Restaurant bringt das Essen in dreizehn Minuten auf den Tisch. Ein effizientes Zuhause wärmt die Bewohner mit nur 3000 Liter Öl in einem kalten kanadischen Winter, aber nicht deren Herzen.

---

* Es sollte hinzugefügt werden, daß einige Studenten Kommentare über den Preis, die Sauberkeit und Rentabilität machten; ebenso gaben einige mehr als einen Kommentar ab.

Diese Sichtweise hat drei Hauptkonsequenzen.

1. *Da die Kosten normalerweise einfacher zu messen sind als der Nutzen, beschränkt sich Effizienz allzu oft auf Wirtschaftlichkeit.* Im Vergleich zum Nutzen eignen sich die Kosten besser für eine quantitative Darstellung – in Dollars, Arbeitsstunden, Material usw. Zum Beispiel kennt die Universitätsverwaltung ziemlich genau die Ausbildungskosten für einen MBA. Aber niemand hat eine Ahnung davon, was in den Vorlesungen gelernt wird oder welchen Effekt dieses Lernen auf die Managementpraxis hat.

   Das allzu häufige Resultat einer Fixierung auf Effizienz ist deswegen die Kürzung quantifizierbarer Kosten zu Lasten eines nicht quantifizierbaren Nutzens. Welche Universitätsverwaltung könnte nicht 1o Prozent der Ausbildungskosten für einen MBA ohne *meßbare* Wirkung auf den Nutzen kürzen? Sogar in einem Wirtschaftsunternehmen ist es für den Unternehmensleiter einfach, bestimmte Kosten ohne Auswirkungen auf den Nutzen zu kürzen, zumindest nicht auf kurze Sicht. Man streicht einfach die Mittel für Forschung oder Werbung. Die Wirkung auf den Gewinn zeigt sich vielleicht erst nach Jahren, lange nachdem der Chef ausgeschieden ist. Allzuoft meint deswegen Effizienz nur Wirtschaftlichkeit, sozusagen zum Nachteil des Nutzens auf Kosten der Kosten. Und Effizienz erhält einen schlechten Beigeschmack.

2. *Da betriebswirtschaftliche Kosten normalerweise einfacher zu messen sind als soziale, erzeugt Effizienz oft eine Eskalation der sozialen Kosten, die als „Externalitäten" behandelt werden.* Vor allem Wirtschaftsunternehmen wollen alles messen. Peter Drucker hat diesen Aspekt herausgestellt: „Die Aufgaben können identifiziert, definiert, die Ziele festgelegt und die Durchführung kann gemessen werden. Das Unternehmen kann beginnen."[3] Das Problem ist, daß manche Dinge einfacher zu messen sind als andere. Das investierte Geld, die Arbeitsstunden und das verbrauchte Material sind leicht zu quantifizieren. Die verschmutzte Luft, die abgestumpften Menschen und die zerstörte Landschaft sind auch Kosten, aber sie sind nicht so leicht zu messen.

   In allen Organisationen sind die betriebswirtschaftlichen Kosten – die eingesetzten Ressourcen – im allgemeinen leichter als die sozialen Kosten zu messen – also die Folgen für das menschliche Leben. Eine Betonung von Effizienz ermuntert deswegen die Zurechnung nur der direkt meßbaren Kosten auf die Unternehmung; die wenig faßbaren Kosten, normalerweise die sozialen, werden als „Externalitäten" abgewiesen und die Gesellschaft dafür verantwortlich erklärt. Die implizite Annahme ist, daß wenn die Kosten nicht gemessen werden können, dann werden sie nicht entstehen. Und insofern ist es kein Problem eines Managements, das für „Effizienz" verantwortlich ist. Deshalb werden die betriebswirtschaftlichen Kosten durch „effiziente" Manager streng überwacht, während die sozialen eskalieren. Und Effizienz erhält einen schlechten Ruf.

3 Peter F. Drucker, Management: Tasks, Responsibilities, and Practices (New York: Haroer & Row, 1973), S. 347.

3. *Da wirtschaftlicher Nutzen typischerweise leichter zu messen ist als sozialer, treibt Effizienz die Organisation oft in Richtung einer wirtschaftlichen Moral, die auf eine soziale Unmoral hinauslaufen kann.* Menschliche Aktivitäten erzeugen viel Nutzen, von greifbarem bis zu sehr unklarem. Ein Manager, der mit Effizienz beschäftigt ist, bevorzugt natürlich den ersteren. Er kann ihn messen und ihn seinen Bemühungen zuschreiben. Der Dekan, der seine Entscheidungen über Fördermöglichkeiten auf „harten Fakten" aufbauen muß, wird eher die Publikationen der Professoren zählen als subjektive Beurteilungen ihrer Fähigkeiten abgeben.

Eine Fixierung auf Effizienz bedeutet deshalb, daß greifbare, demonstrierbare, meßbare Vorteile (etwa die Geschwindigkeit der Bedienung) es erlauben, ungreifbare, weniger leicht spezifizier- und quantifizierbare Vorteile auszublenden (etwa die Qualität des Essens). Das ernstere Problem ist in der Tat, daß die quantifizierbaren Vorteile die nicht quantifizierbaren hervorbringen können, sogar wenn letztere im allgemeinen als wichtiger angesehen werden. Wenn man auf die Feinregulierung der Effizienz zusteuert, wenn die eigene Leistung „gemessen" wird, dann gibt es vielleicht keine andere Wahl. Es sind die ökonomischen Faktoren – in Verbindung mit den greifbaren Ressourcen –, die sich am besten zu Meßzwecken eignen. Die sozialen Werte werden in den Hintergrund gedrängt.

In dem bekannten Buch von Pirsig *Zen and the Art of Motorcycle Maintenance* finden wir einen Hinweis darauf, wie dieser Punkt einen Schritt weitergebracht werden kann: solche sozialen Werte liegen vielleicht jenseits unserer logischen und analytischen Fähigkeiten (und deswegen jenseits der Messung). „Ich denke, daß es so etwas wie Qualität gibt. Aber sobald man sie zu definieren versucht, wird etwas zerstört. Man kann sie nicht definieren...Weil Definitionen das Produkt rigiden, formalen Denkens sind, kann Qualität nicht definiert werden."[4] Aber sehen die Effizienzexperten das auch so? Oder nehmen sie zumindest zur Kenntnis, daß etwas jenseits der Macht ihrer Techniken liegt?

Deshalb kommt Effizienz in der Praxis nicht als neutrales Konzept vor, sondern ist mit einem speziellen Wertesystem verknüpft – den ökonomischen Werten. Eine Fixierung auf Effizienz kann in der Tat zum Austausch sozialer Vorteile gegen ökonomische führen, und die Organisation über eine ökonomische Moral hinaus in eine soziale Unmoral treiben. In Kapitel 9 habe ich Ackerman zu dem Thema zitiert, wie die Zielsysteme großer Unternehmen „tatsächlich soziale Verantwortung behindern können", indem sie die weniger operationalen Ziele verdrängen.[5] Es lohnt sich hier, Bowers Illustration dazu zu wiederholen: das Drehen an den Finanzschrauben in einem solchen System, nämlich bei General Electric, hatte zu dem berühmten Preisabspracheskandal von 1961 beigetragen. Im Großunternehmen

4 Robert M. Pirsig, Zen, and the Art of Motorcycle Maintenance: An Inquiry into Values (New York: Bantam, 1974), S. 200, 201.

5 Rober Ackerman, The Social Challenge to Business (Cambridge: Harvard University Press, 1975), S. 56.

„werden (die Menschen) für Leistung belohnt, aber Leistung wird fast immer als kurzfristiges ökonomisches oder technisches Ergebnis definiert. Je unpersönlicher das System, desto mehr werden die Ergebnisse zu quantifizieren versucht, desto schwerer ist es, die Spielregeln zu erweitern, um die soziale Rolle des Unternehmensleiters zu berücksichtigen.[6]

Deshalb wird pro-ökonomisches Verhalten zu anti-sozialem Verhalten. Und Effizienz kriegt einen schlechten Ruf.

Deshalb ist Effizienz in der Praxis, wenn nicht in der Theorie, mit einem speziellen Wertesystem verbunden. Der Ruf nach „Effizienz" ist die Forderung nach Kalkulation, wobei Kalkulation Sparen und damit die Behandlung sozialer Kosten als Externalitäten bedeutet. Es bedeutet auch, daß die ökonomischen Interessen die sozialen beiseite schieben können. Im Grenzfall entsteht Effizienz als Kern einer Ideologie, bei der die ökonomischen Ziele dominieren, manchmal mit unmoralischen Konsequenzen. Deshalb bekommen „Effizienz", dieses „vollständig neutrale" Konzept, und die Manager und Managementschulen, die darauf fixiert sind, einen schlechten Ruf.

Anmerkung

Dieser Artikel wurde mehr oder weniger in der vorliegenden Fassung in *Interfaces*, Oktober 1982, veröffentlicht. Eine etwas längere Fassung unter dem Titel *„Efficiency as a System Goal"* kann in *Power In and Around Organizations* (Prentice-Hall, 1983) auf den Seiten 268–73 gefunden werden. Dasselbe Kapitel, *„Specific Goals in Organizations"* diskutiert Überleben, Kontrolle und Wachstum als Systemziele von Organisationen, und wie sie die Mission als Ziel verdrängen können. *„The Determination of Organizational Goals"*, einschließlich dem Argument, daß Organisationen intrinsiche Ziele haben, die sie aus ihren Handlungen gewinnen müssen, und die Diskussion, wie konfligierende Ziele in Organisationen ausgesöhnt werden müssen, ist Thema des vorangegangenen Kapitels des genannten Buches.

6 J.L. Bower, „Planning and Control: Bottom Up or Top Down?", in: Journal of General Management, 3, 1974, S.22–23.

17. Kapitel

Durch Management hervorgerufene Steuerungsprobleme der Gesellschaft

Der Titel ist eine These aus einem Vortrag, den ich 1982 auf einem Symposium in St. Gallen in der Schweiz gehalten habe. Dieser Vortrag war mein Pamphlet gegen alles, was mich am Management und an Organisationen geärgert hat. Ich hatte den Eindruck, daß das Publikum aus Vertretern der Wirtschaft und Studenten ihn eher wohlgesonnen aufnahm. Aber ich habe ihn nie veröffentlicht, weil ich vermutlich auf den richtigen Zeitpunkt gewartet habe. Das scheint auch wirklich der Grund gewesen zu sein. Thema, Zusammenhang und Art scheinen genau hier hin zu passen, um dieses Buch zu beenden und abzurunden.

Es ist interessant, daß ein Vortrag über die Probleme von Management und Organisationen so viele Aspekte meiner Arbeit zusammenbringen sollte. Aber es ist so: Praktisch jedes große Thema, das ich in den letzten zwanzig Jahren entwickelt habe, ist hier irgendwie integriert. Das war keine Absicht. Es entwickelte sich auf natürlich Weise, als ich eine Reihe von Ideen zusammenbrachte. Deshalb kommt es zu einigen Wiederholungen. In meiner Überarbeitung und bei der Publikation dieses Vortrags entschied ich mich dazu, einige Wiederholungen zu belassen, sogar das eine oder andere Zitat, von dem ich dachte, daß es eine wiederholte Lektüre wert ist, weil dieses letzte Kapitel nicht nur zur Hervorhebung dessen gedacht ist, was meiner Meinung nach entscheidende Themen in der Gesellschaft sind, sondern auch als Zusammenfassung der Themen dieses Buches.

Ich habe auch absichtlich den Vortragsstil beibehalten. Er mag an einigen Stellen etwas salopp erscheinen, aber ich denke, daß es der Aufrechterhaltung der Gangart des Vortrags und der Eindringlichkeit dient, mit der die Thesen vorgetragen wurden. Man sollte es als literarische Freiheit eines Autors im Schlußkapitel seines Buches ansehen.

Was ich hier zu sagen habe, mag als pessimistisch erscheinen. Ich denke, daß das notwendig ist. Nach meiner Meinung stellen Management, so wie es derzeit praktiziert wird, und Organisationen, so wie sie heute geführt werden, in Verbindung mit einer Gesellschaft großer Institutionen, erhebliche Gefahren für uns alle dar. Ich ziehe es vor, mein Anliegen zu übertreiben, um mehr Aufmerksamkeit dafür zu gewinnen. Natürlich sind die Themen nicht so einseitig wie sie hier präsentiert werden. Aber was ich an anderer Stelle in diesem Buch unter anderem über Planung und die Rolle von Analyse im allgemeinen sowie über die funktionalen Aspekte von Bürokratie geschrieben habe, stellt meine Perspektiven bedeutend ausgewogener dar. Dieser letzte Teil ist als Polemik gemeint.

Der Dekan einer Business School meinte einmal, daß die Berater für Antworten bezahlt werden und die Wissenschaftler für Fragen. Das hört sich für mich wie eine sinnvolle Arbeitsteilung an, obwohl dieser Beitrag sich mehr mit den Problemen beschäftigt als mit den Lösungen. Aber ich mache am Ende eine Reihe von Vorschlägen (ein Kollege schaffte es, dreizehn Vorschläge zu identifizieren). Ich trage sie jedoch vor, um zum Nachdenken über diese Themen anzuregen. Es handelt sich nicht um einen abgeschlossenen Aufsatz, sondern um einen Zwischenschritt zum Verständnis und Umgang mit den Problemen, die ich für einige der schwerwiegendsten halte. Ich werde vermutlich diesen Artikel nie zu Ende schreiben, egal wie oft ich es auch versuche.

Bei genauerem Hinsehen würde ich den Tenor dieses Artikels für wirklich optimistisch ansehen. Wenn wir nur verstehen könnten, wie unsere Organisation funktionieren, wie und warum sie außer Kontrolle geraten, und warum unsere konventionellen Managementinterventionen dies oft erschwert haben, dann könnten wir auf Lösungen dieser Probleme hinarbeiten. Unsere Organisationen müssen uns dienen, als Arbeiter und Angestellte, Verbraucher und Bürger, durch Verwenden und Widerspiegeln unserer besten Qualitäten – unsere Fähigkeiten, intuitive und emotionale ebenso wie analytische, und unsere grundlegende Veranlagung. Wir müssen unsere Organisationen so führen, daß unsere Gesellschaft steuerbar wird.

Früher konnten die Jäger der Inuit* ihren Weg über Dutzende von Meilen flacher, weißer Tundra hinweg finden, um einen Freund zu besuchen. Dabei wurden sie von ihrer Intuition geleitet. Vor wenigen Jahren erfroren drei junge Inuits, als ihr Snowmobil nur wenige Meilen von ihrem Zuhause kaputt ging, weil sie den Weg nicht mehr fanden.

Diese Geschichte hat mich irritiert. Sie wurde seitdem für mich zum Symbol der Probleme unserer Gesellschaft. Ich glaube, wir laufen aus denselben Gründen Gefahr, zu erfrieren: Unsere Maschinerie im weitesten Sinne, nicht nur unsere Technologien, sondern unsere sozialen Systeme und vor allem unsere Organisationen, haben auf vergleichbare Weise unsere Sinne abgestumpft, unsere Intuition verdrängt und machen es zunehmend schwierig, aus unseren Problemen herauszukommen. Meine These ist vor allem, daß die Gesellschaft in Folge von Management unsteuerbar geworden ist.

Ich bin Organisationstheoretiker und daran interessiert, wie Organisationen und die ihnen zugrundeliegenden Managementprozesse tatsächlich funktionieren. Ich begann meine Forschungskarriere mit der Untersuchung der Tätigkeit von Managern. Ich fand heraus, daß sie aufgrund eines ungeheueren Drucks oberflächlich sein mußten und schloß daraus, daß sie lernen mußten, in ihrer Oberflächlichkeit effektiv zu sein. Seitdem hinterfrage ich diese Schlußfolgerung und möchte wissen, wie effektiv jemand eine große, komplexe Organisation führen kann.

Dannach begann ich eine Untersuchung der Prozesse, anhand derer Organisationen ihre Strategien entwickeln – wie sie ihre Grundrichtungen für sich festlegen. In meiner Arbeit und der anderer erwies sich das als weit komplizierter, als man im allgemeinen dachte. Der lange Zeit favorisierte Ansatz der sogenannten „strategischen Planung" stellte sich als Mythos heraus: Es zeigte sich kein systematischer Weg zur Strategiebildung. Das veranlaßte mich dazu, zwei weniger systematische Ansätze zu beschreiben, einen zentra-

* „Eskimo" ist in Wirklichkeit ein indianisches Wort, ein abwertender Begriff für die Nachbarn im Norden und bedeutet „Esser von rohem Fleisch". „Inuit" ist der Begriff, den „die Menschen" selbst benutzen.

listischen, der auf einer unternehmerischer Vision basiert, und einen dezentralistischen, der auf Lernen „von unten" („grassroots") beruht. Aber neuerdings frage ich mich, ob beide Prozesse auch in einer Großorganisation mit ihren Zwängen zur Oberflächlichkeit funktionieren können. Kann ein Topmanager genug Wissen haben, um sich auf unternehmerische Art eine Vision auszudenken, oder kann er mit allen Initiativen umgehen, die von der Basis kommen?

In einer parallelen Arbeit, die auf den Sinn der Forschung über Struktur und Macht zielte, sah ich es als notwendig an, Organisationen als Konfigurationen zu beschreiben. Das schloß die Tatsache ein, daß sie deshalb Erfolg haben, weil sie alles in einer integrierten Weise zusammensetzen – unter anderem um eine zentrale Führung, maschinenartige Verfahren oder professionelle Kompetenzen herum. Mit anderen Worten, die Effektivität einer Organisation liegt mehr in der Integration an sich als in der Form, die eine spezielle Integration zufällig annimmt. Später erkannte ich, daß jede integrierte Konfiguration auf natürliche Weise den Samen ihrer eigenen Zerstörung in sich trägt. Deshalb wendete ich mich Lebenszyklus-Modellen von Organisationen zu, um zu zeigen, wie mit der Zeit verschiedene Formen entstehen und verschwinden. Es scheint vor allem eine unternehmerische Form für die Gründungsphase zu geben, eine Maschinen- oder professionelle Form für die Reifephase und eine politische für den Niedergang, wobei letztere schließlich der sterbenden Organisation den letzten Stoß versetzt, um einer unternehmerischen Form Platz zu machen. Aber ich sehe in unserer Gesellschaft zunehmend Beeinträchtigungen dieses Zyklus, da alte, verbrauchte Organisationen, die keine neuen Wege einschlagen oder ihre Mitarbeiter nicht inspirieren können, mit politischen Mitteln auf Kosten der Errichtung schwungvoller und neuer Organisationen erhalten werden.

Deshalb vermute ich inzwischen, daß die Oberflächlichkeit das Problem sein könnte, und daß deswegen das Management nicht für eine neue Richtung unserer Großorganisationen sorgen kann. Statt diese Organisationen in den natürlichen Zyklen zu ersetzen, erhalten wir sie auf Kosten der Erneuerung der Gesellschaft.

Hier möchte ich meine verschiedenen Anliegen zusammenführen, um in einem Zug alles, was ich in unseren hochorganisierten Gesellschaften für problematisch halte, in Angriff zu nehmen. Ich bitte um Verständnis dafür, daß in gewisser Weise jeder der folgenden Sätze eine Übertreibung darstellt (auch dieser hier!). Der Grund dafür ist, daß ich die Aufmerksamkeit auf eine Reihe von Trends in unserer Gesellschaft lenken will, die ich für folgenreich und beunruhigend halte. Ich fahre mit einer Reihe von Thesen fort.

Meine erste These ist, daß unsere Gesellschaft eine Gesellschaft von Organisationen ist. Was in ihr geschieht, geschieht im Rahmen von Organisationen, von unserer Geburt im Krankenhaus bis zu unserer Beerdigung durch ein Bestattungsinstitut, einschließlich des größten Teils unserer Arbeit und Erholung.

Ich blätterte einmal in der sogenannten *Encyclopedia of Associations*. Es handelt sich um eine Enzyklopädie amerikanischer Vereinigungen. Die Amerikaner sind ohne Zweifel die größten Organisierer von allen (Zeugnis dafür ist die Popularität des durchstrukturiertesten Sports, American Football, mit seiner formalen Feldführung, strenger Arbeitsteilung, sorgfältig geplanten Spielstrategien etc.). In dieser Enzyklopädie entdeckte ich zum Beispiel den Verein der fliegenden Direktoren von Bestattungsunternehmen von Amerika. Das ist eine Organisation von Beerdigungsunternehmern, die dazu dient, „ein gemeinsames Interesse am Fliegen und am Bestattungsservice zu entwickeln und zu fördern, um im Falle von Flugkatastrophen zusammenzuarbeiten und sich für die Verbesserung der Flugsicherheit einzusetzen"! Beim weiteren Durchblättern stieß ich auf die Nationale Vereinigung der Hufeisenwerfer (15 000 Mitglieder) und den Klub der Freunde der Füllfederhalter (nur 1000 Mitglieder). Dann stieß ich auf die Pickle Packers International, eine Organisation, die alle zwei Jahre ein „Bankett" für denjenigen veranstaltet, der sich am meisten für die Pickle-Industrie engagiert hatte. Sie veröffentlicht alle zwei Monate den *Picklepak*. Dann folgte das Popkorn-Institut, das sich der Förderung des Konsums von Popkorn widmet. Bedeutend an diesem Popkorn-Institut ist laut Enzyklopädie, daß es 1960 die Popkorn-Hersteller-Vereinigung eingliederte, zweifellos eine Vorhut der Welle von Fusionen, die sich in dem Jahrzehnt über Amerika ausbreiten sollte.

Wenn man in einer solchen Gesellschaft privat oder zur Erholung etwas unternehmen will, dann tut man es in einer Organisation. Andernfalls ist man eine Erklärung schuldig. Wenn es Arbeit ist, sogar so private wie in den Zähnen stochern, dann suche man sich eine Organisation von Zahnärzten. Wenn es Radfahren ist, dann steige man nicht einfach aufs Rad und fahre los, sondern suche einen Radfahrerklub, der alles für einen organisiert. Und sogar wenn man darauf besteht, es selbst zu tun, ist man wahrscheinlich immer noch auf eine Organisation angewiesen, mindestens für die Bereitstellung der Mittel; aber vielleicht wurde man bereits von einer darüber informiert, wie man es überhaupt zu machen hat.

Meine zweite These ist, daß unsere Gesellschaft zum großen Teil eine Gesellschaft von großen Organisationen ist. Wir schwimmen in einem Meer großer Wirtschaftsunternehmen, großer Regierungsapparate, großer Arbeits- und Erziehungssysteme. Für meinen eigenen Bereich hat das eine wichtige Konsequenz, da die Organisationstheorie ihre Aufmerksamkeit auf Organisation an sich richtet. In einer solchen Gesellschaft könnte sich die Organisationstheorie besser zur Erklärung sozialen Verhaltens eignen als die etablierten Sozialwissenschaften, an die wir uns normalerweise gewendet haben, vor allem die Wirtschafts- und Politikwissenschaft.

Jedes Forschungsgebiet hat sein zentrales Konzept: In den Wirtschaftswissenschaften ist es der Markt, in der Politikwissenschaft sind es die politischen Meinungen und Prozesse. Aber konventionelle Märkte und politische Prozesse sagen uns wenig über die Systeme, die als Ansammlungen großer Organisationen operieren. Große Wirtschaftsorganisationen können teilweise unabhängig von reinen Konkurrenzmärkten interagieren, während ironischerweise die Regierungen mehr und mehr wie geballte Cluster von Organisationen aussehen, die ziemlich unabhängig von den Formalismen der gesetzgebenden Politik bestehen. Die Beobachtung „rationaler" Unternehmen, die unter Konkurrenzbedingungen den Gewinn maximieren, wie es Wirtschaftswissenschaftler traditionellerweise tun, offenbart deshalb nur wenig über das Verhalten der großen Unternehmungen. Eine Untersuchung der Gesetzgebungsdebatte unter Politikern, wie es die traditionelle Politikwissenschaft macht, vermittelt nur wenig über das Netzwerk der vielfach verflochtenen Organisationen des riesigen Regierungsapparates.

In dieser Organisationsgesellschaft ist es von Bedeutung zu wissen, was unser Denken über die Gestaltung von Organisationen am meisten beeinflußt. Unter Rekurs auf das Konzept der Konfiguration scheinen verschiedene Organisationsformen möglich zu sein: eine unternehmerische Konfiguration, die auf einer persönlichen Intuition basiert, eine missionarische, die auf Ideologie basiert, eine maschinenartige Konfiguration (die manchmal diversifiziert ist), die auf formaler Standardisierung beruht, eine professionelle Konfiguration, die auf einem ausgebildeten Expertentum basiert und eine auf flexibler Teamarbeit basierende innovative Konfiguration.

Meine dritte These ist, daß eine Strukturform, Maschinenbürokratie genannt, unser Denken darüber beherrscht, wie Organisationen konstruiert sein sollen. Diese Form ist uns allen bekannt, obwohl nicht notwendigerweise unter diesem Namen (da wir mit Bürokratie eher Amtsschimmel und andere Dysfunktionen in Verbindung bringen, ohne einzusehen, daß „organisieren", „rational verhalten" und „Effizienz erreichen" im wesentlichen Inhalt derselben Verpackung sind). Die Maschinenbürokratie ist durch spezialisierte und standardisierte Arbeitsprozesse, formalisierte Verfahren, enge Kontrolle, durch Regeln und Vorschriften, eine klare Autoritätshierarchie, formalisierte Planung zur Strategieformulierung vor der Implementation usw. charakterisiert.

Ich glaube, daß für die meisten in unserer Gesellschaft großer Organisationen diejenigen, die ich Maschinenbürokratien nenne, nicht einfach *ein* Weg des Organisierens sind, sondern sie sind *der* Weg; sie sind nicht *eine* Strukturform, sie *sind* Struktur. Dieses Denken beherrscht nicht nur die großen Regierungs- und Wirtschaftsapparate, nicht nur die großangelegten Managementberatungen, sondern auch die großen Gewerkschaften, die großen Sozialverwaltungen, die großen Wohlfahrtsorganisationen, ebenso wie große Pickles oder großes Popkorn.

Deshalb taucht die Frage auf, warum Maschinenbürokratie? Es gibt mehrere Erklärungen dafür.

Die offensichtlichste – und die „funktionalste" – Antwort ist, daß bei einfachen und repititiven Arbeiten, wie in der Massenproduktion von Autos oder bei der Postauslieferung, die Maschinenform zur natürlichsten Organisationsform wird. Mit anderen Worten, diese Bedingungen machen die Formalisierung, Standardisierung und Rationalisierung des Verhaltens erforderlich. Aber wenn dies die einzigen Gründe wären, dann wären zwar unsere Autoindustrie und die Post als Maschinenbürokratien organisiert, aber nicht andere Branchen oder Ministerien, auch nicht unsere Schulen und Wohlfahrtsämter. Es muß deshalb noch andere Kräfte geben, die Organisationen in diese Struktur treiben.

Eine ist die Vorstellung von ausgleichender Macht, über die vor einigen Jahren John Kenneth Galbraith geschrieben hat.[1] Weil einige Organisationen groß sind, müssen andere groß werden. Und groß meint im allgemeinen unpersönlich, und von daher ma-

1 John Kenneth Galbraith, American Capitalism: The Concept of Countervailing Power (Boston: Houghon Mifflin, 1952).

schinenbürokratisch. Große Wirtschaftsunternehmen leisten große Arbeit, größere Unternehmen größere Arbeit und begünstigen damit auch zu große Schulsysteme, zu große Wohlfahrtsorganisationen, und vielleicht auch zu große Popkorn-Institute. Alles wird zu einem großen Machtspiel.

Die Cree Indianer von Nordquebec hatten keine Tradition einer zentralisierten Struktur; jede Gemeinschaft war angesichts der geschichtlich bedingten und räumlichen Isolation selbständig organisiert. Aber als die Regierungsbürokraten aus dem „Süden" kamen, um für die Elektrizitätserzeugung ihre Staudämme zu bauen und nebenbei das Land der Cree überfluteten, mußten die Indianer ihren Protest „organisieren". Die „liberale" Regierung war natürlich zu Verhandlungen bereit. Aber in ihren Gerichten, mit ihrem Rechtssystem. „Bringt uns zu Eurem Führer", sagte die Regierung. Und so mußten die Cree eine Zentralisierung einführen und die Führung über ihr lockeres Netzwerk von Dörfern festigen. Und zu dieser Führung sagte dann das System: „Trage Deinen Fall vor. Leg'uns die ‚Fakten' vor. Sammele die Daten, rationalisiere sie, und trage sie den Richtern, unseren Richtern vor, um sie zu überzeugen." Und so mußten die Cree auch Formalisierungen einführen – Verfahren entwickeln und ihre Daten untermauern (z. B. die toten Tiere zählen).* Und Zentralisierung gekoppelt mit Formalisierung ist exakt die Maschinenbürokratie. Deshalb mußten die Cree ihre traditionellen Lebensweise aufgeben, um sie zu bewahren: Sie mußten sich so wie wir organisieren. Wir hatten nicht vor, die Kultur der Cree zu bürokratisieren. Aber diese Tendenz war eine unvermeidbare Folge unseres Tuns.

Eine Gegenmacht steht wahrscheinlich hinter einem anderem Faktor, der Organisationen in die Richtung der Maschinenbürokratie treibt: die Bessenheit von Kontrolle. Kontrolle ist die zentrale treibende Kraft in diesen Strukturen – Kontrolle der Arbeiter und Angestellten, des Marktes, der Zukunft, Kontrolle von allem, was sie selbst kontrolliert, wenn nötig einschließlich der Eigentümer und der gewählten Regierung. Die Planungssysteme wurden nur aus Kontrollgründen entwickelt. Sie spezifizieren das Gewünschte und programmieren alles Nötige, um es zu erreichen. (In Wirklichkeit ist es die Fixierung auf Planung als eine Form von Kontrolle, die den ganzen Wirbel in unserer Gesellschaft über „turbulente" Bedingungen, über dieses sogenannte „Zeitalter der Diskontinuitäten" und ähnliches erklärt. Unsere Welt ist nicht irgendwie instabiler geworden – ganz im Gegenteil, wenn man sich die 1930er und 1940er Jahre vor Augen hält. Es ist nur so, daß irgendeine Störung und alles Unerwartete, etwa ein neuer Konkurrent oder eine veränderte Technologie, die exakt ausgefeilten Verfahren der Planungssyteme durcheinanderbringen und die Maschinenbürokratien in Panik versetzen. Wenn die Planer wie aufgescheuchte Hühner umherlaufen und schreien, „Die Umwelt ist turbulent! Die Umwelt ist

* Ein Freund und früherer Doktorand, Fritz Rieger, der mit den Cree gearbeitet hatte, antwortete mir auf meinen Wunsch hin, sich diesen Kommentar anzusehen: „Der Bedarf nach harten Fakten hat Extrema erreicht. Ich habe beobachtet, daß man, um die Tatsache faktisch festzuhalten, daß natürliche Nahrung einen gewichtigen Teil der Kost der Cree ausmacht, doch tatsächlich nicht nur Daten zum Ernährungsinput (die Qualität der konsumierten natürlichen Nahrung), sondern zu Analysezwecken ebenfalls Daten über die menschlichen Abfallprodukte (in signifikanter Menge) von einem einheimischen Forschungsassistenten hat sammeln lassen, und zwar unter der Anleitung einiger Anthropologen und Geographen von McGill.

turbulent!“, dann meinen sie in Wirklichkeit, daß etwas passiert ist, das von ihren inflexiblen Systemen nicht antizipiert wurde.)

In der Theorie kann eine Organisation die Zukunft kontrollieren, weil sie unabhängig von äußeren Kräften ist. Aber in einer Gesellschaft von Maschinenbürokratien, die alle von Kontrolle besessen sind, kann man sich kaum irgendwo verstecken. Insofern meint unter Kontrolle stehen im allgemeinen die Kontrolle selbst auszuführen. Die Organisation muß größer werden und versuchen, andere Organisationen zu dominieren, um nicht stattdessen von diesen kontrolliert zu werden.

Man sehe sich die Wellen von Fusionen in den Vereinigten Staaten im letzten Jahrhundert an: zuerst zur Konsolidierung einzelner Industriebereiche in riesigen Trusts, dann zur Ausdehnung der operativen Ketten dieser Firmen vorwärts und rückwärts in der sogenannten vertikalen Integration, und in jüngerer Zeit die Anhäufung aller Arten diversifizierter Unternehmen in einzelnen Branchen. Einige der treibenden Kräfte dabei sind zweifellos wirtschaftlicher Natur. Aber viele waren auch politischer Natur. Wenn sie nicht den schieren Verlust der Macht repräsentierten, dann spiegelten sie zumindest die Realität wider, daß man zur Vermeidung einer Übernahme durch eine andere Organisation besser selbst zum Übernehmer wird. Wie viele kleine, gesunde Organisationen wurden in den letzten Jahren zerstört, weil sie von großen Bürokratien verschlungen wurden (die sie direkt verbürokratisierten: „Was, kein Organsiationschart?“, sagen die Technokraten)? Außer natürlich sie geben freiwillig ihre geringe Größe auf, um selbst zu diesen gefräßigen Bürokratien zu werden.

Aber es gibt noch eine Reihe anderer Kräfte, die zur Maschinenbürokratie führen. Sie zählen nach meiner Meinung zu den grundlegendsten.

Meine vierte These ist, daß unserer Neigung zur Maschinenbürokratie eine irrationale Form von „Rationalität“ zugrundeliegt. Bestimmt Bereiche versuchen, die Sprache zu kontrollieren. Die Statistiker zum Beispiel haben versucht, den Begriff „signifikant“ zu besetzen, und dabei vielleicht seinen Sinn verändert (vieles, was sich „statistisch signifikant“ nennt, erweist sich als trivial). So haben auch die Wirtschaftstheoretiker mit fast demselben Effekt versucht, den Begriff „rational“ zu übernehmen. Als Menschen müssen wir vor allem „rational“ sein, was eine Betonung einer streng logischen, expliziten und analytischen – grundsätzlich linearen – Form des Denkens bedeutet. Alles muß im voraus ausgearbeitet werden, idealerweise auf der Basis numerischer Berechnung.

Diese Vorstellung von Rationalität läuft in Wirklichkeit auf eine mentale Kontrolle hinaus – Geist vor Materie. Und für den „rationalen“ Geist ist mentale Kontrolle die wichtigste Art von Kontrolle. Und so werden kontrollbesessene Organisationen besessen von dieser Form der Rationalität.

Kontrollieren bedeutet in der Maschinenbürokratie vor allem, es auf Papier zu haben. Ein Markt ist kontrolliert, wenn neben der Bezeichnung „Marktanteil“ eine große Zahl steht; die Qualität ist kontrolliert, wenn neben der Bezeichnung „Ausschuß“ eine kleine Zahl steht; die Arbeit ist kontrolliert, wenn ihre Erledigung ordnungsgemäß auf einem Stück Papier abgehakt ist; die Mitarbeiter stehen unter Kontrolle, wenn jeder in einem Organigramm einem Vorgesetzten zugeordnet ist; das ganze System ist kontrolliert, wenn alles, was getan werden muß, in einem Dokument, „Plan“ genannt, festgehalten ist. Es spielt keine Rolle, daß die reale Welt ihre eigenen Wege geht, so lange wie der Verstand die Berichte von dieser Welt auf dem Papier kontrolliert. Abweichungen bewältigen wir mit einem Verfahren, das wir „creative accounting“ nennen!

Wie rational ist diese Form der „Rationalität“? Wenn es zufällig keine andere Form des Denkens gäbe, oder wenn jede andere Form nachweislich sich als minderwertig herausstellen würde, dann würde das als rational erscheinen.

Es gibt jedoch in Wirklichkeit eine andere Denkform. Wir haben sie lange gespürt, hatten sogar Bezeichnungen dafür, obwohl wir sie erst in den letzten Jahren im Rahmen der exakten Wissenschaft der Physiologie entdeckt haben. Sie scheint in der stummen rechten Gehirnhälfte verborgen gewesen zu sein. Wir wissen immer noch nicht viel darüber – unsere Begriffe dafür, „Intuition“ und „Urteilsvermögen“ sind nur Begriffe unserer Unkenntnis. Wir wissen nur, daß sie für unseren bewußten („rationalen“) Verstand unzugänglich zu sein scheinen und scheinbar weder linear noch analytisch funktionieren. Die Prozesse scheinen in einer parallelen, eher holistischen Weise abzulaufen und an Synthese orientiert zu sein.

Wenn rational sein bedeutet, den Prozeß zu verwenden, der unsere Ziele am effektivsten erreicht, dann wurde bisher noch nie nachgewiesen, daß Intuition, egal wie mysteriös sie ist, weniger rational als die konventionelle, formale „Rationalität“ ist – niemand hat je den Nachweis erbracht, daß sie ein minderwertiger Vorgang ist. Wie könnten sie natürlich auch? Das Konzept der Prüfung beruht selbst auf der konventionellen Rationalität. Wie können wir einer „rationalen“ Argumentation erlauben, die Minderwertigkeit eines Denkprozesses zu beweisen oder zu widerlegen, der selbst jenseits einer solchen Rationalität liegt? Das wäre so, als würde man eine Schwarz-Weiß Fotografie verwenden, um die Farben des Regenbogens zu untersuchen.

Wenn das zutrifft, dann müssen Maschinenbürokratien als irrationale Organisationen angesehen werden, weil sie nur eine eingeschränkte Form von Rationalität akzeptieren. Diese Rationalität war ihr Credo, seit Frederick Taylor vor einem Jahrhundert seine Zeit- und Bewegungsstudien über Fabrikarbeiter begonnen hatte. Taylors Absicht war es, unseren Instinkt, unsere Intuition und unser Urteilsvermögen zugunsten dieser eingeschränkten Rationalitätsform auszumerzen. Dieselbe Orientierung bewegte sich aus der Fabrik in die Büros, als „rationale“ Operations Research-Techniken und formale Informationssysteme nach dem Zweiten Weltkrieg populär wurden. Sie bewegte sich dann in der Hierarchie nach oben, um in der Verwendung „strategischer Planung“ in der Chefetage zu kulminieren. Dieses „rationale“ Denken hat ebenso unsere Business Schools dominiert, die anscheinend Manager so ausbilden, als hätte ihr Gehirn nur eine Hälfte. Dieser alte Witz über die Bedeutung von MBA als „Management by Analysis“ ist heute kein Witz mehr.

Man mache sich klar, was „Rationalität“ im Management von Wirtschaftsunternehmen, der Regierung oder im halböffentlichen Sektor bedeutet. Rationalisieren meint fast unvermeidbar zu zerteilen, zu reduzieren, zu eliminieren, nicht zu integrieren, zu entwickeln oder zu bewirken. In Wirklichkeit ist Rationalisierung für den heutigen Manager das, was der Aderlaß für den mittelalterlichen Arzt war. Für die Maschinenbürokratie wird Rationalisierung unabhängig von ihrer Form zur Lösung aller ihrer Probleme – seien es die Entlassung von Arbeiter, Etatkürzungen, Restrukturierung etc. Integrieren, Entwickeln und Bewirken hängen zum großen Teil von der anderen Denkweise ab – von einer holistischen Sicht, von der Perspektive einer Synthese, von Prozessen also, die jenseits der Möglichkeiten der Maschinenbürokratie zu liegen scheinen.

Solche Rationalisierungen werden eher von den Quantifizierern – den Technokraten – unterstützt, für die Kontrolle Regeln und nicht Fähigkeiten, Verhalten Standards und nicht Normen und Entscheiden Analyse und nicht Intuition bedeutet. Wenn die andere Denkform verlangt ist, dann ist die Maschinenbürokratie normalerweise nicht reaktionsfähig. Deshalb dürfen kleine Firmen, die von großen übernommen wurden, nicht locker und informell bleiben; inspirierende Organisationen, die von Konglomeraten eingefangen wurden, dürfen an nichts anderes als meßbare Effizienz glauben; kreative und professionelle Organisationen, die unter die Kontrolle des großen Regierungsapparates kommen, dürfen nicht innovativ oder tüchtig sein. Das gesamte Verhalten muß unter die technokratische Kontrolle der Regeln, Standards und Analyse gestellt werden.

Wir sehen dies am deutlichsten – am irrationalsten – an unseren Schulsystemen, die sich nach meinem Dafürhalten zu völlig katastrophalen Bereichen entwickelt haben. Im Namen von Rationalität wurde die Erziehung mit Curricula überflutet, die irgendwo am Schreibtisch außerhalb des Klassenzimmers sorgfältig geplant wurden, und dann clever rationalisierten Institutionen aufgezwungen wurden, damit Effizienz erreicht wird. Beides sieht auf dem Papier wunderbar aus. Da damit Kontrollformen eingeführt wurden, die mit den spezifischen Aktivitäten inkompatibel sind (aus später zu diskutierenden Gründen), haben beide eine beispiellose Entfremdung produziert. Hier und in vielen anderen Bereichen menschlicher Aktivitäten landen wir bei „rational“ konstruierten Organisationsmaschinen, die uns vor den Kopf stoßen – Maschinen, für die die Menschen nur ungern arbeiten, und deren Dienstleistungen sie nur widerwillig annehmen.

Wenn die formale Prüfung in der konventionellen Ansicht über Rationalität wurzelt, dann ist „Beweisen“ das Motto einer Gesellschaft von Organisationen. Das heißt, daß man Punkte gewinnt, wenn man den expliziten, quantifizierten Beweis antritt – durch „rationale“ Argumentation, analytisch und logisch, und basierend auf „harten“, wiederholbaren Daten. „Gefühl“ und intuitives Gespür zählen nicht. Als Inuit erwartet man von Dir, daß Du Deinen Weg durch die Tundra mit einer Landkarte und einem Kompaß unter dem Sitz Deines Snowmobils findest. Sogar wenn noch niemand vorher eine Karte des Gebietes angefertigt hat, und es kein Magnetfeld zur Orientierung gibt. So könntest Du mindestens zeigen, wie Du den Weg gefunden hast. Beweis es den Leuten, die noch nie Schnee gesehen haben. Wenn Du lebend heraus kommst. Als Cree mußt Du Dich wie ein Anwalt kleiden (oder besser: einen von unseren engagieren) und logische Argumente eloquent und untermauert mit Fakten und Zahlen vortragen. Und Du mußt es in einem perfekt geordneten Gerichtssaal tun, tausend Kilometer vom Chaos Deines überschwemmten Landes mit seinen toten Tieren entfernt.

„Beweisen“ manifestiert sich am pointiertesten in der Fragestunde der parlamentarischen Demokratie, wo jeden Tag Oppositionsmitglieder die Minister mit unangenehmen

Fragen bombardieren. Unter den Scheinwerfern der Fernsehkameras (mindestens in Kanada) müssen die Minister gegenüber der Nation ihr Tun rechtfertigen (und häufig ist es so, daß die Minister die verantwortlichen Staatsbeamte nicht einmal kennen). Man stelle sich den Premierminister vor, der als Antwort auf die Frage, warum er das eine oder andere Projekt finanziert hat, den Kommentar abgibt: „Weil ich ein gutes Gefühl dabei hatte, weil tief im Inneren wußte ich, daß es in Ordnung war." Nein, er muß Fakten nennen, formale Rechtfertigungen und logische Argumente haben. Dasselbe gilt natürlich für die Pressekonferenzen des Präsidenten in den Vereinigten Staaten.

Aber wie kann man einen modernen Staat anders regieren, fragen Sie sich vielleicht? Wir können keine Politiker gebrauchen, die umherlaufen und tun, was ihnen gefällt. Das ist sicherlich wahr. Aber ebensowenig können wir solche gebrauchen, die auf ihr natürliches Gespür verzichten. Oder genauer, wir können uns keine Menschen in einflußreichen Positionen leisten, denen es an solchen Gefühlen fehlt. Vielleicht hatten diese Menschen niemals eine Chance, solche Gefühle überhaupt zu entwickeln. Die meisten waren schließlich Rechtanwälte, die ihre Karriere in diesen geordneten Gerichtssälen machten, weit vom Schnee und den toten Tieren entfernt. Aber Menschen mit mehr Erfahrung schaffen es manchmal auch in der Regierung. Aber wie kann ein natürliches Gefühl in dieser Umgebung funktionieren? Was geschieht mit Gefühl und Intuition, wenn diese Menschen um sich herum nur Fakten und Zahlen, Akten, Verschleppungstaktiker, raffinierte Technokraten sehen, die analytische Beweise vortäuschen, und oberflächliche Politiker, die bloße Meinungen äußern?

Wenn es verläßliche Fakten gibt, dann müssen unsere Führungskräfte sie selbstverständlich berücksichtigen. Aber wie oft sind diese Fakten verläßlich? Wie oft widersprechen sich die verschiedenen „Tatsachen"? Und wie oft unterdrücken oberflächliche Fakten eine tiefe Weisheit? Wo wird die Intuition berücksichtigt? Die parlamentarische Fragestunde und die Pressekonferenzen des amerikanischen Präsidenten haben sich gewiß als Segen bei der Erkennung von Problemen erwiesen. Aber sie haben sich als eine Bedrohung der Lösung von Problemen herausgestellt. Sie decken Probleme in einer unglaublich öffentlichen Weise auf, und bieten dann oberflächliche Lösungen an, die sich gegen unsere realen Bedürfnisse richten.

In der Wirtschaft ist man vielleicht dazu geneigt, einiges davon zu übergehen, und es dem Druck des politischen Prozesses zuzuschreiben. Aber das vernachlässigt einen wichtigen Aspekt: Das Problem ist im Grunde ein organisatorisches. Es wurzelt in einer zentralen Prämisse der privaten und öffentlichen bürokratischen Großorganisationen, daß nämlich diejenigen an der Spitze der Organisationshierarchie – heißen sie nun Manager oder Minister – entscheiden müssen. Sie sind verantwortlich. Und der Grund ist, weil sie es besser wissen. Alle Information läuft auf ihrer Ebene zusammen. Jeder kann das auf dem Organigramm erkennen, wo auf dem Papier die Linien zusammenlaufen.

Man fragt sich natürlich vielleicht, wie das möglich ist. Wie können diejenigen, die in Schlips und Kragen den ganzen Tag lang im Büro sitzen so viel über die in Moose Jaw geleisteten Dienste, das überschwemmte Land in James Bay, die in Saskatoon hergestellten und in Trois Pistols verkauften Produkte wissen? Ganz einfach, sie haben ein System, das sie informiert. Es heißt MIS – Management-Informations-System. Alles was sie wissen müssen, wird notiert – schwarze Bildchen auf weißem Papier. Sie müssen nur lesen, um informiert zu sein. Und wenn es zuviel zu lesen gibt, dann sorgt das System auch dafür: es aggregiert. Es kombiniert die Daten, verpackt sie ordentlich und verteilt sie in sauberen periodischen Berichten an die Führungskräfte. In der Regierung wird das von der Meinungsumfrage übernommen. Das ist viel bequemer, als mit wirklichen Bürgern sprechen zu müssen. In der Wirtschaft ist es der Finanz- und Marktketingforschungsbericht. Das ist ein gutes Stück schneller und „rationaler" als Fabrikbesuche oder ein Kundentreffen. Oder es ist die Investitionsplanung, ein Verfahren das von den Managern erwartet, daß sie über wichtige Projekte auf der Basis von aggregierten Kosten und Nutzen Entscheidungen treffen, welche die zukünftige Rentabilität beeinflussen.

Das Problem mit dieser aggregierten Rationaliät ist, daß sie das Urteilsvermögen und die Intuition verdrängt. Wie kann man ein Gefühl für etwas haben, wenn man es selbst nicht sieht? Wie kann man einen Eindruck von etwas haben, wenn man es selbst nie unmittelbar erfahren hat?

Das spiegelt sich nirgendwo besser wider als in der Welt der MBAs. Wie bilden wir Manager unserer Organisationen aus, wo die Produkte in schmutzigen Fabriken hergestellt und dann auf dynamischen Märkten verkauft werden? Wir sperren kluge und unerfahrene Menschen in finstere Gebäude und überfluten sie mit Papier. Sie setzen nie einen Fuß in eine Fabrik und treffen nie einen Kunden. Stattdessen erledigen die Fallbeispiele das für sie, ganz ähnlich wie diese MIS-Berichte in der Praxis. Die Fälle beschreiben die reale Welt auf dem Papier – Produkte, Persönlichkeiten und Politik sind vertreten, schwarz auf weiß. Die MBAs „wissen", weil sie in einem zwanzig- Seiten Bericht in der Nacht davor über alles gelesen haben. An einem Tag ist es vielleicht General Motors: was sollte dieses Hundert-Milliarden-Dollar Unternehmen tun, um seine Zukunft zu sichern. Sie entscheiden alle zusammen, diese eifrigen jungen MBAs; alle fordern sich gegenseitig heraus, um die „Lösung" zu präsentieren.

Vor kurzem nahm ich an einer Diskussion mit einer Gruppe von MBA-Studenten zum Thema des übermäßigen Vertrauens in die quantitativen Tests bei der Beurteilung der Kandidaten für die MBA-Programme teil. Ich fragte, was das mit der natürlichen Managementfähigkeit einschließlich der Intuition zu tun hat. Ein Student fragte: Wie können Sie nach Intuition auswählen, wenn Sie sie nicht einmal messen können?! Aber ein anderer sprach einen vernünftigeren Aspekt an: Würde nicht die Verwendung von Urteilsvermögen ein Vorurteil in den Auswahlprozeß einführen? Absolut, antwortete ich, weil das Vorurteil die andere Seite des Urteilsvermögens ist. Der beste Weg, dieses Vorurteil zu vermeiden ist, sich das Urteilsvermögen vom Halse zu schaffen. Aber zu welchem Preis?

Ist es nicht die Eliminierung des Urteilsvermögens, die so typisch für die heutigen bürokratischen Institutionen ist? Liegt hier nicht ein wesentlicher Grund dafür, daß die Regierung so bürokratisch ist – um sicherzustellen, daß die Bürger nicht benachteiligt werden oder daß der Minister nicht seine Geliebte auf die Gehaltsliste setzt? Das Ausmerzen von Vorurteilen funktioniert sehr effizient. Zu dumm nur, daß es auch die organisatorische Effektivität zerstört.

Kehren wir in den Gerichtssaal zurück, wo „Beweisen“ das Mittel ist, Meinungen zu eliminieren. Im Rahmen einer Klage eines entlassenen Angestellten sagten die Richter zu dem Arbeitgeber: „Erzählen Sie uns nicht, daß der Angestellte unfähig und unangenehm war und die Arbeit behindert hat. Keine Meinungen bitte, nur Fakten und Zahlen. Bringen Sie Beweise. Wieviele Tage hat er gefehlt? Woher wissen Sie, daß er nicht krank war? Vielleicht hat ihn die Beleuchtung am Arbeitsplatz krank gemacht? Er hat die Kunden beschimpft? Naja, Kunden können auch unangenehme Menschen sein. Beweisen Sie, daß sie es nicht waren.“ Besser behält man den Angestellten, als mit all dem konfrontiert zu werden. (Und welche Organisation kann sich einen derartigen Angestellten erlauben.) Bei dem Versuch, den einzelnen vor unbegründeter (voreingenommener) Entlassung zu bewahren, was gewiß eine richtige Praxis ist, bauen wir bürokratische Systeme auf, die frei von der Praktizierung von Urteilsvermögen sind, und die jeden in Fesseln legen.* Sicher müssen wir das Dilemma der notwendigen Balance zwischen Urteilsvermögen und der Vermeidung von Vorurteilen sehen. Wie Solschenyzin bemerkt hat:

„Ich habe mein ganzes Leben unter einem kommunistischen Regime gelebt und ich kann sagen, daß eine Gesellschaft ohne objektiven Rechtsmaßstab tatsächlich eine entsetzliche Gesellschaft ist. Aber eine Gesellschaft mit keinem anderem Maßstab als dem rechtlichen ist auch nicht viel menschenwürdiger. Eine Gesellschaft, die auf den Buchstaben des Gesetzes basiert und niemals höher steigt, zieht ganz selten Nutzen aus den großen menschlichen Möglichkeiten. Der Buchstabe des Gesetzes ist zu kalt und formal, um einen nützlichen Einfluß auf die Gesellschaft zu haben. Wo immer das Netz des Lebens aus rechtlichen Beziehungen geflochten ist, dort gibt es eine Atmosphäre moralischer Mittelmäßigkeit, die die edelsten Impulse des Menschen paralysiert.[2]

Deshalb ist es gleichgültig, wer gewinnt. Die Richter unterbinden auf unvermeidbare Weise das *Urteilsvermögen*. Die Regierungsverfahren schließen das *innere Gefühl* aus, und die wirtschaftlichen Systeme eliminieren die *Intuition*. Urteilsvermögen, inneres Gefühl und Intuition können nicht wie „rationale“ Argumentation beurteilt werden. Unabhängig davon, welche Funktion man in einer bürokratischen Gesellschaft hat, man muß seinen Fall „beweisen“, sogar wenn es keine Landkarten, keinen Kompaß und kein Magnetfeld gibt. Und wenn man es beweisen muß, kann man es nicht fühlen, nicht

---

* Ich muß hier eine Bemerkung über die akademische Dauerstellung hinzufügen. Sie wurde auch eingeführt, um Einseitigkeiten auszuschließen, in diesem Fall die willkürliche Entlassung von Fakultätsmitgliedern, die bei der Regierung oder den Universitätsleitung unbeliebt sind. Diese Lebenszeitstellen wurden eingeführt, um die Freiheit der Lehre zu bewahren. Aber ihre Wirkung ist heute das Gegenteil: sie unterdrückt die Lehrfreiheit. Die Bedrohung für den akademischen Einzelgänger kommt heute nicht von außen, sondern von seinen Kollegen. So wie diese Positionen vielleicht einmal diejenigen geschützt haben, die ihre Meinung sagten, so bedrohen sie sie jetzt. Ihre gekränkten Kollegen versuchen, ihnen diese Positionen abzusprechen. Deshalb dient die Dauerstellung jetzt dazu, diejenigen auszumerzen, die sich nicht einordnen, egal ob es sich an der einen Universität um konservative Ökonomen handelt, oder an einer anderen um radikale Soziologen.

2 Alexander Solschenyzin, „Why the West Has Succumbed to Cowardice“, in: Montreal Star, News, and Review, 10. Juni 1978, S. B1.

spüren. Man vergißt, wie man seine Intuition gebrauchen soll. Wenn die Maschinenbürokratie zusammenbricht, strandet man.

Meine fünfte These ist, daß eine Gesellschaft großer, „rationaler" maschinenbürokratischer Organisationen eine Epoche großgeschriebenen MANAGEMENTS diktiert, sogenanntes professionelles Management, das sich oft als dürftig, oberflächlich und manchmal unmoralisch erweist. Diese vorherrschende Konfiguration der Maschinenbürokratie ist vor allem durch die Macht ihrer Administratoren charakterisiert. Die Regeln, Standards, Daten, logischen Grundlagen stammen von den Administratoren – den Linienmanagern ebenso wie den Stabsexperten, den Planern, System- und Finanzfachleuten und vielen anderen aus der Technostruktur. Als Robert Michels sein „ehernen Gesetz der Oligarchie" zu Beginn dieses Jahrhunderts aufgestellt hat („wer Organisation sagt, sagt Oligarchie"), sprach er von der unvermeidbaren Macht der Administratoren der Maschinenbürokratie.[3]

Es ist nicht einfach nur das Management, das in unserer Gesellschaft von Großorganisationen eine Rolle spielt, sondern „rationales" Management, analytisches Management, das Management, das als „professionell" definiert ist. Aber was bedeutet der Begriff „professionell" im Kontext von Management? Er bedeutet sicherlich nicht dasselbe wie in der Medizin oder in der Technik, da diese Bereiche über gesicherte Methoden zur Diagnose und Lösung praktischer Probleme in speziellen Kontexten verfügen. Wir haben gewiß Techniken im Management, sogar keinen Mangel daran, aber keine auf diese Weise bestätigten. Wir wissen tatsächlich eine Menge mehr über das Scheitern unserer Techniken (seien es PPBS der Budgetplanung, „totale" Informationssysteme, riesige Unternehmensmodelle oder strategische Planung), als wir über ihre erfolgreiche Anwendung wissen. Mit anderen Worten, wir haben fast keine Nachweise über die erfolgreiche Managementpraxis, zumindest im Vergleich zu der Komplexität der alltäglichen Arbeit des Managens. Der gelegentlichen Untersuchung, was Manager tatsächlich tun, und die ebenso seltene Untersuchung, wie eine spezielle Technik tatsächlich in der Praxis funktioniert, steht die Masse von Publikationen gegenüber, die die Manager anflehen, die neuesten Techniken zu verwenden, weil sie so tadellos rational sind. Und unsere Universitäten verhalten sich da nicht besser. Ein Großteil der MBA-Ausbildung ist dem Einpauken von Techniken gewidmet, die vollkommen vom Kontext abgelöst sind. Die meisten Techniken sind nie in der Praxis geprüft worden. Der Student, der gelegentlich die boshafte Frage stellt, warum die Technik nicht verwendet wird, erhält wahrscheinlich die Antwort, daß der Grund darin liegt, daß diese Technik den Neandertal-Managern draußen in der Praxis so weit voraus ist.

Deshalb kann eine formale Ausbildung kaum als Voraussetzung zur Ausübung dieser sogenannten Profession angesehen werden. Niemand identifiziert erfolgreiche Manager auf der Grundlage eines MBA (abgesehen von der Tatsache, daß sie damit ihre schnelle Karriere beginnen). Wenn der Erfolg der Japaner in der Ausübung des Managements im Vergleich zu ihrer Abneigung, Management zu lehren, irgendeinen Hinweis gibt, dann

3 Robert Michels, Political Parties: A Sociological Study of the Oligarchical Tendencies of Modern Democracy (New York: Free Press, 1958). Das Original wurde 1915 veröffentlicht.

sollte die konventionelle MBA-Ausbildung als Teil des Problems, und nicht als Lösung angesehen werden.

„Professionell“ bedeutet dann in Wirklichkeit „generisch“, das heißt, Menschen, die mit diesem Arsenal an Techniken ausgerüstet sind, können letztlich alles managen. Sie sind Spezialisten für nichts anderes als den Managementprozeß selbst. Der Kontext, auf den er angewendet werden soll, ist irrelevant. In der Medizin wäre das gleichbedeutend mit der Tatsache, daß Ärzte annehmen, daß sie Herzen ebenso transplantieren wie sie Gallenblasen entfernen können, weil sie wissen, wie man ein Skalpell führt. Oder wenn Ingenieure denken würden, daß sie Kernkraftwerke ebenso konstruieren wie sie auch Brücken bauen können, weil sie wissen, wie man Konstruktionen entwirft (oder genauer, Computerprogramme dafür auf ihrem Schreibtisch haben).

„Professionelles Management“ ist die große Erfindung dieses Jahrhunderts, eine Erfindung, die eine so große Zunahme an organisatorischer *Effizienz* produziert hat, daß sie schließlich die organisatorische *Effektivität* zerstört hat. Die Idee entstand aus Taylors frühen Zeit- und Bewegungsstudien. Taylors Idee war, daß man eine Aufgabe nach ihrer exakten Analyse programmieren kann, so daß man sie in klare Schritte zerlegen und dann ein spezifisches Verfahren zur Ausführung eines jeden Schrittes einrichten kann. Seine Arbeit erzielte enorme Verbesserungen in der Effizienz der hochroutinisierten körperlichen Fabrikarbeit, wie auch der Büroarbeit. Dies machte Taylor und die vielen ihm folgenden Zeitstudienexperten bei den betroffenen Arbeitern nicht beliebt, aber es funktionierte. Mit anderen Worten, es erwies sich als *effizient*, Arbeiter wie Maschinen zu behandeln, mit Armen und Beinen, aber ohne Gehirn. Die persönliche Beteiligung an der Aufgabe wurde geopfert, sogar die Qualität und die Fähigkeit zur Innovation. Aber die Wirkung auf die Kosten der Produktion war dramatisch.

Durch professionelles Management wurde Taylors Ansatz in alle Bereiche organsiatorischer Aktivität gebracht, von der planmäßigen Produktion und der Auswahl der Angestellten bis zur Strategieformulierung. Aber nicht seine Grundbotschaft, weil die nämlich mißverstanden wurde.

Taylor versuchte nicht, eine Arbeit zu programmieren, die er nicht vollständig verstand. Seine Studien und Experimente waren sehr genau. Er beschrieb, bevor er vorschrieb. Viele seiner Imitatoren haben diese Lektion nie gelernt. Strategische Planer zum Beispiel greifen trotz einer fast totalen Unkenntnis der Strategieentwicklung in der Realität zu Rezepten. Wir hatten kaum irgendeinen empirischen Beleg über Strategieentwicklung während der 1960er und 1970er Jahre, als die strategische Planung so aggressiv vertreten wurde. Es wurde einfach angenommen, daß der „rationale“ Ansatz besser war. Jetzt haben wir einige Belege, und die zeigen wie naiv die Annahmen wirklich waren, die der strategischen Planung zugrundelagen. Einerseits hängt die Strategieentwicklung entscheidend von Synthese ab, wohingegen die formale Planung nur Analyse anbietet. Die Zerstückelung eines Prozesses in Schritte kann durch Checklisten nicht wieder zusammengefügt werden. Andererseits ist Strategiebildung ein hochgradig dynamischer Prozeß, mit langsamem Lernen über die Zeit und verläuft als Reaktion auf unvorhersagbare Ereignisse. Dafür bietet die formale Planung eine statische Schrittfolge an, indem sie eine als vorhersagbar angesehene Zukunft in eine Reihe vorab geplanter strategischer Schritte umwandelt.

Um den Erfolg von Texas Instruments zu erklären veröffentlichte Marianne Jelinek 1979 ihr Buch *Institutionalizing Innovation*. Ihr Argument war im wesentlichen, daß Taylors Erfolge in der Fabrik bei grundsätzlich denselben Prozessen in der Unternehmensleitung wiederholt werden können, wenn auch auf einer abstrakten Ebene. „Durch die Administrationssysteme werden Planung und Verfahrensweisen möglich gemacht, weil die *Systeme* das Wissen über die Aufgabe speichern."[4] Aber diese Systeme verstanden nichts; sie scheiterten bald nachdem das Buch erschienen war: Texas Instruments eigenes elegantes Planungssytem wurde später als Innovationshemmnis angesehen.[5] Es gab in der Tat niemals irgendeinen Beweis dafür, daß der Erfolg des Unternehmens von etwas anderem herrührte als einem fähigen Management, das lernte, und dessen eigene Energie und Begeisterung es dazu in die Lage versetzte, fähige Leute anzuziehen und zu motivieren. Fähige Leute sorgen natürlich für fähige Organisationen. Sie entwickeln auch fähige Systeme, zumindest Systeme, die für sie geeignet sind. Aber wenn man diese fähigen Menschen entfernt, dann bricht das System zusammen. Innovationen, so zeigte sich, konnten nicht institutionalisiert werden.

Aber strategische Planung und andere Techniken scheiterten nicht nur an der Ignoranz gegenüber den Prozessen, die sie zu ersetzen versuchten. Sie versagten auch, weil Taylors Ansatz für andere Kontexte nicht geeignet war, also nicht für Situationen, in denen das Engagement und die Motivation der Arbeiter mehr zählten als ihre Fähigkeit, Routineaufgaben zu erledigen.

Taylor sagte vor vielen Jahren: „In der Vergangenheit stand der Mensch im Vordergrund; in der Zukunft muß das System im Vordergrund stehen."[6] In der Tat prophetische Worte. Das Verfahren zählt, nicht die Person, die es zufällig ausführt. Wenn es um die Bearbeitung von Rohstahl geht (um eine der bekanntesten Studien von Taylor zu zitieren), dann mag eine solche Einstellung keine allzu große Rolle spielen, zumindest nicht für diejenigen, die ganz mit Effizienzfragen einer Organisation befaßt sind. So lange die Menschen dazu bereit sind, wird die Arbeit getan, auch wenn sie sie verrückt macht. Wenn allerdings die Arbeit auf das Mitdenken der Arbeiter angewiesen ist, dann erfordert sie auch deren Motivation – ihre Beteiligung und Zustimmung. Formale Systeme berücksichtigen nicht die Psyche; sie blenden sie eher aus. Die Abschaffung der Kontrolle der Arbeit durch die Arbeiter (wie es zum Beispiel die strategische Planung mit den Managern machte, von denen man die Ausführung der Pläne erwartete), kann möglicherweise diese Motivation zerstören.

Das professionelle Management stülpte die Systeme den Menschen einfach über, was den Effekt hatte, daß die Organisationen langsam und allmählich ausbluteten und damit auch ihre Kapazität verloren, geistige Arbeit auf die Weise zu tun, wie es notwendig ist – mit Energie, Schwung und Phantasie. Taylors „wissenschaftliches Management" hat seinen Tribut nicht nur bei den Arbeitern gefordert, die sich nicht um die Produkte ihrer Arbeit kümmerten, sondern ebenfalls bei den Managern und Analytikern, die durch diese Praxis auch entmenschlicht wurden.

---

4 Marianne Jelinek, Institutionalizing Innovation (New York: Praeger, 1979), S. 139, Hervorh. hinzugefügt.

5 Business Week, 19. September 1983, S. 56–64, und 5. November 1984, S. 82–87.

6 Zitiert in James C. Worthy, Big Business and Free Man (New York: Harper & Row, 1959), S. 73.

Deshalb hat der Rationalitätskult, wie er sich im sogenannten professionellen Management manifestiert, zur Zerstörung der tief verwurzelten Effektivität geführt, weil er ihre ganze Menschlichkeit vernichtet hat. Das professionelle Management hat in seiner besonderen Form einer *reductio ad absurdum* die Organisationen so rational, so effizient gemacht, daß sie aufhörten, effektiv zu funktionieren. Alfred Chandler und Oliver Williamson haben sehr anerkannte Bücher über die Vorteile von Hierarchien gegenüber Märkten veröffentlicht.[7] Danach sind Manager dazu fähig, bestimmte Transaktionen durch die Hierarchie viel effizienter durchzuführen (zum Beispiel durch vertikale Integration), als es Austauschbeziehungen über den freien Markt könnten. Aber zu welchem Preis in menschlicher Hinsicht? Und hinsichtlich der organisatorischen Effektivität? Chandler gab seinem Buch, für das er den Pulitzer-Preis bekam, den Titel *The Visible Hand*, um die Macht der Administration mit Adam Smith' „unsichtbare Hand" der Marktkräfte zu kontrastieren. „Die sichtbare Pranke" wäre vielleicht ein treffenderer Titel gewesen.

Warum beharren wir darauf, den Managementsystemen solche Macht beizumessen? Wie können wir die zentralistische Führung der Regierungen in Osteuropa so verurteilen, wenn wir auf dieselbe Führungsform in unseren westlichen Unternehmen so versessen sind? Warum bestehen wir darauf, jeden menschlichen Erfolg in Organisationen den Systemen zuzuschreiben und behaupten, daß wir die Individualität menschlicher Initiativen durch die Perpetuierung formaler Verfahren, die bloß eine Hilfe sind, aufrechterhalten können? Was ist falsch an der Anerkennung des Erfolgs als Ergebnis von Ausdauer, Intelligenz und des Engagements von Menschen aus Fleisch und Blut?

Zwei persönliche Geschichten können, wie ich glaube, die weitverbreiteten Gefühle über die Wirkungen eines unpersönlichen Managements gut illustrieren. Kurz nachdem ich meinen Aufsatz „The Manager's Job: Folklore and Fact" veröffentlicht hatte, brachte die *New York Times* einen Artikel dazu heraus, in dem sie meine Beschreibung als „kalkuliertes Chaos" und „kontrollierte Unordnung" charakterisierte.[8] Ein paar Tage später bekam ich Anrufe von einem Radiosender in Winnipeg und einer Fernsehgesellschaft in Toronto, die Interviews senden wollten. In beiden Fällen waren die Anruferinnen Produktionsassistentinnen, die an den Morgenprogrammen arbeiteten. Beide fügten einen merkwürdigen Kommentar von der Art hinzu: „Sind wir froh, daß jemand endlich es den Managern zugesteht".

Eines hat mein Aufsatz bestimmt *nicht* getan, es den Managern zugestanden. Beide Anruferinnen hatten nur die Version in der *Times* gelesen, aber auch die vermittelte nicht diesen Eindruck. Tatsächlich waren die Manager die begeisterten Leser meines Artikels. Warum dann diese Kommentare? Ich glaube, sie waren eine Reaktion auf die Erfahrungen dieser Menschen mit Management – die unpersönlichen Anweisungen, die von oben

7 Alfred D. Chandler, Strategy and Structure (Cambridge: MIT Press, 1962) und The Visible Hand: The Managerial Revolution in American Business (Cambridge: Harvard University Press, 1977), und Oliver E. Williamson, Markets and Hierarchies (New York: Free Press, 1975), und The Economic Institutions of Capitalism (New York: Free Press, 1985).

8 F. Andrews, „Management: How a Boss Works in Calculated Choas", in: New York Times, 29. Oktober 1978.

kommen. Sie sahen dort keine Manager von Fleisch und Blut, keine Menschen, die sich wie sie selbst mit komplexen Problemen abmühten, sondern kalte und unpersönliche Systeme. *Das* hatte ich bestimmt zugestanden, wenn auch nicht ihnen. Aber für die Anruferinnen schienen beide synonym gewesen zu sein. Und insofern schienen Worte wie „Chaos" und „Unordnung" eher die Manager zu entzaubern, als sie zu humanisieren.

Die zweite Geschichte bestärkt die erste. Vor einiger Zeit wurde ich gefragt, ob ich mich mit einer Gruppe treffen könnte, die eine Filmserie der Nationalen Filmgesellschaft von Kanada mit dem Titel „Unternehmen" über die Supermarktkette der Steinbergs, und besonders über ihren außergewöhnlichen Unternehmensleiter Sam Steinberg drehte. Ich bin wohl kaum ein rechter Reaktionär, aber diese Gruppe war besonders radikal. (Es war kurz nach 1968.) Ein Mitglied der Gruppe nannte die Filme „subversiv", weil sie Sam Steinberg so liebenswürdig menschlich zeigten: Jeder wußte ja, daß Manager in Wirklichkeit Mistkerle sind!

Vor einigen Jahren drückte dies ein Professor namens Albert Shapero in einem Artikel mit dem Titel „What MANAGEMENT Says and What Managers do" sehr genau aus. Ich glaube wie er, daß das großgeschriebene MANAGEMENT der Mistkerl ist, nicht der kleingeschriebene Manager. „Fünfundzwanzig Jahre MANAGEMENT haben zu einer weltfremden Analyse geführt, wo die Abstraktionen Realität und die Menschen und Themen Nummern oder Probleme sind, mit denen man fertig werden muß."[9] Diese unpersönlichen Systeme errichten die Barrieren gegen die Menschen. Es ist die entmenschlichte Natur eines professionellen Managements, das glaubt, unabhängig vom Kontext und den Initiativen der Menschen existieren zu können. Die Systeme sorgen schon dafür. Natürlich gibt es keinen Mangel an großgeschriebenen MANAGERN, die glauben, daß sie großgeschrieben MANAGEN können, wenn sie im Büro sitzen und ihre Macht dazu verwenden, um der Basis Produktionszeit zu verordnen, indem sie mit Zahlen auf Finanztabellen und Kästchen im Portfolio spielen. Aber wir sollten nicht vergessen, daß es noch eine andere Form von Management gibt, wo ganz menschliche Individuen hart arbeiten, um ihre Welt und deren Bewohner zu verstehen, und die es als notwendig erachten, vernünftiger als die sie umgebende Rationalität zu sein, und deshalb in einem kalkulierten Chaos arbeiten müssen. Natürlich ist der Grund dafür, daß wir dies wie die beiden Produktionsassistentinnen gelegentlich vergessen, daß wir von diesen MANAGEMENT-Systemen überflutet sind.

Vorhin habe ich erwähnt, daß ich meine Meinung über das Problem der Oberflächlichkeit im Management geändert habe. In meiner eigenen Forschung fand ich heraus, daß ihre Arbeit die Manager zur Oberflächlichkeit zwingt. Ich schlußfolgerte daraus, daß effektive Manager diejenigen sind, die es gelernt haben, trotz ihrer Oberflächlichkeit leistungsfähig zu sein. Sie wissen zum Beispiel, daß eine Entscheidung trotz Oberflächlichkeit besser als keine Entscheidung ist, weil damit ihre Organisation zumindest *irgendetwas* tun kann. Eine andere Möglichkeit besteht darin: Weil sie selbst die Details einiger Anträge und Vorschläge nicht kennen, können sie stattdessen aus ihrer Organisation je-

9 Albert Shapero, „What MANAGEMENT Says and What Managers Do", in: Interfaces, Februar 1977, S. 107.

manden auswählen, der diese Vorschläge unterstützt. Dabei müssen sie ihrer Intuition in einem Bereich folgen, über den sie Bescheid wissen, nämlich ihre Kenntnis der Charaktere ihrer Mitarbeiter.

Ich glaubte jedoch zunehmend, daß das Problem die Oberflächlichkeit ist. Um mit der Übertreibung weiterzumachen, aber wie immer mit der Hoffnung, ein Körnchen Wahrheit zu vermitteln: es gehört zur Arbeit des Managers, Entscheidungen über Dinge zu treffen, von denen er keine Ahnung hat. Es ist natürlich die Aufgabe des Managers, Bescheid zu wissen und informiert zu sein. In kleinen wie in großen Organisationen, die auf ein spezielles Marktsegment konzentriert sind, sind die Manager auch dazu in der Lage, zumindest wenn sie fundierte Kenntnisse über die anstehenden Aufgaben haben (d.h., daß vor dem Management Leben stattgefunden haben muß: in den Betrieben und mit den Kunden; das bedeutet wahrscheinlich auch, daß es keinen jungen MBA am Anfang seiner Karriere gab, der das ihm Unbekannte direkt in Abstraktionen der Administration verwandelte). Aber ich würde behaupten, daß eine solche Informiertheit in anderen Organisationen aufgrund von Distanz und Abgetrenntsein enorm schwer geworden ist. Mit anderen Worten, Management auf der Top-Ebene heutiger großer und komplexer, vor allem diversifizierter Unternehmen, bedeutet, daß nur die oberflächlichsten Kenntnisse über die Dinge vorliegen, über die Entscheidungen getroffen werden müssen.

Das Ziel des Management-Informationssystems ist natürlich das Informieren des Managers. Von einem professionellen Manager erwartet man, daß er in seinem Büro sitzt und MIS-Berichte liest. Da es zuviele Informationen gibt, werden die Daten aggregiert, in eine Reihenfolge gebracht und ordentlich verpackt (und geheimnisvolleweise wird dabei das Unverständliche verständlich). Dieses „Wissen" erwartet man von professionellen Managern in Maschinenorganisationen.

Aber wieviel weiß jemand wirklich, der Begriffe und Zahlen auf dem Papier liest? Nicht viel, vermute ich, weil es eine andere Art „Wissen" gibt, die für das Management von Organisationen wichtiger ist. Mit einem Begriff des Anthropologen Clifford Geertz werde ich es „dichtes Wissen" nennen, das zu „dichtem Management" führt.[10] „Dünnes Management" bleibt vom Gegenstand seiner Bemühungen entfernt und verhält sich so, als ob es Figuren auf einem Schachbrett bewegt (das „Portfolio" von Geschäftsbereichen ist ein bekanntes Konzept). Es unternimmt nur wenige Anstrengungen, das Verhalten dieser Figuren wirklich zu beeinflussen, nicht einmal die oberflächlichsten Beziehungen untereinander. Im Falle fehlender Innovationen investiert es Geld in Forschung und Entwicklungseinrichtungen; wenn die Gewinne in einer Division ausbleiben, wird die Division verkauft oder das Management entlassen. Wenn es darum geht, die Wunder der Elektronik einzubeziehen, dann erwirbt es eine Elektronikfirma, und packt sie auf seine eigenen Aktivitäten drauf. Wenn es mit dem Vorwurf sozialer Unverantwortlichkeit konfrontiert wird, ernennt dieses Management einen Vize-Präsidenten, der für Fragen der sozialen Verantwortung zuständig ist, und für alle anderen die Verantwortung trägt.

---

10 Clifford Geertz, The Interpretation of Culture (New York: Basic Books, 1973).

Ein Management, das durch ein MIS informiert ist und dessen Wissen aus schwarzen Symbolen auf weißem Papier besteht, hat Angst davor, anders als oberflächlich zu intervenieren. Die Verkörperung der „dürftigen“ Form von Information – aggregiert, analytisch, geplant – war das Zählen der Toten in Vietnam. Auf diese Weise „wußte“ der Verteidigungsminister Robert McNamara, was in diesem bedauerlichen Krieg geschah. Robert McNamara war natürlich der archetypische professionelle Manager, der Held einer Generation von MBAs, geradeso wie die U.S.-Armee die archetypische Maschinenbürokratie war.

Im Gegensatz dazu ist „dichte“ Information reich an Details und Farben, und reicht weit über das hinaus, was quantifiziert und aggregiert werden kann. Sie muß von denjenigen ausgegraben und aufgebaut werden, die eng mit dem Phänomen vertraut sind, das sie beeinflussen wollen. In Vietnam war es der Blick in das Gesicht eines Bauern. In der Wirtschaft ist es der Wunsch eines Kunden, die Stimmung im Betrieb und die Schwierigkeit einer technologischen Veränderung. In der Regierung sind es die tatsächlichen Dienstleistungen und die Reaktionen der Bürger darauf. Für mich formen diese Informationen die Intuition und machen ein „dichtes Management“ möglich, ein Management, das entscheidend interveniert, um die Handlungen zu beeinflussen und zu integrieren. Diejenigen, die diese Art des Managements praktizieren, umgehen das MIS, um sicherzustellen, daß sie richtig informiert werden. Sie schauen unerwartet in ihren Abteilungen vorbei, oder besser, arbeiten dort von Zeit zu Zeit. Sie treffen sich mit ihren Kunden, oder besser, sind ihre eigenen Kunden und konsumieren ihre eigenen Produkte und Dienstleistungen, wann immer es möglich ist.

Wenn Organisationen groß, komplex und diversifiziert werden, dann können die Manager das leider nicht mehr ohne weiteres tun. Sie sind von den Möglichkeiten eines dichten Managements ausgeschlossen. Deshalb leben unsere politischen Führer von Meinungsumfragen statt von Gesprächen mit normalen Bürgern (In einem kanadischen Zeitungsartikel wurde kürzlich der konservativen Regierung der Vorwurf gemacht, daß sie in ihrer mehrjährigen Amtszeit durchschnittlich vier Umfragen *wöchentlich* durchführt!). Deshalb machen Manager dasselbe mit Marktforschungsberichten, statt sich mit normalen Kunden zu unterhalten. Dadurch erhalten sie Abstraktionen, die oft so tot wie die gezählten Leichen sind. Die Statistik ersetzt den Menschen aus Fleisch und Blut, und die Manager halten sich für informiert, während die Bürger und Kunden darunter leiden.

Die Maschinenbürokratie, mindestens die mit diversifizierten Märkten, hat natürlich auch eine Antwort auf dieses Problem. Sie wurzelt in ihrem Glauben an die Teilung der Arbeit. Die Manager in der Zentrale, die nicht vollständig über die verschiedenen Geschäfte informiert sein können, managen das strategische Portfolio – sie kaufen und verkaufen Geschäftsbereiche. Die Divisionsmanager leiten die einzelnen Geschäftsbereiche, wo das notwendige Wissen liegt. Bedauerlicherweise läuft nicht alles so wie geplant. Die Divisionsmanager, die nach unten blicken sollen, um ihre eigenen Geschäfte zu führen, spüren den Blick von oben. Sie sind deshalb darüber beunruhigt, von Zeit zu Zeit nach oben Meldung machen zu müssen. Es gibt nämlich Dinge, die nur oberflächlich kontrolliert werden können, weil jemand zufrieden gestellt werden muß, der nicht hinter die Dinge sehen kann. Management bedeutet auf die eine oder andere Art immer Kontrolle. Zuviele Managementebenen bedeuteten zuviele Kontrollen. Deswegen sind insgesamt die administrativen Vorkehrungen, für die sich Chandler und Williamson einsetzen, nicht besser, jedenfalls nicht nachdem sie durch ihre Zwänge, Rationalisierungen und ihre Besessenheit von direkter Leistungskontrolle die Energie und das Engagement aus den Menschen herausgepresst haben.

Das bringt uns zu der Frage nach der Strategieformulierung zurück, welche die Richtung der Organisation festlegt. Die Strategie kann einfach als *Position* oder als komplexe *Perspektive* angesehen werden. Die erste konzentriert sich auf die ausgewählten Produkte und Märkte, die andere auf die ersonnene Geschäftsidee, also die spezifische Art und Weise, wie eine Organisation die Dinge anpacken will. Portfolio-Management behandelt Strategie als Position, oder zumindest als Set von Positionen, die locker miteinander verbunden sind. Das ist mit dünnem Management kompatibel. Aber das reicht nicht aus, weil auch Positionen Substanz haben müssen. Hinter jeder Position muß eine inhaltliche Perspektive stehen. Derartige Perspektiven können nicht ohne dichtes Wissen, ohne eine tiefverwurzelte Beteiligung entwickelt werden. Anders gesagt, eine substantielle und kreative Strategiebildung erfordert intensives Wissen und eine mentale Synthese. Aber Synthese ist etwas anderes als rationale Analyse, wie bereits gesagt wurde. Sie scheint in den Zuständigkeitsbereich der geheimnisvollen rechten Hemisphäre zu fallen und primär von weichen Daten zu leben. Weil unsere Maschinenbürokratien, seien sie nun diversifiziert oder nicht, an harten Daten und analytischem Denken orientiert sind, behandeln sie die Strategie nur als Position. Und insofern landen sie bei flachen, farb- und leblosen Strategien, die bestenfalls Imitationen der Strategien sind, die bereits von anderen Organisationen entwickelt wurden – die „Whopper" dieser Welt als Reaktion auf die „Big Macs".

In der Tat hatten die Maschinenbürokratien das Problem erkannt – daß ihre Manager nicht dazu fähig sind, substantielle neue Strategien zu generieren. Deshalb haben sie sich stattdessen auf ein System verlassen, nämlich die strategische Planung. Dieses System hat aber keine wirkliche Substanz, wie wir bereits gezeigt haben: Es handelt sich nur um eine andere Folge von schwarzen Wörtern auf weißem Papier. Jedes Wort steht in dem entsprechenden Kästchen, und heißt etwa „ Bewertung des Konkurrenzvorteils" oder „Generierung von Strategien zur Anpassung der Stärken an die Chancen". Aber das Innenleben dieser Kästchen ist leer – niemand hat je erklärt, wie diese Dinge zu realisieren sind.

Hinter diesen Kästchen stehen natürlich die Planer. Insofern sind sie in Wirklichkeit für den Prozeß verantwortlich, und stärken unter dem Deckmantel der Technik ihren eigenen Einfluß. Die „Senkrechtstarter" – „der Beste und Stärkste", um Halberstams Begriff für die Verantwortlichen für das Vietnam- Debakel[11] zu benutzen – behaupten das zu tun, was ein einfaches Management nicht tun kann. Sie wollen sozusagen das strategische Kaninchen aus dem Hut einer überwucherten linken Hemisphäre zaubern. Das können sie natürlich niemals. Sie können alle Dokumente und alle harten Daten lesen;

11 David Halberstam, The Best and the Brightest (New York: Random House, 1972).

sie können wild analysieren und eloquent formulieren. Aber allem fehlt es an Substanz. Ihre Strategien und Kenntnisse sind dürftig, weil es letztlich an Klugheit mangelt.

Der Begriff *Klugheit* scheint in der Sprache verloren gegangen zu sein. Er meint das gründliche Wissen, das auf substantiellen, fundierten Erfahrungen beruht. Den Senkrechtstartern mangelt es in der Tat an Klugheit. In ihrer Vorliebe für systematische Analysen tendieren sie zur Verunglimpfung der Klugheit.

Ich sammele Definitionen des Experten. Am bekanntesten ist vielleicht: „Ein Experte ist jemand von außerhalb der Stadt." Die Senkrechtstarter kommen meistens von außerhalb der Branche. Sie sind Professionals; sie lassen keine Unkenntnis von Einzelheiten bei der Anwendung der Analyse zu. Eine andere favorisierte Definition lautet: „Ein Experte ist jemand ohne Grundwissen." Das fängt die Vorstellung ein, daß die Senkrechtstarter die Fakten und Zahlen haben, alle diese Spitzfindigkeiten, die aus dem Computer kommen, aber es fehlt ihnen an „gesundem Menschenverstand" und an Weisheit. Meine eigene bevorzugte Definition lautet: „Ein Experte ist jemand, der die vielen Fallen auf seinem Weg zum großen Irrtum vermeidet." Die Fallen sind die Sünden, die man vermeiden muß, um dem Allmächtigen zu gefallen, hier der rationalen Analyse. Aber die Fallen, die die Experten in der „Wissenschaft" vom Management erkennen, sind oberflächlich, und in jedem Fall tragen die anderen die Schuld, niemals die Analyse. Zum Beispiel scheitert die Planung, weil die Manager sich nicht dafür engagieren; die analytischen Untersuchungen werden übergangen, weil die Organisationen zu politisch sind. Die Senkrechtstarter stolpern jedoch garnicht über diese Fallen (Manager haben sich weitaus mehr für Planung engagiert, als sie es jemals verdient hat; und die Analyse hat ihren Teil zur Politisierung der Organisation beigetragen), sondern über grundsätzlichere Irrtümer: zum Beispiel daß Diskontinuitäten durch systematische Verfahren vorausgeplant werden können, daß harte Daten einen Ersatz für weiche Daten sein können, und daß es auf Dekomposition und Rationalisierung ankommt. Der große Irrtum ist, daß die Analyse auf magische Weise eine Synthese liefert.

In all diesen Hinsichten ist das Zeitalter des Managements ein Zeitalter der „Patentlösungen" geworden. Rufen Sie Ihre Technokraten, wenden Sie eine Vielzahl von Techniken auf das Problem an, überfluten Sie es mit den harten Daten, die Sie bekommen können, ohne jemals Ihr bequemes Büro verlassen zu müssen, und alles wird bestens sein. Lösen Sie das Problem schnell, damit Sie mit dem nächsten weitermachen können. Besser noch, engagieren Sie Berater, die das Problem lösen sollen: die Berater wissen sogar noch weniger über Ihren Geschäftsbereich; Sie erhalten von den Experten einen eleganten Bericht, und der Vorstand wird beeindruckt sein (was weiß der überhaupt?). Wenn Sie eine neue Strategie brauchen, dann verfügen die Berater über eine hübsche Liste, aus der man auswählen kann. Wenn Ihre Kultur nicht mehr länger gut ist, dann bieten sie Ihnen vier einfache Schritte für eine neue an. Sie fragen nach Qualität? Gut, die können die Berater messen.

Wenn Sie dann die endgültige Antwort haben, dann lassen Sie sie von anderen aus der Hierarchie weiter unten ausarbeiten. Das nennt sich „Implementation". Implementation bedeutet, eine Lösung denen zu übertragen, die genug Informationen haben, um zu wissen, daß sie nicht funktionieren wird. Sie sind aber von der Möglichkeit abgeschnitten, jemandem mit Einfluß sagen zu können, was funktionieren würde. Während die Administratoren in der Chefetage etwa über „Qualität ist die Aufgabe Nummer 1" oder sonst etwas lächeln, laufen die Implementierer im Betrieb umher, und versuchen die Löcher zu stopfen. (Ich war vor kurzem auf einem Forum mit einem Topmanager von Ford, der über deren Qualitätsprogramm sprach; ich erinnerte mich an einen Bericht, den ich gerade vorher über eine entsetzliche Arbeitssituation in einem Montagewerk von Ford gelesen hatte. Nach der Sitzung kamen zwei Personen auf mich zu, und erzählten mir von ähnlichen Situationen, die sie in zwei anderen Fordwerken gesehen hatten. Manchmal frage ich mich, wieviel solche Programme – seien sie in gutem Glauben ausgedacht oder nicht – zur Verbesserung beitragen und wieviel zu administrativem Leerlauf, und ob ein distanziertes Management überhaupt den Unterschied nennen kann).

Irgendjemand schreibt gelegentlich etwas über die Realität des Managements, und die Wirkungen können lähmend sein. Ich möchte zwei Beispiele geben. Vor einigen Jahren verpflichtete die britische Regierung die Boston Consulting Group (BCG), um eine Erklärung dafür zu suchen, wie die japanischen Firmen, vor allem Honda, den englischen Markt für Motorräder in den Vereinigten Staaten übernommen haben. (1959 hatten die Engländer 49 Prozent Marktanteil, 1966 hatte Honda allein 63 Prozent!) Sie erhielt ihren Bericht 1975, und er war beste BCG-Qualität, und klassisches rationales MANAGEMENT (so sehr, daß der Bericht zur Grundlage für typische Fallbeispiele an amerikanischen Business Schools wurde, anhand derer die Studenten exemplarisch in strategischem Verhalten unterrichtet wurden). Der Bericht bestand überwiegend aus Erfahrungskurven, hohen Marktanteilen und sorgfältig ausgeklügelten Planungsstrategien und ähnlichem. Er handelt vor allem davon, wie ein Unternehmen, das mit niedrigen Kosten und seinen einheimischen Produktionsanlagen den amerikanischen Markt durch die Einführung eines neuen Segments attackierte – den Verkauf kleiner Motorräder für die Kunden der Mittelschicht. Sehr clever, diese Japaner. Um aus dem BCG-Bericht zu zitieren:

> Die japanische Motorradindustrie, und vor allem Honda als Marktführer, präsentiert ein (konsistentes) Bild. Die Basisphilosophie der japanischen Hersteller ist, daß ein hoher Absatz pro Modell aufgrund einer intensiven Kapitalnutzung und hochautomatisierter Techniken das Potential für hohe Produktivität bereitstellt. Ihre Marktstrategien zielen deswegen direkt auf diesen hohe Absatzzahlen. Ihre besondere Aufmerksamkeit für diesen Aspekt läßt sie, wie wir beobachtet haben, nach Wachstum und Marktanteilen streben.[12]

Richard Pascale, der Ko-Autor von *The Art of Japanese Management*[13] wunderte sich darüber. Er flog nach Japan zu einem Interview mit den japanischen Managern, die das alles in Amerika iniitiert hatten. Diese erzählten eine ganz andere Geschichte.

„In Wahrheit hatten wir *keine* andere Strategie als die Idee, zu sehen, ob wir *irgendetwas* in den Vereinigten Staaten verkaufen könnten." Honda brauchte hierfür eine Devisenzu-

---

12 Boston Consulting Group, Strategy Alternatives for the British Motorcycles Industry (London: Her Majesty's Stationary Office, 1975), S. 59.

13 Richard T. Pascale und A.G. Athos, The Art of Japanese management (New York: Simon & Schuster, 1981).

weisung des japanischen Finanzministeriums, Teil einer Regierung, die berühmt für ihre Unterstützung der Konkurrenzfähigkeit ihrer Unternehmen im Ausland ist. „Die Regierung war äußerst skeptisch“, erzählten die Manager, „bewilligte schließlich aber 250 000 $ zur Investition in den Vereinigten Staaten, aber nur 110 000 $ in bar!“

„Mister Honda war vor allem in bezug auf die Maschinen der 250 ccm und 350 ccm Klasse zuversichtlich“, erzählten die Manager weiter über ihren Chef. „Die Form der Lenker dieser größeren Maschinen sah aus wie die Augenbrauen von Buddha, was er als einen starken Verkaufsaspekt betrachtete.“

Die Manager hatten ein billiges Appartement in Los Angeles gemietet; zwei von ihnen schliefen im Flur. Ihre Geschäftsräume in einem heruntergekommenen Stadtteil putzten sie selbst, und sie montierten die Motorräder von Hand, um Geld zu sparen. Ihre Ankunft in Amerika fiel mit dem Abschluß der Motorradsaison des Jahres 1959 zusammen.

Im nächsten Jahr verkauften sie einige der größeren Maschinen. Dann „geschah ein Desaster“, wie sie sagten. Weil Motorräder in den Vereinigten Staaten länger und schneller gefahren werden, gingen die Hondas kaputt. „Aber zur gleichen Zeit *nahmen die Dinge eine überraschende Wende*“, um ihre Worte zu benutzen:

> Während der ersten Monate, in denen wir dem Instinkt von Mister Honda und unserem eigenen folgten, hatten wir nicht versucht, die 50 ccm Supercubs anzubieten. Obwohl diese in Japan ein toller Erfolg waren (und die Produktion den Bestellungen nicht nachkam), schienen sie für den amerikanischen Markt gänzlich ungeeignet zu sein, wo alles größer und luxuriöser war. Der entscheidende Faktor war, wir hatten den Importmarkt angepeilt. Die europäischen und amerikanischen Hersteller betonten die größeren Maschinen.
>
> Wir benutzten die Honda 50 ccm, um Besorgungen um Los Angeles herum zu machen. Sie erregten viel Aufmerksamkeit. Eines Tages hatten wir einen Anruf von einem Einkäufer von Sears. Obwohl wir das Angebot ablehnten, weil wir nicht über einen Zwischenhändler zu verkaufen beabsichtigten, registrierten wir das Interesse von Sears. Aber wir zögerten noch, die 50 ccm Maschinen anzubieten, aus Angst, sie könnten unserem Ruf in einem typischen Macho-Markt schaden. Aber als die größeren Maschinen anfingen, kaputt zu gehen, *hatten wir keine Wahl*. Wir boten die 50 ccm Maschinen an.[14]

Der Rest ist Geschichte. Der Absatz stieg dramatisch. Die Mittelschichtamerikaner fingen an, Hondas zu fahren, zuerst die Supercubs, später die größeren Maschinen. Sogar die Werbekampagne – „Auf einer Honda triffst Du die nettesten Leute“ – war mit viel Gespür konzipiert: Sie war von einem UCLA-Studenten (University of California at Los Angeles) für ein Seminarprojekt entwickelt worden. Die Manager von Honda – die noch versuchten, den Markt auseinanderzuhalten und sich nicht die Typen mit den schwarzen Lederjacken zum Gegner zu machen – waren geteilter Meinung, als ihnen die Idee vorgetragen wurde. Schließlich konnte der Verkaufsdirektor seine Kollegen weiter oben davon überzeugen!

---

14 Alle Zitate oben stammen aus Richard Pascale, „Perspectives on Strategy: The Real Story Behind Honda's Success“, in: California Management Review, Frühjahr 1984, S. 47–72; Hervorheb. hinzugefügt.

Was in der Welt macht dann die Japaner so geschickt? Dies ist eine Erfolgsgeschichte, keine Geschichte des Scheiterns. Dennoch schienen sie alles falsch gemacht zu haben. In der Tat verstößt diese Geschichte gegen alles, wovon wir bei effektivem Management überzeugt sind (und vieles, was BCG diesen cleveren Japanern zugeschrieben hat). Auffallend ist der zurückhaltende Ton in den Kommentaren der japanischen Manager („die Ereignisse nahmen eine überraschende Wende", „wir hatten keine Wahl", etc.) im Vergleich zu dem Planungsvokabular des BCG-Berichts.

Wenn diese Geschichte irgendeinen Hinweis enthält, dann daß der Vorteil der Japaner nicht in ihrer Cleverness, sondern in unserer eigenen Dummheit liegt. Während wir umherlaufen und „rational" sind, verwenden sie ihren gesunden Menschenverstand. Ihr Geheimnis scheint ebenso darin zu liegen, was sie *vermeiden*, wie darin, was sie *haben*. Honda hat es vermieden, rational zu sein. Das Unternehmen glaubte weniger, daß es alles in Tokyo im voraus ausarbeiten könnte. Die Honda-Manager kamen nach Amerika und waren auf *Lernen* vorbereitet. Wie Pascale schreibt: „der Erfolg (wurde) von Managern erreicht, die bescheiden genug waren, ihre strategische Ausgangsposition nicht zu ernst zu nehmen." Den Formulierern fehlt es an Information, den Implementierern an Macht. Die Manager von Honda ließen sich solange vom Markt beuteln, bis sie die Botschaft verstanden hatten.

Die Japaner *haben* eine andere Organisationsform. Die Manager aus der Geschichte über Honda hatten einen Auftrag – sie waren in Amerika, um ihn umzusetzen, ohne daß sie alle ein oder zwei Wochen irgendeinem albernen Controller in Tokyo Bericht erstatten mußten. (Jay Galbraith, ein Berater und Forscher im Managementbereich, erzählt die Geschichte von den Managern in einer Zentrale, die die jungen Triebe ausrissen, die die Division gepflanzt hatte, sie begutachteten und dann meinten: „Wie, noch keine Wurzeln?") Die Honda-Manager waren selbst involviert – sie trafen sich mit ihren Händlern und Kunden und fuhren selbst die Motorräder auf den Straßen Amerikas.

Jetzt stelle man sich zwei britische Motorradhersteller vor, die in den amerikanischen Markt zurück wollen. Der eine erhält den BCG-Bericht, der andere die Darstellung der Manager von Honda. Was würde die beiden tun? Die offensichtliche Antwort ist: der eine würde sich nach oben orientieren und sogar noch raffiniertere strategische Analysen durchführen, der andere würde sich ein Paar Jeans kaufen und nach Driggs, Idaho gehen und Motorrad fahren. Damit hat man die perfekte Gegenüberstellung von dünnem und dichtem Management.

Der aufschlußreichste Aspekt dieser Geschichte kam für mich aus einem Buch mit dem Titel *Whatever Happened to the British Motorcycle Industry?*, das ich vor kurzem entdeckte. Bert Hopwood wiederholt dort als Manager von BSA, einem der wichtigsten britischen Motorradhersteller, daß „nicht ein einziges Boardmitglied der Muttergesellschaft etwas von Zweirädern verstand." Interessanter ist folgendes: „in den frühen 1960ern", also genau zu der Zeit, als die Japaner in Amerika ihre Erfahrungen sammelten,

> „versuchte der Vorsitzende einer weltberühmten Gruppe von Managementberatern mich intensiv davon zu überzeugen, daß es ideal ist, wenn Topmanager so wenig wie möglich in bezug auf das Produkt wissen. Dieser große Mann glaubte

wirklich, daß die formalen Qualifikationen sie wirklich dazu befähigen, effizient mit allen Entscheidungsproblemen distanziert und abgehoben von der Realität umzugehen.[15]

Die zweite Geschichte spiegelt exakt dieselbe Philosophie wider, mit der Ausnahme, daß ihre Folgen ernsthafter waren als der Verlust eines Marktes für Motorräder. Diese Philosophie war Bestandteil des verheerenden Kapitels der britischen Militärgeschichte, die Schlacht von Passchendaele im Ersten Weltkrieg. Die Kommandeure im Hauptquartier hatten ihren Plan. Es war ein kluger Plan. Unglücklicherweise rechnete er nicht mit der Möglichkeit, daß es während der Schlacht regnet. Deshalb fielen 250 000 britische Soldaten.

Die Kritik behauptete, daß die Planung von Passchendaele in fast völliger Unkenntnis der Bedingungen, unter denen die Schlacht ausgetragen werden mußte, erfolgt war. Keiner der höherrangigen Offiziere der Operationsnebenstellen des General-Hauptquartiers hatte je einen Fuß (oder einen Blick) auf den Kampfschauplatz von Passchendaele während der vier Monate gerichtet, die der Kampf dauerte. Die Tagesberichte über die Bedingungen des Schlachtfeldes wurden zunächst ignoriert, und dann gänzlich verboten. Erst nach Beendigung der Schlacht erkannte der Stabschef der Armee, daß er die Männer angewiesen hatte, durch ein Meer aus Schlamm vorzurücken.[16]

Um aus der Geschichte des Ersten Weltkrieges von Stokesbury zu zitieren, der „große Plan“ wurde trotz des ständig strömenden Regens auf dem Schlachtfeld durchgeführt – trotz der Tatsache, daß die Gewehre blockierten, die Soldaten, die schwere Munition tragen mußten, auf ihrem Weg ausrutschten, in verschlammte Granatlöcher fielen und ertranken, daß die Gewehre nicht an die Front und die Verwundeten nicht zurückgebracht werden konnten. „Die Attacke ging weiter; im Truppenhauptquartier schliefen sie zwischen Laken und klagten darüber, daß die Infanterie keinen offensiveren Geist zeigt.“

„(Ein) Stabsoffizier kam, um das Schlachtfeld zu besichtigen, als alles wieder ruhig war. Er schaute sich in diesem Meer aus Schlamm um und sagte halb zu sich selbst: „Mein Gott, ließen wir die Männer hier vorrücken?“, wonach er unter Tränen zusammenbrach, und von seiner Eskorte weggeleitet wurde. Die Stabsoffiziere ... klagten darüber, daß die Infantristen ihnen nicht salutierten.[17]

Die Formulierer beenden das Formulieren, und dann müssen die Implementierer implementieren. Die einen entscheiden, die anderen salutieren. Deshalb wurde das Zeitalter des Managements zum Zeitalter der Oberflächlichkeit; deshalb produziert die Effizienz Ineffektivität.

15 Bert Hopwood, What Ever Happend to the British Motorcycles Industry? (San Leandro, Calif.: Haynes Publishing, 1981), S. 173.

16 M.D. Feld, „Information and Autorithy: The Structure of Military Organization“, in: American Sociological Review, Februar 1959, S. 21.

17 J.L. Stokesbury, A Short History of World War I (New York: Morrow, 1981), S. 241, 242.

Vielleicht hatten diese Offiziere gute Absichten, wenn sie auch unsinnig waren. Aber professionelles Management erzeugt manchmal nicht nur oberflächliches, sondern ebenso unmoralisches Verhalten. Die Systeme biegen einfach die guten Absichten um, oder begünstigen die schlechten. Um Singer und Wooton mit bezug auf Albert Speers ähnlich aufgeklärtes Management der Kriegsmaschine der Nazis zu zitieren: „Nicht die Manager sind an sich autoritär; eher ist der Prozeß des Managements autoritär."[18]

Der professionelle Manager behauptet von sich, daß er sozusagen ein „gekaufter Revolverheld" ist und über die Technik verfügt, die auf alle Probleme angewandt werden kann. „Sagen Sie uns, was Sie gerne hätten", behaupten diese Manager, „und Sie bekommen das meiste davon." Professionelle Manager sind scheinbar „amoralisch", ihre Techniken angeblich neutral. Aber so funktioniert es nicht immer. Der Vergleich mit dem „gekauften Revolverhelden" erweist sich in mehreren Hinsichten als stichhaltig.

Die Technik kann nicht amoralisch genannt werden, wenn ihre ganze Natur die Organisationen zu einem bestimmte Typ von Moral treibt. Die Kalkulation ist nicht neutral, wenn einige Dinge einfacher als andere zu berechnen sind – die Kosten eher als der Nutzen, direkte Kosten eher als indirekte, wirtschaftlicher Nutzen eher als sozialer. Das alles kann die professionellen Manager genau zu allen Formen fragwürdigen Verhaltens verleiten. Einsparungen gehen neben den Produktionskosten zu Lasten der Arbeiter und Kunden (wenn zum Beispiel die Fließbandgeschwindigkeit die menschliche Leistungsfähigkeit übersteigt, oder wenn Versuche mit neuen Produkten eingestellt werden, weil sie die langfristige wirtschaftliche Überlebensfähigkeit eines Unternehmens einschränken könnten, und weil Investitionen unterlassen werden, weil etwa Forschung als Kosten verbucht wird). „Rationale" Buchführung streicht die sozialen Kosten aus der Kostenrechnung, und behandelt sie als „Externalitäten". Das bedeutet, daß die Gesellschaft die Verpflichtungen des Unternehmens übernimmt (zum Beispiel als Ergebnis einer Kalkulation, wonach unsichere Benzintanks billiger sind als sichere, oder indem man das Gesundheitssystem für die psychischen Krankheiten der Arbeiter an diesen beschleunigten Fließbändern bezahlen läßt). Amoralität wird zur wirtschaftlichen Moral, und wenn sie an die Grenzen getrieben wird, dann wird sie zur sozialen Unmoral. Wir enden bei einer eindimensionalen Gesellschaft, in der unschuldige Menschen von professionellen Managern auf ihrer Rennstrecke überfahren werden, die jeden überrollen, der sich ihnen bei der Realisierung ihrer Ziele in den Weg stellt.

In seiner Untersuchung an der Harvard Business School bemerkt Robert Ackerman[19], daß die Kontrollsysteme, die zum elementaren Funktionieren des diversifizierten Unternehmens gehören – Anwendungssysteme, die auf quantifizierbaren und vor allem finanziellen Zielen basieren – die Berücksichtigung sozialer Ziele einschränken, einfach weil letztere nicht einfach gemessen werden können. Er fand heraus, daß dies sogar dann zutrifft, wenn der Unternehmensleiter aufrichtig an soziale Ziele glaubt und sie auch unter-

18 E.A. Singer und L.M. Wooton, „The Triumph and Failure of Albert Speer's Administrative Genius: Implications for Current Management Theory and Practice", in: Journal of Applied Behavioral Science, 1976, S. 100.

19 Robert W. Ackerman, The Social Challenge to Business (Cambridge: Harvard University Press, 1975).

stützen will. Das ganze Kontrollsystem, das er verwenden muß, schließt die Aufmerksamkeit gegenüber diesen Zielen aus. „Hören Sie Chef, soll ich nett zu den Leuten sein oder die Ziele erreichen?“

Meine sechste These ist, daß maschinenbürokratische Organisationen, die durch ein professionelles Management geführt werden und Quantifizierung betonen, das Engagement verdrängen und insofern Menschen auf unpersönliche Hülsen reduzieren. In unserer früheren Diskussion der Taylorschen Verfahren erwähnte ich den Effekt, den die Rationalisierung auf die Motivation hat – wie sie Engagement und Zustimmung reduziert. An dieser Stelle möchte ich mich ausführlicher damit beschäftigen, was nach meiner Meinung die schlimmste Folge dieses Syndroms der von einem professionellen Management geführten Maschinenbürokratie ist: die verheerende Wirkung auf das Engagement. James Worthy, einst ein Manager bei Sears, Roebuck, schreibt dies direkt der Maschinenvorstellung der Organisation und ihrer Betonung von Planung aus Kontrollgründen zu:

> Die Fixierung auf Kontrolle stammt aus der Unfähigkeit, den Wert von Spontaneität einzusehen und anzuerkennen, sei es in der alltäglichen Arbeit oder in den Wirtschaftsprozessen. Deshalb gibt es den Bedarf nach Planung. Deshalb ist die Maschine das Modell für eine Organisation. Weil die Maschine keinen eigenen Willen hat. Ihre Teile haben kein Bedürfnis nach unabhängigem Handeln. Denken, Orientierung – sogar Ziele – müssen von außen oder von oben zur Verfügung gestellt werde.[20]

Die Motivationsprobleme können teilweise auch dem professionellen Management angelastet werden. Ein Professional „weiß es besser“ und kümmert sich um die Bedürfnisse der anderen. Wenn ich auf einem Operationstisch liege und mein Blinddarm droht zu platzen, bin ich kaum dazu geneigt, den Chirurgen zu kritisieren. Er weiß es wirklich besser. Aber wenn ich in einem Hörsaal bin oder eine schwierige Arbeit in einer Organisation erledige, dann ist die Tatsache für meine Anstrengungen hinderlich, daß jemand über mir steht, der es besser zu wissen meint, weil ich mich stark auf meine Arbeit konzentrieren muß.

Deswegen bin ich gegen das strikte Professionalisierungskonzept in der Erziehung. Es hat vielleicht mit dazu beigetragen, den Einfluß der Verwaltungsbeamten zu reduzieren, deren übermäßige Kontrolle meiner Meinung nach eine verheerende Wirkung auf diesen Prozeß hatte. Aber dem Professionalismus ergeht es nicht besser, wenn er dazu benutzt wird, die Macht über den Lernprozeß in den Händen des Lehrers statt der Schüler zu konzentrieren. Deshalb lernen Kinder, die fast verrückt werden, weil sie zum Lernen einer Sprache in der Schule gezwungen werden, die Sprache ganz mühelos auf der Straße. (Wenn wir es messen könnten, was wäre die Effizienz der Durchschnittsklasse gemessen an den aktivierten Kapazitäten der Schüler? Würde sie bis 10 Prozent reichen?

---

20 James C. Worthy, Big Business and Free Man (New York: Harper & Row, 1959), S. 29. 21. Shapero, „What MANAGEMENT Says“, S. 108. 22. „Who's Excellent Now?“, in: Business Week, 5. November 1984, S. 76–78.

Warum tolerieren wir das weiter?). Um auf einen alten Spruch zurückzugreifen: Ein Lehrer kann die Kinder nichts lehren, er kann ihnen nur helfen, es bei sich selbst zu finden. Und dasselbe trifft für die Beziehung zwischen Managern und denjenigen zu, die harte Arbeit leisten. Manager, die behaupten, daß sie als Professionals diese Arbeit durch Planung und andere technokratische Verfahren kontrollieren müssen, zerstören wie die Lehrer, die behaupten, daß sie den Lernprozeß durch detaillierte Spezifikation des Curriculums kontrollieren müssen, das Bedürfnis nach Engagement und spontanem Lernen bei diesen Aktivitäten.

Konnten wir das nicht oft genug in unseren Organisationen beobachten – administrative Systeme, die denen das Engagement verleidet haben, die von ihnen abhängig sind? Formale Strukturen zusammen mit diesen Systemen sind die Knochen einer Organisation. Jedes System braucht ein Skelett. Aber eine Organisation, die nur daraus besteht, ist nicht mehr als eine leere Hülse. Nur wenn sie mit menschlichem Geist beseelt wird (mit Energie, Ideologie, Kultur, oder wie man es nennen mag), dann wird die Organisation lebendig. Und diese Energie kann nicht ausschließlich an der Spitze einer formalen Hierarchie liegen, ebensowenig wie unsere menschliche Energie ausschließlich aus unseren Gehirnen kommen kann.

Jemand hat einmal behauptet, daß objektiv zu sein bedeutet, die Menschen als Objekte zu behandeln. „Nichts als die Fakten“, pflegte Sergeant Friday im Fernsehen zu sagen. Aber im Management funktioniert das einfach nicht, weil die Fakten mit Werten durchsetzt sind, und zwar in ihrem Inhalt und ihrem Ursprung ebenso wie hinsichtlich ihrer Auswahl. In einer wichtigen Hinsicht schließen sich Kalkulation und Engagement wechselseitig aus. Man kann sich zurücklehnen und Berechnungen anstellen, oder man kann anpacken und sich engagieren. Die Geschichte von Honda macht diesen Kontrast deutlich. Anfang der 1960er Jahre startete IBM eine Änderung der gesamten Computerlinie mit großem Selbstvertrauen und Vertrauen in die Zukunft. Das Unternehmen entschied sich dazu, seine traditionelle Linie einzustellen, ohne sicher zu sein, wie die neue aussehen würde. „Wir werden sie ausarbeiten“, war die Einstellung. (Man stelle sich den Gesichtsausdruck von MBA-Studenten vor, die sich auf Finanzierung spezialisiert haben und danach gefragt werden, welches Kalkül dieser Entscheidung zugrunde gelegen haben könnte.) Eine Fluggesellschaft, die wir untersucht haben, steht im Gegensatz zu diesem Beispiel. Sie führte einen Pendelverkehr ohne reservierte Plätze ein. Als die Fluggäste ständig weiter versuchten, Plätze zu reservieren, strich die Airline wenige Tage später den Pendelverkehr. Weit entfernt von systematischer Planung war ihre Einstellung: „Wir haben es versucht, oder?“

Es ist interessant, wie solche Einstellungen in einer Organisation kommuniziert werden, und was in den Köpfen – in Wirklichkeit den Herzen – der Manager vorgeht. Die Absichten, die sie wirklich motivieren, werden irgendwie an jeden anderen weitergegeben. Es ist fast übersinnlich. Vielleicht können deshalb die Manager einer Organisation, die persönlich involviert sind, jeden anfeuern, während andere, die sich zurücklehnen und sich nur durch ihre Systeme vermitteln, eine derartig lähmende Wirkung haben. Man sehe sich den Tribut an, den so viele Menschen in Organisationen aufgrund der Fixierung auf die Standards bezahlen müssen. Wie in aller Welt konnte sich die Vorstellung im Management so weit verbreiten, daß man Geld verdient, indem man mit Geld arbeitet, statt mit Menschen und Produkten umzugehen? Es ist so, als ob jeder vorgibt, eine Bank zu leiten (obwohl es wahrscheinlich nicht einmal dort funktioniert!) Diese Vorstellungen findet man häufig in Chefetagen – heute ist es die Vorstellung des Managens von „Aktienwerten", also die Annahme einer direkten Verbindung zwischen den vielen zufälligen Entscheidungen und dem Preis der Aktien auf irgendeinem entfernten Kapitalmarkt. Ist es dann ein Wunder, daß so wenige Arbeiter sich Gedanken darüber machen, was produziert wird, abgesehen vom Wie und zu wessen Vorteil?

Wenn Verständnis, Intuition, Überzeugung und Engagement neben sozialen Anliegen ausgetrieben wurden, dann ist es nicht überraschend, daß die Bevölkerung weitgehend von ihren großen privaten wie öffentlichen Organisationen entfremdet wurde. Die Menschen fragen sich als Arbeiter, Kunden, Bürger und oft sogar als Manager zunehmend, ob die Organisationen ihnen dienen oder sie versklaven sollen. Und das ist eine Formel für Versagen, und zwar ökonomisch nicht weniger als sozial.

Meine siebte These ist, daß jede Organisationsform den Samen ihrer eigenen Zerstörung in sich trägt; die Maschinenbürokratie ist ohne menschliches Engagement und manifestiert sich als allumfassende Politisierung. Erfolg führt zum Scheitern; in der Stärke liegt die Wurzel der Schwäche. Organisationen haben Erfolg, wenn sie die entgegengesetzten Kräfte von Konflikt und die bindenden Kräfte der Ideologie in ein Gleichgewicht bringen. Wenn aber die letzteren verdrängt werden, dann gewinnen die ersteren die Überhand.

Die Stärke der Maschinenbürokratie liegt in ihrer Fähigkeit, sich gegenüber den Umweltkräften „abzupuffern", sich von den externen Störungen abzuschotten, um ihre Operationen zu rationalisieren, und damit ein hohes Maß an Effizienz zu erlangen. Aber niemand muß daran erinnert werden, daß „Macht zur Verderbnis tendiert, und absolute Macht zu absoluter Verderbnis". Die Maschinenbürokratie konzentriert, indem sie sich abschottet, die Macht bei ihren Administratoren, also bei denjenigen, die die Autoritäts- und Kontrollsysteme leiten. Eine Bindung in Form von Kultur oder Ideologie kann diese Macht mäßigen. Jeder arbeitet zum Wohl aller. Wird aber diese Kraft beseitigt, dann wird die Macht zum Verderben. Die große bürokratische Organisation wird zu einem geschlossenen System im Dienst ihrer Administratoren (trotz ihres eigenen Anspruchs auf „soziale Verantwortung").

Wenn dies geschieht, dann verschlechtert sich das ganze System. Die Administratoren werden zunehmend gierig, und suchen Befriedigung eher im Aufbau größerer persönlicher Imperien als im Dienst am Kunden oder gar den Eigentümern. Das zwingt die Organisation unabhängig von den Konsequenzen zu Wachstum, damit alle Forderungen ohne größere Konflikte befriedigt werden können. Andere Organisationsmitglieder erreicht diese Botschaft auch, zum Beispiel die Arbeiter, die auf ihrem Anteil am Erfolg des Unternehmens bestehen. Und da das Management eines geschlossenen Systems die öffentliche Herausforderung nicht tolerieren kann, die die grundlegende Illegitimität seiner Machtbasis aufdecken könnte, neigt es zum Nachgeben. Mit mehr Wachstum kann man immer die übermäßigen Lohnabschlüsse finanzieren. Wenn das scheitert, gibt es die Möglichkeit einer größeren Ausnutzung der Marktmacht.

Wenn aber ein Exzeß auf den anderen folgt, dann nehmen die Außenstehenden davon Notiz – Geschichten von Jets für die Chefs, goldenen Abfindungen und Boni, die schneller steigen als die Leistungen (man sehe sich das Einkommen von Unternehmenschefs etwa des letzten Jahrzehnts im Fortune 500 an, im Vergleich zum Gewinn in der Branche oder dem Arbeitereinkommen). Manche versuchen vielleicht, auch ein Stück abzubekommen. Andere, die stärker ausgeschlossen sind, hinterfragen stattdessen vielleicht die Legitmation des gesamten Machtsystems. „Warum ist das, was für General Motors gut ist, für das Land gut?", fragen sie, vor allem wenn sie sehen, daß das Management, nicht der Board, das Unternehmen kontrolliert. Und dann entstehen Pressure-Kampagnen und es folgen Interventionen der Regierung.

Das alles führt jedoch weniger zu einer Korrektur der Exzesse, als zu einer weiteren Politisierung der Organisation. Wenn das Großunternehmen vielleicht vorher noch eine wirtschaftliche Entität mit politischer Macht war, so scheint es jetzt eine politische Entität zu sein, die zufällig in der ökonomischen Sphäre operiert. Für einige nimmt es die Form einer politischen Arena an, die sie dazu benutzen, ihre ideologischen Kämpfe auszutragen. Für andere wird es zu einer Quelle der eigenen Vorteile, und sie konkurrieren untereinander um die persönlichen Vorteile. Wenn die große Organisation erst einmal von Konflikt beherrscht wird, dann kann sie sich wahrscheinlich kaum noch selbst davon befreien. Welche unserer riesigen, stark politisierten Organisationen – in der Wirtschaft, der Regierung und anderen Bereichen – ist auf Dauer unabhängig von irgendwelchen fordernden und sie umgebenden Einflußnehmern?

Das wäre alles in Ordnung, wenn die Politisierung ähnliche Funktionen hätte wie vergleichbare Prozesse in der Natur. Wenn ein Tier nicht mehr länger lebensfähig ist, wird es zur Beute der Angreifer und schließlich getötet. Das System ist brutal, aber funktional – die Ressourcen werden umverteilt, und die Natur siegt. Würden die dysfunktionalen Tiere überleben, dann würde die Natur verlieren, weil ihre Ressourcen falsch verteilt würden. Genau das geschieht in unserer Gesellschaft von Organisationen, wie ich behaupte.

Meine achte und letzte These ist, daß politisierte Großorganisationen sich zunehmend selbst durch politische Mittel aufrechterhalten können. Sie drohen nicht nur mit der Auflösung einer einzelnen verbrauchten Organisation, sondern stellen stattdessen die gesamte Gesellschaft von Organisationen in Frage. Wie kann eine Organisation, die ihre zentrale Mission aus dem Blick verloren hat, überleben? Die Antwort liegt in ihrer Politisierung. Sie handelt wie eine politische Entität und versucht, sich durch die pure Ausnutzung ihrer politischen Macht selbst zu erhalten.

In einer Welt großer Organisationen wird Adam Smith' System vollkommenen Wettbewerbs der Bauern, Bäcker und Fleischer zur Oligarchie riesiger Unternehmen, gewaltiger Regierungen und massiver Gewerkschaften, die zu ihrem gegenseitigen Vorteil Geschäfte miteinander machen. Organisationen, vor allem Wirtschaftsunternehmen, sind vielleicht deshalb größer geworden, weil sie klarer umrissen, geschickter und wettbewerbsfähiger waren – das heißt, „es geschafft haben". Es war vor allem ein wirtschaftlicher Erfolg. Aber „oben bleiben" ist eine ganz andere Sache. Großorganisationen können sich oft auch durch andere Möglichkeiten erhalten. Eine besteht in vergangenen Erfolgen – es zählt nicht so sehr, was sie jetzt tun, sondern die heutigen Folgen davon, was sie früher getan haben. Ein Unternehmen hatte vielleicht die besten Standorte für die Einzelhandelsfilialen oder die günstigsten Lieferquellen, oder sich den Ruf erworben, dem sich die Einkäufer beugen mußten. Eine andere Möglichkeit besteht in der puren Ausnutzung der Macht, und zwar eher auf politische als auf wirtschaftliche Art. Großunternehmen können zum Beispiel gegenseitige Absprachen treffen, um den Konkurrenten zuvorzukommen; sie können große Werbefeldzüge über ihr Image starten, um die öffentliche Meinung zu beeinflussen; die Fluggesellschaften können eine moderne Form von „Bestechung" einführen, indem sie an Privatpersonen Punkte verteilen, deren Flugtickets von den Unternehmen bezahlt wurden, wodurch sie vom Reisen mit kleineren Unternehmen mit kleineren Netzwerken abgehalten werden; sie können die Einflüsse vieler Menschen und Organisationen, die von ihnen abhängig sind, aktivieren, um eine Lobby für ein bevorzugtes Gesetz zu gewinnen. Sogar die Regulierung durch die Regierung kann für Großorganisationen von Vorteil sein, weil kleinere mögliche Konkurrenten allein schon durch den Papierkram abgehalten werden.

In Kanada sichern sich Großunternehmen die Unterstützung der Regierung, indem sie mit Stillegung von Betrieben drohen. Ähnlich wie die Regierung das seltene Flugzeugunglück anders als das ständige Blutvergießen auf den Autobahnen behandelt, so ist sie nur von den Arbeitsplatzverlusten und -gewinnen besessen, die groß genug sind, damit die Presse darüber berichtet. In Amerika setzen sich vor allem bankrotte Unternehmen für Handelsbarrieren oder Lohngarantien der Regierung ein, indem sie auf die Folgen für die Wirtschaft hinweisen, für den Fall, daß sie schließen müssen. Lee Iacocca mag Chrysler umgewandelt haben, aber die latenten Kosten dafür dürften sich als enorm herausstellen. Jedes Argument von Iacocca und jedes politische Register, das er zog – er wendete sich an die Zulieferer und die Arbeiter, damit sie wegen der Folgen der Arbeitsplatz- und Auftragsverluste Druck auf ihre Politiker ausüben – kann von jedem Großunternehmen in der Krise benutzt werden. Wenn es sich als richtig herausstellt, daß die amerikanische Regierung Chrysler gerettet hat – und sein Überleben scheint darauf hinzudeuten –, dann kann sie nie mehr ein Großunternehmen bankrott gehen lassen.

Die Chrysler-Geschichte bringt den wachsenden Trend in Richtung gegenseitiger Beziehungen zwischen öffentlichen und privaten Großorganisationen zum Ausdruck, und zwar außerhalb der Kräfte des freien Marktes. Das ist jedoch nicht neu: Präsident Eisenhower hat vor den Gefahren des „militärisch-industriellen Komplexes" gewarnt als er 1959 aus dem Amt schied. Aber heute verlaufen solche Arrangements zunehmend durch alle Bereiche, nicht nur zwischen Großunternehmen, nicht nur zwischen diesen und ihren Regierungen, sondern in allen Formen privater und öffentlicher Organisationen in der ganzen Welt. Viele heißen die Kooperation von Wirtschaft und Staat gut – Joint Ventures aller Arten. Sie denken nicht daran, welche Konsequenzen dies für die Bürokratisierung, Politisierung und Wettbewerbsfähigkeit haben kann. (Man sehe sich diese dynamischen jungen Organisationen an, die einfach zu klein für Fusionen sind.)

Natürlich handelt es sich dabei nicht allein nur um Probleme der Wirtschaft. Man kann sie in Großorganisationen in jedem Bereich menschlicher Aktivitäten finden. Die Politisierung der Regierungsabteilungen wird weitgehend eingestanden; und dort gibt es oft nicht einmal den Anschein von Konkurrenz, um für ausgleichende Kräfte zu sorgen. Und so werden wir von den öffentlichen Bürokratien aufgefressen, die weiterhin die öffentlichen Ressourcen verschwenden. Ähnlich sieht es in anderen Bereichen aus: Starke Gewerkschaften etablieren sich als politische Kraft, manchmal sogar durch den Einsatz physischer Gewalt. Große politisierte Wohlfahrtsorganisationen und Universitäten manövrieren sich in Positionen, in denen sie unverwundbar sind, lehnen sich dann zurück und vergeuden öffentliche Gelder.

Deshalb enden wir in unserer Gesellschaft in einem circulus vitiosus. Eine irrationale Besessenheit von „Rationalität" läßt eine Gesellschaft großer bürokratischer Organisationen entstehen, die von einem professionellen Management geleitet werden, das sich als oberflächlich und manchmal unmoralisch erweist. Es verdrängt das menschliche Engagement, was umgekehrt zur Politisierung der Organisationen führt. Diese Entwicklung sollte sie eigentlich zerstören, tut es aber nicht, weil die Organisation sich wandeln und ihre politische Macht dazu benutzen kann, sich künstlich zu erhalten. Dabei werden die Organisationen größer, bürokratischer und politisierter. Als Folge davon wird ihr Management oberflächlicher und weniger moralisch. Es ist eine Ironie der gegenwärigen Gesellschaft, daß die Großorganisationen, die so gestaltet sind, daß sie als geschlossene Systeme sich selbst dienen, so stabil, und die durch Politik beherrschten so geschützt sind, während die jungen Organisationen, die auf kreative Führung setzen oder ein starkes Sendungsbewußtsein zeigen, leicht verwundbar sind. Heute scheint es eher schädlich zu sein, ein Interesse daran zu haben, was produziert wird, im Gegensatz zu wie, oder genauer, zu wessen persönlichem Vorteil. Sollten wir nicht das Ableben unserer großen, verbrauchten Organisationen unterstützen, so daß sie in einem natürlichen Erneuerungszyklus von jüngeren, kleineren, weniger eingeengten und schwungvollen Organisationen ersetzt werden können? Riskiert die Gesellschaft, die dieses Ableben ihrer verbrauchten Organisationen verhindert, nicht stattdessen ihr eigenes Ende?

Um zusammenzufassen: Wir sind eine Welt großer Organisationen in einem Zeitalter großgeschriebenen MANAGEMENTs, und als Ergebnis davon ist die Gesellschaft unsteuerbar geworden. Unsere Maschinerie ist, wie bei diesen jungen Inuits, ausgefallen, und wir finden den Weg nach Hause nicht mehr.

Das ist ein furchtbares Bild. Vielleicht ist es ein Trost, daß ich meine Thesen übertrieben habe. Aber nicht für lange, fürchte ich. Die heutige Situation ist vielleicht nicht so schlimm, wie ich sie beschrieben habe, aber die Trends sind meiner Meinung nach offensichtlich. Die Prognose ist insgesamt nicht ermutigend.

Wir brauchen Maschinenbürokratien, damit wir effizient mit Massengütern und Dienstleistungen versorgt werden. Aber wir brauchen sie nicht, um uns zu dehumanisieren und unser öffentliches und privates Leben zu beherrschen. Ebenso brauchen wir Analyse und Planung. Ich argumentiere nicht für eine Rückkehr zum Persönlichkeitskult vergangener Zeiten. Unkontrollierte Intuition ist genauso eine Gefahr wie unkontrollierte Analyse. Es ist nur so, daß ich in letzterer das heutige Problem sehe. Ich argumentiere für eine Rückkehr zur Balance, dafür, daß neben Analyse Intuition zugelassen und als ein notwendiger Prozeß in Organisationen erkannt wird. Shapero bringt das in seinem früher zitierten Artikel genau zum Ausdruck: „Wir müssen zu einer Rationalität zurückkehren, die auf die natürliche Unordnung des Lebens abgestimmt, und nicht den Abstraktionen geweiht ist.“[21]

Natürlich gibt es große, sogar sehr große Organisationen. Eine starke Kultur und eine engagiertes Management halten mehr als eine Großorganisation zusammen und machen es effektiv und menschlich. Aber dies wird gegen die natürlichen Zwänge, die aus Größe und Rationalisierung resultieren, erreicht. Nach meiner Ansicht hatte das Buch von Peters und Waterman *Auf der Suche nach Spitzenleistungen* genau deswegen einen so großen Erfolg, weil es von den Ausnahmen handelte, über Unternehmen, die diesen Zwängen nicht nachgaben. Es war spannend, über Organisationen zu lesen, die es schafften, ihren Elan, ihre Effektivität und ihre menschlichen Qualitäten trotz ihres Wachstums und ihrer Größe aufrechtzuerhalten – normalerweise, so scheint es, weil sie von starken Ideologien durchzogen waren, die auf noch präsente oder kürzlich ausgeschiedene Gründer zurückgehen. Diese Organisationen scheinen so anders zu sein als die, die wir alle kennen. Aber dieser Elan und diese Menschlichkeit sind nicht leicht aufrechtzuhalten, nicht einmal in den Organisationen von Peters und Waterman, worauf die späteren Berichte im *Business Week*, mit dem Aufmacher „Huch“[22], über schlingernde „exzellente“ Unternehmen zeigten. Ich sehe auch exzellente Bereiche, die sich aber in einer stürmischen See zunehmender Bürokratisierung, steigender Politisierung und wachsender Entfremdung auf und ab bewegen. Ich bin nicht sehr optimistisch für die Zukunft, außer wir durchbrechen diesen circulus vitiosus.

Wo kann man intervenieren, und wie kann man den Zirkel durchbrechen? Ideal wäre natürlich, er würde sich selbst auflösen. Kleine Organisationen würden den ineffektiven großen so lange auf den Fersen bleiben, bis die letzteren zusammenbrächen. Obwohl wir dies an vielen Fronten beobachten können, sehen wir auch viel Gegenteiliges – Regierungen und andere Organisationen kommen den verbrauchten großen zur Hilfe, und stoßen die kleineren beiseite, oder bilden einen Schutzmantel um die großen. Deshalb muß es nach meiner Meinung eine konzertierte Intervention geben, die auf einer Einstellungsänderung basiert. Und je früher desto besser. Je länger es dauert, desto etablierter und politisierter werden unsere Organisationen, und je mehr passen wir uns an sie an (die letzte Stufe der Sklaverei besteht darin, wenn man nicht mehr merkt, daß man ein Sklave ist).

Milton Friedmans Lösung, die Rolle der Regierung einzuschränken und es, nach seinen Worten, dem „freien“ Unternehmertum zu erlauben, den „subversiven“ Sozialismus zu ersetzen, ist überhaupt keine Lösung, sondern einfach eine Formel für eine besondere Art von Oligarchie. Das Problem ist heute nicht privat versus öffentlich, sondern Bürokratismus in allen Formen. Wer passt auf, wenn das System, das uns reguliert, im Besitz von Tausenden von Aktionären ist, dem Millionen von Bürgern gegenüberstehen, da niemand die Kontrolle über das Management ausübt. Im Grenzfall ist der Unterschied zwischen Amerika und der Sowjet-Union aus organisationstheoretischer Perspektive, daß

21 Shapero, „What MANAGEMENT Says“, S. 108.
22 „Who's Excellent Now?“, in: Business Week, 5. November 1984, S. 76–78.

das eine von einem einzigen riesigen geschlossenen bürokratischen System kontrolliert, das andere von einigen hundert beherrscht wird. „Eine Plage auf beiden Seiten" ist meine Antwort auf Friedman. Man verschlimmere nicht das Problem durch eine Vergrößerung des Bürokratismus. Man schaffe ein System, in dem sich alle Organisationen uns gegenüber verantwortungsbewußt geben müssen, als Arbeiter, Klient, Bürger und Eigentümer.

Deshalb ist weder die Verstaatlichung noch die Privatisierung eine grundlegende Lösung, und auch nicht Regulierung und Deregulierung. Wir können zwischen beiden vor und zurück springen und vielleicht einige Defizite an der Oberfläche korrigieren, aber niemals irgendein grunsätzliches Problem lösen. Auch die „Demokratisierung" unserer Großorganisationen ist keine ernsthafte Lösung, weil sie die Organisation nicht verantwortungvoller machen würde. Das trifft auch für die Vorschläge zur „Selbstverwaltung" zu. Das ist eine wunderbare Idee, bis jemand herausfindet, was das für Aufgaben bedeutet, die sehr intensive Koordination erfordern. (Es gibt nicht viele Möglichkeiten, eine Stoßstange an einen Volvo zu schrauben.) Gewiß müssen wir uns darum bemühen, unsere Großorganisationen zu demokratisieren und sie für breitere Formen sozialer Kontrolle öffnen. Das wird ihre Macht abschwächen und ihnen eine gewisse Legitimation geben. Aber man soll nicht den Anspruch erheben, daß damit irgendein grundsätzliches Problem gelöst würde.

Wie im Falle der sozialen Verantwortung handelt es sich auch hier um ein schönes und edles Konzept. Wir brauchen vor allem verantwortungsbewußte Menschen in wichtigen Positionen. Aber wie können sogar anständige, wohlmeinende Menschen an Orten verantwortungsbewußt handeln, die unpersönlich sind und durch ihr ganzes Wesen Entfremdung erzeugen? Wenn Macht wirklich zur Verderbnis führt, dann müssen wir in der Art unserer Organisationen einige grundlegende Veränderungen einführen, bevor wir von ihnen größere soziale Verantwortung erwarten können.

Unsere größte Hoffnung liegt vielleicht in subtilen und geschickten Interventionen, durch die sich einiges grundsätzlich ändert. Wir können es uns gewiß leisten, kleine Organisationen, die auf einer menschlichen Ebene arbeiten, zu unterstützen, wann immer es möglich ist. Wir können uns keine kleinen petrochemische Raffinerien oder kleine Autohersteller leisten. Aber wir können gewiß menschlichere Tätigkeiten in vielen anderen Bereichen einführen, z. B. in der Produktion und vor allem bei den Dienstleistungen. Und es ist überhaupt nicht klar, warum wir diese gewaltigen Kliniken, Schulen, Bibliotheken, sozialen Dienstleistungen, usw. brauchen. Die Austauschbeziehung zwischen dem Faktor „human scale", der sich als Engagement und personalisierter Dienst niederschlägt und dem Faktor „economics of scale", der sich in Kostenersparnissen ausdrückt, wurde bisher nirgends eingeführt. Wie oft optieren wir jedoch für letzteres, als Reaktion auf die harten Daten, die die Großorganisation akkumuliert hat, oder ansonsten als Ergebnis des Machtspiels der Administratoren? Wer ist überhaupt in der besseren Position, es „zu beweisen"?

Um es an einer Ausnahme zu illustrieren: Vor einigen Jahren beabsichtigte der stellvertretende Leiter der McGill-Universität, unsere kleine Bibliothek zu schließen und ihre Sammlung in die große Gesamtbibliothek zu integrieren. Betroffen von dem Gedanken, mit diesem großen unpersönlichen System umgehen zu müssen, stellten wir Mittel zur Verfügung, um dieses Thema zu untersuchen. Nach allen quantifizierbaren Kriterien war unsere kleine Bibliothek zwei- bis dreimal effizienter als die große. (Und man stelle sich vor, wozu man aufgrund nichtquantifizierbarer Kriterien gekommen wäre!) Und warum nicht? Sie erledigte auf natürliche Weise alle die Dinge, die große Organisationen in selbstgemachte Knoten verstricken, die sie durch formale Programme zu lösen versuchen: „Job enrichment" (jeder packt natürlich bei allem mit an, wenn es notwendig ist), „Managementbeteiligung" (wenn jemand rausgehen mußte, wurde der Vorgesetzte zum Mitarbeiter), „Motivation" (die Bibliothekare kannten die Personen, die sie bedienten), und so weiter. Wir behielten unsere Bibliothek und lernten dabei eine Lektion (und fanden zufällig heraus, daß wir von einem geschickten Verwaltungsbeamten „benutzt" worden waren – er wollte nur eine kostenlose Untersuchung der Effizienz der Bibliothek, und so fand er eine Gruppe besorgter Akademiker, um es „zu beweisen"!)

Wenn wir kleine Organisationen fördern wollen, dann werden wir viele große benachteiligen müssen. Wir müssen sie nicht willkürlich angreifen, aber wir sollten ihre Effektivität anzweifeln. Sie sollen die Beweislast tragen: „Nenn'uns gute Gründe, warum Du erhalten werden sollst." Und wenn diese Gründe ausbleiben – wenn sie jenseits der fragwürdigen Zahlen in den professionellen Berichten keine „Beweise" anbringen können, wenn sie keine signifikanten Vorteile in der operativen Effizienz und strategischen Verantwortung gegenüber denjenigen, für die sie da sind, zeigen können –, dann sollten wir jeden Hahn zudrehen, der sie begünstigt. Vor allem wenn sie Anzeichen durchdringender Politisierung zeigen – eine Form von Fäulnis, die nicht weniger offensichtlich ist wie die schwarzen Flecken auf einem Stück Obst. Allein die Größe ist für große Organisationen ein gewaltiger Vorteil; weitere Vorteile anzubieten, oder sogar zuzulassen, daß subtilere innere Vorteile sich durchsetzen, wirft einfach unsere ganze Gesellschaft von Organisationen aus dem Gleichgewicht.

Ebenso sollten wir die Konglomeratbildung anzweifeln, wo immer sie auftritt. Ungeachtet der bekannten Argumente über die Vorteile von Hierarchien gegenüber dem Markt gibt es keinen Beweis dafür, daß irgendjemand weiß, wie eine Vielfalt von Geschäftsbereichen unter einem unternehmerischen Dach gemanagt werden kann, außer durch die blanke Macht der Persönlichkeit. (Aber wieviel produktiver könnte eine solche Persönlichkeit sein, wenn sie sich der Entwicklung neuer Tätigkeiten widmen würde. Man male sich die Konsequenzen aus, wenn die ganze kreative Energie, die jetzt der Restrukturierung und anderen Finanztransaktionen gewidmet wird, für die Herstellung neuer Produkte und Dienstleistungen eingesetzt würde!) Ein Großteil der Diversifikation und Konglomeratbildung war nicht mehr als ein gewaltiges Machtspiel, das zum Nutzen der Administratoren und der Finanztypen gespielt wurde, die sich nur für Zahlen interessieren. („Diversi*fiction*", der (Freudsche?) Schreibfehler einer früheren Sekretärin von mir beschreibt das Phänomen besser.) Vor allem müssen wir die Hierarchieebenen reduzieren (Autorität auf Autorität, zunehmend abgetrennt und oberflächlich), die nur dazu dienen, die Energie involvierter, engagierter Menschen zu untergraben.

Ebenso sollten wir die vertikale Integration hinterfragen, wo ein Netzwerk von Beziehungen, welches Verhandlungen unter kleineren, autonomen Einheiten einschließt, effizienter ist als eine monolithische Hierarchie gefangener Divisionen. Auf dieselbe Art sollten wir den Trend in Richtung vertraglicher Bindungen von öffentlichen wie privaten Organisationen auf internationaler Basis kritisieren. Einige davon werden uns ohne Zweifel sehr dienlich sein, aber viele auch nicht: Wir müssen diese Beziehungen sorgfältig überprüfen. Kritisieren wir auch die Agglomerationen in anderen Bereichen, die „Multiversitäten", die riesigen Schulsysteme, große Zeitungsverlagsketten, mächtige Gewerkschaften, und so weiter. Viele dieser riesigen Organisationen haben ökonomische und Humaninvestitionen verursacht, die weit über den Nutzen für alle hinausgehen, außer für die wenigen, die sie managen.

Wir sollten junge Organisationen ermutigen, sich zu etablieren und erwachsen zu werden; wir sollten kleine Organisationen ermutigen, die ihre Mitarbeiter beteiligen und für eine Vielfalt auf dem Markt sorgen; wir sollten autonome, gradlinige Organisationen ermutigen, die ihre Mission kennen, und die Menschen „kennen", die sie bedienen, und die ihre Mitarbeiter begeistern; wir sollten zu „dichtem" Management ermuntern, zu fundiertem Wissen, gesunder Konkurrenz und authentischer sozialer Verantwortung. Wir müssen auf unsere Grundgefühle zurückgehen, um genuines Engagement zu spüren, um Intuition informell zu verwenden, indem wir Organisationen fördern, die dies alles begünstigen. Nur so werden wir, so scheint es mir, einen Ausweg aus dem unwirklichen Land einer fremden Welt der Organisationen finden.

Anmerkung

Keine weiteren Details. Gehen Sie zurück zu Kapitel 1!

Quellen und Danksagungen

1. Kapitel

Basiert auf *„The Manager's Job: Folklore and Fact"* von *Henry Mintzberg* (July/August 1975), und ist mit Erlaubnis der *Harvard Business Review* abgedruckt. Copyright 1975 by the President and Fellows of Harvard College; all rights reserved.

2. Kapitel

Basiert auf *„Crafting Strategy"* von *Henry Mintzberg* (July/August 1987), und ist mit Erlaubnis der *Harvard Business Review* abgedruckt. Copyright 1987 by the President and Fellows of Harvard College; all rights reserved.

3. Kapitel

Basiert auf *„Planning on the Left Side, Managing on the Right"* von *Henry Mintzberg* (July/August 1976), und ist mit Erlaubnis der *Harvard Business Review* abgedruckt. Copyright 1976 by the President and Fellows of Harvard College; all rights reserved.

4. Kapitel

Wiederabgedruckte Auszüge der Rezension von *„The New Science of Management Decision"* von *Henry Mintzberg*, veröffentlicht in *Administrative Science Quarterly* (Juni 1977), abgedruckt mit der Erlaubnis von *Administrative Science Quarterly*, Copyright 1977 Cornell University; Auszüge aus *„Making Management Decisions: The Role of Intuition and Emotion"* von *Herbert Simon*, in: *Academy of Management Executive* (Februar 1987), abgedruckt mit Erlaubnis des Verlages und des Autors; die Korrespondenz wurde mit Einverständnis von *Herbert Simon* verwendet.

6.–15. Kapitel

Teile aus *Henry Mintzberg, The Structuring of Organizations*, 1979, und/oder aus *Henry Mintzberg, Power In and Around Organizations*, 1983; abgedruckt mit Erlaubnis von Prentice-Hall, Inc., Englewood Cliffs, N.J.

14. Kapitel

Erlaubnis der LEGO Overseas A/S, Billund, Dänemark, um das geschützte Wort LEGO zu verwenden.

16. Kapitel

Genehmigter Nachdruck mit geringen Änderungen von *„A Note on That Dirty Word „Efficiency“* von Henry Mintzberg in: *Interfaces*, Jahrgang 12, Heft 5 (Okt. 1982), S. 101-105. Copyright 1982, The Institute of Management Sciences and the Operations Research Society of America.

Abbildung 4.1

stammt aus:
„A Note on Intuitive vs. Analytic Thinking“ von *J.T. Peters, K.R. Hammond und D.A. Summers*, in: *Organizational Behavior and Human Performance* (August 1974), S. 128. Abgedruckt mit der Genehmigung von Academic Press, Orlando, Fla. und dem Autor.

Abbildung 7.1

Abgedruckt mit Erlaubnis von Steinberg, Inc. Montreal.

Abbildung 9.3

Aus *Richard P. Rumelt, Strategy, Structure and Economic Performance*. Boston: Division of Research, Harvard Business School, 1974. Wieder veröffentlicht als Harvard Business School classic. Boston: Harvard Business School Press, 1986. Copyright 1974, 1986 by the President and Fellows of Harvard College. Abgedruckt mit der Erlaubnis des Verlags und des Autors (Abbildung 1.4, S. 21 im Original)

Abbildung 11.1

Abgedruckt mit der Erlaubnis des National Film Board of Canada, Montreal.

Stichwortverzeichnis

Betriebswirtschaftslehre und Praxis

Betriebswirtschaftslehre als Wissenschaft und betriebliche Praxis sind zwei Seiten derselben Medaille. Hochschullehrer, Forscher und Praktiker arbeiten in vielen Projekten zusammen. Praxiserfahrungen befruchten die Wissenschaft, neue wissenschaftliche Erkenntnisse geben der Unternehmensführung Hilfestellungen bei der praktischen Arbeit.
Aus diesem Grund haben wir einen Buchtyp für Werke geschaffen, die Themen- und Problemstellungen von Unternehmen theoretisch fundiert und gleichzeitig besonders praxisorientiert behandeln. In der Wirtschaftspraxis Tätigen werden mit diesen Bänden - in sehr lesbarer Form - neue, für ihre Arbeit relevante Forschungsergebnisse vermittelt. Sie erhalten Anregungen für Neuerungen und Verbesserungen in ihren Unternehmen sowie Lösungsansätze für aktuelle Probleme. Aus der Sicht der betriebswirtschaftlichen Wissenschaftler stellen diese Werke einen wichtigen Beitrag zur Angewandten Betriebswirtschaftslehre dar.
Autoren sind namhafte Wissenschaftler auf dem Gebiet der Betriebswirtschaftslehre mit vielfältigen Kontakten zur Wirtschaftspraxis. Die Themen umfassen die ganze Breite der unternehmerischen Tätigkeiten: von der Organisation der Unternehmensspitze bis zum Strategischen Marketing, von der Globalisierung der Unternehmenstätigkeit bis zur Positionsübernahme neuer Manager.

Aaker, David A.
Strategisches Markt-Management
1989, 379 Seiten,
Geb. DM 84,–
ISBN 3-409-13339-9

Biervert, Bernd/
Dierkes, Meinolf
Informations- und Kommunikationstechniken im Dienstleistungssektor
1989, 280 Seiten,
Geb. DM 89,–
ISBN 3-409-13347-X

Bleicher, Knut/
Leberl, Diethard/Paul, Herbert
Unternehmungsverfassung und Spitzenorganisation
1989, 297 Seiten,
Geb. DM 98,–
ISBN 3-409-13340-2

Bruhn, Manfred/
Stauss, Bernd (Hrsg.)
Dienstleistungsqualität
Konzepte – Methoden – Erfahrungen
1991, 429 Seiten,
Geb. DM 128,–
ISBN 3-409-13655-X

Buzzell, Robert D. (Hrsg.)
Marketing im Zeitalter der Compunications
1988, 386 Seiten,
Geb. DM 98,–
ISBN 3-409-13615-0

Dichtl, Erwin/Raffée, Hans/
Thiess, Michael (Hrsg.)
Innovatives Pharma-Marketing
1989, 512 Seiten,
Geb. DM 198,–
ISBN 3-409-13624-X

Fieten, Robert
Erfolgsstrategien für Zulieferer
1991, 222 Seiten,
Geb. DM 128,–
ISBN 3-409-13944-3

Gabarro, John J.
Leitende in neuen Positionen
1988, 175 Seiten,
Geb. DM 64,–
ISBN 3-409-13835-8

Heskett, James L.
Management von Dienstleistungsunternehmen
1988, VI, 214 Seiten,
Geb. DM 68,–
ISBN 3-409-13328-3

Kreikebaum, Hartmut/
Herbert, Klaus J.
Humanisierung der Arbeit
1988, XV, 242 Seiten,
Geb. DM 78,–
ISBN 3-409-19104-6

Krystek, Ulrich
Unternehmungskrisen
1987, XIX, 327 Seiten,
Geb. DM 89,–
ISBN 3-409-13963-X

Kumar, Brij Nino
Deutsche Unternehmen in den USA
1987, 190 Seiten,
Geb. DM 64,–
ISBN 3-409-13104-3

Laub, Ulf D. /
Schneider, Dietram (Hrsg.)
Innovation und Unternehmertum
1991, 367 Seiten,
Geb. DM 148,–
ISBN 3-409-13215-5

March, James G. (Hrsg.)
Entscheidung und Organisation
1990, 516 Seiten,
Geb. DM 198,–
ISBN 3-409-13125-6

Macharzina, Klaus
Informationspolitik
1990, 275 Seiten,
Geb. DM 98,–
ISBN 3-409-13128-0

Mayer, Elmar (Hrsg.)
Controlling-Konzepte
2., verbesserte und erweiterte Auflage 1987, VIII,
245 Seiten, Geb. DM 68,–
ISBN 3-409-23004-1

Meffert, Heribert
Strategische Unternehmensführung und Marketing
1988, VIII, 409 Seiten,
Geb. DM 98,–
ISBN 3-409-13613-4

Porter, Michael (Hrsg.)
Globaler Wettbewerb
1989, XII, 660 Seiten,
Geb. DM 148,–
ISBN 3-409-13332-1

Servatius, Hans G.
New Venture Management
1988, IX, 352 Seiten,
Geb. DM 89,–
ISBN 3-409-13909-5

Strothmann, Karl-Heinz/
Kliche, Mario
Innovations-Marketing
1989, 185 Seiten,
Geb. DM 72,80
ISBN 3-409-13621-5

Walldorf, Erwin G.
Auslands-Marketing
1987, 571 Seiten,
Geb. DM 148,–
ISBN 3-409-13003-9

Wildemann, Horst
Strategische Investitionsplanung
1987, XII, 215 Seiten,
Geb. DM 78,–
ISBN 3-409-13715-7